D0663176

Marguerite de Navarre

L'Heptaméron
des nouvelles

Édition présentée et annotée
par Nicole Cazauran
Professeur émérite
à l'Université de Paris-Sorbonne

Texte établi par Sylvie Lefèvre
Maître de conférences
à l'École Normale Supérieure

Ouvrage publié avec le concours
du Centre national du livre

Gallimard

De « si belles histoires »
et leurs « débats »[1]

En 1992, cinq cents ans après sa naissance, Marguerite de Navarre a eu droit à un timbre à son effigie et à quelques savants colloques en son honneur. Son Heptaméron *figure de temps à autre dans les programmes universitaires et il lui arrive d'être vanté par les féministes d'Outre-Atlantique. Il n'empêche... Le nom de l'auteur se confond parfois dans les mémoires avec celui de la reine Margot, qui fut sa petite-nièce, et* L'Heptaméron, *aujourd'hui, risque de rester relégué dans le domaine réservé aux seuls spécialistes. Il y a là pourtant, aisément accessibles, des histoires en tout genre — de « si belles histoires », comme dit l'un des conteurs — et, tout autour, des débats de moralistes.*

Certes, les personnages et leurs drames, la société où ils vivent et les questions qu'ils se posent sont d'un autre temps et d'un autre monde. Mais, pour franchir cette distance, les obstacles sont bien moindres que pour rejoindre, sans trop d'à-peu-près, les plus grands, Rabelais ou Ronsard par exemple. Pas de mots rares, dialectaux ou savants, pas de jeux allusifs sur la mythologie, la philosophie ou l'actualité politique. Une langue, un style sans trop d'archaïsmes ni de visibles aspérités, où il suffit,

---

1. Formules d'Oisille, à la fin de la cinquième et de la sixième journée.

pour déjouer les pièges du vocabulaire, d'un peu d'atten-
tion au contexte. Des récits qui vont leur chemin sans
interruption, sans énigmes ni détours compliqués, et des
dialogues qui tournent parfois en disputes, mais jamais
en exposés didactiques. Le jeu qu'il faut suivre, c'est
celui des interprétations, des éclairages multiples qui
se portent sur un même récit, et les lecteurs de modernes
fictions sont rompus, bon gré mal gré, à ce genre d'exer-
cice.

Pourquoi ne pourrait-on encore s'y plaire en amateur ?
L'auteur et son livre méritent bien que, de bonne volonté,
on en fasse l'essai.

La « Minerve de France »

Impossible de résumer ici la vie de Marguerite d'An-
goulême, duchesse d'Alençon par son premier mariage,
reine de Navarre par son second, tant elle est mêlée à
l'histoire du royaume de France[1]. Mais encore faut-il
garder en mémoire qui elle fut : dans L'Heptaméron, les
histoires qu'elle raconte, les situations qu'elle repré-
sente, les idées qu'elle prête à ses personnages, tout s'en-
racine dans une expérience vécue qui la mettait à part à
la fois des « gens de lettres » et des grandes dames qui
l'entouraient.

Marguerite d'Angoulême (1492-1549) — la première
des trois grandes Marguerites de notre XVIᵉ siècle[2] —
est, avec son grand-oncle, le poète Charles d'Orléans, le

---

1. Voir, dans le dossier, la Chronologie.
2. La seconde est sa nièce, Marguerite de France, duchesse de Savoie, fille de François Iᵉʳ (1524-1574), et la troisième sa petite-nièce, Marguerite de Valois, fille d'Henri II, première femme d'Henri IV, dite la reine Margot (1553-1615).

plus aristocratique de nos écrivains : le tableau généa-
logique (p. 602-603) en fait foi. Sœur de François Ier,
elle descend en droite ligne, par les branches cadettes,
du roi Charles V ; par son second mariage avec Henri
d'Albret, elle est reine de Navarre et sa fille Jeanne sera
mère d'Henri IV.

Sœur et femme de roi donc, mais sans que rien, jamais,
allât sans trouble. À ces grandeurs, dès son enfance et
son adolescence, se mêlent les incertitudes et les inquiétu-
des. Sa mère, Louise de Savoie, resta veuve à vingt ans et
attendit obstinément que son fils François devînt roi. Mais
il fallait pour cela que son cousin Louis XII n'eût pas de
fils et chaque grossesse de la reine Anne de Bretagne met-
tait en péril cet espoir. Quand François est enfin roi, en
1515, ce frère tant aimé est souvent en guerre et les triom-
phes du début n'empêchent pas, au-dehors, les revers, les
épreuves, dont celle, terrible, de la prison en Espagne, et,
au-dedans, de vives tensions entre catholiques intransi-
geants et luthériens agressifs. Pour Marguerite alternent
les moments où elle tient, comme on a dit, « l'emploi de
reine de France[1] » et ceux de demi-disgrâce, de retraite
forcée où elle retrouve ses « solitudes[2] ». Son premier
mari, en 1509, n'était que duc d'Alençon. En 1527, après
la libération de François Ier, le second, Henri d'Albret,
n'est qu'un roi quasi sans royaume qui rêve en vain de
reconquérir la Navarre espagnole. Rien ne sera facile
pour elle entre les ambitions, les manœuvres d'un mari
entêté et les attentes d'un frère qui fait fond sur son affec-
tion passionnée pour la vouloir docile, toujours soumise
aux changeantes nécessités de sa politique.

1. La formule est de Lucien Fevbre (*Amour sacré, amour profane*,
p. 11) ; voir la Bibliographie.
2. Titre du livre de Raymond Ritter (voir la Bibliographie).

À cette expérience de la vie publique se joint, très tôt, celle de la vie de l'esprit. Elle eut sans doute les mêmes maîtres que son frère de deux ans son cadet. On lui enseigna comme à lui l'histoire sainte, du latin, de l'italien, de l'espagnol et, peut-être grâce à la vie retirée qu'elle mène entre sa mère et son frère maintenus à l'écart par Louis XII, elle prend très tôt le goût de l'étude et des livres. Des livres, elle en eut toujours autour d'elle, et d'abord la bibliothèque de son père Charles d'Angoulême. Son oraison funèbre nous la montre, dès qu'elle était seule, tenant « un livre au lieu de la quenouille, une plume au lieu du fuseau ». La tapisserie, les ouvrages d'aiguille lui étaient « très délectable occupation », mais sans jamais lui faire oublier les livres. « Elle havoit près d'elle quelcun qui luy lisoit ou un historiographe ou un poëte ou un aultre notable et utile auteur[1] », nous dit son oraison funèbre. Cette curiosité, cet appétit de savoir étaient tels que l'évêque Guillaume Briçonnet, avec qui elle entretint une correspondance essentielle pour connaître sa spiritualité, lui écrivait plaisamment en 1522[2] :

Je cuyde[3] tant congnoistre de votre désir et vouloir que s'il y avoit au bout du royaulme un docteur qui, par un seul verbe abrégé, peult aprendre toute la grammaire […] et ung aultre de la réthoricque et ung aultre de la philosophie et aussi des sept ars liberaux […] vous y courriez comme au feu et n'y vouldriez rien espargner.

---

1. Charles de Sainte-Marthe, oraison funèbre, dans *L'Heptaméron*, éd. 1880, t. I, p. 76.
2. Guillaume Briçonnet, Marguerite d'Angoulême, *Correspondance*, t. I, p. 152-153. Voir à Veissière dans la Bibliographie.
3. *Cuider* : croire ; voir le Glossaire en fin de volume.

Même quand elle a voulu montrer, dans son grand poème des Prisons, *le danger de la « prison » des livres, la plus « dommageable » à l'âme, elle a pris garde de ne pas anéantir ces « beaulx livres ». L'Esprit de Dieu qui vient libérer le prisonnier les jette à terre « doulcement », sans rien gâter, leur donnant « double beauté » et découvrant en eux leur « sens », qui est présence divine[1].*

Religieusement enfin, elle eut très jeune une réputation de vraie dévotion. Elle n'avait pas beaucoup plus de vingt ans qu'elle figurait déjà, dans un récit allégorique dédié à sa mère, la princesse capable de vaincre la Folie mondaine et de prêcher le détachement des choses terrestres, incarnant l'humilité et la sagesse[2]. Bien plus tard, en 1546, Rabelais, lui dédiant Le Tiers Livre, *s'adresse à son esprit « ecstatic » qui fait du ciel son « divin manoir » au point de laisser son corps sans « sentement ». Nul ne soupçonna sa piété d'affectation. En ces années où la Réforme commence à se répandre en France, elle est attentive à tous les mouvements de renouveau religieux. Elle a souvent protégé ceux qu'attaquaient les rigides théologiens de la Sorbonne et elle formule, jusque dans son recueil de contes profanes, des critiques et des exigences spirituelles qui sont communes aux catholiques rénovateurs et aux protestants, au point que certains l'ont supposée secrètement acquise à la Réforme, mais il reste douteux qu'elle ait jamais soumis sa foi à la stricte doctrine calviniste. Quoi qu'il en soit, sa correspondance avec Guillaume Briçonnet, comme son œuvre poétique, témoigne de l'authenticité, de l'intensité de sa vie spirituelle.*

1. *Les Prisons*, Livre III, p. 135-136.
2. Manuscrit de Jean Thenaud, *Triomphe de Prudence* : voir Anne-Marie Lecoq, *François Ier imaginaire*, Macula, 1987, p. 110.

*De par sa position aux côtés de sa mère et de son
frère — une « trinité » vantée par les poètes[1] —, Marguerite était un personnage éminent, souvent en vue au
centre d'une cour brillante où la reine Claude restait
effacée, et elle eut aussi la sienne, avec une suite nom-
breuse qui lui appartenait en propre. Elle fut mêlée à
tout, aux disputes religieuses comme aux débats mondains ou aux négociations politiques, habile à recevoir
comme il fallait les ambassadeurs étrangers qui admi-
raient son aisance et sa finesse. Beaucoup d'éloges de
circonstance allèrent ainsi à celle qui fut surnommée la
« Minerve de France », mais il n'y a pas lieu, en l'occurrence, d'opposer la personne et le personnage offi-
ciel. De retour dans sa ville, l'ambassadeur vénitien
donne une image de la reine à cinquante ans qui s'accorde aux dédicaces des savants comme aux louanges
des courtisans[2] :*

Elle est de complexion délicate, de sorte qu'elle ne
semble pas devoir vivre longtemps. Toutefois, comme
elle observe une grande modération dans sa façon de
vivre et qu'elle est d'esprit très raisonnable, il se pourrait
qu'elle atteigne un âge avancé. Je crois qu'elle est la
plus savante, je ne dis pas seulement entre les femmes
de France, mais peut-être encore parmi les hommes […].
J'affirme […] qu'en ce qui touche les affaires d'État, je
ne pense pas qu'il puisse y avoir propos plus pertinents
que les siens. Pour ce qui est de la doctrine chrétienne,

---

1. Voir les documents réunis par Pierre Jourda, « Le Mécénat de Marguerite de Navarre », p. 261, Épître d'Étienne Dolet, *Revue du seizième
siècle*, 1931, XVII.
2. Texte cité par Raymond Ritter, *Les Solitudes de Marguerite de
Navarre*, p. 80-81 ; voir la Bibliographie.

elle y fait preuve de tant d'intelligence et de savoir que j'estime que peu de gens sont capables d'en parler mieux.

« *Corps féminin, cueur d'homme et teste d'ange* », *disait Marot bien plus tôt dans un dizain[1] à la gloire de celle qui le comptait jusqu'en 1526 parmi ses « serviteurs ». Ce fut bien, semble-t-il, la « marguerite » — la perle — des princesses.*

L'Heptaméron en son temps

Dans un royaume où elle sut si bien tenir son rang et se mêler, quand il fallait, des plus graves affaires — jusqu'à s'en aller en Espagne négocier la libération de son frère prisonnier — comment, pourquoi une si grande princesse a-t-elle trouvé le temps et le goût d'écrire ? Nul besoin, pour elle, de conquérir une position, une renommée qui lui étaient données par avance et elle n'eut pas, comme son grand-oncle Charles d'Orléans, l'expérience de l'exil et de la prison pour trouver, faute d'autres « déduits », « beau loisir » de « balader[2] ». Elle aurait bien pu se contenter, comme tant d'autres, de jouer les mécènes et de protéger les savants ou ces « gens de lettres » dont elle n'était pas. Et pourtant, jusqu'à sa mort, elle écrivit, et pas seulement, comme il était de mode, des billets ou des épîtres en vers échangés avec son entourage, mais des œuvres diverses et parfois complexes qu'il lui arriva, dès 1531, de publier ou de laisser

1. Clément Marot, dizain du « Monstre » : « Ma maistresse est de si haulte valeur… »
2. Charles d'Orléans, Ballade XL : « De balader j'ay beau loisir,/ Autres deduis me sont cassez » : J'ai tout loisir d'écrire des ballades/ Autres plaisirs me sont enlevés.

publier sous son nom. Il faut croire qu'il y avait là pour
elle une nécessité intérieure et comme un espace de
liberté où elle cessait d'être en représentation, où elle
échappait aux contraintes sociales et politiques en pre-
nant la parole pour elle-même et pour des lecteurs prêts
à l'entendre. Mais, de son vivant, pas la moindre allusion
aux contes de L'Heptaméron, *et pour cause. De la reine*
auteur, on ne connaît que les poèmes et des poèmes bien
plus souvent religieux que mondains. Dans les deux volu-
mes d'anthologie parus en 1547, Les Marguerites de la
Marguerite des Princesses *et leur* Suyte, *tout est en vers :*
théâtre et dialogues, compositions lyriques et didactiques.
Enfin, l'auteur de son oraison funèbre ne manque pas de
la dire « parfaite en poésie ».

Dix ans plus tard, sa poésie chrétienne est oubliée ou
presque et son destin d'auteur commence avec le succès
de son Heptaméron *: des contes ou nouvelles (le mot ne*
lui importait pas), en prose, et d'apparence toute pro-
fane.

Pour lancer le recueil, deux éditions coup sur coup, à
Paris, en 1558 et 1559, l'une préparée par Pierre Boais-
tuau, l'autre par Claude Gruget, la seconde corrigeant,
complétant la première tout en l'utilisant et imposant le
titre : L'Heptaméron des Nouvelles de […] Marguerite
de Valois, Royne de Navarre. *Heptaméron — en grec,*
sept jours —, c'était manière de rappeler le Décaméron
italien, les dix journées où Boccace avait réuni cent his-
toires par dizaines. Dans son Prologue, la reine avait de
même annoncé une « centaine », mais à sa mort elle
laissa probablement l'ouvrage inachevé et, à très peu
près, il ne nous en reste que soixante-douze[1]*. Bien que*

---

1. La huitième journée, non annoncée par le titre, est donc quasi
inexistante.

Gruget ait supprimé trois de celles que donne la majorité
des manuscrits pour les remplacer par d'autres dont
l'origine reste inconnue, ce sont soixante-douze qu'il
édite avec cette précision finale :

Cy fynent les comptes et nouvelles de la feüe Royne
de Navarre qui est ce que l'on en a peu recouvrer.

Rien d'étonnant si le succès de L'Heptaméron *fut*
d'abord celui d'un livre à la manière de Boccace. Par un
titre qui faisait si visiblement écho au Décaméron, *Gruget*
prêtait par avance au nouveau recueil un peu de l'éclat
de son modèle, dont une traduction récente venait d'ac-
croître la vogue à la cour[1]. *Un titre si bien trouvé voulait,*
devait plaire, et d'autant plus aisément qu'il ne mentait
pas.
    La nouvelle à l'italienne, en France, en était à ses
débuts. Mais les récits brefs en vers du Moyen Âge, lais,
« dits » édifiants, fabliaux, laissaient place à des « nou-
velles » en prose. Si le genre était malaisé à définir, le
mot fit vite fortune, situé qu'il était au confluent de son
usage oral et traditionnel — dire, écouter des nouvelles
— et de la référence littéraire à l'italien novella *que le*
succès du Décaméron *imposa*[2]. *Les* Cent Nouvelles Nouvelles *bourguignonnes du xve siècle se réclamaient déjà*
de Boccace et de ses Cent Nouvelles *(autre titre du*
Décaméron*) en jouant sur la nouveauté de la matière,*
prétendument nécessaire au genre. Mais, avant L'Hepta-

1. Traduction d'Antoine Le Maçon commandée par la reine et dont il
est question dans le Prologue (p. 65).
2. Voir l'article de Roger Dubuis « Le mot *Nouvelle* au Moyen
Âge », dans *La Nouvelle, Définitions, Transformations,* éd. Bernard Al-
luin et François Suard, Presses Universitaires de Lille, 1991, p. 13-26.

méron, *aucun recueil français n'avait si visiblement imité
le modèle italien.*

*Boccace avait voulu ses histoires aussi variées que
possible, allant du comique le plus simple, dans les journées des « trompeurs », au pathétique le plus sombre
pour les amours « qui ont eu malheureuse fin ». Surtout,
au lieu d'une collection de récits sans lien entre eux, il
avait inventé une mise en scène : dix personnages, dont
il décrit les journées, font cercle chaque après-midi pour
écouter et raconter à tour de rôle des « nouvelles »,
ainsi données pour orales avant d'être écrites. Le Prologue, qui s'ouvre sur une très fameuse description de la
peste à Florence, présente ces dix jeunes seigneurs et
dames qui vont fuir les horreurs de la ville pour se réfu-
gier dans la campagne toscane où ils veulent « passer
joyeusement » leur temps. Mais, en France, les conteurs
vont d'ordinaire choisir un registre et s'y tenir. Dans les*
Cent Nouvelles Nouvelles *la quasi-totalité des récits
jouent sur le comique traditionnel du cocuage et de la
paillardise, deux seulement (N. 69 et N. 98) ayant un
dénouement tragique, et en 1558 les* Nouvelles Récréations *de Bonaventure des Périers se donnent pour de
« joyeux propos » de « plaisants contes » n'invitant qu'à
rire, tandis que se répandent, à l'inverse, des recueils
d'histoires tragiques peuplées d'épisodes violents avec
fins sanglantes. Quant au cadre, les* Cent Nouvelles
Nouvelles *l'avaient réduit au nom du narrateur supposé, inscrit en tête de chaque récit, et, s'il est plein de
charme et de relief dans les* Propos rustiques *de Noël Du
Fail (1547), c'est, pour ainsi dire, aux dépens des histoires : le tableau des veillées villageoises montre des
vieillards plus attentifs à se souvenir de leur jeunesse
qu'à raconter quelque aventure.*

Dans L'Heptaméron, *qui prit probablement sa forme
définitive après 1546, tout, au premier abord, est fait
pour rappeler le* Décaméron *: un projet qui se veut,
explicitement, imitation de Boccace (p. 65) ; des histoires
variées de ton et de sujet ; pour les dire et les entendre,
une société conteuse de dix personnages aristocrati-
ques ; pour réunir à l'écart du monde ces seigneurs et
ces dames, un Prologue qui les présente. C'était là, à sa
date, une nouveauté, mais une nouveauté pour ainsi
dire attendue, sans rien qui vînt déconcerter, déranger
l'attente des lecteurs, une nouveauté séduisante précisément par cette apparence à l'italienne, par cette rivalité
avouée avec le plus illustre des conteurs.*

*Le succès mondain, attesté par le nombre des éditions
et même, en 1698, par un* Heptaméron *« mis en beau
langage » qui supplanta pour plus d'un siècle la version
donnée par Gruget sans en altérer pour autant la matière,
n'alla pas sans malentendu. À la fin du XVIe siècle, l'his-
torien Jacques-Auguste de Thou s'étonne du contraste
entre une reine connue pour sa dévotion, pour ses poèmes chrétiens et un recueil de contes « à l'imitation de
Boccace », qu'il juge « indigne de la gravité d'un si
grand personnage » (tantae heroïnae). C'était lire bien
vite, sans se soucier des annonces et des conclusions où
les conteurs donnent leurs histoires pour des « exemples » et en oubliant tout à fait les débats moraux qui les
suivent. Mais c'est bien en vain que Gruget, dans sa
dédicace à Jeanne d'Albret, affirme que la reine a « passé
Boccace ès beaux discours qu'elle faict sur chacun de
ses comptes ». Son éloge a tout l'air d'être resté sans
écho. Du livre composé par Marguerite de Navarre, on
ne retint que les contes, et des contes « à l'imitation de
Boccace », selon la formule qui passa d'une notice à
l'autre. La reine fut pour longtemps classée parmi les*

conteurs licencieux chez qui abondent les tromperies, les adultères en tout genre, voire la crudité des propos. Brantôme ne cite que quelques scabreuses anecdotes, et d'autant plus volontiers qu'en identifiant leurs acteurs il les associe à la chronique galante de la cour des Valois. À l'en croire (et il donne pour garants sa mère et sa grand-mère qui furent de la maison de Marguerite), la reine aurait composé ses nouvelles « en ses gayetez », les dictant dans sa litière « en allant par pays, car elle avoit de plus grandes occupations estant retirée ». Ainsi, divertissement facile pour les lecteurs, L'Heptaméron *aurait été de même et d'abord divertissement pour son auteur*[1].

À la diversité des genres et des tons narratifs, Marguerite de Navarre avait pourtant ajouté un va-et-vient obstiné entre contes et débats et la représentation d'une société conteuse avec ses questions et ses inquiétudes. L'innovation n'était pas, comme on a cru, dans l'art de faire un Décaméron *français, mais bien dans ces variations sur un très fameux modèle.*

Une architecture en trompe l'œil

Vu de loin, le livre se construit bien à l'imitation du Décaméron, *sur un double plan. En évidence, une série d'histoires courtes, disparates d'origine et de ton, et dont chacune forme un tout complet ; pour justifier leur succession, la présence de ceux qui les disent tour à tour et à qui l'auteur cède le rôle de conteur pour mettre en scène, comme on dit, l'acte narratif ; et, à l'arrière-plan, un récit continu qui commence avec le Prologue et se*

---

1. Voir, pour la réception de l'œuvre, les Documents donnés en annexe.

poursuit d'une journée à l'autre pour faire vivre le groupe des conteurs. D'un côté, dix personnages, toujours les mêmes, saisis dans un passé proche ; de l'autre, dans leurs contes, des acteurs multiples et divers dont ils rapportent les aventures et qu'ils font surgir de leurs souvenirs et d'un passé révolu. C'est bien l'agencement inventé par Boccace qui fait se superposer, s'emboîter une première fiction où se meuvent les conteurs et un autre univers fictif, celui des histoires qu'ils racontent.

L'imitation était évidente, la rivalité revendiquée et le succès en fut, on l'a dit, favorisé. Mais, à y regarder de plus près, la ressemblance est illusoire et Marguerite de Navarre n'a pris appui sur son modèle que pour faire autrement. Du « dispositif boccacien[1] », si souvent analysé, elle n'a gardé que le principe. Dans l'architecture de son Heptaméron, *tout s'inverse en quelque sorte, et la comparaison montre bien, de ce seul point de vue, tout extérieur, qu'on ne saurait y voir un nouveau* Décaméron.

Dès le Prologue, le lecteur est dans un autre monde. Les personnages de Boccace laissaient derrière eux les ravages de la peste à Florence pour rejoindre vite et paisiblement le palais princier où ils avaient décidé de « vivre joyeusement ». Ceux de Marguerite de Navarre affrontent de multiples dangers dans une nature hostile avant de trouver refuge dans une abbaye isolée où ils craignent aussitôt l'ennui, et le mot est plus fort qu'aujourd'hui. Pour régler l'emploi de leurs journées, il leur faut un débat et un partage entre deux projets : l'après-midi, les histoires, comme chez Boccace, mais le matin, la dévotion. Avant la messe quotidienne, la

---

1. Luce Guillerm, « L'aspiration à l'unité organique des recueils : l'exemple fondateur du dispositif boccacien », dans *La Nouvelle, Définitions...*, p. 43, *op. cit. supra*, p. 15, n. 2.

*plus âgée du groupe lira et commentera un passage du
Nouveau Testament. Du coup, chaque journée commen-
cera par ces « leçons » d'Oisille, et ces petits prologues,
si brefs et répétitifs, vont esquisser une histoire où les
conteurs se feront acteurs : on y voit ces mondains écouter de plus en plus avidement la parole d'Oisille, « salutaire pasture » pour l'âme, et découvrir dans ce « desert »
tant redouté le « contentement » d'une « heureuse vie »
(p. 586). S'il y a quelque excès à voir là un « roman
d'aventure spirituelle[1] » dont on ignorerait seulement le
dénouement, il faut bien dire que ni le projet ni sa réali-
sation n'ont le moindre équivalent dans le recueil italien
où la joie reste toute profane.*

*La mise en scène du passe-temps de l'après-midi
n'innove pas moins. Dans le Décaméron, chaque journée est présidée par un « roi » ou une « reine » qui fixe
par avance le thème des histoires et qui donne, chaque
fois, la parole au conteur de son choix. Ici règne, au
contraire, la liberté d'un « jeu » où, comme dit Hircan,
tous sont « esgaulx » (p. 67). Aux conteurs de choisir
leurs sujets : les histoires peuvent se suivre parce qu'elles
se ressemblent ou parce qu'elles s'opposent et même voi-
siner souvent sans avoir le moindre rapport entre elles ; à
eux aussi de donner leur « voix » à qui bon leur semble
pour en dire une nouvelle : la seule règle est que chacun ait son tour dans l'après-midi et qu'alternent voix
masculine et voix féminine.*

*Les conteurs de Boccace enchaînent une histoire à
l'autre quasi sans pause — « pour ne perdre point de
temps[2] », comme il est dit une fois expressément. Tout*

---

1. Christine Martineau-Genieys, « La *lectio divina* dans *L'Heptaméron* », *Colloque Marguerite de Navarre (15-16 février 1992)*, Université
de Nice, *s. d.*, p. 42.

2. *Décaméron*, Septième journée, N. 5.

juste, et pas toujours, quelques mots pour noter les pleurs ou l'amusement de l'auditoire. Les heures chaudes restent vouées au seul plaisir de conter et d'écouter des contes, assis à l'ombre, après la sieste, sur l'herbe verte. En revanche, autour de ce moment et de cet espace bien délimité, tout un encadrement est dessiné à loisir où le groupe n'est plus immobile, mais va et vient entre palais et jardins, saisi dans de petites scènes qui ont la netteté d'un spectacle et font songer à celles qui, dans certains portails de basiliques italiennes, viennent entourer capricieusement le motif principal par des danses, des bergeries, des paysages. Les dix nouvelles qui font la matière d'une journée et l'essentiel du texte sont ainsi encadrées par de petits tableaux de vie princière où varient, selon la fantaisie du roi ou de la reine du jour, les passe-temps des sept jeunes femmes et de leurs trois compagnons, dans des décors dont les mots disent le charme. Mais leur troupe jeune et gracieuse ne se divise pas pour des rôles bien distincts. Ces conteurs ne parlent guère quand ils ne racontent pas, sinon pour chanter, en clôture des journées, une chanson de leur composition.

Les conteurs de Marguerite de Navarre sont bien moins visibles pour l'œil et bien plus distincts pour l'esprit. Pour les mettre en scène, pas trace de tableaux pittoresques et changeants. Les lieux — l'abbaye et son église, la chambre d'Oisille, le pré aux histoires — sont nommés seulement, sans jamais être décrits, et un détail concret n'apparaît que si la situation l'exige. L'emploi du temps a été réglé une fois pour toutes, sans laisser place au moindre imprévu. Après la « leçon » d'Oisille, la messe, le « disner » et le repos jusqu'à l'heure de se retrouver dans le pré pour le « passetemps » des histoires. Quand la dixième est achevée, c'est le moment d'aller à vêpres. Si, comme dans le Décaméron, *les conteurs restent en scène quand ils ont fini de conter, on entrevoit à peine leur souper ou les « jeux » qui le suivent. Tout est répétitif et tout, hors les après-midi dans le pré, reste elliptique. Mais ces dix personnages, contraints, malgré eux, à vivre quelques jours dans l'isolement et d'une vie si uniforme, ne se laissent pas confondre dans un groupe harmonieux et quasi indistinct. Leurs âges et leurs positions sont variés et surtout chacun, quels que soient son âge et sa position, participe à un jeu de rôles sans cesse renouvelé. Entre chaque histoire, ils parlent et disputent dans des dialogues parfois plus longs que leurs récits au point qu'à tout prendre ce sont là des « devisants » qui, tour à tour, se font un moment conteurs, plutôt que des conteurs qui échangeraient quelques répliques pour faire passer le lecteur d'une histoire à l'autre. « Devisants », le mot n'est pas dans le texte, mais c'est bien le nom qui leur convient et qui leur est communément donné : ce qu'ils disent suffit à les distinguer.*

Ainsi, les après-midi ne sont pas voués aux seules histoires : le texte fait alterner récits à une voix et débats à plusieurs voix, transcrits directement comme des dialogues de théâtre. Cette alternance importe à la fois à l'éclairage de chaque histoire et à la portée de l'ensemble, mais cette composition, si différente de celle de Boccace, modifie d'abord le dessin, les proportions de l'encadrement. Tandis que la représentation des journées, qui sert de cadre commun aux dix histoires, se fait brève et sans rien du charme pictural que Boccace se plaisait à lui donner, chaque histoire, grâce à ces intermèdes dialogués, a son propre cadre, tout abstrait, il est vrai, mais qui l'isole pourtant et la met en évidence, seul objet d'attention pendant que le conteur et son auditoire la commentent et encore présente dans la mémoire quand

*le dialogue s'en éloigne en élargissant le propos sans
pour autant cesser de lui faire écho. Du même coup, le
genre du recueil se complique. Il ne s'agit plus simplement, comme dans le* Décaméron, *de juxtaposer, de lier
deux modes de narration — narration impersonnelle
pour encadrer les histoires et narrations des conteurs —,
mais il s'y ajoute des débats qui ont leur amplitude propre et se développent en marge des histoires et en marge
aussi du récit de la vie à l'abbaye de Sarrance. L'Heptaméron — on l'oublie souvent — n'est pas seulement un
des premiers recueils de « nouvelles » et qui marque une
date dans l'histoire du genre narratif. C'est aussi, et en
même temps, un recueil de dialogues : des dialogues à
plusieurs voix qui figurent, mieux encore que* Le Courtisan
de Castiglione[1], *la liberté d'une conversation de cour,
entre gens du même monde.*

Les nouvelles en leur variété

*Dans ce recueil à double face, ce sont donc les nou-
velles qui ont longtemps captivé les lecteurs, et pourtant,
aujourd'hui, elles risquent au premier abord de décevoir
et de se brouiller sous nos yeux. Pour introduire les récits
et situer leurs acteurs, à peine quelques variantes et une
apparente grisaille où se perd le relief : « En la ville
de..., au pays de..., en la maison de..., y avoit... » ; ou
parfois : « Du temps de..., du vivant de..., en la court du
roi... » ; pour peindre les personnages, souvent anonymes,*

---

1. Baldassar Castiglione (1478-1529) y a fait dialoguer en italien des
personnages réels réunis autour de la duchesse d'Urbino et qui débattent
des qualités nécessaires au parfait homme de cour. L'œuvre, projetée dès
1515, circule d'abord en manuscrit, puis est imprimée, revue et ampli-
fiée, en 1528, et elle l'est plus de quarante fois avant la fin du siècle. Une
première traduction française est donnée en 1537.

une certaine sécheresse : de brèves mentions sur leur âge et condition, ou sur leur beauté et bonne grâce quand il faut dire leur séduction. Nul souci d'une moderne vraisemblance, ni dans l'écriture ni dans l'agencement des péripéties : les quiproquos ne sont pas rares, les maris peuvent revenir à point nommé pour sauver leurs femmes (N. 31) et les méchants mourir quand il faut pour que triomphe dès ce monde la vertu persécutée (N. 21) ; des villageois savent citer les Évangiles avec la virtuosité de prédicateurs (N. 5) et une très jeune fille de médiocre condition réplique au prince qui tente de la séduire par le plus beau, par le mieux élaboré des discours (N. 42). Formules stéréotypées, artifices qui ont perdu leur pouvoir et qui aujourd'hui risquent de gêner la lecture : la manière, en somme, peut paraître archaïque. C'est au point que, pour l'oublier, certains critiques s'arrêtent de préférence aux nouvelles qui recèlent de savants jeux d'énonciation (N. 57, N. 62) ou qui se laissent décrypter à la lumière de la psychanalyse (N. 32). On est loin alors du charme immédiat d'un récit.

Il y a moyen pourtant de se laisser prendre à ces vieilles histoires où une petite société aristocratique, pour un temps isolée, fait revivre le monde qu'elle a quitté tel qu'elle le connaît et tel qu'elle peut le percevoir. Pour personnages, des princes et de moindres seigneurs, beaucoup de grandes dames, des bourgeois et leurs femmes, des moines, à l'occasion le roi, ou bien un paysan, un boucher, un apothicaire, des conditions plus mêlées peut-être que dans d'autres recueils. Quant aux histoires, il y en a pour tous les goûts : brèves ou longues, grossières (rarement) ou raffinées, comiques ou tragiques, intrigues complexes ou drames à un seul épisode. Mais surtout il y a plus de neuf et plus de subtilité qu'il ne semble et dans la manière et dans la matière.

La sécheresse du dessin n'empêche pas que surgissent, quand il faut, des choses vues, des spectacles qui s'imposent au regard et d'abord, dans le récit, à celui des acteurs : Bonnivet, en galante aventure, découvre dans la nuit tout un tableau en blanc — blanc du pavement et des tentures, blanc du lit, blanc du flambeau qui rend la chambre « claire comme le jour » (N. 14) et Bernage voit « sortir de derriere la tapisserie » une dame en noir, très belle, pâle, tête tondue, qui, assise en silence à la table du souper, va boire dans « la teste d'un mort » (N. 32). La brièveté propre au genre n'interdit pas, fût-elle extrême, que la durée pèse sur les destins. Les désirs coupables s'enracinent dans le temps passé, vécu avant que ne commence l'aventure et que n'éclate leur violence, les amours grandissent, mûrissent et se modifient avec l'âge ou à travers les épreuves, les dénouements s'ouvrent sur le temps à venir pour ironiser sur l'amitié « perpetuelle » que se jurent les héros (N. 16) ou pour prolonger la note finale en signifiant le poids d'une tristesse tout intérieure (N. 26, 30). Il arrive même que le narrateur prélude au récit par un portrait qui fait suivre, au fil des années, une double métamorphose où se joignent « mutation de vivre » et « mutation de cueur » (N. 22) et aussi que toute une nouvelle, une des plus romanesques en apparence, se noue sur une ellipse, sur un temps qui n'est pas montré (N. 24).

La variété, enfin, ne tient pas seulement au voisinage, alors insolite, d'histoires « joyeuses » et d'histoires « piteuses », mais aussi et plus encore aux divers chemins que les conteurs savent emprunter pour faire rire comme pour faire pleurer.

Le rire peut aller, selon la coutume la mieux établie, à de petites farces où la situation initiale se retourne aux dépens de celui ou de ceux qui se croyaient les plus forts et où des quiproquos sur les personnes, les paroles ou les objets suffisent à provoquer la péripétie. Les acteurs s'y réduisent à leur rôle et, si le rôle est variable selon le lieu, le moment, l'occasion, chacun n'est qu'une silhouette saisie pour un bref instant et tout au service de la péripétie. L'aristocratique auditoire s'accommode volontiers de cette tradition comique si vivace que de vieux schémas peuvent toujours servir et que l'effet en est assuré, nourri d'une immédiate complicité avec le conteur, au point que le rire qui accueille l'histoire est parfois explicitement noté. Mais la mise en scène peut venir renouveler les anciens modèles en transposant dans le monde de la cour les mésaventures de trompeurs trompés. Le conte à rire tourne alors en comédie mondaine où l'on sait raffiner sur les mobiles des protagonistes. Le roi lui-même peut s'y faire acteur et son rire, au dénouement, est le triomphe, non de la ruse, mais d'un « bon cueur », d'une hardiesse qui s'est expérimentée soi-même (N. 17). Ailleurs, le schéma de farce et ses plus visibles procédés sont bien là, mais à l'arrière-plan, pour servir la satire indignée, comme dans l'histoire de la dévote et de sa fille, dupes de deux cordeliers (N. 56), ou encore, à l'inverse, ils surgissent quand on ne les attendait pas, pour mieux démontrer « la fragilité d'une femme de bien » (N. 35). À ces variations sur le comique traditionnel, il faudrait encore ajouter des ébauches de comédies psychologiques propres à faire sourire plutôt que rire et où le texte joue sur la distance entre ce qui est dit et ce qu'éprouve, ce que pense le personnage qui parle : le langage platonicien peut masquer un très juvénile désir (N. 26) et le trouble de l'amant peut se traduire par des lapsus et se dissimuler sous de faux-semblants savamment choisis (N. 13). Comment rassembler, classer ce qui relève du comique ? Les

« *gaîtés* » *de* L'Heptaméron *ne sont pas si simples et ont leur part d'imprévu.*

Quant aux histoires « piteuses », faites pour émouvoir et tirer des larmes aux dames qui les écoutent, leur variété est plus évidente encore, mais plus facile aussi à définir, à double face, entre violence du dehors et violence au-dedans. Plusieurs, se nouant ou se dénouant sur des meurtres, des viols, des suicides, sont déjà proches des Histoires tragiques *dont Boaistuau, puis Belleforest vont faire le succès[1]. Mais manière et matière restent à part. Pas de complaisance pour les scènes macabres, les « piteux » spectacles sont notés plus que décrits et un détail peut suffire à leur donner relief, Marguerite de Navarre restant fidèle à la règle qu'elle s'est fixée dans le Prologue, de seulement « raconter ce qui sert à la matiere » qu'elle veut écrire. L'horreur est celle d'un moment, d'une soudaine rupture dans un destin. Au début de la trente et unième nouvelle, le cordelier qui a poignardé chambrières et valets dit à la jeune femme qu'il veut enlever : « Sortez en ceste court, et vous verrez ce j'ay faict » (p. 349), ce pourrait être l'emblème de ces récits où la violence vient du dehors, bouleversant le cours d'une vie paisible sans que la victime ait à expier, comme dans les* Histoires tragiques, *les désordres de l'amour ou les crimes de l'ambition. Emblème, à l'inverse des nouvelles où la violence est au-dedans, l'étrange « conte » espagnol que l'auditoire trouve si « piteux » (N. 64) : la séparation de deux amants promis à un mariage sans obstacle tient au refus inattendu de la dame et devient définitive quand l'amant refuse à son tour à son amie repentante de quitter le monastère où il s'est réfugié. Au dénouement, vie*

---

1. La série des *Histoires tragiques* adaptées des nouvelles italiennes de Bandello commence en 1559, l'année même où Gruget donne *L'Heptaméron*.

« austère » pour le gentilhomme devenu cordelier et vie tout aussi « mélancolique » pour son amie : rien d'autre, et c'est assez pour émouvoir.

Enfin, à ces variations sur les registres comiques et tragiques, il faudrait ajouter bien des récits de ton moyen qui peuvent piquer l'attention sans viser à faire rire ou pleurer (N. 43, N. 63) et d'autres, plus complexes, qui mêlent, pour ainsi dire, les genres : outre la longue histoire de Florinde et d'Amadour (N. 10), il en va ainsi dans celle d'Élisor et de la reine d'Espagne (N. 24) ou dans celle, pleine d'ambiguïté, qui montre comment une jeune ingénue aimante et sans défense se transforme en une femme maîtresse d'elle-même, devenue égale aux hommes par ses « finesses » et son « bon esprit » (N. 15). Autant de cas — et il y en a bien d'autres — qui mériteraient examen.

Vers la fin de la cinquième journée (p. 455), Emarsuitte plaide pour la diversité des personnages : dames, princes, gentilshommes ne doivent pas, dit-elle, faire exclure les cordeliers, si « fascheux » soient-ils. À l'en croire, le « boucquet » des conteurs sera d'autant plus beau qu'il sera « remply de differentes choses ». L'image est parlante et convient au résultat, mais ce n'est pas seulement par les acteurs en scène que le bouquet se fait divers, c'est aussi par l'agencement des intrigues, le rythme du récit et même par la couleur de l'écriture, ou du moins par des références implicites à des modèles, à des genres qui étaient distincts dans la mémoire des lecteurs.

Des histoires « véritables » ?

Tout cela est donné par avance pour pareillement véritable, et dès le Prologue.

Le « *passetemps* » *qui s'y met en place doit réaliser ce qu'avaient projeté, à la cour de François I*er, *dans leur enthousiasme pour les* Cent Nouvelles *de Boccace, la dauphine (Catherine de Médicis),* « *madame Marguerite* » *(la fille du roi) et le dauphin (le futur Henri II). Les personnages fictifs sont ainsi invités à reprendre un rôle abandonné par des personnages bien réels, les plus illustres du royaume, et à dire nouvelles, contes, histoires — peu importent les mots, puisqu'ils emploient l'un ou l'autre, indifféremment*[1]. *À défaut de définir un genre qui n'avait pas encore, et qui n'a jamais trouvé peut-être, sa théorie, Parlamente qui propose ce* « *passetemps* » *en règle la pratique. Chacun prendra la parole à son tour* « *tous les jours depuis midi jusques à quatre heures* » *et tous devront pareillement se plier à la contrainte naguère inventée par le cercle princier. À la cour, on avait décidé de n'écrire* « *nulle nouvelle qui ne soit veritable histoire* » ; *à Sarrance,* « *dira chascun quelque histoire qu'il aura veuë ou bien oy dire à quelque homme digne de foy* » *(p. 66) et, s'il s'agit de rivaliser avec Boccace, il s'agit aussi de s'en distinguer précisément par cette règle de la vérité. C'est au point que le dauphin voulait exclure les* « *gens de lettres* » *de peur que la* « *beauté de rhetoricque* » *ne vînt gâter* « *en quelque partie la verité de l'histoire* » *(p. 66). À Sarrance, la précaution serait hors de propos : aucun des voyageurs, divers par l'âge et, semble-t-il, par le rang, ne fait métier d'écrire. Certes, cette référence insistante à la vérité des histoires est une convention qui n'a rien d'insolite : même les auteurs médiévaux de lais féeriques n'hésitaient pas à commencer en affirmant qu'ils*

---

1. Les mots voisinent encore en 1690 à l'article *Nouvelle* du Dictionnaire de Furetière : « *contes* de quelque étendue », « *histoires* intriguées » avec leur « point d'embarras ».

disaient « vérité prouvée » et bien des avis aux lecteurs, d'un siècle à l'autre, le répéteront en d'autres termes. Mais dans L'Heptaméron, *les devisants-conteurs, qui n'entrent pas en scène comme témoins et qui content, au mieux, comme confidents des protagonistes, au pis et souvent, d'après « ouy-dire », ne cessent de rappeler cet impératif qu'ils imposent à leur « jeu ».*

Quelle est, où est exactement cette vérité qu'ils reven- diquent ? Les lecteurs naïfs la trouvaient certainement d'abord dans l'absence de tout merveilleux, de tout dépay- sement dans le temps ou dans l'espace. Les histoires de ces conteurs ne doivent rien aux vieux romans qui plai- saient encore au milieu du siècle avec leurs forêts aven- tureuses et leurs chevaliers en quête d'aventures, ni aux tout nouveaux Amadis *où surgissent aussi, sur le chemin des héros, les fées, les enchanteurs et les maléfices qu'il faut dissiper. Il y a bien, dans* L'Heptaméron, *une appa- rence de vérité immédiate et les récits ont tout l'air de s'enraciner dans le monde familier à ceux qui les font comme à ceux qui les écoutent. D'où ces débuts qui pré- cisent si volontiers les lieux et les temps, situant l'ac- tion dans un passé récent — hier ou avant-hier — sous Charles VIII ou Louis XII et, plus près encore, exacte- ment contemporain, sous François Ier. Quand, par excep- tion, on avoue songer à une très vieille histoire, on s'excuse et on hésite, comme dit celle qui va le faire, à raconter ce qui « n'est pas de nostre temps » (p. 559). C'est bien là, et doublement, manière de se distinguer de Boccace. Ces conteurs français se refusent les libertés de leur modèle italien qui n'hésite pas, quand il lui plaît, à dire merveilles, à dénouer une aventure par quelque tour de magie ou bien à voyager à travers les siècles pour situer le conte sous le consulat d'Octave-Auguste ou sous le règne de Salomon. Eux se refusent aux fantaisies,*

quelles qu'elles soient, et multiplient, bien plus que dans
le Décaméron, des allusions à l'identité de leurs personnages, prétendant souvent, par discrétion, dissimuler
leurs noms, tandis que l'auditoire, lui, prétend parfois les
reconnaître.

   Temps, lieux, noms propres cachés ou révélés, autant
d'indices partout épars qui sont là pour confirmer que
les histoires sont « véritables » et qu'à ces réalités acces-
soires répond nécessairement, dans une parole toute véridique, la réalité des incidents, des péripéties qui font le
nœud des récits. C'est prendre la formule à la lettre
comme le font les conteurs dans leurs annonces sans
jamais être contestés, sur ce point, par les auditeurs. Mais,
à bien y regarder, rien n'est si simple et le répertoire est
trop disparate pour que cette vérité première soit admise
sans discusssion, telle qu'elle se donne.

   Un bon nombre d'histoires ont leur garant en dehors
du texte, dans des documents d'archives ou des témoi-
gnages contemporains et, s'il est impossible de savoir ce
que Marguerite de Navarre ajoute, retranche, modifie,
du moins sommes-nous sûrs alors qu'elles prennent appui
sur des événements dont l'auteur ou sa famille furent
témoins. Ajoutons encore à ces histoires vraies toute une
série d'histoires plausibles, probables, dont les chroni-
ques du temps n'ont pas gardé trace, mais qu'il n'y a
pas lieu de mettre en doute : anecdotes de cour, mésaventures plaisantes ou tragiques, advenues dans l'entourage immédiat de la reine ou à proximité de sa résidence.
Tel quiproquo comique, entre des cordeliers et un boucher (N. 34), a toute chance d'être aussi réel que le fait
divers de l'inceste entre un curé et sa sœur (N. 33), le texte
leur donnant, à tous deux, un garant historique. Même
la scène surprenante où François Ier défie seul à seul le
comte allemand soupçonné de chercher à l'assassiner

*(N. 17) ne doit pas être une fable : ce comte « Guillaume »
porte un nom bien réel et on a trace des séjours qu'il fit
à la cour de France avant de passer au service de Charles
Quint. Tout pourtant — le décor de la forêt, la chasse
dont on s'écarte et qui se perd au loin, le geste et le bref
dialogue qui suit, le rire triomphal enfin — conviendrait
à un héros de ces « romans de chevalerie » que le roi se
plaisait à lire. À distance — et il en allait déjà ainsi
pour les premiers lecteurs qui n'avaient pas vécu auprès
de Marguerite de Navarre, dans le cercle de ses familiers —, on perd sa peine à vouloir faire le compte exact
des histoires « véritables ».*

*Mais cette vérité-là, qui serait, pour ainsi dire, la
matière première des récits, se fait parfois bien probléma-
tique. Dans un temps tout proche, dans des lieux connus,
se rencontrent sur tous les tons, rajeunies d'apparence
par leur mise en scène, de très vieilles histoires dont le
schéma n'a pas changé. Comment croire tout à fait aux
risibles mésaventures du mari borgne dupé par sa femme
(N. 6) ou du mari volage surpris à « bluter » à la place
de sa chambrière (N. 69) ? L'un serait — nous dit-on —
valet de chambre de Charles d'Alençon, du temps du
premier mariage de Marguerite, l'autre, un écuyer d'écurie du roi. Seulement ces deux maris jouent exactement
le même rôle dans deux des fameuses* Cent Nouvelles
Nouvelles *bourguignonnes (N. 16 et N. 17) imprimées
depuis longtemps. Comment croire qu'un ambassadeur
de Charles VIII nommé Bernage ait vu de ses yeux, en
Allemagne, à la table d'un seigneur, une femme condamnée à boire dans le crâne de son amant (N. 32) quand un
vieux roman du XIIe siècle, le* Protheselaus, *donne déjà
une version de ce macabre spectacle ? Et si la reine
n'en avait pas lu sans doute le manuscrit, elle devait
connaître la collection d'histoires des* Gesta Romano-

rum *ou leur traduction française partielle, ce* Violier des
Histoires romaines *imprimé dès 1521, où la scène était
reprise et moralisée. Encore faudrait-il ajouter à ce que
les récits de* L'Heptaméron *ont pu emprunter à la tradition écrite ce qu'ils doivent à la tradition orale, si vivace
alors. Dans la vie réelle aussi, on avait le loisir de raconter et les histoires se colportaient, se répétaient d'un lieu,
d'une génération à l'autre. Mais peu importe que l'inventaire des souvenirs et des emprunts ait ses incertitudes : ce qui est hors de doute, c'est que des histoires
« véritables » peuvent se révéler fictives, surgies d'un
passé bien plus lointain qu'il n'est dit et peuplées de
personnages déjà rencontrés ailleurs. Reste que les premiers lecteurs de* L'Heptaméron *ne devaient guère se
soucier de ce double jeu, aveugles peut-être, satisfaits
du moins que leur soient données pour neuves, mises au
goût du jour, de vieilles histoires enracinées dans l'imaginaire et qui avaient déjà beaucoup servi pour faire
rire ou pleurer. Ils y croyaient autant qu'il fallait pour y
prendre plaisir et, somme toute, on peut et même on doit
encore lire ainsi, attentif seulement à la force du récit et
indifférent aux jeux de reprises et de variations sur d'anciens motifs qui exigent, pour être perçus, quelque érudi-
tion et de patientes analyses.*

*La vérité « promise et jurée » (p. 251) n'est-elle pour
autant qu'une convention commode, quasi propre au
genre, qui permettrait à l'auteur de prendre de toutes
mains pour enrichir son répertoire et aux devisants-
conteurs de présenter pareillement, pour mieux séduire,
histoires vraies et vieilles histoires ? Si la petite société de
Sarrance se plaît à de « belles histoires », quelle qu'en
soit l'origine, les conteurs, quand ils prennent la parole,
ne paraissent pas se prêter à un jeu gratuit où le succès
tiendrait à une vérité d'apparence, illusoire ou non, et qui*

se confondrait avec le seul pouvoir de la fable. Leurs annonces — leurs « arguments », comme disait la première version du recueil — et plus encore leurs conclusions qui s'ajoutent au dénouement et le parachèvent affirment, au contraire, le sérieux de leurs propos et invitent à tirer de leurs contes une vérité d'un autre ordre. Les lecteurs d'aujourd'hui, à distance et moins immédiatement séduits par le récit, sont peut-être plus aisément disposés à prendre garde à cette volonté explicite, répétée sur tous les tons et par les dix conteurs, hommes ou femmes, jeunes ou non. Pour peu qu'on veuille bien prêter attention au texte tel qu'il est écrit, on ne peut ignorer leurs adresses à l'auditoire qui viennent constamment orienter les histoires qu'elles encadrent. Qu'une aventure soit donnée pour vraie, au sens le plus littéral, alors qu'elle est évidemment fictive, ou qu'elle soit au contraire historiquement attestée, les conteurs en font même usage. S'ils ne sont jamais, ou presque, garants directs des événements qu'ils rapportent, s'ils restent délibérément absents de la scène, fût-elle la cour où ils vivent, ils sont très visiblement présents en paroles pour donner sens à leurs récits. Histoires vraies ou vieilles histoires, aventures galantes, tragiques méprises, voire péripéties comiques, tout leur est bon pour faire entendre leur vérité de moraliste, vérité seconde qui ne dépend pas de la vérité première, celle de la matière mise en œuvre, mais qui impose de donner à un cas particulier, au-delà des circonstances, une portée générale et d'y trouver sujet à méditer. En ce sens, toute histoire est « véritable » qui, par l'étonnement qu'elle provoque, invite à un retour sur soi et Marguerite de Navarre aurait pu dire comme fera Montaigne à la fin de sa vie[1] :

---

1. Montaigne, *Essais*, Livre I, chap. XXI, Addition C, éd. Villey, t. I, p. 105.

Ainsi en l'estude que je traitte de noz mœurs et mouvemens, les tesmoignages fabuleux, pourveu qu'ils
soient possibles, y servent comme les vrais. Advenu ou
non advenu, à Paris ou à Rome, à Jean ou à Pierre,
c'est tousjours un tour de l'humaine capacité, duquel je
suis utilement advisé par ce récit. Je le voy et en fay
mon profit egalement en ombre que en corps.

*Tout y est, jusqu'au refus du merveilleux. Elle aurait pu
le dire, mais elle ne l'a pas dit et ses devisants-conteurs
n'avouent pas leur indifférence à la nature des « témoi-
gnages ». Seulement, que la vérité de leur histoire soit en
« ombre » ou en « corps », ils souhaitent toujours que
leurs auditeurs, qui figurent les lecteurs à venir, en fassent un égal « profit ». À toute occasion, les « cas » singuliers se veulent miroir véridique de l'homme, non pas de
sa « capacité », mais de sa faiblesse, de ses « miseres » et
de la « fragilité des cœurs ». Cela suffit à légitimer les
plus noires histoires, comme il est dit en préambule à celle
d'une grande dame « infame » (p. 455) :*

Puis que nous avons juré de dire la vérité, dist Oisille,
aussi avons nous de l'escouter. Parquoy vous pouvez
parler en liberté : car les maux, que nous disons des hommes ou des femmes, ne sont point pour la honte particulière de ceux desquels est faict le compte : mais pour
oster l'estime et la confiance des creatures, en monstrant
les miseres où elles sont subjectes, afin que nostre espoir
s'arreste et s'appuye à celuy seul qui est parfaict, et sans
lequel tout homme n'est que imperfection.

*C'est la voix de la plus âgée et de la plus dévote qui se
fait entendre ici, mais c'est bien le point de vue commun*

à tous, qu'ils y trouvent sujet à railler la présomption et ses folies ou à déplorer ses effets malheureux. Sous leurs yeux, la « malice » des méchants et la « bonté des bons » sont l'une et l'autre d'autant plus « admirables » que l'on ne voudrait ou ne pourrait les imiter (p. 467). Telle est, finalement, la vérité de leurs histoires, vérité qui se veut une leçon, à la fois morale et religieuse, tournée vers le monde tel qu'il est et constamment fondée en Dieu.

Avec cette vérité seconde, si clairement revendiquée, et malgré la complexité des nouvelles et de leurs personnages, on n'est pas si loin qu'il semble des « exemples » que les prédicateurs médiévaux utilisaient dans leurs sermons pour réveiller leur auditoire et inscrire la vérité dans les cœurs. Les récits de L'Heptaméron ne se veulent pas moins « efficaces[1] *». Le cas particulier, essentiel à la « nouvelle », occupe désormais le premier plan et il ne s'agit plus de rappeler au chrétien un précepte, un rite, des règles à respecter : le salut de l'homme se joue, ici, dans la vie intérieure, dans un rapport tout personnel de l'âme à Dieu. Mais les conteurs veulent leurs récits exemplaires dans une double perspective, à la fois pédagogique et rhétorique, preuves à l'appui d'une maxime, d'une thèse qu'ils ont d'abord affirmée, et modèles en bien ou en mal, à suivre ou à fuir. Aussi est-il très rare qu'ils hésitent au fil de leurs récits*[2]. *D'ordinaire, ils expliquent, jugent, admirent ou condamnent en accord avec le sens donné par avance ou du moins toujours défini au dénouement. Sous leur regard, les personnages se font transparents, les erreurs, les vices du dedans se font visibles. L'histoire du double inceste, qui se tisse en marge*

---

1. Voir Jacques Berlioz, « Le récit efficace : l'*exemplum* au service de la prédication », *Mélanges de l'École française de Rome. Moyen Âge. Temps modernes,* 92, 1, 1980, p. 113-146.
2. Exceptions : N. 24 (p. 298), N. 64 (p. 538).

de diverses traditions, est ainsi tout entière remodelée par le conteur pour dénoncer, non pas le péché de chair, mais la faute intérieure de l'héroïne, l'ignorance où elle est de sa propre faiblesse, son orgueil — son « cuidier » — qui la détourne de l'humilité où elle accède enfin quand son malheur est à son comble. La confession finale n'est plus montrée comme un rite purificateur, c'est le signe de cette conversion de l'âme (N. 30). L'exemple a ainsi changé de nature autant que de forme, mais le sens est toujours très clairement inscrit dans le récit.

Ce sens, les conteurs ne le perdent jamais de vue et on ne saurait les critiquer au nom de notre moderne vraisemblance. Les péripéties les plus surprenantes, les coïncidences les moins croyables peuvent servir à montrer Dieu à l'œuvre en faveur de ses élus. Les artifices de l'écriture, les poèmes ou les discours prêtés à des personnages que nous n'attendrions pas toujours si éloquents (N. 42) ni si bons versificateurs (N. 13) sont là pour marquer la courbe d'un destin, pour révéler un être dans sa grandeur (N. 21, N. 42) ou dans sa mauvaise foi (N. 15). Faux, si on les rapporte à la condition, à la situation des personnages, et plus encore peut-être à la parole improvisée des narrateurs, ils sont vrais parce que nécessaires au progrès de leurs récits, au sens qu'ils font découvrir chemin faisant. Ainsi peut s'expliquer que les conteurs de Sarrance ne renoncent pas aux beautés de la rhétorique où le dauphin, à la cour, voyait un danger pour la « vérité de l'histoire » (p. 66). Ils sont experts à tout ordonner selon la leçon qu'ils tirent en conclusion et qu'ils invitent les auditeurs à s'approprier, doublant les dénouements proprement narratifs d'épilogues moraux et abstraits.

La narratrice anonyme du plus ancien manuscrit, où les devisants-conteurs n'existaient pas, faisait ainsi, et le sens, alors, était définitif. Dans L'Heptaméron *amplifié, compliqué, devenu à double face, chaque récit et souvent même chaque conclusion provoquent un débat. Les conteurs se veulent encore maîtres du jeu — et ils le sont pour le temps du conte. Mais le conteur qui vient d'achever rentre aussitôt dans le rang et perd son autorité, tandis que les auditeurs silencieux reprennent la parole pour parler en liberté.*

Autour des histoires : la parole en liberté

Aux récits à une voix et à la leçon sur quoi ils paraissent se clore succèdent aussitôt, à chaque fois, des dialogues à plusieurs voix qui commencent toujours par leur faire écho et qui, dans le texte, n'ont pas une moindre place que les récits. La rupture formelle est évidente : après un conte qui se déroule d'un jet, mêlant imparfait et passé simple et réservant le présent pour les discours ou les rares dialogues rapportés au style direct, voici une suite de répliques, toutes transcrites au présent, comme dans une scène de théâtre, et reliées par des incises au passé qui distribuent les rôles et précisent parfois le ton ou le geste. Quant au conteur, il tient seulement sa partie parmi les autres. Dans ces « discours » en dialogue où la reine, selon Gruget, « a passé » Boccace, la parole est désormais aux auditeurs.

Mais pourquoi parlent-ils ? C'est que les histoires ne se concluent pas tout à fait sur leur dénouement et la leçon explicite du conteur. Chacun peut avoir son mot à dire sur ce qu'il a entendu et veut le dire. On est loin des brèves mentions de Boccace, notant seulement, après les nouvelles, le rire ou les larmes. Les dialogues ont beau varier de longueur et de ton, et varier encore dans l'atten-

tion que le débat porte à l'histoire qui vient de s'ache-
ver, cette liberté, qui concourt à l'illusion du naturel,
n'exclut pas une constante : c'est bien d'abord, et en tous
les cas, de l'histoire qu'il est question. Ainsi se trouvent
représentés, sur le vif, l'effet qu'elle a produit, les juge-
ments qu'elle suscite et qui exigent parfois du lecteur,
pour être compris, une référence aux moeurs et aux inté-
rêts d'un groupe aristocratique, voire à tout le contexte
social et moral du temps (N. 12, N. 40). Mais, outre l'in-
térêt historique, voire documentaire, que prennent ainsi,
par endroits, les propos des auditeurs, ils importent litté-
rairement au texte et impliquent, face aux nouvelles, une
certaine manière de les écouter, de les lire. Le conteur a
dit son conte sans rien laisser dans l'ombre et l'a voulu
porteur d'une vérité. Après ces certitudes, après ce « dis-
cours d'autorité », voici venu le temps des questions, des
objections et, comme a bien dit Gisèle Mathieu-Castellani,
« l'ère du soupçon[1] *».*

L'accord est rare, dans l'admiration (N. 2, N. 17)
comme dans la réprobation (N. 33, N. 49) : les devisants
alors ne se soucient plus d'une histoire qui a trouvé son
point final et s'ils dialoguent encore, c'est pour confron-
ter leurs expériences et leurs convictions. Mais d'ordi-
naire le cercle des auditeurs n'est pas unanime. Il s'en
trouve pour refuser de croire au triomphe de la vertu
féminine en jugeant que le séducteur a manqué de har-
diesse (N. 4, N. 10), ou bien pour se plaire à un paradoxal
renversement des valeurs et voir « folie », mélancolie et
désespoir chez des amants vertueux qui renoncent au
bonheur humain et se tournent vers Dieu (N. 19). Cer-
tains sont habiles à déduire des « cas » entendus une

1. Gisèle Mathieu-Castellani, *La Conversation conteuse*, p. 82 et p. 65 ; voir la Bibliographie.

leçon inattendue, moins simple, nourrie de doutes et non d'assurance, une leçon qui invite à se défier des belles apparences, à supposer, en marge du récit tel qu'il a été conduit, des circonstances propres à expliquer autrement les conduites, voire des motifs secrets dont les acteurs étaient plus ou moins inconscients. Les auditeurs, plus que les auditrices, sont prompts à jouer ce jeu ironique, alternant ou mêlant intrigues hypothétiques et critiques morales : la sagesse austère des héroïnes est volontiers expliquée par la présence d'un amant caché et favorisé (N. 13, N. 38, N. 42), les gestes ou les discours les plus vertueux seraient commandés par l'orgueil et le souci de gloire. Pour Oisille même, qui rappelle expressément les dangers du soupçon (p. 390), un acte n'est transparent qu'au seul regard de Dieu — ce « Dieu qui juge le cueur », comme dit ailleurs Longarine (p. 328).

Avec cette liberté de parole, avec cette diversité dans la manière de prendre le conte, avec le plaisir qu'il y a à le faire autre qu'il n'a été dit, plus rien, semble-t-il, ne demeure de la tradition des exempla *médiévaux. La rupture, en effet, n'est pas tant dans l'attention portée aux cas particuliers que dans un nouvel usage des histoires : au lieu de rendre une vérité évidente, intelligible à tous, elles deviennent matière à débats, elles changent de face selon le point de vue d'où elles s'envisagent. C'est là une nouveauté, une trouvaille qui vient modifier la version la plus ancienne où les leçons se juxtaposaient sans être mises en question[1]. Il ne faut pas conclure pour autant à l'oubli de l'exemple : ce qui provoque le débat et peut même le nourrir de bout en bout, ce n'est pas le conte en lui-même et ses péripéties, ce ne sont pas ses*

---

1. Le premier état manuscrit du texte (B.N. fr. 1513, 28 nouvelles seulement) n'a ni devisants, ni débats, mais chaque nouvelle se termine sur une leçon intitulée « Conclusion ».

personnages vus dans leur singularité, c'est bien encore l'exemple et le sens qu'il faut donner à une aventure, à une conduite. À l'affirmation d'une vérité donnée une fois pour toutes se substitue la quête de la vérité dans des débats de moralistes, où l'on veut dévoiler, démasquer les mensonges possibles et l'insidieuse mauvaise foi. Les « cas » racontés, simplement exemplaires pour les conteurs, le sont encore, par un autre biais, pour des auditeurs qui trouvent là matière à méditer et, plus ou moins explicitement, l'occasion d'un retour sur soi. Les histoires restent ainsi « véritables » par l'attention qui leur est prêtée et cette liberté de parole et de jugement qui s'exerce à leur propos est encore manière de les prendre au sérieux.

Mais ces libres propos sont aussi le lieu où s'oublient les histoires et leurs acteurs : avec les débats qui rythment leur succession, le lecteur passe et repasse du genre narratif au genre dialogué et voit ainsi surgir au premier plan d'autres personnages à qui rien n'arrive, qui cessent de conter seulement pour se faire, comme on dit, « devisants », et qui réussissent à exister précisément par leur seule liberté de parole.

Pour la première fois peut-être dans l'histoire de notre prose, l'écriture joue sur l'illusion du naturel et multiplie les marques du dialogue oral : questions, réponses, exclamations, interruptions, contradictions, renchérissements et souvent, pour mieux enchaîner, des reprises de mots. Pas d'évidente rhétorique comme dans les poèmes ou les discours éloquents qui suspendent, au besoin, les récits, mais un langage apparemment sans recherche, commun à tous les interlocuteurs et qu'ils savent varier à leur gré. La liberté règne : nul n'a par avance autorité pour prendre et garder la parole, tous ont droit, à l'occasion, à leur tirade, à ce que les linguistes appellent un

« *grand tour* » , *depuis la plus âgée jusqu'à la plus jeune,
et, si l'on proscrit les obscénités, les termes trop crus, si
l'on s'excuse parfois avant de dire un conte qui n'est
pas* « *honnête* », *les propos échangés peuvent aller de
la joyeuse plaisanterie, de l'ironie, à la violence ou à la
plus extrême gravité. On peut alléguer la Bible sans
craindre que la référence ne soit pas aussitôt saisie ; on
peut citer l'Évangile à l'appui d'une maxime, mais aussi
— fût-on, comme Oisille, un modèle de dévotion — en
jouant sur les mots, et il est entendu qu'il faut se garder de
tomber* « *en la philosophie et theologie* » *(p. 368). Si les
devis se font très souvent* « *debats* » *(p. 521), chacun
s'accorde, sans le dire, sur ce qui convient dans ces
échanges entre gens du même monde. Ce sont bien là les
débuts du dialogue mondain, avec une vivacité, une
aisance qui resteront longtemps inégalées : les entre-
tiens des bergers de* L'Astrée, *les* « *conversations* » *des
romans de Madeleine de Scudéry seront plus guindés et
n'auront pas la souplesse de ces dialogues si réussis
qu'ils font oublier leur artifice au profit des voix qui s'y
répondent comme au naturel.*

   *Ces dialogues, en effet, font entendre, et très clairement,
les divers* « *entreparleurs* » *ou* « *personnages parlants* »,
comme on disait au XVIe *siècle, et ils suffisent à donner
corps à ces nouveaux acteurs qui, entre chaque histoire,
sont seuls en scène. Les critiques curieux d'arrière-plan
historique sont portés à reconnaître dans leurs noms
bizarres des anagrammes plus ou moins approximatifs ou
des surnoms convenant au rôle qu'ils tiennent. Parlamente — celle qui porte la parole — serait Marguerite
elle-même ; Oisille, sa mère Louise de Savoie (Loïse) ;
Hircan, Henric, Henri en béarnais, son second mari Henri
de Navarre : ce sont les plus significatives et les moins
hasardeuses des identifications. Mais ce jeu reste bien*

trop simpliste pour définir les rapports entre l'auteur et ses devisants. Qu'elle ait songé à telle ou telle figure familière, qu'elle ait prêté à telle ou telle devisante ses convictions, ses préférences, voire qu'elle se soit souvenu des propos qui se disaient dans son cercle, on doit l'admettre ; mais ce n'était là qu'une matière où elle a puisé pour composer des personnages, et, somme toute, on a tort de prétendre obstinément lever les masques et chercher les clefs, au lieu d'en rester aux acteurs que le texte met en scène.

Doit-on aussi renoncer à un autre jeu, plus répandu encore chez les critiques, celui des portraits ? Il est bien tentant, à travers ces dialogues, de découvrir des caractères. On l'a trop fait, je crois, et je ne m'y attarderai pas ici : chaque lecteur peut aisément s'y essayer pour son propre compte. Encore faut-il reconnaître que ces portraits psychologiques, si volontiers dessinés, prennent pour modèles des devisants qui, sous nos yeux, sont seulement des « personnages parlants » — et rien d'autre. Il y a bien entre eux, à l'arrière-plan, des liens amoureux et peut-être des intrigues galantes comme il convient en pareil milieu : on l'entrevoit par des allusions, des mots à double entente[1]. Mais à Sarrance ils n'ont pas d'histoire, ou du moins pas d'histoire qui nous soit racontée. Entre leurs propos la narratrice n'intervient pas comme le ferait un romancier pour commenter et analyser leurs sentiments — cela, c'est la part des conteurs face aux acteurs de leurs nouvelles —, elle se borne, au mieux, à indiquer un jeu de scène, une intonation pour éclairer une réplique. Pas de roman des devisants, donc, mais, malgré l'apparence, pas davantage de comédie. Leurs portraits se dessinent à partir de rôles

---

1. Certaines disputes rappellent, par allusions, des conduites passées.

parlés, comme au théâtre ; seulement, ces rôles, ici, ne sont que paroles. Tandis qu'un personnage de théâtre parle en situation, dans une action, et se définit à la fois par ce qu'il dit et par ce que les autres disent de lui en son absence, les devisants de L'Heptaméron *sont toujours ensemble, ne débattent pas de ce qu'ils font ou vont faire et parlent, comme gratuitement, à propos des histoires qu'ils ont écoutées, ne s'en détournant que pour passer du particulier au général.*

Leur rôle parlé suffit pourtant à dessiner, au fil de la lecture, des personnages distincts. S'ils partagent un même langage et les mêmes références, ils s'opposent dans des débats où l'on peut aisément retrouver les sujets dont on disputait à la cour et à la ville, en vers comme en prose : la vertu, celle des hommes et celle des femmes, le mariage, l'amour sous ses multiples formes, des variations en marge de ce qu'il est convenu d'appeler « la querelle des amies[1] *». Il y a longtemps que l'on a voulu, dans cette perspective, privilégier le discours de Parlamente dont on fait trop vite le porte-parole de l'auteur. Mais ce qui importe, c'est que ces disputes dépendent d'un jeu de rôles fermement mis en scène.*

Rien à voir avec les exposés doctrinaux déployés à loisir dans les dialogues moraux et philosophiques qui sont en passe, vers 1560, de former un nouveau genre et où la pluralité des interlocuteurs sert, au mieux, à faire progresser méthodiquement la réflexion à travers les thèses successives. Ici, pas de système, pas même de dialogue voué à traiter en totalité telle ou telle question, mais des séries de répliques qui, sur des thèmes récurrents,

---

1. L'expression renvoie aux débats suscités par des poèmes qui se succédèrent en se répondant : en 1541, *L'Amie de Cour* de Bertrand de La Borderie et *La contr'Amie de Cour* de Charles Fontaine, en 1542, *La Parfaite Amie* d'Antoine Heroët.

*se font écho d'un dialogue à l'autre, se répondent, se
complètent, se corrigent au besoin, et qui sont toujours à
lire d'abord dans leur contexte immédiat. L'amour « parfait », par exemple, est diversement envisagé : moralement, socialement, c'est l'amour « honnête » qui ne
recherche pas l'union sexuelle hors du mariage et cette
définition fonde, à l'occasion, l'éloge ou le blâme ; d'un
point de vue métaphysique, en écho au néo-platonisme
mis à la mode par Marsile Ficin dans son commentaire
du* Banquet, *c'est un amour qui se détache par degrés du
désir pour se faire tout spirituel et s'achever en Dieu.
Mais, au fil des débats, autour de cette double définition,
les répliques éclairent aussi l'écart, le conflit entre
l'idéal et l'expérience vécue. Les hommes avouent volontiers que le langage de l'amour parfait est pour eux un
commode moyen de séduction et les femmes invitent à se
défier des déclarations des « parfaits amants ». Aimer
« parfaitement », dans l'esprit et parfois dans les propos
des devisants masculins, devient, par une radicale inversion du sens, l'équivalent exact de l'ardeur guerrière qui
ne recule devant aucune violence pour conquérir et, si
l'amour humain peut être vécu comme une initiation à
l'amour divin, encore le passage de l'un à l'autre ne va-
t-il jamais sans déchirement, sans difficulté. L'amour de
la créature peut se nourrir d'illusion sur autrui et, plus
grave encore, d'illusion sur soi-même. Il peut se faire
piège par sa perfection même et lier l'âme de liens terrestres impossibles à dénouer sans le secours de la grâce
divine, cette grâce dont Parlamente rappelle la nécessité
précisément pour conclure le discours le plus néo-plato-
nicien de tout* L'Heptaméron *(p. 243).*

*Ainsi, à tout propos, il y a bien débat d'idées, mais
débat toujours inachevé, qui court d'un dialogue à l'autre
et dont la mobilité, les interruptions, les reprises servent*

à créer la polyphonie à quoi les modernes critiques sont si sensibles. À l'analyse, cette étonnante polyphonie révèle la complexité de l'expérience de Marguerite de Navarre et peut-être l'inquiétude où Verdun L. Saulnier voyait la marque de sa vie intérieure et de sa spiritualité[1]. Mais, dans le texte, elle a pour premier effet de donner à chaque devisant son rôle et sa place : ce qui les distingue, ce n'est pas la manière dont ils parlent, c'est la matière de leur discours, les positions qu'ils prennent, les convictions qu'ils formulent. Peu à peu, d'un dialogue à l'autre, à travers les variations, s'imposent des constantes. On finit par les reconnaître à peu près à ce qu'ils disent et si l'on risque, en rassemblant leurs répliques, de négliger le contexte immédiat qui les commande et l'accent qui les distingue, du moins peut-on voir alors comment ces dialogues si libres d'allure s'organisent subtilement pour donner à chacun sa voix propre. Paroles en liberté, mais paroles au service de personnages paradoxaux à qui rien n'arrive, qui ne font rien, et qui existent pourtant avec assez de force pour inviter chaque lecteur à dessiner leurs figures. Les « diverses opinions » appartiennent à qui les énonce et ces débats d'idées sont toujours, en même temps, des disputes qui révèlent des « devisants » singuliers, à la fois assez proches pour se comprendre, voire pour s'accorder parfois, assez différents pour tenir chacun sa partie.

Ce sont les mêmes pourtant qui se font tous semblables quand vient leur tour d'être conteurs. À peine peut-on noter, en accord avec leurs personnages, des préférences dans le choix des sujets : Hircan a du goût pour les situations scabreuses, Nomerfide s'en tient à de brèves

---

1. V. L. Saulnier, éd. du *Théâtre profane,* introduction (p. XVIII) ; voir la Bibliographie.

*drôleries, mais la dévote Oisille choisit volontiers de som-
bres drames. Tous, même les plus cyniquement jouisseurs,
s'appliquent pareillement à conduire le récit en lui donnant sa pleine portée morale jusqu'au double dénouement qui dispose des acteurs et propose une leçon : quand
ils disent leurs histoires, leur singularité peut s'oublier.
Ils la retrouvent d'un coup, ils en jouent sans réticence
quand, d'auditeurs silencieux, ils deviennent devisants
par la liberté de parole qui leur est aussitôt rendue dès
que le conteur se tait. Dans ce recueil à double face où
voisinent récits et dialogues, chacun en somme — Oisille,
Hircan, Parlamente et les autres — tient un double rôle.*

Un « livre de morale »

*Du matin au soir, entre histoires et débats, le recueil
doit sa cohérence à la présence de ces personnages que
les aventures du Prologue ont rassemblés et isolés par
un hasard où Dieu était à l'œuvre.*

*Toujours en scène, ce sont eux que l'on voit au matin
méditer autour d'Oisille avant d'aller écouter « devotement » la messe. Cette religieuse méditation par quoi commencent leurs journées figure la vraie dévotion qui n'est
pas soumission machinale à des rites, mais disposition
intérieure, dialogue d'une âme avec son Dieu, et il importe
que ces mondains sachent s'enflammer, à la voix d'Oisille,
du feu de l'amour divin. Sans trop fabuler, on peut y
voir la marque d'un auteur qui s'est voulu quasi invisible, mais qui a toujours vécu, peut-être avec inquiétude,
entre mondanité et dévotion.*

*L'après-midi, fidèles à leur programme, tous mettent
un égal empressement à dire leurs « nouvelles » et Oisille
même, qui trouve sa joie à lire l'Écriture sainte, craint*

de voir s'interrompre la suite de ces « si belles histoi-
res ». Le soir venu, ils y songent encore, cherchant, choi-
sissant les « cas dignes de mémoire » qu'ils pourront
dire le lendemain. Mais, dans le pré où ils ont conté, ils
ont aussi débattu et au souper ils n'oublient pas non
plus leurs « questions » et leurs « propos ». Dans les quel-
ques lignes qui suffisent au tableau des fins de journées,
on retrouve alors des conteurs-devisants visiblement
fidèles à leur double rôle.

Le goût des histoires et la curiosité qu'ils portent à
leurs acteurs montrent ces mondains redevenus attentifs
au monde. Ils y reconnaissent, comme dit Oisille, la « dif-
formité » du temps où ils vivent, mais ils ne se lassent pas
de ce théâtre d'ombres où ils voient passer toutes les
passions humaines : c'est le lieu propice à s'interroger,
à peser les mots et à sonder les cœurs. Il est probable
qu'il y a là, savamment agencé, le reflet des débats que
pouvait susciter tel ou tel « cas admirable » dans les
cercles princiers où vivait Marguerite. Mais ce fut aussi
sans doute manière d'inviter le lecteur à regarder par
les yeux des devisants ces « exemples » si variés, à y
découvrir, comme eux, les pièges de l'apparence et les
dangers de l'orgueil qui pervertit jusqu'aux vertus, et à
ne pas dissocier le plaisir des histoires des « propos »
qui les suivent, les prolongent et les interprètent.

Ces devisants-conteurs, ou ces conteurs-devisants,
comme on voudra, sont encore là aujourd'hui pour nous
inviter à lire L'Heptaméron *dans toute sa complexité. Ce*
n'est pas seulement, comme on pourrait le croire à pre-
mière vue, un « gentil livre pour son estoffe[1] *». Des liens*
subtils s'y tissent partout entre les « belles histoires »,
les débats capricieux où s'affrontent de très divers per-

---

1. Montaigne, *Essais*, Livre II, chap. xi, éd. Villey, p. 134.

sonnages et la foi qui les unit en un Dieu exigeant
d'abord l'humilité des cœurs. C'est défaire cette tissure
essentielle que d'y voir, sans plus, ce qui fut autrefois un
divertissement facile ou bien, de n'en retenir, à l'inverse,
comme il arrive aux exégètes les plus ingénieux, que la
polyphonie des débats. Un regard lucide sur le théâtre
du monde où se mêlent farces et drames, une méditation
qui ramène l'homme à sa misère et à son orgueil avec,
pour seul recours, la grâce divine suffisent à tout rassembler, à tout organiser dans ce « livre de morale » —
le mot est de Lucien Febvre[1] — tourné à la fois vers les
désordres d'une société que la reine connaissait de si
près et vers le Dieu qui peuple ses plus beaux poèmes.
Rien de mieux pour conclure que ce que disait Claude
Gruget en tête de l'édition de 1559 :

La Royne [...] en se jouant sur les actes de la vie
humaine a laissé si belles instructions, qu'il n'y a celuy,
qui n'y trouve matière d'erudition.

*Entendons matière à s'instruire — sur autrui et sur
soi-même.*

Nicole Cazauran

POST-SCRIPTUM TRÈS NÉCESSAIRE

Notre texte de base est celui de 1559, donné par Claude
Gruget et négligé par les spécialistes[2] depuis que Le Roux de

---

1. Lucien Febvre, *Autour de « L'Heptaméron »* ; voir la Bibliographie.
2. Il a été repris en orthographe modernisée, sans annotation, avec une
brève présentation, par Claude Mettra. Voir la Bibliographie.

Lincy en 1853-1854 a donné un texte établi sur un manuscrit de la Bibliothèque nationale (Fr. 1512) qui, malgré ses imperfections, est devenu la référence obligée.

Nul n'a contesté qu'il y avait là un progrès notable dans la connaissance de l'œuvre.

Pourquoi donc, en apparence, revenir en arrière ? Tout bonnement parce qu'il est impossible de savoir s'il y a, parmi les manuscrits répertoriés, une version, sinon définitive (puisque l'œuvre paraît inachevée), du moins revue par l'auteur. Certes, les divergences importantes sont rares : quelques hésitations dans la distribution des répliques, deux versions pour une nouvelle de médiocre importance (N. 52), un dénouement qui fait mourir tantôt le mari, tantôt le beau-frère (N. 23), c'est à peu près tout. Mais les détails, eux, varient souvent — ordre des mots, temps des verbes, voire, parfois, choix des adjectifs… Face à ces incertitudes, *L'Heptaméron* édité par Claude Gruget est bien le texte qui fut lu d'abord et pendant longtemps.

Mais que faire des leçons manifestement fautives et surtout comment s'accommoder des quelques infidélités révélées par le recours aux manuscrits — coupures ou récritures — et des trois nouvelles substituées à d'autres ? Il n'était pas question de proposer au lecteur d'aujourd'hui un *Heptaméron* par endroits tronqué et trahi.

D'où l'emploi des italiques, des notes de bas de page et des crochets. *L'italique* signale toute addition ou modification que nous avons introduite dans le texte de l'édition Gruget, soit pour corriger d'évidentes bévues, soit pour rétablir la version des manuscrits quand Gruget, suivant Boaistuau, l'avait abrégée ou changée par prudence. Pour ce faire, nous avons choisi un manuscrit de référence — choix justifié dans la « Note sur les manuscrits et Éditions anciennes de *L'Heptaméron* » (p. 606). Les *notes de bas de page* (appelées par des lettres) permettent, quand Gruget ne s'est pas contenté de couper un ou plusieurs mots, de retrouver le texte tel qu'il l'a publié en 1559. Enfin, *entre crochets aigus* (< >), car les *parenthèses* sont déjà utilisées par l'imprimeur du XVIe siècle, figurent les rares mots du texte de 1559 qui sont à supprimer pour faire sens ou retrouver la leçon primitive. Puis, entre *crochets droits* ([ ]), on trouvera les rares ajouts de Gruget à l'œuvre de la reine (p. 99, 472, 488, 491, par ex.).

Pour les trois nouvelles substituées (voir Préface, p. 15), nous avons donné à leur place, sous le même numéro, *entre crochets droits* [ ] et en plus petits caractères, la nouvelle de l'édition de Gruget, *en italique*, la nouvelle originale.

Il est ainsi possible de lire le texte sans discontinuité, mais aussi de mesurer les interventions de l'éditeur de 1559 (souvent inaugurées dès 1558) : suppressions des noms propres mettant en cause des personnages connus et surtout coupures ou récritures des passages qui risquaient, à la veille des guerres de Religion, de ranger Marguerite de Navarre, tante du roi régnant, du côté des réformés.

Le lecteur trouvera, en fin de volume, un Glossaire. Les mots y figurant sont notés dans le texte par des astérisques, y compris ceux encore en usage chaque fois qu'ils sont employés dans un sens archaïque. Nous avons adjoint au Glossaire une liste permettant d'identifier les noms de lieux malgré des graphies anciennes ou aberrantes.

Nous avons tenu à respecter, autant que faire se pouvait, la physionomie du texte édité en 1559 (voir sur ce point la note sur le « Texte de la présente édition », p. 604). Ni l'orthographe, ni la ponctuation du temps, qui cherche à marquer pauses et reliefs pour une lecture à haute voix, ne font vraiment obstacle. Un peu d'attention et de bonne volonté suffit pour goûter un texte qui garde, pour ainsi dire, son costume d'époque.

Nicole Cazauran et Sylvie Lefèvre

L'Heptaméron des Nouvelles
de la Royne de Navarre

PROLOGUE

Le premier jour de septembre, que les baings des
monts Pyrenées commencent d'entrer en vertu, se trouverent à ceux de Caulderets[1], plusieurs personnes tant de
France, Espaigne, que d'autres lieux : les uns pour boire
de l'eau, les autres pour s'y baigner, et les autres pour
prendre de la fange : qui sont choses si merveilleuses,
que les malades abandonnez des medecins, s'en retour-
nent tous gueriz. Ma fin n'est de vous declarer la situation ne la vertu des bains, mais seulement de racompter
ce qui sert à la matiere que je veux escrire. En ces bains
là demeurerent plus de trois sepmaines tous les malades,
jusques à ce que par leur amandement ils cogneurent
qu'ils s'en pouvoient retourner. Mais sur le temps de ce
retour, vindrent* les pluyes si merveilleuses*, et si grandes, qu'il sembloit que Dieu eust oublié la promesse qu'il
avoit faicte à Noé, de ne destruire plus le monde par eau[2].
Car toutes les cabanes et logis dudict Caulderets, furent si
rempliz d'eau, qu'il fut impossible d'y demourer. Ceux
qui estoient venuz du costé d'Espaigne, s'en retournerent
par les montaignes, le mieulx qu'il leur fut possible : et
ceux qui cognoissoient les adresses* des chemins, furent
ceux qui mieux eschapperent. Mais les seigneurs et dames
François (pensans retourner aussi facilement à Therbes,

comme ils estoient venuz) trouverent les petits ruisseaux si fort creux*, qu'à peine les peurent ils gayer*. Mais quand ce vint à passer le Gave Biernois, qu'en allant n'avoit point deux pieds de profondeur, le trouverent tant grand et impetueux, qu'ils se destournerent pour chercher les ponts, lesquels pour n'estre que de bois furent emportez par la vehemence de l'eau : et quelques uns cuidans* rompre la roideur du cours, pour s'assembler plusieurs ensemble, furent emportez si promptement, que ceux qui les vouloient suyvir, perdirent le pouvoir et le desir d'aller après. Parquoy tant pour chercher chemin nouveau, que pour estre de diverses opinions, se separerent. Les uns traverserent la hauteur des montaignes[1], et passans par Arragon, vindrent en la comté de Rossillon, et de là à Narbonne : les autres s'en allerent droict à Barselonne : où par la mer les uns s'en allerent à Marseille, et les autres à Aiguesmortes.

Mais une dame vefve* de longue experience (nommée Oisille)[2] se delibera d'oublier toute crainte pour les mauvais chemins, jusques à ce qu'elle fust venuë à Nostre Dame de Serrance, *non qu'elle fut si supersticieuse qu'elle pensast que la glorieuse Vierge laissat la dextre de son filz où elle est assize pour venir demourer en terre deserte, mais seulement pour envye de veoir ce devot lieu[3] dont elle avoit tant ouy parler, aussi qu'elle estoit* seure[a] que s'il y avoit moyen d'eschapper d'un danger, que les moynes le devoient bien trouver : et feist tant qu'elle y arriva, passant de si estrangers* lieux, et si difficiles à monter et descendre, que son aage et pesanteur ne la garderent point d'aller à pied la plus part du chemin. Mais la pitié fut, que la plus part de ses gens, et chevaux, demeurerent morts par les chemins, et arriva à Serrance avec un

a. Serrance estant seure

homme et une femme seulement, où elle fut charitable-
ment receuë des religieux. Il y avoit aussi parmy les François deux gentils hommes qui estoient allez aux bains,
plus pour accompaigner les dames (dont ils estoient serviteurs[*1]) que pour faulte qu'ils eussent de santé. Ces gentils-hommes icy voyans la compaignie se departir, et que
les mariz de leurs dames les emmenoient à part, penserent
de les suivre de loing, sans soy declarer à personne. Mais
un soir estans les deux gentils-hommes mariez, et leurs
femmes arrivez en la maison d'un homme plus bandolier[*]
que paisant, et les deux jeunes gentils-hommes logez en
une borde[*] tout joignant de là, environ la minuict ouyrent
un tresgrand bruit, au son duquel ils se leverent avec leurs
varlets, et demanderent à l'hoste quel tumulte c'estoit.
Le pauvre homme (qui avoit sa part de la peur) dist, que
c'estoient mauvais garsons qui venoient prendre leur part
de la proye qui estoit chez leur compaignon bandolier.
Parquoy les gentils-hommes incontinent prindrent leurs
armes, et avecques leurs varlets s'en allerent secourir les
dames, pour lesquelles ils estimoient la mort plus heureuse, que la vie après elles. Et ainsi qu'ils arriverent au
logis, trouverent la premiere porte rompue, et les deux
gentils-hommes avec leurs serviteurs se defendans vertueusement[*]. Mais pource que le nombre des bandoliers
estoit le plus grand, et aussi qu'ils estoient fort blessez,
commencerent à se retirer, ayans perdu desjà grand partie
de leurs serviteurs. Les deux gentils-hommes regardans
aux fenestres veirent les deux dames pleurantes et criantes
si fort, que la pitié et l'amour leur creut le cueur, de sorte
que comme deux Ours enragez descendans des montaignes fraperent sur ces bandoliers tant furieusement qu'il y
en eut si grand nombre de morts, que le demeurant ne
voulut plus attendre leurs coups, mais s'enfuirent où ils
sçavoient bien leurs retraictes.

Les gentils-hommes ayans deffaict ces meschans (dont l'hoste estoit l'un des morts) et ayant entendu que l'hostesse estoit pire que son mary, l'envoyerent après luy par un coup d'espée : et entrans en une chambre basse, trouverent un des gentils-hommes marié qui rendoit l'esprit : l'autre n'avoit eu nul mal, sinon qu'il avoit tout son habillement percé de coups de traict*, et son espée rompue. Le gentil-homme voyant le secours que ces deux luy avoient faict, après les avoir embrassez et merciez*, les pria de ne l'abandonner point, qui leur estoit requeste fort aisée à faire. Parquoy après avoir faict enterrer le gentil-homme mort, et reconforté sa femme au mieulx qu'ils peurent, prindrent* leur chemin où Dieu les conseilloit, sans sçavoir lequel ils devoient tenir. S'il vous plaist de sçavoir le nom des trois gentils-hommes : le marié avoit nom Hircan, et sa femme Parlamente, et l'autre damoiselle* vefve* Longarine : et le nom des deux jeunes gentils-hommes, l'un estoit Dagoucin, l'autre Saffredent[1]. Et après qu'ils eurent esté tout le jour à cheval, aviserent sur le soir un clocher où le mieux qu'il leur fut possible (non sans travail et peine) arriverent, et furent de l'abbé et des moynes humainement receuz. L'abbaye se nomme Sainct-Savin[2], l'abbé qui estoit de fort bonne maison*, les logea honorablement, et en les menant en son logis, leur demanda de leurs fortunes. Et après qu'il eut entendu la verité du faict, leur dist qu'ils n'estoient pas tous seuls qui avoient part à ce gasteau, car il y avoit en une autre chambre deux damoiselles qui avoient eschappé pareil danger, ou plus grand, d'autant qu'aux hommes y a quelque misericorde, et aux bestes non : car les pauvres dames à demie lieuë deça Peyrchite avoient trouvé un ours descendant de la montaigne, devant lequel avoient prins la course à si grand haste, que leurs chevaux à l'entrée du logis tumberent morts soubs elles : et deux de leurs femmes qui estoient venuës long temps après, leur avoient compté, que l'ours avoit tué tous leurs serviteurs. Lors les deux dames et les trois gentils-hommes entrerent en la chambre où elles estoient, et les trouverent plorantes, et cogneurent que c'estoit Nomerfide et Emarsuitte[1] : lesquelles s'embrassant et racomptant ce qu'il leur estoit advenu, commencerent à se reconforter avec les bonnes exhortacions du bon abbé, de s'estre ainsi retrouvées. Et le matin ouyrent la messe bien devotement, loüans Dieu, des perils qu'ils avoient eschappez.

Ainsi qu'ils estoient tous à la messe, va entrer en l'Eglise un homme tout en chemise, fuyant comme si quelqu'un le chassoit, criant à l'aide. Incontinent Hircan, et les autres gentils-hommes allerent au devant de luy, pour veoir que c'estoit et veirent deux hommes après luy leurs espées tirées : lesquels voyant si grande compaignie, voulurent prendre la fuitte : mais Hircan et ses compaignons les suyvirent de si près, qu'ils y laisserent la vie. Et quand ledict Hircan fut retourné, trouva que celuy qui estoit en chemise, estoit un de leurs compaignons nommé Guebron, lequel leur compta comme estant en une borde* auprès de Peyrchite, arriverent trois hommes, luy estant au lict : mais tout en chemise avec son espée seulement en blessa si bien un, qu'il demeura sur la place : et tandis que les deux autres s'amuserent à recueillir leur compaignon (voyant qu'il estoit nud, et eux armez) pensa qu'il ne les pourroit gaigner* si non à fuir, comme le moins chargé d'habillements, dont il loüa Dieu, et ceux qui en avoient faict la vengeance. Après qu'ils eurent ouy la messe et disné, envoierent voir s'il estoit possible de passer la riviere du Gave, et cognoissans l'impossibilité du passage, furent en une merveilleuse* crainte, combien que l'abbé plusieurs fois leur offrit la demeure du lieu, jusques à ce que les eaux fussent abbaissées, ce qu'ils accorderent

pour ce jour. Et au soir s'en allant coucher, arriva un vieil
moyne, qui toutes les années ne failloit* point à la Nostre
Dame de Septembre[1] d'aller à Serrance : et en luy demandant des nouvelles de son voyage, dit qu'à cause des
grandes eaux estoit venu par les montaignes, et par les
plus mauvais chemins qu'il avoit jamais faicts, mais qu'il
avoit veu une bien grande pitié. C'est qu'il avoit trouvé un
gentil-homme nommé Simontault, lequel ennuyé de la
longue demeure que faisoit la riviere à s'abbaisser, s'estoit deliberé de la forcer, se confiant en la bonté de son
cheval, et avoit mis tous ses serviteurs alentour de luy,
pour rompre l'eau : mais quand *ce* fut au grand cours,
ceux qui estoient les plus mal montez, furent emportez
hommes et chevaux, tous à val l'eau, sans jamais en
retourner. Le gentil-homme se voyant seul, tourna son
cheval de la où il venoit, qui ne sceut estre si promptement qu'il ne faillist* soubs luy : mais Dieu voulut qu'il
fust si près de la rive, que le gentil-homme (non sans
boire beaucoup d'eau) se trainant à quatre pieds, saillit*
dehors sur les durs cailloux, tant las et foible qu'il ne se
pouvoit soustenir : et luy advint si bien qu'un berger
ramenant au soir les brebis, le trouva assis parmy les
pierres tout mouillé, et non moins triste de ses gens qu'il
avoit veu perdre devant soy. Le berger qui entendit mieux
sa necessité*, tant en le voyant qu'en escoutant sa parolle,
le print par la main, et le mena en sa pauvre maison, où
avec petites buchettes le secha le mieux qu'il peut. Et ce
soir là, Dieu y amena ce vieil religieux, lequel luy enseigna le chemin de Nostre Dame de Serrance, en l'assurant
que là il seroit mieux logé qu'en autre lieu, et y trouverroit
une ancienne vefve* nommée Oisille, laquelle estoit
compaigne de ses adventures.

Quand toute la compaignie l'ouït parler de la bonne
dame Oisille, et du gentil* chevalier Simontault, feirent*

une joye inestimable, loüans le Createur, qui en se contentant des serviteurs, avoit sauvé les maistres et maistresses[1],
et sur toutes en loüa Dieu de bon cueur Parlamente : car
un temps avoit qu'elle le tenoit pour tresaffectionné serviteur[*]. Et après s'estre enquis diligemment du chemin de
Serrance, combien que le bon vieillard le leur feist[*] fort
dificile, pour cela ne laisserent d'entreprendre d'y aller : et
de ce jour là se meirent en chemin, si bien en ordre, qu'il
ne leur failloit[*] rien : car l'abbé les fournit des meilleurs
chevaulx qui fussent en Lavedan, de bonnes cappes de
Bear[2], de force vivres, et de gentils compaignons, pour
les mener seurement par les montaignes : lesquelles passées plus à pied qu'à cheval, en grande sueur et travail[*],
arriverent à Nostre Dame de Serrance : où l'abbé (combien qu'il fust assez mauvais homme) ne leur osa refuser
le logis, pour la crainte du seigneur de Bear, duquel il
sçavoit qu'ils estoient bien aymez, *mais luy qui estoit
vray hypocrite* leur[a] feit[*] le meilleur visage qu'il luy fut
possible, et les mena veoir la bonne dame Oisille, et le
gentil-homme Simontault. La joye fut si grande en toute
ceste compaignie miraculeusement assemblée, que la nuict
leur sembla courte à loüer Dieu, de la grace qu'il leur
avoit faicte. Et après avoir prins sur le matin un peu de
repos, allerent ouïr la messe, et recevoir le sainct Sacrement d'union, auquel tous Chrestiens sont uniz en un,
suppliant celuy qui les avoit assemblez par sa bonté, parfaire leur voyage à sa gloire. Après disner envoyerent
sçavoir si les eaux estoient point escoulées : et trouvans
que plus tost elles estoient creuës[*], et que de long temps
ne pourroient seurement passer[3] : se delibererent[*] de faire
un pont sur le bout de deux roches, qui sont fort près
l'une de l'autre, où encores y a des planches, pour les

a. aymez et leur

gens de pied, qui venans de *Oleron*[a] ne veulent passer par le Gave. L'abbé qui fut bien aise qu'ils faisoient ceste despense, à fin que le nombre des pelerins et paysans *passans* augmentast, les fournit d'ouvriers, mais il n'y meit pas un denier du sien, car son avarice ne le permettoit. Et pource que les ouvriers dirent, qu'ils ne sçauroient avoir faict le pont de dix ou douze jours, la compaignie tant d'hommes que de femmes, commença fort à s'ennuyer. Mais Parlamente, qui estoit femme d'Hircan, laquelle n'estoit jamais oisive ne melancolique*, ayant demandé congé à son mary de parler, dist à l'ancienne dame Oisille : « Ma dame, je m'esbahis que vous qui avez tant d'experience, et qui maintenant aux femmes tenez lieu de mere, ne regardez quelque passetemps, pour adoulcir l'ennuy que nous porterons durant nostre longue demeure : car si nous n'avons quelque occupation plaisante et vertueuse, nous sommes en danger de demourer malades. » La jeune vefve Longarine adjousta à ce propos : « Mais qui pis est, nous deviendrons fascheuses, qui est une maladie incurable : car il n'y a nul ne nulle de nous, s'il regarde sa perte, qui n'ait occasion d'extreme tristesse. » Emarsuitte tout en riant luy respondit : « Chacun n'a pas perdu son mary comme vous : et pour perte de serviteurs ne se fault desesperer, car on en recouvre assez. Toutesfois je suis bien d'opinion que nous ayons quelque plaisant exercice, pour passer le temps le plus joyeusement que nous pourrons. » Sa compaigne Nomerfide dist, que c'estoit bien advisé, et que si elle estoit un jour sans passetemps, elle seroit morte le lendemain. Tous les gentils-hommes s'accorderent à leur advis, et prierent la dame Oisille, qu'elle voulust ordonner ce qu'ils auroient à faire, laquelle leur respondit : « Mes

a. Cleron

enfans, vous me demandez une chose que je trouve fort difficile, de vous enseigner un passetemps, qui vous puisse delivrer de voz ennuiz : car ayant cherché ce remede toute ma vie, n'en ay jamais trouvé qu'un, qui est la lecture des sainctes lettres, en laquelle se trouve la vraye et perfaicte joye de l'esprit, dont procede le repos, et la santé du corps. Et si vous me demandez quelle recepte me tient si joyeuse, et si saine sur ma vieillesse : c'est que incontinent que je suis levée, je prends la saincte Escriture et la lis, et en voyant et contemplant la volonté[1] de Dieu, qui pour nous a envoyé son fils en terre annoncer ceste saincte parolle et bonne nouvelle, par laquelle il promet remission des pechez, satisfaction de toutes debtes par le don qu'il nous faict de son amour, passion, et merites[2] : ceste consideration me donne tant de joye, que je prends mon Psaultier, et le plus humblement qu'il m'est possible, chante de cueur, et prononce de bouche, les beaux Pseaulmes et Cantiques, que le Sainct Esprit a composez au cueur de David, et des autres aucteurs. Et ce contentement que j'en ay, me faict tant de bien, que tous les maulx qui le jour me peuvent advenir, me semblent estre benedictions, veu que j'ay en mon cueur par foy, celuy qui les a portez pour moy. Pareillement avant souper, je me retire pour donner pasture à mon ame de quelque leçon, et puis au soir fais une recollection[*] de tout ce que j'ay faict la journée passée, pour demander *à Dieu* pardon de mes faultes, et le remercier de ses graces, et en son amour, crainte et paix, prends mon repos, asseurée contre tous maulx. Parquoy mes enfans, voila le passetemps auquel me suis arrestée, long temps après avoir cherché toutes autres choses, où n'ay trouvé contentement de mon esprit. Il me semble que si tous les matins vous voulez donner une heure à la lecture, et puis durant la messe faire voz devotes oraisons, que vous trouverrez en ce desert la beauté qui peult estre en toutes les villes. Car qui cognoist Dieu, voit toutes choses belles en luy, et sans luy tout laid. Parquoy je vous prie recevoir mon conseil, si vous voulez vivre joyeusement. »

Hircan print la parolle et dist : « Ma dame ceux qui ont leu la saincte Escriture (comme je croy que nous tous avons faict) confesseront vostre dire estre veritable : mais si fault il que vous regardiez, que nous ne sommes encore si mortifiez[1] qu'il ne nous faille quelque passetemps et exercice corporel. Car si nous sommes en noz maisons, nous avons la chasse et la vollerie*, qui nous faict passer, et oublier mille folles pensées : et les dames ont leur mesnage* et ouvrages, et quelquefois les dances, où elles prennent honneste exercice : qui me faict dire (parlant pour la part des hommes) que vous qui estes la plus ancienne, nous lisiez au matin de la vie que tenoit Nostre Seigneur Jesus Christ, et les grandes et admirables œuvres qu'il a faictes pour nous. Puis après disner* jusques à vespres, fault choisir quelque passetemps, qui ne soit point dommageable à l'ame, et soit plaisant au corps, et ainsi passerons la journée joyeusement. » La dame Oisille dist, qu'elle avoit tant de peine d'oublier toutes les vanitez, qu'elle auroit peur de faire mauvaise election à tel passetemps : mais qu'il failloit* remettre cest affaire à la pluralité des opinions, priant Hircan d'estre le premier opinant. « Quant à moy, dist-il, si je pensois que le passetemps que je vouldrois choisir, fust aussi aggreable à quelqu'une de la compaignie comme à moy, mon opinion seroit bien tost dicte : dont pour ceste fois me tairay, et en croiray ce que les autres diront. » Sa femme Parlamente commença à rougir, pensant qu'il parlast pour elle, et un peu en colere, et demy en riant luy dist : « Hircan, peult estre que celle que vous pensez en devoir estre la plus marrie*, auroit bien dequoy se recompenser, s'il luy plaisoit : mais laissons là le passetemps où deux seulement peuvent avoir part, et parlons de celuy qui doibt estre commun à tous. » Hircan dist à toutes les dames : « Puis que ma femme a si bien entendu* la glose de mon propos, et qu'un passetemps particulier ne luy plaist pas, je croy qu'elle sçaura mieulx, que nul autre dire celuy où chacun prendra son plaisir, et de ceste heure je me tiens à son opinion, comme celuy qui n'en a nulle autre que la sienne », à quoy toute la compaignie s'accorda.

Parlamente voyant que le sort du jeu estoit tombé sur elle leur dist ainsi : « Si je me sentois aussi suffisante* que les anciens qui ont trouvé les arts, j'inventerois quelque jeu ou passetemps, pour satisfaire à la charge que me donnez : mais congnoissant mon sçavoir et ma puissance, qui à peine peult rememorer les chose bien faictes, je me tiendrois heureuse d'ensuyvre de près ceulx qui ont desjà satisfaict à vostre demande. Entre autres je croy qu'il n'y a nulle de vous qui n'ait leu les cent nouvelles de Jean Bocace, nouvellement traduictes d'Italien en François[1] : desquelles le Roy treschrestien François premier de ce nom, monseigneur le Daulphin, ma dame la Daulphine, ma dame Marguerite[2] ont faict tant de cas, que si Bocace du lieu où il estoit les eust peu ouïr, il eust deu resusciter à la loüenge de telles personnes. A l'heure j'ouy les deux dames dessus nommées avec plusieurs autres de la court qui se deliberoient* d'en faire autant, sinon en une chose differente de Bocace, c'est de n'escrire nouvelle, qui ne fust veritable histoire. Et premierement lesdictes dames, et monseigneur le Daulphin avecques elles conclurent d'en faire chacun dix, et d'assembler jusques à dix personnes qu'ils penseroient plus dignes de racompter quelque chose, sauf ceux qui auroient estudié,

et seroient gens de lettres : car monseigneur le Daulphin
ne vouloit que leur art y fust meslé : et aussi de peur que
la beauté de rhetoricque feist tort en quelque partie à la
verité de l'histoire. Mais les grandes affaires[1] depuis sur-
venues au Roy, aussi la paix d'entre luy et le Roy d'Angleterre, et l'accouchement de ma dame la Daulphine, et
plusieurs autres choses dignes d'empescher toute la court,
a faict mettre en oubli du tout* ceste entreprinse, qui pour
nostre long loisir pourra estre mise à fin, attendant que
nostre pont soit parfaict*. Et s'il vous plaist que tous les
jours depuis midi jusques à quatre heures nous allions
dedans ce beau pré le long de la riviere du Gave, où les
arbres sont si feuilluz que le soleil ne sçauroit perser
l'ombre, ny eschauffer la frescheur, là assis à noz aises,
chacun dira quelque histoire qu'il aura veuë ou bien ouy
dire à quelque homme digne de foy. Au bout des dix
jours aurons parachevé la centeine. Et si Dieu faict que
nostre labeur soit trouvé digne des yeux des seigneurs et
dames dessus nommées, nous leur en ferons present au
retour de ce voyage, *en lieu d'images ou de paternos-
tres*[*2], vous asseurant qu'ils auront ce present ici plus
agreable. Toutesfois (quoy que je die) si quelqu'un d'entre
nous trouve chose plus plaisante, je m'accorderay à son
opinion. » Mais toute la compaignie respondit, qu'il
n'estoit possible d'avoir mieulx advisé, et qu'il leur tardoit que le lendemain ne fust venu pour commencer.
Ainsi passerent ceste journée joyeusement, ramentevant*
les uns aux autres ce qu'ils avoient veu de leur temps.

Si tost que le matin fut venu[3], s'en allerent en la chambre de ma dame Oisille, laquelle trouverent desjà en ses
oraisons : et quand ils eurent ouy une bonne heure sa
leçon*, et puis devotement la messe, s'en allerent disner
à dix heures, et après se retira chacun en sa chambre,
pour faire ce qu'il avoit à faire, et ne faillirent* pas à

midy de se trouver au pré, selon leur deliberation*, qui estoit si beau et plaisant, qu'il avoit besoing d'un Bocace, pour le depeindre à la verité, mais vous vous contenterez que jamais n'en fut veu un pareil. Quand l'assemblée fut toute assise sur l'herbe verte, si mole et delicate, qu'il ne leur failloit* ny carreau* ny tapis, Simontault commença à dire : « Qui sera celuy de nous qui aura commandement sur les autres ? » Hircan luy respondit : « Puis que vous avez commencé la parolle, c'est raison que vous commandiez, car au jeu nous sommes tous esgaulx. — Pleust à Dieu, dist Simontault, que je n'eusse bien en ce monde, que de pouvoir commander à toute ceste compaignie. » A ceste parolle Parlamente l'entendit tresbien, qui se print à tousser : parquoy Hircan ne s'apperceut de la couleur qui luy montoit aux joües, mais dist à Simontault : « Commencez à dire quelque bonne chose, et l'on vous escoutera. » Lequel convié de toute la compaignie, se print à dire : « Mes dames, j'ay esté si mal recompensé de mes longs services, que pour me venger d'Amour, et de celle qui m'est si cruelle, je mettray peine de faire un recueil de tous les mauvais tours, que les femmes ont faict aux pauvres hommes[1], et si ne diray rien que pure verité. »

LES NOUVELLES DE LA ROYNE
DE NAVARRE[1]

Une femme d'Alençon avoit deux amis, l'un pour le plaisir, l'autre pour le profit : elle feit tuer celuy des deux, qui premier s'en apperceut, dont elle impetra remission pour elle et son mary fugitif[2], lequel depuis pour sauver quelque argent, s'adressa à un Necromancien, et fut leur entreprinse descouverte, et punie.

PREMIERE NOUVELLE

En la ville d'Alençon du vivant du Duc Charles dernier Duc[3], y avoit un procureur nommé Sainct-Aignan, qui avoit espousé une gentil-femme* du pays, plus belle, que vertueuse : laquelle pour sa beauté et legereté, fut fort poursuyvie *de l'evesque de Seez*[4]. Qui[a] pour parvenir à ses fins, entretint si bien le mary, que non seulement il ne s'apperceut du vice de sa femme, et de *l'evesque*, mais[b] qui plus est, luy feist oublier l'affection qu'il avoit tousjours euë au service de ses maistre et maistresse[5]. En sorte que d'un loyal serviteur, devint si contraire à eux, qu'il chercha à la fin des invocations* pour faire mourir la Duchesse. Or vesquit longuement *cest evesque* avec ceste malheureuse femme, laquelle luy obeissoit plus par

a. poursuyvie d'un prelat d'Eglise duquel je tairay le nom pour la reverence de l'estat. Qui
b. et du prelat mais. *Gruget remplace systématiquement* evesque *par* prelat.

avarice, que par amour, et aussi que son mary la sollici-
toit de l'entretenir. Mais il y avoit un jeune homme en
ladicte ville d'Alençon fils du lieutenant general, lequel elle
aimoit si fort, qu'elle en estoit demy enragée. Et souvent
s'aidoit de *l'evesque* pour faire donner commission à son
mari, à fin de pouvoir voir à son aise le fils du lieutenant
nommé du Mesnil. Ceste[a] façon de faire dura si long
temps, qu'elle avoit pour son profit *l'evesque*, et pour
son plaisir ledict *du Mesnil*, auquel elle juroit que toute
la bonne chere* qu'elle faisoit *à l'evesque*, n'estoit que
pour continuer la leur plus librement : Et que quelque
chose qu'il y eust, *l'evesque* n'en avoit eu que la parolle,
et qu'il pouvoit estre asseuré que jamais homme que luy,
n'en auroit autre chose.

Un jour que son mary s'en estoit allé devers *l'evesque*,
elle luy demanda congé d'aller aux champs, disant que
l'air de la ville luy estoit trop contraire. Et quand elle fut
en sa metairie, escrivit incontinent *à du Mesnil* qu'il ne
faillist à la venir trouver environ dix heures du soir. Ce
que feit le pauvre jeune homme, mais à l'entrée de la
porte trouva la chambriere, qui avoit accoustumé de le
faire entrer, laquelle luy dist : « Mon amy, allez ailleurs,
car vostre place est prinse. » Et luy pensant que le mary
fust venu, luy demanda comme tout alloit. La pauvre
femme ayant pitié de luy, le voyant tant beau jeune et
honneste homme, d'aimer si fort, et estre si peu aimé,
luy declara la follie* de sa maistresse, pensant que quand
il entendroit cela, il se chastiroit de l'aymer tant. Et luy
compta comme *l'evesque* n'y faisoit que d'arriver et
estoit couché avec elle : chose à quoy elle ne s'atendoit
pas, car il n'y devoit venir que le lendemain. Mais

---

a. lieutenant de la ville. Ceste. *Ensuite Gruget remplace presque
toujours* du Mesnil *par* fils du lieutenant.

ayant retenu chez luy son mary, s'estoit desrobbé de nuict pour la venir voir secrettement. Qui fut bien desesperé, ce fut *du Mesnil*, qui encores ne la pouvoit du tout* croire. Et se cacha en une maison auprès, et veilla jusques à trois heures après minuict, tant qu'il veit saillir* *l'evesque* dehors, non si bien desguisé, qu'il ne le cogneust plus qu'il ne vouloit. Et en ce desespoir s'en retourna à Alençon, où bien tost après sa meschante amie alla, qui le cuidant* abuser comme elle avoit accoustumé, vint parler à luy. Mais il luy dist qu'elle estoit trop saincte, ayant touché aux choses sacrées, pour parler à un pecheur comme luy, duquel la repentance estoit si grande, qu'il esperoit bien tost que le peché luy seroit pardonné. Quand elle entendit que son cas estoit descouvert, et que excuse, jurement*, et promesse de plus n'y retourner n'y servoient de rien, elle en feit la plainte à son *evesque*. Et après avoir bien consulté la matiere, vint ceste femme dire à son mary, qu'elle ne pouvoit plus demeurer en la ville d'Alençon, pource que le fils du lieutenant qu'elle avoit tant estimé de ses amis, la pourchassoit incessamment de son honneur : et le pria de se tenir à Argentan, pour oster toute suspicion. Le mari qui se laissoit gouverner à elle, s'y accorda.

Mais ils ne furent pas longuement audict Argentan, que ceste malheureuse manda *à du Mesnil*, qu'il estoit le plus meschant homme du monde, et qu'elle avoit bien sceu que publiquement il avoit dict mal d'elle et *de l'evesque*, dont elle mettroit peine de l'en faire repentir. Ce jeune homme qui n'en avoit jamais parlé qu'à elle mesme, et qui craignoit d'estre mis en la malle grace *de l'evesque*, s'en alla à Argentan avec deux de ses serviteurs. Et trouva sa damoiselle à vespres aux Jacobins[1], où il s'en vint agenouiller auprès d'elle, et luy dist : « Madame, je viens icy pour vous jurer devant Dieu, que je ne parlay jamais de vostre honneur à personne du monde, qu'à vous mesmes. Vous m'avez faict un si meschant tour, que je ne vous ay pas dict la moitié des injures que vous meritez. Car s'il y a homme ou femme qui vueille dire que jamais j'en aye parlé je suis icy venu pour le desmentir devant vous. » Elle voyant que beaucoup de peuple estoit en l'eglise, et qu'il estoit accompaigné de deux bons serviteurs, se contraignit de parler le plus gracieusement qu'il luy fut possible, luy disant qu'elle ne faisoit nulle doubte qu'il ne dist verité, et qu'elle l'estimoit trop homme de bien pour dire mal de personne du monde, et encores moins d'elle, qui luy portoit tant d'amitié. Mais que son mari en avoit entendu quelques propos : parquoy elle le prioit, qu'il voulust dire devant luy qu'il n'en avoit point parlé, et qu'il n'en croyoit rien. Ce qu'il luy accorda tres-volontiers : et la pensant accompaigner à son logis, la print par dessoubs les bras : mais elle luy dist, qu'il ne seroit pas bon qu'il vint avec elle, et que son mari penseroit qu'elle luy feit porter ces parolles. Et en prenant un de ses serviteurs par la manche de sa robbe, luy dist : « Laissez moy cestui-cy, et incontinent qu'il sera temps, je vous envoyray querir par luy : mais en attendant, allez vous reposer en vostre logis. » Luy qui ne se doubtoit* point de sa conspiration, s'y en alla. Elle donna à soupper au serviteur qu'elle avoit retenu, qui luy demandoit souvent, quand il seroit temps d'aller querir son maistre. Elle luy respondit tousjours, qu'il viendroit assez tost. Et quand il fut minuict, envoya secrettement de ses serviteurs querir *du Mesnil*, qui[a] ne se doubtant du mal qu'on luy preparoit, s'en alla hardiment en la maison dudict Sainct-Aignan : auquel

a. querir le jeune homme qui

lieu la damoiselle entretenoit son serviteur, de sorte
qu'il n'en avoit qu'un avec luy. Et quand il fut à l'entrée de la maison, le serviteur qui le menoit, luy dist
que la damoiselle vouloit bien parler à luy avant son
mary, et qu'elle l'attendoit en une chambre, où il n'y
avoit que l'un de ses serviteurs avec elle, et qu'il feroit
bien de renvoyer l'autre par la porte de devant. Ce qu'il
feit. Et en montant[1] un petit degré* obscur[2], le procureur de Sainct-Aignan, qui avoit mis des gens en
embusche dedans une garderobbe*, commença à ouyr le
bruit, et en demandant « qu'est ce », luy fut dict, que
c'estoit un homme qui vouloit secrettement entrer en sa
maison. A l'heure un nommé Thomas Guerin, qui faisoit mestier d'estre meurtrier, et qui pour faire ceste
execution estoit loüé du procureur, vint donner tant de
coups d'espée à ce pauvre jeune homme, que quelque
defence qu'il peut faire, ne se peut garder qu'il ne
tombast mort entre leurs mains. Le serviteur qui parloit
à la damoiselle, luy dist : « J'ay ouy mon maistre qui
parle en ce degré, je m'en vois à luy. » La damoiselle
le retint, et luy dist : « Ne vous souciez, il viendra assez
tost. » Et peu après oyant que son maistre disoit : « Je
me meurs, je recommande à Dieu mon esprit », il le
voulut aller secourir : mais elle le retint, luy disant :
« Ne vous souciez, mon mary l'a chastié de ses jeunesses*, allons voir que c'est. » Et en s'appuiant sur le bout
du degré, demanda à son mary, « Et puis, est-ce faict ? »
lequel luy dist : « Venez y voir. A ceste heure vous ai-je
vengée de celuy qui vous a tant faict de honte. » Et en
disant cela donna d'un poignart qu'il avoit dix ou douze
coups dedans le ventre de celuy, que vivant il n'eust
osé assaillir.

Après que l'homicide fut faict, et que les deux serviteurs du trespassé s'en furent fuiz pour en dire les nou-

velles au pauvre pere, pensant ledict Sainct-Aignan que
la chose ne pouvoit estre tenuë secrete, regarda que les
serviteurs du mort ne debvoient point estre creuz en tesmoignage, et que personne en sa maison n'avoit veu le
faict, sinon les meurtriers, une vieille chambriere et une
jeune fille de quinze ans. Par quoy voulut secrettement
prendre la vieille : mais elle trouva façon d'eschapper de
ses mains, et s'en alla en franchise* aux Jacobins[1], qui
fut le plus seur tesmoing que l'on ait eu de ce meurtre.
La jeune chambriere demoura quelques jours en sa maison : mais il trouva façon de la faire suborner par l'un
des meurtriers, et la mena à Paris au lieu public, à fin
qu'elle ne fust plus creuë en tesmoignage[2]. Et pour celer
son meurtre, feit brusler le corps du pauvre trespassé : et
les oz qui ne furent consommez* par le feu, les feit mettre dedans le mortier, là où il faisoit bastir en sa maison.
Et envoya à la court en diligence demander sa grace,
donnant à entendre qu'il avoit plusieurs fois defendu sa
maison à un personnage, dont il avoit suspicion qu'il
pourchassoit le deshonneur de sa femme. Lequel nonobstant sa defence estoit venu de nuict en lieu suspect pour
parler à elle. Parquoy le trouvant à l'entrée de sa chambre,
plus rempli de colere que de raison, l'avoit tué[3]. Mais il
ne peut si tost faire depescher sa lettre à la chancellerie[4],
que le Duc et la Duchesse ne fussent par le pauvre pere
advertiz du cas : lesquels pour empescher ceste grace,
envoyerent au chancellier. Ce malheureux voyant qu'il
ne la pouvoit obtenir, s'enfuit en Angleterre, et sa femme
avec luy, et plusieurs de ses parents. Mais avant que partir, dist au meurtrier qui à sa requeste avoit faict le coup,
qu'il avoit eu lettres expresses du Roy, pour le prendre
et faire mourir. Mais à cause des services qu'il luy avoit
faicts, il luy vouloit sauver la vie. Et luy donna dix escuz
pour s'en aller hors du royaume : ce qu'il feit, et oncques

puis ne fut trouvé. Ce meurtre icy fut si bien verifié tant
par les serviteurs du trespassé, que par la chambriere qui
s'estoit retirée aux Jacobins, et par les oz qui furent trouvez dans le mortier, que le procès fut faict et parfaict* en
l'absence dudict Sainct-Aignan et de sa femme, et furent
jugez par contumace, condamnez tous deux à la mort,
leurs biens confisquez au prince, et quinze cens escuz au
pere pour les fraiz du procès. Ledict Sainct-Aignan estant
en Angleterre, voyant que par la justice il estoit mort en
France[1], feit tant par son service envers plusieurs grans
seigneurs, et par la faveur des parents de sa femme, que
le Roy d'Angleterre feit requeste au Roy de luy vouloir
donner sa grace, et le remettre en ses biens et honneurs.
Mais le Roy ayant entendu le vilain et enorme cas, envoya
le procès au Roy d'Angleterre, le priant de regarder si
c'estoit cas qui meritast grace, et luy disant que le Duc
d'Alençon avoit seul ce privilege en son royaume, de
donner grace en sa duché[2]. Mais pour toutes ses excuses
n'appaisa point le Roy d'Angleterre, lequel le pourchassa si tresinstamment, qu'à la fin le procureur l'eut à
sa requeste, et retourna en sa maison.

Or pour achever sa meschanceté, s'accointa* d'un invocateur* nommé Gallery, esperant que par son art il seroit
exempt de payer lesdicts quinze cens escuz, qu'il devoit
au pere du trespassé. Et pour ce faire s'en allerent à Paris
desguisez, sa femme et luy. Et voyant sa dicte femme
qu'il estoit si longuement enfermé en une chambre avecques ledict Gallery, et qu'il ne luy disoit point la raison
pourquoy, un matin elle l'espia, et veit que ledict Gallery
luy monstroit cinq images*[3] de bois, dont les trois
avoient les mains pendantes, et les deux levées contremont*. Et parlant au procureur, luy disoit : « il nous fault
faire de telles images de cire que ceux-cy, et celles qui
auront les bras pendans, seront ceux que nous ferons

mourir. Et ceux qui les eslevent, seront ceux de qui voudrons avoir la bonne grace et amour. » Et le procureur disoit : « Ceste cy sera pour le Roy, de qui je veux estre aymé, et ceste cy pour monsieur le chancelier d'Alençon Brinon. » Gallery luy dist : « Il fault mettre les images soubs l'autel où ils oyront leur messe, avecques des parolles, que je vous feray dire à l'heure. » Et en parlant de celles qui avoient les bras baissez, dist le procureur que l'une estoit pour maistre Gilles du Mesnil pere du trespassé. Car il sçavoit bien, que tant qu'il vivroit, il ne cesseroit de le poursuyvre. Et une des femmes qui avoient les mains pendantes, estoit pour ma dame la Duchesse d'Alençon sœur du Roy, parce qu'elle aimoit tant ce vieil serviteur du Mesnil, et avoit en tant d'autres choses cognu la meschanceté du procureur, que si elle ne mouroit, il ne pourroit vivre. La seconde femme ayant les bras pendans, estoit pour sa femme, laquelle estoit cause de tout son mal, et se tenoit seur que jamais n'amenderoit sa meschante vie. Quand sa femme qui voioit tout par le pertuis* de la porte, entendit qu'il la mettoit au reng des trespassez, se pensa qu'elle le y envoiroit le premier. Et faignant d'aller emprunter de l'argent à un sien oncle *nommé Neaufle*, maistre des requestes, dudict Duc d'Alençon, luy va compter ce qu'elle avoit veu et oy de son mari. Ledict oncle, comme bon vieillard serviteur, s'en alla au chancellier d'Alençon[1], et luy compta toute l'histoire. Et pource que le Duc et la Duchesse d'Alençon[2] n'estoient point ce jour à la court, ledict chancelier alla compter ce cas estrange à ma dame la Regente[3] mere du Roy et *de ladicte* Duchesse[a], qui soudainement envoya querir le prevost de Paris nommé la Barre[4], lequel feit si bonne diligence, qu'il print le pro-

a. et à la Duchesse

cureur et Gallery son invocateur*, lesquels sans gehenne*
et contraincte, confesserent librement la debte, et fut leur
proces faict et rapporté au roy. Quelques uns voulans
sauver leur vie, luy dirent qu'ils ne cherchoient que sa
bonne grace en leurs enchantements. Mais le Roy ayant
la vie de sa sœur aussi chere que la sienne, commanda que
l'on donna la sentence telle, que s'ils l'eussent attenté
à sa personne propre. Toutesfois sa sœur la Duchesse
d'Alençon, le supplia que la vie fust sauvée audict procureur, et de commuer sa mort en quelque autre griefve*
peine corporelle. Ce qui luy fut octroyé, et furent luy et
Gallery envoyez à Marseille aux galleres de Sainct-
Blanquart[1], où ils finerent leurs jours en grande captivité, et eurent loisir de recongnoistre la gravité de leurs
pechez. Et la mauvaise femme en l'absence de son mari,
continua son peché plus que jamais, et mourut miserablement.

« Je vous supplie, mes dames, regardez quel mal il
vient pour une meschante femme, combien de maulx se
feirent par le peché de ceste cy. Vous trouverez que depuis
que Eve feit pecher Adam, toutes les femmes ont prins
possession de tourmenter, tuer ; et damner les hommes.
Quand* est de moy j'en ay tant experimenté la cruauté,
que je ne pense jamais mourir *ny estre dampné* que par
le desespoir en quoy une m'a mis. Et suis encores si fol
que fault que je confesse que cest enfer là m'est plus
plaisant venant de sa main, que le paradis donné de celle
d'une autre. » Parlamente, faignant n'entendre point que
ce fust pour elle qu'il tenoit tels propos, luy dist : « Puis
que l'enfer est aussi plaisant que vous dictes, vous ne
debvez point craindre le diable qui vous y a mis. » Mais
il luy respondit en colere : « Si mon diable devenoit
aussi noir qu'il m'a esté mauvais, il feroit autant de peur

à la compaignie que je prends plaisir à le regarder. Mais
le feu de l'amour me faict oublier celuy de cest enfer. Et
pour n'en parler plus avant, je donne ma voix à madame
Oisile, estant seur que, si elle vouloit dire des femmes
ce qu'elle en sçait, elle favoriseroit mon opinion. » A
l'heure toute la compaignie se tourna vers elle, la priant
vouloir commencer : ce qu'elle accepta et en riant commença à dire : « Il me semble, mes dames, que celuy qui
m'a donné sa voix, a tant dict de mal des femmes par
une histoire veritable d'une malheureuse, que je doibs
rememorer tous mes vieux ans pour en trouver une, dont
la vertu puisse desmentir sa mauvaise opinion. Et pource
qu'il m'en est venuë une au devant digne de n'estre mise
en oubli, je la vous vay compter. »

Piteuse* et chaste mort de la femme d'un des muletiers
de la Royne de Navarre.

NOUVELLE DEUXIESME

En la ville d'Amboise y avoit un muletier qui servoit
la Royne de Navarre, sœur du Roy François premier de
ce nom, laquelle estoit à Blois acouchée d'un fils[1], auquel
lieu estoit allé ledict muletier pour estre payé de son
quartier*, et sa femme demoura audict Amboise logée de
là les ponts. Or y avoit il long temps, qu'un varlet de son
mary l'aimoit si desesperement, qu'un jour il ne se peut
tenir de luy en parler : mais elle qui estoit vraye femme
de bien, le print si aigrement, le menassant de le faire
battre et chasser par son mary, que depuis il ne luy en
osa tenir propos, ne faire semblant*. Et garda ce feu couvert en son cueur jusques au jour que son maistre fut allé

dehors, et sa maistresse à vespres à Sainct-Florentin, eglise
du chasteau[1] fort loing de la maison. Estant demeuré
seul, luy vint en fantasie de pouvoir avoir par force ce
que par nulle priere et service n'avoit peu acquerir. Et
rompit un aiz qui estoit entre la chambre de sa maistresse, et celle où il couchoit. Mais à cause, que le rideau
tant du lict de sa maistresse, et de son maistre, que des
serviteurs de l'autre costé couvroit les murailles, si bien
que l'on ne pouvoit veoir l'ouverture qu'il avoit faicte,
ne fut point sa malice* apperceuë, jusques à ce que sa
maistresse fut couchée avec une petite garse* d'unze à
douze ans.

Ainsi que la pauvre femme estoit à son premier sommeil, entra ce varlet par ledict aiz qu'il avoit rompu
dedans son lict tout en chemise, l'espée nuë en sa main.
Mais aussi tost qu'elle le sentit près d'elle, saillit* dehors
du lict en luy faisant toutes les remonstrances qu'il fut
possible à femme de bien de luy faire. Et luy qui n'avoit
amour que bestial, et qui eust mieux entendu le langage
des mulets que ses honnestes raisons, se monstra plus
bestial que les bestes, avec lesquelles il avoit esté long
temps. Car en voyant qu'elle couroit si tost à l'entour
d'une table qu'il ne la pouvoit prendre, et aussi qu'elle
estoit si forte, que par deux fois elle s'estoit deffaicte de
luy, desesperé de jamais ne la pouvoir avoir vive, luy
donna un grand coup d'espée par les rains, pensant que
si la peur et la force ne l'avoient peu faire rendre, la douleur le feroit. Mais ce fut au contraire. Car tout ainsi,
qu'un bon gendarme* voyant son sang, est plus eschauffé
à se venger de ses ennemis, et à acquerir honneur : ainsi
son chaste cueur se renforça doublement à courir et fuir
des mains de ce malheureux, en luy tenant les meilleurs
propos qu'elle pouvoit, pour[2] cuider* par quelque moyen
le reduire à recognoistre ses faultes. Mais il estoit si

embrasé de fureur, qu'il n'y avoit en luy lieu pour recevoir nul bon conseil, et luy donna encores plusieurs coups. Pour lesquels eviter, tant que les jambes la peurent porter couroit tousjours. Et quand à force de perdre son sang, elle sentit qu'elle aprochoit de la mort, levant les yeux au ciel, et joignant les mains, rendit graces à son Dieu, lequel elle nommoit sa force, sa vertu, sa patience et chasteté, luy suppliant prendre en gré le sang, qui pour son commandement estoit respandu en la reverence de celuy de son fils[1], auquel elle croyoit fermement tous ses pechez estre lavez, et effacez de la memoire de son ire[*]. Et en disant : « Seigneur recevez l'ame qui par vostre bonté a esté racheptée », tomba en terre sur le visage, où ce meschant luy donna plusieurs coups. Et après qu'elle eut perdu la parolle, et la force du corps, ce malheureux print par force celle qui n'avoit plus de defence en elle. Et quand il eut satisfaict à sa meschante concupiscence, s'enfuit si hastivement, que jamais depuis quelque poursuitte que l'on en ait faicte, n'a peu estre retrouvé.

La jeune fille qui estoit couchée avec la muletiere, pour la peur qu'elle avoit euë, s'estoit cachée soubs le lict. Mais voyant que l'homme estoit dehors, vint à sa maistresse, et la trouva sans parolle ne mouvement, et cria par la fenestre aux voisins pour la venir secourir. Et ceux qui l'aimoient et estimoient autant, que femme de la ville, vindrent incontinent à elle, et amenerent avec eux des cirurgiens, lesquels trouverent qu'elle avoit vingt-cinq plaies mortelles sur son corps, et feirent ce qu'ils peurent pour luy aider, mais il leur fut impossible. Toutesfois elle languit encores une heure sans parler, faisant signe des yeux et des mains, enquoy elle monstroit n'avoir perdu l'entendement. Estant interrogée par un homme d'Eglise de la foy en quoy elle mouroit, *de l'esperance* de son salut *par Jesus Crist seul*[2],

respondit*ᵃ* par signes si evidens, que la parolle n'eust
sceu mieux monstrer *son intention*. Et*ᵇ* ainsi avec un
visage joyeux, les yeux eslevez au ciel, rendit ce chaste
corps à la terre, et l'ame à son createur. Et si tost qu'elle
fut levée et ensevelie, son corps mis à la porte, attendant
la compaignie pour son enterrement arriva son pauvre
mary, qui veit premier le corps de sa femme mort devant
sa maison, qu'il n'en avoit sceu les nouvelles. Et enquis
de l'occasion, eut double raison de faire dueil. Ce qu'il
feit de telle sorte, qu'il y cuida* laisser la vie. Ainsi fut
enterrée ceste martire de chasteté, en l'eglise Sainct-
Florentin : où toutes les femmes de bien de la ville ne
faillirent de faire leur devoir de l'accompaigner et honorer autant qu'il estoit possible, se tenantes bien heureuses, d'estre de la ville, où une femme si vertueuse avoit
esté trouvée. Les folles* et legeres voyans l'honneur que
l'on faisoit à ce corps, se delibererent de changer leur
vie en mieux.

« Voilà, mes dames, une histoire veritable, qui doibt
bien augmenter le cueur à garder ceste belle vertu de
chasteté. Et nous qui sommes de bonne maison*, deb-
vrions nous point mourir de honte, de sentir en nostre
cueur la mondanité*, pour laquelle eviter, une pauvre
muletiere n'a point craint une si cruelle mort ? Las ! telle
s'estime femme de bien, qui n'a pas encores comme ceste-
cy resisté*ᶜ* jusques au sang. Parquoy se fault humilier.
Car les graces de Dieu ne se donnent point aux hommes,
pour leur noblesse ou richesses, mais selon qu'il plaist à
sa bonté, qui n'est point accepteur de personne[1], lequel

    a. mouroit et de son salut respondit
    b. monstrer que sa confiance estoit en la mort de Jesus Christ, lequel
elle esperoit voir en sa cité celeste. Et
    c. qui n'a pas encores sceu comme ceste-cy a resisté

eslit ce qu'il veult. Car ce qu'il a esleu, l'honore de ses vertuz, et le couronne de sa gloire. Et souvent eslit choses basses, pour confondre celles que le monde estime haultes et honorables. Comme luy mesme dict, ne nous resjouïssons point en noz vertuz : mais en ce que nous sommes escriptz au livre de vie, *duquel ne nous peult effacer mort, enfer, ne peché*[1]. » Il n'y eut dame en la compaignie, qui n'eut la larme à l'œil, pour la compassion de la piteuse* et glorieuse mort de ceste muletiere. Chacune pensoit en elle mesme, que si la fortune leur advenoit pareille, elle mettroit peine de l'ensuivre en son martyre. Et voyant ma dame Oisille, que le temps se perdoit parmy les louanges de ceste trespassée, dist à Saffredant. « Si vous ne dictes quelque chose pour faire rire la compaignie, je ne sçay nulle d'entre nous, qui puisse oublier la faulte que j'ay faicte de la faire pleurer, parquoy je vous donne ma voix. » Saffredant qui eust bien desiré dire quelque chose de bon, et qui eust esté aggreable à la compaignie, et sur toutes à une, dist que l'on luy faisoit tort, veu qu'il y en avoit de plus experimentez que luy, qui debvoient parler les premiers : Mais puis que son sort estoit tel, il aimoit mieulx s'en depescher. Car plus y en avoit de bien parlans, et plus son compte seroit trouvé mauvais.

Un Roy de Naples[2] abusant de la femme d'un gentil-homme,
porte en fin luy mesme les cornes.

NOUVELLE TROISIESME

« Pour ce, mes dames (dist Saffredant) que je me suis souvent souhaitté compaignon de la fortune de celuy

dont je vous veulx faire le compte : Je vous diray qu'en la
ville de Naples, du temps du Roy Alfonce, duquel la las-
civeté estoit le septre de son royaume, y avoit un gentil
homme tant honneste, beau, et agreable, que pour ses perfections un vieil gentil-homme luy donna sa fille, laquelle
en beauté et bonne grace ne devoit rien à son mary.
L'amitié fut grande entre eulx deux, jusques à un carneval, que le Roy alla en masque parmy les maisons, où
chacun s'efforçoit de luy faire le meilleur recueil* qu'il
pouvoit. Et quand il vint en celle de ce gentil-homme,
fut traicté trop mieulx qu'en nul autre lieu, tant de confitures*, que de chantres de musique, et de la plus belle
femme que le Roy eust veuë à son gré. Et à la fin du festin
dist une chanson avec son mary, d'une si bonne grace,
que sa beauté en augmentoit. Le Roy voyant tant de perfections en un corps : ne print pas tant de plaisir aux
doux accords[a] de son mary ne d'elle, qu'il feit à penser
comme il les pourroit rompre. Et la difficulté qu'il en
faisoit, estoit la grande amitié qu'il veoit* entre eulx
deux : parquoy il porta en son cueur ceste passion la plus
couverte qu'il luy fut possible. Mais pour la soulager en
partie, faisoit faire festins à tous les seigneurs et dames
de Naples, où le gentil-homme et sa femme n'estoient
oubliez. Et pource que l'homme croit volontiers ce qu'il
voit, il luy sembloit que les yeulx de ceste dame luy promettoient quelque bien advenir, si la presence du mary
n'y donnoit empeschement. Et pour essayer si sa pensée
estoit veritable, donna une commission au mary de faire
voyage à Rome, pour quinze jours ou trois semaines. Et
si tost qu'il fut dehors, sa femme qui ne l'avoit encores
loing perdu de veuë, en feit un fort grand dueil, dont elle
fut reconfortée par le Roy, le plus souvent qu'il luy fut

_a._ aux deux accords

possible, par ses doulces persuasions, par presens, et par dons. De sorte qu'elle fut non seulement consolée, mais contente de l'absence de son mary. Et avant les trois sepmaines qu'il devoit estre de retour, fut si amoureuse du Roy, qu'elle estoit aussi ennuyée* du retour de son mary, qu'elle avoit esté de son allée. Et pour ne perdre la presence du Roy, accorderent ensemble que quand le mary iroit en ses maisons aux champs, elle le feroit sçavoir au Roy, lequel la pourroit seurement aller voir, et si secrettement, que l'honneur (qu'elle craignoit plus que la conscience[1]) n'en seroit point blessé.

En ceste esperance là se tint fort joyeuse ceste dame. Et quand son mary arriva luy feit si bon recueil*, que combien qu'il eust entendu qu'en son absence le Roy la cherissoit, si n'en peut il rien croire. Mais par longueur de temps ce feu tant difficile à couvrir, commença peu à peu à se monstrer, en sorte que le mary se douta bien fort de la verité, et feit si bon guet qu'il en fut presque asseuré. Mais pour la crainte qu'il avoit, que celuy qui luy faisoit injure ne luy feist pis s'il en faisoit semblant*, se delibera* de le dissimuler : car il estimoit mieulx vivre avec quelque fascherie, que de hazarder sa vie pour une femme, qui n'avoit point d'amour. Toutesfois en ce despit pensa de rendre la pareille au Roy, s'il luy estoit possible. Et sçachant que souvent le despit faict faire à une femme plus que l'amour, principalement à celles qui ont le cueur grand et honorable, print la hardiesse un jour en parlant à la Royne, de luy dire, qu'il avoit grande pitié de ce qu'elle n'estoit autrement aymée du Roy son mary. La Royne qui avoit ouy parler de l'amitié du Roy et de sa femme, « Je ne puis pas (dict elle) avoir l'honneur et le plaisir ensemble : Je sçay bien que j'ay l'honneur dont une reçoit le plaisir : aussi celle qui a le plaisir, n'a pas l'honneur que j'ay. » Luy qui entendoit bien pour qui

ces parolles estoient dictes, luy respondit : « Ma dame
l'honneur est né avec vous : car vous estes de si bonne
maison*, que pour estre Royne ou Emperiere* ne sçauriez
augmenter vostre noblesse : mais vostre beauté, grace, et
honnesteté a tant merité de plaisir, que celle qui vous en
oste ce qu'il vous en appartient, se faict plus de tort qu'à
vous. Car pour une gloire, qui luy tourne à honte, elle
pert autant de plaisir, que vous ou dame de ce royaume
sçauriez avoir. Et vous puis dire, ma dame, que si le Roy
avoit mis sa couronne hors de dessus sa teste, je pense
qu'il n'auroit nul advantage sur moy de contenter une
dame. Estant seur que pour satisfaire à une si honneste
personne que vous, il devroit vouloir avoir changé sa
complexion à la mienne. » La Royne en riant luy respondit : « Combien que le Roy soit de plus delicate complexion que vous, si est-ce que l'amour qu'il me porte
me contente tant, que je la prefere à toute autre chose. »
Le gentilhomme luy dist : « Ma dame, s'il estoit ainsi,
vous ne me feriez point de pitié : car je sçay bien que
l'honneste amour de vostre cueur vous rendroit tel contentement, s'il trouvoit en celuy du Roy pareil amour : mais
Dieu vous en a bien gardée, à fin que ne trouvant en luy
ce que vous demandez, vous n'en feissiez vostre Dieu en
terre[1]. — Je vous confesse (dist la Royne) que l'amour
que je luy porte est si grand, qu'en nul autre cueur qu'au
mien ne se peult trouver semblable. — Pardonnez moy
ma dame (luy dist le gentil-homme) vous n'avez pas
bien sondé l'amour de tous les cueurs : car je vous ose
bien dire, que tel vous aime, de qui l'amour est si grand
et importable*, que la vostre auprès de la sienne ne se
monstreroit rien. Et d'autant qu'il veoit l'amour du Roy
faillie* en vous, la sienne croist et augmente de telle sorte,
que si vous l'avez pour agreable, vous serez recompensée* de toutes voz pertes. » La Royne commença tant par

ses parolles, que par sa contenance à recognoistre, que
ce qu'il disoit procedoit du fond du cueur : et va rememorer, que long temps y avoit qu'il cherchoit de luy
faire service, par telle affection qu'il en estoit devenu
melancolique* : ce qu'elle avoit auparavant pensé venir à
l'occasion de sa femme : mais maintenant croit elle fermement, que c'estoit pour l'amour d'elle. Et aussi la
vertu d'amour, qui se faict sentir quand elle n'est feincte,
la rendit certaine de ce qui estoit caché à tout le monde.
Et en regardant le gentil-homme qui estoit trop plus
amiable que son mary, voyant qu'il estoit delaissé de sa
femme, comme elle du Roy, pressée de despit et jalousie
de son mary, et incitée de l'amour du gentilhomme, commença à dire la larme à l'œil, et souspirant : « O mon
Dieu ! fault il que la vengeance gaigne sur moy ce que
nul amour n'a peu faire ? » Le gentil homme bien entendant ce propos luy respondit : « Ma dame, la vengeance
est doulce de celuy, qui au lieu de tuer l'ennemy, donne
vie à un parfaict amy. Il me semble qu'il est temps que
la verité vous oste la sotte amour que vous portez à
celuy qui ne vous aime point : et l'amour juste et raisonnable chasse hors de vous la crainte, qui jamais ne peult
demeurer en un cueur grand et vertueux. Or sus, madame,
mettons à part la grandeur de vostre estat, et regardons
que nous sommes l'homme et la femme de ce monde les
plus mocquez et trahis de ceulx que nous avons plus parfaictement aimez. Revenchons nous, madame, non tant
pour leur rendre ce qu'ils meritent, que pour satisfaire
à l'amour, qui de mon costé ne se peult plus porter sans
mourir. Et je pense, que si n'avez le cueur plus dur que
nul caillou, ou diamant, il est impossible que vous ne
sentiez quelque estincelle du feu, qui croist tant plus que
je le veulx dissimuler. Et si la pitié de moy, qui meurs
pour l'amour de vous, ne vous incite à m'aimer, au moins

celle de vous mesmes vous y doibt contraindre, qui estant si parfaicte meritez avoir les cueurs de tous les honnestes hommes du monde : et estes desprisée et delaissée de celuy pour qui vous avez dedaigné tous les autres. »

La Royne oyant ces parolles, fut si transportée, que de peur de monstrer par sa contenance le troublement de son esprit, et s'appuiant sur le bras du gentil-homme s'en alla en un jardin près sa chambre, où longuement se promena, sans luy pouvoir dire mot. Mais le gentil-homme la voyant demy vaincue, quand il fut au bout de l'allée où nul ne les pouvoit voir, luy declara par effect* l'amour que si long temps il luy avoit celée. Et se trouvans tous deux d'un consentement jouèrent la vengeance, dont la passion[1] avoit esté importable*. Et là delibererent* que toutes les fois que son mary iroit en son village, et le Roy de son chasteau à la ville, il retourneroit au chasteau vers la Royne. Ainsi trompans les trompeurs, seroient quatre participans au plaisir que deux cuidoient* tous seuls avoir.

L'accord faict s'en retournerent, la dame en sa chambre, et le gentil-homme en sa maison, avec tel contentement qu'ils avoient oublié tous leurs ennuiz passez. Et la crainte que chacun d'eux avoit de l'assemblée du Roy et de la damoiselle* estoit tournée en desir, qui faisoit aller le gentil-homme plus souvent qu'il n'avoit accoustumé en son village, qui n'estoit qu'à demie lieuë. Et si tost que le Roy le sçavoit, ne failloit* d'aller voir la damoiselle : et le gentil-homme la nuict venuë alloit au chasteau devers la Royne, faire l'office de lieutenant[2] du Roy, si secrettement que jamais personne ne s'en apperceut. Ceste vie dura bien longuement : mais le Roy pour estre personne publique, ne pouvoit si bien dissimuler son amour, que tout le monde ne s'en apperceust : et avoient tous les gens de bien grand pitié du gentil-homme : car plusieurs mauvais garsons luy faisoient *les cornes* par*ᵃ* derriere, en signe de mocquerie, dont il s'en appercevoit bien. Mais ceste mocquerie luy plaisoit tant, qu'il estimoit autant les cornes, que la couronne du Roy : lequel avec la femme du gentil-homme ne se peut un jour tenir (voyant une teste de cerf, qui estoit eslevée en la maison du gentil-homme) de se prendre à rire devant luy mesme, en disant que ceste teste estoit bien seante en ceste maison. Le gentil-homme qui n'avoit le cueur* moins bon que luy, va faire escrire sur ceste teste : *Io porto le corna, ciascun lo vede, ma tal le porta chi no lo crede*[1]. Le Roy retournant en sa maison, qui trouva cest escriteau nouvellement escrit en demanda au gentil-homme la signification, lequel luy dist : « Si le secret du Roy est caché au cerf, ce n'est pas raison que celuy du cerf soit declaré au Roy. Mais contentez vous, que tous ceulx qui portent cornes n'ont pas le bonnet hors de la teste : car elles sont si doulces qu'elles ne descoiffent personne, et celuy les porte plus legierement, qui ne les cuide* pas avoir. » Le Roy cogneut bien par ces parolles, qu'il sçavoit bien quelque chose de son affaire : mais jamais n'eust soupçonné l'amitié de la Royne et de luy. Car tant plus la Royne estoit contente de la vie de son mary, et plus faignoit d'en estre marrie*. Parquoy vesquirent longuement d'un costé et d'autre en cest amitié, jusques à ce que la vieillesse y meist ordre.

« Voilà, mes dames, une histoire que volontiers je vous monstre icy par exemple, à fin que quand voz mariz vous donneront les cornes de chevreul, vous leur

---

a. faisoient des cornets par

en donnez de cerf[1]. » Emarsuite commença à dire en riant : « Saffredent, je suis toute asseurée, que si vous aimiez autant qu'autres fois avez faict, vous endureriez cornes aussi grandes qu'un chesne, pour en rendre une à vostre fantasie : mais maintenant que les cheveux vous blanchissent[2], il est temps de donner treves à voz desirs. — Ma damoiselle* (dist Saffredent) combien que l'esperance m'en soit ostée par celle que j'ayme, et la fureur par l'aage, si n'en sçauroit diminuer la volonté. Mais puis que vous m'avez reprins d'un si honneste desir, je vous donne ma voix à dire la quatriesme nouvelle, à fin que nous voyons si par quelque exemple vous m'en pourrez desmentir. » Il est vray que durant ce propos une de la compaignie se print bien fort à rire, sçachant que celle qui prenoit les parolles de Saffredent à son advantage, n'estoit pas tant aimée de luy, qu'il en eust voulu souffrir cornes, honte, ou dommage. Et quand Saffredent veit que celle qui rioit l'entendoit*[3], il s'en tint trescontent, et se teut pour laisser dire Emarsuitte, laquelle commença ainsi : « Mes dames, à fin que Saffredent et toute la compaignie congnoisse que toutes dames ne sont pas semblables à la Royne, de laquelle il a parlé : et que tous les fols et hazardeux ne viennent pas à leur fin, et aussi pour ne celer l'opinion d'une dame, qui jugea le despit d'avoir failly à son entreprinse pire à porter que la mort, je vous racompteray une histoire, en laquelle je ne nommeray les personnes, pour ce que c'est de si fresche memoire, que j'aurois peur de desplaire à quelques uns des parents bien proches. »

Temeraire entreprinse d'un gentil-homme à l'encontre d'une princesse de Flandres[1] : et le dommage et honte qu'il en receut.

QUATRIESME NOUVELLE

Il y avoit au païs de Flandres une dame de si bonne maison*, qu'il n'en estoit point de meilleure, vefve* du premier et second mary, desquels n'avoit eu nuls enfans vivants. Durant sa viduité, se retira avec un sien frere, dont elle estoit fort aimée, lequel estoit bien grand seigneur, et mary d'une fille de Roy. Ce jeune prince estoit fort subject à son plaisir, aimant la chasse, passe-temps, et dames, comme la jeunesse le requiert : et avoit une femme fort fascheuse, à laquelle les passetemps du mary ne plaisoient point. Parquoy le seigneur menoit tousjours avec sa femme sa sœur, qui estoit de joyeuse vie, qui estoit la meilleure compaignie qu'il estoit possible, toutesfois sage, et femme de bien. Il y avoit en la maison de ce grand seigneur un gentil-homme, dont la grandeur, beauté et bonne grace passoit celle de tous ses compaignons. Ce gentil-homme voyant la sœur de son maistre, femme joyeuse, et qui rioit volontiers, pensa qu'il essaieroit si les propos d'un honneste amy luy desplairoient, ce qu'il feit : mais il trouva en elle response contraire à sa contenance. Et combien que sa response fust telle comme il appartenoit à une princesse et vraye femme de bien : si* est-ce que le voyant tant beau et honneste comme il estoit, elle luy pardonna aisément sa grande audace, et monstroit bien qu'elle ne prenoit point à desplaisir, quand il parloit à elle, luy disant neantmoins qu'il ne tint plus de tels propos : ce qu'il luy promist pour ne perdre l'aise et honneur qu'il avoit de l'entretenir. Toutesfois à la longue augmenta si fort son affection, qu'il oublia la promesse qu'il luy avoit faicte, non qu'il entreprint de se hazarder par parolles, car il avoit trop contre son gré experimenté les sages responses qu'elle sçavoit faire. Mais il se pensa que s'il la pouvoit trouver en lieu à son advantage, qu'elle (qui estoit vefve*, jeune, et en bon point*, et de fort bonne complexion) prendroit possible* pitié de luy et d'elle ensemble.

Pour venir à ses fins, dist à son maistre qu'il avoit auprès de sa maison fort belle chasse, et que s'il luy plaisoit d'y aller prendre trois ou quatre cerfs au moys de May, il n'avoit point veu plus beau passetemps. Le seigneur tant pour l'amour qu'il portoit à ce gentil-homme, que pour le plaisir de la chasse, luy octroya sa requeste, et alla en sa maison qui estoit belle et bien en ordre, comme du plus riche gentil-homme, qui fust au païs. Et logea le seigneur et la dame en un corps de maison, et en l'autre vis à vis, celle qu'il aimoit mieux que luy-mesme. La chambre estoit si bien tapissée, accoustrée* par le hault, et si bien nattée, qu'il estoit impossible de s'appercevoir d'une trappe qui estoit en la ruelle de son lict, laquelle descendoit en celle où logeoit sa mere, qui estoit une vieille dame un peu caterreuse. Et pource qu'elle avoit la toux, craignant faire bruit à la princesse qui logeroit sur elle, changea de chambre à celle de son fils, et tous les soirs ceste vieille portoit des confitures* à la princesse pour sa collation : à quoy assistoit le gentil-homme, qui (pour estre fort aimé et privé* de son frere) n'estoit refusé d'estre à son habiller et deshabiller[1], où tousjours il voyoit occasion d'augmenter son affection. En sorte qu'un soir après qu'il eut faict veiller ceste princesse si tard, que le sommeil qu'elle avoit le chassa de sa chambre, s'en alla en la sienne. Et quand il eut prins la plus gorgiase* et parfumée chemise qu'il eust, et un

bonnet de nuict, tant bien accoustré* qu'il n'y falloit* rien,
luy sembla bien (en se mirant) qu'il n'y eust dame en ce
monde qui sceust refuser sa beauté et bonne grace. Parquoy se promettant en luy-mesme heureuse issuë de son
entreprinse, s'en alla mettre en son lict, où il n'esperoit
long sejour, pour le desir et sur l'espoir qu'il avoit d'en
acquerir un plus honorable et plaisant. Et si tost qu'il eut
envoyé tous ses gens dehors, se leva pour fermer la porte
après eux, et longuement escouta si en la chambre de la
princesse, qui estoit dessus, y avoit aucun bruit. Et quand
il se peut asseurer que tout estoit en repos, il voulut commencer son doux travail, et peu à peu abbatit la trappe, qui
estoit si bien faicte et accoustrée de drap, qu'il ne feit un
seul bruit, et par là monta en la chambre et ruelle du lict
de la dame, qui commençoit à dormir. A l'heure*a*, sans
avoir regard à l'obligation qu'il avoit à sa maistresse, ny à
la maison* dont estoit la dame, sans luy demander congé
ne faire la reverence, se coucha auprès d'elle, qui le sentit
plus tost entre ses bras, qu'elle n'apperceut sa venuë.

Mais elle qui estoit forte se defeit de ses mains, et en
luy demandant qui il estoit, se meit à le frapper, mordre,
et esgratigner : de sorte qu'il fut contrainct pour la peur
qu'il eut qu'elle appellast, luy fermer la bouche de la
couverture, ce qu'il luy fut impossible de faire. Car quand
elle veit qu'il n'espargnoit rien de toutes ses forces pour
luy faire honte, elle n'espargna rien des siennes pour
l'en garder : et appella tant qu'elle peut sa dame d'honneur, qui couchoit en sa chambre, ancienne et sage femme,
autant qu'il en estoit point : laquelle tout en chemise
courut à sa maistresse. Et quand le gentil-homme veit
qu'il estoit descouvert, eut si grand peur d'estre congneu
de la dame, que le plus tost qu'il peut descendit par sa

a. dormir à l'heure

trappe, et autant qu'il avoit *eu* de desir et asseurance
d'estre bien venu, autant il estoit desesperé de s'en retourner en si mauvais estat. Il trouva son miroër et sa chandelle sur sa table, et regarda son visage tout sanglant
d'esgratigneures et de morsures, qu'elle luy avoit faictes,
dont le sang sailloit* sur sa belle chemise, qui estoit plus
sanglante que dorée, commença à dire : « O beauté ! tu as
maintenant loyer de ton merite, car par ta vaine promesse, j'ay entrepris une chose impossible, et qui peut-
estre au lieu d'augmenter mon contentement, est redou-
blement de mon malheur. Estant asseuré que si elle sçait
que contre la promesse que je luy ay faicte, j'ay entre-
prins ceste follie, je perdray l'honneste et commune frequentation que j'ay plus que nul autre avec elle. Ce que
ma gloire *a bien deservy, car pour faire valloir ma
beaulté et bonne grace, je ne la debvois pas cacher de
nuict et* en tenebres. Pour*ᵃ* gaigner l'amour de son cueur,
je ne devois pas essayer à prendre par force son chaste
corps : mais devois par un service et humble patience,
attendre qu'amour fust victorieux : pource que sans luy
n'ont pouvoir toute la vertu* et puissance de l'homme. »
Ainsi passa la nuict en tels pleurs, regrets et douleurs, qui
ne se peuvent racompter. Et au matin voyant son visage
tout deschiré, feit semblant d'estre fort malade, et de ne
pouvoir veoir la lumiere, jusques à ce que la compaignie
fust hors de sa maison.

  La dame, qui estoit demeurée victorieuse, sçachant
qu'il n'y avoit homme à la court de son frere, qui eust
osé faire une si meschante entreprinse, que celuy qui avoit
eu la hardiesse de luy declarer son amour, s'asseura
que c'estoit son hoste. Et quant elle eut cherché avec sa

---

  a. gloire, beauté, et bonne grace ont bien deservi, je ne le devois pas
cacher en tenebres. Pour

dame d'honneur les endroicts de la chambre pour trouver qui *ce* pouvoit estre, et qu'il ne luy fut possible, elle
luy dist par grand colere : « Asseurez vous que ce ne
peult estre autre que le seigneur de ceans : et que le
matin je feray en sorte vers mon frere, que sa teste sera
tesmoing de ma chasteté. » Et la dame d'honneur la
voyant ainsi *courroussée*, luy dist : « Ma dame, je suys
tres aise de l'amour que vous avez à vostre honneur,
pour lequel augmenter ne voulez espargner la vie d'un,
qui l'a trop hazardée par la force de l'amour qu'il vous
porte. Mais bien souvent tel la cuide* croistre, qui la diminuë : parquoy je vous supplie (ma dame) me vouloir dire
la verité du faict. » Et quand la dame luy eut compté tout
au long, la dame d'honneur luy dist : « Vous m'asseurez
qu'il n'a eu autre chose de vous que les esgratigneures et
coups de poing. — Je vous asseure (dist la dame) que
non[1] : et s'il n'a trouvé un bon chirurgien, je pense que
demain les marques y paroistront. — Et puis qu'ainsi
est, madame, dist la dame d'honneur, il me semble que
vous avez plus d'occasion de louër Dieu, que de penser
à vous venger de luy : car vous pouvez croire que puis
qu'il a eu le cueur* si grand d'entreprendre une telle
chose, et le despit qu'il a d'y avoir failly, que vous ne
luy sçauriez donner mort, qui ne fust plus aisée à porter,
si vous desirez d'estre vengée de luy, laissez faire à
l'amour, et à la honte qui le sçauront mieux tourmenter
que vous, et le faictes pour vostre honneur. Gardez-vous,
ma dame, de tumber en tel inconvenient que le sien : car
en lieu d'acquerir le plus grand plaisir qu'il eust sceu
avoir, il a receu le plus extreme ennuy*, que gentil-
homme sçauroit porter. Aussi vous, ma dame, cuidant
augmenter vostre honneur, le pourriez bien diminuer : et
si vous en faictes la plaincte, vous ferez sçavoir ce que
nul ne sçait : car de son costé vous estes asseurée, qu'il

n'en sera jamais rien revelé. Et quand monsieur vostre frere en feroit la justice qu'en demandez, et que le pauvre gentil-homme en viendra à mourir, si courra le bruit par tout qu'il aura faict de vous à sa volonté. Et la plus part diront qu'il a esté difficile à un gentil-homme de faire une telle entreprise, si la dame ne luy a donné occasion grande. Vous estes belle et jeune, vivant en toute compaignie joyeusement, il n'y a nul en ceste court qui ne voye la bonne chere* que vous faictes au gentil-homme, dont vous avez soupçon, qui fera juger chacun que s'il a faict ceste entreprinse, ce n'a esté sans quelque faulte de vostre costé. Et vostre honneur, qui jusques icy vous a faict aller la teste levée, sera mis en dispute en tous les lieux où ceste histoire sera racomptée. »

La princesse entendant les bonnes raisons de sa dame d'honneur, congneut qu'elle disoit verité, et qu'à tresjuste cause elle seroit blasmée, veu la privée* et bonne chere qu'elle avoit tousjours faicte au gentil-homme : et demanda à sa dame d'honneur, ce qu'elle avoit à faire, laquelle luy dist : « Ma dame, puis qu'il vous plaist recevoir mon conseil, voyant l'affection dont il procede, me semble que vous devez en vostre cueur avoir joye, d'avoir veu que le plus beau et plus honneste gentil-homme que j'aye veu, n'a sçeu ny par amour, ny par force vous mettre hors du chemin de toute honesteté. Et en cela, madame, vous vous devez humilier devant Dieu recognoissant que ce n'a pas esté par vostre vertu[1] : car maintes femmes ayans mené vie plus austere que vous, ont esté humiliées par hommes moins dignes d'estre aimez que luy. Et devez plus craindre que jamais de recevoir nuls propos d'amitié, pource qu'il y en a assez qui sont tombez à la seconde fois aux dangers qu'elles ont evitez la premiere. Ayez memoire, ma dame, qu'Amour est aveugle, lequel aveuglist de sorte, que où l'on pense le

chemin plus seur, est à l'heure qu'il est le plus glissant.
Et me semble, ma dame, que vous ne devez à luy ny à
autre faire semblant* du cas qui vous est advenu, et encore
qu'il en voulust dire quelque chose, feignez du tout de
ne l'entendre, pour eviter deux dangers : l'un de vaine
gloire de la victoire que vous en avez euë : l'autre de
prendre plaisir en ramentevant* choses qui sont si plaisantes à la chair, que les plus chastes ont bien affaire à
se garder d'en sentir quelques estincelles, encore qu'ils
la fuyent le plus qu'ils peuvent. Mais aussi madame, à
fin qu'il ne pense par tel hazard avoir faict chose qui
vous ait esté agreable, je suis bien d'advis, que peu à peu
vous vous esloignez de la bonne chere* que vous luy
avez accoustumé de faire, à fin qu'il cognoisse de combien vous desprisez* sa follie : et combien vostre bonté
est grande, qui s'est contentée de la victoire que Dieu vous
a donnée, sans demander autre vengeance de luy. Et Dieu
vous doint*, ma dame, grace de continuer l'honnesteté
qu'il a mise en vostre cueur : et cognoissant que tout bien
vient de luy, vous l'aimiez et serviez mieux que vous
n'avez acoustumé. » La princesse delibera* de croire le
conseil de sa dame d'honneur, et s'endormit aussi joyeusement que le gentil homme veilla de tristesse.

Le lendemain le seigneur s'en voulut aller et demanda
son hoste, auquel[1] on dist qu'il estoit si malade qu'il ne
pouvoit veoir la clarté, ne ouyr parler personne, dont le
prince fut fort esbahy, et le voulut aller veoir, mais sçachant qu'il reposoit ne le voulut esveiller : et sans luy
dire a Dieu s'en alla ainsi de sa maison, emmenant avec
luy sa femme et sa sœur : Laquelle entendant les excuses
du gentil-homme, qui n'avoit voulu veoir le prince ne la
compaignie au partir, se tint asseurée que c'estoit luy qui
luy avoit faict tant de tourment, lequel n'osoit monstrer
les marques qu'elle luy avoit faictes au visage. Et combien

que son maistre l'envoya souvent querir, si ne retourna il
point à la court qu'il ne fust bien guery de toutes ses
playes ; hors mise celle que l'amour et le despit luy
avoient faict au cueur. Quand il fut retourné vers luy, et
qu'il se trouva devant sa victorieuse ennemie, ce ne fut
sans rougir : et luy qui estoit le plus audacieux de toute
la compaignie, fut si estonné* que souvent devant elle
perdoit toute contenance : parquoy fut toute asseurée que
son soupçon estoit vray, et peu à peu s'estrangea* de luy,
non pas si finement qu'il ne s'apperceut tres bien : mais
il n'en osa faire semblant*, de peur d'avoir encores pis,
et garda cest amour en son cueur, avec la patience* de
l'eslongnement qu'il avoit merité.

« Voilà, mes dames, qui devroit donner grande crainte à
ceux qui presument ce qui ne leur appartient. Et doit bien
augmenter le cueur* aux dames, voyant la vertu de ceste
jeune princesse, et le bon sens de sa dame d'honneur. Si
en quelqu'un de vous advenoit pareil cas, le remede y
est ja donné. — Il me semble, dist Hircan, que le gentil-
homme dont avez parlé, estoit si despourveu de cueur,
qu'il n'estoit digne d'estre ramentu* : car ayant telle
occasion, ne devoit pour vieille ne pour jeune laisser
son entreprise. Et fault bien dire, que son cueur n'estoit
pas tout plein d'amour, veu que la crainte de mort et de
honte y trouva encores place. » Nomerfide respondit à
Hircan : « Et que eust faict le pauvre gentil-homme, veu
qu'il avoit deux femmes contre luy ? — Il devoit tuer la
vieille, dist Hircan, et quand la jeune se fust veuë seule,
elle eust esté à demie vaincue. — Tuer, dist Nomerfide :
vous voudriez donc faire d'un amoureux un meurtrier.
Puis que vous avez ceste opinion, on doit bien craindre
de tumber entre voz mains. — Si j'estois jusques là, dist
Hircan, je me tiendrois pour deshonoré, si je ne venois

à la fin* de mon intention. » A l'heure* Guebron dist :
« Trouvez vous estrange qu'une princesse nourrie en tout
honneur, soit difficile à prendre d'un seul homme ? vous
vous devriez donc beaucoup plus esmerveiller d'une
pauvre femme, qui eschappe la main de deux. — Guebron
(dist Emarsuitte) je vous donne ma voix à dire la cinqiesme nouvelle, car je pense qu'en sçavez quelqu'une de
ceste pauvre femme, qui ne seroit point fascheuse. —
Puis que vous m'avez esleu à la partie (dist Guebron) je
vous diray une histoire, que je sçay pour en avoir faict
inquisition veritable sur le lieu, et par là vous verrez, que
tout le sens et la vertu des femmes, n'est pas au cueur et
teste des princesses, ny tout l'amour et finesse en ceux
où le plus souvent on estime qu'ils soient. »

Une basteliere s'eschappa de deux cordeliers[1] qui la vouloient forcer, et feit si bien que leur peché fut descouvert à tout le monde.

NOUVELLE CINQIESME

Au port à Coullon près de Nyort[2], y avoit une baste-
liere, qui jour et nuict ne faisoit que passer un chacun.
Advint que deux cordeliers* dudict Nyort, passerent la
riviere tous seuls avec elle. Et pource que le passage est
un des plus longs qui soit en France, pour la garder d'ennuyer vindrent à la prier d'amours : à quoy elle feit telle
response qu'elle devoit. Mais eux qui pour le travail du
chemin n'estoient lassez, ne pour froideur de l'eau refroi-
diz, ne aussi pour le reffus de la femme honteux, se delibererent* la prendre tous deux par force : ou si elle se
plaignoit la jetter dedans la riviere. Elle aussi sage et
fine, qu'ils estoient fols* et malicieux*, leur dist : « Je ne
suis pas si mal gracieuse que j'en fais le semblant*, mais

je vous veux prier de m'octroyer deux choses, et puis vous cognoistrez que j'ay meilleure envie de vous obeyr, que vous n'avez de me prier. » Les cordeliers luy jurerent par leur bon sainct François[1], qu'elle ne leur sçauroit demander chose qu'ils ne luy octroyassent, pour avoir ce qu'ils desiroient d'elle. « Je vous requiers premierement, dist-elle, que vous me juriez et promettiez, que jamais à homme vivant nul de vous ne declarera nostre affaire » : ce qu'ils luy promeirent tres-volontiers. Ainsi leur dist : « Que l'un après l'autre vueille prendre son plaisir de moy, car j'aurois trop de honte, que tous deux me veissiez ensemble : regardez lequel me veult avoir la premiere. » Ils trouverent tresjuste sa requeste, et accorda le plus jeune que le vieil commenceroit : et en approchant d'une petite isle, elle dist au beau-pere[*2] le jeune : « Dictes là voz oraisons, jusques à ce qu'aye mené vostre compaignon icy devant en une autre isle : et si à son retour il se loüe de moy, nous le lairrons[*] icy, et nous en irons ensemble. » Le jeune saulta dedans l'isle, attendant le retour de son compaignon, lequel la bastelliere mena en une autre : et quands ils furent au *bort*, faisant[a] semblant[*] d'attacher son basteau, luy dist : « Mon ami regardez en quel lieu nous nous mettrons. » Le beau-pere entra en l'isle pour chercher l'endroit qui luy seroit plus à propos : mais si tost qu'elle le veit à terre, donna un coup de pied contre une arbre, et se retira avec son basteau dedens la riviere, laissans ces deux beaux-peres aux desers, ausquels elle cria tant qu'elle peut : « Attendez messieurs, que l'Ange de Dieu vous vienne consoler[3], car de moy n'aurez aujourd'huy chose qui vous puisse plaire. »

Ces deux pauvres cordeliers congnoissans la tromperie, se meirent à genoux sur le bord de l'eau la priant ne leur

a. au bout faisant

faire ceste honte, et que si elle les vouloit doulcement
mener au port, ils luy promettoient de ne luy demander
rien. Et s'en allant tousjours leur disoit : « Je serois folle
si après avoir eschappé de voz mains, je m'y remettois. »
Et en retournant au village appella son mary, et ceux de
la justice, pour venir prendre ces deux loups enragez,
dont[1] par la grace de Dieu elle avoit eschappé de leurs
dents. Eux et la justice *s'y* en allerent si bien accompai-
gnez, qu'il n'y demeura grand ne petit, qui ne voulust
avoir part au plaisir de ceste chasse. Ces pauvres fratres*
voyans venir si grande compaignie se cacherent chacun
en son isle, comme Adam quand il se veit devant la face
de Dieu[2]. La honte meit leur peché devant leurs yeux, et
la crainte d'estre puniz les faisoit trembler si fort qu'ils
estoient demy morts. Mais cela ne les garda d'estre prins
et menez prisonniers, qui ne fut sans estre mocquez et
huez d'hommes et de femmes. Les uns disoient : « Ces
beaux-peres* nous prechent chasteté, et puis la veulent
oster à noz femmes. » [Le mary disoit, « ils n'osent toucher l'argent la main nuë, et veulent bien manier les
cuisses des femmes qui sont plus dangereuses[3]. »] Les
autres disoient : « Sont sepulchres par dehors blanchiz,
et dedans pleins de morts et de pourriture[4]. » Et une
autre crioit : « A leurs fruicts cognoissez vous quels arbres
sont[5]. » Croyez que tous les passages, que l'Escriture
dict contre les hippocrites, furent là alleguez contre les
pauvres prisonniers : lesquels par le moyen du gardien
furent recoux* et delivrez, qui en grande diligence les vint
demander, asseurant ceux de la justice qu'il en feroit plus
grande punition que les seculiers n'en sçauroient faire[6]. Et
pour satisfaire à partie[7], protesta qu'ils diroient tant de
suffrages* et prieres qu'on les voudroit charger. Parquoy
le juge accorda sa requeste et luy donna les prisonniers,
qui furent si bien chapitrez* du gardien (qui estoit homme

de bien) que oncques puis ne passerent riviere sans faire le signe de la croix, et se recommander à Dieu.

« Je vous prie, mes dames, pensez que si ceste baste-liere eut l'esprit de tromper deux si malicieux* hommes, que doivent faire *celles* qui[a] ont tant veu et leu de beaux exemples, *qu'il est impossible qu'elles ne soient femmes de bien, quant il n'y auroit que la bonté des vertueuses dames qui ont passé devant leurs yeulx, en sorte que la vertu des femmes bien nourryes se doibt autant appeller coustume que vertu ; mais de* celles qui ne sçavent rien[1], qui n'oyent quasi en tout l'an deux bons sermons, qui n'ont le loisir que de penser à gaigner leur pauvre vie, et si fort pressées gardent tant songneusement leur chasteté, c'est[b] là où on congnoist la vertu, qui est naifve-ment* dedans le cueur : car où le sens et la force de l'homme est estimée moindre, c'est où l'esprit de Dieu faict de plus grandes œuvres. Et bien malheureuse est la dame, qui ne garde soigneusement le tresor qui luy apporte tant d'honneur estant bien gardé, et tant de des-honneur au contraire. » Longuarine luy dist : « Il me semble, Guebron, que ce n'est pas grande vertu de refu-ser un cordelier, mais que plutost seroit chose impossible de les aimer. — Longarine (respondit Guebron) celles qui n'ont point acoustumé d'avoir de tels serviteurs* que vous, ne tiennent point fascheux les cordeliers, car ils sont hommes aussi beaux, aussi forts, et plus reposez que nous autres qui sommes tous cassez de harnois*[2], et

---

a. faire ceux qui
b. exemples. Si celles qui ne sçavent rien, qui n'oyent quasi en tout l'an deux bons sermons, qui n'ont le loisir que de penser à gaigner leur pauvre vie, et si fort pressées gardent tant songneusement leur chasteté : que doivent faire celles, qui ayant leur vie acquise n'ont autre occupation que verser* es sainctes lettres, et à ouyr sermons et predica-tions, et à s'appliquer et exercer en tout acte de vertu ? C'est

si parlent comme Anges, et sont <les aucuns*> importuns comme diables : parquoy celles qui n'ont veu robbes que de bureau*, sont bien vertueuses quand elles eschappent de leurs mains. » Nomerfide dist tout hault : « Ha par ma foy vous en direz ce que voudrez, mais j'eusse mieux aimé estre jettée en la riviere, que de coucher avec un cordelier. » Oisille dist en riant, « Vous sçavez doncques bien nager. » Ce que Nomerfide trouva mauvais, pensant que Oisille n'eust telle estime d'elle qu'elle desiroit : parquoy luy dist en colere : « Il y en a qui ont reffusé des personnes plus agreables qu'un cordelier, et n'en ont faict sonner la trompette. » Oisille se prenant à rire de la veoir courroucée, luy dist : « Encores moins ont faict sonner le tabourin de ce qu'ils[1] ont faict et accordé. » *Geburon dict : « Je voy bien que Nomerfide veult parler, parquoy je luy donne ma voix afin qu'elle descharge son cueur sur quelque bonne nouvelle. — Les propoz passez, dict Nomerfide, me touchent si peu, que je n'en puis avoir ne joye ny ennuy, mais puisque j'ay vostre voix, je vous prye ouyr la mienne, pour vous monstrer que si une femme a esté fine en bien, il y en a qui le sont en mal. Et pour ce que nous avons juré de dire verité, je ne la veulx celer car tout ainsi que la vertu de la bastelliere ne honnore poinct les aultres femmes si elles ne l'ensuyvent, aussi le vice d'une aultre ne les peult deshonorer. Escoutez doncques*[a][2]. »*

---

a. Geburon… doncques *texte remplacé par erreur dans G par :* Parlamente dist : Je voy bien que Simontault a desir de parler, parquoy je luy donne ma voix : car après deux tristes nouvelles, il ne fauldra* à nous en dire une, qui ne nous fera point plourer. Je vous remercie, dist Simontault : Car en me donnant vostre voix, il ne s'en fault gueres que ne me nommez plaisant, qui est un nom que je trouve trop fascheux : et pour m'en venger je vous monstreray qu'il y a des femmes, qui font bien semblant* d'estre chastes envers quelques uns, et pour quelque temps, mais la fin les monstre telles qu'elles sont, comme vous verrez par une histoire tresveritable que je vous diray.

Subtilité d'une femme qui feit evader son amy,
lors que son mary (qui estoit borgne) les pensoit surprendre[1].

NOUVELLE SIXIESME

Il y avoit un vieil varlet de chambre de Charles dernier Duc d'Alençon, lequel avoit perdu un œil, et estoit
marié avec une femme beaucoup plus jeune que luy, et
que ses maistre et maistresse aimoient autant que homme
de son estat qui fust en leur maison : et ne pouvoit si
souvent aller veoir sa femme comme il eust bien voulu :
qui fut occasion qu'elle oublia tellement son honneur et
conscience, qu'elle se meit à aimer un jeune gentil-
homme, dont à la longue le bruit fut si grand et mauvais,
que le mary en fut adverty. Lequel ne le pouvoit croire,
pour les grands signes d'amitié que luy monstroit sa
femme. Toutesfois un jour il pensa en faire l'experience,
et se venger s'il pouvoit de celuy qui luy faisoit ceste
honte. Et pour ce faire, faignit s'en aller en quelque lieu
près de là, pour deux ou trois jours. Incontinent qu'il fut
party, sa femme envoya querir son homme, lequel ne fut
pas demie heure avec elle, que voicy venir son mary, qui
frappa bien fort à la porte. Elle qui le congneut[2] le dist à
son amy, qui fut si estonné*, qu'il eust voulu estre au
ventre de sa mere. Et maudissant[3] elle et l'amour, qui
l'avoient mis en tel danger, elle luy dist, qu'il ne se sou-
ciast point, et qu'elle trouveroit bien le moyen de l'en
faire saillir*, sans mal ny honte, et qu'il se habillast le
plus tost qu'il pourroit. Ce pendant frappoit le mary à la
porte, qui appelloit sa femme le plus hault qu'il pouvoit.
Mais elle faignoit de ne le congnoistre point. Et disoit
tout hault au varlet de leans, « Que ne vous levez vous,

et allez faire taire ceulx qui font ce bruit à la porte ? Est-ce maintenant l'heure de venir en la maison des gens de bien ? Si mon mary estoit icy, il vous en garderoit. » Le mary oyant la voix de sa femme, l'appella le plus hault qu'il peut, « Ma femme, ouvrez moy, me ferez vous demourer icy jusques au jour ? » Et quand elle veit que son amy estoit tout prest de saillir*, en ouvrant la porte commença à dire à son mary : « O mon mary ! que je suis bien aise de vostre venuë, car je faisois un merveilleux songe, et estois tant aise, que jamais je ne receu un tel contentement : pource qu'il me sembloit que vous aviez recouvert la veuë de vostre œil. » Et en l'embrassant et le baisant le print par la teste, et luy bouchoit d'une main son bon œil, et luy demandoit : « Voyez vous point mieulx, que vous n'aviez acoustumé ? » Et ce pendant qu'il ne veoit* goutte feit sortir son amy dehors, dont le mary se doubta incontinent, et luy dist : « Ma femme, par Dieu je ne feray jamais le guet sur vous, car en vous cuidant* tromper, j'ay receu la plus fine tromperie, qui fut jamais inventée. Dieu vous vueille amender, car il n'est en la puissance d'homme qui vive de donner ordre à la malice* d'une femme, qui ne la fera mourir[1]. Mais puis que le bon traictement que je vous ay faict, n'a peu servir à vostre amendement, peult estre que le despris* que d'oresnavant j'en feray, vous chastira. » Et en ce disant, s'en alla, et laissa sa femme bien desolée : qui par le moyen de ses parents, amis, excuses, et larmes, retourna encores avec luy.

« Par cecy voyez vous, mes dames, combien est prompte et subtile une femme à eschapper d'un danger. Et si pour couvrir un mal, son esprit a promptement trouvé remede, je pense que pour en eviter un, ou pour faire quelque bien, son esprit seroit encores plus subtil. Car le bon esprit, comme j'ay tousjours ouy dire, est le plus fort. » Hircan luy dist : « Vous parlerez tant des finesses que vous vouldrez : mais si* ay-je telle opinion de vous, si le cas vous estoit advenu, vous ne le sçauriez celer. — J'aymerois autant, ce luy dist-elle, que m'estimissiez la plus sotte du monde. — Je ne le dy pas, ce dist Hircan : mais je vous estime bien celle, qui plus tost s'estonneroit* d'un bruit, que finement ne le feroit taire. — Il vous semble, dist Nomerfide, que chacun est comme vous, qui par un bruit en veult couvrir un autre. Mais il y a danger qu'à la fin une couverture ruine sa compaigne, et que le fondement soit tant chargé pour soustenir[1] les couvertures, qu'il ruine l'edifice. Mais si vous pensez que les finesses <d'un> des hommes (dont chacun vous estime bien rempli) soient plus grandes, que celles des femmes, je vous laisse bien mon rang pour nous en compter quelque autre. Et si vous voulez vous proposer pour exemple, je croy que vous nous apprendrez bien de la malice*. — Je ne suis pas icy, dist Hircan, pour me faire pire que je suis. Car encores y en a il, qui plus que je n'en veulx en dient. » Et en ce disant, regarda sa femme, qui luy dist soudain, « Ne craygnez point pour moy à dire verité. Car il me sera plus facile à ouyr compter voz finesses, que de les vous veoir faire devant moy, combien qu'il n'y en ait nulle, qui sceust diminuer l'amour que je vous porte. » Hircan respondit : « Aussi ne me plains-je pas de toutes les faulces opinions, que vous avez euës de moy. Parquoy puis que nous cognoissons l'un l'autre, c'est occasion de plus grande seureté pour l'advenir. Mais si ne suis-je pas si sot de racompter une histoire de moy, dont la verité vous puisse porter ennuy* : toutesfois j'en diray une d'un personnage qui estoit bien de mes amis. »

Un marchant de Paris trompe la mere de s'amie,
pour couvrir leur faulte.

NOUVELLE SEPTIESME

En la ville de Paris y avoit un marchant, amoureux
d'une fille sa voisine, ou pour mieux dire, plus *aymé*
d'elle[a] qu'elle n'estoit de luy. Car le semblant* qu'il faisoit de l'aimer et cherir, n'estoit que pour couvrir un
amour plus haulte et honorable. Mais elle qui se consentoit d'estre trompée, l'aimoit tant, qu'elle avoit oublié la
façon dont les femmes ont acoustumé de refuser les
hommes. Ce marchant icy après avoir esté long temps à
prendre la peine d'aller où il la pouvoit trouver, la faisoit
venir où il luy plaisoit, dont sa mere s'aperceut, qui estoit
une treshonneste femme, et luy defendit que jamais elle
ne parlast à ce marchant, ou qu'elle la mettroit en religion*. Mais ceste fille qui plus aimoit le marchant qu'elle
ne craignoit sa mere, le cherissoit plus qu'au paravant.
Et un jour advint, qu'estant toute seule en une garderobbe*, ce marchant y entra : lequel se trouvant en lieu
commode, se print à parler à elle le plus privément* qu'il
luy fut possible. Mais quelque chambriere qui le vit
entrer dedans, le courut dire à la mere : laquelle avec une
tresgrande colere s'y en alla : et quand sa fille l'ouyt venir,
dist en pleurant à ce marchant. « Helas mon amy ! à
ceste heure me sera bien cher vendu l'amour que je vous
porte. Voicy ma mere, qui cognoistra ce qu'elle a tousjours craint et doubté*. » Le marchant qui d'un tel cas ne
fut point estonné*, la laissa incontinent, et s'en alla au

a. plus amy d'elle

devant de la mere : et en estendant les bras, l'embrassa
le plus fort qu'il luy fut possible. Et avec ceste fureur
dont il commençoit à entretenir sa fille, getta la pauvre
femme vieille sur une couchette. Laquelle trouva si
estrange ceste façon de faire, qu'elle ne sçavoit que luy
dire, sinon « Que voulez vous ? resvez vous ? » Mais
pour cela ne laissoit de la poursuivre d'aussi près, que
si c'eust esté la plus belle fille du monde. Et n'eust esté
qu'elle cria si fort que les varlets et chambrieres vindrent à son secours, elle eust passé le chemin qu'elle
craignoit que sa fille marchast. Parquoy à force de bras
osterent ceste pauvre vieille d'entre les mains du marchant, sans que jamais elle sceust ny ne peust sçavoir
l'occasion pourquoy il l'avoit ainsi tourmentée. Durant
cela se sauva sa fille en une maison auprès, où il y
avoit des nopces : dont le marchant et elle ont maintesfois riz ensemble depuis aux despens de la vieille, qui
jamais ne s'en apperceut.

« Par cecy voyez vous, mes dames, que la finesse
d'un homme a trompé une vieille, et saulvé l'honneur
d'une jeune femme. Mais qui vous nommeroit les personnes, ou qui eust veu la contenance du marchant, et
l'estonnement[*] de ceste vieille, eust eu grand peur de
sa conscience, s'il se fust gardé de rire. Il me suffit que
je vous prouve par ceste histoire, que la finesse des
hommes est aussi prompte et secourable au besoing,
que celle des femmes : à fin mes dames, que vous ne
craigniez point de tomber entre leurs mains. Car quand
vostre esprit vous fauldra[*], le leur sera prest à couvrir
vostre honneur. » Longarine luy dist : « Vrayment Hircan, je confesse que le compte est fort plaisant, et la finesse grande, mais si[*] n'est-ce pas un exemple que les
filles doivent ensuivre. Je croy bien qu'il y en a à qui

vous le vouldriez faire trouver bon : mais si n'estes vous pas si sot, de vouloir que vostre femme, ny celle dont vous aimez mieulx l'honneur que le plaisir, voulust joüer à tel jeu. Je croy qu'il n'y en auroit point un qui de plus près les regardast, ne qui mieulx y mist ordre que vous. — Par ma foy dist Hircan, si celle que vous dictes avoit faict pareil cas : et que je n'en eusse rien sceu, je ne l'estimerois pas moins. Et si ne sçay si quelque un en a point faict d'aussi bons, dont le celer me mect hors de peine. » Parlamente ne se peut tenir de dire : « Il est impossible que l'homme mal faisant ne soit soupçonneux, mais bien heureux celuy sur lequel on ne peult avoir soupçon par occasion donnée. » Longarine dist : « Je n'ay gueres veu grand feu, de quoy ne vint quelque fumée, mais j'ay bien veu la fumée, où il n'y avoit point de feu : Car aussi souvent est soupçonné par les mauvais le mal, où il n'est point *que* cogneu là où il est. » A l'heure Hircan luy dist : « Vrayement Longarine vous en avez si bien parlé en soustenant l'honneur des dames à tort soupçonnées, que je vous donne ma voix pour dire la vostre, par ainsi que vous ne nous faciez point pleurer comme a faict ma dame Oisille, par trop loüer les femmes de bien. » Longarine en se prenant bien fort à rire, commença à dire ainsi : « Puis que vous avez envie que je vous face rire selon ma coustume, ce ne sera pas aux despens des femmes, et si diray chose pour monstrer combien elles sont aisées à tromper, quand elles mettent leur fantasie à la jalousie, avecques une estime de[1] leur bon sens, de vouloir tromper leurs mariz. »

Un quidam ayant couché avecques sa femme au lieu de sa chambriere, y envoya son voisin qui le feit cocu, sans que sa femme en sceust rien[1].

NOUVELLE HUICTIESME

En la comté d'Allex, y avoit un homme nommé Bornet, qui avoit espousé une honneste et femme de bien, de laquelle il aimoit l'honneur et la reputation, comme je croy que tous les mariz, qui sont icy font de leurs femmes. Et combien qu'il voulust que la sienne luy gardast loyauté, si* ne vouloit il pas que la loy fust egale à tous deux. Car il devint amoureux de sa chambriere, au change de quoy il ne gaignoit sinon que la diversité des viandes pleust[a]. Il avoit un voisin de pareille condition que luy, nommé Sandras, tabourineur[2], et cousturier. Et y avoit entre eux telle amitié, que hors mis la femme, ils n'avoient rien party[3] ensemble. Parquoy il declara à son amy l'entreprise qu'il avoit sur sa chambriere, lequel non seulement le trouva bon : mais aida de tout son pouvoir à la parachever, esperant avoir part au gasteau. La chambriere qui ne s'y vouloit consentir, se voyant pressée de tous costez, l'alla dire à sa maistresse, la priant de luy donner congé de s'en aller *chez* ses[b] parents, car elle ne pouvoit plus vivre en ce tourment. La maistresse qui aimoit bien fort son mary, et duquel elle avoit soupçon, fut bien aise d'avoir gaigné ce poinct sur luy, et de luy pouvoir monstrer justement qu'elle en avoit eu doubte. Parquoy dist à sa chambriere : « Tenez bon mamie, tenez

a. il ne craignoit sinon que la diversité des viandes ne pleust ; *la correction suit celle de l'édition de 1560*
b. aller sur ses

peu à peu bon propos à mon mary, et puis après luy donnez assignation de coucher avec vous en ma garderobbe*, et ne faillez à me dire la nuit qu'il devra venir,
mais gardez que nul n'en sçache rien. » La chambriere
feit tout ainsi que sa maistresse luy avoit commandé :
dont le maistre fut si aise, qu'il en alla faire la feste à
son compaignon, lequel le pria, veu qu'il avoit esté du
marché, d'en avoir le demeurant*. La promesse faicte et
l'heure venuë, s'en alla coucher le maistre, comme il
cuidoit*, avec sa chambriere.

Mais sa femme qui avoit renoncé à l'auctorité de
commander pour le plaisir de servir, s'estoit mise en la
place de la chambriere, et receut son mary, non comme
femme, mais faignant la contenance d'une fille estonnée,
si bien que son mary ne s'en apperceut point. Je ne vous
sçaurois dire lequel estoit le plus aise des deux ou luy de
penser tromper sa femme, ou elle de tromper son mary.
Et quand il eut demeuré avec elle non selon son vouloir,
mais selon sa puissance, qui sentoit son vieil marié, s'en
alla hors de la maison, où il trouva son compaignon
beaucoup plus fort et jeune que luy, et luy feit la feste
d'avoir trouvé la meilleure robbe*, qu'il avoit point veuë.
« Vous sçavez (luy dist son compaignon) ce que m'avez
promis. — Allez doncques vistement, dist le maistre, de
peur qu'elle se lieve, ou que ma femme ait affaire d'elle. »
Le compaignon s'y en alla et trouva encore la mesme
chambriere que le mary avoit mescogneuë*. Laquelle
cuidant* que ce fust son mary, ne le refusa de chose qu'il
demandast, j'entends demander pour prendre car il
n'osoit parler. Il y demeura bien plus longuement que le
mary, dont la femme s'esmerveilloit fort. Car elle n'avoit
point accoustumé d'avoir telles nuictées : toutesfois elle
eut patience, se reconfortant aux propos qu'elle avoit
deliberé de luy tenir le lendemain, et à la mocquerie,

qu'elle luy feroit recevoir. Sur le poinct de l'aube du jour, cest homme se leva d'auprès d'elle, et en se partant du lict se joüa à elle ; et en ce jouant luy arrachea un anneau, qu'elle avoit au doigt, duquel son mary l'avoit espousée. Chose que les femmes de ce païs gardent en grande superstition, et honorent fort une femme qui garde cest anneau jusques à la mort. Et au contraire si par fortune le pert, elle est desestimée, comme ayant donné sa foy à un autre qu'à son mary. Elle fut trescontente qu'il luy ostast, pensant que ce seroit seur tesmoignage de la tromperie qu'elle luy avoit faicte. Quand le compaignon fut retourné devers le maistre, il luy demanda, « Et puis ? » Il luy respondit qu'il estoit de son opinion, et que s'il n'eust craint le jour, encor y fust il demeuré : et ainsi se vont tous deux reposer le plus coyement* qu'ils peurent. Et le matin en s'habillant, apperceut le mary l'anneau que son compaignon avoit au doigt, tout pareil de celuy qu'il avoit donné en mariage à sa femme. Et demanda à son compaignon, qui le luy avoit baillé. Mais quand il entendit qu'il l'avoit arraché du doigt de sa chambriere, il fut fort estonné*, et commença à donner de la teste contre la muraille et à dire : « Ha vertu Dieu, me serois-je bien faict cocqu moy-mesme, sans que ma femme en sceust rien ? » Son compaignon pour le reconforter luy dist : « Peult estre que vostre femme bailla son anneau au soir en garde à la chambriere. »

Mais sans rien respondre, le mary s'en va à la maison où il trouva sa femme plus belle, plus gorgiase*, et plus joyeuse qu'elle n'avoit accoustumé, comme celle qui se resjouissoit d'avoir saulvé la conscience de sa chambriere, et d'avoir experimenté jusques au bout son mary, sans y rien perdre, que le veiller d'une nuict. Le mary la voyant avec si bon visage, dist en soy-mesme : « Si elle sçavoit ma bonne fortune, elle ne me feroit pas si bonne

chere* » : et en parlant à elle de plusieurs propos, la
print par la main et advisa qu'elle n'avoit pas l'anneau,
qui jamais ne luy partoit du doigt, dont il devint tout
transi, et luy demanda en voix tremblante, « qu'avez vous
faict de vostre anneau ? » Mais elle qui fut bien aise
qu'il la mettoit au propos, qu'elle avoit envie de luy tenir,
luy dist : « O le plus meschant de tous les hommes ! à
qui le cuidez* vous avoir osté ? Vous pensiez bien que ce
fust à ma chambriere, pour l'amour de la quelle vous
avez despensé deux fois plus de voz biens que jamais
vous ne feistes pour moy. Car à la premiere fois que y
estes venu coucher, je vous ay jugé tant amoureux d'elle,
qu'il *n*'estoit possible de plus. Mais après que vous fustes sailly* dehors, et puis encores retourné, il sembloit
que fussiez un diable sans ordre ne mesure. O malheureux ! pensez quel aveuglement vous a prins de loüer
tant mon corps, et mon en bon point*, dont par si long
temps vous seul avez esté joïssant, sans en faire grande
estime. Ce n'est doncques pas la beauté, et l'en bon
point de vostre chambriere qui vous a faict trouver ce plaisir si agreable : mais c'est le peché infame, et la vilaine
concupiscence qui brusle votre cueur, et vous rend les
sens si hebetez que par la fureur en quoi vous mettoit
l'amour de ceste chambriere, je croy que vous eussiez
prins une chevre coiffee pour une belle fille. Or il est
temps, mon mary de vous corriger, et de vous contenter
autant de moy en me congnoissant vostre, et femme de
bien, que vous avez faict, cuidant*ᵃ* que je fusse une pauvre meschante. Ce que j'ay faict, a esté pour vous retirer
de vostre malheureté*, à fin que sur vostre vieillesse,
nous vivons¹ en bonne amitié et repos de conscience.

---

a. contenter de moy, et en me congnoissant vostre, et femme de
bien, penser ce que vous avez faict, cuidant

Car si vous voulez continuer la vie passée, j'aime mieux me separer de vous, que de voir de jour en jour la ruine de vostre ame, de vostre corps, et de vos biens devant mes yeux. Mais s'il vous plaist cognoistre vostre faulse opinion, et vous deliberer[*] de vivre selon Dieu, gardant ses commandemens, j'oublieray toutes les faultes passées, comme je veux que Dieu oublie mon ingratitude à ne l'aimer comme je doy. »

Qui fut bien esbahy et desesperé, ce fut ce pauvre mary voyant sa femme tant belle, chaste et honneste, avoir esté delaissée de luy, pour une qui ne l'aimoit pas. Et qui pis est, d'avoir esté si malheureux, que de la faire meschante sans son sceu, et faire participant un autre au plaisir, qui n'estoit que pour luy seul. Parquoy se forgea en luy mesme les cornes de mocquerie perpetuelle. Mais voyant sa femme assez courroucée de l'amour qu'il avoit porté à sa chambriere, se garda bien de luy dire le meschant tour qu'il luy avoit faict, et en luy demandant pardon avec promesse de changer entierement sa mauvaise vie, luy rendit son anneau qu'il avoit reprins de son compaignon, lequel pria de ne reveler sa honte. Mais comme toutes choses dictes à l'oreille sont preschées sur le tect[*1], quelque temps après la verité fut cogneuë, et l'appelloit-on cocu, sans la honte de sa femme.

« Il me semble, mes dames, que si tous ceux qui ont faict pareilles offenses à leurs femmes, estoient puniz de pareille punition, Hircan et Saffredent devroient avoir belle peur. — Et dea[*] Longarine, dist Saffredent, n'y en a il point d'autres en la compaignie mariez, que Hircan et moy ? — Si[*] a bien, dist elle, mais non pas qui voulussent jouër un tel tour. — Où avez vous veu, dist Saffredent, que nous ayons pourchassé les chambrieres de noz femmes ? — Si celles à qui il touche, dist Longarine, vouloient dire la verité, l'on trouveroit bien chambriere, à qui l'on a donné congé avant son quartier[1]. — Vrayement, ce dist Guebron, vous estes une bonne dame, qui en lieu de faire rire la compaignie, comme vous avez promis, mettez ces deux pauvres gens en colere. — C'est tout un, dist Longarine, mes* que ils ne viennent point aux espées, leur colere ne fera que redoubler nostre rire. — Mais il est bon, dist Hircan, car si noz femmes vouloient croire ceste dame, elle brouilleroit le meilleur mesnage qui soit en la compaignie. — Je sçay bien devant qui je parle, dist Longarine, car voz femmes sont si sages, et vous aiment tant que quand vous leur feriez cornes, aussi puissantes que celles d'un dain, encores se voudroient elles persuader, et au monde aussi, que ce sont chapeaux de roses. » La compaignie, et mesmes ceux à qui il touchoit, se prindrent tant à rire, qu'ils meirent fin à leur propos.

Mais Dagoucin qui encores n'avoit sonné mot, ne se peut tenir de dire : « L'homme est bien desraisonnable, quand il a de quoy se contenter, et veult chercher autre chose. Car j'ay veu souvent pour cuider* mieux avoir, et ne se contenter de la suffisance*, que l'on tombe au pis, et si* l'on n'est point plainct : Car l'inconstance est tousjours blasmée. » Simontault luy dist : « Mais que feriez vous à ceux qui n'ont pas trouvé leur moitié[2] ? Appellez vous inconstance de la chercher en tous les lieux où l'on la peult trouver ? — Pource que l'homme ne peult sçavoir, dist Dagoucin, où est ceste moictié dont l'union est si egale, que l'un ne differe de l'autre, il fault qu'il s'arreste où l'amour le contraint, et pour quelque occasion qui puisse advenir, ne changer le cueur ny la volonté, car si celle que vous aymez est tellement semblable à vous, et d'une mesme volonté, ce sera vous que vous aimerez et non pas elle. — Dagoucin, dist Hircan, *vous voulés* *tonber en une faulse opinion : comme si nous devions aymer les femmes sans en estre aymés ! — Hircan (dit Dagoucin[1]),* je[a] veux dire que si nostre amour est fondé sur la beauté, bonne grace, amour, et faveur d'une femme, et nostre fin soit fondée sur plaisir, honneur, ou profit, l'amour ne peut longuement durer. Car si la chose sur-quoy nous la fondons deffault*, nostre amour s'en volle hors de nous. Mais je suis ferme en mon opinion, que celuy qui aime, n'a autre fin ne desir que de bien aimer, et laissera plustost son ame par la mort, que ceste ferme amour saille* de son cueur. — Par ma foy, dist Simon-tault, je ne croy pas Dagoucin que jamais vous ayez esté amoureux. Car si vous aviez senty le feu comme les autres, vous ne nous peindriez icy la republicque[2] de Platon, qui escript et n'experimente point. — Si* j'ay aimé, dist Dagoucin, j'ayme encores, et aymeray tant que vivray. Mais j'ay si grand peur, que la demonstrance* face tort à la perfection de mon amour, que je crains que celle de qui je devrois desirer amitié semblable, l'en-tende*. Et mesmes je n'ose penser ma pensée, de peur que mes yeux en revelent quelque chose. Car tant plus je tiens ce feu celé et couvert, plus en moy croist le plaisir de sçavoir, que j'ayme parfaictement. — Ha par ma foy, dist Guebron, si ne croy-je pas que vous ne fussiez bien aise d'estre aimé. — Je ne dy pas le contraire, dist Dagoucin, mais quand je serois tant aimé comme j'aime, si n'en sçauroit croistre mon amour, comme elle ne sçauroit diminuer pour estre si peu aimé, comme j'aime fort. » A l'heure* Parlamente, qui soupçonnoit ceste fan-tasie, luy dist : « Donnez vous garde Dagoucin. Car j'en

---

a. *Lacune dans Gruget et dans notre manuscrit de référence, réta-blie d'après le ms. BNF fr. 1520, p. 54, qui lui-même ne l'a rétablie qu'en marge.*

ay vu d'autres que vous, qui ont mieux aimé mourir, que parler. — Ceux là donques, dist Dagoucin s'estiment bien heureux. — Voire dist Saffredent, et dignes d'estre mis au nombre des innocens, desquels l'Eglise chante, *Non loquendo sed moriendo confessi sunt*[1]. J'en ay tant ouy parler de ses transiz[2] d'amours, mais encores jamais n'en vey mourir un. Et puis que je suis eschappé, veu les ennuiz[*] que j'en ay porté, je ne pense jamais qu'autre en puisse mourir. — Ha Saffredent, dist Dagoucin, voulez vous donques estre aimé, puis que ceux de vostre opinion n'en meurent point ? Mais j'en sçay assez bon nombre, qui ne sont morts d'autre maladie, que d'aymer trop parfaictement. — Or puis qu'en sçavez des histoires, dist Longarine, je vous donne ma voix pour nous en racompter quelque belle, qui sera la neufiesme de ceste journée. — A fin, dist Dagoucin, que ma veritable parolle suyvie de signes et miracles[3], vous y face adjouster foy, je vous reciteray une histoire advenuë depuis trois ans. »

Piteuse[*] mort d'un gentil-homme amoureux,
pour avoir trop tard receu consolation de celle qu'il aimoit.

NEUFIESME NOUVELLE

Entre Daulphiné et Provence y avoit un gentilhomme beaucoup plus riche de vertu, beauté, et honnesteté que d'autres biens, lequel aima fort une damoiselle dont je ne diray le nom, pour l'amour de ses parens qui sont venuz de bonnes et grandes maisons[*], mais asseurez vous que la chose est veritable : et à cause qu'il n'estoit de maison de mesme elle il n'osoit descouvrir son affection : car l'amour qu'il luy portoit estoit si grand et par-

faict qu'il eust mieux aimé mourir que desirer une seule
chose, qui eust esté à son deshonneur : et se voyant de si
bas lieu au pris d'elle n'avoit nul espoir de l'espouser.
Parquoy son amour n'estoit fondé sur nulle fin, sinon de
l'aimer de tout son pouvoir le plus parfaictement qu'il
luy estoit possible, comme il feit si longuement qu'à la
fin elle en eut quelque cognoissance. Et voyant l'honeste
amitié qu'il luy portoit tant plein de vertu et bon propos,
se sentoit bien heureuse d'estre aimée d'un si vertueux
personnage, et luy faisoit tant de bonnes cheres*, que luy
qui ne l'avoit pretendue meilleure[1] se contentoit tresfort.
Mais la malice ennemie de tout repos ne peut souffrir
ceste vie honneste et heureuse. Car quelques uns allerent
dire à la mere de la fille, qu'ils s'esbahissoient que ce
gentil-homme pouvoit tant faire en sa maison, et que l'on
soustenoit que la beauté de sa fille l'y tenoit plus qu'autre
chose, avec laquelle on le veoit* souvent parler. La mere
qui ne doutoit en nulle façon de l'honnesteté du gentil-
homme : dont elle se tenoit aussi asseurée que de nul de
ses enfans, fut fort marrie* d'entendre qu'on le prenoit à
mauvaise part : tant qu'à la fin (craignant le scandale par
la malice* des hommes) le pria pour quelque temps de ne
hanter sa maison, comme il avoit acoustumé : chose
qu'il trouva de dure digestion, sçachant que les propos
honnestes qu'il tenoit à sa fille ne meritoient point tel
eslongnement. Toutesfois pour faire taire les mauvaises
langues, se retira tant de temps que le bruit cessa, et y
retourna comme il avoit acoustumé : l'absence duquel
n'avoit amoindry sa bonne volonté, mais estant en sa
maison entendit que l'on parloit de marier ceste fille
avec un gentil-homme qui luy sembla n'estre point si
riche qu'il luy deust tenir tort d'avoir s'amie non plus
que luy. Et commença à prendre cueur*, et employer de
ses amis pour parler de sa part : pensant que si le choix

estoit baillé à la damoiselle qu'elle le prefereroit à l'autre.
Toutesfois la mere de la fille et ses parens, pource que
l'autre estoit beaucoup plus riche, l'esleurent, dont le
gentilhomme print tant de desplaisir, sçachant que
s'amie perdoit autant de contentement que luy, *que* peu
à peu sans autre maladie, commença à diminuer, et en
peu de temps changea de telle sorte, qu'il sembloit qu'il
couvrist la beauté de son visage d'un masque de la mort,
où d'heure à heure il alloit joyeusement, si* est-ce qu'il
ne se peut garder quelquefois, qu'il n'allast parler à celle
qu'il aymoit tant. Mais à la fin que la force luy deffailloit*, il fut contrainct de garder le lict, dont il ne voulut advertir celle qu'il aimoit, pour ne luy donner part de
son ennuy. Et se laissant ainsi aller au desespoir, perdit
le boire et le manger, le dormir et le repos, en sorte qu'il
n'estoit possible de le congnoistre pour la maigreur et
l'estrange visage qu'il avoit.

Quelqu'un en advertit la mere de s'amie qui estoit fort
charitable, et d'autre part aimoit tant le gentil homme, que
si tous leurs parens eussent esté de son opinion et de la
fille, ils eussent preferé l'honesteté de luy à tous les biens
de l'autre, mais les parens du pere n'y voulurent entendre. Toutesfois avec sa fille alla visiter le pauvre gentil-
homme, qu'elle trouva plus mort que vif. Et cognoissant
la fin de sa vie approcher, s'estoit confessé et receu le
sainct sacrement, pensant mourir sans plus veoir personne : mais luy à deux doigs de sa mort, voyant encore
celle qui estoit sa vie et resurrection[1], se sentit si fortifié
qu'il se jetta en sursault sur son lict, disant à la dame :
« Quelle occasion vous amene, ma dame, de venir visiter
celuy qui a desja le pied en la fosse, et de la mort duquel
vous estes la cause ? — Comment, ce dist la dame, seroit
il bien possible, que celuy que nous aimons tant, peust
recevoir la mort par nostre faulte ? Je vous prie dictes

moy pour quelle raison vous tenez ces propos. — Ma
dame, dist il, combien que tant qu'il m'a esté possible,
j'ay dissimulé l'amour que je porte à ma damoiselle vostre fille, si* est-ce que mes parens parlans du mariage
d'elle et de moy ont plus parlé que je ne voulois, veu le
malheur qui m'est advenu d'en perdre l'esperance, non
pour mon plaisir particulier, mais pource que je sçay
qu'avec nul autre ne sera si bien traictée, ne tant aimée
qu'elle eust esté avec moy. Le bien que je veois qu'elle
perd du meilleur et plus affectionné serviteur* et amy
qu'elle ait en ce monde, me faict plus de mal que la perte
de ma vie, que pour elle seule je voulois conserver : toutesfois puis qu'elle ne luy peut de rien servir, ce m'est
grand gaing de la perdre. » La mere et la fille oyans ces
propos, meirent peine de le reconforter. Et luy dist la
mere : « Prenez courage mon amy, et je vous promets ma
foy, que si Dieu vous donne santé, jamais ma fille n'aura
autre mary que vous : et voylà-cy presente, à laquelle je
commande de vous en faire la promesse. » La fille en
pleurant meit peine de luy donner seureté de ce que sa
mere luy promettoit. Mais luy congnoissant, que quand
il auroit santé il n'auroit pas s'amie, et que les bons propos qu'elle tenoit, n'estoit que pour essayer à le faire un
peu revenir*, leur dist : que si ce langage luy eust esté
tenu, il y a trois mois qu'il eust esté le plus sain, et le plus
heureux gentil-homme de France, mais que le secours
luy venoit si tard qu'il ne pouvoit plus estre creu ny
esperé. Et quand il veit qu'elles s'efforcerent de le faire
croire, il leur dist. « Or puis que je vois que vous me
promettez le bien qui jamais ne me peut advenir, encores
que le vousissiez*, pour la foiblesse où je suis, je vous en
demande un beaucoup moindre que jamais je n'eu*s la
hardiesse de requerir. » A l'heure* toutes deux luy jurerent, et qu'il le demandast hardiment. « Je vous supplie,

dist il, que me donnez entre mes bras, celle que vous me promettez pour femme, et luy commandez qu'elle m'embrasse et baise. » La fille qui n'avoit accoustumé telles privautés en cuida[*] faire difficulté, mais la mere luy commanda expressément, voyant qu'il n'y avoit plus en luy sentiment ne force d'homme vif. La fille donc par ce commandement s'advança sur le lict du pauvre malade, luy disant : « Mon amy je vous prie resjouissez vous. » Le pauvre languissant le plus fort qu'il peut en son extreme foiblesse, estendit ses bras tous desnuez de chair et de sang, et avec toute la force de son corps embrassa la cause de sa mort, et en la baisant de sa froide et pasle bouche, la tint le plus longuement qu'il luy fut possible, et puis dist à la fille : « L'amour que je vous ay portée a esté si grande et honneste que jamais (hors mis mariage) n'ay souhaitté de vous autre bien que celuy que j'en ay maintenant, par faulte duquel, et avec lequel je rendray joyeusement mon esprit à Dieu, qui est parfaicte amour et charité qui cognoist la grandeur de mon amour, et l'honnesteté de mon desir : luy suppliant (ayant mon desir entre mes bras) recevoir entre les siens mon esprit. » Et en ce disant la reprint entre ses bras par une telle vehemence que le cueur affoibly ne povant porter cest effort, fut abandonné de toutes ses vertuz et esprits : car la joye le feit tellement dilater, que le siege de l'ame luy *faillit*, et^a s'en volla à son createur. Et combien que le pauvre corps demourast sans vie longuement, et par ceste occasion ne pouvoit plus tenir sa prise, toutesfois l'amour que la damoiselle avoit tousjours celée, se declara à l'heure si fort, que la mere et les serviteurs du mort eurent bien affaire à separer ceste union, mais à force osterent la vifve presque morte d'avec le mort, lequel ils feirent

a. luy saillit et

honorablement enterrer, mais le plus grand triumphe des obseques furent les larmes, les pleurs et les cris de ceste pauvre damoiselle, qui d'autant plus se declara après la mort qu'elle s'estoit dissimulée durant la vie, quasi comme satisfaisant* au tort qu'elle luy avoit tenu. Et depuis (comme j'ay ouy dire) quelque mary qu'on luy donnast pour l'appaiser n'a jamais eu joye en son cueur.

« Vous semble-il, messieurs, qui n'avez voulu croire à ma parolle, que cest exemple ne soit pas suffisante pour faire confesser que parfaicte amour mene les gens à la mort, par trop estre celée et mescogneuë* ? Il n'y a nul de vous qui ne cognoisse les parens d'un costé et d'autre, parquoy n'en pouvez plus douter, et nul qui ne l'a experimenté ne le peult croire. » Les dames oyans cela, eurent toutes les larmes aux yeux : mais Hircan leur dist : « Voilà le plus grand fol dont jamais aye ouy parler. Est il raisonnable (par vostre foy) que nous mourions pour femmes, qui ne sont faictes que pour nous ? et que nous craignons leur demander ce que Dieu leur enjoinct nous donner ? je ne parle pour moy ne pour tous les mariez : car j'ay autant ou plus de femme qu'il ne m'en fault : mais je dy cecy pour ceux qui en ont necessité, lesquels il me semble estre sots de craindre celles à qui ils doivent faire peur. Voyez vous pas bien le regret que ceste pauvre femme avoit de sa sottise : car puis qu'elle embrassoit le corps mort (chose repugnante à nature) elle n'eust point refusé le corps vivant, s'il eust usé d'aussi grande audace, qu'il feit de pitié en mourant. — Toutesfois, dist Oisille, si* monstra bien le gentilhomme l'honnesteté et amitié qu'il luy portoit, dont il sera à jamais loüable devant tout le monde : car trouver chasteté en un cueur amoureux, est chose plus divine qu'humaine. — Ma dame, dist Safredent, pour confirmer le dire d'Hircan

(auquel je me tiens) je vous prie me croire, que fortune
aide aux audacieux[1] : et qu'il n'y a homme, s'il est
aimé d'une dame, mais* qu'il sçache poursuivre sagement et affectionément*, qu'en la fin n'en ait du tout*
ce qu'il demande, ou en partie : mais l'ignorance et la
foible crainte, fait perdre aux hommes beaucoup de bonnes adventures, et fondent leur perte sur la vertu de leur
amie, laquelle n'ont jamais experimentée du bout du
doigt seulement : car oncques* place ne fut bien assaillie
sans estre prise. — Je m'esbahis, dist Parlamente, de
vous deux, comme vous osez tenir tels propos : celles
que vous avez aimées ne vous sont gueres tenuës*, ou
vostre adresse a esté en si meschant lieu que vous estimez les femmes toutes pareilles. — Ma dame, dist Saffredent, quant* est de moy, je suis si malheureux que je
n'ay de quoy me vanter : mais si* ne puis-je tant attribuer mon malheur à la vertu des dames, qu'à la faulte de
n'avoir assez sagement entrepris, ou bien prudemment
conduict mon affaire et n'allegueray pour tous docteurs
que la vieille du Rommant de la Rose, laquelle dict :
"Nous sommes faicts beaux fils sans doubte*, Toutes
pour tous, et tous pour toutes[2]". Parquoy je ne croy pas
que si l'amour est une fois au cueur d'une femme, que
l'homme n'en ait bonne issue, s'il ne tient à sa bestie*. »

Parlamente dist : « Et si je vous en nommois une bien
aimante, bien requise, pressée, et importunée, et toutesfois femme de bien, victorieuse de son cueur de son
corps et de son amy, advouriez vous que la chose veritable seroit *possible*? — Vrayement[a], dist il, ouy. » Lors,
dist Parlamente, « Vous serez tous de dure foy, si vous ne
croyez cest exemple. » Dagoucin luy dist : « Madame,
puis que je prouve par exemple l'amour vertueuse d'un

a. seroit impossible. Vrayement

gentil-homme jusques à la mort, je vous supplie si en sçavez quelqu'une autre à l'honneur de quelque dame, que vous la vueillez reciter, pour la fin de ceste journée, et ne faignez* point à parler longuement en parolles : car il y a encores assez long temps pour dire beaucoup de bonnes choses. — Puis que le dernier reste m'est donné, dist Parlamente, je ne vous tiendray longuement en parolles : car mon histoire est si bonne, et si belle, et si veritable, qu'il me tarde que vous ne la sçachiez comme moy. Et combien que je ne l'aye veuë, si m'a elle esté racomptée par un de mes plus grands et entiers amis, à la louange et honneur de celuy du monde qu'il avoit le plus aimé, et me conjura que si jamais je venois à la racompter, je vousisse* changer les noms des personnes, parquoy tout cela est veritable, hors mis les noms, les lieux, et le païs. »

Amours d'Amadour et de Florinde[1], où sont contenues maintes ruses et dissimulations, avec la treslouable chasteté de Florinde.

NOUVELLE DIXIESME

En la comté d'Arande en Arragon, y avoit une dame qui en sa grande jeunesse demeura vefve* du Comte d'Arande avec un fils et une fille, laquelle se nommoit Florinde. Ladite dame meit peine de nourrir* ses enfans en toutes vertuz et honestetez qu'il appartient à seigneurs et gentils-hommes : en sorte que sa maison eut le bruit d'estre l'une des plus honorables qui fust en toutes les Espaignes[2]. Elle alloit souvent à Tollette où se tenoit le Roy d'Espaigne : et quand elle venoit à Sarragosse (qui estoit près de sa maison) demeuroit longuement avec la Royne, et en la court, où elle estoit autant estimée que dame qui pourroit estre. Une fois allant vers le Roy (selon sa coustume) lequel estoit en Sarragosse en son chasteau de la Jafferie : ceste dame passa par un village, qui estoit au viceroy de Cathelongne, lequel ne bougeoit de dessus les frontieres de Parpignan[1], à cause des grandes guerres, qui estoient entre le Roy de France et luy : mais lors y avoit paix, en sorte que le Viceroy avec tous les capitaines estoient venuz pour faire reverence au Roy. Sçachant le Viceroy que la Comtesse d'Arande passoit par sa terre, alla au devant d'elle, tant pour l'amitié ancienne qu'il luy portoit, que pour l'honorer, comme parente du Roy. Or avoit le Viceroy en sa compaignie plusieurs honnestes gentils-hommes, qui par la frequentation des longues guerres avoient acquis tant d'honneur et bon bruit, que chacun qui les pouvoit veoir et hanter, se tenoit heureux. Entre les autres y en avoit un nommé Amadour, lequel combien qu'il n'eust que dixhuict ou dixneuf ans, avoit la grace tant asseurée, et le sens si bon, que l'on l'eust jugé entre mille digne de gouverner une republicque* : il est vray que ce bon sens là estoit accompaigné d'une si grande et naïfve* beauté, qu'il n'y avoit œil qui ne se tint content de le regarder : et ceste beauté tant exquise suyvoit la parolle de si près, qu'on ne sçavoit à qui donner l'honneur, à la grace, à la beauté, ou à la parolle. Mais ce qui le faisoit plus estimer, estoit sa hardiesse tresgrande, dont le bruit n'estoit empesché pour sa jeunesse : car en tant de lieux avoit ja monstré ce qu'il sçavoit faire, que non seulement les Espaignes : mais la France et Italie estimoit grande-ment ses vertuz, pource qu'en toutes les guerres où il avoit esté ne s'estoit point espargné. Et quand son païs estoit en repos, il alloit chercher la guerre aux lieux es-tranges*, se faisant aimer et estimer des amis et ennemis.

Ce gentilhomme pour l'amour de son capitaine, se trouva en ceste terre où estoit arrivée la Comtesse d'Arande, et en regardant la beauté et bonne grace de sa fille (qui pour lors n'avoit douze ans) pensa en luy mesmes que c'estoit bien la plus belle et honneste personne que jamais il avoit veuë, et que s'il pouvoit avoir sa bonne grace, il en seroit plus satisfaict que de tous les biens et plaisirs qu'il sçauroit avoir d'une autre. Et après avoir longuement regardé se delibera* de l'aimer, quelque impossibilité que la raison meist au devant, tant pour la maison* dont elle estoit, que pour l'aage qui ne pouvoit encores entendre* tels propos. Mais contre ceste crainte il se fortiffioit d'une bonne esperance, se promettant en luy-mesmes que le temps et la patience apporteroient heureuse fin à ses labeurs. Et dès ce temps l'amour gentil*, qui sans autre occasion que par la force de luymesmes estoit entré au cueur d'Amadour, luy promist donner faveur et tout moyen pour y parvenir. Et pour pourveoir à la plus grande difficulté qui estoit en la loingtaineté du païs où il demouroit, et le peu d'occasion qu'il avoit de reveoir Florinde, il pensa de se marier contre la deliberation qu'il avoit faicte avec les dames de Barselonne et de Parpignan, *où il avoit tel credict, que peu ou rien luy estoit reffusé,* et avoit[a] tellement hanté ceste frontiere, à cause des guerres, qu'il sembloit mieulx Catelan que Castillan, combien qu'il fust natif d'auprès Tollette, d'une maison riche et honorable, mais à cause qu'il estoit puisné n'avoit pas grand bien de patrimoine. Si* est ce qu'amour et fortune le voyant delaissé de ses parens, delibererent d'y faire un chef d'œuvre, et luy donnerent (par le moyen de la vertu) ce que les loix du païs luy refusoient. Il estoit fort bien experimenté en l'estat de la guerre, et tant aimé de tous seigneurs et princes, qu'il refusoit plus souvent leurs biens, qu'il

---

a. Parpignan parmy lesquelles il avoit

n'avoit soucy de leur en demander. La Comtesse dont je
vous parle arriva ainsi à Sarragosse, et fut tresbien receuë
du Roy, et de toute sa court. Le gouverneur de Cathalonne
la venoit souvent visiter, et n'avoit garde de faillir* Amadour à l'acompaigner, pour avoir le plaisir seulement de
parler à Florinde. Et*ᵃ* pour se donner à cognoistre en
telle compaignie, s'adressa à la fille d'un vieil chevalier
voisin de sa maison, nommée Aventurade : laquelle avoit
esté nourrie* d'enfance avec Florinde, tellement qu'elle
sçavoit tout ce qui estoit caché en son cueur. Amadour
tant pour l'honnesteté qu'il trouva en elle, que pource
qu'elle avoit bien trois mille ducats de rente en mariage,
delibera de l'entretenir comme celuy qui la vouloit espouser. A quoy volontiers elle presta l'oreille : et pource qu'il
estoit pauvre, et le pere de la damoiselle riche, pensa que
jamais ne s'accorderoit au mariage, sinon par le moyen
de la Comtesse d'Arande. Dont s'adressa à madame
Florinde, et luy dist : « Madame, vous voyez ce gentil-
homme Castillan, qui si souvent parle à moy, je croy que
ce qu'il pretend, n'est que de m'avoir en mariage : vous
sçavez quel pere j'ay, lequel jamais ne s'y consentiroit,
si par madame la Comtesse et vous, il n'en estoit fort
prié. » Florinde qui aimoit la damoiselle comme elle
mesme, l'asseura de prendre cest affaire à cueur, comme
son bien propre. Et feit tant Aventurade qu'elle luy presenta Amadour, lequel en luy baisant la main cuida* esva-
nouyr d'aise : et la où il estoit estimé le mieulx parlant
qui fust en Espaigne, devint muet devant Florinde, dont
elle fut fort estonnée : car combien qu'elle n'eust que
douze ans, si avoit elle desja bien entendu qu'il n'y avoit
homme en Espaigne mieulx disant ce qu'il vouloit, et de

a. pour avoir seulement le loysir de regarder Floride, car il n'avoit
nul moyen de parler à elle. Et *ms.*

meilleure grace. Et voyant qu'il ne luy disoit rien, commença à luy dire : « La renommée que vous avez, seigneur Amadour, par toutes les Espaignes, est telle, qu'elle vous rend cogneu en ceste compaignie, et donne desir et occasion à ceulx qui vous cognoissent, de s'employer à vous faire plaisir : parquoy si en quelque endroit je vous en puis faire, vous m'y pouvez employer. » Amadour qui regardoit la beauté de la dame, fut si transy et ravy*, qu'à peine luy peut il dire grand mercy. Et combien que Florinde s'estonnast de le veoir sans response, si* est-ce qu'elle l'attribua plustost à quelque sottise qu'à la force d'amour, et passa oultre sans parler d'avantage.

Amadour congnoissant la vertu qui en si grande jeunesse commençoit à se monstrer en Florinde, dist à celle qu'il vouloit espouser : « Ne vous esmerveillez point si j'ay perdu la parolle devant madame Florinde, car les vertuz et si sage parler cachez soubs ceste grande jeunesse, m'ont tellement estonné*, que je ne luy ay sceu que dire. Mais je vous prie Aventurade (comme celle qui sçavez ses secrets) me dire s'il est possible que de ceste court elle n'ayt tous les cueurs des princes et des gentilshommes, car ceulx qui la congnoissent et ne l'aiment point, sont pierres ou bestes. » Aventurade qui desja aimoit Amadour, plus que tous les hommes du monde, ne luy voulut rien celer, et luy dist, que madame Florinde estoit aimée de tout le monde, mais qu'à cause de la coustume du pays peu de gens parloient à elle : et n'en avoit encores veu aucun qui en feist grand semblant*, sinon deux jeunes princes d'Espaigne, qui desiroient l'espouser, dont l'un estoit de la maison, et fils de l'enfant fortuné[1] : et l'autre estoit le jeune duc de *Cardonne*[a].

---

a. Duc de Cadouce *passim, sauf infra* : Duché de Cardonne (*p. 140*), Duchesse de Cardonne (*p. 142*).

« Je vous prie, dist Amadour, dictes moy lequel vous pensez qu'elle aime le mieulx. — Elle est si sage, dist Aventurade, que pour rien elle ne confesseroit avoir autre volonté, que celle de sa mere : mais à ce que nous pouvons juger, elle aime trop mieulx le *filz* de l'enfant[a] fortuné, que le jeune duc de Cardonne. Et je vous estime homme de si bon jugement, que si voulez dès aujourd'huy vous en pourrez juger à la verité : car celuy de l'enfant fortuné est nourry[*] en ceste court, qui est l'un des plus beaux et parfaicts jeunes princes, qui soit en la Chrestienté. Et si le mariage se faisoit par l'opinion d'entre nous filles, il seroit asseuré d'avoir madame Florinde, pour veoir ensemble la plus belle couple de la Chrestienté. Et fault que vous entendiez que combien qu'ils soient tous deux bien jeunes, elle de douze ans, et luy de quinze, si[*] a il desja trois ans, que l'amour est conjoincte[*] et commencée : et si vous voulez sur tous avoir la bonne grace d'elle, je vous conseille de vous faire amy et serviteur de luy. » Amadour fut fort aise de veoir que sa dame aimoit quelque chose, esperant qu'à la longue il gaigneroit le lieu, non de mary, mais de serviteur[*] : car il ne craignoit rien en sa vertu, sinon qu'elle ne voulut rien aimer. Et après ces mots s'en alla Amadour, hanter le fils de l'enfant fortuné, duquel il eut aisement la bonne grace, car tous les passetemps que le jeune prince aimoit, Amadour les sçavoit faire : et sur tous estoit fort adroict à manier les chevaulx, et à s'aider de toutes sortes d'armes, et tous autres passetemps et jeux, qu'un jeune homme doibt sçavoir. La guerre commença en Languedoc[1], et fallut qu'Amadour retournast avec le gouverneur, ce qui ne fut sans grands regrets : car il n'y avoit moyen par lequel il peust retourner en lieu où il sceust voir Florinde : et

a. mieulx celuy de l'enfant

pour ceste occasion parla à un sien frere qui estoit majordomo* de la Royne d'Espaigne, et luy dist le bon party
qu'il avoit trouvé en la maison* de la Comtesse d'Arande,
de la damoiselle Aventurade, le priant qu'en son absence
il feist tout son possible que le mariage vint à execution,
et qu'il y employast le credit du Roy et de la Royne, et
de tous ses amis. Le gentilhomme qui aimoit son frere,
tant pour le lignage que pour ses grandes vertuz, luy promist faire tout son pouvoir, ce qu'il feist : en sorte que le
pere vieil et avaricieux oublia son naturel, pour regarder
les vertuz d'Amadour, lesquelles la Comtesse d'Arande,
et sur toutes la belle Florinde, luy peignoient devant les
yeulx, et pareillement le jeune Comte d'Arande, qui commença à croistre, et en croissant à aimer les gens vertueux. Et quand le mariage fut accordé entre les parens,
ledict majordomo envoya querir son frere, tandis que les
trefves durerent entre les deux Roys. Durant ce temps, le
Roy d'Espaigne se retira à Madric, pour eviter le mauvais air, qui estoit en plusieurs lieux : et par l'advis de
plusieurs de son conseil, à la requeste aussi de la Comtesse d'Arande feit le mariage de l'heritiere Duchesse de
Medmaceli*a* avec le petit Comte d'Arande, tant pour le
bien et union de leur maison, que pour l'amour qu'il portoit à la Comtesse d'Arande, et voulut faire ces nopces
au chasteau de Madric. A ces nopces se trouva Amadour,
qui pourchassa si bien les siennes, qu'il espousa celle
dont il estoit plus aimé qu'il n'aimoit, sinon que le
mariage luy estoit couverture et moyen de hanter le lieu
où son esprit demouroit incessamment.

Après qu'il fut marié, print telle hardiesse et privauté*
en la maison de la Comtesse d'Arande, que l'on ne se
gardoit de luy non plus que d'une femme. Et combien

a. Medinaceli ms.

qu'alors n'eust que vingtdeux ans, si estoit il si sage, que
la Comtesse luy communiquoit toutes ses affaires, et
commandoit à son fils et à sa fille de l'entretenir, et croire
ce qu'il leur conseilleroit. Ayant gaigné le poinct de si
grande estime se conduisoit si sagement et finement, que
mesmes celle qu'il aimoit ne cognoissoit point son affection : mais pour l'amour de la femme dudict Amadour,
qu'elle aimoit plus que nulle autre, elle estoit si privée*
de luy, qu'elle ne luy dissimuloit chose qu'elle pensast :
et gaigna ce poinct qu'elle luy declara toute l'amour
qu'elle portoit au fils de l'enfant fortuné, et luy qui ne
taschoit qu'à la gaigner entierement, luy en parloit incessamment, car il ne luy challoit* de quel propos il luy parlast, mais* qu'il eust moyen de l'entretenir longuement.
Il ne demeura pas un mois à la compaignie après ses
nopces, qu'il ne fust contrainct de retourner à la guerre,
où il demeura plus de deux ans, sans revenir veoir sa
femme, laquelle se tenoit tousjours où elle avoit esté
nourrie*. Durant ce temps escrivoit souvent Amadour à sa
femme, mais le plus fort de sa lettre estoit des recommen-
dations à Florinde, qui de son coté ne failloit* à les luy
rendre, et mettoit souvent quelque bon mot de sa main
en la lettre qu'Aventurade escrivoit, qui estoit occasion de
rendre son mary tressoigneux à luy rescrire souvent :
mais en tout cecy ne cognoissoit rien Florinde, sinon
qu'elle l'aimoit comme s'il eust esté son frere : plusieurs
fois alla et vint Amadour, en sorte qu'en cinq ans ne
veid Florinde deux mois durant : et toutesfois l'amour en
despit de l'eslongnement, et de la longue absence, ne
laissoit pas de croistre. Or advint qu'il feit un voyage
pour venir veoir sa femme, et trouva la Comtesse bien
loing de la court, car le Roy d'Espaigne s'en estoit allé à
Vandelonsie, et avoit mené avec luy le jeune Comte
d'Arande, qui desja commençoit à porter armes. La Com-

tesse s'estoit retirée en une maison de plaisance qu'elle
avoit sur la frontiere d'Arragon et Navarre, et fut fort aise
quand elle veid venir Amadour, lequel près de trois ans
avoit esté absent. Il fut bien receu d'un chacun, et commanda la Comtesse qu'il fust traicté comme son propre
fils. Tandis qu'il fut avec elle, elle luy communiqua toutes
les affaires de sa maison, et en remettoit la plus part à
son opinion, et gaigna un si grand credit en ceste maison,
qu'en tous lieux où il vouloit, on luy ouvroit la porte, estimant sa preud'homie* si grande, qu'on se fioit en luy de
toutes choses, comme à un sainct ou un Ange. Florinde
pour l'amitié qu'elle portoit à sa femme et à luy le cherissoit en tous lieux où elle le voyoit, sans rien cognoistre de son intention : parquoy elle ne se gardoit d'aucune
contenance[1], pource que son cueur ne souffroit point de
passion, sinon qu'elle sentoit un grand contentement
quand elle estoit auprès d'Amadour : mais autre chose
n'y pensoit.

Amadour pour eviter le jugement de ceux, qui ont experimenté la difference du regard des amans au pris des
autres, fut en grand peine. Car quand Florinde venoit
parler à luy privément* (comme celle qui ne pensoit nul
mal) le feu caché en son cueur le brusloit si fort, qu'il ne
pouvoit empescher que la couleur n'en demeurast au
visage, et que les estincelles ne saillissent* par les yeux.
Et à fin que par longue frequentation, nul ne s'en peust
appercevoir, se meit à entretenir une fort belle dame
nommée Pauline, femme qui en son temps fut estimée si
belle que peu d'hommes qui la voyoient eschappoient de
ses liens. Ceste Pauline ayant entendu comme Amadour
avoit mené l'amour à Barselonne et Perpignan, en sorte
qu'il estoit aimé des plus belles et honnestes dames du
païs, et sur toutes d'une Comtesse de Pallamons qu'on
estimoit en beauté la premiere de toutes les Espaignes, et

de plusieurs autres, luy dist qu'elle avoit grand pitié de
luy, veu qu'apres tant de bonnes fortunes il avoit espousé
une femme si laide que la sienne. Amadour entendant bien
par ces paroles qu'elle avoit envie de remedier à sa necessité, luy tint les meilleurs propos qu'il luy fut possible,
pensant qu'en luy faisant croire une mensonge, il luy cou-
vriroit une verité. Mais elle fine et experimentée en amour,
ne se contenta point de parler : mais sentant tresbien que
son cueur n'estoit point satisfaict de son amour, se douta*
qu'il ne la voulust faire servir de couverture : et pour ceste
occasion le regardant de si près qu'elle avoit tousjours
le regard à ses yeux, qu'il sçavoit si bien feindre qu'elle
n'en pouvoit rien juger, sinon par obscur soupçon, mais
ce n'estoit sans grande peine au gentil homme. Auquel
Florinde (ignorant toutes ses malices*) s'adressoit souvent devant Pauline si privément* qu'il avoit une merveilleuse peine à contraindre son regard contre son cueur :
et pour eviter qu'il n'en vint inconvenient, un jour parlant à Florinde appuyez tous deux sur une fenestre, luy
tint tels propos : « Madame, je vous prie me vouloir
conseiller lequel vault le mieux ou parler ou mourir. »
Florinde luy respondit promptement : « Je conseilleray
tousjours à mes amis de parler et non de mourir, car il y
a peu de parolles qui ne se puissent amender, mais la vie
perduë ne se peut recouvrer. — Vous me promettez donques, dist Amadour, que non seulement vous ne serez
marrie* des propos que je vous veux dire, mais ny estonnée* jusques à ce que vous en entendez la fin. » Elle luy
respondit, « Dictes ce qu'il vous plaira, car si vous m'estonnez nul autre ne m'asseurera », lors luy commença à
dire : « Ma dame, je ne vous ay voulu encores dire la tresgrande affection que je vous porte, pour deux raisons :
L'une, parce que j'attendois par long service vous en
donner l'experience. L'autre parce que je doubtois* que

penseriez une grande outrecuidance en moy (qui suis simple gentil-homme) de m'adresser en lieu qu'il ne m'appartient de regarder : et encores que je fusse prince,
comme vous, la loyauté de vostre cueur ne permettroit
qu'autre que celuy qui en a prins possession (fils de l'enfant fortuné) vous tienne propos d'amitié. Mais, ma dame,
tout ainsi que la necessité en une forte guerre contrainct
faire degast du propre bien, et ruiner le bled en herbe, à
fin que l'ennemi n'en puisse faire son profit, ainsi prends-
je le hazard d'avancer le fruict qu'avec le temps j'esperois cueillir, à fin que les ennemis de vous et de moy,
n'en puissent faire leur profit de vostre dommage. Entendez, ma dame, que dès l'heure de vostre grande jeunesse
suis tellement dedié à vostre service, que ne cesse de
chercher les moyens d'acquerir vostre bonne grace, et
pour ceste occasion m'estois marié à celle que pensois
que vous aimiez le mieux. Et sçachant l'amour que vous
portez au fils de l'enfant fortuné, ay mis peine de le servir et hanter, comme vous avez veu, et tout ce que j'ay
pensé vous plaire, je l'ay cherché de tout mon pouvoir.
Vous voyez que j'ay acquis la grace de la Comtesse vostre mere, du Comte vostre frere, et de tous ceux que
vous aimez, tellement que je suis tenu en ceste maison*,
non comme un serviteur* mais comme enfant, et tout le
travail que j'ay pris, il y a cinq ans n'a esté que pour
vivre toute ma vie avec vous. Et entendez que ne suis
point de ceux qui pretendent par ce moyen avoir de vous
ne bien ne plaisir autre que vertueux. Je sçay que je ne
vous puis jamais espouser, et quand je le pourrois, je ne
voudrois contre l'amour que vous portez à celuy que je
desire vous veoir pour mary. Aussi de vous aimer d'un
amour vicieux, comme ceux qui esperent de leur long
service recompense au deshonneur des dames, je suis si
loing de ceste affection, que j'aimerois mieux vous veoir

morte, que de vous sçavoir moins digne d'estre aimée, et que la vertu fust amoindrie en vous, pour quelque plaisir qui m'en sceust advenir. Je ne pretends pour la fin et recompense de mon service, qu'une chose, c'est que me vouliez estre maistresse si loyalle, que jamais vous ne m'eslongnez de vostre bonne grace, que vous me *continuez* au*ᵃ* degré où je suis, vous fiant en moy plus qu'en nul autre, prenant ceste seureté de moy, que si pour vostre honneur ou chose qui vous touchast, vous aviez besoing de la vie d'un gentil-homme, la mienne y sera de tres-bon cueur employée, et en pouvez faire estat. Pareillement que toutes les choses honnestes et vertueuses, que jamais je feray, seront faictes seulement pour l'amour de vous. Et si j'ay faict pour dames, moindres que vous, chose dont l'on ait faict estime, soyez seure, que pour une telle maistresse mes entreprises croistront, de sorte que les choses que je trouvois difficiles, et impossibles, me seront faciles : mais si ne m'acceptez pour du tout* vostre, je delibere* de laisser les armes, et renoncer à la vertu* qui ne m'aura secouru au besoing. Parquoy, ma dame, je vous supplie que ma juste requeste me soit octroyée, puis que votre honneur et conscience ne me la peuvent refuser. »

La jeune dame oyant un propos non accoustumé, commence à changer couleur, et baisser les yeux comme femme estonnée* : toutesfois elle qui estoit sage luy dist : « Puis qu'ainsi est Amadour, que vous ne demandez de moy que ce qu'en avez, pourquoy est ce que vous me faictes une si longue harangue ? J'ay si grand peur que soubs voz honnestes propos il y ait quelque malice* cachée, pour decevoir l'ignorance joincte avec ma jeunesse, que je suis en grande perplexité de vous respondre.

a. me conteniez au

Car de refuser l'honneste amitié que vous m'offrez, je ferois le contraire de ce que j'ay faict jusques icy, qui me suis plus fiée en vous, qu'en tous les hommes du monde. Ma conscience ne mon honneur ne contreviennent point à vostre demande, ny à l'amour que je porte au fils de l'enfant fortuné, car il est fondé sur mariage, où vous ne pretendez rien. Je ne sçache chose qui me doive empescher de vous faire response, selon vostre dire, sinon une crainte que j'ay en mon cueur, fondée sur le peu d'occasion que vous avez de tenir tels propos. Car si vous avez ce que vous demandez, qui vous contrainct d'en parler si affectueusement* ? » Amadour qui n'estoit sans response, luy dist : « Ma dame, vous parlez tresprudemment, et me faictes tant d'honneur de la fiance* que dictes avoir en moy, que si je ne me contente d'un tel bien, je suis indigne de tous les autres. Mais entendez, ma dame, que celuy qui veult bastir un edifice perpetuel, doit regarder un seur et ferme fondement : parquoy moy qui desire perpetuellement demeurer en vostre service, je regarde, non seulement les moyens de me tenir près de vous, mais aussi d'empescher que l'on ne puisse congnoistre la grande affection que je vous porte. Car combien qu'elle soit tant honeste qu'elle se puisse prescher par tout, si est-ce que ceux qui ignorent le cueur des amans, souvent jugent contre verité. Et de là vient autant de mauvais bruit, que si les effects* estoient meschans. Ce qui m'a faict advancer de le vous dire et declarer, c'est Pauline, laquelle a prins un tel soupçon sur moy, sentant bien en son cueur, que ne la puis aimer, qu'elle ne faict en tous lieux qu'espier ma contenance : et quand venez parler à moy devant elle, ainsi privéement*, j'ay si grand peur de faire quelque signe, où elle fonde jugement que je tombe en l'inconvenient dont je me veux garder : en sorte que j'ay pensé vous supplier que devant elle, et celles que vous congnoissez ainsi malicieuses*, vous ne veniez parler à moy ainsi soudainement, car j'aimerois mieux estre mort, que creature vivante en eust la cognoissance. Et n'eust esté l'amour que j'ay à vostre honneur, je n'avois point encores deliberé* de vous tenir tels propos, car je me tiens assez heureux et content de l'amour et fiance* que me portez où je ne demande rien d'advantage que la perseverance. » Florinde tant contente qu'elle n'en pouvoit plus porter, commença sentir en son cueur quelque chose plus qu'elle n'avoit acoutumé, et voyant les honestes raisons qu'il luy alleguoit, luy dist que la vertu et honesteté respondoient pour elle, et luy accordoient ce qu'il demandoit.

Dont si Amadour fut joyeux, nul qui aime n'en peult douter : mais Florinde creut trop plus son conseil qu'il ne vouloit. Car elle qui estoit craintifve, non seulement devant Pauline, mais en tous autres lieux, commença à ne le chercher plus, comme avoit coustume : et en cest eslongnement trouva mauvaise la frequentation qu'Amadour avoit avec Pauline, laquelle elle trouva tant belle, qu'elle ne pouvoit croire qu'il ne l'aimast. Et pour passer sa tristesse, entretenoit tousjours Aventurade, laquelle commença fort à estre jalouse de son mary et de Pauline, et s'en complaignoit souvent à Florinde, qui la consoloit le mieux qu'il estoit possible, comme celle qui estoit frappée d'une mesme peste. Amadour *s'apperceust* bienᵃ tost de la contenance de Florinde, et non seulement pensa qu'elle s'eslongnoit de luy par son conseil, mais qu'il y avoit quelque fascheuse opinion meslée. Et un jour en venant de vespres d'un monastere, il luy dist : « Ma dame, quelle contenance me faictes vous ? — Telle que je pense que vous voulez », respond Florinde. A l'heure

---

a. Amadour s'appercevant bien

soupçonnant la verité, pour savoir s'il estoit vray, va dire : « Ma dame, j'ay tant faict par mes journées*, que Pauline n'a plus d'opinion de vous. » Elle luy respond, « vous ne sçauriez mieux faire pour vous et pour moy, car en faisant plaisir à vous mesmes, vous me faictes honneur. » Amadour jugea par ceste parolle qu'elle estimoit qu'il prenoit plaisir à parler à Pauline, dont il fut si desesperé qu'il ne se peut tenir de luy dire en colere : « Ma dame, c'est bien tost commencé de tourmenter un serviteur* et le lapider : car je ne pense point avoir porté peine qui m'ait esté plus ennuyeuse, que la contraincte de parler à celle que je n'aime point. Et puis que ce que je fais pour vostre service est prins de vous en autre part, je ne parleray jamais à elle, et en adviendra ce qu'il pourra advenir. Et à fin de dissimuler autant mon courroux que j'ay faict mon contentement, je m'en vois en quelque lieu cy auprès, attendant que vostre fantasie soit passée. Mais j'espere que j'auray quelques nouvelles de mon capitaine de retourner à la guerre, où je demeureray si long temps, que vous cognoistrez qu'autre chose que vous ne me tient en ce lieu » : et en ce disant (sans attendre response d'elle) s'en partit incontinent : et elle demeura tant ennuyée* et triste, qu'il n'estoit possible de plus. Et commença l'amour poulsé de son contraire, à monstrer sa tresgrande force : tellement qu'elle cognoissant son tort, incessamment escrivoit à Amadour, le priant de vouloir retourner : ce qu'il feit après quelques jours, que sa grande colere luy fut diminuée. Et ne sçaurois bien entreprendre de vous compter par le menu les propos qu'ils eurent pour rompre ceste jalousie, mais il gaigna la bataille, tant qu'elle luy promist qu'elle ne croiroit jamais, non seulement qu'il aimast Pauline, mais qu'elle seroit toute asseurée, que ce luy seroit un martire trop impor-

table de parler à elle ou à autre, sinon pour luy faire
service.

Après que l'amour eut vaincu ce present[1] soupçon, et
que les deux amans commencerent à prendre plus de
plaisir que jamais à parler ensemble, les nouvelles vindrent que le Roy d'Espaigne envoyait toute son armée à
Saulse[2]. Parquoy celuy qui avoit accoustumé d'y estre le
premier, n'avoit garde de faillir* à pourchasser son honneur : mais il est vray que c'estoit avec autre regret qu'il
n'avoit accoutumé, tant de perdre le plaisir qu'il avoit,
que de peur de trouver mutation à son retour, pource
qu'il voyoit Florinde pourchassée de grands princes et
seigneurs, et desja parvenuë à l'aage de quinze ans, qu'il
pensa que si en son absence elle estoit mariée, n'auroit
plus occasion de la veoir, sinon que la Comtesse d'Arande
luy donnast sa femme pour compaigne. Et mena si bien
son affaire envers tous ses amis, que la Comtesse et Florinde luy promirent, qu'en quelque lieu qu'elle fust
mariée, sa femme Aventurade iroit. Et combien qu'il fust
question de marier Florinde en Portugal, si estoit il deliberé* que sa femme ne l'abandonneroit jamais : et sur
ceste asseurance (non sans regret indicible) s'en partit
Amadour, et laissa sa femme avec la Comtesse. Quand
Florinde se trouva seule après le departement* de son
serviteur, elle se meit à faire toutes choses si bonnes et
vertueuses, qu'elle esperoit par cela attaindre le bruit des
plus parfaictes dames, et d'estre reputée digne d'avoir un
tel serviteur. Amadour estant arrivé à Barselonne, fut
festoyé des dames, comme il avoit accoustumé : mais le
trouverent tant changé qu'ils[3] n'eussent jamais pensé que
mariage eust telle puissance sur un homme comme il
avoit sur luy, car il sembloit qu'il se faschast, de veoir
les choses qu'autresfois avoit desirées : et mesme la Comtesse de Palamons (qu'il avoit tant aimée) ne sceust

trouver moyen de le faire seulement aller jusques à son
logis. Amadour arresta à Barselonne le moins qu'il luy fut
possible, comme celuy à qui l'heure tardoit d'estre au lieu
où l'honneur se peult acquerir. Et luy arrivé à Saulce
commença la guerre grande et cruelle entre les deux Roys,
laquelle ne suis deliberée* de racompter, n'aussi les beaux
faicts que y feist Amadour : car au lieu de compte, faudroit faire un bien grand livre. Et sçachez qu'il emportoit
le bruit par dessus tous ses compaignons. Le Duc de Nagyeres arriva à Perpignan ayant charge de deux mil hommes, et pria Amadour d'estre son lieutenant, lequel avec
ceste bande* feit tant bien son devoir que l'on n'oyoit en
toutes les escarmouches crier autre que « Nagyeres ».

   Or advint que le Roy de Thunis, qui de long temps faisoit la guerre aux Espaignols, entendant comme les Roys
d'Espaigne et de France faisoient guerre l'un contre
l'autre sur les frontieres de Perpignan et Narbonne, pensa
qu'en meilleure saison ne pouvoit faire desplaisir au Roy
d'Espaigne, et envoya un grand nombre de fustes* et
autres vaisseaux pour piller et destruire ce qu'ils pourroient trouver mal gardé sur les frontieres d'Espaigne.
Ceux de Barselonne voyant passer devant eux une grande
quantité de voilles, en advertirent le Roy qui estoit à
Saulce, lequel incontinent envoya le Duc de Nagyeres[1] à
Palamons. Et quand les *Maures* cogneurent*[a]* que le lieu
estoit si bien gardé, feignirent de passer outre, mais sur
l'heure de minuict retournerent et meirent tant de gens à
terre, que le Duc de Nagyeres surpris de ses ennemis, fut
emmené prisonnier. Amadour qui estoit fort vigilant
entendit le bruit, et assembla incontinent le plus grand
nombre de ses gens qu'il peut, et se defendit si bien, que
la force de ses ennemis fut long temps sans luy povoir

---

a. les navires cogneurent

nuire. Mais à la fin sçachant que le Duc de Nagyeres estoit
pris, et que les Turcs[1] estoient deliberez* de mettre le feu
à Palamons, et le brusler en la maison où il tenoit fort
contre eux, aima mieux se rendre que d'estre cause de la
perdition des gens de bien, qui estoient en sa compaignie, et aussi que se mettant à rançon esperoit encores
veoir Florinde : alors se rendit à un Turc nommé Derlin
gouverneur du Roy de Thunis, lequel le mena à son maistre, où il fut tresbien receu et honoré, et encore mieux
gardé, car ils pensoient bien l'ayant entre leurs mains,
avoir l'Achilles de toutes les Espaignes[2] : ainsi demeura
Amadour près de deux ans au service du Roy de Thunis.
Les nouvelles vindrent en Espaigne de ceste prise, dont
les parens du Duc de Nagyeres feirent un grand dueil,
mais ceux qui aimoient l'honneur du païs estimerent plus
grande la perte d'Amadour. Le bruit en vint en la maison
de la Comtesse d'Arande, où pour lors estoit la pauvre
Aventurade griefvement malade. La Comtesse qui se
doutoit bien fort de l'affection qu'Amadour portoit à sa
fille (ce qu'elle souffroit et dissimuloit pour les vertuz
qu'elle congnoissoit en luy) appella sa fille à part, et luy
dist les piteuses* nouvelles. Florinde, qui sçavoit bien
dissimuler luy dist, que c'estoit grande perte pour toute
leur maison*, et que sur tout elle avoit pitié de sa pauvre
femme, veu mesmement* la maladie où elle estoit. Mais
voyant sa mere pleurer si fort, laissa aller quelques larmes pour luy tenir compaignie, à fin que par trop feindre, la feincte ne fust descouverte. Depuis ceste heure la
Comtesse luy en parloit souvant, mais jamais ne sceut
tirer de sa contenance chose où elle sceust asseoir jugement. Je laisseray à dire les voyages, prieres, oraisons, et
jeusnes que faisoit ordinairement Florinde pour le salut
d'Amadour. Lequel incontinent qu'il fut à Thunis ne faillit
d'envoyer de ses nouvelles à ses amis, et par homme seur

advertir madame Florinde qu'il estoit en bonne santé et
espoir de la reveoir, qui fut à la pauvre dame le seul
moyen de soustenir son ennuy*. Et ne doutez, *puis qu'il
luy estoit permis d'escrire,* qu'elle[a] s'en acquita si diligemment, qu'Amadour n'eut point faulte de la consolation de ses lettres et epistres. Or fut mandée la Comtesse
d'Arande pour aller à Sarragosse où le Roy estoit arrivé :
et là se trouva le jeune Duc de Cardonne, qui feit si
grande poursuitte envers le Roy et la Royne, qu'ils prierent la Comtesse de faire le mariage de luy et de sa fille.
La Comtesse comme celle qui ne leur vouloit en rien
desobeir l'accorda, estimant que sa fille fort jeune n'avoit
volonté que la sienne. Quand tout l'accord fut faict, elle
dist à sa fille comme elle luy avoit choisi le parti qui luy
sembloit le plus necessaire. La fille voyant qu'en une
chose faicte, ne falloit plus de conseil, luy dist, que Dieu
fust loué de tout, et voyant sa mere si estrange* envers
elle, aima mieux luy obeir que d'avoir pitié de soymesmes. Et pour la resjouïr de tant de malheur, entendit que
l'enfant fortuné estoit malade à la mort, mais jamais
devant sa mere ne nul autre en feist un seul semblant*, et
se contraignit si bien que les larmes par force retirées en
son cueur, feirent saillir* le sang par le nez, en telle
abondance que la vie fut en danger de s'en aller quant et
quant* : et pour la restaurer espousa celuy qu'elle eust
bien voulu changer à la mort.

Après ces nopces faictes, s'en alla Florinde avec son
mary en la Duché de Cardonne, et mena avec elle Aventurade, à laquelle elle faisoit privéement* ses complainctes, tant de la rigueur que sa mere luy avoit tenuë, que
du regret d'avoir perdu le fils de l'enfant fortuné, mais
du regret d'Amadour ne luy parloit que par maniere de

a. doutez pas, que le moyen d'escrire ne luy fust permis, dont elle

la consoler. Ceste jeune dame doncques se delibera* de
mettre Dieu et l'honneur devant ses yeux, et de dissimuler si bien ses ennuyz*, que jamais nul des siens ne s'apperceut que son mary luy despleust. Ainsi passa un long
temps Florinde, vivant d'une vie non moins belle que la
mort : ce qu'elle ne faillit* à mander à son bon serviteur* Amadour, lequel cognoissant son grand et honeste
cueur, et l'amour qu'elle portoit *au fis de* l'enfant*a* fortuné, pensa qu'il estoit impossible qu'elle sceust vivre
longuement, et la regretta comme celle qu'il tenoit pis
que morte. Et ceste peine augmenta *celle* qu'il*b* avoit, et
eut voulu demeurer toute sa vie esclave comme il estoit,
et que Florinde eust eu un mary selon son desir, oubliant
son mal pour celuy qu'il sentoit que portoit s'amie. Et
pource qu'il entendit par un amy, qu'il avoit acquis en la
court du Roy de Thunis, que le Roy estoit deliberé de
luy faire presenter le pal, ou qu'il eust à renoncer sa foy,
pour envie qu'il avoit s'il le pouvoit rendre bon Turc de
le tenir avec luy, il feit tant avec le maistre qui l'avoit
pris qu'il le laissa aller sur sa foy, le mettant à si grande
rançon, qu'il ne pensoit point qu'un homme de si peu de
biens la peust trouver. Ainsi sans en parler au Roy, le
laissa son maistre aller sur sa foy. Luy venu à la court
devers le Roy d'Espaigne s'en partit bien tost pour aller
chercher sa rançon à tous ses amis, et s'en alla droit à
Barselonne, où le jeune Duc de Cardonne, sa mere et
Florinde estoient allez pour quelque affaire. Aventurade,
si tost qu'elle oït des nouvelles de la venuë de son mary
le dist à Florinde, laquelle s'en resjouït comme pour
l'amour d'elle. Mais craignant que la joye qu'elle avoit

---

a. portoit à l'enfant *; même leçon dans notre manuscrit de référence ; correction faite d'après BNF fr. 1520, p. 78*
b. augmenta ce qu'il

de le veoir luy feist changer le visage, et que ceux qui ne
la cognoissoient en prinsent* mauvaise opinion, se tint à
une fenestre pour le veoir venir de loing, et si tost qu'elle
l'advisa, descendit un escallier tant obscur qu'on ne pouvoit cognoistre si elle changeoit de couleur. Ainsi embrassant Amadour le mena en sa chambre, et de là à sa belle-
mere qui ne l'avoit jamais veu. Mais n'y demeura pas
deux jours qu'il se feit autant aimer dans leur maison,
qu'il estoit en celle de la Comtesse d'Arande. Je vous laisseray les propos que Florinde et Amadour eurent ensemble, et les complainctes qu'il luy feit des maux qu'il avoit
receuz en son absence. Après plusieurs larmes jettées du
regret qu'elle avoit, tant d'estre mariée contre son cueur,
que d'avoir perdu celuy qu'elle aimoit tant, lequel jamais
n'esperoit de reveoir, se delibera* de prendre sa consolation en l'amour et seureté qu'elle portoit à Amadour, ce
que toutesfois elle ne luy osoit declarer : mais luy qui s'en
doubtoit bien, ne perdoit occasion ne temps pour luy faire
congnoistre le grand amour qu'il luy portoit.

Sur le point qu'elle estoit presque gaignee à le recevoir, non à serviteur*, mais à seur et parfaict amy, arriva
une merveilleuse* fortune. Car le Roy pour quelques affaires d'importance manda incontinent Amadour, dont sa
femme eut si grand regret, qu'en oyant ces nouvelles elle
s'esvanoït, et tomba d'un degré où elle estoit, dont elle
se blessa si fort, qu'oncques* puis n'en releva. Florinde
qui par ceste mort perdoit toute sa consolation, feit tel
dueil que peult faire celle qui se sent destituée de bons
parens et amis, mais encores le print plus mal en gré
Amadour : car d'un costé il perdoit l'une des plus femmes
de bien qui oncques fut et de l'autre le moyen de jamais
pouvoir reveoir Florinde, dont il tomba en telle maladie,
qu'il cuida* soudainement mourir. La vieille Duchesse
de Cardonne incessamment le visitoit, et luy alleguoit

des raisons de philosophie, pour luy faire porter patiemment ceste mort, mais rien n'y servoit : car si la mort d'un costé le tourmentoit, l'amour de l'autre costé augmentoit son martire. Voyant Amadour que sa femme estoit enterrée, et que son maistre le mandoit (parquoy il n'avoit nulle occasion de demeurer) eut tel desespoir en son cueur, qu'il cuida perdre l'entendement. Florinde qui en le consolant estoit en desolation, fut toute une après disnée à luy tenir les plus honestes propos qu'il luy fut possible, pour luy cuider diminuer la grandeur de son dueil, l'asseurant qu'elle trouveroit moyen de le pouvoir reveoir plus souvent qu'il ne cuidoit. Et pource qu'il devoit partir le matin, et qu'il estoit si foible qu'il ne pouvoit bouger de dessus son lict, la supplia de le venir veoir au soir après que chacun y auroit esté : ce qu'elle luy promist, ignorant que l'extremité d'amour ne congnoist nulle raison. Et luy qui ne veoit* aucune esperance de jamais pouvoir reveoir celle que si longuement avoit servie, et de qui jamais n'avoit eu autre traictement que celuy qu'avez ouy, fut tant combatu de l'amour longuement dissimulé, et du desespoir qu'elle luy monstroit (tous moyens de la hanter perduz) se delibera de jouer à quitte et à double, ou du tout* la perdre, ou du tout la gaigner, et se payer en une heure du bien qu'il pensoit avoir merité. Il feit bien encourtiné* son lict, de sorte que ceux qui venoient en la chambre ne l'eussent sceu veoir, et se plaignoit beaucoup plus que de coustume, tant que tous ceux de la maison ne pensoient pas qu'il deust vivre vingt et quatre heures. Après que chacun l'eut visité au soir Florinde (à la requeste mesmes de son mary) y alla esperant pour le consoler luy declarer son affection, et que du tout elle le vouloit aimer autant que l'honneur le peut permettre. Et elle assise en une chaise, qui estoit au chevet du lict dudict Amadour, là commença son reconfort par plorer avecques luy. Amadour la voyant remplie de tels dueils et regrets, pensa qu'en ce grand tourment pourroit plus facilement venir à la fin* de son intention, et se leva de dessus son lict : de quoy faire Florinde pensant qu'il fust trop foible, le voulut engarder*. Et se mettant à genoulx[1], luy dist : « Fault il que pour jamais je vous perde de veuë ? » Et en ce disant se laissa tomber entre ses bras, comme un homme à qui force default*. La pauvre Florinde l'embrassa et le soustint bien longuement, faisant tout ce qu'il luy estoit possible pour le consoler : mais la medecine qu'elle luy bailloit* pour amander sa douleur, la luy rendoit beaucoup plus forte : car en faisant le demy mort, et sans parler, s'essaya à chercher ce que l'honneur des femmes defend. Quand Florinde s'apperceut de sa mauvaise volonté, ne la pouvant croire, veu les honnestes propos que tousjours luy avoit tenuz, luy demanda que c'estoit qu'il vouloit : mais Amadour craignant d'ouyr sa response, qu'il sçavoit bien ne pouvoir estre autre que chaste et honneste, sans rien dire poursuyvit avec toute la force qui luy fut possible, ce qu'il cherchoit. Dont Florinde bien estonnée soupçonna qu'il fust hors du sens, plustost que de croire qu'il pretendist à son deshonneur. Parquoy elle appella tout hault un gentilhomme qu'elle sçavoit bien estre en la chambre avec elle : dont Amadour desesperé jusques au bout, se rejetta sur son lict si soudainement, que le gentilhomme pensoit qu'il fust trespassé. Florinde qui s'estoit levée de sa chaise, dist : « Allez et apportez vistement quelque bon vinaigre », ce que le gentilhomme feist.

A l'heure* Florinde commença à dire : « Amadour quelle follie vous est montée en l'entendement ? et qu'est-ce qu'avez pensé et voulu faire ? » Amadour qui avoit perdu toute raison, par la force d'amour, luy dist : « Un si long service que le mien, merite-il recompense de telle

cruauté ? — Et où est l'honneur, dist Florinde, que tant
de fois vous m'avez presché ? — Ha ma dame ! dist
Amadour, il me semble qu'il n'est possible de plus parfaictement aimer vostre honneur que je fais. Car quand
vous avez esté à marier, j'ay si bien sceu vaincre mon
cueur, que vous n'avez jamais sceu congnoistre ma
volonté : maintenant que vous estes mariée, et que vostre
honneur peult estre couvert, quel tort vous tiens je de
demander ce qui est mien ? car par la force d'amour je
vous ay gaignée. Celuy qui premier a eu vostre cueur, a
si mal poursuivy le corps, qu'il a merité perdre le tout
ensemble. Celuy qui possede vostre corps, n'est digne
d'avoir vostre cueur, parquoy mesmes le corps n'est sien
ny ne luy appartient. Mais moy, ma dame, durant cinq
ou six ans, j'ay porté tant de peines et travaux pour vous,
que ne pouvez ignorer qu'a moy seul n'appartienne le
corps et le cueur, pour lequel j'ay oublié le mien. Et si
vous vous en cuidez* deffendre par la conscience, ne
doubtez point que *quand l'amour force le corps et le
cueur, que le peché soit jamais imputé ; ceulx qui par
fureur mesmes viennent à se tuer ne peuvent pecher quoy
qu'ilz facent, car la passion ne donne lieu à la raison. Et
si la passion d'amour est la plus importable de toutes les
aultres, et celle qui plus aveugle tous les sens, quel peché
vouldriez vous atribuer à celluy qui se laisse conduire
par son invincible puissance ?* [1] *Je m'en voys et n'espere
jamais de vous veoir. Mais*ᵃ si j'avois avant mon parte-

---

a. que ceux qui ont esprouvé les forces d'amour ne rejettent le
blasme sus vous, qui m'avez tellement ravy ma liberté, et esblouy mes
sens par voz divines graces, que ne sçachant desormais que faire, je
suis contrainct de m'en aller, sans espoir de jamais vous revoir :
Asseuré toutesfois que quelque part où je sois, vous aurez tousjours
part du cueur qui demeurera vostre à jamais, soit sur terre, soit sur eau,
ou entre les mains de mes plus cruels ennemis. Mais

ment la seureté de vous, que mon grand amour merite, je
serois assez fort pour soustenir en patience les ennuiz*
de ceste longue absence. Et s'il ne vous plait m'ottroyer
ma requeste, vous oyrez bien tost dire que vostre rigueur
m'aura donné une malheureuse et cruelle mort. »

Florinde non moins estonnée* que marrie*, d'ouyr
tenir tels propos à celuy duquel elle n'eut jamais soupçon de chose semblable, luy dist en pleurant : « Helas
Amadour ! sont-ce les vertueux propos que durant ma
jeunesse vous m'avez tenuz ? Est-ce cy l'honneur de la
conscience[1] que vous m'avez maintes fois conseillée plustost mourir que perdre ? Avez vous oublié les bons exemples que vous m'avez donné des vertueuses dames, qui
ont resisté à la folle* amour, et le despris* que vous avez
tousjours faict des folles dames ? Je ne puis croire, Amadour, que soyez si loing de vous mesmes, que Dieu, vostre conscience, et mon honneur soient du tout* morts en
vous. Mais si ainsi est que vous le dictes, je loüe la bonté
divine, qui a prevenu au malheur où maintenant je m'en
allois precipiter, en me monstrant par vostre parolle le
cueur que j'ay tant ignoré. Car ayant perdu le fils de
l'enfant fortuné, non seulement pour estre mariée ailleurs,
mais pource que je sçay bien qu'il en aime une autre : et
me voyant mariée à celuy que je ne puis aimer, quelque
peine que j'y mette, ne avoir pour agreable, j'avois
pensé et deliberé* d'entierement et de tout mon cueur et
affection vous aimer, fondant ceste amitié sur la vertu
que j'ay tant congneuë en vous, et laquelle par votre
moyen, je pense avoir attaincte. C'est d'aimer plus mon
honneur et ma conscience que ma propre vie. Sur ceste
pierre d'honnesteté, j'estois venuë icy, deliberée de prendre un tresseur fondement, mais Amadour, en un moment
m'avez monstré, qu'en lieu d'une pierre nette et pure, le
fondement de cest edifice est assis sur un sablon leger et

mouvant, ou sur la fange molle et infame[1]. Et combien
que j'eusse desja commencé grande partie du logis, où
j'esperois faire perpetuelle demeure, soudain du tout*
l'avez ruiné. Parquoy vous fault quant et quant* rompre
l'esperance que vous avez jamais euë en moy, et vous
deliberer* qu'en quelque lieu que je sois ne me chercher,
ne par parolle, ne par contenance. Et n'esperez que je
puisse ou vueille jamais changer mon opinion. Je le vous
dy avec tel regret, qu'il ne peult estre plus grand : mais
si je fusse venuë jusques à avoir juré parfaicte amitié
avec vous, je sents bien mon cueur tel qu'il fust mort en
telle rompure* : combien que l'estonnement que j'ay d'estre deceuë est si grand, que je suis seure qu'il rendra ma
vie ou briefve ou douloureuse. Et sur ce mot, je vous dy
à Dieu, et c'est pour jamais. » Je n'entreprends point de
vous dire la douleur que sentoit Amadour, escoutant ces
parolles : car non seulement eust esté impossible de l'escrire, mais de la penser, sinon à ceulx qui ont experimenté
la pareille. Et voyant que sur ceste cruelle conclusion
elle s'en alloit, l'arresta par le bras, sçachant tresbien
que s'il ne luy ostoit la mauvaise opinion qu'il luy avoit
donnée, qu'à jamais il la perdroit. Parquoy il luy dist,
avec le plus feinct visage qu'il peut prendre : « Madame,
j'ay toute ma vie desiré d'aimer une femme de bien, et
pource que j'en ay trouvé si peu, j'ay bien voulu experimenter pour veoir si vous estiez par vostre vertu, digne
d'estre autant estimée que aimée. Ce que maintenant je
sçay pour certain, dont je louë Dieu, qui adressa mon
cueur à aimer tant de perfection : vous suppliant me pardonner ceste folle et audacieuse entreprinse, puis que
vous voyez que la fin en tourne à vostre honneur, et à
mon grand contentement. » Florinde qui commençoit à
congnoistre la malice* des hommes par luy, tout ainsi
qu'elle avoit esté difficile à croire le mal où il estoit, aussi

fut elle encores plus à croire le bien où il n'estoit pas, et luy dist : « Pleust à Dieu, que vous dissiez verité : mais je ne puis estre si ignorante que l'estat de mariage où je suis, ne me face bien cognoistre clairement que forte passion et aveuglement vous a faict faire ce que vous avez faict. Car si Dieu m'eust lasché la main, je suis bien seure que vous n'eussiez pas retiré la bride. Ceux qui tentent pour chercher la vertu, ne sçauroient prendre le chemin que vous avez faict. Mais c'est assez si j'ay creu legierement quelque bien en vous, il est temps que je cognoisse maintenant la verité, laquelle me delivre de vous. » En ce disant se partit Florinde de la chambre, et tant que la nuict dura ne feit que pleurer, sentant si grande douleur en ceste mutation, que son cueur avoit bien affaire à soutenir les assaulx du regret qu'amour luy donnoit. Car combien que selon raison elle deliberast de jamais plus l'aimer, si* est-ce que le cueur, qui n'est point subject à nous, ne s'y vouloit accorder : parquoy ne le pouvoit moins aimer qu'elle avoit accoutumé, et sçachant qu'amour estoit cause de ceste faulte, se delibera* satisfaisant à l'amour, de l'aimer de tout son cueur, et obeissant à l'honneur n'en faire jamais autre semblant*.

Le matin s'en partit Amadour, ainsi fasché que vous avez ouy : toutesfois son cueur* qui estoit si grand, qu'il n'avoit au monde son pareil, ne le souffrit desesperer, mais luy bailla nouvelle intention de pouvoir encores reveoir Florinde, et avoir sa bonne grace. Doncques en s'en allant devers le Roy d'Espaigne (lequel estoit à Tollette) print son chemin par la Comté d'Arande, où un soir bien tard il arriva, et trouva la Comtesse fort malade d'une tristesse, qu'elle avoit de l'absence de sa fille Florinde. Quand elle veid Amadour, elle le baisa et embrassa, comme si c'eust esté son propre enfant, tant pour l'amour qu'elle luy portoit, que pour celle qu'elle doutoit qu'il

avoit à Florinde, de laquelle elle luy demanda bien soi-
gneuement des nouvelles : qui luy en dist le mieux qu'il
luy fut possible, mais non toute la verité, et luy confessa
l'amitié de Florinde et de luy (ce que Florinde avoit toujours celé) la priant luy vouloir aider à avoir souvent de
ses nouvelles, et de la retirer bien tost avec elle, et le
matin s'en partit. Et après avoir fait ses affaires avec *le
Roy*, s'en*ᵃ* alla à la guerre si triste et changé de toutes
conditions, que dames, capitaines, et tous ceux qui avoient
accoustumé de le hanter, ne le congnoissoient plus, et ne
s'habilloit plus que de noir, encore d'une frize* beaucoup plus grosse qu'il ne failloit* à porter le dueil de sa
femme, duquel il couvroit celuy qu'il avoit au cueur.
Ainsi passa Amadour trois ou quatre ans sans revenir à
la court. Et la Comtesse d'Arande qui ouyt dire que
Florinde estoit si fort changée que c'estoit pitié, l'envoya querir, esperant qu'elle reviendroit* au près d'elle,
mais ce fut tout le contraire. Car quand Florinde entendit
qu'Amadour avoit declaré à sa mere leur amitié, et que
sa mere tant sage et vertueuse, se confiant à Amadour
l'avoit trouvée bonne, fut en une merveilleuse* perplexité : pource que d'un costé elle voioit sa mere, l'estimer tant que si elle luy disoit la verité, Amadour en
pourroit recevoir quelque desplaisir, ce que pour mourir
n'eust voulu : car elle se sentoit assez forte pour le punir
de sa follie*, sans s'aider de ses parens. D'autre costé
elle voyoit qu'en dissimulant le mal qu'elle y sçavoit,
qu'elle seroit contraincte de sa mere et de ses amis de
parler à luy, et de luy faire bonne chere*, par laquelle
elle craignoit fortifier sa mauvaise opinion. Mais voyant
qu'il estoit loing n'en feit grand semblant*, et luy escrivoit
quand la Comtesse le luy commandoit, mais c'estoient

a. avec la Royne s'en

lettres qu'il pouvoit bien congnoistre venir plus d'obeissance que de bonne volonté, dont il estoit ennuyé* en les lisant, au lieu qu'il avoit acoustumé de se resjouïr des premieres.

Au bout de deux ou trois ans après avoir faict de tant belles choses, que tout le papier d'Espaigne ne les sçauroit contenir, imagina une invention tresgrande, non pour gaigner le cueur de Florinde (car il le tenoit pour perdu) mais pour avoir la victoire de son ennemie puis que telle se faisoit contre luy, il meit arriere tout le conseil de raison, et mesmes la peur de la mort, au hazard de laquelle il se mettoit. Sa pensée conclue et deliberée*, feit tant envers le grand gouverneur, qu'il fut par luy deputé pour venir parler au Roy de quelques entreprinses qui se faisoient sur Locate¹, et se hazarda de communiquer son entreprise à la Comtesse d'Arande avant que la declarer au Roy, pour en prendre son bon conseil, et vint en poste tout droict en la comté d'Arande, où il sçavoit que Florinde estoit et envoya secrettement à la Comtesse un sien amy luy declarer sa venuë, la priant la tenir secrette, et qu'il peust parler à elle la nuict sans que personne en sceust rien. La Comtesse fort joyeuse de sa venuë, le dist à Florinde et l'envoya deshabiller en la chambre de son mary, à fin qu'elle fust preste quand elle la manderoit, et que chacun fust retiré. Florinde qui n'estoit pas encore asseurée de sa premiere peur, n'en feit semblant* à sa mere, mais s'en va en un oratoire se recommander à Dieu, le priant vouloir conserver son cueur de toute meschante affection : et pensa que souvent Amadour l'avoit louée de sa beauté laquelle n'estoit point diminuée, nonobstant qu'elle eust esté longuement malade. Parquoy aimant mieux faire tort à sa beauté en la diminuant, que de souffrir par elle le cueur d'un si honneste homme brusler d'un si meschant feu, prit une pierre qui estoit dedans la chap-

pelle, et s'en donna par le visage si grand coup, que la
bouche, et les yeux, et le nez en estoient tous difformés.
Et à fin que l'on ne soupçonnast qu'elle l'eust faict quand
la Comtesse l'envoya querir, se laissa tumber en sortant
de la chapelle le visage sur une grosse pierre, et en criant
bien hault, arriva la Comtesse qui la trouva en ce piteux*
estat. Incontinent fut pensée*, et son visage bandé : ce
faict la Comtesse la mena en sa chambre, et la pria d'aller
en son cabinet entretenir Amadour, jusques à ce qu'elle
se fust deffaicte de sa compagnie : ce que elle feit, pensant qu'il y eust quelques gens avec luy : mais se trouvant
toute seule, la porte fermée sur elle, fut autant marrie*
qu'Amadour content, pensant que par amour ou par force,
il auroit ce que tant avoit desiré. Et après avoir un peu
parlé à elle, et l'avoir trouvée au mesme propos auquel il
l'avoit laissée, et que pour mourir elle ne changeroit son
opinion, luy dist tout outré de desespoir : « Pardieu,
madame, le fruict de mon labeur ne me sera point osté
pour scrupules : et puis qu'amour, patience, et humbles
prieres n'y servent de rien, je n'espargneray point ma
force pour acquerir le bien, qui sans l'avoir me la feroit
perdre[1]. »

Quand Florinde veit son visage et ses yeux tant alte-
rez, que le plus beau teinct du monde estoit rouge
comme feu, et le plus doux et plaisant regard si horrible
et furieux, qu'il sembloit qu'un feu tresardent estincelast
dedans son cueur et visage : et qu'en ceste fureur d'une
de ses fortes mains print ses deux foibles et delicates, et
d'autre part voyant que toutes deffences luy failloient*,
et que ses pieds et mains estoient tenuz en telle captivité,
qu'elle ne pouvoit fuir ne se deffendre, ne sceut quel
remede trouver, sinon chercher s'il y avoit point en luy
encores quelque racine de la primiere amour, pour l'honneur de laquelle il oubliast sa cruauté, parquoy elle luy

dist : « Amadour, si maintenant vous m'estimez comme ennemie, je vous supplie pour l'honnesteté d'amour, que j'ay autresfois pensé en vostre cueur, me vouloir escouter avant que me tourmenter. » Et quand elle veit qu'il luy prestoit l'oreille, poursuivant son propos luy dist : « Helas ! Amadour quelle occasion vous mene de chercher une chose dont vous ne sçauriez avoir contentement, et me donner un ennuy* le plus grand que je sçaurois avoir ? Vous avez tant experimenté ma volonté du temps de ma jeunesse, et de ma plus grande beauté, surquoy vostre passion pouvoit prendre excuse, que je m'esbahis comme en l'aage et grande laideur où je suis, vous avez cueur de me vouloir tourmenter. Je suis seure que vous ne doutez point que ma volonté ne soit telle qu'elle a accoustumé, parquoy ne pouvez avoir que par force ce que demandez. Et si vous regardez comme mon visage est accoustré*, en oubliant la memoire du bien que vous avez veu en moy, n'aurez point envie d'approcher de plus près. Et s'il y a en vous encores quelques reliques* de l'amour, il est impossible que la pitié ne vaincque vostre fureur. Et à ceste pitié et honnesteté que j'ay tant experimenté en vous, je fais ma plaincte, et demande grace : à fin que selon vostre conseil vous me laissiez vivre en paix et honnesteté, ce que j'ay deliberé* faire. Et si l'amour que vous m'avez portée est convertie du tout* en haine, et que plus par vengeance que par affection vous me vueillez faire la plus malheureuse femme du monde, je vous asseure qu'il n'en sera pas ainsi, et me contraindrez contre ma deliberation de declarer vostre meschanceté et appetit desordonné à celle, qui croit tant de bien de vous : et en ceste cognoissance pensez que vostre vie ne seroit pas en seureté. » Amadour rompant son propos, luy dist : « S'il me fault mourir, je seray quitte de mon tourment incontinent : mais la difformité de vostre visage (que je pense estre faicte de vostre volonté) ne m'empeschera de faire la mienne : car quand je ne pourrois avoir de vous que les oz, si les voudrois-je tenir auprès de moy. » Et quand Florinde veit que les prieres, raison, ne larmes ne luy servoient en rien, et qu'en telle cruauté poursuivoit son meschant desir, qu'elle *n'avoit enfin* force d'y resister[a], s'aida du secours qu'elle craignoit autant que perdre sa vie, et d'une voix triste et piteuse*, appella sa mere le plus hault qu'il luy fut possible. Laquelle oyant sa fille l'appeller d'une telle voix, eut merveilleusement* grand peur de ce qui estoit veritable, et courut le plustost qu'il luy fut possible en la garderobbe*.

Amadour qui n'estoit pas si prest à mourir qu'il disoit, laissa sa prinse de si bonne heure, que la dame ouvrant son cabinet le trouva à la porte, et Florinde assez loing de luy. La Comtesse luy demanda : « Amadour qui a il ? dictes m'en la verité » : et comme celuy qui jamais n'estoit despourveu d'invention, avec un visage pasle et transi, luy dist : « Helas ! madame, de quelle condition est devenuë ma dame Florinde ? je ne fuz jamais si estonné que je suis : car (comme je vous ay dict) je pensois avoir part en sa bonne grace, mais je cognois bien que je n'y ay plus rien. Il me semble, ma dame, que du temps qu'elle estoit nourrie* avec vous, elle n'estoit moins sage ne vertueuse qu'elle est, mais elle ne faisoit point de conscience de parler et regarder chacun : et maintenant je l'ay voulu regarder, mais elle ne l'a voulu souffrir : et quand j'ay veu ceste contenance, pensant que ce fust un songe ou une resverie*, luy ay demandé la main pour la luy baiser à la façon du païs, ce qu'elle m'a du tout* refusé. Il est vray, ma dame, que j'ay tort, dont je vous demande pardon :

---

a. qu'elle avoit tousjours evité par force d'y resister

c'est que je luy ay prins la main, quasi par force, et la luy ay baisée, ne luy demandant autre contentement : mais elle (comme je croy) qui a deliberé ma mort, vous a appellée ainsi que vous avez ouy. Je ne sçaurois dire pourquoy, sinon qu'elle eut peur que j'eusse autre volonté que je n'ay. Toutefois, madame, en quelque sorte que ce soit, j'advoüe le tort estre mien : car combien qu'elle deust aimer tous voz bons serviteurs, la fortune veult que moy seul, et le plus affectionné*, sois mis hors de sa bonne grace. Si* est ce que je demeureray tousjours tel envers vous et elle comme je suis venu, vous suppliant me vouloir tenir en vostre bonne grace, puis que sans mon demerite j'ay perdu la sienne. » La Comtesse, qui en partie le croioit, et en partie en doutoit, s'en alla à sa fille et luy demanda : « pourquoy m'avez vous appellée si hault ? » Florinde respondit qu'elle avoit eu peur : et combien que la Comtesse l'interrogast de plusieurs choses par le menu, si est-ce que jamais ne luy feit autre response : car voyant qu'elle estoit eschappée des mains de son ennemi, le tenoit assez puni de luy avoir rompu son entreprise. Après que la Comtesse eut long temps parlé à Amadour, le laissa encores devant elle parler à Florinde, pour veoir quelle contenance il tiendroit : à laquelle il ne tint pas grand propos, sinon qu'il la mercia de ce qu'elle n'avoit confessé verité à sa mere, et la pria que au moins puis qu'il estoit hors de son cueur, qu'un autre ne tint point sa place. Elle luy respondit quant au premier propos : « si j'eusse eu autre moyen de me defendre de vous que par la voix, elle ne l'eust point oye, ny par moy jamais n'aurez pis si vous ne m'y contraignez, comme vous avez faict, et n'ayez pas peur que j'en sceusse aimer autre. Car puis que je n'ay trouvé au cueur (que j'estimois le plus vertueux du monde) le bien que je desirois, je ne croiray jamais qu'il soit en nul homme. Et ce malheur

sera cause, que je seray pour jamais en liberté des passions que l'amour peult donner. » En ce disant print
congé de luy. La mere qui regardoit sa contenance, n'y
sceut rien juger : et depuis ce temps là cogneut tresbien,
que sa fille n'avoit plus d'affection à Amadour, et pensa
pour certain qu'elle fust desraisonnable et qu'elle hayst
toutes les choses qu'elle aimoit. Et de ceste heure là luy
mena la guerre si estrange, qu'elle fut sept ans sans parler à elle, si elle ne s'y courroussoit, et tout à la requeste
d'Amadour[1].

Durant ce temps là Florinde tourna la crainte qu'elle
avoit d'estre avec son mary en volonté de n'en bouger,
pour fuir les rigueurs que luy tenoit sa mere : mais voyant
que rien ne luy servoit, delibera* de tromper Amadour :
et laissant par un jour ou deux son visage estrange*, luy
conseilla de tenir propos d'amitié à une femme qu'elle
disoit avoir parlé de leur amour. Ceste dame demeuroit
avec la Royne d'Espaigne et avoit nom Lorette. *Amador
la creust, et pensant par ce moyen retourner en sa bonne
grace feict l'amour[2] à Laurette, qui estoit femme d'un
capitaine, lequel estoit des grandz gouverneurs du Roy
d'Espaigne. Laurette*, bien aise[a] d'avoir gaigné un tel
serviteur*, <et> feit tant de mines, que le bruit en courut
par tout : et mesmes la Comtesse d'Arande estant à la
court s'en apperceut, parquoy depuis ne tourmentoit tant
Florinde qu'elle avoit accoustumé. Florinde ouyt un jour
dire, que le capitaine mary de Lorette estoit entré en telle
jalousie, qu'il avoit deliberé en quelque sorte que ce fust
de tuer Amadour. Florinde qui nonobstant son dissimulé
visage ne pouvoit vouloir mal à Amadour l'en advertit
incontinent. Mais luy qui facilement fut retourné à ses
brisées premieres, luy respondit que s'il luy plaisoit

---

a. nom Lorette, bien aise *par saut du même au même*

l'entretenir trois heures tous les jours, que jamais ne parleroit à Lorette, ce qu'elle ne voulut accorder. « Doncques,
luy dist Amadour, puis que ne me voulez faire vivre,
pourquoy me voulez vous garder de mourir ? sinon que
vous esperez plus me tourmenter en vivant, que mille
mors ne sçauroient faire. Mais combien que la mort me
fuyt, si la chercheray-je tant que la trouveray, car en ce
jour là seulement j'auray repos. » Durant qu'ils estoient
en ces termes, vindrent nouvelles que le Roy de Grenade commençoit une tresgrande guerre contre le Roy
d'Espaigne[1] : tellement que le Roy y envoya le Prince
son fils, et avec luy le Connestable de Castille, et le Duc
d'Albe deux vieils et sages seigneurs. Le Duc de Cardonne
et le Comte d'Arande ne voulurent pas demeurer, et sup-
plierent au Roy de leur donner quelque charge, ce qu'il
feit selon leurs maisons*, et leur bailla pour les conduire
Amadour, lequel durant la guerre feit des actes si estran-
ges, qu'ils sembloient autant pleins de desespoir que de
hardiesse. Et pour venir à l'intention de mon compte,
vous diray que sa trop grande hardiesse fut esprouvée à
sa mort. Car ayant les Maures faict demonstrance de donner la bataille, voyants l'armée des Chrestiens *si grande*,
feirent semblant de fuir, à la chasse desquel se meirent les
Espaignols : mais le vieil Connestable et le Duc d'Albe, se
doutans de leur finesse, retindrent contre sa volonté le
Prince d'Espaigne, qu'il ne passast la riviere. Ce que feirent (nonobstant les deffenses) le Comte d'Arande, et le
Duc de Cardonne. Et quand les Maures veirent qu'ils
n'estoient suyvis que de peu de gens, se retournerent, et
d'un coup de cimeterre abbatirent tout mort le Duc de
Cardonne, et fut le Comte d'Arande si fort blessé, qu'on le
laissa pour mort en la place. Amadour arriva sur ceste deffaicte tant enragé et furieux*, qu'il rompit toute la presse,
et feit prendre les deux corps desdicts Duc et Comte, et

les feit porter au camp du Prince, lequel en eut autant de
regret que de ses propres freres. Mais en visitant leurs
playes, se trouva le Comte d'Arande encores vivant, lequel fut envoyé en une lictiere en sa maison, où il fut
long temps malade. De l'autre costé arriva à Cardonne le
corps du jeune Duc. Amadour ayant faict son *effort* de*ᵃ*
retirer ces deux corps, pensa si peu de luy, qu'il se trouva
environné d'un grand nombre de Maures : et luy qui ne
vouloit non plus estre prins qu'il avoit peu prendre
s'amie, ne faulser sa foy envers Dieu qu'il avoit envers
elle, sçachant que s'il estoit mené au Roy de Grenade,
ou il mourroit cruellement ou renonceroit la Chrestienté,
delibera ne donner la gloire de sa mort, ny sa prinse à
ses ennemis : et en baisant la croix de son espée[1] (rendant corps et ame à Dieu) s'en donna un tel coup qu'il
ne fut besoing y retourner pour le second. Ainsi mourut
le pauvre Amadour, autant regretté, que ses vertus le meritoient. Les nouvelles en coururent par toutes les Espaignes, tant que Florinde, qui estoit à Barselonne, où son
mary avoit autresfois ordonné estre enterré, *en ouyt le
bruict*. Et après qu'elle eut faict ses obseques honorablement, sans en parler à mere ny à belle mere, s'en alla
rendre religieuse au monastere de Jesus[2], prenant pour
mary et amy celuy qui l'avoit delivrée d'une amour si
vehemente que celle d'Amadour, et de l'ennuy* si grand
que de la compaignie d'un tel mary. Ainsi tourna toutes
ses affections à aimer Dieu si perfaictement, qu'après
avoir vescu longuement religieuse, luy rendit son ame en
telle joye, que l'espouse a d'aller veoir son espoux.

« Je sçay bien, mes dames, que ceste longue histoire
pourra estre à aucuns* fascheuse, mais si j'eusse voulu

---

a. faict son effect de

satisfaire à celuy qui me l'a comptée, elle eust esté trop
plus longue. Vous suppliant, mes dames, en prenant
l'exemple de la vertu de Florinde, diminuer un peu de sa
cruauté, et ne croire point tant de bien aux hommes, qu'il
ne faille par la congnoissance du contraire leur donner
cruelle mort, et à vous une triste vie. » Et après que Parlamente eut eu bonne et longue audience, elle dist à Hircan :
« Vous semble-il pas que ceste femme ait esté pressée
jusques au bout, et qu'elle ait vertueusement resisté ? —
Non, dist Hircan, car une femme ne peult faire moindre
resistence, que de crier : et si elle eust esté en lieu où
l'on ne l'eust peu ouyr, je ne sçay qu'elle eust faict. Et
si Amadour eust esté plus amoureux que craintif, il
n'eust pas laissé pour si peu son entreprise. Et pour cest
exemple je ne me departiray* pas de la forte opinion que
j'ay : que oncques homme qui aimast parfaictement, ou
qui fust aimé d'une dame, ne faillit* d'en avoir bonne ys-
sue, s'il a faict la poursuitte comme il appartient. Mais
encores faut-il que je louë Amadour, de ce qu'il feit une
partie de son devoir. — Quel devoir (dist Oisille) distes
vous ? Appellez-vous faire son devoir à un serviteur, qui
veult avoir par force sa maistresse, à laquelle il doit toute
reverence et obeissance ? » Saffredent print la parolle, et
dist : « Madame, quand noz maistresses[1] tiennent leur
rang en chambres ou en salles, assises à leur aise comme
noz juges, nous sommes à genoulx devant elles : et quand
nous les menons dancer en crainte, et servons si diligemment, que nous prevenons leur demande, nous semblons
estre tant craintifs de les offenser, et tant desirans de les
servir, que ceulx qui nous voyent ont pitié de nous. Et
bien souvent nous estiment plus sots que bestes, trans-
portez d'entendement ou transiz, et donnent la gloire à
noz dames, desquelles les contenances sont tant audacieu-
ses, et les parolles tant honnestes, qu'elles se font craindre,

aimer, et estimer de ceulx qui ne voyent que le dehors.
Mais quand nous sommes à part, où l'amour seul est juge
de noz contenances, nous sçavons tresbien qu'elles sont
femmes, et nous hommes, et à l'heure le nom de maistresse, est converty en amye, et le nom de serviteur* en
amy. C'est de là où le proverbe est dict : De bien servir
et loyal estre, de serviteur on devient maistre[1]. Elles ont
l'honneur autant que les hommes en peuvent donner et
oster : et voyans ce que nous endurons patiemment, c'est
raison que nostre souffrance soit recompensée*, quand
l'honneur n'est point blessé. — Vous ne parlez pas du
vray honneur, dist Longarine, qui est le contentement de
ce monde : car quand tout le monde me diroit femme de
bien, et je sçaurois seule le contraire, leur loüange aug-
menteroit ma honte, et me rendroit en moymesmes plus
confuse. Et aussi quand ils me blasmeroient, et je sentisse
mon innocence, le blasme tourneroit en contentement :
car nul n'est content que de soy-mesmes. — Or quoy
que vous ayez tout dict, dist Guebron : il me semble
qu'Amadour est un autant honneste et vertueux[2] chevalier, qu'il en soit point : et veu que les noms sont suppo-
sez, je pense le congnoistre : mais puis que Parlamente
ne l'a voulu nommer, aussi ne feray-je. Et contentez
vous que si c'est celuy que je pense, son cueur ne sentit
jamais nulle peur, ny ne fut jamais vuide d'amour ny de
hardiesse. »

Oisille leur dist : « Il me semble que ceste journée
s'est passée si joyeusement, que si nous continuons ainsi
les autres, nous accoursirons le temps à force d'honnestes
propos. Voyez où est le Soleil et oyez la cloche de l'abbaye, qui long temps a nous apelle à vespres, dont je ne
vous ay point adverty : car la devotion d'ouyr la fin de
ce compte estoit plus grande, que celle d'ouyr vespres »,
et en ce disant se leverent tous : et arrivans à l'abbaye trou-

verent les religieux qui les avoient attendues plus d'une
grosse heure. Vespres oyes, allerent soupper, qui ne fut
tout le soir sans parler des comptes qu'ils avoient ouyz[1],
et sans chercher par tous les endroits de leur memoire,
pour veoir s'ils pourroient faire la journée ensuyvante
aussi plaisante que la premiere. Et après avoir joué de
mil jeux dedans le pré, s'en allerent coucher donnans fin
tres-joyeuse et contentement à leur premiere journée.

FIN DE LA PREMIERE JOURNÉE

SECONDE JOURNÉE
DES NOUVELLES DE LA ROYNE
DE NAVARRE

Le lendemain se leverent en grand desir de retourner au lieu où le jour precedent avoient eu tant de plaisir : car chacun avoit son compte si prest, qu'il leur tardoit qu'il ne fust mis en lumiere. Après qu'ils eurent ouy la leçon* de ma dame Oisille, et la messe, où chacun recommanda son esprit à Dieu, à fin qu'il leur donnast parolle et grace de continuer l'assemblée, s'en allerent disner*, ramentevans* les uns aux autres plusieurs histoires passées. Et après disner qu'ils se furent reposez en leurs chambres, s'en retournerent à l'heure ordonnée dedans le pré, où il sembloit que le temps et le jour favorisassent leur entreprinse, s'estans tous assis sur le siege naturel de l'herbe verde, Parlamente dist : « Puis que j'ay donné au soir fin à la dixiesme, c'est à moy à eslire celle qui doibt continuer celles du jourd'huy. Et pource que madame Oisille fut la premiere des femmes qui hier parla, comme la plus sage et ancienne, je donne ma voix aujourd'huy à la plus jeune : Je ne dis pas à la plus folle, estant asseurée que si nous la suyvons toutes, ne ferons pas attendre vespres si longuement, que nous fismes hier. Parquoy, Nomerfide, vous tiendrez au jourd'huy les rangs de bien dire : mais je vous prie ne nous faictes point commencer nostre journée par larmes.

— Il ne m'en falloit point prier, dict Nomerfide : car

[je m'y estois desja toute resoluë, me souvenant d'un compte, qui me fut faict l'année passée par une bourgeoise de Tours, natifve d'Amboise, qui m'afferma avoir esté presente aux predications du cordelier* dont je vous veulx parler[1]. »

Propos facetieux d'un cordelier en ses sermons.

NOUVELLE UNZIESME

Près la ville de Bleré en Touraine, y a un village nommé Sainct-Martin le beau[2], où fut appellé un cordelier du couvent de Tours, pour prescher les advents[3], et le caresme ensuyvant. Ce cordelier plus enlangagé* que docte, n'ayant quelquesfois dequoy payer pour achever son heure s'amusoit à faire des comptes, qui satisfaisoient aucunement* à ses bonnes gents de village. Un jour de jeudy absolut[4] preschant de l'aigneau pascal, quand ce vint à parler de le manger de nuict[5] et qu'il veit à sa predication de belles jeunes dames d'Amboise, qui estoient là freschement aornées*, pour y faire leurs pasques, et y sejourner quelques jours après : il se voulut mettre sur le beau bout[6], et demanda à toute l'assistance des femmes, si elles ne sçavoient que c'estoit de manger de la chair creuë de nuict : « Je le vous veux apprendre, mes dames, ce dist il. » Les jeunes hommes d'Amboise là presens, qui ne faisoient que d'y arriver avec leurs femmes, sœurs et niepces, et qui ne congnoissoient l'humeur du pelerin, commencerent à s'en scandaliser : Mais après qu'ils l'eurent escouté d'avantage : ils convertirent le scandale en risée, mesmement* quand il dist que pour manger l'aigneau il falloit avoir les reins ceincts, des pieds en ses soulliers, et une main à son baston. Le cordelier les voyant rire, et se doubtant pourquoy, se reprint incontinent. « Et bien bien, dict il, des souliers en ses pieds, et un baston en sa main : blanc chapeau, et chapeau blanc, est-ce pas tout un ? » Si ce fut lors à rire, je croy que vous n'en doubtez point. Les dames mesmes ne s'en peurent garder, ausquelles il s'attacha d'autres propos recreatifs, et se sentant près de son heure, ne voulant pas que ces dames s'en allassent mal contentes de luy, il leur dist : « Or ça mes belles dames, mais*

que vous soyez tantost à cacqueter parmy les commeres, vous
demanderez : Mais qui est ce maistre frere, qui parle si hardiment ?
C'est quelque bon compaignon. Je vous diray mes dames, je vous
diray, ne vous en estonnez pas, non, si je parle hardiment : car je
suis d'Anjou[1] à vostre commandement[2]. » Et en disant ces mots,
mist fin à sa predication, par laquelle il laissa ses auditeurs plus
prompts à rire, de ses sots propos, qu'à pleurer en la memoire de la
Passion de Nostre Seigneur, dont la commemoration se faisoit en
ces jours là. Ses autres sermons, durant les festes furent quasi de
pareille efficace. Et comme vous sçavez que tels freres n'oublient
pas à se faire quester, pour avoir leurs œufs de pasques, enquoy faisant on leur donne, non seulement des oeufs, mais plusieurs autres
choses, comme de linge, de la filace, des andouilles, des jambons,
des eschinées[*], et autres menues chosettes. Quand ce vint le mardy
d'après Pasques en faisant ses recommandations, dont telles gens
ne sont point chiches, il dist : « Mes dames, je suis tenu à vous rendre graces de la liberalité dont vous avez usé envers nostre pauvre
convent, mais si fault il que je vous die que vous n'avez pas consideré les necessitez que nous avons, car la plus part de ce que nous
avez donné, ce sont andouilles, et nous n'en avons point de faulte,
Dieu mercy, nostre couvent en est tout farcy, qu'en ferons nous
donc de tant ? Sçavez vous quoy ? mes dames, je suis d'advis que
vous mesliez voz jambons parmy noz andouilles, vous ferez belle
aumosne. » Puis en continuant son sermon, il feit venir le scandale
à propos, et en discourant assez brusquement par dessus, avec
quelques exemples, il se meit en grande admiration, disant : « Eh
dea[*] messieurs et mes dames de Sainct-Martin, je m'estonne fort
de vous, qui vous scandalisez, pour moins que rien, et sans propos,
et tenez voz comptes de moy partout, en disant : "C'est un grand
cas, mais qui l'eust cuidé[*] que le beau pere eust engrossy la fille
de son hostesse ?" Vrayement, dist il, voylà bien dequoy s'esbahir
qu'un moyne ait engrossy une fille : Mais venez ça belles dames,
ne devriez vous pas bien vous estonner d'avantage, si la fille avoit
engrossy le moyne ? »

« Voilà, mes dames les belles viandes[*], dequoy ce gentil pasteur nourrissoit le troupeau de Dieu. Encores estoit il si effronté
que après son peché il en tenoit ses comptes en pleine chaire, où
ne se doit tenir propos qui ne soit totalement à l'erudition[*] de son
prochain, et à l'honneur de Dieu premierement. — Vrayement dist

Saffredent voilà un maistre moyne, J'aymerois quasi autant frere
Anijbaut, sur le dos duquel on mettoit tous les propos facetieux
qui se peurent rencontrer en bonne compaignie. — Si ne trouvai-je
point de risée en telles derisions, dit Oisille, principalement en tel
endroict. — Vous ne dictes pas ma dame, dist Nomerfide, qu'en ce
temps là, encores qu'il n'y ait pas fort long temps, les bonnes gens
de village, voire la pluspart de ceux des bonnes villes, qui se pensent bien plus habiles que les autres avoient tels predicateurs en
plus grande reverence, que ceux qui les preschoient purement et
simplement le Sainct Evangile[1]. — En quelque sorte que ce fust,
dist lors Hircan, si n'avoit il pas tort de demander des jambons
pour des andouilles : car il y a plus à manger. Voire, et quelque
devotieuse creature l'eust entendu pour amphibologie[2] (comme je
croirois bien que luy mesme l'entendit) luy ny ses compaignons ne
s'en feussent point mal trouvez, non plus que la jeune garse[*] qui
en eut plein son sac[3]. — Mais voyez vous quel effronté c'estoit
dist Oisille, qui renversoit le sens du texte à son plaisir, pensant
avoir affaire à bestes comme luy, et en ce faisant chercher impu-
demment à suborner les pauvres femmelettes, à fin de leur aprendre à manger de la chair creüe de nuict. — Voire mais vous ne
dictes pas, dist Simontault, qu'il voyoit devant luy ces jeunes tripie-
res d'Amboise, dans le baquet desquelles il eust volontiers lavé son,
nommeray-je ? non, mais vous m'entendez bien : et leur en faire
gouster, non pas roty, ains tout groullant[*] et fretillant, pour leur donner plus de plaisir. — Tout beau, tout beau seigneur Simontault, dist
Parlamente, vous vous oubliez : avez vous mis en reserve vostre
accoustumée modestie[*], pour ne vous en plus servir qu'au besoing ?
— Non, ma dame, non dist il : Mais le moyne peu honneste m'a
ainsi faict esgarer. Parquoy à fin que nous rentrions en noz premieres erres[*], je prie Nomerfide, qui est cause de mon esgarement
donner sa voix à quelqu'un qui face oublier à la compaignie nostre
commune faulte. — Puis que me faictes participer à vostre coulpe,
dist Nomerfide, je m'adresseray à tel qui reparera notre imperfection presente. Ce sera Dagoucin, qui]

*une de noz compaignes me feict hersoir ung conte que
j'ay si bien mis en ma teste, que je n'en puis dire d'aultre, et si vous engendre tristesse, vostre nature sera bien
melencolicque[4]. »*

En la maison de madame de la Trimoille il y avoit une
dame nommée Roncex, *laquelle ung jour que sa maistresse estoit allée aux Cordelliers* de Thouars*[1], *eust une
grande necessité d'aller au lieu où l'on ne peult envoyer
sa chambriere. Et appella avecques elle une fille nommée
La Mote, pour luy tenir compaignie, mais pour*[2] *estre
honteuse et secrecte laissa ladite Mote en la chambre et
entra toute seule en un retraict* assez obscur, lequel
estoit commun à tous les cordeliers, qui avoient si bien
rendu compte en ce lieu là de toutes leurs viandes*, que
tout le retraict, l'aneau, la place, et tout ce qui y estoit,
estoit tout couvert de moust de Bachus*[3], *passé par le ventre des cordelliers. Ceste pauvre dame, qui estoit si pressée que à peyne eust elle le loysir de lever sa robbe pour
se mectre sur l'aneau, de fortune s'en alla asseoir sur le
plus hord et salle lieu qui fut en tout le retraict, où elle se
trouva prise mieulx que à la glux, et toutes ses pauvres
fesses, habillemens, et piedz si merveilleusement gastez
qu'elle n'ausoit marcher, ne se tourner de nul costé, de
peur d'avoir encores pis ; dont elle se print à crier tant
qu'il luy fust possible :* « La Mote, m'amye, je suis perdue
et deshonorée ! » *La pauvre fille qui avoit ouy aultresfoys
faire des comptes de la malice* des cordelliers, soupçonnant que quelques ungs fussent cachez là dedans et la
voulussent prendre par force, courut tant qu'elle peult,
criant à tous ceulx qu'elle trouvoit :* « Venez secourir
madame de Roncex que les cordelliers veullent prendre
par force en ce retraict », *lesquelz y coururent en grande
diligence, et trouverent la pauvre dame Roncex qui crioit
« A l'ayde », desirant avoir quelque femme qui la peult
nectoyer, et avoit le derriere tout descouvert, craingnant
en aprocher ses habillemens de peur de les gaster. A ce
cry entrerent les gentilz hommes, qui veirent ce beau
spectacle, et ne trouverent aultre cordelier qui la tour-*

*mentast sinon l'ordure dont elle avoit toutes les fesses
engluées, qui ne fut pas sans rire de leur costé, ny sans
grande honte du costé d'elle. Car au lieu d'avoir des femmes pour la nectoyer fut servie d'hommes, qui la veirent
nue au pire estat qu'une femme se pourroit monstrer.
Parquoy les veoyant acheva de souiller ce qui estoit nect,
et abaissa ses habillemens pour se couvrir, oubliant l'ordure où elle estoit, pour la honte qu'elle avoit de veoir les
hommes. Et quand elle fut hors de ce vilain lieu, la fallut
despouiller^a toute nue, et changer de tous habillemens
avant qu'elle partit du couvent. Elle se fust voluntiers
courroussée du secours que luy amena La Mote, mais
entendant que la pauvre fille cuydoit* qu'elle eust beaucoup pis, changea sa chollere à rire comme les aultres.*

« Il me semble, mes dames, que ce conte n'a esté ne
long ne melencolicque, et que vous avez eu de moy ce que
vous en avez espéré. » *Dont la compaignie se print bien
fort à rire, et luy dict Oysille :* « Combien que le conte
soit hord* et salle, connoissant les personnes à qui il est
advenu, on ne le sçauroit trouver facheux, mais j'eusse
bien voulu veoir la mine de La Mote, et de celle à qui
elle avoit amené si bon secours. Mais puis que vous avez
si tost finy (ce dict elle à Nomerfide), donnez vostre voix
à quelqu'un qui ne s'en passe pas si legerement. »
Nomerfide respondit : « Si vous voullez que ma faulte soit
rabillée, je donne ma voix à Dagoucin, lequel¹ est si sage
que pour mourir ne voudroit dire une follie. » *Dagoucin la
remercia de la bonne estime qu'elle avoit de son bon sens.
Et commença à dire :* « L'histoire que j'ay deliberé vous
racompter, est pour vous faire veoir comment amour

---

a. la faillist despouiller *dans Berlin ; correction faite d'après BNF
fr. 1520, p. 97*

aveuglist les plus grands et honnestes cueurs, et comme
une meschanceté est difficile à vaincre par quelque benefice* que ce soit. »

L'incontinence d'un Duc, et son impudence pour parvenir à son
intention avec la juste punition de son mauvais vouloir.

NOUVELLE DOUZIESME[1]

Depuis quelque temps en ça, en la ville de Florence y
avoit un Duc *de la maison de Medicis* lequel avoit
espousé ma dame Marguerite fille bastarde de l'Empereur Charles le quint[2]. Et pour ce qu'elle estoit encores si
jeune[3], qu'il ne luy estoit licite de coucher avec elle, attendant son aage plus meur, la traicta fort doucement. Car
pour l'espargner fut amoureux de quelques autres dames
de la ville que la nuict il alloit veoir, tandis que sa
femme dormoit. Entre autres il le fut d'une fort belle,
sage, et honneste dame, laquelle estoit sœur d'un gentil-
homme[4] que le Duc aimoit comme luy mesme, et auquel il
donnoit tant d'autorité en sa maison, que sa parolle estoit
obeye et crainte comme celle du Duc, et n'y avoit secret
en son cueur qu'il ne luy declarast, en sorte qu'on le
pouvoit nommer le second luy mesme. Et voyant le Duc
sa sœur estre tant femme de bien, qu'il n'avoit, moyen
de luy declarer l'amour qu'il luy portoit, après avoir
cherché toutes occasions à luy possibles, vint à ce gentil-
homme qu'il aimoit tant, et luy dist : « S'il y avoit chose
en ce monde, mon ami, que je ne voulusse faire pour
vous, je craindrois vous declarer ma fantasie, et encores
plus vous prier m'y estre aidant. Mais je vous porte tant
d'amour, que si j'avois femme, mere, ou fille, qui peust

servir à saulver vostre vie, je les y employrois plustost, que de vous laisser mourir en tourment, et j'estime que l'amour que me portez, est reciproque à la mienne. Et que si moy qui suis vostre maistre vous porte telle affection, que pour le moins ne me la sçauriez porter moindre. Parquoy je vous declareray un secret, dont le taire me met en tel estat que vous voyez, duquel je n'espere amandement que par la mort, ou par le service qu'en cest endroit me pouvez faire. » Le gentil-homme oyant les raisons de son maistre, et voyant son visage non feint tout baigné de larmes, en eut si grande compassion qu'il luy dist : « Monsieur, je suis vostre creature[1], tout le bien et l'honneur que j'ay vient de vous, vous pouvez parler à moy comme à vostre amy, estant seur que ce qui sera en ma puissance, est en voz mains. » A l'heure le Duc commença à luy declarer l'amour qu'il portoit à sa sœur, qui estoit si grande et si forte, que si par son moyen n'en avoit la jouyssance, il ne voioit pas qu'il peust vivre longuement. Car il sçavoit bien qu'envers elle, prieres, ne presens ne servoient de rien. Parquoy le pria que s'il aimoit sa vie, autant que luy la sienne, il trouvast moyen de *luy faire recouvrer* le bien[a] que sans luy il n'esperoit jamais avoir. Le frere qui aimoit sa sœur et l'honneur de sa maison plus que le plaisir du Duc, luy voulut faire quelque remonstrance, le suppliant en tous autres endroicts l'employer, hors mis en une chose si cruelle à luy, que de pourchasser le deshonneur de son sang. Et que son cueur et son honneur ne se pouvoient accommoder à luy faire ce service. Le Duc enflambé d'un courroux importable*, meit le doigt entre ses dens se mordant l'ongle, et luy respondit par une grande fureur : « Or bien puisque je ne trouve en vous nulle amitié, je sçay que j'ay affaire. » Le

---

a. moyen de recevoir le bien

gentil-homme cognoissant la cruauté de son maistre, eut crainte, et luy dist : « Monsieur puis qu'il vous plaist je parleray à elle, et vous diray la responce. » Le Duc luy respondit en se departant* de luy : « Si vous aimez ma vie, aussi feray-je la vostre. »

Le gentilhomme entendit* bien que ceste parolle vouloit dire, et fut un jour ou deux sans veoir le Duc, pensant à ce qu'il avoit à faire. D'un costé luy venoit au devant l'obligation qu'il debvoit à son maistre, les biens et honneurs qu'il avoit receuz de luy : de l'autre costé l'honneur de sa maison*, l'honnesteté, et chasteté de sa sœur, qu'il sçavoit bien que jamais ne se consentiroit à telle meschanceté, si par tromperie elle n'estoit prinse, ou par force : chose qu'il trouvoit fort estrange, veu que luy et les siens en seroient diffamez*. Parquoy print conclusion sur ce different, qu'il aimoit mieulx mourir, que de faire un si meschant tour à sa sœur, l'une des plus femmes de bien qui fust en toute l'Italie. Mais que plustost devoit delivrer sa patrie de tel tyrant[1], *qui* par force *vouloit* mettre[a] une telle tache en sa maison. Car il se tenoit asseuré que sans faire mourir le Duc, la vie de luy et des siens n'estoit pas asseurée. Parquoy sans en parler à sa sœur, delibera de sauver sa vie, et venger sa honte par un mesme moyen. Et au bout de deux jours s'en vint au Duc, et luy dist, comme il avoit tant bien praticqué* sa sœur non sans grande peine, qu'à la fin elle s'estoit consentie à sa volonté, pourveu qu'il luy plust tenir la chose si secrette, que nul que son frere n'en eust cognoissance. Le Duc qui desiroit ceste nouvelle, le creut facilement, et en embrassant le messager, luy promist tout ce qu'il luy sçauroit demander, le priant de bien tost executer son entreprise, et prindrent le jour ensemble. Si le Duc fut

a. que par force vouloir mettre

aise, il ne le fault point demander. Et quand il veit approcher la nuict tant desirée, où il esperoit avoir la victoire
de celle qu'il avoit estimée invincible, se retira de bonne
heure avec ce gentil-homme tout seul, et n'oublia pas de
s'accoustrer* de coiffe, et de chemise perfumée, le mieux
qu'il luy fut possible. Et quand chacun fut retiré, s'en
alla avec le gentil-homme au logis de sa dame, où il y
arriva en une chambre fort bien en ordre.

  Le gentil-homme le despouilla de sa robbe de nuict, et
le meit dedans le lict, luy disant : « Monsieur, je vous
vois querir celle qui n'entrera pas en ceste chambre sans
rougir[1] : mais j'espere que avant le matin, elle sera asseurée de vous. » Il laissa le Duc, et s'en alla en sa chambre,
où il ne trouva qu'un seul homme de ses gens, auquel il
dist : « Aurois tu bien le cueur* de me suyvre en un lieu,
où je me veux venger du plus grand ennemy que j'aye
en ce monde ? » L'autre ignorant qu'il vouloit faire, luy
dist : « Ouy monsieur, et fust ce contre le Duc mesme. »
A l'heure le gentil homme le mena si soudain qu'il n'eut
loisir de prendre autres armes, qu'un poignard qu'il avoit.
Et quand le Duc l'ouyt revenir, pensant qu'il luy amenast
celle qu'il aimoit tant, ouvrit un rideau et ses yeux pour
regarder et recevoir le bien qu'il avoit tant attendu : mais
au lieu de veoir celle dont il esperoit la conservation de
sa vie, va veoir la precipitation de sa mort, qui estoit
une espée toute nuë, que le gentilhomme avoit tirée, de
laquelle il frappa le Duc, qui estoit tout en chemise.
Lequel desnué d'armes et non de cueur*, se meit en son
seant dedans le lict, et print le gentil-homme à travers le
corps, en luy disant : « Est-ce cy la promesse que vous
me tenez ? » Et voyant qu'il n'avoit autres armes que les
dents, et les ongles, mordit le gentil-homme au poulce[2],
et à force de bras se deffendit tant, que tous deux tombe-
rent en la ruelle du lict. Le gentil-homme qui n'estoit trop

asseuré, appella son serviteur : lequel trouvant le Duc et
son maistre si liez ensemble, qu'il ne sçavoit lequel choisir*, les tira tous deux par les pieds au milieu de la place,
et avec son poignard s'essaya à coupper la gorge du Duc,
lequel se defendit jusques à ce que la perte de son sang
le rendit si foible qu'il n'en pouvoit plus. Alors le gentil
homme et son serviteur le meirent dedans son lict, où à
coups de poignards le paracheverent de tuer. Puis tirant
le rideau, s'en allerent et enfermerent le corps mort en sa
chambre.

Et quand il se veit victorieux de son ennemy, par la mort
duquel il pensoit mettre en liberté la chose publicque[1], se
pensa que son œuvre seroit imparfaict, s'il n'en faisoit
autant à cinq ou six de ceux qui estoient des plus prochains du Duc. Et pour en venir à chef*, dist à son serviteur, qu'il les allast querir l'un après l'autre, pour en
faire comme il avoit faict du Duc. Mais le serviteur qui
n'estoit hardy ny *sot*, dist[a] : « Il me semble, monsieur,
que vous en avez assez faict pour ceste heure, et que
vous feriez mieux à penser de saulver vostre vie, que de
la vouloir oster à autres. Car si nous demeurions autant à
deffaire* chacun d'eux, que nous avons faict à deffaire le
Duc, le jour descouvriroit plustost vostre entreprinse, que
ne l'aurions mise à fin*, encores que nous trouvissions
noz ennemis sans defence. » Le gentil-homme, la mauvaise conscience duquel le rendoit craintif, creut son serviteur, et le menant seul avec luy, s'en alla à un Evesque,
qui avoit charge de faire ouvrir les portes de la ville, et
commander aux postes*. Ce gentil-homme luy dist : « J'ay
eu ce soir des nouvelles que un mien frere est à l'article
de la mort[2], je viens de demander congé au Duc, lequel le
m'a donné : parquoy je vous prie commander aux postes

a. hardy ny fort dist

me bailler deux bons chevaux, et au portier de la ville
d'ouvrir les portes. » L'Evesque qui n'estimoit moins sa
priere, que le commandement du Duc son maistre, luy
bailla incontinent un bulletin*, par la vertu duquel la
porte luy fut ouverte, et les chevaux baillez ainsi qu'il
demanda. Et en lieu d'aller voir son frere, s'en alla à
Venise, où il se feit guerir des morsures que le Duc luy
avoit faictes, puis s'en alla en Turquie[1]. Le matin les serviteurs du Duc qui le voyoient si tard demeurer à revenir, soupçonnerent bien qu'il estoit allé veoir quelque
dame : Mais voyant qu'il demeuroit tant, commencerent
à le chercher par tous costez. La pauvre Duchesse, qui
commençoit fort à l'aymer, sçachant que l'on ne le trouvoit point, fut en grande peine. Mais quand le gentil
homme qu'il aimoit tant, ne fut veu non plus que luy, on
alla à sa maison le chercher. Et trouvans du sang à la
porte de sa chambre, entrerent dedans, mais il n'y eut
homme qui en sceut dire nouvelles. Et suivans les traces
du sang vindrent les pauvres serviteurs du Duc à la porte
de la chambre où il estoit, qu'ils trouverent fermée :
Mais bien tost eurent rompu l'huis. Et voyans la place
toute plaine de sang, tirerent le rideau du lict, et trouverent le pauvre corps endormy en ce lict du dormir sans
fin. Vous pouvez penser quel dueil menerent ces pauvres
serviteurs, qui porterent le corps en son palais où arriva
l'Evesque, qui leur compta comme le gentil-homme estoit
party la nuict en diligence, soubs couleur d'aller veoir
son frere. Parquoy fut cogneu clairement que c'estoit luy
qui avoit faict le meurtre. Et fut ainsi prouvé, que jamais
sa pauvre sœur n'en avoit ouy parler. Laquelle combien
qu'elle fut estonnée* du cas advenu, si* est-ce qu'elle en
aima d'advantage son frere, lequel l'avoit delivrée d'un
si cruel prince, ennemi de sa chasteté, et n'ayant point
craint de hazarder sa propre vie. Et continua de plus en

plus sa vie honneste en ses vertuz, telle que combien qu'elle fust pauvre, pource que leur maison* fut confisquée, si trouverent sa sœur et elle[1] des mariz aussi honnestes hommes et riches, qu'il y en eust en Italie, et ont depuis vescu en bonne et grande reputation.

« Voyla, mes dames, qui vous doit bien faire craindre ce petit dieu qui prend son plaisir à tourmenter autant les princes que les pauvres, et les forts que les foibles, et qui les rend aveugle jusques là, d'oublier Dieu et leur conscience, et à la fin leur propre vie. Et doivent bien craindre les princes, et ceux qui sont en auctorité, de faire desplaisir à moindre qu'eux. Car il n'y a nul qui ne puisse nuire quand Dieu se veult venger du pecheur[2], ne si grand qui sceust mal faire à celuy qui est en sa garde[3]. » Ceste histoire fut bien escoutée de toute la compaignie, mais elle y engendra diverses opinions[4]. Car les uns soutenoient, que le gentilhomme avoit faict son devoir de sauver sa vie et l'honneur de sa sœur, ensemble d'avoir delivré sa patrie d'un tel tyran. Les autres disoient que non, mais que c'estoit une trop grande ingratitude de mettre à mort celuy qui luy avoit faict tant de bien et d'honneur. Les dames disoient qu'il estoit bon frere et vertueux citoyen. Les hommes au contraire, qu'il estoit traistre et mauvais serviteur* : et faisoit fort bon ouyr alleguer les raisons des deux costez, mais les dames selon leur coustume parloient autant par passion que par raison, disans que le Duc estoit digne de mort, et que bien heureux estoit celuy qui avoit faict le coup. Parquoy voyant Dagoucin le grand debat qu'il avoit esmeu*, dist : « Pour Dieu, mes dames, ne prenez point de querelle d'une chose desja passée : mais gardez que voz beautez ne facent point faire de plus cruels meurtres, que celuy que j'ay compté. » Parlamente dist : « La belle dame sans mercy nous a aprins à dire, que si gratieuse maladie, ne mect gueres de gens à mort[1]. — Pleust à Dieu, dist Dagoucin, ma dame, que toutes celles qui sont en ceste compaignie sceussent combien ceste opinion est faulse. Je croy qu'elles ne voudroient point avoir le nom d'estre sans mercy, ne ressembler à ceste incredule, qui laissa mourir un bon serviteur[*] par faulte d'une gratieuse response. — Vous voudriez donc dist Parlamente, pour sauver la vie d'un qui dict nous aimer, que nous missions nostre honneur et conscience en danger[2]. — Ce n'est pas ce que je vous dy, dist Dagoucin, car celuy qui aime parfaictement, craindroit plus blesser l'honneur de sa dame, qu'elle mesme. Parquoy il me semble bien, qu'une response honneste et gratieuse, telle que parfaicte et honneste amitié requiert, n'y pourroit qu'accroistre l'honneur et amender la conscience, car il n'est pas vray serviteur qui cherche le contraire. — Toutesfois, dist Emarsuitte, c'est tousjours la fin de voz raisons, qui commencent par honneur, et finent[*] par le contraire. Et si tous ceux qui sont icy en veullent dire la verité, je les en croy à leur serment. » Hircan jura quant à luy, qu'il n'avoit jamais aimé femme hors mise la sienne, à qui il ne desirast faire offencer Dieu bien lourdement. Et autant en dist Simontault, et adjousta qu'il avoit souvent souhaitté toutes les femmes meschantes, hors mis la sienne. Guebron luy dist : « Vrayement vous meritez que la vostre soit telle, que vous desirez les autres : mais quant à moy je puis bien jurer que j'ay tant aimé une femme, que j'eusse mieux aimé mourir, que pour moy elle eust faict chose dont je l'eusse moins estimée. Car mon amour estoit tant fondé en ses vertuz, que pour quelque bien que j'en eusse sceu avoir, je n'y eusse voulu veoir une tache. » Saffredent se print à rire, en luy disant : « Je pensois Guebron, que l'amour de vostre femme, et le bon sens que vous avez, vous eussent mis hors *du danger* d'estre *plus* amoureux[a], mais je voy bien que non, car vous usez encores des termes dont nous avons accoustumé de tromper les plus fines, et d'estre escoutez des plus sages. Car qui est celle qui nous fermera ses aureilles, quand nous commencerons à l'honneur et à la vertu ? Mais si nous leur monstrions nostre cueur tel qu'il est, il y en a beaucoup de bien venuz entre les dames, de qui elles ne tiendroient compte. Nous couvrons nostre diable du plus bel Ange, que nous pouvons trouver. Et soubs ceste couverture, avant que d'estre cogneuz recevons beaucoup de bonnes cheres[*]. Et peult estre tirons les cueurs des dames si avant, que pensans aller droit à la vertu, quand elles cognoissent le vice, elles n'ont le moyen ny le loisir de retirer leurs pieds. — Vrayement dist Guebron, je vous pensois autre que vous ne dictes, et que la vertu vous feust plus plaisante que le plaisir. — Comment ? dist Saffredent, est il plus grande vertu que d'aimer comme Dieu l'a commandé ? Il me semble que c'est beaucoup mieux fait d'aimer une femme, comme femme, que d'en idolatrer comme *d'une ymage*[*]. Et[b] quant à moy, je tiens ceste opinion ferme, qu'il vault mieux en user, que d'en abuser[1]. » Les dames furent toutes du costé de Guebron, et contraignirent Saffredent de se taire. Lequel dist : « Il m'est bien aisé de n'en plus parler, car j'en ay esté si mal traicté, que je n'y veux plus retourner. — Vostre malice[*], ce luy dist Longarine, est cause de vostre mauvais traictement : car qui est l'honneste femme qui vous voudroit pour serviteur[*], après les propoz que nous avez tenuz ? — Celles qui ne m'ont point trouvé fascheux, dist Saffredent, ne changeroient pas leur honnesteté à la vostre : mais n'en parlons plus, à fin que

a. hors d'estre amoureux
b. comme plusieurs autres. Et

ma colere ne face desplaisir ny à moy ny à autre. Regardons à qui Dagoucin donnera sa voix » : lequel dist, « Je la donne à Parlamente. Car je pense qu'elle doit sçavoir plus que nul autre que c'est que d'honneste et parfaicte amitié. — Puis que je suis choisie, dist Parlamente, pour dire une histoire, je vous en diray une advenuë à une dame, qui a esté tousjours bien fort de mes amies, et de laquelle la pensée ne me fut jamais celée. »

Un Capitaine de galeres, soubs ombre* de devotion,
devint amoureux d'une damoiselle*, et ce qui en advint

NOUVELLE TREZIESME

En la maison de Madame la Regente[1], mere du Roy François, y avoit une dame fort devote, mariée à un gentilhomme de pareille volonté. Et combien que son mary fust vieil et elle belle et jeune, si* est-ce qu'elle le servoit et aimoit comme le plus beau jeune homme du monde. Et pour luy oster toute occasion d'ennuy*, se meit à vivre comme une femme de l'aage dont il estoit, fuyant toutes compaignies, accoustremens*, dances, et jeux, que les jeunes femmes ont accoustumé d'aymer, mettant tout son plaisir et recreation au service de Dieu. Parquoy le mary meist en elle une si grande amour et seureté, qu'elle gouvernoit sa maison et luy, comme elle vouloit. Et advint un jour que le gentilhomme luy dist, que dès sa jeunesse il avoit eu desir de faire le voyage de Jerusalem[2], luy demandant ce qu'il luy en sembloit. Elle qui ne demandoit qu'à luy complaire, luy dist : « Mon amy, puis que Dieu nous a privé d'enfans, et donné assez de biens, je vouldrois que nous en missions une partie à faire ce sainct voyage : car là ny ailleurs où vous alliez, je ne suis pas deliberée* de vous laisser, ne abandonner jamais. » Le bon homme en fut si aise, qu'il *luy* sembloit desja estre sur le mont de Calvaire. Et en ceste deliberation* vint à la court un gentilhomme, qui souvent avoit esté à la guerre sur les Turcs, et pourchassoit envers le Roy de France une entreprinse sur une de leurs villes[1], dont il pouvoit venir grand profit à la Chrestienté. Ce vieux gentilhomme luy demanda de son voyage. Et après qu'il eut entendu ce qu'il estoit deliberé de faire, luy demanda si après ce voyage il en voudroit faire un autre en Jerusalem, où sa femme et luy avoient grand desir d'aller. Ce capitaine fut fort aise d'ouïr ce bon desir, et luy promit de luy mener, et de tenir cest affaire secret. Il luy tarda bien qu'il ne trouvast sa bonne femme, pour luy compter ce qu'il avoit faict : laquelle n'avoit gueres moins d'envie que le voyage se parachevast, que son mary. Et pour ceste occasion parloit souvent au capitaine, lequel regardant plus à elle qu'à sa parolle, en fut si amoureux, que souvent en luy parlant des voyages qu'il avoit faicts sur la mer, mettoit l'embarquement de Marseille avec l'Archipelle[2] : et en voulant parler d'un navire, parloit d'un cheval, comme celuy qui estoit ravy* et hors de son sens : mais il la trouvoit telle qu'il ne luy en osoit parler, ny faire semblant*. Et sa dissimulation luy engendra un tel feu dedens le cueur, que souvent il tomboit malade, dont ladicte damoiselle estoit aussi soigneuse comme de la croix et guide[3] de son chemin : et l'envoyoit si souvent visiter, que congnoissant qu'elle avoit soing de luy, le guerissoit sans nulle autre medecine. Mais plusieurs personnes voyans ce capitaine, qui avoit eu le bruit d'estre plus hardy et gentil compaignon, que bon Chrestien, s'emerveillerent comme ceste dame l'acostoit* si fort. Et voyans qu'il avoit changé de toutes conditions, et qu'il frequentoit les eglises, les

sermons, et confessions, se doubterent que c'estoit pour
avoir la bonne grace de la dame, et ne se peurent tenir
de luy en dire quelques parolles. Ce capitaine craignant
que si la dame en entendoit quelque chose, cela la sepa-
rast de sa presence, dist à son mary et à elle, comme il
estoit prest d'estre depesché* du Roy, et de s'en aller, et
qu'il avoit plusieurs choses à luy dire : mais à fin que
son affaire fust tenu plus secret, il ne vouloit plus parler
à luy ne à sa femme devant les gens : mais les pria de
l'envoyer querir quand ilz seroient retirez tous deux.

Le gentilhomme trouva son opinion bonne, et ne failloit*
tous les soirs de se coucher de bonne heure, et faire deshabiller sa femme. Et quand tous les gens estoient retirez,
envoyoient querir le capitaine, et devisoient du voyage de
Jerusalem, où souvent le bon homme en grande devotion
s'endormoit. Le capitaine voyant ce gentilhomme vieil,
et endormy dedans un lict, et luy dans une chaise, auprès
celle qu'il trouvoit la plus belle et la plus honneste du
monde, avoit le cueur si serré entre crainte et desir de
parler, que souvent il perdoit la parolle. Mais à fin qu'elle
ne s'en apperceust, se mettoit à parler des saincts lieux de
Jerusalem, où estoient les signes de la grande amour, que
Jesu-Christ nous a portée. Et en parlant de cest amour,
couvroit la sienne, regardant ceste dame avecques larmes
et souspirs, dont elle ne s'apperceut jamais. Mais voyant
sa devote contenance, l'estimoit si sainct homme, qu'elle
le pria de luy dire quelle vie il avoit menée, et comme il
estoit venu à cest amour de Dieu. Il luy declara qu'il estoit
un pauvre gentilhomme, qui pour parvenir à richesse et
honneur, avoit oublié sa conscience, et espousé une
femme trop proche son alliée[1], pource qu'elle estoit riche,
combien qu'elle fust laide et vieille, et qu'il ne l'aimast
point. Et après avoir tiré tout son argent, s'en estoit allé
sur la mer, chercher ses adventures : et avoit tant faict par

son labeur, qu'il estoit venu en estat honorable. Mais depuis qu'ils avoient eu congnoissance ensemble, elle estoit cause par ses sainctes parolles et bons exemples, de luy avoir faict changer sa vie, et que du tout* il se delibereroit*, s'il pouvoit retourner de son entreprinse, de mener son mary et elle en Jerusalem, pour satisfaire* en partie à ses grands pechez où il avoit mis fin, sinon qu'encores n'avoit satisfaict à sa femme, à laquelle il esperoit bien tost se reconcilier. Tous ces propos pleurent à ceste dame, et sur tout se resjouït d'avoir tiré un tel homme à l'amour et crainte de Dieu. Et jusques à ce qu'*il partit* de*ᵃ* la court, continuerent tous les soirs ces longs parlements, sans que jamais il luy osast declarer son intention, et luy feit present de quelque crucifix de Nostre Dame de pitié[1], la priant qu'en le voyant elle eust tousjours memoire de luy. L'heure de son partement* venuë, et qu'il eut prins congé de son mary, lequel s'endormoit, il vint dire à Dieu à sa dame, à laquelle il veit les larmes aux yeux, pour l'honneste amitié qu'elle luy portoit, qui luy rendoit la passion si importable*, que pour ne l'oser declarer tomba quasi esvanouÿ : luy disant à Dieu en une sueur si grande, que non ses yeulx seulement, mais tout son corps, jectoient larmes. Et ainsi sans parler se departirent*, dont la dame demoura fort estonnée : car elle n'avoit jamais veu un tel signe de regret. Toutesfois point ne changea son bon propos envers luy, et l'acompaigna de prieres et oraisons.

Au bout d'un mois ainsi que la dame retournoit en son logis, trouva un gentilhomme qui luy presenta une lettre de par le capitaine, la priant qu'elle la voulust veoir à part, et luy dist comme il l'avoit veu embarquer, bien deliberé* de faire chose aggreable au Roy et à l'augmentation de la

a. ce qu'ils partirent de

foy : et que de luy[1] il s'en retournoit à Marseille pour donner ordre aux affaires dudict capitaine. La dame se retira à
une fenestre à part et ouvrist sa lettre de deux fueilles de
papier escrite de tous costez, en laquelle y avoit l'epistre[2]
qui s'ensuit.

> Mon long celer, ma taciturnité,
> Apporté m'a telle necessité,
> Que je ne puis trouver nul reconfort
> Fors de parler, ou de souffrir la mort.
> Ce parler là auquel j'ay defendu
> De se monstrer à toy, a attendu,
> De me veoir seul, et de mon secours loing.
> Et lors m'a dict qu'il estoit de besoing
> De le laisser aller s'esvertuer,
> De se monstrer, ou bien de me tuer.
> Et a plus faict, car il s'est venu mettre
> Au beau millieu de ceste mienne lettre,
> Et dict, que puis que mon œil ne peult veoir,
> Celle qui tient ma vie en son pouvoir,
> Dont le regard sans plus me contentoit,
> Quand son parler mon oreille escoutoit,
> Que maintenant par force il saillira[*]
> Devant tes yeulx où poinct ne faillira[*],
> De te monstrer mes plainctes et douleurs,
> Dont le celer est cause que je meurs.
> Je l'ay voulu de ce papier oster,
> Craignant que point ne voulusse escouter
> Ce sot parler qui se monstre en absence,
> Qui trop craintif estoit en *la* presence[a] :
> Disant, mieux vault en me taisant mourir,
> Que de vouloir ma vie secourir[3],

a. en sa presence

Pour ennuier* celle que j'aime tant,
Car de mourir pour son bien suis contant.
D'autre costé ma mort pourroit porter
Occasion de trop desconforter
Celle pour qui seulement j'ay envie,
De conserver ma santé et ma vie,
Ne t'ay-je pas, ô ma dame, promis,
Que mon voiage à fin heureuse mis,
Tu me verrois devers toy retourner,
Pour ton mary avec toy emmener,
Au lieu où tant as de devotion,
Pour prier Dieu sur le mont de Sion.
Si je me meurs nul ne t'y menera,
Trop de regret ma mort te donnera,
Voiant à rien tourner nostre entreprinse,
Qu'avecques tant d'affection* as prinse.
Je vivray donq' et lors t'y meneray,
Et en bref temps à toy retourneray.
La mort pour moy est bonne à mon advis,
Mais seulement pour toy seule je vis.
Pour vivre donc il me fault alleger
Mon pauvre cueur, et du faiz soulager,
Qui est à luy et à moy importable*,
De te monstrer mon amour veritable :
Qui est si grande et si bonne et si forte,
Qu'il n'y en eut oncques* de telle sorte.
Que diras-tu ? O parler trop hardi.
Que diras-tu ? Je te laisse aller, di.
Pourras-tu bien luy donner cognoissance
De mon amour ? Las ! tu n'as la puissance
D'en *de*monstrer la miliesme part :
Diras-tu point au moins que son regard
A retiré mon cueur de telle force,
Que mon corps n'est plus qu'une morte escorce,

Si par le sien je n'ay vie et vigueur ?
Las ! mon parler foible, et plain de langueur
Tu n'as pouvoir de bien au vrai luy peindre,
Comment son œil peult un bon cueur contraindre.
Encores moins à louer sa parolle,
Ta puissance est pauvre debile, et molle.
Si tu pouvois au moins luy dire un mot
Que bien souvent (comme muet et sot)
Sa bonne grace et vertu me rendoit,
Et à mon œil qui tant la regardoit
Faisoit jetter par grand amour les larmes,
Et à ma bouche aussi changer ses termes[1] :
Voire et en lieu de dire que l'aimois,
Je luy parlois des signes et des mois
Et de l'estoille Arctique et Antarctique[2].
O mon parler tu n'as pas la praticque*
De luy compter en quel estonnement*
Me mettois lors mon amoureux tourment,
De dire aussi mes maux et mes douleurs.
Il n'y a pas *en toy* tant de valeurs,
De declarer ma grande et forte amour,
Tu ne scaurois me faire un si bon tour.
A tout le moins si tu ne peux le tout,
Luy racompter, prend toy à quelque bout,
Et di ainsi : Crainte de te desplaire
M'a fait long temps malgré mon vouloir taire
Ma grande amour qui devant ton merite
Et devant Dieu et ciel doit estre dicte.
Car la vertu en est le fondement,
Qui me rend doux mon trop cruel tourment,
Veu que l'on doibt un tel tresor ouvrir
Devant chacun, et son cueur descouvrir.
Car qui pourroit un tel amant reprendre

D'avoir osé *et voulu* entreprendre[a],
D'acquerir dame en qui la vertu toute
Voire et l'honneur faict son sejour sans doute* ?
Mais au contraire on doit bien fort blasmer
Celuy qui voit un tel bien sans l'aimer.
Or l'ai-je veu et l'aime d'un tel cueur,
Qu'amour sans plus en a esté vainqueur.
Las ! ce n'est point amour leger ou feinct
Sur fondement de beauté, fol et peinct :
Encores moins cest amour qui me lie,
Regarde en rien la vilaine follie*.
Point n'est fondé en vilaine esperance
D'avoir de toy aucune jouissance
Car rien n'y a au fonds de mon desir,
Qui contre toy souhaitte aucun plaisir.
J'aymerois mieux mourir en ce voyage,
Que te scavoir moins vertueuse ou sage,
Ne que pour moy fust moindre la vertu,
Dont ton corps est, et ton cueur revestu.
Aimer te veux comme la plus parfaicte
Qui oncques* fut. Parquoy rien ne souhaitte,
Qui puisse oster ceste perfection,
La cause et fin de mon affection.
Et plus de moy tu es sage estimée,
Et plus encor parfaictement aimée,
Je ne suis pas celuy qui se consolle
En son amour, et en sa dame folle*.
Mon amour est tressage et raisonnable :
Car je l'ay mis en dame tant aimable,
Qu'il n'y a Dieu ny Ange en paradis,
Qu'en te voyant *ne* dist ce que je dis.
Et si de toy je ne puis estre aimé,

a. osé vouloir entreprendre

Il me suffit au moins d'estre estimé,
Le serviteur* plus parfaict qui fut oncques :
Ce que croiras j'en suis tres-seur adoncques*,
Que la longueur du temps te fera veoir,
Que de t'aimer je fais loyal devoir
Et si de toy je n'en reçois autant,
A tout le moins de t'aimer suis contant,
En t'asseurant que rien ne te demande,
Fors seulement que je te recommande
Le cueur et corps bruslant pour ton service
Dessus l'autel d'amour pour sacrifice,
Croy hardiment que si je reviens vif,
Tu reverras un serviteur naïf* :
Et si je meurs, ton serviteur mourra,
Que jamais dame un tel ne trouverra,
Ainsi de toy s'en va emporter l'onde
Le plus parfaict serviteur de ce monde.
La mer peult bien ce mien corps emporter
Mais non le cueur, que nul ne peult oster
D'avecques toy, où il faict sa demeure
Sans plus vouloir à moy tenir une heure.
Si je pouvois avoir par juste eschange
Un peu du tien pur et clair comme un Ange,
Je ne craindrois d'emporter la victoire,
Dont ton seul cueur en gaigneroit la gloire[1].
Or vienne donc ce qu'il en adviendra,
J'en ay jetté le dé, là se tiendra
Ma volonté sans aucun changement.
Et pour mieux peindre au tien entendement
Ma loyauté, ma ferme seureté,
Ce diamant pierre de fermeté
En ton doigt blanc, je te supplie prendre :
Par qui pourras trop plus qu'eureux me rendre.

O diamant, *dy : amant*[1] *si* m'envoye[a]
Entreprenant ceste doubteuse* voye,
Pour meriter par ses œuvres et faicts,
D'estre du rang des vertueux parfaicts[2],
A fin qu'un jour il puisse avoir sa place
Au desiré lieu de ta bonne grace.

La dame leut l'epistre tout du long, et de tant plus
s'esmerveilloit de l'affection du capitaine, *que* moins en
avoit *eu* de[b] soupçon. Et en regardant la table du diamant
grand'et belle, dont l'anneau estoit esmaillé de noir, fut
en grande peine de ce qu'elle avoit à faire. Et après avoir
resvé toute la nuict sur ces propos, fut tres aise de n'avoir
occasion de luy rescrire, et faire responce par faulte de
messager, pensant en elle mesme qu'avec les peines qu'il
portoit pour le service de son maistre, il n'avoit besoing
d'estre fasché de la mauvaise response qu'elle delibe-
roit* de luy faire, laquelle elle remit à son retour. Mais elle
se trouva fort empeschée* du diamant, car elle n'avoit
point accoustumé de se parer aux despens d'autres que de
son mary. Parquoy elle qui estoit de bon entendement,
pensa de faire profiter cest anneau à la conscience de ce
capitaine. Elle depescha incontinent un sien serviteur,
qu'elle envoya à la desolée femme de ce capitaine, en feignant que ce fust une religieuse de Tarascon, et luy escrivit une telle lettre : « Ma dame, monsieur vostre mary est
passé par cy un peu avant son embarquement. Et après
s'estre confessé, et receu son createur comme bon Chrestien, m'a declaré un fais qu'il a sur sa conscience, c'est
le regret de ne vous avoir tant aimée comme il devoit. Et
me pria et conjura à son partement* de vous envoyer

a. Ce diamant suis celuy qui m'envoye
b. capitaine et moins en avoit de

ceste lettre avec ce diamant, lequel il vous prie garder pour l'amour de luy, vous asseurant que si Dieu le faict retourner en santé, jamais femme ne fut mieux traictée d'homme que vous serez de luy, et ceste pierre de fermeté vous en fera foy pour luy. Je vous prie l'avoir pour recommandé en voz bonnes prieres, car aux miennes il aura part toute ma vie. » Ceste lettre parfaicte*, et signée au nom d'une religieuse, fut envoyée par la dame à la femme du capitaine. Et quand la bonne vieille vit la lettre et l'anneau, il ne fault demander combien elle pleura de joye et de regret d'estre aimée et estimée de son mary, de la veuë duquel elle se voyoit estre privée. Et en baisant l'anneau plus de mil fois, l'arrousoit de ses larmes, benissant Dieu qui sur la fin de ses jours luy avoit redonné l'amitié de son mary, laquelle elle avoit tenuë pour perduë par long temps, en remerciant aussi la religieuse qui estoit cause de tant de bien. A laquelle feit la meilleure response qu'elle peut, que le messager en bonne diligence reporta à sa maistresse, qui ne la leut ny n'entendit ce que luy dist son serviteur sans rire bien fort. Et se contenta d'estre deffaicte de son diamant par un si profitable moyen, que de reünir le mary et la femme en bonne amitié, et luy sembla par cela avoir gaigné un royaume.

Un peu après vindrent nouvelles de la deffaicte et mort du pauvre capitaine, et comme il avoit esté habandonné de ceux qui le devoient secourir, et son entreprinse revelée par les Rhodiens[1], qui plus la devoient tenir secrette, en telle sorte que luy et tous ceux qui descendirent en terre, qui estoient en nombre de quatre vingts, entre lesquels estoit un gentilhomme nommé Jean, et un Turc tenu sur les fons[2] par ladicte dame, lesquels deux elle avoit donnez au capitaine pour faire le voyage avec luy, dont l'un mourut avec luy, et le Turc avec quinze coups de fleches qu'il receut, se saulva à nager jusques dans les

vaisseaux François : et par luy seul fut entendue la verité
de tout cest affaire. Car un gentilhomme que le pauvre
capitaine avoit prins pour amy et compaignon, et avoit
avancé envers le Roy et les plus grands de France, si tost
qu'il vit mettre pied à terre audict capitaine, retira bien
avant en la mer ses vaisseaux. Et le capitaine voyant son
entreprinse descouverte, et plus de quatre mil Turcs, s'y
voulut retirer comme il devoit. Mais le gentilhomme en
qui il avoit eu si grande fiance*, voyant que par sa mort,
la charge luy demeureroit toute de ceste grande armee et
le profit, mit en avant à tous les gentilshommes, qu'il ne
falloit pas hazarder les vaisseaux du Roy, ne tant de gens
de bien qui estoient dedans, pour saulver cent personnes
seulement, de sorte que ceux qui n'avoient pas trop de
hardiesse, furent de son opinion. Et voyant le capitaine
que plus il les appelloit, et plus ils s'eslongnoient de son
secours, se retourna devers les Turcs estant au sablon
jusques aux genoux, où il feit tant de faicts d'armes et de
vaillance, qu'il sembloit que luy seul deust deffaire tous
ses ennemis, dont son traistre compaignon avoit plus de
peur, que de desir de sa victoire. A la fin quelques armes
qu'il sceust faire, receut tant de coups de fleches de ceux
qui ne pouvoient approcher de luy que de la portée de
leurs arcs, qu'il commança à perdre son sang. Et lors les
Turcs voyans la foiblesse de ces vrais Chrestiens, les vindrent charger à grands coups de cimeterre : lesquels tant
que Dieu leur donna la force et vie, se deffendirent jusques au bout. Le capitaine appella ce gentil homme
nommé Jean, que sa dame luy avoit donné, et le Turc
aussi, et en mettant la poincte de son espée en terre, tom-
bant à genoux, baisa et embrassa la croix[1], disant : « Seigneur, prens l'ame en tes mains de celuy qui n'a espargné
sa vie pour exalter ton nom. » Le gentil-homme nommé
Jean, voyant qu'avec ses parolles la vie luy defailloit*,

embrassa luy et la croix de l'espée qu'il tenoit pour le
cuider* secourir : mais un Turc par derriere luy couppa
les deux cuisses, et en criant bien hault, « allons capitaine, allons en paradis veoir celuy pour qui nous mourons », fut compaignon à la mort, comme il avoit esté à
la vie du pauvre capitaine. Le Turc voyant qu'il ne pouvoit servir à l'un ny à l'autre, estant frappé de quinze
fleches, se retira vers les navires, et en demandant y
estre receu, combien qu'il fust seul eschapé de quatre-
vingts, fut refusé par le traistre compaignon. Mais luy
qui sçavoit fort bien nager se jetta dedans la mer, et feist
tant qu'il fut receu dans un petit vaisseau et au bout de
quelques temps guary de ses playes. Et par ce pauvre
estrangé fut la verité cogneuë entierement à l'honneur du
capitaine, et à la honte de son compaignon, duquel le
Roy et tous les gens de bien qui en ouyrent parler, juge-
rent la meschanceté si grande envers Dieu et les hommes, qu'il n'y avoit mort dont il ne fut digne. Mais à sa
venuë donna tant de choses faulces à entendre avec force
presens, que non seulement se saulva de punition, mais
eut la charge de celuy qu'il n'estoit digne de servir de
varlet.

Quand ceste piteuse* nouvelle vint à la court, ma dame
la regente qui l'estimoit fort, le regretta merveilleusement*, aussi feit le Roy et tous les gens de bien qui le
cognoissoient. Et celle que plus il aimoit oyant une si
piteuse et chrestienne mort, changea la dureté du propos
qu'elle avoit deliberé* de luy tenir en larmes et lamentations : à quoy son mary luy tint compagnie, se voyans
frustrez de l'espoir de leur voyage. Je ne veux oublier
qu'une damoiselle qui estoit à ceste dame, laquelle
aimoit ce gentil homme nommé Jean plus que soy mesmes, le propre jour que les deux gentils hommes furent
tuez vint dire à sa maitresse qu'elle avoit veu en songe

celuy qu'elle aimoit tant, vestu de blanc, lequel luy
estoit venu dire à dieu, et qu'il s'en alloit en paradis
avec son capitaine. Mais quand elle sceut que son songe
estoit veritable, elle feit un tel dueil, que sa maitresse
avoit assez affaire à la consoler. Au bout de quelque
temps la court alla en Normandie d'où estoit le gentil-
homme, la femme duquel ne faillit* à venir faire la reverence à ma dame la regente. Et pour y estre presentée,
s'adressa à la dame que son mary avoit tant aimée. Et
en attendant l'heure propre en une Eglise, commença à
regretter et louer son mary, et entre autres choses luy
dist : « Helas madame ! mon malheur est le plus grand
qui advint oncques à femme. Car à l'heure qu'il m'aimoit
plus qu'il n'avoit jamais faict, Dieu me l'a osté. » Et en
ce disant monstra l'anneau qu'elle avoit au doigt, comme
l'enseigne de la parfaicte amitié, qui ne fut sans grandes
larmes, dont la dame quelque regret qu'elle en eust avoit
tant d'envie de rire, veu que de sa tromperie estoit sorty
un tel bien[1], qu'elle ne la peut presenter à ma dame la
Regente, mais la bailla à un autre, et se retira en une
chapelle où elle passa l'envie qu'elle avoit de rire.

« Il me semble, mes dames, que celles à qui on presente de telles choses devroient desirer à en faire œuvres
qui vinssent à si bonne fin, qu'il feit à ceste bonne dame.
Car elles trouveroient que les biens faicts, sont les joyes
des biens faisans. Et ne fault point accuser ceste dame de
tromperie, mais estimer de son bon sens, qui convertit en
bien ce qui de soy ne valoit rien. — Voulez vous dire, ce
dist Nomerfide, qu'un beau diamant de deux cens escuz
ne vault rien ? Je vous asseure que s'il fust tombé entre
mes mains, sa femme ny ses parens n'en eussent jamais
rien veu. Il n'est rien mieux à soy que ce qui est donné.
Le gentil-homme estoit mort, personne n'en sçavoit rien,

elle se fust bien passée de faire tant pleurer ceste pauvre
vieille. — Et en bonne foy, dist Hircan, vous avez raison,
car il y a des femmes qui pour se monstrer plus excellentes que les autres, font des œuvres apparentes* contre
leur naturel, car nous sçavons bien tous qu'il n'est rien si
avaricieux que la femme. Toutesfois leur gloire passe
souvent leur avarice, qui force leurs cueurs à faire ce
qu'elles ne veulent. Et croy que celle qui laissa *ainsi*ª le
diamant, n'estoit pas digne de le porter. — Hola, hola,
dist Oisille, je me doute bien qui elle est, parquoy je
vous prie ne la condamnez point sans veoir. — Ma dame,
dist Hircan : Je ne la condamne point, mais si le gentil-
homme estoit autant vertueux que vous dictes, elle estoit
honorée d'avoir un tel serviteur*, et de porter son anneau :
mais peult estre qu'un moins digne d'estre aimé, la tenoit
si bien par le doigt, que l'anneau n'y pouvoit entrer. —
Vrayement ce dist Emarsuitte, elle le pouvoit bien garder,
puis que personne n'en sçavoit rien. — Comment ? ce
dist Guebron, toutes ces choses à ceux qui aiment sont
elles licites, mais* qu'on n'en sçache rien ? — Par ma
foy, dist Saffredent : Je ne vis onques meffaict puny sinon
la sottie*, car il n'y a meurtrier, larron, ny adultere, mais
qu'il soit aussi fin que mauvais, qui soit jamais reprins
par justice, ne blasmé entre les hommes, mais souvent la
malice* est si grande, qu'elle les aveugle : de sorte qu'ilz
deviennent sotz, et (comme j'ay dict) seulement les sots
sont punis, et non les vicieux. — Vous en direz ce qu'il
vous plaira, ce dist Oisille, Dieu peult juger le cueur de
ceste dame, mais quand à moy, je trouve le faict tres-
honorable et vertueux. Parquoy pour n'en debatre plus, je
vous prie Parlamente, donner vostre voix à quelque un.
— Je la donne tres-volontiers, ce dist elle à Simontault,

a. aussi

car après ces deux tristes nouvelles, il ne faudra* à nous
en dire une qui ne nous fera point plorer. — Je vous remercie dist Simontault, car en me donnant vostre voix, il ne
s'en fault gueres que me nommez plaisant, qui est un
nom que je trouve trop facheux, et pour m'en venger je
vous monstreray qu'il y a des femmes qui font bien semblant* d'estre chastes envers quelques uns, ou pour quelque temps : mais la fin les monstre telles qu'elles sont,
comme vous les troverez par une histoire tresveritable. »

Subtilité d'un amoureux qui soubs la faveur du vray amy cueilla[1]
d'une dame Milannoise le fruict de ses labeurs passez.

NOUVELLE QUATORZIESME

En la duché de Milan, du temps que le grand maistre
de Chaulmont en estoit gouverneur[2], y avoit un gentil-
homme nommé le seigneur de Bonnivet[3], qui depuis par
ses merites fut admiral de France, estant à Milan fort
aimé du grand maistre et de tout le monde pour les vertuz qui estoient en luy, se trouvoit volontiers aux festins
où toutes les dames s'assembloient, desquelles il estoit
mieux voulu* que ne fut onques* François, tant pour sa
beauté, bonne grace, et parolle, que pour le bruit que
chacun luy donnoit d'estre l'un des plus adroicts et
hardy aux armes, qui fust de son temps. Un jour allant
en masque à un carneval[4], mena dancer l'une des plus
braves* et belles dames qui fust en la ville : et quand les
haulxbois faisoient pause, ne failloit* à luy tenir les propos d'amour, qu'il sçavoit mieux dire que nul autre.
Mais elle qui ne luy devoit rien de luy respondre, luy
voulut soudain mettre la paille au devant[5] et l'arrester

l'asseurant qu'elle n'aimoit et n'aimeroit jamais autre
que son mary, et qu'il ne s'y attendist en nulle maniere.
Pour ceste response ne se sentit le gentil-homme refusé,
et la pourchassa vivement jusques à la micaresme. Pour
toute resolution il la trouva ferme en propos de n'aimer
ne luy ne autre : ce qu'il ne peut croire, veu la mauvaise
grace que son mary avoit, et la grande beauté d'elle. Il se
delibera* puis qu'elle usoit de dissimulation, d'user aussi
de tromperie, et dès l'heure laissa la poursuitte qu'il luy
faisoit, et s'enquist si bien de sa vie, qu'il trouva qu'elle
aimoit un gentil-homme Italien bien sage et honneste.
Ledict seigneur de Bonnivet accointa* peu à peu ce gentil-
homme par telle douceur et finesse, qu'il ne s'apperceut
de l'occasion : mais l'aima si parfaictement, qu'après sa
dame, c'estoit la personne du monde qu'il aimoit le plus.
Le seigneur de Bonnivet pour luy arracher son secret du
cueur, feignit luy dire le sien, et qu'il aimoit une dame où
jamais n'avoit pensé, le priant le tenir secret, et qu'ils
n'eussent tous deux qu'un cueur et une pensée. Le pauvre
gentil-homme pour luy monstrer l'amour reciproque, luy
va declarer tout du long celle qu'il portoit à la dame, dont
Bonnivet se vouloit venger : et une fois le jour s'assembloient en quelque lieu pour rendre compte des bonnes
fortunes advenues le long de la journée, ce que l'un faisoit
en mensonge, et l'autre en verité. Et confessa le gentil-
homme avoir aimé trois ans ceste dame, sans en avoir
rien eu sinon bonnes parolles, et asseurance d'estre aimé.

Ledict Bonnivet luy conseilla tous les moyens qu'il
luy fut possible, pour parvenir à son intention, dont il se
trouva si bien, qu'en peu de jours elle luy accorda tout
ce qu'il demandoit, il ne restoit que de trouver le moyen,
ce que bien tost par le conseil du seigneur de Bonnivet
fut trouvé : et un jour avant souper luy dist le gentil-
homme : « Monsieur, je suis plus tenu* à vous qu'à tous

les hommes du monde, car par vostre bon conseil j'espere avoir ceste nuict, ce que par tant d'années j'ay desiré. — Je te prie, dist Bonnivet, dy moy la sorte de ton entreprise pour veoir s'il y a tromperie ou hazard, pour t'y secourir et servir de bon amy. » Le gentil-homme luy va racompter comme elle avoit moyen de faire laisser la grand porte de la maison ouverte, soubs couleur de quelque maladie qu'avoit un de ses freres, pour laquelle à toute heure falloit envoyer à la ville querir ses necessitez, et qu'il pourroit entrer seurement dedans la court, mais qu'il se gardast de monter par l'escallier, et qu'il passast par un petit degré* qui estoit à dextre, et entrast en la premiere gallerie qu'il trouveroit, où toutes les portes des chambres de son beaupere et de son beau frere se rendoient, et qu'il choisist bien la troisiesme plus près dudict degré, et si en la poussant doucement il la trouvoit fermée, qu'il s'en allast, estant asseuré que son mari estoit revenu, lequel toutesfois ne devoit revenir de deux jours : et que s'il la trouvoit ouverte qu'il entrast doucement, et qu'il la refermast hardiment au correil* sachant qu'il n'y avoit qu'elle seule en la chambre, et que sur tout il n'oubliast à faire faire des souliers de feutre de peur de faire bruit, et qu'il se gardast bien de venir plus tost que deux heures après minuit ne feussent passées, pource que ses beaux freres, qui aymoient fort le jeu, ne s'alloient jamais coucher, qu'il ne fust plus d'une heure. Ledict de Bonnyvet luy respondit : « Va mon amy, Dieu te conduise, je le prie qu'il te garde d'inconvenient : si ma compaignie y sert de quelque chose, je n'espargneray rien qui soit en ma puissance. » Le gentilhomme le remercia bien fort, et luy dist qu'en cest affaire il ne pouvoit estre trop seul, et s'en alla pour y donner ordre.

Le seigneur de Bonnyvet ne dormit pas de son costé : et voyant qu'il estoit heure de se venger de sa cruelle dame, se retira de bonne heure en son logis, et se feit coupper la barbe de la longueur et largeur que l'avoit le gentilhomme, aussi se feit coupper les cheveux, à fin qu'à le toucher on ne peust cognoistre leur difference. Il n'oublia pas des souliers de feutre, et le demeurant des habillemens semblables au gentilhomme. Et pource qu'il estoit fort aimé du beaupere de ceste femme, n'eut crainte d'y aller de bonne heure, pensant que s'il estoit apperceu, il iroit tout droict en la chambre du bon homme, avec lequel il avoit quelques affaires. Et sur l'heure de minuit entra en la maison de ceste dame, où il trouva assez d'allans et de venans, mais parmy eulx passa sans estre cogneu, et arriva en la gallerie. Et touchant les deux premieres portes, les trouva fermées, et la troisiesme non, laquelle doucement il poussa : et quand il fut entré dedans la ferma au correil*, et veid toute ceste chambre tendue de linge blanc, le pavement et le dessus de mesmes, et un lict de toille fort deliée* tant bien ouvrée de blanc, qu'il n'estoit possible de plus. Et la dame seule dedans avec son scofion* et sa chemise toute couverte de perles et de pierreries, ce qu'il veid par le coing du rideau, sans estre apperceu d'elle : car il y avoit un grand flambeau de cyre blanche, qui rendoit la chambre claire comme de jour. Et de peur d'estre cogneu d'elle, esteingnit premierement le flambeau, qui ardoit en sa chambre, puis se despouilla en chemise, et s'alla coucher auprès d'elle. Elle qui cuydoit que ce fust celuy qui si longuement l'avoit aimée, le receut en la meilleure chere* qui fut à elle possible. Mais luy qui sçavoit bien que c'estoit au nom de l'autre, se garda de luy dire un seul mot, et ne pensa que mettre sa vengeance à execution : c'estoit de luy oster son honneur et sa chasteté, sans luy en sçavoir gré ne grace. Mais contre son gré et deliberation*, la dame se tenoit si contente de ceste vengeance, qu'elle pensoit l'avoir recompensé* de ses labeurs, jusques à une heure après mynuict sonné, qu'il estoit temps de dire à Dieu. Et à l'heure* le plus bas qu'il peut, luy demanda si elle estoit aussi contente de luy, que luy d'elle. Elle cuidant* que ce fust son amy, luy dist, que non seulement elle estoit contente, mais esmerveillée de la grandeur de son amour, qui l'avoit gardé une heure sans parler à elle. A l'heure il se print à rire bien fort, luy disant : « Or sus, madame, me refuserez vous une autre fois, comme vous aviez accoustumé de faire, jusques icy ? »

Elle qui le congneut à la parolle et au riz, fut desesperée de honte qu'elle avoit, et l'appella plus de mil fois meschant traistre, et trompeur, se voulant jetter du lict en bas, pour chercher un couteau pour se tuer, veu qu'elle estoit si malheureuse d'avoir perdu son honneur, pour un homme qu'elle n'aimoit point, et qui pour se venger d'elle pourroit divulguer cest affaire par tout le monde : Mais il la retint entre ses bras, et par bonnes et doulces parolles l'asseura de l'aimer plus que celuy qui l'aimoit, et de celer ce qui touchoit son honneur, si bien qu'elle n'en auroit jamais blasme. Ce que la pauvre sotte creut, et entendant de luy l'invention qu'il avoit trouvée, et la peine qu'il avoit prise pour la gaigner, luy jura qu'elle l'aimeroit mieulx que l'autre, qui n'avoit sceu celer son secret. Et dist qu'elle congnoissoit le contraire du faulx bruit que l'on donnoit aux François : car ils estoient plus sages, perseverans, et discrets, que les Italiens. Parquoy d'oresnavant elle se deportoit* de l'opinion de ceux de sa nation, pour s'arrester à luy. Mais elle le pria bien fort, que pour quelque temps il ne se trouvast en lieu ne festin où elle fust, sinon en masque : car elle sçavoit bien qu'elle auroit si grand honte, que sa contenance la declareroit à tout le monde. Il luy en feit promesse, et aussi la pria

que quand son amy viendroit à deux heures, qu'elle luy
feist bonne chere*, et puis peu à peu elle s'en pourroit des-
faire. Dont elle feit si grande difficulté, que sans l'amour
qu'elle luy portoit, pour rien elle ne l'eust accordé. Toutesfois en luy disant à Dieu, la rendit si satisfaicte, qu'elle
eust bien voulu qu'il y fust demeuré plus longuement.

Après qu'il fut levé, et qu'il eut reprins ses habillemens, saillit hors de la chambre, et laissa la porte entreou-
verte comme il l'avoit trouvée. Et pource qu'il estoit
près de deux heures après mynuict, et qu'il avoit peur de
trouver le gentilhomme en son chemin, se retira au haut
du degré*, où bien tost après il le veid passer et entrer en
la chambre de sa dame. Et luy s'en alla en son logis pour
reposer son travail : ce qu'il feit, de sorte que neuf heures du matin le trouverent au lict. Où à son lever arriva
le gentilhomme, qui ne faillit* à luy compter sa fortune,
non si bonne comme il l'avoit esperée. Car il dist, que
quand il entra en la chambre de sa dame, il la trouva
levée en son manteau de nuict, avec une bien grosse
fiebvre, le poux fort esmeu, le visage en feu, et en la
sueur qui commençoit fort à luy prendre, de sorte qu'elle
le pria s'en retourner incontinent : car de peur d'inconvenient n'avoit osé appeller ses femmes, dont elle estoit
si mal, qu'elle avoit plus de besoing de penser à la mort,
qu'à l'amour, et d'ouïr, parler de Dieu, que de Cupido :
estant bien marrie* du hazard où il s'estoit mis, pour elle,
veu qu'elle n'avoit puissance en ce monde de luy rendre
ce qu'elle esperoit faire bien tost en l'autre. Dont il fut si
estonné et marry, que son feu et sa joie estoient conver-
tiz en glace et tristesse, et s'en estoit incontinent
departy*. Et au matin au poinct du jour, avoit envoyé
sçavoir de ses nouvelles, et que pour vray elle estoit tresmal. Et en racomptant ces douleurs, pleuroit si tresfort
qu'il sembloit que l'ame s'en deust aller par ses larmes.

Bonnyvet qui avoit autant envie de rire que l'autre de plorer, le consola le mieux qu'il luy fut possible, luy disant,
que les choses de longue durée ont tousjours un commencement difficile, et qu'amour luy faisoit un retardement
pour luy faire trouver la jouissance meilleure, et en ces
propos se departirent. La dame garda quelques jours le
lict : et en recouvrant sa santé, donna congé à son premier serviteur, le fondant sur la crainte qu'elle avoit euë
de la mort, et le remord de conscience : et s'arresta au
seigneur de Bonnyvet, dont l'amitié dura (selon la coustume) comme la beauté des fleurs des champs[1].

« Il me semble, mes dames, que les finesses du gentil-
homme valent bien l'hypocrisie de ceste dame, qui après
avoir tant contrefaict la femme de bien, se declara si folle*.
— Vous direz ce qu'il vous plaira des femmes (dist Emarsuitte) mais ce gentilhomme feit un tour meschant. Est il
dict que si une dame en aimoit un, que l'autre *la* doive
avoir par finesse ? — Croyez (ce dist Guebron) que telles marchandises ne se peuvent mettre en vente, qu'elles
ne soient emportées par les plus offrans et derniers enche-
risseurs. Ne pensez pas que ceulx qui poursuyvent des
dames, prennent tant de peine pour l'amour d'elles, non
non : car c'est seulement pour l'amour d'eulx et de leur
plaisir. — Par ma foy, dist Longarine, je vous en croy :
car pour vous en dire la verité, tous les serviteurs* que
j'ay eu, m'ont tousjours commencé leurs propos par moy,
monstrans desirer ma vie, mon bien, mon honneur : mais
la fin en a esté par eulx, desirans leur plaisir et leur gloire.
Parquoy le meilleur est de leur donner congé dès la premiere partie de leur sermon : car quand on vient à la
seconde, on n'a pas tant d'honneur à les refuser, veu que
le vice de soy, quand il est cognu, est refusable. — Il fauldroit doncques, dist Emarsuitte, que dès qu'un homme

ouvre la bouche qu'on le refusast, sans sçavoir qu'il veult dire. » Parlamente luy respondit : « Ma compagne, ne l'entendez pas ainsi : car on sçait bien que dès le commencement une femme ne doibt jamais faire semblant* d'entendre* où l'homme veult venir, ne encores quand il l'a declaré, de le pouvoir croire : mais quand il vient à en jurer bien fort, il me semble qu'il est plus honneste aux dames de le laisser en ce beau chemin, que d'aller jusques à la vallée. — Voire* mais, dist Nomerfide, devons nous croire par là qu'ils nous aiment par mal ? est-ce pas peché, que de juger son prochain[1] ? — Vous en croirez ce qu'il vous plaira, dist Oisille : mais il fault tant craindre qu'il soit vray, que dès que vous en appercevez quelque estincelle, vous devez fuyr ce feu, qui a plustost bruslé un cueur, qu'il ne s'en est apperceu. — Vrayement, dist Hircan, voz loix sont trop dures. Et si les femmes vouloient (selon vostre advis) estre rigoureuses, ausquelles la doulceur est tant seante, nous changerions aussi noz doulces supplications en finesses et forces. — Le meilleur que j'y voye, dist Simontault, c'est que chacun suive son naturel : qu'il aime, ou qu'il n'aime point, le monstre sans dissimulation. — Pleust à Dieu, dist Saffredent, que ceste loy apportast autant d'honneur, qu'elle feroit de plaisir. » Mais Dagoucin ne se peut tenir de dire : « Ceux qui vouldroient mourir plustost que leur volonté fust congneuë, ne se pourroient accorder à vostre ordonnance. — Mourir ! dist Hircan, encor est il à naistre le chevalier qui pour telle chose publique[2] vouldroit mourir. Mais laissons ces propos d'impossibilité, et regardons à qui Simontault donnera sa voix. — Je la donne, dist Simontault, à Longarine : car je la regardois tantost qu'elle parloit toute seule, je pense qu'elle recorde* quelque bon rolle*, et si n'a point accoustumé de celer la verité, soit contre homme ou contre femme. — Puis que m'estimez si veritable, (dist Longarine) je vous racompteray une histoire, que nonobstant qu'elle ne soit tant à la louange des femmes que je vouldrois, si* verrez vous qu'il y en a ayans aussi bon cueur*, aussi bon esprit, et aussi pleines de finesses, comme les hommes. Si mon compte est un peu long, vous aurez patience. »

Une dame de la court du Roy, se voyant dedaignée de son mary, qui faisoit l'amour ailleurs, s'en vengea, par peine pareille.

NOUVELLE QUINZIESME

En la court du Roy François premier, y avoit un gentil-homme, duquel je cognois si bien le nom, que je ne le veulx point nommer. Il estoit pauvre, n'ayant point cinq cens livres de rente, mais tant estimé du Roy, pour les vertuz dont il estoit revestu, qu'il vint à espouser une femme si riche, qu'un grand seigneur s'en fut bien contenté. Et pource qu'elle estoit encore bien jeune[1], pria une des plus grandes dames de la court de la vouloir tenir avec elle, ce qu'elle feit tresvolontiers. Or estoit ce gentil-homme tant honneste et plein de bonne grace, que toutes les dames de la court en faisoient bien grand cas. Et entre autres une que le Roy aimoit, qui n'estoit si belle ne si jeune que la sienne. Et pour la grand amour qu'il luy portoit, tenoit si peu de compte de sa femme, qu'à grand peine en un an couchoit il une nuict avec elle. Et qui plus luy estoit importable*, est que jamais ne parloit à elle, ny faisoit signe d'amitié. Et combien qu'il jouïst de son bien, il luy en faisoit tant petite part, qu'elle n'estoit pas habillée comme il luy appartenoit ny comme elle desiroit, dont la dame avecques qui elle estoit, reprenoit

souvent le gentil-homme en luy disant : « Vostre femme
est belle, riche, et de bonne maison*, et vous n'en tenez
compte, ce que son enfance et jeunesse a supporté jusques
icy : mais j'ay peur quand elle se verra belle et grande,
que son miroer et quelqu'un qui ne vous aimera pas, luy
remonstre sa beauté si peu de vous prisée, que par despit elle ne face ce que estant de vous bien traictée n'ose-
roit avoir pensé. » Le gentilhomme qui avoit son cueur
ailleurs, se moqua tresbien d'elle, et ne laissa pour ses
enseignemens, à continuer la vie qu'il menoit. Mais deux
ou trois ans passez sa femme commença à devenir l'une
des plus belles femmes qui fut en France, et tant qu'elle
eut le bruit à la court de n'avoir sa pareille. Et plus elle
se sentit digne d'estre aimée, et plus s'ennuya* de veoir
son mari qui n'en tenoit compte : tellement qu'elle print
un si grand desplaisir, que sans la consolation de sa maistresse, elle estoit quasi en desespoir. Et après avoir cherché tous les moyens de complaire à son mary qu'elle
pouvoit, pensa en elle mesme qu'il estoit impossible qu'il
ne l'aimast, veu la grande amour qu'elle luy portoit, sinon
qu'il eust quelque autre fantasie en son entendement : ce
qu'elle chercha si subtillement, qu'elle trouva la verité, et
qu'il estoit toutes les nuicts si empesché ailleurs, qu'il
oublioit sa conscience et sa femme. Et après qu'elle fut
certaine de la vie qu'il menoit, print une telle melencolie, qu'elle ne se vouloit point habiller que de noir, ne
se trouver en lieu où l'on feist bonne chere*. Dont sa
maistresse s'apperceut, et feit tout ce qu'elle peut, pour la
retirer de ceste opinion : mais il ne luy fut possible. Et
combien que son mary en fust bien adverty, il fut plus
prest de s'en mocquer, qu'à y donner remede.

Vous sçavez, mes dames, qu'ennuy* occupe joye, et
aussi qu'ennuy par joye prend fin. Parquoy un jour advint
qu'un grand seigneur parent prochain de la maistresse de

ceste dame, et qui souvent la frequentoit, entendant l'estrange façon de vivre du mari de ceste dame, en eut tant de pitié qu'il se voulut essaier à la consoler, et en parlant avec elle, la trouva si belle et vertueuse, qu'il desira beaucoup plus d'estre en sa bonne grace, que de luy parler de son mary, sinon pour luy monstrer le peu d'occasion qu'elle avoit de l'aimer. Ceste dame se voyant delaissée de celuy qui la devoit aimer, et d'autre costé aimée et requise* d'un si grand et beau prince, s'estima bien heureuse d'estre en sa bonne grace. Et combien qu'elle eust tousjours desir de conserver son honneur, si prenoit elle grand plaisir à parler à luy, et de se veoir aimée *et estimée* : chose dont elle estoit quasi affamée. Ceste amitié dura quelque temps, jusques à ce que le Roy s'en apperceut, qui avoit tant d'amitié au gentil-homme, qu'il ne vouloit souffrir que nul luy feist honte et desplaisir. Parquoy il pria fort ce prince d'en vouloir oster sa fantasie, et que s'il continuoit, il seroit tresmal content de luy. Ce prince qui aimoit trop plus la bonne grace du Roy, que toutes les dames du monde, luy promist que pour l'amour de luy abandonneroit son entreprise, et que dès le soir il iroit prendre congé d'elle. Ce qu'il feit, si tost qu'il sceut qu'elle estoit retirée en son logis, auquel estoit logé le gentil-homme en une chambre sur la sienne¹. Et estant au soir à la fenestre, veid entrer le prince en la chambre de sa femme qui estoit sous la sienne, mais le prince qui bien l'advisa, ne laissa d'y entrer. Et en disant à dieu à celle dont l'amour ne faisoit que commencer, luy allega pour toutes raisons le commandement du Roy. Après plusieurs larmes et regrets, qui durerent jusques à une heure après minuict, la dame luy dist pour conclusion : « Je louë Dieu, monsieur, dont il luy plaist que vous perdiez ceste opinion, puis qu'elle est si petite et foible que vous la pouvez prendre et laisser par le commandement

des hommes. Car quant à moy je n'ay point demandé
conseil, ny à maistresse, ny à mary, ny à moi-mesmes
pour vous aimer : car amour s'aidant de vostre beauté et
honnesteté, a eu telle puissance sur moy, que je n'ay
cogneu autre Dieu ne Roy que luy. Mais puis que votre
cueur n'est pas remply de si vraye amour, que craincte
n'y trouve encores quelque place, vous ne pouvez estre
amy parfaict, et d'un imparfaict je *n'en* veulx *poinct* faire
un amy *aymé* parfaictement comme j'avoys deliberé
faire de vous. Or à Dieu[a], monsieur, duquel la craincte
ne merite la franchise* de mon amytié. » Ainsi s'en alla
pleurant ce seigneur, et en se retournant advisa encores le
mary estant à la fenestre, qui l'avoit veu entrer à la salle
et saillir*. Parquoy luy compta le lendemain l'occasion
pourquoy il estoit allé veoir sa femme et le commandement que le Roy luy avoit faict, dont le gentil-homme
fut fort content, et en remercia le Roy.

Mais voyant de jour en jour que sa femme embellis-
soit, et luy devenoit vieil et amoindrissoit sa beauté,
commença à changer de rolle, prenant celuy que long
temps il avoit faict jouër à sa femme : car il la cherissoit
plus que de coustume, et prenoit plus près garde sur elle.
Mais tant plus qu'elle se voioit cherchée de luy, et plus
le fuyoit, desirant luy rendre partie des ennuiz qu'elle
avoit euz pour estre de luy peu aimée. Et pour ne perdre
si tost le plaisir, que l'amour luy commençoit à donner,
s'en va adresser à un jeune gentil-homme si tresbeau, si
bien parlant, et de si bonne grace, qu'il estoit aimé de toutes les dames de la court. Et en luy faisant ses complainctes de la façon dont elle avoit esté traictée, l'incita d'avoir
pitié d'elle, en sorte que ce gentil-homme n'oublia rien

---

a. je ne veux faire un amy. Car j'aime parfaictement, comme
j'avois deliberé de vous aimer, dont suis contrainte vous dire à Dieu

pour essayer à la reconforter. Et elle pour se recompenser* de la perte d'un prince qui l'avoit laissée, se meit à
aimer si fort ce gentilhomme qu'elle oublia son ennuy
passé, et ne pensoit sinon à finement conduire son amitié. Ce qu'elle sceut si bien faire, que jamais sa maistresse ne s'en apperceut, car en sa presence se gardoit
bien de parler à luy. Mais quand elle luy vouloit dire quelque chose, s'en alloit veoir quelques dames qui demeu-
roient à la court, entre lesquelles y en avoit une, dont son
mary feignoit d'estre amoureux. Or un soir après soupper qu'il faisoit bien obscur, se desrobba ladicte dame
sans appeler compaignie, et entra en la chambre des
dames, où elle trouva celuy qu'elle aimoit mieux que
soy-mesmes : et en se seant auprès de luy appuyée sur
une table, parloient ensemble, feignans de lire en un livre. Quelqu'un que le mary avoit mis au guet, luy vint
rapporter où sa femme estoit allée : et luy qui estoit sage,
sans en faire semblant*, s'y en alla le plutost qu'il peut.
En entrant en la chambre veid sa femme lisant le livre,
qu'il feignit ne veoir point, mais alla tout droit parler
aux dames qui estoient d'un autre costé. Ceste pauvre
dame voyant que son mary l'avoit trouvée avecques
celuy auquel devant luy jamais n'avoit parlé, fut si transportée qu'elle perdit sa raison, et ne pouvant passer *par
le* banc *saulta dessus la* table*ᵃ*, et s'enfuit comme si son
mary avec l'espée nuë l'eust poursuivie, et alla trouver
sa maistresse, qui se retiroit en son logis. Et quand elle
fut deshabillée, se retira ladicte dame, à laquelle une de
ses femmes vint dire que son mary la demandoit. Elle
luy respondit franchement qu'elle n'iroit point, et qu'il
estoit si estrange et austere, qu'elle avoit peur qu'il ne
luy feist un mauvais tour. A la fin, de peur de pis s'y en

---

a. passer au long d'un banc s'escoula au long d'une table

alla : son mary ne luy en dist un seul mot, sinon quand ils furent dedans le lict. Elle, qui ne sçavoit pas comme luy dissimuler, se print tendrement* à pleurer. Et quand il luy demanda pourquoy elle pleuroit : elle luy dist qu'elle avoit peur qu'il fust courroucé contre elle, pource qu'il l'avoit trouvée lisant avec un gentil-homme. A l'heure luy respondit que jamais ne luy avoit deffendu de parler à homme, et qu'il n'avoit point trouvé mauvais qu'elle y parlast : mais bien d'estre fuye devant luy, comme si elle eust faict chose digne d'estre reprise, et, que ceste fuitte seulement luy faisoit penser qu'elle aimoit le gentil-homme. Parquoy il luy deffendit que jamais il ne luy advint *d'y* parler en public[a] ny en privé, luy asseurant que la premiere fois qu'elle y parleroit, qu'il la tueroit sans pitié ne compassion. Ce qu'elle accepta bien volontiers, faisant bien son compte de n'estre pas une autrefois si sotte. Mais par ce que les choses où l'on a volonté, plus elles sont deffendues, plus elles sont desirées : ceste pauvre femme eut bien tost oublié les menaces de son mary. Car le soir mesmes elle estant retournée coucher en une autre chambre avec d'autres damoiselles, et ses gardes, envoya querir et prier le gentil-homme de le veoir[1] la nuict. Mais le mari qui estoit si tourmenté de jalousie qu'il ne pouvoit dormir de nuict, va prendre une cappe et un varlet de chambre avec luy, pource qu'il avoit ouy dire, que l'autre y alloit de nuict, et s'en va frapper à la porte du logis de sa femme. Elle, qui n'attendoit rien moins que luy, se leva toute seule, et print des brodequins* et son manteau, qui estoit auprès d'elle : et voyant que trois ou quatre femmes qu'elle avoit estoient endormies, saillit* de sa chambre, et s'en va droict à la porte où elle ouyt frapper. Et en demandant « qui est-ce », fut

a. advint de parler à homme en public

respondu le nom de celuy qu'elle aimoit : mais pour en estre plus asseurée, ouvre un petit guichet en disant : « Si vous estes celuy que vous me dites, baillez moy la main, je la congnoistray bien. » Et quand elle eut touché à la main de son mary, elle le congneut bien, et en fermant vistement le guichet, se print à crier : « Ha monsieur, c'est vostre main. » Le mary luy respondit par grand courroux : « Ouy, c'est la main qui vous tiendra promesse, parquoy ne faillez* à venir quand je vous manderay. » En disant ceste parolle s'en alla à son logis, et elle retourna en sa chambre plus morte que vive, et dist tout hault à ses femmes : « Levez vous mes amies, vous avez trop dormy pour moy : car en vous cuidant* tromper, je me suis trompée la premiere » : en ce disant se laissa tomber au millieu de la chambre esvanouye. Les pauvres femmes se leverent à ce cry, tant estonnées* de veoir leur maistresse comme morte, couchée en terre, et d'avoir ouy les propos qu'elle avoit tenuz, qu'elles ne sceurent que faire, sinon que de courir aux remedes pour la faire revenir. Et quand elle peut parler, elle leur dist « Aujourd'huy voyez vous mes amies, la plus malheureuse creature, qui soit sur la terre[1] » : et leur va compter toute sa fortune, les priant la vouloir secourir, car elle tenoit sa vie pour perdue. Et la cuidans*[2] reconforter arriva un varlet de chambre de son mary, par lequel il luy mandoit qu'elle allast incontinent vers luy. Elle en embrassant deux de ses femmes commença à crier et à plourer, les prians ne la laisser point aller, car elle estoit seure de mourir. Mais le varlet de chambre l'asseura que non, et qu'il prenoit sur sa vie qu'elle n'auroit nul mal. Elle voyant qu'il n'y avoit point de *lieu de* resistence, se jetta entre les bras de ce serviteur, luy disant : « Mon amy puis qu'il le fault, portez ce malheureux corps à la mort. »

Et à l'heure demy esvanouye de tristesse, fut emportée du varlet au logis de son maistre : aux pieds duquel tomba ceste pauvre dame, luy disant : « Monsieur, je vous supplie avoir pitié de moy, et je vous jure la foy que je doy à Dieu, que je vous diray la verité du tout. » A l'heure* luy dist, comme un homme desesperé : « Par Dieu vous me la direz », et chassa dehors tous ses gens. Et pource qu'il avoit trouvé sa femme fort devote, pensa qu'elle ne se parjureroit point, si elle juroit sur la croix : parquoy en demanda une fort belle qu'il avoit emprun- tée : et quand ils furent eulx deux seuls, la feit jurer des- sus qu'elle luy diroit verité de ce qu'il luy demanderoit. Mais elle qui avoit desja passé les premieres apprehen- sions de la crainte de mourir, print cueur, se deliberant* avant que mourir de ne luy rien celer, et aussi de ne luy dire chose dont le gentilhomme qu'elle aimoit peust avoir à souffrir[1]. Et après avoir ouy les questions qu'il luy faisoit, luy respondit : « Je ne me veulx point justi- fier, monsieur, ne faire moindre envers vous l'amour que j'ay portée au gentilhomme, dont vous avez soupçon : car vous ne le pouvez ny ne devez croire, veu l'expe- rience qu'aujourd'huy en avez euë, mais je desire bien vous dire l'occasion de ceste amitié. Entendez, monsieur, que jamais femme n'aima tant son mary que je vous ay aimé : car depuis que je vous ay espousé jusques à ceste aage cy, il ne fut jamais entré en mon cueur autre amour que la vostre. Vous sçavez que moy estant enfant, mes parens me vouloient marier à un personnage de plus grand maison* que vous, mais jamais ne m'y sceurent faire accorder, dès l'heure que j'eu parlé à vous : car contre leur opinion je tins ferme pour vous avoir sans regarder ny à vostre pauvreté, ny aux remontrances que me faisoient mes parens. Et vous ne pouvez ignorer le traictement que j'ay eu de vous jusques icy : et comme

m'avez aimée et estimée, dont j'ay porté tant d'ennuy* et
de desplaisir que sans l'aide de madame, avecques
laquelle vous m'avez mise je fusse presques desesperée.
Mais à la fin me voyant grande, et estimée belle d'un
chacun, fors de vous seul, je commençay à sentir si vivement le tort que vous me faisiez, que l'amour que je
vous portois s'est tourné en haine, et le desir de vous
complaire en celuy de vengeance. Et sur ce desespoir me
trouva un prince, lequel pour obeyr au Roy plus qu'à
l'amour, me laissa à l'heure que je commençois à sentir
la consolation de mes tourments, par un amour honneste.
Et au partir de luy, trouvay cestuy, qui n'eut point la
peine de me prier : car sa beauté, son honnesteté, et vertuz, meritent bien d'estre cherchées et requises de toutes
femmes de bon entendement. A ma requeste, et non à la
sienne, il m'a aimée avec autant d'honnesteté, qu'oncques* en sa vie ne me requist chose contre l'honneur. Et
combien que le peu d'amour que j'ay cause de vous porter, me donnast occasion de ne vous garder foy ny
loyauté, l'amour que j'ay à Dieu seul, et à mon honneur,
m'ont jusques icy gardée d'avoir faict chose pour laquelle
j'aye besoing de confession, ou crainte de honte. Je ne
vous veux point nyer, que le plus souvent qu'il m'estoit
possible, je n'allasse parler à luy dedans une garde
robbe*, feignant d'aller dire mes oraisons : car jamais en
femme ny en homme je ne me fiay, de conduire cest
affaire. Je ne veux point aussi nyer, qu'estant en un lieu
si privé et hors de tout soupçon, je ne l'aye baisé *de*
meilleur*ᵃ* cueur que je ne feis jamais vous. Mais je ne
demande¹ jamais mercy à Dieu, si entre nous deux il y a
jamais eu autre privauté, ne si jamais il m'en a pressée
plus avant, ne si mon cueur en a eu le desir : car j'estois

a. baisé du meilleur

si aise de le veoir qu'il ne me sembloit point qu'il y eust
au monde un autre plus grand plaisir. Et vous, monsieur,
qui estes seul la cause de mon malheur, voudriez vous
prendre vengeance d'un œuvre, dont si long temps vous
m'avez donné exemple, sinon que la vostre[1] estoit sans
honneur ny conscience ? car vous le sçavez, et je le sçay
bien, que celle que vous aimez ne se contente point de
ce que Dieu et la raison commandent. Et combien que la
Loy des hommes donne si grand deshonneur aux femmes qui aiment autres que leurs mariz, si est-ce que la loy
de Dieu n'excepte point les mariz, qui aiment autres que
leurs femmes. Et s'il fault mettre en la balance l'offence
de vous et de moy : vous estes homme sage, et experimenté, et d'aage, pour cognoistre et sçavoir eviter le
mal : moy jeune et sans experience nulle, de la force et
puissance d'amour. Vous avez une femme qui vous cherche, estime, et aime plus que sa vie propre : et j'ay un
mary qui me fuit, qui me hait, et me despite* plus qu'une
chambriere. Vous aimez une femme desja d'aage, et en
mauvais point*, et moins belle que moy, et j'aime un gentil-homme plus jeune que vous, plus beau et plus amiable.
Vous aimez la femme d'un des *plus* grans amis que vous
ayez en ce monde, *et l'amye de vostre maistre*, offençant
d'un costé l'amitié et de l'autre la reverence que vous
portez à tous deux : et j'aime un gentilhomme qui n'est
à rien lié, sinon à l'amour qu'il me porte. Or jugez monsieur, sans faveur lequel de nous deux est le plus punis-
sable ou excusable, ou vous ou moy. Je n'estime homme
sage ny experimenté, qui ne vous donne le tort, veu que
je suis jeune et ignorante, desprisée* et contemnée* de
vous, et aimée du plus beau et honeste gentil-homme de
France, lequel j'aime par le desespoir de ne pouvoir jamais
estre de vous aimée. »

Le gentil-homme oyant ces propos pleins de verité, dicts et prononcez d'un visage beau avec une grace tant asseurée et audacieuse, qu'elle monstroit ne craindre *ny ne* meriter nulle punition, se trouva tant surpris d'estonnement, qu'il ne sceut que luy respondre, sinon que l'honneur d'un homme et d'une femme n'est pas tout un ne semblable. Mais toutesfois puis qu'elle juroit qu'il n'y avoit point eu de peché entre celuy qu'elle aimoit et elle, il n'estoit point deliberé* de luy en faire pire chere*, par ainsi qu'elle n'y retournast plus : et que l'un ne l'autre n'eussent plus de recordation* des choses passées, ce qu'elle luy promist, et s'en allerent coucher ensemble par bon accord. Le matin une vieille damoiselle, qui avoit grand peur de la vie de sa maistresse, vint à son lever, et luy demanda : « Et puis, madame, comment vous va ? » Elle luy respondit en riant : « Quoy mamie ? il n'est point un meilleur mary que le mien, car il m'a creuë en mon serment. » Ainsi se passerent cinq ou six jours. Le gentil-homme prenoit de si près garde à sa femme que nuict et jour avoit guet après elle. Mais il ne sceut si bien guetter qu'elle ne parlast encores à celuy qu'elle aimoit en un lieu fort obscur et suspect. Toutefois elle conduisoit son affaire si secrettement, qu'homme ne femme n'en peult sçavoir la verité. Et ne fut qu'un bruit, que quelque varlet feit, d'avoir trouvé un gentil-homme et une damoiselle en une estable soubs la chambre de la maistresse de ceste dame. Dont le gentil-homme mary eut si grand soupçon, qu'il se delibera de faire mourir ce gentil-homme : et assembla un grand nombre de ses parens et amis pour le faire tuer, s'ils le pouvoient trouver en quelque lieu. Mais le principal de ses parens estoit tant amy du gentil-homme qu'il faisoit chercher, qu'en lieu de le surprendre, l'advertissoit de tout ce qui se faisoit contre luy : lequel d'autre costé estoit tant aimé à la court, et si bien accompaigné[*], qu'il ne craignoit point la puissance de son ennemi, parquoy il ne fut point trouvé. Mais s'en vint en une eglise trouver la maistresse de celle qu'il aimoit, laquelle n'avoit jamais rien entendu de touts ces propos passez, car devant elle n'avoit jamais parlé à elle. Le gentil-homme luy compta la suspicion et mauvaise volonté qu'avoit contre luy le mary, et que nonobstant qu'il en fust innocent, il estoit deliberé s'en aller <jouër> en quelque voyage loingtain, pour oster le bruit qui commençoit à croistre. Ceste princesse maistresse de s'amie fut fort estonnée d'ouyr ces propos, et jura que le mary avoit grand tort qui avoit soupçon d'une si femme de bien, où elle n'avoit jamais veu ne cogneu que toute vertu et honesteté. Toutesfois pour l'autorité où le mary estoit, et pour esteindre ce fascheux bruit, luy conseilla la princesse de s'eslongner pour quelque temps, l'asseurant, qu'elle ne croioit rien de toutes ces follies et soupçons. Le gentil-homme et la dame qui estoit avec elle, furent fort contens de demeurer en la bonne grace et opinion de ceste princesse. Laquelle conseilla au gentil-homme qu'avant son partement[*] il devoit parler au mary, ce qu'il feit selon son conseil, et le trouva en une gallerie près la chambre du Roy, où avec un tresasseuré visage (luy faisant l'honneur qui appartenoit à son estat) luy dist : « Monsieur, j'ay toute ma vie eu desir de vous faire service, et pour toute recompense ay entendu qu'au soir vous me faisiez chercher pour me tuer. Je vous prie, monsieur, pensez que vous avez plus d'autorité et puissance que moy, mais toutesfois je suis gentil-homme comme vous, il me fascheroit bien de donner ma vie pour rien. Je vous prie aussi pensez que vous avez une femme de bien, que s'il y a qui vueille dire du contraire, je luy diray qu'il a meschamment menty. Et quant à moy, je ne pense avoir faict chose dont vous ayez occasion de

me vouloir mal. Et si vous voulez je demeureray vostre
serviteur, ou sinon je le suis du Roy, dont j'ay occasion
de me contenter. » Le gentil-homme à qui le propos
s'adressoit luy dist que veritablement il avoit eu quelque
soupçon de luy, mais qu'il le tenoit si homme de bien,
qu'il desireroit plus son amitié que son inimitié : et en
luy disant à dieu le bonnet au poing, l'embrassa comme
son grand amy. Vous pouvez penser, que disoient ceux
qui le soir de devant avoient eu commission de le tuer,
de veoir tant de signes d'honneur et d'amitié : chacun
en parloit diversement. A tant* s'en partit le gentil-
homme : mais pour ce qu'il n'estoit si bien garny d'argent que de beauté, sa dame luy donna une bague de la
valeur de trois mil escuz, laquelle il engagea pour
quinze cents.

Et quelque temps après qu'il fut party, le gentil-homme
mary vint à la princesse maistresse de sa femme, et la supplia donner congé à sa femme, pour aller demeurer¹ quelque temps avec l'une de ses sœurs. Ce que ladicte dame
trouva fort estrange, et le pria tant de luy en dire l'occasion, qu'il luy en dist une partie, mais non tout. Après
que la jeune dame mariée eut prins congé de sa maistresse, et de toute la court, sans plorer ne faire signe
d'ennuy*, s'en alla où son mary vouloit qu'elle fust, en
la conduicte d'un gentil-homme auquel fut donné charge
expresse de la garder soigneusement, et sur tout que sur
les chemins elle ne parlast à celuy duquel elle estoit
soupçonnée. Elle qui sçavoit ce commandement, leur donnoit tous les jours des alarmes, et se mocquoit d'eux et de
leur mauvais soing. Et un jour entre les autres, au partir
du logis trouva un cordelier* à cheval, et elle estant sur sa
hacquenée l'entretint depuis la disnée* jusques à la soup-
pée : et quand elle fut à une grand lieuë du logis, elle luy
dist : « Mon pere, pour les consolations que vous m'avez

données ceste après disnée, voyla deux escuz que je vous donne, lesquels sont dedans un papier, car je sçay bien que vous n'y oseriez toucher[1] : vous priant que incontinent que vous serez party d'avec moy, vous en alliez à travers *le chemin, et vous gardez que ceulx qui sont icy ne vous voyent. Je le dy pour vostre bien, et pour l'obligacion que j'ay à vous. » Le cordellier bien aise de ces deux escuz, s'en va à travers* les champs le beau galot. Et quand il fut assez loing, la dame dist tout hault à ses gens. « Pensez-vous que vous estes bons serviteurs, et bien soigneux de me garder, veu que celuy qu'on vous a tant recommandé, a parlé à moy tout ce jourd'huy, et vous l'avez laissé faire : vous meritez bien que vostre bon maistre qui se fie tant à vous, vous donnast des coups de baston au lieu de voz gages. » Quand le gentilhomme qui avoit la charge d'elle ouyt ces propos, il eut si grand despit qu'il ne pouvoit respondre : picque son cheval, appellant deux autres avec luy, et feit tant qu'il atteignit le cordelier, lequel les voyant venir droict à luy, fuyoit le mieux qu'il pouvoit, mais pource qu'ils estoient mieux montez que luy, le pauvre homme fut pris. Et luy qui ne sçavoit pourquoy, leur cria merci : et en destournant son chapperon* pour les plus humblement supplier teste nuë, congneurent bien que ce n'estoit ce qu'ils cherchoient, et que leur maistresse s'estoit bien moquée d'eux : ce qu'elle feit encores mieux à leur retour, disant : « C'est à telles gens à qui l'on doit bailler <telles> femmes à garder : ils les laissent parler sans sçavoir à qui, et puis adjoustant foy à leurs parolles, vont faire honte aux serviteurs de Dieu. » Et après toutes ses moqueries s'en alla au lieu où son mari l'avoit ordonné, où ses deux belles sœurs et un mary de l'une la tenoit fort subjette. Et durant ce temps entendit son mari, comme sa bague estoit en gage pour quinze cens escuz, dont il fut fort marry. Mais pour saulver l'honneur de sa femme, et pour la recouvrer, luy feist dire qu'elle la retirast, et qu'il payroit les quinze cens escuz. Elle qui n'avoit soing* de la bague puis que l'argent demeuroit à son ami, luy escrivit comme son mari la contraignoit de retirer sa bague : et afin qu'il ne pensast qu'elle feist pour diminution de bonne volonté, elle luy envoya un diamant que sa maistresse luy avoit donné, qu'elle aimoit plus que bague qu'elle eust. Le gentil-homme luy envoya tresvolontiers l'obligation du marchant, et se tint pour content d'avoir eu quinze cens escuz, et un diamant et de demeurer asseuré de la bonne grace de s'amie, combien que tant que le mari vesquit, il n'eut moyen de parler à elle, que par escriture. Et après la mort du mari, pource qu'il la pensoit telle qu'elle luy avoit promis, feit toute diligence de la pourchasser en mariage : mais il trouva que la longue absence luy avoit acquis un compaignon mieux aimé que luy, dont il eut si grand regret qu'en fuyant les dames chercha les lieux hazardeux, où il eut autant d'estime que jeune homme pourroit avoir, et ainsi fina* ses jours.

« Voilà, mes dames, que sans espargner nostre sexe, j'ay bien voulu monstrer aux mariz, pour leur faire entendre* que les femmes de grand cueur* sont plustost vaincues d'ire* et vengeance, que de la douceur et amour : à quoy ceste cy sceut long temps resister, mais à la fin fut vaincue du desespoir. Ce que ne doibt estre femme de bien : pource qu'en quelque sorte que ce soit ne sçauroit trouver excuse à mal faire[1]. Car de tant plus les occasions en sont données grandes, et de tant plus se doibvent monstrer vertueuses à resister et vaincre le mal en bien[2], et non pas rendre le mal pour mal : d'autant que souvent le mal que l'on cuide* rendre à autruy retombe

sur soy. Bien heureuses sont celles en qui la vertu de
Dieu, se monstre en chasteté, douceur, patience, et lon-
ganimité. » Hircan luy dist : « Il me semble, Longarine,
que ceste dame dont vous avez parlé, a esté plus menée
de despit que d'amour : car si elle eust autant aimé le
gentilhomme comme elle en faisoit le semblant*, elle ne
l'eust abandonné pour un autre : et par ce discours on la
peult nommer despite*, vindicative, opiniastre, et muable.
— Vous en parlez bien à vostre aise, dist Emarsuitte à
Hircan : mais vous ne sçavez quel crevecueur c'est
quand on aime sans estre aimé. — Il est vray, dist Hircan, je ne l'ay gueres experimenté : car on ne me sçauroit faire si peu de mauvaise chere*, que je ne laisse
l'amour et la dame ensemble incontinent. — Ouy bien
vous, dist Parlamente, qui n'aimez que vostre plaisir :
mais une femme de bien ne doibt laisser ainsi son mary.
— Toutesfois, respondit Simontault, celle dont le compte
est faict, a oublié pour un temps qu'elle estoit femme,
car un homme n'en eust sceu faire plus belle vengeance.
— Pour une qui n'est pas sage, dist Oisille, il ne fault
pas que les autres soient tenuës telles. — Si estes vous
toutes femmes, dist Saffredent, et quelques beaux et
honnestes accoustremens* que vous portez, qui vous
chercheroit bien avant soubs la robe, on vous trouveroit femmes. » Nomerfide luy dist : « Qui vous voudroit
escouter, la journée se passeroit en querelles. Mais il me
tarde tant d'ouyr encores une histoire, que je prie Longarine de donner sa voix à quelqu'un. » Longarine regarda Guebron, et luy dist : « Si vous sçavez rien de
quelque honneste femme, je vous prie maintenant le
mettre en avant. » Guebron dist : « Puis que j'en doibs
faire ce qu'il me semble, je vous feray un compte advenu en la ville de Milan. »

Une dame Milannoise approuva la hardiesse et grand cueur* de
son amy, dont elle l'aima depuis de bon cueur.

NOUVELLE SEZIESME

Au temps du grand Maistre de Chaulmont[1], y avoit une
dame estimée l'une des plus honnestes femmes qui fust
en ce temps là, en la ville de Milan. Elle avoit espousé un
Comte Italien, duquel estoit demourée vefve*, vivant en
la maison de ses beaux freres, sans jamais vouloir ouyr
parler de se remarier, et se conduisoit si sagement et sainctement, qu'il n'y avoit en la duché François ny Italien, qui
n'en feist grande estime. Un jour que ses beaux freres et
ses belles *seurs*, faisoient*ᵃ* un festin au grand maistre de
Chaulmont, fut contraincte ceste dame vefve s'y trouver,
ce qu'elle n'avoit accoustumé en autre lieu. Et quand les
François la veirent, ils feirent grande estime de sa beauté
et bonne grace, et sur tous un, dont je tairay le nom :
mais il suffira qu'il n'y avoit en Italie François plus
digne d'estre aimé que cestuy là[2] : car il estoit accomply
en toutes les beautez et graces que gentilhomme pourroit
avoir. Et combien qu'il veist ceste dame vefve, avec son
crespe noir, separée de la jeunesse en un coing, avec plusieurs vieilles, comme celuy à qui jamais homme ne
femme ne feit peur, se meit à l'entretenir, ostant son masque et abandonnant les dances[3] pour demourer en sa
compagnic. Et tout le soir ne bougea de parler à elle et
aux vieilles ensemble, où il trouva plus de plaisir qu'avec
toutes les plus jeunes et braves* de la court. En sorte que
quand il sc fallut retirer il ne pensoit pas avoir eu le loisir

a. belles meres faisoient

de s'asseoir. Et combien qu'il ne parlast à ceste dame
que de propos communs, qui se peuvent dire en telle
compagnie, si* est ce qu'elle cogneut bien qu'il avoit
envie de l'accointer*, dont elle se delibera* de se garder
le mieulx qu'il luy fut possible : en sorte que jamais plus
en festin ny en grande compagnie ne la peut veoir. Il
s'enquist de sa façon de faire, et trouva qu'elle alloit
souvent aux eglises et religions*, où il mit si bon guet,
qu'elle ne pouvoit aller si secrettement qu'il n'y fust
premier qu'elle, et qu'il ne demeurast à l'eglise, autant
qu'il pouvoit avoir loisir de la veoir : et tant qu'il y estoit,
la contemploit de si grande affection*, qu'elle ne pouvoit
ignorer l'amour qu'il luy portoit : Pour laquelle eviter se
delibera pour un temps, de feindre se trouver mal, et
ouyr la messe en sa maison, dont le gentilhomme fut tant
marry, qu'il n'est possible de plus : car il n'avoit autre
moyen de la veoir, que cestuy là.

Elle pensant avoir rompu ceste coustume, retourna aux
eglises comme paravant, ce qu'amour declara incontinent
au gentilhomme, qui reprint ses premieres devotions : et
de peur qu'elle ne luy donnast encores empeschement, et
qu'il n'eust le loisir de luy faire sçavoir sa volonté, un
matin qu'elle pensoit estre bien cachée en une petite
chapelle, où elle oyoit sa messe, s'alla mettre au bout de
l'autel, et voyant qu'elle estoit peu accompaignée, ainsi
que le prestre monstroit le corpus Domini[1], se tourna
devers elle, et avec une voix doulce et pleine d'affection
luy dist : « Ma dame, je prends celuy que le prestre tient
à ma damnation[2], si vous seule n'estes cause de ma mort :
Car encores que vous m'ostiez le moyen de la parolle, si
ne pouvez vous ignorer ma volonté, veu que la verité
vous l'a declarée assez par mes yeulx languissans, et par
ma contenance morte. » La dame feignant n'y entendre*
rien, luy respondit : « Dieu ne doit point ainsi estre pris

en vain : mais les poëtes disent que les dieux se rient des juremens* et mensonges des amans : parquoy les femmes qui aiment leur honneur, ne doivent estre credules ny piteuses*. » En disant cela, elle se leve et s'en retourne en son logis. Si le gentilhomme fut courroucé de ceste parolle, ceulx qui ont experimenté choses semblables, diront bien qu'ouy. Mais luy qui n'avoit faulte de cueur*, aima mieulx avoir ceste mauvaise response, que d'avoir failly* à declarer sa volonté : laquelle il tint ferme trois ans durans, et par lettres et moyens la pourchassa, sans perdre heure de temps. Mais durant trois ans ne peut avoir autre response, sinon qu'elle le fuyoit comme *faict* le loup le levrier, duquel il doibt estre prins : non par haine qu'elle luy portast, mais pour la crainte de son honneur et reputation, dont il s'apperceut si bien, que plus vivement qu'il n'avoit faict pourchassa son affaire. Et après plusieurs peines, refus, tourments, et desespoirs, voyant la perseverance de son amour, ceste dame eut pitié de luy, et luy accorda ce qu'il avoit tant desiré, et si longuement attendu. Et quand ils furent d'accord des moyens, ne faillit le gentilhomme François à se hazarder d'aller en sa maison, combien que sa vie y pouvoit estre en grand hazard, veu que les parents d'elle logeoient tous ensemble. Luy qui n'avoit moins de finesse que de beauté, se conduisit si sagement, qu'il entra en sa chambre à l'heure qu'elle luy avoit assignée, où il la trouva toute seule couchée en un beau lict : et ainsi qu'il se hastoit en se deshabillant pour coucher avec elle, entendit à la porte un grand bruit de voix parlans bas, et des espées que l'on frottoit contre les murailles. La dame luy dist, avec un visage de femme demie morte : « Or à ceste heure est vostre vie et mon honneur au plus grand danger qu'ils pourroient estre : car j'entends bien que voilà mes freres qui vous cherchent pour vous tuer, parquoy je

vous prie cachez vous soubs ce lict : car quand ils ne
vous trouveront point, j'auray occasion de me courroucer
à eulx, de l'alarme que sans cause ils m'auroient faicte. »
Le gentilhomme qui n'avoit encores jamais regardé la
peur, luy dist : « Et qui sont voz freres pour faire peur à
un homme de bien ? Quand toute leur race seroit ensemble, je suis seur qu'ils n'attendroient point le quatriesme
coup de mon espée : parquoy reposez vous en vostre lict,
et me laissez garder ceste porte. » A l'heure il meit sa
cappe alentour de son bras[1], et l'espée au poing, et alla
ouvrir la porte, pour veoir de plus près les espées dont il
oyoit le bruit : et quand elle fut ouverte, il veid deux
chambrieres, qui avecques deux espées en chacune main,
luy faisoient ceste alarme, lesquelles luy dirent : « Monsieur, pardonnez nous, car nous avons commandement de
nostre maistresse de faire ainsi, mais vous n'aurez plus de
nous autre empeschement. » Le gentilhomme voyant que
c'estoient femmes, ne peut pis faire que de les commander à tous les diables[2], leur fermant la porte au visage :
et s'en alla le plus tost qu'il luy fut possible coucher
avec sa dame, de laquelle la peur n'avoit en rien diminué l'amour, et oubliant de luy demander la raison de
ces escarmouches, ne pensa qu'à satisfaire à son desir.
Mais voyant que le jour approchoit, la pria luy dire pourquoy elle luy avoit faict *de* si mauvais tours, tant de la
longueur du temps, *qu'il avoit actendu*, que de ceste derniere entreprise. Elle en riant luy respondit : « Ma deliberation* estoit de jamais n'aimer, ce que depuis ma viduité
j'avois bien sceu garder : mais vostre honnesteté dès
l'heure que vous parlastes à moy au festin me feit changer
propos, et commençay dès lors à vous aimer autant que
vous faisiez moy. Il est vray que l'honneur, qui m'avoit
tousjours conduicte, ne vouloit permettre qu'amour me
feist faire chose dont ma reputation fust empirée. Mais

comme la biche navrée à mort cuide* en changeant de lieu, changer le mal qu'elle porte avec soy : ainsi m'en allois d'eglise en eglise, cuidant fuir celuy que je portois en mon cueur, duquel a esté la preuve de l'amitié si parfaicte, qu'elle a faict accorder l'honneur avec l'amour. Mais à fin d'estre plus asseurée de mettre mon cueur et mon amour en un parfait homme de bien, j'ay bien voulu faire ceste derniere preuve de mes chambrieres. Vous asseurant, que si pour peur de vie, ou de nul autre egard, je vous eusse trouvé craintif jusques à vous coucher soub mon lict, j'avois deliberé* de me lever et aller en une autre chambre, sans jamais de plus près vous veoir. Mais pource que vous ay trouvé beau, de bonne grace, et plein de vertu* et hardiesse, plus que l'on ne m'avoit dict, et que la peur n'a peu toucher vostre cueur, ny tant soit peu refroidir l'amour que vous me portez, je suis deliberée de m'arrester à vous pour la fin de mes jours : me tenant seure, que je ne sçaurois en meilleure main mettre ma vie et mon honneur, qu'en celuy que je ne pense avoir veu son pareil en toutes vertuz. » Et comme si la volonté des hommes estoit immuable, se promirent et jurerent ce qui n'estoit en leur puissance, c'est une amitié perpetuelle, qui ne peult naistre ne demeurer au cueur des hommes : et celles le sçavent qui l'ont experimenté, et combien telles opinions durent.

« Et pource, mes dames, vous vous garderez de nous comme le cerf (s'il avoit entendement) feroit de son chasseur. Car nostre felicité, et nostre gloire et *contentement*, est[a] de vous veoir prises, et oster ce qui vous est plus cher que la vie. — Comment ? dict Hircan à Guebron,

a. et entendement est

depuis quel temps estes vous devenu prescheur ? j'ay
bien veu que vous ne teniez pas ces propos. — Il est
vray, dist Guebron, que j'ay parlé maintenant contre tout
ce que j'ay dit toute ma vie : mais pource que j'ay les
dents si foibles, que je ne puis plus mascher la venaison,
j'advertiz les pauvres biches de se garder des veneurs,
pour satisfaire[*1] sur ma vieillesse aux maulx que j'ay
desserviz[*] en ma jeunesse. — Nous vous remercions
Guebron, dist Nomerfide, dequoy nous advertissez de
nostre profit, mais si ne nous en sentons nous pas trop
tenuës[*] à vous : car vous n'avez tenu pareil propos à
celle que vous avez bien aimée : c'est donques signe que
vous ne nous aimez gueres. Ne voulez vous encor souffrir, que nous soyons aimées ? Si pensons nous estre aussi
sages et vertueuses, que celle que vous avez si longuement chassée en vostre jeunesse. Mais c'est la gloire des
vieilles gens, qui cuident[*] tousjours avoir esté plus sages
que ceulx qui viennent après eulx. — Et bien Nomerfide
(dist Guebron) quand la tromperie de quelqu'un de voz
serviteurs[*] vous aura faict congnoistre la malice des hommes, à ceste heure là croirez vous que je vous auray dict
verité. » Oisille dist à Guebron : « Il me semble que le
gentil-homme que vous louëz tant de hardiesse, devroit
plus estre loué de fureur d'amour, qui est une puissance
si forte, qu'elle faict entreprendre aux plus couards du
monde, ce à quoy les plus hardiz penseroient deux fois. »
Saffredent luy dist : « Ma dame si ce n'estoit qu'il estimast les Italiens gens de meilleur discours que de grand
effect[2], il me semble qu'il devoit avoir grande occasion
d'avoir peur. — Ouy, ce dist Oisille, s'il n'eust point eu
en son cueur le feu qui brusle crainte. — Il me semble,
dist Hircan, puis que vous ne trouvez la hardiesse de
cestuy cy assez louable, qu'il fault que vous en sçachez
un autre, qui est plus digne de louange. — Il est vray,

dist Oisille, que cestuy-cy est louable, mais j'en sçay un plus admirable. — Je vous prie, dist Guebron, s'il est ainsi, que vous preniez ma place de nous dire quelque chose honneste, et digne d'homme hardy, comme nous promettez. — S'il est ainsi, dist Oisille, qu'un homme pour sa vie et l'honneur de sa dame, s'est tant monstré asseuré contre les Milannois, et est estimé tant hardy, que doit estre un qui sans necessité, mais par vraye et naïfve* hardiesse, a faict le tour que je vous diray ? »

Le Roy François monstra sa generosité au Comte Guillaume, qui le vouloit faire mourir[1].

NOUVELLE DIXSEPTIESME

En la ville de Digeon au duché de Bourgongne vint au service du Roy François un Comte d'Allemagne nommé Guillaume, de la maison de Saxonne, dont celle de Savoye est tant alliée, qu'anciennement n'estoit qu'une[2]. Le Comte autant estimé beau et hardy gentil-homme qui fust point en Allemagne, eut si bon recueil* du Roy, que non seulement le print en son service, mais le tint près de luy et de sa chambre. Un jour[3] le gouverneur de Bourgongne seigneur de la Trimouïlle (ancien chevalier[4] et loyal serviteur du Roy) comme celuy qui estoit soupçonneux et craintif du mal, et dommage de son maistre, avoit tousjours des espies* à l'entour de son ennemi pour sçavoir qu'il faisoit, et se gouvernoit si sagement que peu de choses luy estoient celées. Entre autres advertissemens, il luy fut escrit par un de ses amis, que le Comte Guillaume avoit prins quelque somme de deniers, avec promesse d'en avoir d'avantage, pour faire mourir le

Roy en quelque sorte que peust estre. Le seigneur de la Trimouïlle ne faillit* point d'en venir advertir le Roy et ne cela à ma dame Loyse de Savoye sa mere, laquelle oublia l'alliance qu'elle avoit à cest Allemant, et supplia le Roy de le chasser bien tost, lequel la requist de n'en parler point : et qu'il estoit impossible qu'un si honneste gentil-homme, et tant homme de bien entreprint une si grande meschanceté. Au bout de quelque temps vint encores un autre advertissement confirmant le premier. Dont le gouverneur bruslant de l'amour de son maistre, luy demanda congé ou de le chasser, ou d'y donner ordre : mais le Roy luy commanda expressement de n'en faire nul semblant*, et pensa bien que par autre moyen il en sçauroit la verité.

Un jour qu'il alloit à la chasse, print la meilleure espée qu'il estoit possible de veoir pour toutes armes, et mena avecques luy le Comte Guillaume, auquel il commanda de le suyvre le premier et de près : mais après avoir quelque temps couru le cerf, voyant le Roy que ses gens estoient loing de luy fors* le Comte seulement, se detourna de tous chemins. Et quand il se veid avec le Comte au plus profond de la forest seul, en tirant son espée dist au Comte : « Vous semble-il que ceste espée soit belle et bonne. » Le Comte en la maniant par le bout luy dist, qu'il n'en avoit veu nulle qu'il pensast meilleure. « Vous avez raison, dist le Roy, et me semble que si un gentil-homme avoit deliberé* de me tuer, et qu'il eust cognu la force de mon bras, et la bonté de mon cueur* accompaigné de ceste espée, il penseroit deux fois[1] à m'assaillir : toutesfois je le tiendrois pour bien meschant si nous estions seul à seul sans tesmoings, s'il n'osoit executer ce qu'il auroit entrepris. » Le Comte Guillaume luy respondit avec un visage estonné* : « Sire, la meschanceté de l'entreprinse seroit bien grande, mais la folie

de la vouloir executer ne seroit pas moindre. » Le Roy en
se prenant à rire, remeist l'espée au fourreau, et escoutant que la chasse estoit près de luy, picqua après le
plustost qu'il peut. Quand il fut arrivé, il ne parla à nul
de cest affaire, et s'asseura que le Comte Guillaume,
combien qu'il fust un aussi fort et dispost* gentil-homme
qui se trouvast lors, n'estoit homme pour faire une si
haulte entreprise. Mais le Comte Guillaume craignant
estre decelé ou soupçonné du faict, vint le lendemain
matin dire à Robertet¹ secrettaire des finances du Roy,
qu'il avoit regardé aux biensfaicts et gages, que le Roy
luy vouloit donner pour demeurer avec luy, toutesfois
qu'ils n'estoient pas suffisans pour l'entretenir la moitié
de l'année. Et que s'il ne plaisoit au Roy luy en bailler
la moitié au double², il seroit contrainct de se retirer :
priant ledict Robertet d'en sçavoir le plutost qu'il pourroit
la volonté du Roy. Qui luy dist, qu'il ne se sçauroit plus
advancer que d'y aller incontinent sur l'heure, et print
ceste commission volontiers, car il avoit veu les advertissemens du gouverneur. Et ainsi que le Roy fut esveillé
ne faillit à faire sa harangue, present monsieur de la Trimouïlle, et l'admiral de Bonnivet, lesquels ignoroient le
tour le Roy avoit faict. Ledict seigneur *en riant* leur
dist : « Vous aviez envie de chasser le Comte Guillaume,
et vous voyez qu'il se chasse de luy mesme. Parquoy luy
direz, que s'il ne se contente de l'estat qu'il a accepté
entrant en mon service, dont plusieurs gens de bonnes
maisons* se sont tenuz bien heureux, c'est raison qu'il
cherche ailleurs meilleure fortune, et quant à moy, je
ne l'empescheray point, mais je seray trescontent qu'il
trouve party tel qu'il puisse vivre comme il merite. »
Robertet fut aussi diligent de porter ceste responce au
Comte, qu'il avoit esté de presenter sa requeste au Roy.
Le Comte dist, qu'avec son congé il deliberoit* donc de

s'en aller. Et comme celuy que la peur contraignoit de partir, ne la sceut porter vingt-quatre heures. Mais comme le Roy se mettoit à table print congé de luy, feignant avoir grand regret, dont la necessité luy faisoit perdre sa presence. Il alla aussi prendre congé de la mere du Roy, laquelle luy donna aussi joyeusement qu'elle l'avoit receu comme parent et amy, ainsi s'en alla en son païs. Et le Roy voyant sa mere et ses serviteurs estonnez de ce soudain partement, leur compta l'alarme qu'il luy avoit donnée, disant qu'encores qu'il fust innocent de ce qu'on luy mettoit à sus*, si avoit esté sa peur assez grande, pour l'eslongner d'un maistre dont il ne cognoissoit pas encores les complexions.

« Quant à moy, mes dames, je ne voy point qu'autre chose peust esmouvoir le cueur du Roy à se hazarder ainsi seul contre un homme tant estimé, sinon qu'en laissant la compaignie et les lieux où les Roys ne trouvent nul inferieur qui leur demande le combat, se voulut faire pareil à celuy qu'il doutoit* *estre* son ennemi[a], pour se contenter luy mesme de experimenter la bonté et hardiesse de son cueur. — Sans point de faute, dit Parlamente, il avoit raison : car la louange de tous les hommes ne peut tant satisfaire un bon cueur, que le sçavoir et experience qu'il a seul des vertuz que Dieu a mises en luy. — Il y a long temps, dist Guebron, que les poëtes et autres nous ont peinct pour venir au temple de renommée, qu'il falloit passer par celuy de vertu. Et moy, qui cognois les deux personnages dont vous avez faict le compte, sçay bien veritablement que le Roy est un des plus hardiz hommes qui soit en son royaume. — Par ma foy, dist Hircan, à l'heure que le Comte Guillaume vint

a. doutoit à son ennemi

en France, j'eusse plus craint son espée, que celle des plus gentils* compaignons Italiens, qui fussent en la court. — Vous sçavez bien, dist Emarsuitte, qu'il est tant estimé que noz louanges ne sçauroient atteindre à son merite, et que nostre journée seroit plus tost passée que chacun en eust dict ce qu'il luy en semble. Parquoy ma dame, donnez vostre voix à quelqu'un qui die encores du bien des hommes, s'il y en a. » Oisille dist à Hircan : « Il me semble que vous avez tant accoustumé de dire mal des femmes, qu'il vous sera aisé de nous faire quelque bon compte à la louange d'un homme : parquoy je vous donne ma voix. — Ce me sera chose aisée à faire, dist Hircan, car il y a si peu que l'on m'a faict un compte à la louange d'un gentil-homme, dont l'amour et la fermeté, et la patience est si louable, que je n'en doy laisser perdre la memoire. »

Une belle jeune dame experimente la foy d'un jeune escolier* son amy, avant que luy permettre advantage sur son honneur.

NOUVELLE DIXHUICTIESME

En une des bonnes villes du royaume de France y avoit un seigneur de bonne maison qui estoit aux escoles, desirant parvenir au sçavoir par qui la vertu et l'honneur se doivent acquerir entre les vertueux hommes[1]. Et combien qu'il fust si sçavant, qu'estant en l'aage de dix-sept à dix-huit ans, il sembloit estre la doctrine* et exemple des autres, amour toutesfois, après ses leçons, ne laissa pas de luy chanter la sienne. Et pour estre mieux ouy et receu, se cacha soubs le visage et les yeux de la plus belle dame qui fust en tout le païs, laquelle

pour quelque proces estoit venuë à la ville. Mais avant
qu'amour s'essayast à vaincre ce gentil-homme par la
beauté de ceste dame, il avoit gaigné le cueur d'elle, en
voyant les perfections qui estoient en ce seigneur : car en
beauté, grace, bon sens, et beau parler, n'y avoit nul de
quelque estat qu'il fust, qui le passast. Vous qui sçavez
le prompt chemin que faict ce feu, quand il se prend à
l'un des bouts du cueur et de la fantasie, vous jugerez
bien qu'en deux si parfaicts subjects, n'arresta gueres
amour qu'il ne les eut à son commandement, et qu'il ne
les rendist tous deux si plains de sa claire lumiere, que
leur pensée, vouloir et parler n'estoit que flamme de cest
amour. La jeunesse*a*1 qui en luy engendroit crainte, luy
faisoit pourchasser son affaire le plus doucement qu'il
luy estoit possible. Mais celle qui estoit vaincue d'amour
n'avoit besoing de force. Toutesfois pour la honte qui
accompaigne les dames, le plus qu'elle peut se garda de
monstrer sa volonté. Si* est-ce qu'à la fin la forteresse du
cueur, où l'honeur demeure, fut ruinée de telle sorte, que
la pauvre dame s'accorda en ce dont elle n'avoit esté
discordante2. Mais pour experimenter la patience, fermeté et amour de son serviteur*, luy octroya ce qu'il
demandoit avec trop difficile condition, l'asseurant que
s'il la gardoit, à jamais elle l'aimeroit parfaictement : et
que s'il failloit*, il estoit seur de ne l'avoir de sa vie.
C'est, qu'elle estoit contente de parler à luy dedans un
lict tous deux couchez en leurs chemises, par ainsi* qu'il
ne luy demandast rien d'avantage, sinon la parolle et le
baiser. Luy, qui estimoit qu'il n'y eust joye digne d'estre
accomparée à celle qu'elle luy permettoit3, luy accorda.
Et le soir venu la promesse fut acomplie. De sorte que
pour quelque bonne chere* qu'elle luy feist, ne pour

a. amour, laquelle, avec la jeunesse

quelque tentation qu'il eust, ne voulut faulser son serment. Et combien qu'il n'estimast sa peine moindre que celle du purgatoire, si fut son amour si grand et son esperance si forte, estant seur de la continuation perpetuelle de l'amitié qu'avec si grand peine il avoit acquise, qu'il garda sa patience, et se leva d'auprès d'elle sans jamais luy vouloir faire aucun desplaisir. La dame (comme je croy) plus esmerveillée que contente de ce bien[1], soupçonna incontinent que son amour n'estoit si grande qu'elle pensoit, ou qu'il n'avoit trouvé en elle tant de bien comme il estimoit, et ne regarda pas à sa grande honnesteté, patience, et fidelité, à garder son serment. Parquoy se delibera* de faire encore une autre preuve* *de l*'amour qu'il[a] luy portoit, avant que tenir sa promesse.

Et pour y parvenir, le pria de parler à une fille qui estoit en sa compaignie plus jeune qu'elle, et bien fort belle, et qu'il luy tint propos d'amitié, à fin que ceux qui le voyoient venir en sa maison si souvent, pensassent que ce fust pour sa damoiselle, et non pour elle. Ce jeune seigneur, qui se tenoit seur d'estre aimé autant qu'il aimoit, obeït entierement à tout ce qu'elle luy commanda, et se contraignit pour l'amour d'elle de faire l'amour[2] à ceste fille. Laquelle le voyant si beau et bien emparlé* creut sa mensonge plus qu'une autre verité, et l'aima autant que si elle eust esté bien fort aimée de luy. Et quand la maistresse veid que les choses estoient si avant, et que toutesfois ce seigneur ne cessoit de la sommer de sa promesse, luy accorda qu'il la vint veoir à une heure après minuict : et qu'elle avoit tant experimenté l'amour et obeïssance qu'il luy portoit, que c'estoit raison qu'il fust recompensé de sa bonne patience. Il ne fault point douter de la joye que receut cest affectionné* serviteur*, qui ne

a. preuve d'amour qu'il

faillit* à venir à l'heure assignée. Mais la dame, pour
tenter la force de son amour, dist à sa belle damoiselle :
« Je sçay bien l'amour qu'un tel seigneur vous porte,
dont je croy que n'avez moindre passion que luy : et j'ay
telle compassion de vous deux, que je suis deliberée* de
vous donner lieu, et loisir de parler longuement ensemble à voz aises. » La damoiselle fut si transportée, qu'elle
ne luy sceut feindre son affection : mais luy dist qu'elle
n'y vouloit faillir : et obeïssant à son conseil, et par son
commandement se despouïlla, et se meist en un beau lict
toute seule en une chambre, dont la dame laissa la porte
ouverte, et alluma de la clarté là dedans, parquoy la beauté
de ceste fille pouvoit estre veuë plus clerement. Et en
feignant de s'en aller, se cacha si bien auprès du lict,
qu'on ne pouvoit la veoir. Son pauvre serviteur la cuidant* trouver comme elle luy avoit promis, ne faillit à
l'heure ordonnée d'entrer en la chambre le plus doucement qu'il luy fut possible. Et après qu'il eut fermé
l'huis*, et osté sa robbe et ses brodequins* fourrez, s'en
alla mettre au lict où il pensoit trouver ce qu'il desiroit.
Et ne sceut si tost avancer ses bras, pour embrasser celle
qu'il cuidoit estre sa dame, que la pauvre fille, qui le
cuidoit estre du tout* à elle, n'eust les siens alentour de
son col, en luy disant tant de parolles affectionnées, et d'un
si beau visage, qu'il n'est si sainct hermite qui n'eust
perdu ses patenostres*. Mais quand il la recogneut tant à
la veuë qu'à l'ouïr, l'amour qui avec si grand haste l'avoit
faict coucher, le feit encores plus tost lever, quand il
recogneut que ce n'estoit celle pour qui il avoit tant
souffert. Et avec un despit tant contre la maistresse, que
contre sa chambriere, alla à la damoiselle, et luy dist :
« Vostre folie* tant de vous que de la damoiselle qui vous
a mis là par malice*, ne me sçauroit faire autre que je
suis : mais mettez peine d'estre femme de bien : car par

mon occasion ne perdrez ce bon nom. » Et en ce disant tant courroucé qu'il n'est possible de plus, saillit* hors de la chambre, et fut long temps sans retourner où estoit sa dame.

Toutesfois amour, qui n'est jamais sans esperance, l'asseura que plus la fermeté de son amour estoit grande et cogneuë par tant d'experience, plus la jouïssance en seroit longue et heureuse. La dame, qui avoit entendu tous ces propos, fut tant contente et esbahie de veoir la grandeur et fermeté de son amour, qu'il luy tarda bien qu'elle ne le pouvoit reveoir pour luy demander pardon des maulx qu'elle luy avoit faicts à l'esprouver. Et si tost qu'elle le peut trouver, ne faillit* à luy dire tant d'honnestes et bons propos, que non seulement il oublia toutes ses peines, mais les estima tresheureuses, veu qu'elles estoient tournées à la gloire de sa fermeté, et à l'asseurance parfaicte de son amitié. De laquelle depuis ceste heure là en avant, sans empeschement ne fascherie, il eut la fruition* telle qu'il la pouvoit desirer.

« Je vous prie, mes dames, trouvez moy une femme qui ait esté si ferme, si patiente, et si loyalle en amour, que cest homme cy a esté. Ceux qui ont experimenté telles tentations, trouvent celles que l'on peinct à sainct Anthoine bien petites au pris[1] : Car qui peult estre chaste et patient avec la beauté, l'amour, le temps, et le loisir des femmes, sera assez vertueux pour vaincre tous les diables. — C'est dommage, dist Oisille, qu'il ne s'adressa à une femme aussi vertueuse que luy : car c'eust esté la plus parfaicte, et la plus honneste amour, dont on ouït jamais parler. — Mais je vous prie, dist Guebron, dictes moy : lequel tour trouvez vous le plus difficile de deux ? — Il me semble, dist Parlamente, que c'est le dernier : car le despit est la plus forte tentation de toutes les autres. »

Longarine dist qu'elle pensoit que ce fust le premier : car il failloit* qu'il vainquit l'amour et soymesmes, pour tenir sa promesse. « Vous en parlez bien à vostre aise, dist Simontault : mais nous, qui sçavons bien que la chose vault, en devons dire nostre opinion. Quant à moy, à la premiere fois je l'estime fol, et à la derniere sot[1]. Car je croy qu'en tenant promesse à sa dame, elle avoit autant ou plus de peine que luy. Elle ne luy faisoit faire ce serment, sinon pour se feindre plus femme de bien qu'elle n'estoit, se tenant seure qu'une forte amour ne se peult lyer, ny par commandement, ny par serment, ne par chose qui soit au monde. Mais elle vouloit feindre son vice si vertueux, qu'il ne pouvoit estre gaigné que par vertuz heroïques. Et la seconde fois il se monstra sot, de laisser celle qui l'aimoit, et valloit mieulx que celle où il avoit serment contraire, et si avoit bonne excuse sur le despit dequoy il estoit plein. » Dagoucin le reprint, disant qu'il estoit de contraire opinion : et que à la premiere fois il se monstra ferme, patient, et veritable : et à la seconde loyal et parfaict en amitié. « Et que sçavons nous (dist Saffredent) s'il estoit de ceulx qu'un chapitre nomme "De frigidis et maleficiatis" » ? Mais si Hircan eust voulu parfaire sa louange, il nous devoit compter comme il fut gentil* compaignon, quand il eut ce qu'il demandoit : et à l'heure pourrions nous juger si c'estoit vertu ou impuissance qui le feist estre si sage. — Vous pouvez bien penser, dist Hircan, que si l'on me l'eust dict, ne l'eusse non plus celé que le demeurant. Mais à veoir sa personne et cognoistre sa complexion, je l'estimeray plustost avoir esté conduict de la force d'amour, que de nulle impuissance ou froideur. — Or s'il estoit tel que vous dictes, dist Simontault, il devoit rompre son serment. Car si elle se fust courroucée pour si peu, elle eust esté legerement appaisée. — Mais (dist Emarsuitte) peult estre qu'à l'heure elle ne l'eust pas voulu. — Et puis, dist Saffredent, n'estoit il pas assez fort pour la forcer, puis qu'elle luy avoit donné camp[1] ? — Saincte Marie (dist Nomerfide) comme vous y allez ? Est-ce la façon d'acquerir la grace d'une qu'on estime honneste et sage ? — Il me semble, dist Saffredent, que l'on ne sçauroit faire plus d'honneur à une femme de qui l'on desire telles choses, que de la prendre par force : car il n'y a si petite damoiselle, qui ne vueille estre bien long temps priée. Et d'autres encores à qui il fault donner beaucoup de presens, avant que de les gaigner. D'autres qui sont si sottes, que par moyen *et* finesse on les peut avoir *et* gaigner*[a]*[2], et envers celles là ne fault penser que chercher les moyens. Mais quand on a affaire à une si sage qu'on ne la peult tromper, et si bonne qu'on ne la peult gaigner par parolles ny presens, est-ce pas raison de chercher tous les moyens que l'on peult, pour en avoir la victoire ? Et quand vous oyez dire qu'un homme a prins une femme par force, croyez que ceste femme là luy a osté l'esperance de tous autres moyens et n'estimez moins l'homme qui a mis sa vie en danger pour donner lieu à son amour. » Guebron se print à rire, et dist : « J'ay veu autres fois assieger des places et prendre par force, pour ce qu'il n'estoit possible de faire parler par argent, ne par menacer ceux qui les gardoient : car on dict, que place qui parlemente, est à demy gaignée. — Il semble (dist Emarsuitte) que tous les amours du monde soient fondées sur ces follies* : mais il y en a qui ont aimé, et benignement perseveré, de qui l'intention n'a point esté telle. — Si vous en sçavez une à dire, dist Hircan, je

---

a. moyen ne finesses on ne les peut avoir ny gaigner. *Leçon fautive partagée par Gruget et notre manuscrit de contrôle. Nous corrigeons d'après BNF fr. 1522, f. 90v.*

vous donne ma voix, et place pour la dire. — Je la sçay, dit Emarsuitte, et la diray tresvolontiers. »

De deux amans qui par desespoir d'estre mariez ensemble se ren-
dirent en religion*, l'homme à Sainct-François, et la fille à Saincte-
Claire[1].

NOUVELLE DIXNEUFIESME

Au temps du Marquis de Mantouë, qui avoit espousé la sœur du Duc de Ferrare[2], y avoit en la maison de la Duchesse une damoiselle, nommée Pauline, laquelle estoit tant aimée d'un gentilhomme serviteur* du Marquis, que la grandeur de son amour faisoit esmerveiller tout le monde : veu qu'il estoit pauvre et tant gentil* compaignon, qu'il devoit chercher (pour l'amour que luy portoit son maistre) quelque femme riche : mais il luy sembloit que tout le tresor du monde estoit en Pauline, lequel en l'espousant il pensoit posseder. La Marquise, desirant que par sa faveur Pauline fust mariée plus richement, l'en degoustoit le plus qu'il luy estoit possible, et les empeschoit souvent de parler ensemble, leur remonstrant que si le mariage se faisoit, ils seroient les plus pauvres et miserables de toute l'Italie. Mais ceste raison ne pouvoit entrer en l'entendement du gentil-homme. Pauline de son costé dissimuloit le mieux qu'elle pouvoit son amitié, toutesfois elle n'en pensoit pas moins. Ceste amitié dura longuement avec une esperance que le temps leur apporteroit quelque meilleure fortune. Durant lequel vint une guerre, où ce gentil-homme fut prins prisonnier avec un François, qui n'estoit moins amoureux en France, que luy en Italie. Et quand ils se trouverent compaignons

de leurs fortunes, ils commencerent à descouvrir leurs
secrets l'un à l'autre. Et confessa le François, que son
cueur estoit ainsi prisonnier que le sien, sans luy vouloir
nommer le lieu. Mais pour estre tous deux au service du
Marquis de Mantoüë, sçavoit bien ce gentil-homme François, que son compaignon aimoit Pauline, et pour l'amitié
qu'il avoit en son bien et profit, luy conseilloit d'en oster
sa fantasie. Ce que le gentil-homme Italien juroit n'estre
en sa puissance, et que si le Marquis de Mantoüë, pour
recompense de sa prison, et des bons services qu'il luy
avoit faicts, ne luy donnoit s'amie, il s'en iroit rendre cordelier*, et ne serviroit jamais maistre que Dieu. Ce que
son compaignon ne pouvoit croire, ne voyant en luy un
seul signe de la religion, fors* la devotion qu'il avoit en
Pauline. Au bout de neuf moys fut delivré le gentil-
homme François, et par sa bonne diligence feit tant qu'il
meit son compaignon en liberté, et pourchassa le plus
qu'il luy fut possible envers le Marquis et la Marquise, le
mariage de Pauline. Mais il n'y peut advenir ny rien gaigner, en luy mettant la pauvreté devant les yeux où il leur
faudroit tous deux vivre, et aussi que de tous costez les
parens n'en estoient pas contens ne d'opinion. Et luy
defendoient qu'il n'eust plus à parler à elle, à fin que ceste
fantasie s'en allast par l'absence et impossibilité.

Et quand il veid qu'il estoit contrainct d'obeïr, demanda
congé à la Marquise de dire à Dieu à Pauline, puis que
jamais il ne parleroit à elle : ce qui fut accordé, et à
l'heure* commença à luy dire : « Puis qu'ainsi est, Pauline,
que le ciel et la terre sont contre nous, non seulement
pour nous empescher de nous marier ensemble, mais
(qui plus est) pour nous oster la veüe et parolle, dont noz
maistre et maistresse nous ont faict si rigoureux commandement : ils se peuvent bien vanter[1] qu'en une parolle
ils ont blessé deux cueurs, dont les corps ne sçauroient

plus faire que languir, monstrans bien par cest effect*, qu'oncques* amour ne pitié n'entrerent en leur esto-mach*. Je sçay bien que leur fin est de nous marier bien et richement chacun : car ils ignorent que la vraye richesse gist au contentement : mais si m'ont ils faict tant de mal et de desplaisir, qu'il est impossible que jamais *de bon cœur* je leur puisse faire service. Je croy bien que si jamais je n'eusse parlé de ce mariage, ils ne fussent pas si scrupuleux qu'ils ne nous eussent assez souffert parler ensemble, vous asseurant que j'aimerois mieux mourir que changer mon opinion en pire, après vous avoir aimée d'une amour si honeste et vertueuse, et pourchasser envers*a* vous ce que je devrois defendre envers tous[1]. Et pource qu'en vous voyant je ne sçaurois porter ceste dure *penitence,* et*b* qu'en ne vous voyant mon cueur (qui ne peult demeurer vide) se rempliroit de quelque desespoir dont la fin seroit malheureuse : je me suis deliberé* (et de long temps) de me mettre en religion, non que je ne sçache tresbien qu'en tous estats l'homme se peult sau-ver, mais pour avoir plus grand loisir de contempler la bonté divine, laquelle, comme j'espere, aura pitié des fautes de ma jeunesse, et changera mon cueur autant pour aimer les choses spirituelles, qu'il a faict les tempo-relles. Et si Dieu me faict la grace de gaigner la *sienne*[2], mon*c* labeur sera incessamment employé à prier Dieu pour vous. Vous suppliant par ceste amour tant ferme et loyalle, qui a esté entre nous deux, avoir memoire de moy en voz oraisons, et prier Nostre Seigneur qu'il me donne autant de constance en ne vous voyant point, qu'il m'a donné de contentement en vous voyant. Et pource

a. et pourchassé envers
b. dure patience et
c. gaigner la science mon

que j'ay esperé toute ma vie avoir de vous par mariage ce que l'honneur et conscience permettent, je me suis contenté d'esperance. Mais maintenant que je la perds, et que je ne puis jamais avoir de vous le traictement qui appartient à un mary, au moins, pour dire à Dieu, je vous prie me traicter en frere, et que je vous puisse baiser. » La pauvre Pauline, qui tousjours lui avoit été assez rigoureuse, cognoissant l'extremité de sa douleur, et honnesteté de sa requeste, et qu'en tel desespoir se contentoit d'une chose si raisonnable, sans luy respondre autre chose luy va jetter les bras au col, pleurant avec une si grande amertume et saisissement de cueur, que la parolle, sentimens et force luy defaillirent*, et se laissa tomber entre ses bras esvanouye : dont la pitié qu'il en eut avec l'amour et la tristesse, luy en feirent faire autant. Tellement que l'une de ses compagnes les voyant tomber l'un d'un costé, et l'autre d'autre, appella du secours, qui à force de remedes les feit revenir. Alors Pauline, qui avoit desiré de dissimuler son affection, fut honteuse quand elle s'apperceut qu'elle l'avoit monstrée si vehemente. Toutesfois la pitié du pauvre gentilhomme[1] servit à elle de juste excuse, et ne pouvant plus porter* ceste parole, de dire à Dieu pour jamais, s'en alla[2] vistement le cueur et les dents si serrez, qu'entrant dans sa chambre comme un corps mort sans esprit, se laissa tomber sur son lict, et passa la nuict en si piteuses* lamentations, que ses serviteurs pensoient qu'il eust perdu tous ses parens et amis, et tout ce qu'il pouvoit avoir de bien sur la terre.

Le matin se recommanda à Nostre Seigneur, et après qu'il eut departy à ses serviteurs le peu de bien qu'il avoit, et prins avec luy quelque somme d'argent, defendit à ses gens de le suyvre, et s'en alla tout seul à la religion de l'observance[3] demander l'habit[4], deliberé* de jamais n'en porter d'autre. Le gardien, qui autresfois l'avoit veu,

pensa au commencement que ce fust mocquerie ou songe :
car il n'y avoit en tout le païs gentil-homme, qui moins
que luy eust grace de cordelier, pource qu'il avoit en luy
toutes les bonnes graces et vertuz que l'on sçauroit desirer en un gentil-homme. Mais après avoir entendu ses
parolles et veu ses larmes coulans sur son visage comme
ruisseaux, ignorant dont en venoit la source, le receut
humainement. Et bien tost après voyant sa perseverance
luy bailla l'habit, qu'il receut bien devotement, dont
furent advertiz le Marquis et la Marquise, qui le trouverent si estrange qu'à peine le pouvoient ils croire. Pauline,
pour ne se monstrer subjecte à nulle amour, dissimula le
mieux qu'il luy fut possible le regret qu'elle avoit de luy,
en sorte que chacun disoit qu'elle avoit bien tost oublié la
grande affection de son loyal serviteur* : et ainsi passa
cinq ou six mois, sans en faire autre demonstration*.
Durant lequel temps luy fut par quelque religieux monstré une chanson que son serviteur avoit composée un peu
après qu'il eut prins l'habit. De laquelle le chant est
Italien, et assez commun : mais j'en ay voulu traduire les
mots en François le plus près de l'Italien qu'il m'a esté
possible, qui sont tels[1].

> Que dira elle
> Que fera elle
> Quand me verra de ses yeux
> Religieux ?
>
> Las ! la pauvrette
> Toute seulette
> Sans parler long temps sera
> Eschevelée
> Desconsolée :
> L'estrange cas pensera :

Son penser (par advanture)
En monastere et closture
A la fin la conduira.
    Que dira elle, etc.

    Que diront ceux,
Qui de nous deux
Ont l'amour et bien privé,
Voyant qu'amour
Par un tel tour
Plus parfaict ont approuvé* ?
Regardans ma conscience[1],
Ils en auront repentance,
Et chacun d'eux pleurera.
    Que dira elle, etc.

    Et s'ils venoient
Et nous tenoient
Propos pour nous divertir,
Nous leur dirons
Que nous mourrons
Icy sans jamais partir.
Puis que leur rigueur rebelle
Nous faict prendre robbe telle,
Nul de nous ne la lairra*.
    Que dira elle, etc.

    Et si prier
De marier
Nous viennent pour nous tenter,
En nous disant
L'estat plaisant
Qui nous pourroit contenter,
Nous respondrons que nostre ame

Est de Dieu aimée et femme,
Qui point ne la changera.
    Que dira elle, etc.

    O amour forte,
Qui ceste porte
Par regret m'as faict passer,
Fais qu'en ce lieu
De prier Dieu
Je ne me puisse lasser :
Car nostre amour mutuelle
Sera tant spirituelle,
Que Dieu s'en contentera.
    Que dira elle, etc.

    Laissons les biens
Qui sont liens
Plus durs à rompre que fer,
Quittons la gloire
Qui l'ame noire
Par orgueil mene en enfer.
Fuyons la concupiscence[1],
Prenons la chaste innocence,
Que Jesus nous donnera.
    Que dira elle, etc.

    Viens donc amie,
Ne tarde mie
Après ton parfaict amy :
Ne crains à prendre
L'habit de cendre[2],
Fuyant ce monde ennemy :
Car d'amitié vive et forte
De sa cendre fault que sorte

Le Phenix, qui durera[1].
> Que dira elle, etc.

> Ainsi qu'au monde
Fut pure et munde*
Nostre parfaicte amitié,
Dedans le cloistre
Pourra paroistre
Plus grande de la moitié.
Car amour loyal et ferme,
Qui n'a jamais fin ne terme,
Droict au ciel nous conduira.
> Que dira elle, etc.

Quand elle eut bien au long leu ceste chanson, estant à part en une chappelle, se meist si fort à plorer, qu'elle arrousa tout le papier de larmes. Et n'eust esté la crainte qu'elle avoit de se monstrer plus affectionnée qu'il n'appartient, n'eust failly* de s'en aller incontinent mettre en quelque hermitage, sans jamais veoir creature du monde : mais la prudence qui estoit en elle la contraignit pour quelque temps dissimuler. Et combien qu'elle eust prins resolution de laisser entierement le monde, si feignit elle le contraire, et changeoit si fort son visage, qu'estant en compaignie ne ressembloit de rien qui soit à elle mesme. Elle porta en son cueur ceste deliberation* couverte cinq ou six mois, se monstrant plus joyeuse qu'elle n'avoit de coustume. Mais un jour alla avec sa maistresse à l'observance[2] ouyr la grande messe, et ainsi que le prestre diacre et soudiacre sortoient du revestoire pour venir au grand autel, son pauvre serviteur*, qui n'avoit encores parfaict l'an de sa probation, servoit d'accolite, et portant les deux canettes en ses deux mains couvertes d'une toile de soye venoit le premier[3], ayans les yeux contre terre. Quand Pauline le veid en tel habillement, où sa beauté et grace estoient plustost augmentées que diminuées, fut si fort estonnée et troublée, que pour couvrir la cause de la couleur qui luy venoit au visage, se print à tousser. Et son pauvre serviteur, qui entendoit mieux ce son là, que celuy des cloches de son monastere, n'osa tourner la teste, mais en passant par devant elle ne peust garder ses yeux, qu'ils ne prinssent le chemin que si long temps ils avoient tenu. Et en regardant piteusement* Pauline, fut si saisi du feu qu'il pensoit quasi esteint, que le voulant plus celer qu'il ne pouvoit tomba tout de son hault devant elle. Et la crainte qu'il eut que la cause en fust cogneuë, luy feit dire que c'estoit le pavé de l'eglise, qui estoit rompu en cest endroit.

Quand Pauline cogneut, que le changement de l'habit n'avoit changé le cueur, et qu'il y avoit si long temps qu'il s'estoit rendu*, que chacun pensoit qu'elle l'eust oublié, se delibera de mettre à execution le desir qu'elle avoit eu de rendre la fin de leur amitié semblable en habit, forme et estat de vivre, comme ils avoient esté vivans en une maison* soubs pareil maistre et maistresse. Et pource que plus de quatre mois au paravant avoit donné ordre à tout ce que luy estoit necessaire pour entrer en religion, un matin demanda congé à la Marquise d'aller ouyr messe à Saincte-Claire[1], qu'elle luy octroya, ignorant pourquoy elle luy demandoit : et en passant par les cordeliers* pria le gardien de luy faire venir son serviteur* qu'elle appelloit son parent. Et quand elle le veid en une chapelle à part, elle luy dict : « Si mon honneur eust permis qu'aussi tost que vous, je me fusse osé mettre en religion*, je n'eusse tant attendu : mais ayant rompu par ma patience les opinions de ceux qui plustost jugent mal que bien, je suis deliberée* de prendre l'estat, la robbe, et la vie telle que je voy la vostre, sans enquerir quel il y faict[1]. Car si vous avez du bien j'en auray ma part, et si avez du mal je n'en veux estre exempte. Car par tel chemin que vous irez en paradis, je vous veux suivre : estant asseurée que celuy qui est le vray, parfaict, et digne d'estre nommé amour, nous a tirez à son service par une amitié honneste et raisonnable, laquelle il convertira par son Sainct Esprit du tout* en luy. Vous priant que vous et moy oublions ce corps qui perit et tient du vieil Adam, pour recevoir et revestir celuy de nostre espoux Jesus Christ[2]. » Ce serviteur religieux[3] fut tant aise et tant content d'ouïr sa saincte volonté, qu'en pleurant de joye luy fortifia son opinion le plus qu'il luy fut possible, luy disant puis qu'il ne pouvoit avoir d'elle au monde autre chose que la parolle, qu'il se tenoit bien heureux d'estre au lieu où il avoit tousjours moyen de la *recouvrer*, et[a] qu'elle seroit telle, que l'un et l'autre n'en pourroit que mieux valloir, vivans en un estat d'un amour, d'un cueur et d'un esprit, tirez et conduicts de la bonté de Dieu, lequel il supplioit les tenir en sa main où nul ne peult perir. Et en ce disant et pleurant d'amour et de joye luy baisa les mains, mais elle abbaissa son visage jusques à la main, et se donnerent par vraye charité[4] le sainct baiser de dilection. Et se contentant s'en partit Pauline, et entra en la religion* de Saincte-Claire, où elle fut receuë et voilée. Ce qu'après elle feit entendre à ma dame la Marquise, qui en fut tant esbahie, qu'elle ne le pouvoit croire : mais s'en alla le lendemain au monastere pour la veoir et s'efforcer de la divertir de son propos. A quoy Pauline luy feist response : que si elle avoit eu puissance de luy oster un mary de chair (l'homme du monde qu'elle avoit le plus aimé) elle s'en devoit contenter, sans chercher de la vouloir separer de celuy qui estoit immortel et invisible :

a. la reveoir et

car il n'estoit pas en sa puissance, ny de toutes les creatures du monde. La Marquise voyant son bon vouloir, la
baisa, la laissant à grand regret. Et depuis vesquirent
Pauline et son serviteur si sainctement et devotement
en leur observance[1], que l'on ne doit douter que celuy,
duquel la fin de la loy est charité[2], ne leur dist à la fin de
leur vie comme à la Magdaleine, que leurs pechez leur
estoient pardonnez, veu qu'ils avoient[a] beaucoup aimé[3],
et qu'il ne les retirast en paix au lieu où la recompense
passe tous les merites des hommes.

« Vous ne pouvez icy ignorer, mes dames, que l'amour
de l'homme ne se soit monstrée la plus grande, mais elle
luy fut si bien renduë, que je voudrois que tous ceux qui
s'en meslent en fussent autant recompensez. — Il y
auroit donc, dist Hircan, plus de fols et de folles *declai-
rées** qu'il n'y en eut oncques**. — Appellez vous follie,
dist Oisille, d'aimer honestement en la jeunesse, et puis
convertir tout cest amour en Dieu ? » Hircan en riant
luy respondit : « Si melencolie* et desespoir sont loua-
bles, je diray que Pauline et son serviteur* sont bien
dignes d'estre louëz. — Si* est-ce que Dieu, dist Guebron, a plusieurs moyens pour nous tirer à luy, dont les
commencemens semblent estre mauvais, mais la fin en
est tresbonne. — Encores ay-je une opinion, dist Parlamente, que jamais homme n'aimera parfaictement Dieu,
qu'il n'ait parfaictement aimé quelque creature en ce
monde[4]. — Qu'appellez vous parfaictement aimer ? dist
Saffredent : estimez vous parfaicts amans ceux qui sont
transiz, et qui adorent les dames de loing sans oser monstrer leur volonté ? — J'appelle parfaicts amans, luy respondit Parlamente, ceux qui cherchent en ce qu'ils aiment

---

a. qu'ils l'avoient

quelque perfection, soit bonté, beauté, ou bonne grace,
tousjours tendans à la vertu, et qui ont le cueur si hault
et si honneste qu'ils ne veullent pour mourir mettre *leur*
fin aux choses basses, que l'honneur et la conscience
reprouvent. Car l'ame, qui n'est creée, que pour retourner
à son souverain bien, ne faict tant qu'elle est dedans le
corps, que desirer d'y parvenir. Mais à cause que les sens
par lesquels elle en peut avoir nouvelle, sont obscurs et
charnels par le peché du premier pere[1], ne luy peuvent
monstrer, que les choses visibles plus approchantes de la
perfection, après quoy l'ame court, cuidans* trouver en
une beauté exterieure, en une grace visible et aux vertuz
morales, la souveraine beauté, grace et vertu. Mais quand
elle les a cherchez et experimentez, et n'y trouve point
celuy qu'elle aime, elle passe outre, comme l'enfant, qui
selon sa petitesse aime les pommes, les poires, les pou-
pées et autres petites choses, les plus belles que son œil
peult veoir, et estime richesses d'assembler des petites
pierres : mais en croissant aime les poupines* vives, et
amasse les biens necessaires pour la vie humaine. Mais
quand il cognoist par plus grande experience que ès choses *transitoires* n'y*ᵃ a nulle perfection ne felicité, il
desire chercher la vraye felicité, et le facteur* et source
d'icelle. Toutesfois[2] si Dieu ne luy ouvre l'œil de la foy,
seroit en danger de *de*venir*ᵇ d'un ignorant un infidele
philosophe. Car foy seulement peult monstrer et faire
recevoir le bien, que l'homme charnel et animal ne peult
entendre. — Ne voyez vous pas bien, dist Longarine, que
la terre non cultivée porte beaucoup d'arbres et herbes
combien qu'ils soient inutiles, si* est-ce qu'elle est bien
desirée pour l'espoir qu'on a qu'elle portera bon grain,

a. choses territoires* n'y
b. de venir

quand elle sera semée et bien cultivée[1]. Aussi le cueur de l'homme qui n'a *nul* sentiment *d'amour* aux[a] choses visibles, ne viendra jamais à l'amour de Dieu par la semence de sa parolle : car la terre de son cueur est sterile, froide et damnée. — Voilà pourquoy, dist Saffredent, la plus part des *docteurs ne seront jamais spirituelz car ilz n'ayment que le bon vin et les chambrieres laydes et ordes, sans experimenter que c'est d'aymer dame honneste*[2]. — Si[b] je sçavois, dist Simontault, bien parler Latin, je vous alleguerois que sainct Jean dict : que "celuy qui n'aime son frere qu'il veoit, comment aimera-il Dieu qu'il ne veoit point ?" car par les choses visibles, on est attiré à l'amour des choses invisibles. » Mais ce dist Emarsuitte : « quis est ille et[c] laudabimus eum[3], ainsi parfaict que vous le dictes ? — Il y en a, respondit Dagoucin, qui aiment si fort et si parfaictement, qu'ils aimeroient mieux mourir, que de sentir un desir contre l'honneur et la conscience de leurs maistresses, et si ne veullent qu'elles ne autres s'en apperçoivent. — Ceux là, dist Saffredent, sont de la nature du Camaleon qui vit de l'air[4]. Car il n'y a homme au monde, qui ne desire declarer son amour, et de sçavoir estre aimé : et si[*] croy qu'il n'est si forte fiebvre d'amitié, qui soudain ne se passe, quand on cognoist le contraire. Quant à moy, j'en ay veu des miracles evidens. — Je vous prie, dist Emarsuitte, prenez ma place, et nous racomptez de quelqu'un qui soit resuscité de mort à vie, pour cognoistre le contraire en sa dame de ce qu'il desiroit. — Je crains tant, dist Saffredent, de desplaire aux dames de qui j'ay esté et seray à jamais serviteur, que sans exprès comman-

---

a. autre sentiment qu'aux
b. la plus part des hommes sont deceuz, lesquels ne s'amusent qu'aux choses exterieures, et contemnent le plus precieux, qui est dedans. Si
c. invisibles Qui est-il, dist Emarsuitte, et

dement, je n'eusse osé racompter leurs imperfections : mais pour obeïr je ne celeray la verité. »

Un gentil-homme est inopinément guary du mal d'amours, trouvant sa damoiselle* rigoureuse entre les bras de son palefrenier[1].

NOUVELLE VINGTIESME

Au pays du Daulphiné, y avoit un gentil-homme, nommé le seigneur du Ryant[2], qui estoit de la maison* du Roy François premier de ce nom, autant beau et honneste qu'il estoit possible de veoir. Il fut longuement serviteur* d'une dame vefve*, laquelle il aimoit et reveroit tant, que de peur qu'il avoit de perdre sa bonne grace, ne l'osoit importuner de ce qu'il desiroit le plus. Et luy, qui se sentoit beau et digne d'estre aimé, croyoit fermement ce qu'elle luy juroit souvent : c'est, qu'elle l'aimoit plus que tous les gentils-hommes du monde, et que si elle estoit contraincte de faire quelque chose pour un gentil-homme, ce seroit pour luy seulement, comme le plus parfaict qu'elle avoit jamais cogneu, et luy prioit de se contenter seulement, sans oultrepasser, de ceste honneste amitié, l'asseurant que si elle cognoissoit qu'il pretendist d'avantage, sans se contenter de la raison, que du tout* il la perdroit. Le pauvre gentil-homme non seulement se contentoit de cela, mais se tenoit tresheureux d'avoir gaigné le cueur de celle qu'il pensoit tant honneste. Il seroit long de vous racompter le discours* de son amitié et longue frequentation qu'il eut avec elle, et les voyages qu'il faisoit pour la venir veoir. Mais pour conclusion, ce pauvre martir d'un feu si plaisant, que plus on en brusle, plus on en veult brusler, cherchoit tousjours le moyen d'augmenter son martire. Et un jour luy print fantasie d'aller veoir en poste celle qu'il aimoit plus que luy mesme, et qu'il estimoit par dessus toutes les femmes du monde. Luy arrivé, alla en la maison, et demanda où elle estoit. On luy dist qu'elle ne faisoit que venir de vespres, et estoit entrée en sa garenne*, pour achever son service*. Il descendit de cheval, et s'en va tout droict à la garenne où elle estoit, et trouva ses femmes qui luy dirent, qu'elle s'en alloit toute seule promener en une grande allée, estant en ladicte garenne. Il commença plus que jamais à esperer quelque bonne fortune pour luy. Et le plus doulcement qu'il peut, sans faire bruit, la chercha le mieulx qu'il luy fut possible, desirant sur toutes choses de la pouvoir trouver seule. Mais quand il fut auprès d'un pavillon d'arbres ployez[1], qui estoit un lieu tant beau et plaisant qu'il n'estoit possible de plus, entra soudainement dedans, comme celuy à qui tardoit de veoir ce qu'il aimoit. Mais il trouva à son entrée la damoiselle couchée sur l'herbe, entre les bras d'un pallefrenier de sa maison, aussi laid, ord*, et infame, que le gentilhomme estoit beau, honneste, et amiable. Je n'entreprends pas de vous depeindre le despit qu'il eut : mais il fut si grand, qu'il eut puissance d'esteindre en un moment le feu si embrasé de long temps. Et autant remply de despit qu'il avoit esté d'amour, luy dist : « Ma dame, prou vous face[2] : aujourd'huy par vostre meschanceté cogneuë, suis guary et delivré de ma continuelle douleur, dont l'honnesteté que j'estimois en vous estoit occasion. » Et sans autre à Dieu s'en retourna plus viste qu'il n'estoit venu. La pauvre femme ne luy feit autre response, sinon de mettre la main devant son visage : car puis qu'elle ne pouvoit couvrir sa honte, elle couvroit ses yeux pour ne veoir celuy qui la voyoit trop clairement, nonobstant sa longue dissimulation.

« Parquoy, mes dames, je vous supplie, si n'avez vouloir d'aimer parfaictement, ne pensez pas dissimuler à un
homme de bien, et luy faire desplaisir pour vostre gloire :
car les hypocrites sont payez de leur loyer[1], et Dieu favorise ceulx qui aiment *naifvement*[*a]. — Vrayement, dit
Oisille, vous nous l'avez gardée bonne à la fin de la journée. Et si n'estoit que nous avons juré de dire la verité,
je ne sçaurois croire qu'une femme de l'estat dont elle
estoit, sceust estre si meschante *de l'ame quant à Dieu,
et du corps laissant* un[b] si honneste gentilhomme pour
un si vilain mulletier. — Helas ! ma dame, si vous sçaviez, dist Hircan, la difference qu'il y a d'un gentil-
homme, qui a toute sa vie porté le harnois[*] et suivy la
guerre, au pris d'un varlet sans bouger d'un lieu bien
nourry[2], vous excuseriez ceste pauvre vefve[*]. — Je ne
croy pas Hircan, dist Oisille > quelque chose que vous
en dictes, que vous puissiez recevoir nulle excuse d'elle.
— J'ay bien ouy dire, dist Simontault, qu'il y a des femmes qui veulent avoir des Evangelistes[3], pour prescher
leur vertu et leur chasteté, et leur font la meilleure chere[*]
qu'il leur est possible, et la plus privée[*], les asseurans
que si la conscience et l'honneur ne les retenoient, elles
leur accorderoient leurs desirs. Et les pauvres sots, quand
en compaignie ils parlent d'elles, jurent qu'ils mettroient
leur doigt au feu sans brusler, pour soustenir qu'elles
sont femmes de bien, car ils ont experimenté leur amour
jusques au bout. Aussi se font louër par tels honnestes
hommes celles qui à leurs semblables se monstrent telles
qu'elles sont, et choisissent ceulx qui ne sçavent avoir
hardiesse de parler : et s'ils en parlent pour leur vile et

a. qui aiment parfaictement
b. meschante de laisser un

orde* condition ne seroient pas creuz. — Voilà, dist
Longarine, une opinion que j'ay autresfois ouy dire aux
plus jaloux et soupçonneux hommes, mais c'est peindre
une chimere : car combien qu'il soit advenu à quelque
pauvre malheureuse, si* est ce chose qui ne se doit
soupçonner en autre. — Or tant plus avant nous entrons
en ce propos, dist Parlamente, et plus ces bons seigneurs
icy drapperont sur la tissure *de Simontault*[1], et tout à noz
despens. Parquoy mieulx vault aller ouyr les vespres, à fin
que ne soyons tant attendues que nous fusmes hier. » La
compaignie fut de son opinion, et en allant, Oisille leur
dist : « Si quelqu'un de nous rend graces à Dieu, d'avoir
à ceste journée dict la verité des histoires que nous avons
racomptées, Saffredent luy doit demander pardon, d'avoir
rememoré une si grande villennie contre les dames. —
Par mon serment, dist Saffredent, combien que mon
compte soit veritable, si est-ce que je l'ay ouy dire. Mais
quand je vouldrois[2] faire le rapport du cerf[3] à veuë d'œil,
je vous ferois faire plus de signes de la croix de ce que je
sçay des femmes, que l'on n'en faict à sacrer une eglise.
— C'est bien loing de se repentir, *dict Guebron*[a], quand
la confession aggrave le peché. — Puis qu'avez telle opinion des femmes, dist Parlamente, elles vous doivent pri-
ver de leur honnesteté, entretenement*, et privauté*. »
Mais il luy respondit : « aucunes* ont tant usé en mon
endroit du conseil que vous leur donnez, en m'eslon-
gnant et separant des choses justes et honnestes, que si je
pouvois dire pis, et pis faire à toutes, je ne m'y espar-
gnerois pas, pour les inciter à me venger de celle qui me
tient un si grand tort. » En disant ces parolles[4], Parlamente meist son touret de nez[5], et avec les autres entra
en l'eglise, où ils trouverent vespres tresbien sonnées,

---

a. Le manuscrit donne lui, comme partout, *Geburon*

mais ils n'y trouverent pas un des religieux pour les dire, pource qu'ils avoient entendu que dedans le pré s'assembloit ceste compaignie, pour y dire les plus plaisantes choses qu'il estoit possible : et comme ceulx qui aimoient mieulx leurs plaisirs que leurs oraisons, s'estoient allé cacher dedans une fosse, le ventre contre terre, derriere une haye fort espesse. Et là avoient si bien escouté les beaux comptes, qu'ils n'avoient point ouy sonner la cloche de leur monastere. Ce qui parut bien, car ils arriverent en telle haste, que quasi l'haleine leur failloit* à commencer vespres. Et quand elles furent dictes, confesserent à ceulx qui leur demandoient l'occasion de leur chant tardif, et mal entonné, que ce avoit esté par les escouter. Parquoy voyant leur bonne volonté[1], leur fut permis que tous les jours ils assisteroient derriere la haye, assis à leur aise. Le souppé se passa joyeusement, en relevant les propos qu'ils n'avoient pas mis à fin dans le pré, qui durerent tout le long de la soirée, jusques à ce que Oisille les pria de se retirer, à fin que leur esprit fust plus prompt le lendemain. Et après un bon et long repos, dont elle disoit qu'une heure avant mynuict valloit mieux que trois après, *ainsi s'en allant chascun en sa chambre*, se partit ceste compaignie, mettant fin au second discours et recit d'histoires[2].

FIN DE LA DEUXIESME JOURNÉE
DES NOUVELLES DE LA ROYNE
DE NAVARRE.

LA TROISIESME JOURNÉE
DES NOUVELLES DE LA ROYNE
DE NAVARRE.

Le matin la compaignie ne peut si tost venir en la salle qu'ils ne trouvassent madame Oisille, qui avoit plus de demie heure au paravant estudié la leçon* qu'elle devoit lire. Et si aux precedens propos ils s'estoient contentez, aux seconds ne le furent pas moins : et n'eust esté que l'un des religieux les vint querir pour aller à la messe, leur contemplation les empeschoit d'ouïr la cloche. La messe ouye bien devotement, et le disné* passé bien sobrement, pour n'empescher par les viandes* leur memoire, à s'acquiter chacun en son ranc le mieux qu'il leur seroit possible, se retirerent à leurs chambres à visiter leurs registres[1], attendans l'heure accoustumée d'aller au pré, laquelle venüe ne faillirent à ce beau voyage. Et ceux, qui avoient deliberé de dire quelque folie, avoient desja le visage si joyeux, que l'on esperoit d'eux occasion de bien rire. Quand ils furent assis, demanderent à Saffredent, à qui il donnoit sa voix *pour commencer la troisiesme journée.* « Puis (dist il) que la faulte que je feis hier, est si grande que vous dictes, ne sçachant histoire digne pour la reparer, je donne ma voix à Parlamente, laquelle pour son bon sens, sçaura si bien louër les dames, qu'elle fera mettre en oubly la verité que vous ay dicte. — Je n'entreprens, dist Parlamente, de reparer voz faultes, mais

bien de me garder de les ensuivre*. Parquoy je me delibere*, usant de la verité promise et jurée, de vous monstrer qu'il y a des dames, qui en leur amitié n'ont cherché
nulle fin que d'honnesteté. Et pource que celle, dont je
vous veux parler, estoit de bonne maison*, je ne changeray rien en l'histoire, que le nom : vous priant, mes dames,
de penser qu'amour n'a point de puissance de changer
un cueur chaste et honneste, comme vous verrez par l'histoire que je vois compter. »

L'honneste et merveilleuse* amitié d'une fille de grande maison et
d'un bastard : et l'empeschement qu'une Royne donna à leur
mariage, avec la sage response de la fille à la Royne.

NOUVELLE VINGTUNIESME

Il y avoit en France une Royne, qui en sa compaignie
nourrissoit plusieurs filles de bonnes et grandes maisons. Entre autres y en avoit une nommée Rolandine,
qui estoit bien proche sa parente[1]. Mais la Royne pour
quelque inimitié qu'elle portoit à son pere, ne luy faisoit pas trop bonne chere*. Combien que ceste fille ne
fust pas des plus belles ne des plus laides, si estoit elle
tant sage et *vertueuse*, que*ᵃ* plusieurs grands seigneurs et
personnages la demanderent en mariage, dont ils avoient
froide response : car le pere aimoit tant son argent, qu'il
en oublioit l'advancement de sa fille. Et sa maistresse
(comme dict est) luy portoit si peu de faveur, qu'elle
n'estoit point demandée de ceux qui se vouloient advancer
en la bonne grace de la Royne. Ainsi par la negligence

a. et gracieuse que

du pere, et par le desdaing de la maistresse, ceste pauvre fille demeura long temps sans estre mariée. Et comme celle qui se fascha à la longue, non tant pour l'envie qu'elle eust d'estre mariée, que pour la honte qu'elle avoit de ne l'estre point, tant s'en fascha que du tout* elle se retira à Dieu, et laissant les mondanitez* et gorgiasetez* de la court, tout son passe-temps fut de prier Dieu ou de faire quelques ouvrages. Et en ceste vie ainsi retirée passa sa jeunesse, en vivant tant honnestement et sainctement, qu'il n'estoit possible de plus.

Quand elle fut approchée de trente ans, il y eut un gentilhomme bastard[1] d'une grande et bonne maison*, autant gentil compaignon et homme de bien, qu'il en fut point de son temps : mais la richesse l'avoit du tout delaissé, et avoit si peu de beauté qu'une dame, quelle que fust, pour son plaisir ne l'eust choisi. Ce pauvre gentil-homme estoit demeuré sans party, et comme un malheureux souvent cherche l'autre, vint aborder ceste pauvre damoiselle Rolandine : car leurs fortunes, complexions, et conditions estoient fort pareilles : et se plaignans l'un à l'autre de leurs infortunes, prindrent une tresgrande amitié. Et se trouvans tous deux compaignons de malheur, se chercherent en tous lieux pour se consoler l'un l'autre, et en ceste longue frequentation s'engendra une tresgrande amitié. Ceux, qui avoient veu la damoiselle Rolandine si fort retirée qu'elle ne parloit à personne, la voians lors incessamment entretenir le bastard de bonne maison, en furent incontinent scandalisez, et dirent à sa gouvernante[2] qu'elle ne devoit endurer ses longs propos. Ce qu'elle remonstra à Rolandine, luy disant que chacun en seroit scandalisé de ce qu'elle parloit tant à un homme qui n'estoit assez riche pour l'espouser, ne assez beau pour estre aimé. Rolandine, qui avoit esté tousjours plus reprise de son austerité que de ses mondanitez*, dist à sa

gouvernante : « Helas, ma mere ! vous voyez que je ne
puis avoir un mary selon la maison dont je suis, et que
j'ay tousjours fuy ceux, qui sont beaux et jeunes, de peur
de tomber aux inconveniens où j'en ay veu d'autres. Et
j'ay trouvé ce gentil-homme si sage et vertueux, comme
vous sçavez, lequel ne me presche que choses bonnes et
vertueuses : quel tort puis-je tenir à vous et à ceux qui en
parlent, de me consoler *avecques luy* de mes ennuiz ? »
La pauvre vieille, qui aimoit sa maistresse plus qu'elle
mesme, luy dist : « Ma damoiselle, je voy bien que vous
dictes verité, et que vous estes traictée de pere et de maistresse autrement que ne le meritez. Si* est-ce puis que
l'on parle de vostre honneur en telle sorte, et fust il vostre propre frere, vous vous devez retirer de parler à luy. »
Rolandine luy dist en pleurant : « Ma mere, puis que
vous le me conseillez, je le feray : mais c'est une chose
estrange, de n'avoir en ce monde nulle consolation. » Le
bastard comme il avoit accoustumé la voulut venir entretenir, mais elle luy dist tout au long ce que sa gouvernante luy avoit dict. Et le pria en pleurant, qu'il se
contentast pour un temps, de *ne* parler *poinct* à elle, jusques à ce que ce bruit fust un peu passé : ce qu'il feit à
sa requeste.

Mais durant cest eslongnement, ayant perdu l'un et
l'autre leur consolation, commencerent à sentir un tourment, qui jamais du costé d'elle n'avoit esté experimenté.
Elle ne cessoit de prier Dieu, et d'aller en voyages, et
faire abstinences[1]. Car cest amour encores incogneu luy
donnoit une telle inquietude, qu'elle ne la laissoit une
seule heure reposer. Du costé du bastard de bonne maison, n'estoit l'amour moins fort. Mais luy, qui avoit
desjà conclud en son cueur de l'aimer et de tascher à
l'espouser, et regardant avec l'amour l'honneur que ce
luy seroit de la pouvoir avoir, pensa qu'il luy failloit*

chercher moyen pour luy declarer sa volonté, et sur tout
gaigner sa gouvernante. Ce qu'il feit, en luy remonstrant
la misere en quoy estoit retenuë sa pauvre maistresse, à
laquelle on vouloit oster toute consolation. Dont la pauvre vieille en plorant le remercia de l'honneste affection
qu'il portoit à sa maistresse. Et adviserent ensemble le
moyen comme ils pourroient parler l'un à l'autre. *C'estoit
que* Rolandine *feroit* semblant*[a]* d'estre malade d'une
migraine où l'on craint fort le bruit, et quand ses compaignes iroient en la chambre *de la Royne*, ils demeureroient tous deux seuls, et là il la pourroit entretenir. Le
bastard en fut fort joyeux, et se gouverna entierement
par le conseil de ceste gouvernante, en sorte que quand
il vouloit il parloit à s'amie, mais ce contentement ne
luy dura gueres. Car la Royne, qui ne l'aimoit gueres,
s'enquist que faisoit tant Rolandine en la chambre, et
quelqu'un dist que c'estoit pour sa maladie. Toutesfois un
autre qui avoit trop de memoire *des absens*, luy[b] dist que
l'aise, que Rolandine avoit d'entretenir le bastard de
bonne maison, luy devoit faire passer sa migraine. La
Royne, qui trouvoit les pechez veniels des autres mortels
en elle, l'envoya querir, et luy defendit de ne parler jamais
au bastard, si ce n'estoit en sa chambre ou en sa salle.
La damoiselle n'en feist nul semblant, mais luy respondit que si elle eust pensé que luy ou un autre luy eust
despleu, elle n'eust jamais parlé à luy. Toutesfois pensa
en elle mesme qu'elle chercheroit un autre moyen, dont
la Royne ne sçauroit rien : ce qu'elle feit : et les Mercredis, Vendredis et Samedis, qu'elle jeusnoit[1], demeuroit en
sa chambre avec sa gouvernante, où elle avoit loisir de
parler, tandis que les autres souppoient, à celuy qu'elle

a. Rolandine faisoit semblant
b. memoire de l'absence luy

commençoit à aimer si fort. Et tant plus le temps de leur propos estoit abbregé par contraincte, et plus leurs parolles estoient dictes de grande affection : car ils desroboient le temps de leurs propos, comme faict le larron une chose precieuse. L'affaire ne sceut estre menée si secrettement, que quelque varlet ne le veid entrer là dedans au jour de jeusne, et le redist au lieu où il ne fut celé à personne, mesmement* à la Royne, qui s'en courrouça si fort qu'onques* puis le bastard n'osa aller en la chambre des damoiselles. Et pour ne perdre le bien de parler à celle que tant il aimoit, faisoit souvent semblant d'aller en quelque voyage, et revenoit au soir à l'eglise et chapelle du chasteau habillé en cordelier* ou jacobin[1] (si bien desguisé et dissimulé que nul ne le cognoissoit) et là s'en alloit la damoiselle Rolandine avec sa gouvernante l'entretenir.

Luy voyant la grande amour qu'elle luy portoit, n'eut crainte de luy dire : « Ma damoiselle, vous voyez le hazard où je me mects pour vostre service, et les defenses que la Royne vous a faictes de parler à moy. Vous voyez d'autre part quel pere vous avez, qui ne pense en quelque sorte que ce soit de vous marier. Il a tant refusé de bons partiz, que je ne sçache plus ny près ny loing de luy, qui soit pour vous avoir. Je sçay bien que je suis pauvre, et que vous ne sçauriez espouser gentil-homme, qui ne soit plus riche que moy. Mais si amour et bonne volonté estoient estimez un tresor, je penserois estre estimé le plus riche homme du monde. Dieu vous a donné de grands biens, et estes en voye d'en avoir encore plus : si j'estois si heureux que me vousissiez* eslire pour mary, je vous serois mary, amy, et serviteur* toute ma vie : et si vous en prenez un egal à vous (chose difficile à trouver) il vouldra estre maistre, et regardera plus à voz biens, qu'à vostre personne, et à la beauté qu'à la vertu : et en jouïssant de l'usufruict de vostre bien, traictera vostre personne autre-

ment qu'elle ne l'a merité. Le desir d'avoir ce contentement, et la peur que j'ay que n'en ayez point avec un
autre, me faict vous supplier que par un mesme moyen
vous me rendiez heureux, et vous la plus satisfaicte et
la mieux traictée femme, qu'oncques* fut. » Rolandine
escoutant le mesme propos qu'elle avoit deliberé* de
luy tenir, luy respondit d'un visage constant : « Je suis
tresaise dont vous avez commencé le propos, que j'avois
long temps deliberé de vous tenir, et auquel depuis deux
ans, que vous cognois, je ne cesse de penser, et repen-
ser de moy mesmes toutes les raisons pour vous et contre
vous, que j'ay peu inventer. Mais à la fin sachant que je
veux prendre l'estat de mariage, il est temps que je commence, et que je choisisse celuy, avec lequel je penseray
mieulx vivre en repos de ma conscience. Je n'en ay sceu
trouver un, tant soit il beau, riche, ou grand seigneur, avec
lequel mon cueur et mon esprit se peust accorder, sinon
vous seul. Je sçay qu'en vous espousant je n'offense point
Dieu, mais fais ce qu'il commande. Et quant à monsieur
mon pere, il a si peu pourchassé mon bien, et tant refusé,
que la loy veult que je me marie sans qu'il me puisse*
desheriter[1]. Quand je n'auray que ce qui m'appartient en
espousant un mary tel envers moy que vous estes, je me
tiendray la plus riche femme du monde. Quant à la Royne
ma maistresse, je ne dois faire conscience de luy desplaire pour obeïr à Dieu : car elle n'a point feinct* de
m'empescher le bien qu'en ma jeunesse j'eusse peu avoir.
Mais à fin que vous cognoissiez que l'amitié, que je
vous porte, est fondée sur la vertu et sur l'honneur, vous
me promettez que, si j'accorde ce mariage, n'en pourchas-
serez jamais la consommation, que mon pere ne soit mort,
ou que je n'aye trouvé moyen de l'y faire consentir. » Ce

---

a. sans luy et qu'il me puisse

que luy promist volontiers le bastard : et sur ces promesses
se donnerent chacun un anneau en nom de mariage[1], et se
baiserent en l'eglise devant Dieu, qu'ils prindrent en tesmoing de leur promesse, et jamais depuis n'y eut entre
eux plus grande privauté que de baiser.

Ce peu de contentement donna grande satisfaction au
cueur de ces deux parfaicts amans, et furent long temps
sans se veoir, vivans de ceste seureté. Il n'y avoit gueres
lieu où l'honneur se peust acquerir, que ledict bastard
n'y allast avec un grand contentement qu'il ne pouvoit
demourer pauvre[a], veu la riche femme que Dieu luy avoit
donnée : laquelle en son absence conserva si longuement
ceste parfaicte amitié, qu'elle ne tint compte d'homme
du monde. Et combien que quelques uns la demandas-
sent en mariage, ils n'avoient neantmoins autre response
d'elle, sinon que, puis qu'elle avoit tant demeuré sans
estre mariée, elle ne vouloit jamais l'estre. Ceste response fut entendue de tant de gens, que la Royne en ouyt
parler, et luy demanda pour quelle occasion elle tenoit ce
langage. Rolandine luy dist, que c'estoit pour luy obeïr :
car elle sçavoit bien, que jamais n'avoit eu envie de la
marier en temps et lieu où elle eust esté honorablement
pourveuë et à son aise, et que l'aage et la patience luy
avoient aprins de se contenter de l'estat où elle estoit. Et
toutes les fois qu'on luy parloit de mariage, elle faisoit
pareille response. Quand les guerres furent passées, et
que le bastard fut retourné en la court, elle ne parloit
point à luy devant les gens, ains* alloit tousjours en quelque eglise l'entretenir sous couleur de confession : car
la Royne avoit defendu à luy et à elle, qu'ils n'eussent
à parler ensemble sans estre en grande compaignie, sur
peine de leurs vies. Mais l'amour honneste, qui ne craint

---

a. pouvoit devenir pauvre

nulle defense, estoit plus prest à trouver des moyens pour
les faire parler ensemble, que leurs ennemis n'estoient
prompts à les guetter, et sous l'habit de toutes les religions* *qui se peuvent* penser*a*, continuerent leur honneste
amitié, jusques à ce que le Roy s'en alla en une maison
de plaisance *près de Tours*, *mais non tant que*b les dames
eussent peu aller à pied, à autre Eglise qu'à celle du chasteau, qui estoit tant et si mal bastie à propos, qu'il n'y
avoit lieu à se cacher à confesser, où le confesseur n'eust
esté clairement cogneu : toutesfois si d'un costé l'occasion leur failloit*, amour leur en trouvoit une autre plus
aisée. Car il arriva à la court une dame de laquelle le bastard estoit proche parent. Ceste dame avec son fils furent
logez en la maison du Roy, et estoit la chambre de ce
jeune prince avencée toute entière, outre le corps de la
maison où le Roy estoit : tellement que de sa fenestre
pouvoit veoir et parler à Rolandine : car leurs fenestres
estoient proprement à l'angle des deux corps de maison.
En ceste chambre là, qui estoit sur la salle du Roy,
estoient logées toutes les damoiselles de bonne maison*
compaignes de Rolandine. Laquelle advisant par plusieurs
fois ce jeune prince en ceste fenestre, en feit advertir le
bastard par sa gouvernante : lequel après avoir bien
regardé le lieu, feit semblant* de prendre fort grand plaisir de lire un livre des chevaliers de la Table Ronde[1], qui
estoit en la chambre du prince. Et quand chacun s'en alloit
disner, prioit un varlet de chambre le vouloir laisser parachever de lire, et l'enfermer dedans la chambre, et qu'il
la garderoit bien. L'autre, qui le cognoissoit parent de son
maistre et homme seur, le laissoit lire tant qu'il luy plaisoit. D'autre costé venoit à sa fenestre Rolandine, qui,

a. qu'ils se peurent penser
b. plaisance non tant près que

pour avoir occasion d'y demourer plus longuement, feignit avoir mal en une jambe, et disnoit et souppoit de si
bonne heure, qu'elle n'alloit plus à l'ordinaire des dames.
Elle se meit à faire un lict[1] de soye cramoisie, et l'atta-
choit à la fenestre où elle vouloit demourer seule, et
quand elle voyoit qu'il n'y avoit personne, elle entretenoit son mary, auquel elle pouvoit parler en telle sorte
que nul ne les eust sceu entendre : et quand il s'approchoit quelqu'un, elle toussoit et faisoit signe, par lequel le
bastard se pouvoit retirer. Ceux qui faisoient le guet sur
eux, tenoient tout certain, que l'amitié estoit passée : car
elle ne bougeoit d'une chambre, où seurement il ne la
pouvoit voir, parce que l'entrée luy en estoit defendue.

Un jour la mere de ce jeune prince estant en la chambre
de son fils se meit à la fenestre où estoit ce grand livre, et
n'y demoura gueres qu'une des compagnes de Rolandine,
qui estoit à celle de leur chambre, salüa ceste dame, et
parla à elle. La dame luy demanda comme se portoit
Rolandine : elle luy dist qu'elle la verroit bien s'il luy
plaisoit, et la feit venir en la fenestre en son couvrechef*
de nuict, et après avoir parlé de sa maladie, se retirerent
chacun de son costé. La dame, regardant ce gros livre de
la Table Ronde, dist au varlet de chambre qui en avoit la
garde : « Je m'esbahis comme les jeunes gens donnent
leur temps à lire tant de follies[2]. » Le varlet de chambre
luy respondit qu'il s'esmerveilloit encores plus, que les
gens estimez bien sages et aagez, y estoient plus affec-
tionnez* que les jeunes, et pour une merveille luy compta
comme le bastard son cousin y demeuroit quatre ou
cinq heures tous les jours à lire ce beau livre. Incontinent
frappa au cueur de ceste dame l'occasion pourquoy c'estoit, et donna charge au varlet de chambre de se cacher
en quelque lieu et de regarder ce qu'il feroit : ce qu'il
feit, et trouva que le livre où il lisoit estoit la fenestre où

Rolandine venoit parler à luy, et *entendit* plusieurs[a] propos de l'amitié qu'ils cuidoient* tenir bien secrete. Le lendemain le racompta à sa maistresse, qui envoya querir
son cousin le bastard, et après plusieurs remonstrances,
luy deffendit de ne s'y trouver plus : et le soir elle parla
à Rolandine, la menassant, si elle continuoit ceste folle
amitié, de dire à la Royne toutes les menées. Rolandine,
qui ne s'estonnoit, jura que depuis la defense de sa maistresse, elle n'y avoit point parlé, quelque chose que l'on
dist, et qu'elle en sceut la verité tant de ses compaignes
que des serviteurs : et quant à la fenestre dont elle parloit, elle n'y avoit point parlé au bastard : lequel craignant que son affaire fust revellé s'eslongna du danger,
et fut long temps sans revenir à la court, mais non sans
rescrire à Rolandine par si subtils moyens, que quelque
guet que la Royne y meist, il n'estoit sepmaine qu'elle
n'eust deux fois de ses nouvelles. Et quand le moyen du
religieux dont il s'aidoit fut failly*, il envoyoit un petit
page habillé de couleurs puis* de l'une puis de l'autre,
qui s'arrestoit aux portes où toutes les dames passoient,
et là bailloit ses lettres secrettement parmy la presse. Un
jour que la Royne alloit aux champs, quelqu'un, qui recogneut le page, et qui avoit la charge de prendre garde à
cest affaire, courut après : mais ledict page qui estoit fin
(se doubtant que l'on le cherchoit) entra en la maison
d'une pauvre femme, qui faisoit bouillir son pot auprès
du feu, où il brusla incontinent ses lettres. Le gentil-
homme qui le suivoit le despouïlla tout nud, et chercha
par tout son habillement : mais il ne trouva rien, parquoy le laissa aller. Et quand il fut party, la vieille luy
demanda pourquoy il avoit ainsi cherché ce pauvre jeune
enfant. Il luy dist que c'estoit pour trouver quelques

a. et entendoit plusieurs

lettres, qu'il pensoit qu'il portast. « Vous n'aviez garde,
dist la vieille, de les trouver, car il les avoit bien cachées.
— Je vous prie, dist ce gentil-homme, dictes moy en
quel endroit c'est », esperant bientost les recouvrer. Mais
quand il entendit que c'estoit dedans le feu, cogneut bien
que le page avoit esté plus fin que luy, ce que incontinent alla compter à la Royne.

Toutesfois depuis ceste heure là ne s'ayda plus du page
le bastard, ains* y envoya un vieil serviteur qu'il avoit,
lequel oubliant la crainte de la mort, dont il sçavoit bien
que l'on faisoit menasser de par la Royne ceux qui se
mesloient de cest affaire, entreprint de porter lettres à
Rolandine. Et quand il fut entré au chasteau où elle estoit,
s'en alla guetter en une porte au pied d'un grand degré*
où toutes les dames passoient : mais un varlet qui autresfois l'avoit veu, le recogneut incontinent, et l'alla dire au
maistre d'hostel de la Royne, qui soudainement le vint
chercher pour le prendre. Le varlet sage et advisé, voyant
qu'on le regardoit de loing, se retourna vers la muraille,
comme pour faire de l'eau, et là rompit ses lettres plus
menu qu'il luy fut possible, et les jetta derriere une porte.
Sur l'heure il fut pris et cherché de tous costez, et quand
on ne luy trouva rien, on l'interrogea par serment s'il
n'avoit porté nulles lettres, luy gardant toutes les rigueurs
et persuasions qu'il fut possible pour luy faire confesser
la verité, mais pour promesses ou menaces qu'on luy feist
jamais *n'en* sceurentᵃ tirer autre chose. Le rapport en fut
faict à la Royne, mais quelqu'un de la compaignie s'advisa qu'il estoit bon de regarder derriere la porte près de
laquelle l'on l'avoit pris : ce qui fut faict, et trouva l'on
ce que l'on cherchoit, c'estoient les pieces des lettres.
On envoya querir le confesseur du Roy, lequel après les

a. jamais ne sceurent

avoir assemblées sur une table, leut la lettre tout du long,
où la verité du mariage tant dissimulé se trouva clerement : car le bastard ne l'appelloit que sa femme. La
Royne, qui n'avoit deliberé* de couvrir la faulte de son
prochain (comme elle devoit) en feit un tresgrand bruit,
et commanda que par tous moyens on feist confesser au
pauvre homme la verité de ceste lettre, et qu'en luy monstrant il ne la pourroit renier : mais quelque chose qu'on
luy dist ou qu'on luy monstrast, il ne changea son propos premier. Ceux qui en avoient la charge, le menerent
au bord de la riviere, et le meirent dans un sac, disans
qu'il mentoit à Dieu et à la Royne, contre la verité prouvée. Luy, qui aimoit mieux perdre la vie, que d'accuser
son maistre, leur demanda un confesseur, et après avoir
faict de sa conscience le mieux qu'il luy fut possible,
leur dist : « Messieurs, dictes à monsieur mon maistre le
bastard, que je luy recommande la vie de ma femme et
de mes enfans : car de bon cueur je mects la mienne
pour son service, et faictes de moy ce qu'il vous plaira,
car vous n'en tirerez jamais parolle qui soit contre mon
maistre. » A l'heure* pour luy faire plus grand peur le
getterent dedans le sac en l'eau, luy crians : « Si tu veux
dire verité tu seras saulvé » : mais voyans qu'il ne leur
respondoit rien, le retirerent de là, et en feirent le rapport
à la Royne de sa constance, qui dist à l'heure, que le
Roy son mary ny elle, n'estoient point si heureux en serviteurs, qu'un qui n'avoit de quoy les recompenser : et
feist ce qu'elle peut pour le retirer à son service, mais
jamais ne voulut abandonner son maistre. Toutesfois par
le congé de sondict maistre fut mis au service de la Royne,
où il vescut heureux et content.

La Royne, après avoir cogneu la verité du mariage par
la lettre du bastard, envoya querir Rolandine, et avecques
un visage fort courroucé, l'appella plusieurs fois malheu-

reuse au lieu de cousine, luy remonstrant la honte qu'elle
avoit faicte à la maison de son pere, et de tous ses parens,
de s'estre mariée, et à elle qui estoit sa maistresse, sans
son commandement ne congé. Rolandine, qui de long
temps cognoissoit le peu d'affection que luy portoit sa
maistresse, luy rendit la pareille, et pource que l'amour¹
luy defailloit*, la crainte n'avoit plus de lieu : pensant
aussi que ceste correction devant plusieurs personnes ne
procedoit pas d'amour qu'elle luy portast, mais pour luy
faire une honte, comme celle qu'elle estimoit prendre
plus de plaisir à la chastier, que de desplaisir à la veoir
faillir, luy respondit d'un visage aussi joyeux et asseuré,
que la Royne monstroit le sien troublé et courroucé :
« Ma dame, si vous ne cognoissiez vostre cueur tel qu'il
est, je vous mettrois au devant la mauvaise volonté que
de long temps avez portée à monsieur mon pere et à moy :
mais vous le sçavez si bien, que vous ne trouverez point
estrange si tout le monde s'en doubte : et quant est de
moy, ma dame, je m'en suis apperceuë à mon plus grand
dommage. Car quand il vous eust pleu me favoriser,
comme celles qui ne vous sont si proches que moy, je
fusse maintenant mariée, autant à vostre honneur qu'au
mien : mais vous m'avez laissée comme une personne
oubliée du tout* en vostre bonne grace, en sorte que tous
les bons partiz que j'eusse peu avoir, me sont passez
devant les yeux par la negligence de monsieur mon pere,
et par le peu d'estime qu'avez faict de moy : dont j'estois
tombée en tel desespoir, que si ma santé eust peu porter
l'estat de religion*, je l'eusse volontiers prins, pour ne
veoir les ennuiz continuels que vostre rigueur me donnoit. En ce desespoir m'est venu trouver celuy qui seroit
d'aussi bonne maison* que moy, si l'amour de deux personnes estoit autant estiméᵃ que l'anneau. Car vous sçavez

a estoient autant estimées

que son pere passeroit devant le mien[1]. Il m'a longuement
aimée et entretenuë, mais vous, ma dame (qui jamais
ne me pardonnastes une seule petite faulte, ne me loüastes
de nul bon œuvre) combien que cognoissiez par experience, que je n'ay point accoustumé de parler de propos
d'amour, ne de mondanité*, et que du tout* j'estois retirée
à mener une vie plus religieuse qu'autre, avez incontinent trouvé estrange que je parlasse à un gentil-homme
aussi malheureux que moy, en l'amitié duquel je ne pensois, ny ne cherchois autre chose, que la consolation de
mon esprit. Et quand du tout je m'en vey frustrée, j'entray en un tel desespoir, que je deliberay* de chercher
autant mon repos, que vous avez envie de me l'oster. Et
à l'heure* eusmes parolles de mariage, lesquelles ont esté
consommées par promesses et anneau. Parquoy il me
semble, ma dame, que vous me tenez et faictes grand tort
de me nommer meschante, veu qu'en une si grande et parfaicte amitié, je *pouvois* trouver[a] les occasions (si j'eusse
voulu) de mal faire : mais il n'y a jamais eu entre luy et
moy plus grande privauté que de baiser, esperant que
Dieu me feroit la grace, qu'avant la consommation du
mariage je gaignerois le cueur de monsieur mon pere à s'y
consentir. Je n'ay point offensé Dieu, ne ma conscience :
car j'ay attendu jusques à l'aage de trente ans[2], pour
veoir ce que vous et monsieur mon pere feriez pour moy,
ayant gardé ma jeunesse en telle chasteté et honnesteté,
qu'homme vivant ne m'en sçauroit rien reprocher. Et par
le conseil de la raison que Dieu m'a donnée, me voyant
vieille et hors d'espoir de trouver mary selon ma maison*, me suis deliberée* d'en espouser un à ma volonté,
non point pour satisfaire à *la* concupiscence[b] des yeux
(car vous sçavez qu'il n'est pas beau) ne à celle de la

a. je pourrois trouver
b. à ma concupiscence

chair (car il n'y á point eu de consommation charnelle)
ny à l'orgueil, ny à l'ambition de ceste vie (car il est pauvre et peu avancé) mais j'ay regardé purement et simplement à la vertu, honnesteté et bonne grace qui est en luy,
dont le monde est contrainct luy donner louange, et la
grande amour aussi qu'il m'a portée, qui me faisoit esperer de trouver avecques luy repos et bon traictement. Et
après avoir bien pensé tout le bien et le mal qui m'en
peult advenir, je me suis arrestée à la partie qui m'a
semblée la meilleure, et que j'ay debatuë en mon cueur
deux ans durans, c'est d'user ma vie en sa compaignie. Et
suis deliberée de tenir ce propos si ferme, que tous les
tourmens que je sçaurois endurer, fust la mort mesme, ne
me feront departir* de ceste forte opinion. Parquoy, ma
dame, il vous plaira excuser en moy, ce qui est tresex-
cusable, comme vous mesmes l'entendez bien, et me
laissez vivre en paix, que j'espere trouver avec luy. »

La Royne voyant son visage si constant, et sa parolle
tant veritable, ne luy peut respondre par raison : et en
continuant de la reprendre et injurier par colere, se print
à pleurer, en disant : « Malheureuse que vous estes, en
lieu de vous humilier devant moy, et vous repentir d'une
faulte si grande, vous parlez audacieusement sans avoir
la larme à l'œil : par cela monstrez bien l'obstination et
la dureté de vostre cueur. Mais si le Roy et vostre pere
me veulent croire, ils vous mettront en lieu où serez
contraincte de parler autre langage. — Ma dame, respondit Rolandine, pource que vous m'accusez de parler
trop audacieusement, je suis deliberée* me taire, s'il
vous plaist de ne me donner congé de parler, et de vous
respondre » : et quand elle eut commandement de parler,
luy dist : « Ce n'estoit point à moy, ma dame, de parler
à vous (qui estes ma maistresse et la plus grande Princesse de Chrestienté) audacieusement, et sans la reve-

rence que je vous doibs, ce que je n'ay voulu ne pensé faire : mais puis que je n'ay eu advocat qui parlast pour moy, sinon la verité, laquelle moy seule sçay, je suis tenuë de la declarer sans craincte, esperant que si elle est bien cogneuë de vous, vous ne m'estimerez telle qu'il vous a pleu me nommer. Je ne crains que creature mortelle, entendant comme je me suis conduicte en l'affaire dont l'on me charge, me donne blasme, puis que je sçay que Dieu et mon honneur n'y sont en rien offensez. Et voilà qui me fait parler sans crainte, estant asseurée que celuy qui veoit mon cueur est avec moy : et si un tel juge est avec moy, j'aurois tort de craindre ceux qui sont subjects à son jugement. Et pourquoy donc, ma dame, dois je pleurer, veu que ma conscience et mon honneur ne me reprennent point en cest affaire ? et que je suis si loing de me repentir, que s'il estoit à recommencer je n'en ferois que ce que j'en ay faict ? Mais vous, ma dame, avez grande occasion de pleurer tant pour le grand tort qu'en toute ma jeunesse m'avez tenu, que pour celuy que maintenant vous me faictes de me reprendre devant tout le monde d'une faulte, qui doit estre imputée plus à vous qu'à moy. Quand j'aurois offensé Dieu, le Roy, vous, mes parens, et ma conscience, je serois bien obstinée si de grande repentence je ne pleurois. Mais d'une chose bonne, et juste, et saincte, dont jamais n'eust esté bruit que bien honorable, sinon que vous l'avez trop tost eventé, et faict sortir un scandale, qui monstre assez l'envie que vous avez de mon deshonneur estre plus grande, que le vouloir de conserver l'honneur de vostre maison*, et de voz parens, je ne doibs plorer. Mais puis qu'ainsi vous plaist, ma dame, je ne suis pour vous contredire. Car quand vous me ordonnerez telle peine qu'il vous plaira, je ne prendray moins de plaisir de la souffrir sans raison, que vous ferez à me la donner. Parquoy, ma dame, commandez à monsieur mon pere quel tourment qu'il vous plaist que je porte : car je sçay qu'il n'y fauldra* pas, au moins seray-je bien aise, que seulement pour mon malheur il suive entierement vostre volonté : et qu'ainsi qu'il a esté negligent en mon bien, suivant vostre vouloir, il sera prompt en mon mal pour vous obeïr. Mais j'ay un pere au ciel, lequel (je suis seure) me donnera autant de patience, que je me voy de grands maulx par vous preparez, et en luy seul j'ay ma parfaicte confiance[1]. » La Royne si courroucée qu'elle n'en pouvoit plus, commanda qu'elle fust emmenée de devant ses yeux, et mise en une chambre à part, où elle ne peult parler à personne : mais on ne luy osta point sa gouvernante, par le moyen de laquelle elle feit sçavoir au bastard toute sa fortune, et ce qu'il luy sembloit qu'*il* devoit[a] faire. Lequel, estimant que les services qu'il avoit faicts au Roy luy pourroient valoir de quelque chose, s'en vint à luy en diligence à la court, et le trouva aux champs, auquel il compta la verité du faict, le suppliant qu'à luy (qui estoit pauvre gentil-homme) voulust faire tant de bien d'appaiser la Royne, en sorte que le mariage peust estre consommé. Le Roy ne luy respondit autre chose, sinon : « M'asseurez vous que vous l'avez espousée ? — Ouy sire, dist le bastard, par parolles de present[2] seulement, et s'il vous plaist, la fin y sera mise. » Le Roy baissa la teste, et sans luy dire autre chose, s'en retourna droict au chasteau ; et quand il fut auprès de là, il appella le capitaine de ses gardes, et luy donna charge de prendre le bastard prisonnier. Toutesfois un sien amy, qui cognoissoit le visage du Roy, l'advertit de s'absenter, et se retirer en une sienne maison près de là, et si le Roy le faisoit chercher (comme il soupçonnoit) il luy feroit

a. sembloit qu'elle devoit

incontinent sçavoir, pour s'enfuir hors du royaume : si
aussi les choses estoient adoucies, il le manderoit pour
revenir[1]. Le bastard le creut ; et feit si bonne diligence,
que le capitaine des gardes ne le trouva point.

Le Roy et la Royne regarderent ensemble qu'ils feroient
de ceste pauvre damoiselle, qui avoit l'honneur d'estre
leur parente, et par le conseil de la Royne fut conclud,
qu'elle seroit renvoyée à son pere, auquel on manda
toute la verité du faict. Mais avant que l'envoyer, f*e*irent
parler à elle plusieurs gens d'Eglise et de conseil[2], luy
remonstrans que puis qu'il n'y avoit en son mariage que
la parolle, qu'il se pouvoit facilement deffaire, moyennant
que l'un et l'autre se quittassent[3]. Ce que le Roy vouloit
qu'elle feist, pour garder l'honneur de la maison* dont
elle estoit. Mais elle leur feist response qu'en toutes choses elle estoit preste d'obeïr au Roy, sinon à contrevenir
à sa conscience, disant que ce que Dieu avoit assemblé,
ne pouvoit estre separé par les hommes[4], les priant de ne
la tenter de chose si desraisonnable : Car si amour et
bonne volonté, fondée sur la crainte de Dieu, est le vray
et seur lien de mariage, elle estoit si bien liée, que fer, ne
feu, ne eau, ne pouvoient rompre son lien, sinon la mort,
à laquelle seule et non à autre, estoit deliberée rendre
son anneau et son serment, les priant de ne luy parler
plus du contraire. Car elle estoit si ferme en son propos,
qu'elle aimoit mieux mourir en gardant sa foy, que vivre
après l'avoir niée. Les deputez de par le Roy, emporte-
rent ceste constante response : et quand ils veirent qu'il
n'y avoit remede de luy faire renoncer son mary, la menerent devers son pere en si piteuse* façon, que par où elle
passoit chacun ploroit. Et combien qu'elle eust failly[5], la
punition fut si grande et sa constance telle, qu'elle feist
estimer sa faulte estre vertu. Le pere sçachant ceste piteuse
nouvelle, ne la voulut point veoir, mais l'envoya en un

chasteau dedans une forest, lequel il avoit autresfois
edifié pour une occasion digne d'estre racomptée après
ceste nouvelle[1], et la teint là longuement en prison, luy
faisant dire, que si elle vouloit quitter son mary, il la
tiendroit pour sa fille, et la mettroit en liberté. Et toutesfois elle teint ferme, et aima mieux le lien de sa prison
en conservant celuy de son mariage, que toute la liberté
du monde sans son mary : et sembloit *à veoir* son visage[a],
que toutes ses peines luy estoient passetemps tresplaisant,
puis qu'elle les souffroit pour celuy qu'elle aimoit.

Que diray-je des hommes ? Ce bastard tant obligé à
elle comme vous avez ouy, s'enfuit en Allemaigne où il
avoit beaucoup d'amis, et monstra bien par sa legereté,
que vraye et parfaicte amour ne luy avoient pas tant faict
pourchasser Rolandine, que l'avarice* et ambition[2] : en
sorte qu'il devint tant amoureux d'une dame d'Allemaigne, qu'il oublia à visiter par lettres celle qui pour luy
soustenoit tant de tribulations. Car jamais la fortune, quelque rigueur qu'elle leur tint, ne leur peut oster le moyen
de s'escripre l'un à l'autre, mais la folle* et meschante
amour où il se laissa tomber, dont le cueur de Rolandine
eut premier un sentiment tel, qu'elle ne pouvoit plus
reposer. Puis voyant ses escriptures tant changées et refroi-
dies du langage accoustumé, qu'elles ne ressembloient
en rien aux passées, soupçonna que nouvelle amitié la
separoit de son mary, et le rendoit ainsi estrange* d'elle,
ce que toutes les peines et tourments qu'on luy avoit peu
donner, n'avoient sceu faire. Et parce que sa parfaicte
amour ne vouloit qu'elle assist jugement sur un soupçon,
trouva moyen d'envoyer secretement un serviteur en qui
elle se fioit, non pour luy escrire et parler à luy, mais
pour l'espier et veoir la verité. Lequel retourné du voyage,

---

a. sembloit advis à son visage

luy dist, que pour le seur il avoit trouvé le bastard bien
fort amoureux d'une dame d'Allemaigne, et que le bruit
estoit qu'il pourchassoit à l'espouser, car elle estoit fort
riche. Ceste nouvelle apporta si extreme douleur au cueur
de ceste pauvre Rolandine, que, ne la pouvant porter,
tomba grievement malade. Ceux qui entendoient* l'occasion, luy dirent de la part de son pere, que puis qu'elle
voyoit la grande meschanceté du bastard, justement elle
le pouvoit abandonner : et la persuaderent de tout leur
possible. Mais nonobstant qu'elle fust tourmentée jusques au bout, si n'y eut il jamais remede de luy faire
changer son propos, et monstra en ceste derniere tentation l'amour qu'elle avoit à sa tresgrande vertu[1]. Car ainsi
que l'amour se diminuoit du costé de luy, ainsi augmentoit du sien, et demeura malgré qu'il en eust l'amour
entier et parfaict. Car l'amour qui defailloit* du costé de
luy, tourna en elle : et quand elle cogneut qu'en elle
estoit l'amour entiere, qui autresfois avoit esté departy en
deux, elle delibera de la conserver jusques à la mort de
l'un ou de l'autre. Parquoy la bonté divine, qui est parfaicte charité et vraye amour, eut pitié de sa douleur, et
regarda sa parience[2], en sorte qu'après peu de jours le
bastard mourut à la poursuitte d'une autre femme. Dont
elle, bien advertie par ceux qui l'avoient veu mettre en
terre, envoya supplier son pere qu'il luy pleust qu'elle
parlast à luy. Le pere s'y en alla incontinent, qui jamais
depuis sa prison n'avoit parlé à elle : et après avoir bien
au long entendu ses justes raisons, en lieu de la reprendre
et tuer (comme souvent il la menaçoit par parolles) la
print entre ses bras, et pleurant tresfort, luy dist : « Ma
fille, vous estes plus juste que moy : car s'il y a eu faulte
en vostre affaire, j'en suis la principale cause : mais puis
que Dieu l'a ainsi ordonné, je veux satisfaire* au passé » :
et après l'avoir emmenée en sa maison, il la traictoit

comme sa fille aisnée. Elle fut à la fin demandée en mariage par un gentil-homme du nom et armes de ladicte maison*, qui estoit fort sage et vertueux, et qui estimoit tant Rolandine, laquelle il frequentoit souvent, qu'il luy donna louange de ce dont les autres la blasmoient, cognoissant que sa fin n'avoit esté que pour la vertu. Le mariage fut agreable au pere et à Rolandine, et fut incontinent conclud. Il est vray qu'un frere qu'elle avoit, seul heritier de la maison, ne vouloit s'accorder qu'elle eust nul partage, luy mettant au devant qu'elle avoit desobey à son pere. Et après la mort du bon homme, luy teint si grande rigueur, que son mary, qui estoit un puisné, et elle, avoient assez affaire à vivre. En quoy Dieu pourveut : car le frere, qui vouloit tout tenir, laissa en un jour par une mort subite les biens qu'il tenoit de sa sœur et les siens ensemble. Ainsi elle fut heritiere d'une bonne et grosse maison, où elle vesquit honorablement et sainctement en l'amour de son mary. Et après avoir eslevé deux fils que Dieu leur donna, rendit joyeusement son ame à celuy où de long temps elle avoit sa parfaicte confiance[1].

« Or, mes dames, je vous prie que les hommes, qui nous veulent peindre tant inconstantes, viennent maintenant icy, et me monstrent un aussi bon mary comme ceste cy fut bonne femme, et d'une telle foy et perseverance. Je suis sure qu'il leur seroit si difficile, que j'aime mieux les en quitter*, que de me mettre en ceste peine. Mais non vous, mes dames, de vous prier, pour continuer vostre gloire, ou du tout* n'aimer point, ou que ce soit aussi parfaictement que ceste damoiselle : et gardez vous bien que nul die qu'elle ait offensé son honneur, veu que par sa fermeté, elle est occasion d'augmenter la nostre. — En bonne foy, Parlamente (*ce dict* Oisille), vous[a] nous avez racompté l'histoire d'une femme d'un tresgrand et honeste cueur : mais ce qui donne autant de lustre à sa fermeté, *c'est* la desloyauté[b] de son mary, qui la voulut laisser pour une autre. — Je croy, dist Longarine, que cest ennuy* là luy fut le plus importable : car il n'y a faiz si pesant, que l'amour de deux personnes bien uniz ne puisse doucement supporter. Mais quand l'un fault* à son debvoir, et laisse toute la charge sur l'autre, la pesanteur est importable. — Vous devez donc, dist Guebron, avoir pitié de nous, qui portons toute l'amour, sans que vous y daigniez mettre le bout du doigt, pour la soulager. — Ha Guebron ! dist Parlamente, souvent sont differens les fardeaux de l'homme et de la femme. Car l'amour de la femme bien fondée et appuyée sur Dieu et son honneur, est si juste et raisonnable, que celuy qui se depart* de telle amitié, doit estre estimé lasche et meschant envers Dieu et les hommes de bien. Mais l'amour de la pluspart des hommes est tant fondée sur le plaisir, que les femmes ignorantes, pour servir à leur mauvaise volonté[1], s'y mettent aucunes* fois bien avant : et quand Dieu leur faict cognoistre la malice* du cueur de celuy qu'elles estimoient bon, elles s'en peuvent departir avec leur honneur et bonne reputation. Car les plus *courtes* follies[c], sont tousjours les meilleures. — Voilà donc une raison (dist Hircan) forgée sur une fantasie de vouloir soustenir que les femmes honestes peuvent laisser honestement l'amour des hommes, et non les hommes celle des femmes, comme si leur cueur estoit different : mais combien que les visages et habits le soient, si croy je que les volontez sont toutes pareilles, sinon d'autant que la

---

a. foy dit Parlamente Oisille vous
b. qui donne autant de lustre à sa fermeté qu'est la desloyauté
c. plus couvertes follies

malice plus couverte est la pire. » Parlamente avec un peu
de colere luy dist : « J'entends bien que vous estimez celles les moins mauvaises, de qui la malice est descouverte.
— Or laissons ce propos là, dist Simontault, car pour faire
conclusion du cueur de l'homme et de la femme, le
meilleur des deux n'en vault rien : mais venons à sçavoir
à qui Parlamente donnera sa voix pour ouyr quelque bon
compte. — Je la donne (dist elle) à Guebron. — Or puis
que j'ay commencé, dist il, à parler des cordeliers*, je ne
veux oublier ceux de Sainct-Benoist[1], et ce qui est
advenu d'eux de mon temps : combien que je n'entends,
en racomptant l'histoire d'un meschant religieux, empescher la bonne opinion que vous devez avoir des gens de
bien. Mais veu que le Psalmiste dict, que "tout homme est
menteur" : et en un autre endroict : et "n'est celuy qui face
bien aucun, non jusques à un[2] " : Il me semble qu'on ne
peult faillir* d'estimer l'homme tel qu'il est. Car s'il y a
du bien, on le doit attribuer à celuy qui en est la source, et
non à la creature, à laquelle par trop donner de gloire et de
louange, ou estimer de soy quelque chose de bon, la plus
part des personnes sont trompées. Et à fin que vous ne
trouviez impossible que soubs extreme austerité ne se
trouve extreme concupiscence, entendez ce qui advint du
temps du Roy François premier de ce nom. »

Un prieur reformateur[3] soubs umbre* de son hypocrisie tente tous
moyens pour seduire une saincte religieuse. Dont en fin sa malice
est descouverte.

NOUVELLE VINGTDEUXIESME

En la ville de Paris y avoit un prieur de Sainct-Martin-
des-Champs, duquel je tairay le nom, pour l'amitié que

je luy ay portée. Sa vie, jusques à l'aage de cinquante ans, fut si austere, que le bruit de sa saincteté creut* par tout le Royaume de France : tellement qu'il n'y avoit prince ne princesse qui ne luy feist grand honneur et reverence, quand il les venoit veoir : et ne se faisoit reformation de religion*[1], qui ne fust faicte par sa main, car on le nommoit le pere de vraye religion. Il fut esleu visiteur[2] de la grande religion des dames de Frontevaux[3], desquelles il estoit tant craint, que quand il venoit en quelqu'un de leurs monasteres, toutes les religieuses trembloient de peur, et pour l'appaiser des grandes rigueurs qu'il leur tenoit, le traictoient comme elles eussent faict la personne du Roy : ce que au commencement il refusoit, mais à la fin venant sur les cinquante-cinq ans, commença à trouver fort bon le traictement qu'il avoit au commencement refusé, et s'estimant luy mesme le bien public de toute religion, desira de conserver sa santé mieux qu'il n'avoit accoustumé. Et combien que sa reigle portast de jamais ne manger chair, il se dispensa[4] luy mesme, ce qu'il ne faisoit à nul autre, disant que sur luy estoit tout le faiz de *la* religion. Parquoy si bien se festoya que d'un moyne bien maigre, il en feit un bien gras : et à ceste mutation de vivre, se feit une mutation de cueur, telle qu'il commença à regarder les visages, dont au paravant il avoit faict conscience : et en regardant les beautez que les voiles rendent plus desirables, commença à les couvoiter. Dont pour satisfaire à ceste couvoitise, chercha tant de moyens subtils, qu'en lieu de faire office de pasteur, il devint loup[5] : tellement qu'en plusieurs bonnes religions s'il en trouvoit quelqu'une un peu sotte, il ne failloit* à la decevoir. Mais après avoir longuement continué ceste meschante vie, la bonté divine qui print pitié des pauvres brebis esgarées, ne voulut plus endurer la gloire de ce malheureux regner, ainsi que vous verrez.

Un jour allant visiter un convent près de Paris, qui se
nomme Gif[1], advint qu'en confessant toutes les religieuses, en trouva une nommée sœur Marie Herouët[2], dont la
parolle estoit si douce et agreable, qu'elle promettoit le
visage et le cueur estre de mesme. Parquoy seulement
pour l'ouyr, fut esmeu en une passion d'amour qui passoit toutes celles qu'il avoit eu aux autres religieuses : et
en parlant à elle se baissa fort pour la regarder, et en
apperceut la bouche si rouge et plaisante, qu'il ne se
peust tenir de luy haulser le voile pour veoir si les yeux
accompagnoient le demeurant, ce qu'il trouva : dont son
cueur fut remply d'une ardeur si vehemente qu'il perdit
le boire et le manger, et toute contenance, combien qu'il
le dissimuloit[a]. Et quand il fut retourné en son prieuré, il
ne pouvoit trouver repos : parquoy en grande inquietude[*], passoit les jours et les nuicts, en cherchant les
moyens comme il pourroit parvenir à son desir, et faire
d'elle comme il avoit faict de plusieurs autres. Ce qu'il
cognoissoit estre fort difficile, parce qu'il la trouvoit
sage en parolles, et d'un esprit subtil : d'autre part se
voioit si laid et vieil, qu'il delibera[*] de ne luy en parler
point, mais de chercher à la gaigner par crainte. Parquoy
bien tost après s'en retourna audict monastere de Gif,
auquel lieu se monstra plus austere, que jamais il n'avoit
faict, se courrouçant à toutes les religieuses, reprenant
l'une que son voille n'estoit pas assez bas, l'autre qu'elle
haulsoit trop la teste, et l'autre qu'elle ne faisoit pas bien
la reverence en religieuse. Et en tous ces petits cas là se
monstroit si austere, qu'on le craignoit comme un Dieu
peinct en jugement[3]. Et luy, qui avoit les gouttes, se tra-
vailla[*] tant de visiter les lieux reguliers[4], que environ
l'heure de vespres (heure par luy apostée[*]) se trouva au

a. qu'il la dissimuloit

dortouër. L'abbesse luy dist : « Pere reverend, il est temps de dire vespres. » A quoy il respondit : « Allez mere, allez, faictes les dire, car je suis si las que je demeureray icy, non pour reposer, mais pour parler à sœur Marie, de laquelle j'ay ouy tresmauvais rapport : car l'on m'a dict qu'elle caquette comme si c'estoit une mondaine*. » La prieure, qui estoit tante de sa mere[1], le pria de la bien chappitrer* et la luy laissa toute seule, sinon un jeune religieux, qui estoit avec luy. Quand il se trouva tout seul avec sœur Marie, commença à luy lever le voille, et commander qu'elle le regardast. Elle luy respondit, que sa reigle luy deffendoit de regarder les hommes. « C'est bien dict, ma fille, luy dist il, mais il ne fault pas que vous estimez qu'entre nous religieux soyons hommes. » Parquoy sœur Marie craignant faillir* par desobeïssance le regarda au visage : elle le trouva si laid, qu'elle pensa faire plus de penitence que de peché à le regarder. Le Beaupere* après luy avoir tenu plusieurs propos de la grande amitié qu'il luy portoit, luy voulut mettre la main au tetin, qui fut par elle bien repoulsé comme elle devoit, et fut si courroucé qu'il luy dist : « Fault il qu'une religieuse sçache qu'elle ait des tetins ? » Elle luy respondit : « Je sçay que j'en ay, et certainement que vous ny autre n'y toucherez point : car je ne suis si jeune ne ignorante, que je n'entende bien ce qui est peché, et ce qui ne l'est pas. » Et quand il veit que ses propos ne la pouvoient gaigner, luy en va bailler d'un autre[2], disant : « Helas, ma fille ! il fault que je vous declare mon extreme necessité : c'est, que j'ay une maladie que tous les medecins trouvent incurable, sinon que je me resjouïsse et jouë avec quelque femme que j'aime bien fort. De moy, je ne voudrois pour mourir faire peché mortel. Mais quand l'on viendroit jusques là, je sçay que simple fornication n'est nullement à comparer au peché d'homicide. Parquoy si vous aimez ma vie, en sauvant vostre conscience de crudelité*, vous me la sauverez. » Elle luy demanda quelle façon de jeu il entendoit faire. Il luy dist, qu'elle pouvoit bien reposer sa conscience sur la sienne, et qu'il ne feroit chose dont l'une ne l'autre fust chargée. Et pour luy monstrer le commencement du passe-temps qu'il demandoit, la vint embrasser, et essayer de la jetter sur un lict. Elle cognoissant sa meschante intention, se deffendit si bien de parolles et de bras, qu'il n'eut pouvoir de toucher qu'à ses habillemens. A l'heure* quand il veit toutes ses inventions et efforts estre tournez en rien, comme un homme furieux, et non seulement hors de conscience, mais de raison naturelle, luy meit la main soubs la robbe, et tout ce qu'il peut toucher des ongles esgratigna de telle fureur, que la pauvre fille en criant bien fort, de tout son hault tomba à terre toute esvanouye. Et à ce cry entra l'abbesse dans le dortouër où elle estoit, laquelle estant à vespres se souvint avoir laissé ceste religieuse seule avec le Beaupere, qui estoit fille de sa niepce : dont elle eut un scrupule en sa conscience, qui luy feit laisser vespres, et alla à la porte du dortouër, escouter que l'on faisoit : mais oyant la voix de sa niepce poussa la porte que le jeune moyne tenoit. Et quand le prieur veid venir l'abbesse, en luy monstrant sa niepce esvanouye en terre luy dist : « Sans faulte, nostre mere, vous avez grand tort, que vous ne m'avez dict les conditions de sœur Marie : car ignorant sa debilité je l'ay faict tenir debout devant moy, et en la chapitrant s'est esvanouye, comme vous voyez. » Ils la feirent revenir avec vinaigre et autres choses propices, et trouverent que de sa cheutte elle estoit blessée à la teste. Et quand elle fut revenue, le prieur, craignant qu'elle comtast à sa tante l'occasion de son mal, luy dist à part : « Ma fille, je vous commande sur peine d'inobedience* et d'estre damnée

eternellement, que vous n'ayez jamais à parler de ce que
je vous ay faict icy. Car entendez que l'extremité d'amour
m'y a contraint, et puis que je voy que vous ne le voulez,
je ne vous en parleray jamais que ceste fois. Vous asseurant, que si vous me voulez aimer, je vous feray eslire
abbesse d'une des meilleures abbayes de ce royaume. »
Elle luy respondit qu'elle aimoit mieux mourir en chartre* perpetuelle, que d'avoir jamais autre amy que celuy
qui estoit mort pour elle en la croix, avec lequel elle
aimoit mieux souffrir tous les maux que le monde pourroit donner, que sans luy avoir tous les biens : et qu'il
n'eut plus à luy parler de ces propos, ou elle le diroit à
sa mere abbesse, mais qu'en se taisant, elle se tairoit.
Ainsi s'en alla ce mauvais pasteur, lequel pour se monstrer tout autre qu'il n'estoit, et pour encor avoir le plaisir
de regarder celle qu'il aimoit, se retourna vers l'abbesse,
luy disant : « Ma mere, je vous prie faictes chanter à
toutes voz filles un salve regina, en l'honneur de ceste
Vierge où j'ay mon esperance[1]. » Ce qui fut faict : durant
lequel ce regnard ne feit que plorer, non d'autre devotion que de regret qu'il avoit de n'estre venu au dessus
de la sienne[2]. Et toutes les religieuses pensans que ce
fust d'amour à la Vierge Marie, l'estimoient un sainct
homme. Sœur Marie, qui cognoissoit sa malice*, prioit
en son cueur de confondre celuy qui desprisoit* tant la
virginité.

Ainsi s'en alla cest hipocrite à Sainct-Martin, auquel
lieu ce meschant feu qu'il avoit en son cueur ne cessa de
brusler jour et nuict, et de chercher toutes les inventions
possibles pour venir à ses fins. Et pource que sur toutes
choses il craignoit l'abbesse qui estoit femme vertueuse,
il pensa le moyen de l'oster de ce monastere. Ainsi s'en
alla vers ma dame de Vendosme pour l'heure demeurant
à la Fere, où elle avoit edifié et fondé un convent* de

Sainct-Benoist, nommé le mont d'Olivet[1]. Et comme celuy
qui estoit le souverain reformateur[2], luy donna à entendre que l'abbesse dudict mont d'Olivet n'estoit pas assez
suffisante* pour gouverner une telle communauté. La
bonne dame le pria de luy en donner une autre, qui fust
digne de cest office. Et luy, qui ne demandoit autre
chose, luy conseilla de prendre l'abbesse de Gif, pour la
plus suffisante qui fust en France. Ma dame de Vendosme
incontinent l'envoya querir, et luy donna la charge de
son monastere du mont d'Olivet. Le prieur de Sainct-
Martin, qui avoit en sa main les voix de toute la religion*,
feist eslire à Gif une abbesse à sa devotion. Et après
ceste election, s'en alla audict lieu de Gif, essayer encores une fois si par priere ou par douceur il pourroit gaigner sœur Marie Herouët. Et voyant qu'il n'y avoit nul
ordre, retourna desesperé en son prioré de Sainct-Martin,
auquel lieu tant pour venir à sa fin, que pour se venger
de celle qui luy estoit trop cruelle, de peur aussi que son
affaire fust eventé, feit desrobber secrettement les reliques dudict Gif de nuict, et meit à sus* au confesseur de
leans fort vieil et homme de bien, que c'estoit luy qui les
avoit desrobbées, et pour ceste cause le meist en prison
à Sainct-Martin : et durant qu'il le tenoit prisonnier, suscita deux tesmoings, lesquels ignoramment signerent ce
que monsieur de Sainct-Martin[3] leur commanda : c'estoit, qu'ils avoient veu dans un jardin ledict confesseur
avec sœur Marie en acte villain et deshonneste : ce qu'il
voulut faire advoüer au vieil religieux. Mais luy, qui sçavoit toutes les faultes de son prieur, le supplia le vouloir
mener en chapitre*, et que là devant tous les religieux il
diroit la verité de tout ce qu'il en sçavoit. Le prieur craignant, que la justification du confesseur fust sa condamnation, ne voulut point entendre à ceste requeste. Mais le
trouvant ferme en son propos, le traicta si mal en prison,

que les uns dient qu'il y mourut, les autres qu'il le contraignit de laisser son habit*, et s'en aller hors du royaume
de France. Quoy qu'il en soit, jamais depuis on ne le
veid. Quand le prieur estima avoir une telle prise sur sœur
Marie, s'en alla à la religion*, où l'abbesse estant faicte à
sa poste*, ne le contredisoit en rien : et là commença de
vouloir user de son auctorité de visiteur[1], et feit venir
toutes les religieuses l'une après l'autre, pour les ouïr en
une chambre en forme de confession et de visitation. Et
quand ce fut au rang de sœur Marie, qui avoit perdu sa
bonne tante, il recommença à luy dire : « Sœur Marie,
vous sçavez de quel crime vous estes accusée, et que la
dissimulation que vous faictes d'estre tant chaste ne vous
a de rien servy : car on cognoist bien, que vous estes
tout le contraire. » Sœur Marie luy respondit d'un visage
asseuré : « Faictes moy venir celuy qui m'a accusée, et
vous verrez si devant moy il demeurera en sa mauvaise
opinion. » Il luy dist : « Il ne vous fault autre preuve,
puis que le confesseur mesme a esté convaincu. » Sœur
Marie luy dist : « Je le pense si homme de bien, qu'il
n'aura pas confessé telle meschanceté, et mensonge :
mais quand ainsi seroit, faictes le venir devant moy, et
je prouveray le contraire de son dire. » Le prieur,
voyant qu'en nulle sorte il ne la pouvoit estonner*, luy
dist : « Je suis vostre pere, qui pour ceste cause desire
sauver vostre honneur, partant je remects ceste verité à
vostre conscience, à laquelle j'adjousteray foy. Je vous
demande, et vous conjure sur peine de peché mortel, de
me dire verité. A sçavoir si vous estiez vierge, quand
vous fustes mise ceans. » Elle luy respond : « Mon pere,
l'aage de cinq ans, que j'avois, doit estre tesmoing de ma
virginité. — Or bien ma fille, depuis ce temps là avez
vous point perdu ceste belle fleur ? » Elle luy jura que
non, et que jamais n'avoit trouvé empeschement que de

luy. A quoy il dist, qu'il ne la pouvoit croire, et que la chose gisoit en preuve. « Quelle preuve, dist elle, vous en plaist il faire ? — Comme j'en fais aux autres, dist le prieur : car tout ainsi que je suis visiteur des ames, aussi le suis-je des corps. Voz abbesses et prieures ont passé par mes mains, vous ne devez craindre que je visite vostre virginité. Parquoy jettez vous sur le lict, et mettez le devant de vostre habillement sur vostre visage. » Sœur Marie luy respondit par colere : « Vous m'avez tant tenu de propos de la folle* amour que vous me portez, que j'estime plustost que me voulez oster ma virginité, que de la vouloir visiter : par quoy entendez que jamais je n'y consentiray. » Alors il luy dist qu'elle estoit excommuniée de refuser l'obedience* de ceste religion[1], et si elle ne consentoit qu'il la deshonoreroit en plein chapitre, et diroit le mal qu'il sçavoit entre elle et le confesseur. Mais elle d'un visage sans peur luy respondit. « Celuy qui cognoist le cueur de ses serviteurs, me rendra autant d'honeur devant luy, que vous me ferez de honte devant les hommes. Parquoy puis que vostre malice* en est jusques là, j'aime mieux qu'elle paracheve sa cruauté envers moy, que le desir de son mauvais vouloir : car je sçay que Dieu est juste juge[2]. » A l'heure il s'en alla amasser tout le chapitre, et feit venir devant luy à genoux sœur Marie, à laquelle il dist, par un merveilleux* despit : « Sœur Marie, il me deplaist, que les bonnes admonitions, que je vous ay données, ont esté inutiles en vostre endroit : et *que* vous estes tombée en un tel inconvenient* que je suis contrainct de vous enjoindre une penitence contre ma coustume : c'est, qu'ayant examiné vostre confesseur sur aucuns* crimes à luy imposez, m'a confessé avoir abusé de vostre personne au lieu où les tesmoings dient l'avoir veu. Parquoy ainsi que vous avois eslevée en estat honorable, et maistresse des novices[1], j'ordonne que vous soyez mise non seulement la derniere de toutes, mais mangeant à terre devant toutes les sœurs pain et eau, jusques à ce qu'on cognoisse vostre contrition suffisante d'avoir grace. » Sœur Marie, estant advertie par une de ses compaignes qui entendoit tout son affaire, que si elle respondoit chose qui despleust au prieur, il la mettroit in pace[2], c'est à dire, en chartre perpetuelle, endura ceste sentence, levant les yeux au ciel, et priant celuy, qui avoit esté sa resistance contre le peché, vouloir estre sa patience contre sa tribulation. Encores defendit ce venerable prieur, que quand sa mere ou ses parens viendroient, qu'on ne la souffrist de trois ans parler à eux, n'escrire lettres sinon faictes en communauté. Ainsi s'en alla ce malheureux homme sans plus y revenir, et fut ceste pauvre fille long temps en la tribulation que vous avez ouye.

Mais sa mere, qui sur tous ses enfans l'aimoit, voyant qu'elle n'avoit plus de nouvelles d'elle, s'en esmerveilla fort, et dist à un sien fils sage et honneste gentil-homme, qu'elle pensoit que sa fille estoit morte, et que les religieuses pour en avoir la pension annuelle luy dissimuloient, luy priant en quelque façon que ce fust de trouver moyen de veoir sadicte sœur. Lequel incontinent alla à la religion*, en laquelle on luy feit les excuses accoustumées : c'est, qu'il y avoit trois ans, que sa sœur ne bougeoit du lict. Dont il ne se teint pas content, et leur jura que s'il ne la voyoit, il passeroit par dessus les murailles, et forceroit le monastere. Dequoy elles eurent si grande peur, qu'elles luy amenerent sa sœur à la grille, laquelle l'abbesse tenoit de si près, qu'elle ne pouvoit dire à son frere chose qu'elle n'entendist. Mais elle, qui estoit sage, avoit mis par escrit tout ce qui est cy dessus, avec mille autres inventions que ledict prieur avoit trouvées pour la decevoir*, que je laisse à compter pour la longueur. Si ne veux-je oublier à dire, que durant que sa tante estoit abbesse, pensant qu'il fust refusé pour sa laideur, feit tenter sœur Marie par un beau et jeune religieux, esperant que si par amour elle obeïssoit à ce religieux, que après il la pourroit avoir par crainte. Mais d'un jardin où ledict religieux luy teint propos avec gestes si deshonnestes, que j'aurois honte de les referer, la pauvre fille courut à l'abbesse qui parloit au prieur, criant : « Ma mere, ce sont diables en lieu de religieux, ceux qui nous viennent visiter. » Et à l'heure le prieur, ayant peur d'estre descouvert, commença à dire en riant : « Sans faulte, ma mere, sœur Marie a raison » : et en la prenant par la main, luy dist devant l'abbesse : « J'avois entendu que sœur Marie parloit fort bien, et avoit le langage si à main qu'on l'estimoit mondaine* : et pour ceste occasion je me suis contrainct contre mon naturel tenir tous les propos que les hommes mondains tiennent aux femmes, ainsi que je trouve par escript (car d'experience j'en suis aussi ignorant comme le jour que je fus né) et en pensant que ma vieillesse et laideur luy faisoient tenir propos si vertueux, je commanday à mon jeune religieux de luy en tenir de semblables, à quoy vous voyez qu'elle a vertueusement resisté. Dont je l'estime si sage et vertueuse, que je veux qu'elle soit doresnavant la premiere après vous, et maistresse des novices, à fin que son bon vouloir croisse tousjours de plus en plus en vertu. » C'est acte icy et plusieurs autres feit ce bon religieux durant trois ans qu'il fut amoureux de la religieuse. Laquelle (comme j'ay dict) bailla par la grille à son frere tout le discours* de sa piteuse* histoire. Ce que le frere porta à sa mere, qui toute desesperée vint à Paris, où elle trouva la Royne de Navarre sœur unique du Roy, à qui elle monstra ce piteux discours, en luy disant : « Ma dame, fiez vous une autre fois en voz hipocrites. Je pensois avoir mis ma fille aux faulxbourgs et chemin de para-

dis, mais je l'ay mise en enfer entre les mains des pires
diables qui y puissent estre. Car les diables ne nous tentent s'il ne nous plaist, et ceux cy nous veulent avoir par
force où l'amour deffault[*]. » La Royne de Navarre[1] fut en
grande peine : car entierement elle se confioit en ce prieur
de Sainct-Martin, à qui elle avoit baillé la charge des
abbesses de Montivilier et de Can ses belles sœurs[2].
D'autre costé le crime si grand luy donna telle horreur et
envie de venger l'innocence de ceste pauvre fille, qu'elle
communiqua au chancellier du Roy (pour lors Legat en
France)[3] de l'affaire, et feit envoyer querir le prieur :
lequel ne trouva nulle excuse, sinon qu'il avoit soixante
dix ans : et parla à la Royne de Navarre, luy priant sur
tous les plaisirs qu'elle luy voudroit jamais faire, et pour
recompense de tous ses services, qu'il luy pleust de faire
cesser ce proces, et qu'il confesseroit que sœur Marie
Herouët estoit une perle d'honneur et de virginité. La
Royne oyant cela, fut tant esmerveillée[*] qu'elle ne sceut
que luy respondre, ains[*] le laissa là : et le pauvre homme
tout confus se retira en son monastere, où il ne voulut plus
estre veu de personne, et ne vesquit qu'un an après[4]. Et
sœur Marie Herouët estimée, comme elle meritoit, par les
vertuz que Dieu avoit mises en elle, fut ostée de ladicte
abbaye de Gif, où elle avoit eu tant de mal, et faicte
abbesse par le don du Roy de l'abbaye nommée Gien[5]
près de Montargis : qu'elle reforma, et vesquit comme
pleine de l'esprit de Dieu, le loüant toute sa vie, de ce
qu'il luy avoit pleu luy donner honneur et repos.

« Voilà, mes dames, une histoire, qui est bien pour
monstrer ce que dict l'Evangile, et sainct Paul aux
Corinthiens[6] : "Que Dieu par les choses foibles, confond
les fortes, et par les inutiles aux yeux des hommes, la
gloire de ceux qui cuident[*] estre quelque chose", et ne sont

rien. Et pensez, mes dames, que sans la grace de Dieu, il n'y a homme où l'on doive croire nul bien, ne si forte tentation, dont avecques luy l'on n'emporte victoire : comme vous pouvez veoir par la *confusion*ᵃ de celuy que l'on estimoit juste, et par l'exaltation de celle qu'il vouloit faire trouver pecheresse et meschante. Et en cela est verifié le dire de Nostre Seigneur : "Qui se exaltera, sera humilié : et qui se humiliera, sera exalté¹". — Helas, dist Oisille, que ce prieur là a trompé de gens de bien, car j'ay veu qu'on se fioit plus en luy qu'en Dieu. — Ce n'est pas moy, dist Nomerfide, car *j'ay une si grande horreur quand je veois un religieulx, que seulement je ne m'y scauroye confesser, estimant qu'ilz sont pires que tous les autres hommes, et ne hantent jamais maison qu'ilz n'y laissent quelque honte ou quelque zizanie²* — Il y en ᵇ a de bons, dist Oisille, et ne fault pas que pour les mauvais, ils soient tous jugez : mais les meilleurs sont ceux, qui hantent moins les maisons seculieres, et les femmes. — Vous dictes bien, dist Emarsuitte : car moins on les voit, moins on les cognoist, et plus on les estime, pource que la frequentation les monstre tels qu'ils sont. — Or laissons le moustier où il est³, dist Nomerfide, et voyons à qui Guebron donnera sa voix. — Ce sera, dist il, à ma dame Oisille, à fin qu'elle die quelque chose à l'honneur des freres religieux. — Nous avons tant juré, dist Oisille, de dire verité, que je ne sçaurois soustenir *ceste* partieᶜ⁴. Et aussi en faisant vostre compte, vous m'avez remis en memoire une piteuse* histoire que seray contraincte de dire, pource que je suis voisine du païs, où de mon temps elle est advenuë. Et à fin, mes dames, que l'hypocrisie de ceux, qui s'estiment plus religieux que les autres, ne vous

---

a. confession
b. car je ne m'arreste point à telles gens. Il y en
c. soustenir autre partye

enchante l'entendement, de sorte que vostre foy divertie de ce droict chemin, s'estime trouver salut en quelque autre creature, qu'en celuy seul qui ne veult avoir compaignon à nostre creation et redemption, lequel est tout puissant pour nous sauver en la vie eternelle, et en ceste temporelle nous consoler et delivrer de toutes noz tribulations, cognoissant que souvent l'ange Satan se transforme en ange de lumiere[1], à fin que l'œil exterieur[2] aveuglé par l'apparence de saincteté et de devotion, ne s'arreste à ce qu'il doibt fuir : il me semble bon de vous en racompter une advenuë de nostre temps. »

Trois meurtres advenuz en une maison : à sçavoir, en la personne du seigneur, de sa femme, et de leur enfant, par la meschanceté d'un Cordelier[*].

NOUVELLE VINGTTROISIESME[3]

Au pays de Perigord y avoit un gentilhomme, qui avoit telle devotion à sainct François, qu'il luy sembloit, que tous ceux qui portoient cest habit[*], debvoient estre semblables au bon sainct. En l'honneur de quoy avoit faict faire en sa maison chambre et garderobbe[*] propre pour les loger, par le conseil desquels il conduisoit toutes ses affaires, voire jusques aux moindres choses de son mesnage, s'estimant cheminer seurement en suyvant leur bon conseil. Or advint un jour que la femme de ce gentilhomme, qui estoit belle, et non moins sage que vertueuse, avoit faict un beau fils, dont l'amitié que luy portoit son mary, augmenta doublement. Et pour festoyer la commere[*], envoya querir un sien beau frere. Ainsi que l'heure du soupper fut venuë, arriva un cordelier, duquel je cele-

ray le nom pour l'honneur de la religion. Le gentil-homme
fut fort aise voyant son pere spirituel[1], devant lequel il
ne cachoit nul secret. Et après plusieurs propos tenuz
entre sa femme, son beau frere, et luy, se misrent à table
pour soupper, durant lequel ce gentil-homme regardant sa
femme, qui avoit assez de beauté et de bonne grace, pour
estre desirée, commença à demander tout hault une question au beaupere[*2] : « Mon pere, est il vray qu'un homme
peche mortellement de coucher avec sa femme, pendant
qu'elle est en couche ? » Le beaupere, qui avoit la contenance et la parolle contraire à son cueur, luy respondit
avecques un visaige chollere : « Sans faulte, monsieur, je
pense que ce soit un des grands pechez qui se facent en
mariage, et ne fust que l'exemple de la benoiste Vierge
Marie, qui ne voulut entrer au temple, jusques après le
jour de la purification[3], combien qu'elle n'en eust besoing.
Ainsi ne devriez vous jamais faillir[*] de vous abstenir
d'un petit plaisir, veu que la bonne Vierge Marie s'abs-
tenoit, pour obeïr à la loy, d'aller au temple, où estoit
toute sa consolation. Et oultre ce, les docteurs en medecine dient, qu'il y a grand danger pour la lignée qui en
peut venir. » Quand le gentil-homme entendit ces parolles, il en fut bien fasché : car il esperoit bien que son
beau pere luy donneroit congé, mais il n'en parla plus
avant. Le beau pere durant ces propos, après avoir beu
quelque peu d'avantage qu'il n'estoit besoing, regardant
la damoiselle, regarda aussi et pensa bien en soymesme,
que s'il estoit le mary d'elle ne demanderoit conseil à
personne quelconque de coucher avec sa femme. Et ainsi
que le feu peu à peu s'allume, tellement qu'il vient à
embraser toute la maison, ainsi ce pauvre frater[4] commença à brusler par telle concupiscence, que soudainement delibera[*] de venir à fin[*] du desir que plus de trois
ans durans avoit porté couvert en son cueur. Et après

que les tables furent levées, print le gentil-homme par
la main, et le menant auprès du lict de sa femme, luy dist
devant elle : « Monsieur, pource que je cognois l'amitié,
qui est entre vous et ma damoiselle, laquelle, avec la
grande jeunesse qui est en vous, vous tourmente si fort,
sans faulte, j'en ay grande compassion. Et pource vous
diray un secret de nostre saincte Theologie : c'est, que la
loy (qui pour les abuz des mariz indiscrets* est si rigoureuse) ne veult permettre que ceux, qui sont de bonne
conscience comme vous, soient frustrez de l'intelligence.
Parquoy, monsieur, je vous ay dict devant les gens l'ordonnance de la severité de la loy : mais à vous, qui estes
homme sage, ne doibs celer la doulceur. Sçachez, mon
fils, qu'il y a femmes et femmes, aussi hommes et hommes. Premierement vous fault sçavoir de ma damoiselle*
que voicy, veu qu'il y a trois sepmaines qu'elle est accouchée, si elle est hors du flux de sang¹ » : à quoy respondit
la damoiselle, que certainement elle estoit toute nette. Et
adonc dist le Cordelier : « Mon fils, je vous donne congé
d'y coucher sans aucun scrupule, mais que vous promettiez deux choses » : ce que le gentil-homme feit volontiers. « La premiere, dist le beaupere, est, que ne parlerez
à personne, mais y viendrez secrettement. L'autre, que
vous n'y viendrez qu'il ne soit deux heures après minuict :
à fin que la digestion de la bonne dame ne soit empeschée* par voz follies. » Ce que le gentil-homme luy promist, et jura par tel serment, que celuy, qui le cognoissoit
plus sot que menteur, s'en teint tout asseuré. Et après
plusieurs propos se retira le beaupere en sa chambre, leur
donnant la bonne nuict, avec grande benediction. Mais en
se retirant print le gentil-homme par la main, luy disant :
« Sans faulte, monsieur, vous en viendrez, et ne ferez
plus veiller la pauvre damoiselle. » Le gentil-homme en
la baisant, luy dist : « M'amie, laissez moy la chambre

ouverte » : ce qu'entendit tresbien le beaupere, et ainsi se retira chacun en sa chambre.

Mais si tost que le beaupere fut retiré, ne pensa pas à dormir ne reposer : car incontinent qu'il n'ouït plus de bruit en la maison, environ l'heure qu'il avoit accoustumé aller à matines[1], s'en alla doulcement droict en la chambre, où le seigneur estoit attendu, et là trouvant la porte ouverte, va finement esteindre la chandelle, et le plus tost qu'il peut se coucha près d'elle, sans dire mot. La damoiselle, cuidant* que ce fust son mary, luy dist : « Comment, mon mary ! vous avez tresmal retenu la promesse, que feistes hier au soir à nostre confesseur, de ne venir icy jusques à deux heures. » Le Cordelier plus attentif à la vie active qu'à la contemplative, avec la crainte qu'il avoit d'estre cogneu, pensa plus à satisfaire au meschant desir, duquel de long temps avoit le cueur empoisonné, qu'à luy faire nulle response : dont la damoiselle fut fort estonnée. Et quand le Cordelier veid approcher l'heure que le mary devoit venir, se leva d'auprès la damoiselle, et retourna soudainement en sa chambre. Et tout ainsi que la fureur de la concupiscence luy avoit osté le dormir, aussi la crainte, qui tousjours suit la meschanceté, ne luy permist de trouver aucun repos, mais s'en alla au portier de la maison, et luy dist : « Mon amy, monsieur m'a commandé m'en aller incontinent en nostre convent faire quelques prieres, où il a devotion : parquoy je vous prie baillez moy ma monture, et m'ouvrez la porte, sans que personne en oye rien : car l'affaire est necessaire et secret. » Le portier, sçachant bien, qu'obeïr au Cordelier estoit service à son seigneur fort agreable, luy ouvrit secrettement la porte, et le meit dehors. En cest instant s'esveilla le gentilhomme, lequel voyant approcher l'heure, qui luy estoit donnée du beaupere, pour aller veoir sa femme, se leva en sa robbe de nuict, et s'en alla

vistement coucher, où par l'ordonnance de Dieu sans
congé d'homme il pouvoit aller. Et quand sa femme
l'ouït parler auprès d'elle, s'esmerveilla* si fort, qu'elle
luy dist, ignorant ce qui estoit passé : « Comment, monsieur ! est-ce la promesse que vous avez faicte au beaupere, de si bien garder vostre santé et la mienne, de ce
que non seulement vous estes venu cy avant l'heure, mais
encores y retournez ? Je vous supplie, monsieur, pensez
y. » Le gentil-homme fut si troublé d'ouïr ceste nouvelle, qu'il ne peut dissimuler son ennuy*, et luy dist :
« Quels propos me tenez vous ? Je sçay pour verité qu'il
y a trois semaines, que je n'ay couché avec vous, et me
reprenez d'y venir trop souvent. Si ces propos conti-
nuent, vous me ferez penser que ma compaignie vous fasche, et me contraindrez, contre ma coustume et volonté,
de chercher ailleurs le plaisir que selon Dieu je puis
prendre avec vous. » La damoiselle, qui pensoit qu'il se
mocquast, luy respondit : « Je vous supplie, monsieur,
en me cuidant* tromper, ne vous trompez vous mesmes :
Car nonobstant que n'ayez parlé à moy quand vous y
estes venu, si ay-je bien cogneu que vous y estiez. »
A l'heure le gentilhomme cogneut qu'ils estoient tous
deux trompez, et luy feit grand serment qu'il n'y estoit
point venu. Dont la dame print telle tristesse, qu'avec
pleurs et larmes le pria faire toute diligence, de sçavoir
qui ce pouvoit estre : car en leur maison ne couchoit
que le frere d'elle, et le cordelier. Incontinent le gentil-
homme poulsé de soupçon du cordelier, s'en alla hastivement en la chambre où il avoit logé, laquelle il trouva
vuide. Et pour estre mieux asseuré s'il s'en estoit fuy,
envoya querir le portier, auquel il demanda s'il sçavoit
point qu'estoit devenu le Cordelier, lequel luy compta la
verité. Le gentil-homme certain de ceste meschanceté,
retourna en la chambre de sa femme, et luy dist : « Asseu-

rément, m'amie, celuy qui a couché avec vous et faict tant de beaux œuvres, est nostre pere confesseur. » La damoiselle, qui toute sa vie avoit aimé son honneur, entra en tel desespoir, que oubliant toute humanité et nature de femme, le supplia à genoux, la venger de ceste grande injure. Parquoy soudain sans autre delay le gentil-homme monta à cheval, et poursuivit le cordelier.

La damoiselle, demeurant seule en son lict, et sans conseil ne consolation, que de son petit enfant nouveau né, considerant le cas horrible et merveilleux* qui luy estoit advenu, sans excuser son ignorance, se reputa* comme coulpable, et la plus malheureuse du monde. Et alors *elle qui n'avoit jamais aprins des cordeliers sinon la confiance des bonnes œuvres, la satisfaction des pechez par austerité de vie, jeusnes et disciplines*, qui du tout ignoroit la grace de Nostre bon Dieu donnée par le merite de son filz, la remission des pechez par son sang, la reconsiliation du pere avecques nous par sa mort, la vie donnée au pecheur par sa seule bonté et misericorde*[1] se trouva si troublée en l'assault de ce desespoir fondé sur l'enormité et gravité du peché, sur l'amour du mary, et l'honneur du lignage, qu'elle estima sa mort trop plus heureuse que sa vie. Et vaincue de ceste tristesse, tomba en tel desespoir qu'elle fut non seulement divertie* de l'espoir que tout chrestien doit avoir en Dieu, mais fut du tout alienée du sens commun, oubliant sa propre nature. Tellement qu'estant hors de la cognoissance de Dieu, et de soy mesme, comme femme enragée, et furieuse* print une corde de son lict[2], et de ses propres mains s'estrangla. Et qui pis est, estant en l'agonie de ceste cruelle mort, le corps, qui combattoit contre icelle, se remua de telle sorte, qu'elle donna du pied sur le visage de son petit enfant, duquel l'innocence ne le peut garantir qu'il ne suyvist par mort sa douloureuse et dolente mere. Mais en

mourant feit un tel cry, qu'une femme, qui couchoit en
la chambre, se leva à grande haste, pour allumer de la
chandelle. Et à l'heure, voyant sa maistresse pendue et
estranglée à la corde du lict, l'enfant estouffé et mort dessoubs ses pieds, s'en courut toute effrayée en la chambre
du frere de sa maistresse, lequel elle mena pour veoir ce
piteux* spectacle. Le frere criant, et menant tel dueil que
peult et doit mener un qui aime sa sœur de tout son
cueur, demanda à la chambriere qui avoit commis un tel
crime, qui luy dist qu'elle ne sçavoit, et qu'autre que son
maistre n'estoit entré en la chambre, lequel puis* n'agueres en estoit party.

Le frere allant en la chambre du gentil-homme, et ne
le trouvant point, creut asseuréement qu'il avoit commis
le cas, et prenant son cheval sans autrement s'enquerir
courut après luy, et l'*attaignit* en*a* un chemin, où il retournoit de poursuyvre son cordelier, dolent de ne l'avoir
attrappé. Incontinent que le frere de la damoiselle veid
son beaufrere, commença à luy crier : « Meschant et lasche defendez vous, car aujourd'huy j'espere que Dieu
me vengera de vous par ceste espée. » Le gentil-homme,
qui se vouloit excuser, veid l'espée de son beaufrere si
près de luy, qu'il avoit plus de besoing de se defendre
que de s'enquerir de la cause de leur debat. Et lors se
donnerent tant de coups et l'un et l'autre, que le sang
perdu et la lasseté* les contraignit se seoir à terre, l'un
d'un costé, l'autre de l'autre : et en prenant leur halaine,
le gentil-homme luy demanda : « Quelle occasion, mon
frere, a converty la grande amitié que nous nous sommes
tousjours portez en si cruelle bataille ? » Le beaufrere luy
respondit : « Mais quelle occasion vous a meu de faire
mourir ma sœur, la plus femme de bien qu'oncques* fut ?

---

a. et l'attendit en

et encores si meschamment, que soubs couleur de vouloir coucher avec elle l'avez pendue et estranglée à la corde de vostre lict ? » Le gentilhomme entendant ceste parolle, plus mort que vif, dist à son frere : « Est-il bien possible que vous ayez trouvé vostre sœur en l'estat que vous dictes ? » Et quand l'autre frere l'en asseura : « Je vous prie, mon frere, dist le gentil-homme, que vous oyez la cause pour laquelle je me suis parti de la maison » : et à l'heure luy feit le compte du meschant cordelier. Dont le frere fut fort estonné*, et encores plus marry* de ce que contre raison il l'avoit assailly. Et en luy demandant pardon, luy dist : « Je vous ay faict tort, pardonnez moy. » Le gentil-homme luy respondit : « Si je vous ay faict tort, j'en ay la punition, car je suis si blessé que je n'espere jamais en eschapper. » Le beaufrere essaya de le remonter à cheval le mieux qu'il peut, et le remena en sa maison, où le lendemain il trespassa[1], confessant devant tous ses parens et amis, que luy mesme estoit cause de sa mort. Dont pour satisfaire* à la justice, fut le beaufrere conseillé d'aller demander sa grace au Roy François premier de ce nom. Parquoy après avoir faict honorablement enterrer mary, femme, et enfant, s'en alla le jour du sainct Vendredy pourchasser sa remission* à la court, et la rapporta maistre François Olivier, lequel l'obtint pour le beaufrere, estant pour lors iceluy Olivier chancellier d'Alençon, et depuis par ses grandes vertuz esleu du Roy chancellier de France[2].

« Je croy, mes dames, qu'après avoir entendu ceste histoire tresveritable, il n'y aura aucun de vous qui ne pense deux fois à loger telles gens en sa maison : et sçaurez qu'il n'y a plus dangereux venin, que celuy qui est le plus dissimulé. — Pensez, dist Hircan, que ce mary estoit un bon sot, d'amener un tel gallant soupper auprès d'une si

belle et honeste femme. — J'ay veu le temps, dist Guebron, qu'en nostre païs il n'y avoit maison, où il n'y eust
chambre dediée pour les beauxperes* : mais maintenant
ils sont tant cogneuz, qu'on les craint plus qu'advantu-
riers*. — Il me semble, dist Parlamente, qu'une femme
estant dedans le lict (si ce n'est pour luy administrer les
sacrements de l'Eglise) ne doit jamais faire entrer beaupere ny prestre en sa chambre : et quand je l'appelleray,
on me pourra bien juger en danger de mort. — Si tout le
monde estoit autant austere que vous, dist Emarsuitte,
les pauvres prestres seroient pis qu'excommuniez, d'estre separez de la veüe des femmes. — N'en ayez point
de peur, dist Saffredent, car ils n'en auront jamais de
faulte. — Comment ? dist Simontault, ce sont ceux qui
par mariages nous lient aux femmes, et qui essayent par
leur meschanceté à nous en deslier, et faire rompre le
serment qu'ils nous ont faict faire. — C'est grande pitié,
dist Oisille, que ceux, qui ont l'administration des sacrements, en jouént ainsi à la pelotte[1] : on les devroit brusler
tous vifs. — Vous feriez bien mieux de les honorer que
de les blasmer, dist Saffredent, et les flatter que injurier
*car sont ceulx qui ont puissance de brusler et deshonorer
les aultres. Parquoy "sinite eos*[2]", et sçachons*[a]* qui aura
la voix d'Oisille. — Je la donne, dist elle, à Dagoucin :
car je le voy entrer en contemplation, telle qu'il me semble preparé à dire quelque bonne chose. — Puis que ne
puis ny ause, dist Dagoucin, dire ce que je pense, à tout
le moins parleray-je d'un, à qui cruauté porta nuisance*
et puis profit[3]. Combien qu'amour s'estime tant fort et
puissant, qu'il veult aller tout nud, et luy est chose
ennuyeuse, et à la fin importable* d'estre couvert : si*
est-ce que bien souvent ceux, qui pour obeïr à son

---

a. injurier, mais passons outre, et sçachons

conseil, s'advancent trop de le descouvrir, s'en trouvent mauvais marchands[1] : comme il advint à un gentil-
homme de Castille, duquel vous oirrez l'histoire. »

Gentille* invention d'un gentil-homme pour manifester
ses amours à une Royne, et ce qui en advint.

NOUVELLE VINGTQUATRIESME

En la court du Roy et Royne de Castille (desquels les
noms ne seront dicts) y avoit un gentil-homme si parfaict en beauté et bonnes conditions, qu'il ne trouvoit
son pareil en toutes les Espaignes. Chacun avoit ses vertuz en admiration, mais encores plus son estrange façon :
car jamais on ne cogneut qu'il aimast ou servist quelque
dame, et si en avoit en la court en tresgrand nombre, qui
estoient dignes de faire brusler la glace, mais il n'y en
eut point qui eust puissance de prendre ce gentil-homme,
lequel avoit nom Elisor. La Royne, qui estoit femme de
grande vertu, mais non du tout* exempte de la flamme
qui moins est cogneuë et plus brusle, regardant ce gentil-
homme qui ne servoit nulle de ses femmes, s'en esmerveilla, et un jour luy demanda s'il estoit possible qu'il
aimast aussi peu, qu'il en faisoit le semblant*. Il luy respondit, que si elle voyoit son cueur comme sa contenance,
elle ne luy feroit point ceste question. Elle desirant sçavoir
ce qu'il vouloit dire, le pressa si fort qu'il luy confessa
qu'il aimoit une dame qu'il pensoit estre la plus vertueuse
de toute la Chrestienté. Elle feit tous ses efforts par prieres
et commandemens de sçavoir qui elle estoit, mais il ne
luy fust possible : dont faisant semblant d'estre fort courroucée contre luy, jura qu'elle ne parleroit jamais à luy,

s'il ne luy nommoit celle qu'il aimoit tant : dont il fut si
fort ennuyé* qu'il fut contraint de luy dire qu'il aimoit
autant mourir s'il falloit qu'il luy confessast : mais voyant
qu'il perdoit sa veuë et bonne grace par faulte de dire
une verité tant honneste qu'elle ne devoit estre mal
prinse de personne, luy dist avec grande craincte : « Ma
dame, je n'ay la force ne hardiesse de la vous declarer,
mais la premiere fois que vous irez à la chasse je la vous
feray veoir, et suis seur que vous jugerez que c'est la
plus belle et parfaicte femme du monde. »

Ceste response fut cause, que la Royne alla plustost à
la chasse qu'elle n'eust faict. Elisor en fut adverty et
s'appresta pour l'aller servir comme il avoit acoustumé,
et si avoit faict faire un grand miroër d'acier en façon de
hallecret*, et l'ayant mis devant son estomach* le couvroit tresbien d'un manteau de frise* noire, qui estoit tout
bordé de canetille et d'or frisé[1] bien richement. Il estoit
monté sur un cheval maureau, fort bien enharnaché de tout
ce qui estoit necessaire à cheval. Le harnois* estoit tout
doré et esmaillé de noir en ouvrage moresque : son chapeau de soye noire[2], sur lequel estoit une riche enseigne,
où il y avoit pour devise[3] un amour couvert par force[4],
tout enrichy de pierreries. L'espée et le poignard n'estoient moins beaux ne bien faicts, ne de moins bonnes
devises : bref il estoit bien en ordre, et encores plus
adroict à cheval, et le sçavoit si bien manier que tous
ceux qui le voyoient, laissoient le passe-temps de la
chasse pour regarder les courses et saults que faisoit faire
Elisor à son cheval. Après avoir conduict la Royne jusques au lieu où estoient les toilles*, en telles courses et
saults que je vous ay dict, meit pied à terre, et vint pour
aider à la Royne à descendre : et ainsi qu'elle luy tendoit
les bras, il ouvrit son manteau de devant son estomach,
et la prenant entre les siens, luy monstrant son hallecret de

miroër, luy dist : « Ma dame, je vous supplie de regarder icy » : et sans attendre response la meist doucement à terre. La chasse finie, la Royne retourna au chasteau sans parler à Elisor : mais après le soupper elle l'appella, luy disant, qu'il estoit le plus grand menteur qu'elle avoit jamais veu : car il luy avoit promis de luy monstrer à la chasse celle qu'il aimoit le plus, ce qu'il n'avoit faict : parquoy elle avoit deliberé de ne faire jamais estime ne cas de luy. Elisor, ayant peur que la royne n'eust entendu* ce qu'il luy avoit dict, luy respondit, qu'il n'y avoit point failly*, car il luy avoit monstré non la femme seulement, mais la chose qu'il aimoit le mieux. Elle faisant la mescogneuë* luy dist, qu'elle n'avoit point entendu qu'il luy eust monstré une seule de ses femmes. « Il est vray, dist Elisor : mais que vous ay-je monstré vous descendant de cheval ? — Rien, dist la Royne, sinon un miroër devant vostre estomach*. — En ce miroër qu'est-ce que vous avez veu ? dist Elisor. — Je n'ay veu que moy seulle », respondit la Royne. Elisor luy dist. « Doncques, ma dame, pour obeïr à vostre commandement vous ay tenu promesse : car il n'y a ny aura jamais autre image en mon cueur, que celle que vous avez veuë au devant de mon estomach, et celle là seule veux-je aimer, reverer, et adorer, non comme femme, mais comme Dieu en terre[1], entre les mains de laquelle je mets ma mort et ma vie. Vous suppliant, que ma parfaicte et grande affection, qui a esté ma vie tant que je l'ay portée couverte, ne soit ma mort en la descouvrant : et si je ne suis digne d'estre de vous regardé ny accepté pour serviteur* : au moins souffrez, que je vive comme j'ay accoustumé, du contentement que j'ay, dont mon cueur a ausé choisir pour le fondement de son amour un si parfaict et digne lieu, duquel je ne puis avoir autre satisfaction, que de sçavoir que mon amour est si grande et parfaicte, que je me dois contenter d'aimer seulement, combien que je ne puisse estre aimé : et s'il ne vous plaist par la cognoissance de ceste grande amour, m'avoir plus agreable qu'auparavant, au moins ne m'ostez la vie qui consiste au bien que j'ay de vous veoir comme j'ay accoustumé. Car je n'ay de vous nul bien, sinon autant qu'il m'en fault pour mon extreme necessité : et si j'en ay moins, vous en aurez moins de serviteurs, en perdant le meilleur et le plus affectionné que vous eustes oncques, ny ne pourriez jamais avoir. »

La Royne, ou pour se monstrer autre qu'elle n'estoit, ou pour experimenter à la longue l'amour qu'il luy portoit, ou pour en aimer quelque autre qu'elle ne vouloit laisser pour luy, ou bien le reservant quand celuy qu'elle aimoit feroit quelque faulte pour luy bailler sa place[1], dist d'un visage ne courroucé, ne content : « Elisor, je ne vous demanderay (comme ignorant l'auctorité d'amour) quelle follie vous a esmeu* à prendre une si grande, si haulte, et difficile opinion que de m'aimer : car je sçay que le cueur de l'homme est si peu à son commandement, qu'il ne le faict pas aimer et haïr où il veult : mais pource que vous avez si bien couverte vostre opinion, je desire sçavoir combien il y a que vous l'avez prinse. » Elisor, regardant son visage tant beau, et voyant qu'elle s'enqueroit de sa maladie, espera qu'elle luy vouloit donner quelque remede. Mais voyant sa contenance si grave et si sage, qui l'interrogeoit, d'autre part tomboit en une crainte, pensant estre devant un juge, dont il doutoit* la sentence estre contre luy donnée. Si* est-ce qu'il luy jura que cest amour avoit prins racine en son cueur dès le temps de sa grande jeunesse, et qu'il n'en avoit senty nulle peine, sinon depuis sept ans, non peine (à dire vray) mais une maladie donnant tel contentement, que la guerison estoit la mort. « Puis qu'ainsi est, dist la

Royne, que vous avez desjà experimenté une si grande
fermeté, je ne dois estre plus legere à vous croire, que
vous avez esté à me dire vostre affection. Parquoy s'il
est ainsi que vous le dictes, je veux faire telle preuve de
la verité, que je n'en puisse jamais doubter : et après la
preuve faicte, je vous estimeray tel envers moy, que
vous mesmes jurez estre, et vous cognoissant tel que
vous dictes, me trouverez telle que vous desirez. » Elisor
la supplia faire de luy telle preuve qu'il luy plairoit, car
il n'y avoit chose si difficile qui ne luy fust tresaisée,
pour avoir cest heur*, qu'elle peust cognoistre l'affection
qu'il luy portoit, la suppliant de luy commander ce qu'il
luy plairoit qu'il feist. Elle luy dist : « Elisor, si vous
m'aimez autant que vous dictes, je suis seure que pour
avoir ma bonne grace, rien ne vous sera fort* à faire. Parquoy je vous commande sur tout le desir que vous avez
de l'avoir, et crainte de la perdre, que dès demain, sans
plus me veoir, vous partiez de ceste compaignie, et vous
en alliez en lieu où vous n'ayez de moy ne moy de vous
une seule nouvelle d'icy à sept ans. Vous, qui en avez
passé sept en cest amour, sçavez bien que vous
m'aimez : puis quand j'auray faict pareille experience
sept autres, je sçauray à l'heure* et croiray ce que vostre
parolle ne me peult faire croire ny entendre*. » Elisor,
oyant ce cruel commandement, d'un costé doubta*
qu'elle le vouloit eslongner de sa presence, et de l'autre
esperant que la preuve parleroit mieux pour luy que sa
parolle, accepta son commandement, et luy dist : « Si
j'ay vescu sept ans sans nulle esperance, portant ce feu
couvert : à cest heure qu'il est cogneu de vous, porteray
et passeray les sept ans autres en meilleure patience et
esperance. Mais, ma dame, obeïssant à vostre commandement, par lequel je suis privé de tout le bien que j'euz
jamais en ce monde, quelle esperance me donnez vous

au bout des sept ans, de me recognoistre pour fidelle et loyal serviteur ? » La Royne luy dist (tirant un anneau de son doigt) : « Voilà un anneau que je vous donne, coupons le tous deux par la moitié, j'en garderay l'une, et vous l'autre, à fin que si le long temps avoit puissance de m'oster la memoire de vostre visage, je vous puisse recognoistre par ceste moitié d'anneau semblable à la mienne. » Elisor print l'anneau et le rompit en deux, et en bailla une à la Royne, et retint l'autre : et en prenant congé d'elle plus mort que ceux qui ont rendu l'ame, s'en alla à son logis donner ordre à son partement*. Ce qu'il feit en telle sorte, qu'il envoya tout son train à sa maison, et luy seul s'en alla avec un varlet en un lieu si solitaire, que nul de ses parens et amis durant les sept ans n'en peut avoir nouvelle.

De la vie qu'il mena durant ce temps, et de l'ennuy* qu'il porta pour ceste absence, ne s'en peult rien sçavoir, mais ceux qui aiment ne le peuvent ignorer. Au bout des sept ans justement, ainsi que la Royne alloit à la messe, vint à elle un hermite portant une grand barbe, qui en luy baisant la main luy presenta une requeste, qu'elle ne print la peine de regarder soudainement, combien qu'elle avoit accoustumé de prendre de sa main toutes les requestes qu'on luy presentoit, quelques pauvres que ce fussent. Ainsi qu'elle estoit à la moitié de la messe, ouvrit la requeste, dedans laquelle trouva la moitié de l'anneau qu'elle avoit baillé à Elisor, dont elle fut fort esbahye, et non moins joyeuse, et avant lire ce qui estoit dedans, commanda soudain à son aumosnier, qu'il luy feist venir ce grand hermite qui luy avoit presenté la requeste. L'aumosnier le chercha par tous costez, mais il ne fut possible d'en sçavoir nouvelles, sinon qu'aucun* luy dist l'avoir veu monter à cheval, toutesfois il ne sçavoit quel chemin il tenoit. En attendant la response de l'aumosnier, la Royne

leut la requeste, qu'elle trouva estre une epistre[1] aussi
bien faicte qu'il estoit possible, et si n'estoit le desir que
j'ay de la vous faire entendre, je ne l'eusse jamais osé
traduire. Vous priant penser, mes dames, que la grace et
le langage Castillan, est sans comparaison mieux declarant ceste passion d'amour, que n'est le François : si*
est-ce que la substance en est telle.

Le temps m'a faict par sa force et puissance
Avoir d'amour parfaicte cognoissance :
Le temps après m'a esté ordonné
Et tel travail* durant ce temps donné,
Que l'incredule a par le temps peu veoir,
Ce que l'amour ne luy a faict sçavoir.
Le temps, lequel avoit faict l'amour naistre
Dedans mon cueur, l'a monstré en fin estre
Tout tel qu'il est : Parquoy en le voyant
Ne l'ay cogneu tel comme en le croyant.
Le temps m'a faict veoir sur quel fondement
Mon cueur vouloit aimer si fermement :
Ce fondement estoit vostre beauté,
Soubs qui estoit couverte* cruauté.
Le temps m'a faict veoir beauté estre rien,
Et cruauté cause de tout mon bien[2],
Par qui je fus de la beauté chassé,
Dont le regard j'avois tant pourchassé.
Ne voyant plus vostre beauté tant belle,
J'ay mieux senty vostre rigueur rebelle :
Je n'ay laissé vous obeïr pourtant,
Dont je me tiens tresheureux et content :
Veu que le temps cause de l'amitié
A eu de moy par sa longueur pitié,
En me faisant un si honneste tour
Que je n'ay eu desir de ce retour,

Fors seulement pour vous dire en ce lieu
Non un bon jour, mais un parfaict à dieu.
Le temps m'a faict veoir amour pauvre et nu[1]
Tout tel qu'il est, et dont il est venu :
Et par le temps j'ay le temps regretté
Autant ou plus que l'avois souhaitté,
Conduict d'amour qui aveugloit mes sens,
Dont rien de luy fors regret je ne sens.
Mais en voyant[2] cest amour decevable*,
Le temps m'a faict veoir l'amour veritable,
Que j'ay cogneu en ce lieu solitaire,
Où par sept ans m'a fallu plaindre et taire.
J'ay par le temps cogneu l'amour d'enhault,
Lequel cogneu, soudain l'autre deffault*.
Par le temps suis du tout* à luy[3] rendu,
Et par le temps de l'autre deffendu.
Mon cueur et corps luy donne en sacrifice,
Pour faire à luy, et non à vous, service.
En vous servant[4] rien m'avez estimé :
Ce riens il a, en l'offensant, aimé[a].
Mort me donnez pour vous avoir servie,
Et le fuyant il me donne la vie.
Or par ce temps amour plein de bonté
A l'autre amour si vaincu et dompté,
Que mis à rien, est retourné en vent,
Qui fut pour moy[5] trop doux et decevant*.
Je le vous quitte*, et rends du tout entier,
N'ayant de luy ne de vous nul mestier*.
Car l'autre amour parfaicte et perdurable
Me joinct en luy d'un lien immuable.
A luy m'en vois, là me veux asservir,
Sans plus ne vous ne vostre dieu servir.
Je prends congé de cruauté, de peine,

---

a. estimé/Et j'ay le rien en offenceant aimé

Et du torment, du dedaing, de la haine,
Du feu bruslant dont vous estes remplie,
Comme en beauté tresparfaicte acomplie.
Je ne puis mieux dire à dieu à tous maux,
A tous malheurs, et douloureux travaux*,
Et à l'enfer de l'amoureuse flamme
Qu'en un seul mot vous dire, à dieu, ma dame[1],
Sans nul espoir où que soye ou soyez,
Que je vous voye, ou que plus me voyez.

Ceste epistre ne fut pas leuë sans grandes larmes et estonnemens accompagnez d'un regret incroyable. Car la perte qu'elle avoit faicte d'un serviteur* remply d'une amour si parfaicte, debvoit estre estimée si grande, que son tresor ny mesme son royaume ne luy pouvoient oster le tiltre d'estre la plus pauvre et miserable dame du monde, pource qu'elle avoit perdu ce que tous les biens ne peuvent recouvrer. Et après avoir parachevé d'ouyr la messe et retourné en sa chambre, feit un tel dueil, que sa cruauté meritoit. Et n'y eut montagne, rocher, ne forest, où elle n'envoyast chercher cest hermite : mais celuy, qui l'avoit tiré de ses mains, le garda d'y tomber, et le mena plustost en paradis, qu'elle n'en sceut avoir nouvelles en ce monde.

« Par cest exemple ne doit nul serviteur confesser ce qui luy peult nuire et en rien aider. Et encores moins, mes dames, par incredulité debvez vous demander preuve si difficile, qu'en l'ayant vous perdiez vostre serviteur. — Vrayement, Dagoucin, dist Guebron, j'avois toute ma vie ouy estimer la dame, à qui le cas est advenu, la plus vertueuse du monde : mais maintenant je la tiens la plus folle et cruelle, qu'oncques fut. — Toutesfois, dist Parlamente, il me semble qu'elle ne luy faisoit point de tort

de vouloir esprouver sept ans s'il l'aimoit autant qu'il
disoit : car les hommes ont tant accoustumé de mentir en
pareil cas, qu'avant que s'y fier (si fier s'y fault) on ne
peult faire trop longue preuve. — Les dames, dist Hircan,
sont bien plus sages qu'elles ne souloient* : car en sept
jours de preuve, elles ont autant de seureté d'un serviteur, que les autres avoient par sept ans. — Si y en a il,
dist Longarine, en ceste compaignie que l'on a aimé
plus de sept ans à toutes preuves de harquebouse[1], encores n'a l'on sceu gaigner leur amitié. — Par Dieu, dist
Simontault, vous dictes vray, mais aussi les doibt on
mettre au rang du vieil temps : car au nouveau ne seront
elles pas receuës. — Encores, dist Oisille, fut bien tenu*
ce gentil-homme à la dame, par le moyen de laquelle il
retourna entierement son cueur à Dieu. — Ce luy fut un
fort grand heur*, dist Saffredent, de trouver Dieu par les
chemins : car veu l'ennuy* où il estoit, je m'esbahis qu'il
ne se donna aux diables. » Emarsuitte luy dist : « Et quand
vous avez esté mal traicté de vostre dame, vous estes
vous donné à tels maistres ? — Mille et mille fois je m'y
suis donné, dist Saffredent : mais le diable, voyant que
tous les tourmens d'enfer ne me pouvoient faire pis que
ceux qu'elle me donnoit, ne me daigna jamais prendre,
sçachant qu'il n'est point diable plus importable*, qu'une
dame bien aimée, et qui ne veult point aimer. — Si j'estois vous, dist Parlamente à Saffredent, avec telle opinion que vous avez, jamais je ne *servirois* femme[a]. —
Mon affection a tousjours esté telle, dist Saffredent, et
mon erreur si grande, que là où je ne puis commander,
encore me tiens-je tresheureux de servir. Car la malice*
des femmes ne peult vaincre l'amour que je leur porte.
Mais je vous prie dictes moy en vostre conscience, louëz

a. je ne serois femme

vous ceste dame d'une si grande rigueur ? — Ouy, dist Oisille : car je croy qu'elle ne vouloit estre aimée ny aimer. — Si elle avoit ceste volonté, dist Simontault, pourquoy luy donnoit elle quelque esperance après les sept ans passez ? — Je suis de vostre opinion, dist Longarine : car celles qui ne veulent aimer ne donnent nulle occasion de continuer l'amour qu'on leur porte. — Peult estre, dist Nomerfide, qu'elle en aimoit un autre qui ne valloit pas cest honneste homme là, et que pour un pire elle laissa le meilleur. — Par ma foy, dist Saffredent, je pense qu'elle faisoit provision de luy pour le prendre à l'heure qu'elle laisseroit celuy que pour lors elle aimoit le mieux. — Je voy bien, dist Oisille, que tant plus nous mettrons ces propos en avant, et plus ceux, qui ne veulent estre mal traictez, diront de nous le pis que leur sera possible. Parquoy je vous prie, Dagoucin, donnez vostre voix à quelqu'un. — Je la donne (dist il) à Longarine, estant asseuré qu'elle nous dira quelque chose de nouveau, et si n'espargnera homme ne femme pour dire la verité. — Puis que vous m'estimez si veritable, dist Longarine, je prendray la hardiesse de racompter un cas advenu à un bien grand prince, et lequel passa en vertu tous les autres de son temps. Sçachez aussi que la chose, dont on doit moins user sans extreme necessité, est mensonge et dissimulation : car c'est un vice bien laid et infame, principalement aux princes et grands seigneurs, en la bouche et contenance desquels, la verité est mieux seante, qu'en autre lieu. Mais il n'y a si grand prince en ce monde, combien qu'il ait tous les grands honneurs et richesses qu'on sçauroit desirer, qui ne soit subject à l'empire, et tirannie d'amour. Et semble que plus le prince est noble et de grand cueur*, plus amour faict son effort de l'asservir sous sa forte main : car ce glorieux Dieu ne tient compte des choses communes, et ne prend plaisir sa majesté qu'à faire tous les jours miracles, comme d'affoiblir les forts, fortifier les foibles, donner intelligence aux ignorans, oster le sens aux plus sages, favoriser aux passions, destruire la raison, et brief l'amoureuse divinité prend plaisir en telles mutations. Et pource que les princes n'en sont exempts, aussi ne le sont ils de la necessité, en laquelle les met le desir de la servitude d'amour. Et par force leur est non seulement permis *mais commandé d'*user[a] de mensonge, hipocrisie, et fiction, qui sont les moyens de vaincre les ennemis, selon la doctrine de maistre Jean de Meun[1]. Or puis qu'en tel acte d'un prince, est louable la condition, qui en tous autres[2] fait à desestimer, je vous racompteray les inventions d'un jeune prince, par lesquelles il trompa ceux qui ont accoustumé de tromper tout le monde.

Subtil moyen dont usoit un grand prince,
pour jouyr de la femme d'un Advocat de Paris.

NOUVELLE VINGTCINQUIESME

En la ville de Paris, y avoit un Advocat plus estimé que neuf hommes[3] de son estat, et pour estre cherché d'un chacun, à cause de sa suffisance*, estoit devenu le plus riche de tous ceux de sa robe. Mais voyant qu'il n'avoit eu nuls enfans de sa premiere femme, espera d'en avoir d'une seconde. Et combien que son corps fust vieil, son cueur ne son esperance n'estoient point morts : qui luy feit choisir une fille dans la ville, de l'aage de dixhuict à dixneuf ans, fort belle de visage et de teinct, et encores

---

a. permis user

plus de taille, et de bon poinct*. Laquelle il aima et
traicta le mieux qui luy fut possible : et n'eut d'elle non
plus d'enfans que de la premiere, dont à la longue elle se
fascha. Parquoy la jeunesse, qui ne peult porter long
ennuy, luy feit chercher recreation ailleurs qu'en sa maison, en allant aux dances, et banquets, toutesfois si honnestement, que son mary n'en pouvoit prendre mauvaise
opinion : Car elle estoit tousjours en la compaignie de
celles en qui il avoit fiance*. Un jour qu'elle estoit en
unes nopces[1], s'y trouva un bien grand prince, qui en me
faisant le compte, me deffendit le nommer. Si vous puis-
je bien dire, que c'estoit le plus beau, et de la meilleure
grace qui ait esté devant, ne qui (je croy) sera après en
ce royaume. Ce prince, voyant ceste jeune et belle dame,
de laquelle les yeux et la contenance l'inciterent à l'aimer,
vint parler à elle d'un tel langage, et de telle grace, qu'elle
eust volontiers commencé ceste harangue, et ne luy dissimula point, que de long temps elle avoit en son cueur
l'amour dont il la prioit, et qu'il ne se donnast point de
peine pour la persuader à une chose, où par la seule veuë,
amour l'avoit faict consentir. Ayant ce jeune prince, par la
naïfveté* d'amour ce qui meritoit bien estre acquis par le
temps, mercia* le Dieu qui luy favorisoit. Et depuis ceste
heure là, pourchassa si bien son affaire, qu'ils accorderent
ensemble le moyen comme ils se pourroient veoir hors de
la veuë des autres.

   Le lieu et le temps accordez, ce jeune prince ne faillit*
de s'y trouver, et pour garder l'honneur de sa dame, il y
alla en habit dissimulé. Mais à cause des mauvais garsons, qui couroient la nuict par la ville, ausquels ne se
vouloit faire cognoistre : print en sa compaignie quelques gentils-hommes à qui il se fioit. Et au commencement de la rue où elle demeuroit les laissa, disant : « Si
vous n'oyez point de bruit dans un quart d'heure, retirez

vous en voz logis, et sur les trois ou quatre heures reve-
nez icy me querir. » Ce qu'ils firent, et n'oyans nul bruit,
se retirerent. Le jeune prince s'en alla tout droict chez
son advocat, et trouva la porte ouverte comme on luy
avoit promis. Mais en montant le degré*, rencontra le
mary, qui avoit en sa main une bougie, duquel il fut plus
tost veu, qu'il ne le peult adviser. Toutesfois amour qui
donne entendement et hardiesse où il baille les necessitez, feit que le jeune prince s'en vint droict à luy, et luy
dist : « Monsieur l'advocat, vous sçavez la fiance* que
moy et tous ceux de ma maison avons euë à vous, et que
je vous tiens de mes meilleurs et plus fidelles serviteurs.
J'ay bien voulu venir icy vous visiter privément*, tant pour
vous recommander mes affaires, que pour vous prier que
me donniez à boire, car j'en ay grand besoing, et ne dire
à personne du monde que j'y sois venu. Car de ce lieu
m'en fault aller en un autre, où je ne veux estre cogneu.
Le bon homme advocat fut tant aise de l'honneur que ce
prince luy faisoit, de venir ainsi privément en sa maison,
qu'il le mena en sa chambre, et dist à sa femme qu'elle
apprestast la collation, des meilleurs fruicts et confitures*
qu'elle pourroit finer*. Ce qu'elle feit tresvolontiers, et
l'appresta la plus honneste qu'il luy fut possible. Et
nonobstant que l'habillement qu'elle portoit d'un couvrechef* et manteau, la montrast plus belle qu'elle n'avoit
accoustumé, si ne feit pas le jeune prince semblant* de
la regarder : mais tousjours parloit à son mary de ses
affaires, comme à celuy qui les avoit tousjours maniées.
Et ainsi que la dame tenoit à genoux les confitures devant
le prince, et que le mary alla au buffet, pour luy donner
à boire, elle luy dist, qu'au partir de la chambre il ne
faillist* d'entrer en une garderobbe* à main droicte, où
bien tost après elle l'iroit voir. Incontinent qu'il eut beu,
remercia l'advocat, lequel le vouloit à toute force accom-

paigner : mais il l'asseura que là où il alloit n'avoit
besoing de compaignie. Et en se tournant devers sa femme,
luy dist : « Aussi je ne vous veux pas faire tort de vous
oster ce bon mary, lequel est de mes anciens serviteurs.
Vous estes si heureuse de l'avoir, que vous avez bien occasion d'en louër Dieu, et de le bien servir, et obeïr. Et
si vous faisiez autrement, vous seriez bien malheureuse. » En disant ces honnestes propos, s'en alla le
jeune prince, et fermant la porte après soy pour n'estre
suivy au degré*, entra dedans la garderobbe, où après
que le mary fut endormy se trouva la belle dame, qui le
mena dedans un cabinet le mieux en ordre qu'il estoit
possible. Combien que les plus beaux images*, qui y fussent, estoient luy et elle, en quelques habillemens qu'ils
se voulsissent mettre. Et là je ne fais doubte qu'elle ne
luy tint toutes ses promesses.

De là se retira à l'heure qu'il avoit dict à ses gentils-
hommes, et les trouva au lieu où il leur avoit commandé
de l'attendre. Et pource que ceste vie dura assez longuement, choisit le jeune prince un plus court chemin pour y
aller. C'est qu'il passoit par un monastere de religieux, et
avoit si bien faict envers le prieur¹, que tousjours environ
minuict le portier luy ouvroit la porte, et pareillement
quand il s'en retournoit. Et pource que la maison où il
alloit estoit près de là, ne menoit personne avecques luy.
Et neantmoins qu'il menast la vie que je vous dis, si estoit
il prince craignant et aimant Dieu. Et ne failloit* jamais,
combien qu'à l'aller il ne s'arrestast point, de demourer
au retour long temps en oraison en l'Eglise. Qui donna
grande occasion aux religieux, qui en entrant et sortant de
matines² le voyoient à genoux, d'estimer que ce fust le
plus sainct homme du monde. Ce prince avoit une sœur,
qui frequentoit fort ceste religion*. Et comme celle qui
aimoit son frere, plus que toutes les creatures du monde,

le recommandoit aux prieres de toutes les bonnes personnes, qu'elle pouvoit cognoistre. Et un jour qu'elle le
recommandoit affectueusement au prieur de ce monastere,
il luy dist : « Helas, ma dame ! qui est-ce que vous me
recommandez ? vous me parlez de l'homme du monde,
aux prieres duquel j'ay plus d'envie d'estre recommandé.
Car si cestuy là n'est sainct et juste (allegant le passage,
que "bien heureux est qui peult faire mal, et ne le faict[1]")
je n'espere pas d'estre trouvé tel. » La sœur, qui eut envie
de sçavoir quelle cognoissance ce beaupere* avoit de la
bonté de son frere, l'interrogea si fort, qu'en luy baillant
ce secret soubs le voille de confession, luy dist : « N'est-
ce pas une chose admirable, de veoir un prince jeune et
beau, laisser les plaisirs et son repos, pour bien souvent
venir ouïr noz matines ? non comme prince cherchant
l'honneur du monde, mais comme un simple religieux,
vient tout seul se cacher en l'une de noz chappelles. Sans
faulte, ceste bonté rend mes freres et moy si confuz,
qu'auprès de luy nous ne sommes dignes d'estre appellez
religieux. » La sœur, qui entendit ces parolles, ne sceut
que croire : car nonobstant que son frere fust bien mondain*, si sçavoit elle qu'il avoit la conscience bonne, la
foy et l'amour en Dieu bien grande : mais *de chercher
superstitions ne ceremonies autres que un bon crestien
doibt faire[2]*, elle ne l'eust[a] jamais soupçonné. Parquoy
elle s'en vint à luy, et luy compta la bonne opinion que
les religieux avoient de luy, dont il ne se peut garder de
rire, avec un visage tel, qu'elle, qui le cognoissoit comme
son propre cueur, cogneut qu'il y avoit quelque chose
cachée soubs sa devotion : et ne cessa jamais qu'il ne luy
en eust dict la verité telle, que je l'ay mise icy par escrit,
et qu'elle feit l'honneur de me le compter.

---

a. grande, mais d'aller à l'eglise à telle heure, elle ne l'eust

« C'est à fin que vous cognoissiez, mes dames, qu'il n'y a malice* d'advocat, ny finesse de moine, qu'amour en cas de necessité ne face tromper, par ceux qui sont parfaicts en amour : et puis qu'amour sçait tromper les trompeurs, nous pauvres simples ignorantes, le devons bien craindre. — Encores, dist Guebron, que je me doubte bien qui c'est, si* fault il que je die, qu'il est louable en ceste chose. Car on veoit peu de grans seigneurs, qui se soucient de l'honneur des femmes, ny du scandale public, mais qu'ils ayent leur plaisir : et souvent sont autheurs que l'on pense pis qu'il n'y a. — Vrayement, dist Oisille, je voudrois que tous les jeunes seigneurs y prinsent exemple. Car souvent le scandale est pire que le peché. — Pensez, dist Nomerfide, que les prieres, qu'il faisoit au monastere où il passoit, estoient bien fondées. — Si* n'en devez vous point juger, dist Parlamente : car peut estre qu'au retour, la repentance en estoit telle, que le peché luy estoit pardonné[1]. — Il est bien difficile, dist Hircan, de se repentir d'une chose si plaisante. Quant est de moy, je m'en suis souventesfois confessé, mais non gueres repenti. — Il vaudroit mieux, dist Oisille, ne se confesser point, si l'on n'a bonne repentance. — Or ma dame, dist Hircan, le peché me desplaist bien, et suis marri* d'offenser Dieu, mais le plaisir me plaist tousjours[2]. — Vous^a et voz semblables, dist Parlamente, voudriez bien qu'il n'y eust ne Dieu ne loy, sinon celle que vostre affection ordonneroit. — Je vous confesse, dist Hircan, que je voudrois que Dieu print aussi grand plaisir à mes plaisirs, comme je fais : car je luy donnerois souvent matiere de se resjouïr. — Si ne ferez vous pas un Dieu nouveau, dist Guebron, parquoy fault obeïr à celuy que nous avons. Mais laissons ces disputes

---

a. me plaist. — Toujours vous

aux Theologiens, à fin que Longarine donne sa voix à
quelqu'un. — Je la donne, dist elle, à Saffredent. Mais je
le prie, qu'il nous face le plus beau compte, dont il se
pourra adviser, et qu'il ne regarde point tant à dire mal
des femmes, que là où il y aura du bien il n'en vueille
monstrer la verité. — Vrayement, dist Saffredent, je
l'accorde : car j'ay en main l'histoire d'une folle et d'une
sage : vous prendrez l'exemple qu'il vous plaira le
meilleur. Et cognoistrez qu'autant qu'amour faict faire
aux meschans de meschancetez, en cueur honeste faict
faire choses dignes de louange. Car amour de soy[1] est
bon, mais la malice du subject luy faict souvent prendre
un nouveau surnom de fol, leger, cruel, ou villain. Toutesfois par l'histoire, que je vous veux à present racompter, pourrez veoir qu'amour ne change point le cueur,
mais le monstre tel qu'il est, fol aux fols, et sage aux
sages. »

Plaisant discours d'un grand seigneur,
pour avoir la jouyssance d'une dame de Pampelune[2].

NOUVELLE VINGTSIXIESME

Il y avoit au temps du Roy Loys douziesme un jeune
seigneur nommé monsieur d'Avannes fils du sire
d'Alebret[3], et frere du Roy Jean de Navarre, avec lequel
ledict seigneur d'Avannes demeuroit ordinairement. Or
estoit ce jeune seigneur de l'aage de quinze ans, tant beau,
et plein de toutes bonnes graces, qu'il sembloit n'estre
faict, que pour estre aimé et regardé. Ce qui estoit de
tous ceux qui le voyoient, et plus que de nulle autre, d'une
femme demourante en la ville de Pampelune en Navarre[4],

laquelle estoit mariée à un fort riche homme, avec lequel vivoit fort honnestement : et combien qu'elle ne fust aagée que de vingt trois ans, si* est-ce que, parce que son mary approchoit du cinquantiesme, s'habilloit tant modestement, qu'elle sembloit plus vefve* que mariée. Et jamais à nopces ny à festins homme ne la veit aller sans son mary, duquel elle estimoit tant la vertu et la bonté, qu'elle le preferoit à la beauté de tous autres. Le mary l'ayant experimentée si sage, y print telle seureté*, qu'il luy commettoit toutes les affaires de sa maison.

Un jour fut convié ce riche homme avecques sa femme aux nopces de l'une de ses parentes. Auquel lieu, pour les honorer, se trouva le jeune seigneur d'Avannes, qui naturellement aimoit la dance, comme celuy qui en son temps n'y trouvoit son pareil. Après disner* que le bal commença, fut prié ledict seigneur d'Avannes par le riche homme de vouloir dancer. Ledict seigneur luy demanda qu'il[1] vouloit qu'il menast. Il luy respondit : « Monsieur, s'il y en avoit une plus belle, et plus à mon commandement que ma femme, je la vous presenterois, vous suppliant me faire cest honneur de la mener. » Ce que feit le jeune prince, duquel la jeunesse estoit si grande qu'il prenoit plus de plaisir à saulter et dancer qu'à regarder la beauté des dames. Et celle qu'il menoit, au contraire regardoit plus la grace et beauté dudict seigneur, que la dance où elle estoit, combien que par sa grand' prudence elle n'en feist un seul semblant*. L'heure du soupper venuë, monsieur d'Avannes dist à Dieu à la compaignie, et se retira au chasteau, où le riche homme l'accompaigna sur sa mulle[2]. Et en allant luy dist : « Monsieur, vous avez aujourd'huy tant faict d'honneur à mes parens et à moy, que ce me seroit ingratitude, si je ne m'offrois avecques toutes mes facultez* à vous faire service. Je sçay, monsieur, que tels seigneurs que vous, qui avez peres rudes, et avaricieux, avez souvent plus faulte d'argent, que nous, qui par petit train et bon mesnage*, ne pensons que d'en amasser. Or est-il ainsi que Dieu m'ayant donné femme selon mon desir, ne m'a voulu totalement en ce monde bailler mon paradis, estant frustré de la joye que les peres ont des enfans. Je sçay, monsieur, qu'il ne m'appartient de vous adopter pour tel, mais s'il vous plaist me regarder pour serviteur*, et me declarer voz petites affaires, tant que cent mil escuz de mon bien se pourront estendre, je ne fauldray* de vous secourir en voz necessitez. » Monsieur d'Avannes fut fort joyeux de cest offre : car il avoit un pere tel que l'autre luy avoit dechifré. Et après l'avoir bien remercié, le nomma son pere par alliance[1]. De cest heure là ledict riche homme print telle amour audict seigneur d'Avannes, que matin et soir ne cessoit de s'enquerir s'il luy falloit quelque chose. Et ne cela à sa femme la devotion qu'il avoit audict seigneur d'Avannes, dont elle l'aima doublement. Et depuis ceste heure là ledict seigneur d'Avannes n'avoit faulte de chose qu'il desirast.

Il alloit souvent vers ce riche homme, boire et manger avecques luy : et quand il ne le trouvoit point, sa femme luy bailloit tout ce qu'il demandoit, et d'avantage parloit à luy si sagement, l'admonnestant d'estre vertueux, qu'il la craignoit, et l'aimoit plus que toutes les femmes du monde. Elle, qui avoit Dieu et l'honneur devant les yeux, se contentoit de sa veüe et parolle, où gist la satisfaction de l'honnesteté et bonne amour, en sorte, que jamais elle ne luy feit signe, parquoy il peust penser et juger, qu'elle eust autre affection à luy, que fraternelle et chrestienne. Durant ceste amitié couverte*, monsieur d'Avannes, par l'aide des dessusdicts, estoit fort gorgias*, et bien en ordre. Et approchant l'aage de dixsept ans, commença de chercher plus les dames, qu'il n'avoit de coustume. Et combien qu'il eust plus volontiers aimé la

sage dame que nulles autres, si* est-ce que la peur, qu'il
avoit de perdre son amitié si elle entendoit tels propos, le
feit taire et s'amuser ailleurs. Et s'alla adresser à une
gentil-femme près de Pampelune, qui avoit maison en la
ville, laquelle avoit espousé un jeune homme, qui sur
tout aimoit les chiens, chevaux, et oyseaux. Et commença
pour l'amour d'elle à lever mille passetemps, tournois,
jeux de courses, luytes*, masques, festins, et autres jeux,
à tous lesquels se trouvoit ceste jeune dame. Mais à
cause que son mary estoit fort fantastique*, ses pere et
mere, la cognoissans belle et legere, jaloux de son honneur, la tenoient de si près, que ledict seigneur d'Avannes
ne pouvoit avoir d'elle chose, que la parolle bien courte
en quelque bal. Combien qu'en peu de temps et de propos, apperceut ledict seigneur d'Avannes qu'autre chose
ne defailloit* en leur amitié, que le temps et le lieu. Parquoy il vint à son bon pere le riche homme, et luy dist
qu'il avoit grand devotion d'aller visiter Nostre Dame de
Montferrat[1] : le priant retenir en sa maison tout son train,
et qu'il y vouloit aller seul, ce qu'il luy accorda. Mais sa
femme, qui avoit en son cueur le grand prophete amour,
soupçonna incontinent la verité du voyage, et ne se peut
tenir de dire à monsieur d'Avannes : « Monsieur, monsieur, la Nostre Dame que vous adorez n'est pas hors des
murailles de ceste ville. Parquoy je vous supplie sur toutes choses regardez à vostre santé. » Luy, qui la craignoit
et aimoit, rougist si fort à ceste parolle, que sans parler il
luy confessa la verité. Et sur cela s'en alla : et quand il
eut acheté une couple de beaux chevaux d'Espagne, s'ha-
billa en palefrenier, et desguisa tellement son visage que
nul ne le cognoissoit. Le gentil-homme mary de la folle
dame, qui sur toute chose aimoit les chevaux, veit les
deux que monsieur d'Avannes menoit, et incontinent les
vint acheter. Et après les avoir achetez, regarda le pale-

frenier, qui les manioit si bien, et demanda s'il le voudroit servir. Le seigneur d'Avannes luy dist qu'ouy, et
qu'il estoit un pauvre palefrenier, qui ne sçavoit autre
mestier que penser* les chevaux, enquoy il s'acquitteroit
si bien, qu'il en seroit content. Le gentil-homme fort aise
luy donna la charge de tous ses chevaux, et entrant en sa
maison dist à sa femme qu'il luy recommandoit ses chevaux et son palefrenier, et qu'il s'en alloit au chasteau.

La dame, tant pour complaire à son mary, que pour
n'avoir meilleur passetemps, alla visiter les chevaux, et
regarda le palefrenier nouveau, qui luy sembla homme de
bonne grace : toutesfois elle ne le cognoissoit point. Luy
qui veit qu'il n'estoit poinct cogneu d'elle, luy vint faire
la reverence en la façon d'Espaigne, et luy print et baisa
la main, et en la baisant la serra si fort, qu'elle le recogneut : car en la dance il luy avoit maintesfois faict le
tour. Et dès l'heure* ne cessa la dame de chercher lieu où
elle peust parler à luy à part. Ce qu'elle fit dès le soir
mesmes : car estant conviée en un festin où son mary la
vouloit mener, elle feignit d'estre malade, et n'y pouvoir
aller. Et le mary, qui ne vouloit faillir* à ses amis, luy
dist : « M'amie, puis qu'il ne vous plaist venir, je vous
prie avoir esgard à mes chiens et sur mes chevaux, à fin
qu'il ne leur faille rien. » La dame trouva ceste commission tresagreable. Mais sans en faire autre semblant*,
luy respondit, puis qu'en meilleure chose ne la vouloit
employer, qu'elle luy donneroit à cognoistre par les moindres, combien elle desiroit luy complaire. Et n'estoit pas
encores le mary hors de la porte qu'elle descendit en l'estable, où elle trouva que quelque chose deffailloit*. Et
pour y donner ordre, donna tant de commissions aux varlets d'un costé et d'autre, qu'elle demeura toute seule
avec le maistre palefrenier. Et de peur que quelqu'un survint, elle luy dist : « Allez vous en dedans mon jardin, et

m'attendez en un cabinet qui est au bout de l'allée. » Ce
qu'il feit si diligemment, qu'il n'eut loisir de la mercier*.
Et après qu'elle eut donné ordre à toute l'escuirie, s'en
alla veoir ses chiens, faisant semblable diligence de les
faire bien traicter : tant qu'il sembloit que de maistresse
elle fust devenuë chambriere. Et après retourna en sa
chambre, où elle se trouva si lasse, qu'elle se meit dedans
le lict, disant qu'elle vouloit reposer. Toutes ses femmes
la laisserent seule, fors une en qui elle se fioit : à laquelle
elle dist : « Allez vous en au jardin, et me faictes venir
celuy que vous trouverez au bout de l'allée. » La chambriere y alla, et trouva le maistre palefrenier, qu'elle
amena incontinent à sa dame, qui la feit saillir* dehors
pour guetter quand son mary viendroit. Monsieur d'Avannes se voyant seul avecques la dame, se despouïlla des
habillemens de palefrenier, osta son faulx nez et sa faulse
barbe, et non comme palefrenier craintif, mais comme tel
seigneur qu'il estoit, sans demander congé à la dame,
audacieusement se coucha près d'elle : où il fut receu
ainsi que le plus beau fils qui fust en son temps de la plus
folle* dame du païs, et demeura là jusques à ce que le seigneur retourna. A la venuë duquel reprenant son masque,
laissa le plaisir que par finesse et malice* il usurpoit. Le
gentil-homme entrant en sa court, entendit la diligence
qu'avoit faict sa femme de bien luy obeïr, et la mercia*
tresfort. « Mon amy, ce dist la dame, je ne fais que mon
devoir. Il est vray, que, qui ne prendroit garde sur ces
meschans garsons, vous n'auriez chien qui ne fust galleux,
ne cheval qui ne fust maigre. Mais puis que je cognois
leur paresse, et vostre bon vouloir, vous serez mieux servi
que vous ne fustes oncques. » Le gentil-homme, qui pensoit bien avoir choisi le meilleur palefrenier du monde,
luy demanda que luy en sembloit. « Je vous asseure, monsieur, dist elle, qu'il faict aussi bien son mestier, que ser-

viteur qu'eussiez peu choisir : mais si a il besoing d'estre
sollicité : car c'est le plus endormi varlet que je vis
jamais. » Ainsi demeurerent longuement le mary et la
dame en meilleure amitié qu'auparavant, et perdit tout le
soupçon et la jalousie qu'il avoit d'elle, pource qu'autant
qu'elle avoit aimé les festins, dances, et compaignies, elle
estoit ententive* à son mesnage*, et se contentoit bien
souvent de ne porter sur sa chemise qu'un chamarre*, en
lieu qu'elle avoit accoustumé d'estre quatre heures à
s'acoustrer* : dont elle estoit louée de son mary et d'un
chacun, qui n'entendoit* pas que le pire diable chassoit le
moindre. Ainsi vesquit ceste jeune dame sous l'hypocrisie
et habit de femme de bien en telle volupté, que raison,
conscience, ordre, ne mesure n'avoient plus de lieu en
elle. Ce que ne peult porter* gueres longuement la jeune
et delicate complexion du seigneur d'Avannes, mais
commença à devenir tant palle et maigre, que sans porter
masque on le pouvoit bien descognoistre. Toutesfois la
folle* amour qu'il avoit à ceste femme, luy rendit tellement les sens hebetez, qu'il presumoit de sa force, ce qui
eust deffailly* en celle d'Hercules. Dont à la fin contrainct
de maladie, et conseillé par la dame, qui ne l'aimoit tant
malade, que sain, demanda congé à son maistre de se retirer chez ses parens : qui le luy donna à grand regret, et
luy feit promettre que, quand il seroit sain, il retourneroit
en son service.

Ainsi s'en alla le seigneur d'Avannes à beau pied[1], car
il n'avoit qu'à traverser la longueur d'une ruë. Et arrivé
qu'il fut en la maison du riche homme son bon pere,
n'y trouva que sa femme, de laquelle l'amour vertueuse
qu'elle luy portoit n'estoit point diminuée pour son
voyage. Mais quand elle le veit si maigre, et decoloré, ne
se peut tenir de luy dire : « Monsieur, je ne sçay comme
il va de vostre conscience, mais vostre corps n'a point

amendé de ce pelerinage. Et me doute fort que le chemin, que vous avez faict la nuict, vous ait plus travaillé*
que celuy du jour. Car si vous fussiez allé en Jerusalem
à pied, vous en fussiez bien venu plus hallé, mais non
pas si maigre et foible. Or contez ceste cy pour une¹, et
ne servez plus tels images*, qui en lieu de resusciter les
morts, font mourir les vivans². Je vous en dirois d'avantage, mais si vostre corps a peché, je voy bien qu'il en a
telle punition, que j'ay pitié d'y adjouster facherie nouvelle. » Quand le seigneur d'Avannes eut entendu tous
ses propos, il ne fut pas moins marri* que honteux. Et luy
dist : « Ma dame, j'ay autresfois ouy dire, que la repentance suit de bien près le peché. Et maintenant je l'es-
preuve à mes despens, vous priant excuser ma jeunesse,
qui ne se peult chastier que par experimenter le mal
qu'elle ne veult croire. » La dame changeant de propos,
le feit coucher en un beau lict où il fut quinze jours, ne
vivant que de restaurens*. Et le mary et la dame luy tindrent* si bonne compaignie, qu'il avoit tousjours l'un
d'eux auprès de luy. Et combien qu'il eust faict les follies* que vous avez ouyes, contre la volonté et conseil de
la sage dame, si ne diminua elle jamais l'amour vertueuse qu'elle luy portoit. Car elle esperoit tousjours
qu'après avoir passé ses premiers jours en follie, il se reti-
reroit, et contraindroit d'aimer honnestement, et par ce
moyen seroit du tout* à elle. Et durant ces quinze jours,
qu'il fut en sa maison, elle luy tint tant de bons propos
tendans à l'amour de vertu, qu'il commença à avoir horreur de la follie qu'il avoit faicte. Et regardant la dame,
qui en beauté passoit la folle*, cognoissant de plus en plus
les graces et vertuz, qui estoient en elle, il ne se peult
garder un jour qu'il faisoit assez obscur, chassant toute
crainte hors, de luy dire : « Ma dame, je ne voy meilleur
moyen pour estre tel et si vertueux que vous me preschez

et desirez, que de mettre mon cueur à estre entierement
amoureux de la vertu. Je vous supplie, ma dame, de me
dire s'il ne vous plaist pas m'y donner toute aide et faveur
à vous possible. » La dame fort joyeuse de luy veoir tenir
ce langage, luy dist : « Et je vous promets, monsieur,
que si vous estes amoureux de la vertu, comme il appartient à tel seigneur que vous, je vous serviray pour y parvenir de toutes les puissances que Dieu a mises en moy.
— Or ma dame, dist monsieur d'Avannes, souvienne
vous de vostre promesse, et entendez que Dieu, incognu
du Chrestien sinon par foy, a daigné prendre la chair
semblable à celle de peché, à fin qu'en attirant nostre
chair en l'amour de son humanité, tirast aussi nostre
esprit à l'amour de sa divinité : et s'est voulu servir des
moyens visibles, pour nous faire aimer par foy les choses
invisibles[1]. Aussi ceste vertu, que je desire aimer toute
ma vie, est chose invisible, sinon par les effaits du dehors.
Parquoy est besoing qu'elle preigne quelque corps, pour
se faire cognoistre entre les hommes. Ce qu'elle a faict,
se revestant du vostre, pour le plus parfaict qu'elle a
peu trouver : doncques je vous recognois et confesse non
seulement vertueuse, mais la seule vertu. Et moy, qui la
voy reluyre soubs le voile du plus parfaict corps qui
onques* fut, qui est le vostre, la veux servir et honorer
toute ma vie, laissant pour elle toute autre amour vaine,
et vicieuse. » La dame non moins contente qu'esmerveillée* d'ouïr ces propos, dissimula si bien son contentement, qu'elle luy dist : « Monsieur, je n'entreprens
pas de respondre à vostre theologie[2], mais comme celle
qui est plus craignant le mal, que croyant le bien, vous
voudrois supplier de cesser en mon endroit les propos,
dont vous estimez si peu celles qui les ont creuz. Je
sçay tresbien que je suis femme non seulement comme
une autre, mais tant imparfaicte, que la vertu feroit plus

grand acte de me transformer en elle, que de prendre
ma forme, sinon quand elle voudroit estre incogneuë en
ce monde. Car soubs tel habit que le mien, ne pourroit
la vertu estre recogneuë telle qu'elle est. Si* est-ce, monsieur, que pour mon imperfection, je ne laisse à vous
porter telle affection, que doit, et peult faire femme craignant Dieu et son honneur. Mais ceste affection ne sera
declarée, jusques à ce que vostre cueur soit susceptible
de la patience que l'amour vertueuse commande. Et à
l'heure*, monsieur, je sçay quel langage il fault tenir.
Mais pensez que vous n'aimez pas tant vostre propre
bien, personne, ny honneur, que je l'ayme. » Le seigneur
d'Avannes craintif, ayant la larme à l'œil, la supplia
tresfort, que pour seureté* de ses paroles, elle le voulust
baiser. Ce qu'elle luy refusa, disant que pour luy elle
ne romproit point la coustume du pays. Et en ce debat
survint le mary, auquel dist monsieur d'Avannes : « Mon
pere, je me sens tant tenu* à vous et à vostre femme,
que je vous supplie pour jamais me reputer* vostre fils. »
Ce que le bonhomme feit tresvolontiers. « Et pour seureté
de ceste amitié, je vous prie, dist monsieur d'Avannes,
que je vous baise » : ce qu'il feit. Après luy dist : « Si ce
n'estoit de peur d'offenser la loy, j'en ferois autant à
ma mere vostre femme. » Le mary voyant cela, commanda à sa femme de le baiser, ce qu'elle feit, sans faire
semblant* de vouloir ou ne vouloir ce que son mary luy
commandoit.

　A l'heure le feu, que la parolle avoit commencé d'allumer au cueur du pauvre seigneur, commença à s'augmenter par le baiser tant desiré, si fort requis, et si cruellement
refusé. Ce faict s'en alla ledict seigneur d'Avannes devers
le Roy son frere au chasteau, où il feit force beaux comptes de son voyage de Montferrat : et là entendit que le
Roy son frere s'en vouloit aller à Olly et Taffares[1]. Et

pensant que le voyage seroit long, entra en une grande tristesse, qui le meit jusques à deliberer*, d'essayer avant que partir, si la sage dame luy portoit point meilleure volonté, qu'elle luy en faisoit le semblant, et s'en alla loger en une maison de la ville en la ruë où elle estoit, et print un logis vieil et mauvais, et faict de bois, auquel environ minuict meit le feu, dont le cry fut si grand par toute la ville, qu'il vint à la maison du riche homme, lequel demandant par la fenestre où c'estoit qu'estoit le feu, entendit que c'estoit chez monsieur d'Avannes. Où il alla incontinent avecques tous les gens de sa maison, et trouva le jeune seigneur tout en chemise en la rue, dont il eut si grand pitié, qu'il le print entre ses bras. Et le couvrant de sa robe, le mena en sa maison le plustost qu'il luy fut possible, et dist à sa femme, qui estoit dedans le lict : « M'amie, je vous donne en garde ce prisonnier : traictez le comme moy-mesme. » Et si tost qu'il fut party, ledict seigneur d'Avannes, qui eust bien voulu estre traicté en mary, sauta legerement dedans le lict, esperant que l'occasion et le lieu feroient changer propos à ceste sage dame : mais il trouva le contraire. Car ainsi qu'il saillit d'un costé dedans le lict, elle sortit de l'autre, et print sa chamarre*, de laquelle vestuë s'en vint à luy au chevet du lict, et luy dist : « Comment ? monsieur, avez vous pensé que les occasions puissent muer un chaste cueur ? Croyez que tout ainsi que l'or s'esprouve en la fournaise[1], aussi faict un cueur chaste au milieu des tentations, où souvent se trouve plus fort et vertueux qu'ailleurs, et se refroidist tant plus il est assailly de son contraire. Parquoy soyez seur, que si j'avois autre volonté, que celle que je vous ay dicte, je n'eusse failly à trouver des moyens, desquels n'en voulant user, je n'en tiens compte. Vous priant que si vous voulez que je continuë l'affection que je vous porte, que vous ostiez non seulement la volonté, mais

la pensée de jamais, pour chose que vous sceussiez faire,
me trouver autre que je suis. » Durant ces parolles arriverent ses femmes, ausquelles elle commanda que l'on
apportast la collation de toutes sortes de confitures*. Mais
il n'avoit pour l'heure ny faim ny soif, tant estoit desesperé d'avoir failly à son entreprinse, craignant que la
demonstration qu'il avoit faicte de son desir luy feit perdre la privauté* qu'il avoit avec elle. Le mary ayant donné
ordre au feu, retourna et pria tant monsieur d'Avannes
qu'il demeurast pour ceste nuict en sa maison, qu'il luy
accorda. Mais fut ceste nuict passée en telle sorte que ses
yeux furent plus excercez à plorer, qu'à dormir. Et bien
matin leur alla dire à dieu dans le lict, où en baisant la
dame cogneut qu'elle avoit plus de pitié de son offense,
que de mauvaise volonté encontre luy : qui fut un charbon
d'avantage adjouté au feu de son amour. Après disner*
s'en alla avecques le Roy à Taffares, mais avant que partir, encores alla dire à dieu à son bon pere et à sa dame,
qui depuis le premier commandement de son mary, ne
feit plus difficulté de le baiser comme son fils.

Mais soyez seur, que plus la vertu empeschoit son œil
et contenance, de monstrer la flamme cachée, plus elle
s'augmentoit, et devenoit importable* : en sorte que ne
pouvant porter la guerre que l'honneur et l'amour luy
faisoient en son cueur (laquelle toutesfois avoit deliberé*
de jamais ne monstrer), ayant perdu la consolation de la
veuë, et parolle de celuy pour qui elle vivoit, print une
fievre continue causée d'une humeur melancolique* et
couverte*, tellement que les extremitez du corps luy vindrent toutes froides, et au dedans brusloit incessamment.
Les medecins, en la main desquels ne pend pas la santé
des hommes, commencerent à douter fort de sa maladie,
à cause d'une oppilation*, qui la rendoit melencolique*, et
conseillerent au mary d'avertir sa femme de penser à sa

conscience, et qu'elle estoit en la main de Dieu, comme si
ceux qui sont en santé, n'y estoient point. Le mary, qui
aimoit sa femme parfaictement, fut si triste de leurs parolles, que pour sa consolation il escrivit à monsieur
d'Avannes, le suppliant prendre la peine de les venir visiter, esperant que sa veuë profiteroit à la malade[a]. A quoy
ne tarda le seigneur d'Avannes, incontinent les lettres
receuës, et s'en vint en poste* en la maison de son bon
pere. Et à l'entrée trouva les serviteurs et femmes de
leans, menans tel dueil que meritoit leur maistresse : dont
ledict seigneur fut si estonné*, qu'il demoura à la porte,
comme une personne transie, jusques à ce qu'il veit son
bon pere, lequel en l'embrassant se print à plorer si fort
qu'il ne luy peut mot dire. Et mena ledict seigneur
d'Avannes en la chambre de la pauvre malade : laquelle
tournant ses yeux languissans vers luy, le regarda et luy
bailla la main, en le tirant de toute sa foible puissance, et
en l'embrassant et baisant feit un merveilleux* plainct, et
luy dist : « O monsieur, l'heure est venuë qu'il fault
que toute dissimulation cesse, et que je vous confesse la
verité que j'ay tant mis peine à vous celer : c'est, que si
vous m'avez porté grande affection, croyez que la mienne
n'a esté moindre. Mais ma douleur a passé la vostre,
d'autant que j'ay eu la peine de la celer contre mon cueur
et volonté. Car entendez, monsieur, que Dieu et mon
honneur ne m'ont jamais permis de la vous declarer, craignant d'ajouster en vous ce que je desirois diminuer.
Mais sçachez, monsieur, que le *non* que[b] si souvent vous
ay dit, m'a tant faict de mal au prononcer, qu'il est cause
de ma mort, de laquelle je me contente, puisque Dieu
m'a faict la grace de n'avoir permis que la violence de

---

a. maladie
b. le mot que

mon amour ait mis tache à ma conscience et renommée.
Car de moindre feu que le mien, ont esté ruinez plus
grands et plus forts edifices. Or m'en voy-je contente, puis
que avant mourir je vous ay peu declarer mon affection
egale à la vostre, hors mis que l'honneur des hommes et
des femmes n'est pas semblable. Vous suppliant, monsieur, que doresenavant vous ne craignez à vous adresser
aux plus grandes, et vertueuses dames, que vous pourrez : car en tels cueurs habitent les plus fortes passions,
et plus sagement conduictes. Et la grace, beauté, et honnesteté, qui est en vous, ne permettra que vostre amour
travaille sans fruict. *Je ne vous priray point de prier Dieu
pour moy, car je sçay que la porte de paradis n'est point
reffuzée aux vrais amans, et que amour est ung feu qui
pugnit si bien les amoureux en ceste vye qu'ils sont exemptz
de l'aspre tourmant de purgatoire*[1]. Or*ᵃ* à Dieu, monsieur, vous recommandant vostre bon pere mon mary,
auquel je vous prie compter à la verité ce que vous sçavez
de moy, à fin qu'il cognoisse combien j'ay aimé Dieu et
luy : et gardez vous de vous trouver plus devant mes
yeux : car doresenavant je ne veux penser qu'à aller recevoir les promesses que Dieu m'a faictes avant la constitution du monde[2]. » En ce disant, le baisa et embrassa de
toute la force de ses foibles bras.

Ledict seigneur, qui avoit le cueur aussi mort par
compassion qu'elle par douleur, sans avoir puissance de
luy dire un seul mot, se retira hors de là de sa veuë sur
un lict qui estoit dans la chambre, où il s'esvanouït plusieurs fois. A l'heure la dame appella son mary, et après
luy avoir faict beaucoup de remonstrances honestes, luy

---

a. fruict. Je vous prie de vous recorder* de ma constance, et n'attri-
buez point à cruauté ce qui doit estre imputé à l'honneur, à la conscience,
et à la vertu, lesquels nous doivent estre plus chers mille fois, que nostre propre vie. Or

recommanda monsieur d'Avannes, l'asseurant qu'après luy, c'estoit la personne du monde qu'elle avoit la plus aimée. Et en baisant son mary, luy dist à dieu. Et à l'heure feit apporter le sainct sacrement de l'autel, et puis après l'*extresme* unction[1], lesquels elle receut avecques telle joye, comme celle qui estoit seure de son salut. Et voyant que la veuë luy diminuoit, et les forces luy defailloient*, commença à dire bien hault son In manus[2]. A ce cry se leva le seigneur d'Avannes de dessus le lict, et en la regardant piteusement luy veit rendre avecques un doux souspir sa glorieuse ame à celuy dont elle estoit venuë. Et quand il s'apperceut qu'elle estoit morte, il courut au corps mort : duquel vivant il n'approchoit qu'en craincte, et le vint embrasser et baiser de telle sorte, qu'à grand peine le luy peut on oster d'entre les bras. Dont le mary en fut fort estonné, car jamais n'avoit estimé qu'il luy portast telle affection, et en luy disant : « Monsieur, c'est trop » : se retirerent tous deux de là. Et après avoir ploré longuement l'un sa femme, et l'autre sa dame, monsieur d'Avannes luy compta tout le discours* de son amitié, et comment jusques à sa mort elle ne luy avoit jamais faict un seul signe où il trouvast autre chose que rigueur. Dont le mary plus content que jamais, augmenta le regret et la douleur qu'il avoit de l'avoir perdue. Et toute sa vie feit services à monsieur d'Avannes, qui à l'heure n'avoit que dixhuict ans. Lequel s'en alla à la court, où il demeura beaucoup d'années, sans vouloir ne veoir ny parler à femme du monde, pour le regret qu'il avoit de sa dame, et porta plus de deux[3] ans le noir.

« Voilà, mes dames, la difference d'une sage à une folle* dame, esquelles se montrent les differents effects d'amour, dont l'une en receut mort glorieuse et loüable, et l'autre renommée honteuse et infame, qui feit sa vie trop longue. Car autant que la mort du sainct est precieuse devant Dieu, la mort du pecheur est tresmauvaise[1]. — Vrayement Saffredent, dist Oisille, vous nous avez racompté une histoire autant belle, qu'il en soit point. Et qui auroit cogneu les personnes comme moy, la trouveroit encores plus belle : car je n'ay point veu un plus beau gentil homme, et de meilleure grace, que ledict seigneur d'Avannes. — Pensez, dist Saffredent, que voilà une bonne et sage femme, qui pour se monstrer plus vertueuse par dehors, qu'elle n'estoit au cueur, et pour dissimuler une amour, que la raison de nature vouloit qu'elle portast à un si honneste seigneur, se laissa mourir, par faulte de se donner le plaisir qu'elle desiroit couvertement*, et luy ouvertement[2]. — Si elle eust eu ce desir, dist Parlamente, elle avoit assez de lieu et d'occasion, pour luy monstrer. Mais sa vertu fut si grande, que jamais son desir ne passa la raison. — Vous me la peindrez, dist Hircan, comme il vous plaira : mais je sçay bien que tousjours un pire diable met l'autre dehors[3] : et que l'orgueil *chasse*[4] plus*ᵃ* la volupté entre les dames, que ne faict la crainte et l'amour de Dieu. Aussi que leurs robbes sont si longues, et si bien tissues de dissimulation, que l'on ne peult cognoistre ce qui est dessoubs. Car si leur honneur n'estoit non plus taché que le nostre, vous trouveriez que nature n'a rien oublié en elles, non plus qu'en nous. Et pour la crainte qu'elles se font, de n'oser prendre le plaisir qu'elles desirent, ont changé ce vice en un plus grand, qu'elles trouvent plus honneste : c'est, une gloire et cruauté, par laquelle esperent d'acquerir nom d'immortalité. Et aussi se glorifient, de resister au vice de la loy de nature, si[5] nature est vicieuse, elles se font non seulement semblables aux bestes inhumaines et cruel-

a. l'orgueil cherche plus

les, mais aux diables, desquels elles prennent l'orgueil et
la malice. — C'est dommage, dist Nomerfide, que vous
ayez une femme de bien, veu que non seulement vous
desestimez la vertu des autres, mais les voulez monstrer
toutes estre vicieuses. — Je suis bien aise, dist Hircan,
d'avoir une femme qui n'est point scandaleuse, comme
aussi je ne le veux estre : mais quant à la chasteté de
cueur, je croy qu'elle et moy sommes enfans d'Adam et
Eve. Parquoy en bien nous mirans, n'avons que faire de
couvrir nostre nudité de fueilles[1], mais plustost confesser
nostre fragilité. — Je sçay bien, dist Parlamente, que nous
avons tous besoing de la grace de Dieu, pource que nous
sommes tous enclins à peche : si est-ce que noz tentations ne sont pareilles aux vostres. Et si nous pechons par
orgueil, nul tiers n'en a dommage, ny nostre corps et noz
mains, n'en demeurent souïllez : mais vostre plaisir gist
à deshonorer les femmes, et vostre honneur à tuer les
hommes en guerre, qui sont deux poincts formellement
contraires à la loy de Dieu. — Je vous confesse, dist
Guebron, ce que vous dictes : mais Dieu, qui a dict, que
quiconque regarde par concupiscence, est desja adultere en
son cueur : et, quiconque hait son prochain, est homicide[2] :
à vostre advis, les femmes en sont elles exemptes non
plus que nous ? — Dieu, qui juge le cueur[3], dist Longarine, en donnera sa sentence. Mais c'est beaucoup, que
les hommes ne nous puissent accuser. Car la bonté de
Dieu est si grande, que sans accusateur il ne nous jugera
point[4] : et cognoist si bien la fragilité de noz cueurs, que
encores nous aimera il, de ne l'avoir point mise à execution. — Or je vous prie, dist Saffredent, laissons ceste dispute : car elle sent plus sa predication, que son compte.
Et je donne ma voix à Emarsuitte, la priant qu'elle
n'oublie point à nous faire rire. — Vrayement, dist elle,
je n'ay garde d'y faillir* : en venant icy deliberée* de

vous compter une histoire, pour ceste journée l'on m'a
faict un compte[1] de deux serviteurs d'une princesse, si
plaisant, que de force de rire, il m'a faict oublier la melan-
colie de la piteuse* histoire, que je remettray à demain :
car mon visage seroit trop joyeux, pour la vous faire
trouver bonne. »

Temerité d'un sot secretaire, qui sollicita d'amours
la femme de son compaignon, dont il receut grande honte.

NOUVELLE VINGTSEPTIESME

En la ville d'Amboise demeuroit le serviteur d'une
princesse, qui la servoit de varlet de chambre, homme honneste, et qui volontiers festoyoit les gens qui venoient en
sa maison, et principalement ses compaignons. Il n'y a
pas long temps, que l'un des secretaires de sa maistresse
vint loger chez luy, où il demeura dix ou douze jours.
Ce secretaire estoit si laid, qu'il sembloit mieux un Roy
des Canibales[2], qu'un Chrestien. Et combien que son hoste
et compaignon le traictast en frere et amy, et le plus
honorablement qu'il luy estoit possible, si feit il un tour
d'homme, qui non seulement oublie toute honnesteté,
mais qui ne l'eut jamais dedans son cueur : c'est, de pourchasser par amour deshonneste et illicite la femme de
son compaignon, qui n'avoit en soy chose aymable, que
le contraire de la volupté : car elle estoit autant femme
de bien et vertueuse, qu'il y en eut dedans la ville où elle
demeuroit. Elle, cognoissant la meschante volonté du
secretaire, aymant mieux par dissimulation declarer son
vice, que par un soubdain reffus le couvrir, feit semblant*
de trouver bons ses propos. Parquoy, luy qui cuidoit*
l'avoir gaignée, sans regarder à l'aage qu'elle avoit de

cinquante ans, et qu'elle n'estoit des belles, et sans considerer le bon bruit qu'elle avoit d'estre femme de bien et
d'aymer son mary, la pressoit incessamment. Un jour
entre autres son mary estant en la maison, et eux en une
salle, elle faignit qu'il ne tenoit qu'à trouver lieu seur,
pour parler à luy seul, ainsi qu'il desiroit, et tout incontinent il luy dist, qu'elle montast au galetas*. Soubdain
elle se leva et le pria d'aller devant, et qu'elle iroit après.
Luy, en riant avec une doulceur de visage, semblant à un
grand magot, quand il festoye quelqu'un, s'en monta
legierement par les degrez*. Et sur le poinct qu'il attendoit ce qu'il avoit tant desiré, bruslant d'un feu, non clair,
comme celuy de genevre, mais comme un gros charbon
de forge, escoutoit si elle viendroit après luy : mais en
lieu d'ouïr ses pieds, il ouyt sa voix, disant : « Monsieur
le secrettaire, attendez un peu, je m'en vois sçavoir à
mon mary, s'il luy plaist bien que j'aille après vous. »
Pensez quelle mine peut faire en pleurant, celuy qui en
riant estoit si laid : Lequel incontinent descendit les larmes aux yeux, la priant pour l'amour de Dieu, qu'elle
ne voulust rompre par sa parolle l'amitié de luy et de
son compaignon. Elle luy respondit : « Je suis seure que
l'aimez tant, que ne me vouldriez dire chose, qu'il ne
peult entendre : parquoy je luy vois dire. » Ce qu'elle feit,
quelque priere ou contraincte, qu'il voulust mettre au
devant, dont il fut aussi honteux en s'enfuyant, que le
mary fut content d'entendre l'honneste tromperie, de laquelle sa femme avoit usé. Et luy pleut tant la vertu de
sa femme, qu'il ne tint compte du vice de son compaignon, lequel estoit assez puny, d'avoir emporté sur luy
la honte, qu'il vouloit faire en sa maison.

« Il me semble, mes dames, que par ce compte les gens
de bien doibvent apprendre à ne retenir *chez eulx* ceux,

desquels la conscience, le cueur, et l'entendement ignorent Dieu, l'honneur, et la vraye amour. — Encores que vostre compte soit court, dist Oisille, si est il aussi plaisant que j'en aye point ouy, et à l'honneur d'une honneste femme. — Par Dieu, dist Simontault, ce n'est pas grand honneur à une honneste femme, de refuser un si laid homme que vous peignez ce secretaire : mais s'il eust esté beau et honneste, en cela se fust monstrée la vertu. Et pource que je me doubte qui il est, si j'estois en mon rang, je vous en ferois un compte, qui est aussi plaisant que cestuy cy. — A cela ne tienne, dist Emarsuitte : car je vous donne ma voix. » Et à l'heure* commença ainsi : « Ceux qui ont acoustumé de demeurer à la court, ou en quelques bonnes villes, estiment tant de leur sçavoir, qu'il leur semble que tous autres hommes ne sont rien au pris d'eux : mais si ne reste-il pourtant, qu'en tous pays, et de toutes conditions de gens, n'y en ait tousjours assez de fins et de malicieux* : toutesfois, à cause de l'orgueil de ceux, qui pensent estre les plus fins, la mocquerie (quand ils font quelque faulte) en est beaucoup plus grande, comme je desire vous monstrer par un compte n'agueres advenu. »

Un secrettaire pensoit affiner* quelqu'un qui l'affina,
et ce qui en advint.

NOUVELLE VINGTHUICTIESME

Estant le Roy François premier de ce nom, en la ville de Paris, et sa sœur la Royne de Navarre en sa compaignie, elle avoit un secretaire, *nommé Jehan*[1], qui n'estoit pas de ceux qui laissent tomber le bien en terre sans le recueillir, en sorte qu'il n'y avoit president ne conseillier qu'il ne cogneust, marchand ne riche homme qu'il ne frequentast, et auquel il n'eust intelligence. A l'heure* vint aussi en ladicte ville de Paris un marchand de Bayonne nommé Bernard du Ha, lequel tant pour ses affaires, qu'à cause que le lieutenant civil¹ estoit de son païs, s'adressoit à luy pour avoir conseil et secours en iceux affaires. Ce secretaire de la Royne de Navarre alloit aussi souvent visiter le lieutenant, comme bon serviteur de son maistre et maistresse. Un jour de feste allant ledict secretaire chez le lieutenant, ne trouva ne luy ne sa femme, mais ouït bien Bernard du Ha, qui avec une vielle ou autre instrument apprenoit à dancer aux chambrieres de leans les branles de Gascongne. Quand le secretaire le veid, luy voulut faire à croire qu'il faisoit mal, et que, si la lieutenante et son mary le sçavoient, ils seroient tresmal contens de luy. Et après luy avoir bien peinct la crainte devant les yeux, jusques à se faire prier de n'en parler point, luy demanda : « Que me donnerez vous, et je n'en diray mot ? » Bernard du Ha, qui n'avoit pas si grand peur qu'il en faisoit le semblant*, voyant que le secretaire le vouloit tromper, luy promit de luy donner un pasté du meilleur jambon de Basque² qu'il mangea jamais. Le secretaire qui en fut trescontent, le pria qu'il peust avoir son pasté le Dimanche *ensuyvant* après disner*, ce qu'il luy promist, et asseuré de ceste promesse, s'en alla veoir une dame de Paris, qu'il desiroit sur toutes choses espouser, et luy dist : « Ma dame, je viendray Dimanche soupper avec vous s'il vous plaist, mais il ne vous fault soucier, que d'avoir bon pain et bon vin. Car j'ay si bien trompé un sot Bayonnois, que le demeurant* sera à ses despens, et par ma tromperie vous feray manger le meilleur jambon de Basque, qui fut jamais mangé dans Paris. La dame, qui le creut, assembla deux ou trois des plus honnestes de

ses voisines, et les asseura de leur donner d'une viande*
nouvelle, et dont jamais elles n'avoient tasté. Quand le
Dimanche fut venu, le secrétaire cherchant son marchant, le trouva sur le Pont au Change, et en le saluant
gracieusement, luy dist : « A tous les diables soyez vous
donné, veu la peine que m'avez faict prendre à vous chercher. » Bernard du Ha luy respondit, qu'assez de gens
avoient prins plus grand peine que luy, qui n'avoient pas
à la fin esté recompensez de tels morceaux. Et en disant
cela, luy monstra le pasté qu'il avoit soubs son manteau
assez grand pour nourrir un camp, dont le secrétaire fut
si joyeux, que encores qu'il eust la bouche parfaictement
laide et grande, en faisant le doux la rendit si petite, que
l'on n'eust pas cuidé* qu'il eust sceu mordre dedans le
jambon, lequel il print hastivement, et laissa là le marchant sans le convier, et s'en alla porter son present à la
damoiselle, qui avoit grande envie de sçavoir si les vivres
de Guyenne estoient aussi bons que ceux de Paris. Et
quand l'heure du soupper fut venuë, ainsi qu'ils man-
geoient leur potage, le secrétaire leur dist : « Laissez là
ces viandes* fades, tastons de cest eguillon de vin[1]. » En
disant cela ouvre ce pasté, et cuidant entamer le jambon,
le trouva si dur, qu'il n'y pouvoit mettre le cousteau. Et
après s'estre efforcé plusieurs fois, s'advisa qu'il estoit
trompé, et que c'estoit un sabot de bois, qui sont souliers
de Gascongne, qui estoit emmanché d'un bout de tison[2],
et pouldré par dessus de suye et de pouldre de fer avec de
l'espice qui sentoit fort bon. Qui fut bien peneux* ce fut
le secrétaire, tant pour avoir esté trompé de celuy qu'il
pensoit tromper, que pour avoir trompé celle à qui il vouloit et pensoit dire verité. Et d'autre part luy faschoit fort
de se contenter d'un potage pour son soupper. Les dames,
qui en estoient aussi marries* que luy, l'eussent accusé
d'avoir fait la tromperie, sinon qu'elles cogneurent bien à

son visage, qu'il en estoit plus marry qu'elles. Et après ce leger soupper, s'en alla ce secretaire bien coleré. Et voyant que Bernard du Ha luy avoit failly de promesse, luy voulut aussi rompre la sienne : et s'en alla chez le lieutenant civil, deliberé* de luy dire le pis qu'il pourroit dudict Bernard. Mais il ne peut venir si tost, que ledit Bernard n'eust desja compté tout le mistere au lieutenant, qui donna sa sentence au secretaire, disant qu'il avoit apprins à ses despens à tromper les Gascons : et n'en rapporta autre consolation, que sa honte.

« Cecy advient à plusieurs, lesquels cuidans* estre trop fins s'oublient en leurs finesses. Parquoy il n'est rien tel, que de ne faire à autruy chose qu'on ne voulust estre faicte à soy-mesme[1]. — Je vous asseure, dist Guebron, que j'ay veu souvent advenir pareilles choses, et ceux que l'on estime sots de village, tromper de bien fines gents. Car il n'est rien plus sot, que celuy qui pense estre fin : ne rien plus sage, que celuy qui cognoist son rien[2]. — Encores, dist Parlamente, celuy sçait quelque chose, qui cognoist ne *se* cognoistre[a] point[3]. — Or, dist Simontault, de peur que l'heure ne satisface à noz propos, je donne ma voix à Nomerfide : car je suis seur, que par sa rhetorique, elle ne nous tiendra pas longuement[4]. — Or bien, dist elle, je vous en vois bailler un tout tel, que vous l'esperez de moy. Je ne m'esbahis point, mes dames, si amour donne aux princes et aux gens nourriz en lieu d'honneur, les moyens de se sçavoir retirer du danger. Car ils sont nourriz* avecques tant de gens sçavans, que je m'esmerveillerois beaucoup plus s'ils estoient ignorans de quelques choses. Mais l'invention d'amour se monstre plus clairement, quand il y a moins d'esprit en ses

a. ne le cognoistre

subjects[1]. Et pour cela vous veux racompter un tour que
feit un prestre apris seulement d'amour : car il estoit si
ignorant de toutes autres choses, qu'à peine pouvoit il
lire sa messe. »

Un bon Jannin* de village, de qui la femme faisoit l'amour
avecques son curé, se laissa aiséement tromper.

NOUVELLE VINGTNEUFIESME

En la Comté du Maine, en un village nommé Arcelles,
y avoit un riche homme laboureur, qui en sa vieillesse
espousa une belle jeune femme, qui n'eut de luy nuls
enfans : mais de sa perte se reconforta avec plusieurs amis.
Et quand les gentils-hommes et gens d'apparence* luy
faillirent, elle retourna à son dernier recours, qui estoit
l'Eglise, et print compaignon de son peché celuy qui l'en
pouvoit absoudre : ce fut son curé, qui souvent venoit
veoir sa brebis. Le mary vieil et pesant n'en avoit nulle
doubte : mais à cause qu'il estoit rude et robuste, sa
femme joüoit son mistere[2] le plus secrettement qu'il luy
estoit possible, craignant si son mary l'appercevoit, qu'il
ne la tuast. Un jour qu'il estoit dehors, sa femme ne pensant qu'il revint si tost, envoya querir monsieur le curé
pour la confesser. Et ainsi qu'ils faisoient bonne chere*
ensemble, son mary arriva si soudainement, qu'il n'eut
loisir de se retirer de sa maison : mais regardant le moyen
de se cacher, monta par le conseil de sa femme dedans un
grenier, et couvrit la trappe par où il monta, d'un van à
vanner. Le mary entra en la maison : et elle, de peur qu'il
eust quelque soupçon, le festoya si bien à son disner*,
qu'elle n'espargna point le boire, dont il print si bonne

quantité avecques la lasseté* qu'il avoit eu au labeur des
champs, qu'il luy print envie de dormir, estant assis en
une chaire* devant son feu. Le curé, qui s'ennuyoit d'estre si longuement en son grenier, n'oyant point de bruit
en la chambre, s'advança sur la trappe, et en allongeant
le col le plus qu'il luy fut possible, advisa que le bon
homme dormoit. Et en regardant s'appuya par mesgarde
sur le van si lourdement, que van et homme tresbuche-
rent à bas auprès du bon homme qui dormoit, lequel se
resveilla à ce bruit. Et le curé, qui fut plustost levé que
l'autre n'eut ouvert les yeux, luy dist : « Mon compere*,
voylà vostre van, et grand mercy » : et ce dict, s'enfuit.
Et le pauvre laboureur tout estonné demanda à sa
femme : « Qu'est-ce là ? » Elle luy respondit : « Mon
amy, c'est vostre van que le curé avoit emprunté, il vous
l'est venu rendre. » Lequel tout grondant, luy dist :
« C'est bien lourdement rendu ce que l'on a emprunté :
car je pensois que la maison tombast par terre. » Par ce
moyen se saulva le curé aux despens du bon homme, qui
ne trouva rien mauvais, que la rudesse dont il avoit usé
en rendant son van.

« Mes dames, le maistre, qu'il servoit[1], le saulva pour
lors, à fin de plus longuement le posseder et tourmenter.
— N'estimez pas, dist Guebron, que les simples gens
soient exempts de malice non plus que nous, mais en ont
beaucoup d'avantage. Car regardez moy les larrons,
meurtriers, sorciers, faulx monnoyeurs, et toutes ces ma-
nieres de gens, desquels l'esprit n'a jamais repos, ce sont
tous pauvres gens et mecaniques*. — Je ne trouve point
estrange, dist Parlamente, que la malice* y soit plus que
aux autres : mais ouy bien qu'amour les tourmente
parmy le travail* qu'ils ont d'autres choses, ne qu'en un

cueur vilain* une passion si gentille* se puisse mettre. —
Ma dame, dist Saffredent, vous sçavez que maistre Jean
de Meun a dict, qu'"aussi bien sont amourettes soubs
bureau* que soubs brunettes*1". Et aussi l'amour, de qui
le compte parle, n'est pas de celle qui faict porter le harnois*2. Car tout ainsi que les pauvres gens n'ont les
biens, ne les honneurs comme nous, aussi ont ils les
commoditez de nature plus à leur aise que nous n'avons.
Leurs viandes* ne sont si friandes, mais ils ont meilleur
appetit, et se nourrissent mieux de gros pain, que nous
de restaurans*. Ils n'ont pas les licts si beaux et si bien
faicts que les nostres, mais ils ont le sommeil meilleur
que nous, et le repos plus grand. Ils n'ont point les
dames peinctes et parées, que nous idolatrons3 : mais ils
ont la jouïssance de leurs plaisirs plus souvent que nous,
et sans craindre les parolles, sinon des bestes et des oyseaux qui les voyent. Bref en ce que nous avons ils de-
faillent*, et en ce que nous n'avons ils abondent. — Je
vous prie, dist Nomerfide, laissons là ce paisant avecques
sa paisante, et avant vespres achevons nostre journée, à
laquelle Hircan mettra fin. — Vrayement, dist il, je vous
en garde une aussi piteuse* et estrange, qu'autre qui soit.
Et combien qu'il me fasche fort de dire mal de quelque
dame, sçachant que les hommes tant pleins de malice*,
font tousjours consequence de la faulte d'une seule, pour
blasmer toutes les autres : si* est-ce que l'estrange cas
me fera oublier ma crainte : et aussi peult estre que
l'ignorance *de l'une* descouverte, fera les autres plus
sages. »

Merveilleuse[*] exemple de la fragilité humaine, qui,
pour couvrir son horreur, encourt de mal en pis[1].

NOUVELLE TRENTIESME

Au temps du Roy Loys douziesme, estant lors Legat
en Avignon, un de la maison d'Amboise, nepveu du Legat
de France[2], nommé George, avoit au pays de Languedoc
une dame, de laquelle je tairay le nom pour l'amour de
sa race, qui avoit mieux de quatre mille escuz de rente.
Elle demeura fort jeune vefve[*], et mere d'un seul fils. Et
tant pour le regret qu'elle avoit de son mary, que pour
l'amour de son enfant, delibera[*] de jamais ne se remarier. Et pour en fuir l'occasion, ne voulut plus frequenter
sinon gens de devotion, pensant bien *que l'occasion faisoit le pesché et ne sçavoit pas* que le peché forge
l'occasion[3]. La jeune dame vefve s'adonna du tout[*] au service divin, fuyant entierement toutes compaignies de
mondanité[*] : tellement qu'elle faisoit conscience d'assister à unes nopces[4], ou d'ouyr sonner des orgues en une
eglise. Quand son fils vint en l'aage de sept ans, elle
print un homme de saincte vie pour le servir de maistre
d'escole, par lequel son fils peust estre endoctriné en
toute saincteté et devotion. Lors que le fils commença à
venir en l'aage de quatorze à quinze ans, nature, qui est
un maistre d'escole bien secret, le trouvant trop[*] nourry[*]
et plein d'oisiveté, luy apprint une autre leçon que son
docteur[*] ne faisoit : car il commença à regarder et desirer
les choses qu'il trouvoit belles, et entre autres une damoiselle qui couchoit en la chambre de sa mere, dont[5]
nul ne se doutoit[*] : car l'on ne se gardoit non plus de luy

que d'un enfant, *et que aussi* en toute*ᵃ* la maison on n'y
oyoit parler que de Dieu. Ce jeune homme commença à
pourchasser secretement ceste fille, laquelle le vint dire
à sa maistresse, qui aimoit et estimoit tant son fils, qu'elle
pensa qu'elle luy feist ce rapport, pour le luy faire haïr.
Mais elle en pressa tant sa maistresse, qu'elle luy dist :
« Je sçauray s'il est vray, et le chastieray, si je le cognois
ainsi que vous me dictes. Mais aussi si vous luy mettez
un tel cas assus*, et il ne soit vray, vous en porterez la
peine. » Et pour en faire l'experience, luy commanda
bailler à son fils assignation de venir à minuict coucher
avecques elle en sa chambre en un lict auprès de la porte,
où ceste fille couchoit toute seule.

La damoiselle obeït à sa maistresse, et quand ce vint
au soir, la dame se meit en la place de la damoiselle, deliberée*, s'il estoit vray ce qu'elle disoit, de chastier si
bien son fils, qu'il ne coucheroit jamais avecques femme,
qu'il ne luy en souvint. En ceste pensee et colere, son
fils vint coucher avec elle. Et elle, qui encores pour le
veoir coucher ne pouvoit croire qu'il voulust faire chose
deshonneste, attendit à parler à luy jusques à ce qu'elle
cogneust quelque signe de sa mauvaise volonté, ne pouvant croire pour chose petite, que son desir peust aller
jusques au criminel. Mais sa patience fut si longue, et sa
nature si fragile, qu'elle convertit sa colere en un plaisir
trop abominable, oubliant le nom de mere. Et tout ainsi
que l'eau par force retenue, a plus d'impetuosité quand
on la laisse aller, que celle qui ordinairement court : ainsi
ceste pauvre dame tourna sa gloire[1] à la contraincte
qu'elle donnoit à son corps. *Et* quand elle vint à descendre le premier degré de son honnesteté, se trouva soudainement portée jusques au dernier : et en ceste nuict

a. enfant de sorte qu'en toute

là, engroissa de celuy qu'elle vouloit engarder* de faire
enfans aux autres. Le peché ne fut pas plus tost faict, que
le remors de conscience luy amena un si grand tourment,
que la repentance ne la laissa toute sa vie : qui fut si aspre
au commencement, qu'elle se leva d'auprès de son fils,
lequel avoit tousjours pensé que ce fust la damoiselle, et
entra en un cabinet, où rememorant sa bonne deliberation*, et sa meschante execution, passa toute la nuict à
plorer et à crier toute seule. Mais en lieu de s'humilier
et cognoistre l'impossibilité* de nostre chair, qui sans
l'aide de Dieu ne peut faire que peché, voulant par elle
mesmes et par ses larmes satisfaire* au passé, et par sa
prudence* eviter le mal de l'advenir, donnant tousjours
l'excuse de son peché à l'occasion, et non à sa malice*,
à laquelle n'y a remede que la grace de Dieu[1], pensa de
faire chose, parquoy à l'advenir ne pourroit plus tomber
en pareil inconvenient* : et comme s'il n'y avoit qu'une
espece de peché à damner les personnes, meit toutes ses
forces à eviter celuy là seul. Mais la racine de l'orgueil,
que le peché externe[2] doit guerir, croissoit tousjours en
son cueur, en sorte qu'en evitant un mal, elle en feit
plusieurs autres. Car le lendemain au matin si tost qu'il
fut jour, elle envoya querir le gouverneur de son fils, et
luy dist : « Mon fils commence à croistre, il est temps
de le mettre hors de la maison. J'ay un mien parent, qui
est delà les monts avec monsieur le grand maistre de
Chaulmont[3], *lequel se nomme le cappitaine de Monteson*,
qui sera tresaise de le prendre en sa compagnie. Et pource
dès ceste heure icy emmenez le : et à fin que je n'aye nul
regret de luy, gardez qu'il ne me vienne point dire à
dieu. » Et en ce disant, luy bailla l'argent qui estoit necessaire pour faire son voyage : et dès le matin feit partir ce
jeune homme, qui en fut fort aise : car il ne desiroit autre

chose qu'après la jouïssance de s'amie, s'en aller à la
guerre.

La dame demeura longuement en grande tristesse et
melencolie, et n'eust esté la crainte de Dieu, eust maintes fois desiré *s'afoler* du malheureux fruict[1] dont elle
estoit pleine. Elle faignit d'estre malade, à fin *de vestir
le manteau pour couvrir* son imperfection[a]. Et quand elle
fut preste d'accoucher, regardant qu'il n'y avoit homme
au monde en qui elle eust tant de fiance* qu'en un frere
bastard qu'elle avoit, auquel elle faisoit de grands biens,
l'envoya querir, et luy compta sa fortune (mais elle ne
luy confessa pas que ce fust de son fils) le priant vouloir
donner secours à son honneur : ce qu'il feit. Et quelques
jours avant qu'elle deust acoucher, luy conseilla vouloir
changer d'air, et aller en sa maison, où elle recouvreroit
plustost sa santé, qu'en la sienne. Elle s'y en alla en bien
petite compaignie, et trouva là une sage femme venuë
pour la femme de son frere, qui une nuict sans la cognoistre receut son enfant, et se trouva une belle fille. Le gentil-
homme la bailla à une nourrice, et la feit nourrir soubs le
nom d'estre sienne. La dame ayant là demeuré un moys
s'en retourna toute *saine*[b] en sa maison, où elle vesquit
plus austerement que jamais, en jeusnes et disciplines*.
Mais quand son fils vint à estre grand, voyant que pour
l'heure il n'y avoit nulle guerre en Italie, envoya supplier
sa mere qu'il retournast en sa maison. Elle craignant de
tomber au mal dont elle venoit, ne le voulut point permettre, sinon à la fin qu'il l'en pressa si fort, qu'elle
n'avoit plus raison de le refuser. Toutefois elle luy manda
qu'il n'eust jamais à se trouver devant elle, s'il n'estoit

a. desiré la fin du malheureux fruict dont elle estoit pleine. Elle faignit d'estre malade, à fin que ce manteau couvrist son imperfection
b. seule

marié à quelque femme qu'il aimast bien fort, et qu'il ne
regardast point aux biens, mais qu'elle fust gentil*-femme
c'estoit assez. Durant ce temps, son frere bastard, voyant
la fille qu'il avoit en charge estre devenuë grande et belle
en perfection, se pensa de la mettre en quelque maison
bien loing, où elle seroit incogneuë, et par le conseil de la
mere, la donna à la Royne de Navarre *nommée Katherine*[1].
Ceste fille vint*[a]* à croistre jusques à l'aage de douze ou
treize ans, et se feit tant belle, et honneste que la Royne
de Navarre y print grande amitié, et desiroit fort de la
marier bien et grandement : mais à cause qu'elle estoit
pauvre, se trouvoient prou* de serviteurs*, mais point de
mary. Un jour avint que le gentil-homme, qui estoit son
pere incogneu, retournant de delà les monts, vint en la
maison de la Royne de Navarre, où aussi tost qu'il eut
advisé sa fille, il en fut amoureux[2] : et pource qu'il avoit
congé de sa mere d'espouser telle femme qu'il luy plairoit, ne s'enquist sinon si elle estoit gentil*-femme : et
sçachant qu'ouy, la demanda pour femme à ladicte
Royne, qui tresvolontiers luy bailla : car elle sçavoit bien
que le gentil-homme estoit riche, et avec la richesse beau
et honneste. Le mariage consummé*, le gentil-homme
l'escrivit à sa mere, luy disant que doresenavant ne luy
pouvoit nier la porte de sa maison, veu qu'il luy menoit
une belle fille aussi parfaicte que l'on sçauroit desirer. La
damoiselle*, qui s'enquist quelle alliance il avoit prinse,
trouva que c'estoit la propre fille d'eux deux, dont elle
en eut dueil si desesperé, qu'elle cuida* soudainement
mourir, voyant que tant plus elle donnoit d'empeschement à son malheur, et plus elle estoit le moyen, dont il
augmentoit. Elle, qui ne sceut autre chose faire, s'en alla
au legat d'Avignon, auquel elle confessa l'enormité de

a. Navarre. Ceste fille nommée Catherine, vint

son peché[1], demandant conseil, comme elle s'y devoit conduire. Le legat pour satisfaire à sa conscience, envoya querir plusieurs docteurs en theologie, ausquels il communiqua l'affaire, sans nommer les personnages. Et trouva par leur conseil, que la dame ne devoit jamais rien dire de cest affaire à ses enfans. Car quant à eux, veu l'ignorance, ils n'avoient point peché[2]. Mais qu'elle en devoit toute sa vie faire penitence, sans leur en faire un seul semblant*. Ainsi s'en retourna la pauvre dame en sa maison, où bien tost après arriverent son fils et sa belle fille, lesquels s'entr'aymoient si fort, que jamais mary ne femme n'eurent plus d'amitié ensemble. Car elle estoit sa fille, sa sœur, et sa femme : et luy à elle pere, frere et mary[3]. Ils continuerent tousjours en ceste grande amitié, et la pauvre dame en son extreme penitence, qui ne les voyoit jamais faire bonne chere, qu'elle ne se retirast pour plorer.

« Voilà, mes dames, comme il en prend à celles qui cuident* par leurs forces et vertuz vaincre amour et nature, avec toutes les puissances que Dieu y a mises. Mais le meilleur seroit, cognoissant sa foiblesse, *ne jouster* point[a] contre tel ennemy, et se retirer au vray amy, et luy dire avec le Psalmiste : "Seigneur, je *souffre force, respondez* pour[b] moy[4]." » — Il n'est pas possible, dit Oisille, d'ouyr racompter un plus estrange cas que cestuicy : et me semble que tout homme et femme doit icy baisser la teste soubs la craincte de Dieu, voyant que pour cuider* bien faire, tant de maux sont advenuz. — Sçachez, dist Parlamente, qu'au premier pas que l'homme marche en la confiance de soy-mesmes, il s'eslongne d'autant

a. foiblesse n'intenter point
b. je satisferay*, responds pour

de la confiance de Dieu. — Celuy est sage, dist Guebron, qui ne cognoist ennemy que soy-mesmes, et qui tient sa volonté et son propre conseil pour suspect, quelque apparence de bonté et de saincteté qu'il y ayt. — Il n'y a, dist Longarine, apparence de bien si grande, qui doive faire hazarder une femme à coucher avecques un homme, quelque parent qu'il luy soit. Car le feu auprès des estouppes, n'est gueres seur. — Sans point de faulte, dist Emarsuitte, ce devoit estre quelque glorieuse folle, qui *par la resve-rye des cordelliers* pensoit estre si saincte, qu'elle fust impeccable, comme *plusieurs d'entre eulx* veulent[a] persuader et faire croire aux simples, à sçavoir, que par nous mesmes le pouvons estre : qui est un erreur trop grand[1]. — Est il possible, dist Oisille, qu'il y en eut d'assez fols pour croire ceste opinion ? — Ils font bien mieux, dist Longarine : car ils dient qu'il se fault habituer à la vertu de chasteté : et pour esprouver leurs forces[2], parlent avec les plus belles qui se peuvent trouver, et qu'ils aiment le mieux : et avec baisers et attouchemens de mains, experimentent si leur chair est du tout* morte. Et quand par tel plaisir ils se sentent emouvoir, ils se separent, jeusnent, et prennent de tresgrandes disciplines*. Et quand ils ont matté leur chair jusques là, que pour parler ne pour baiser, ils n'ont point d'emotion, ils viennent essayer la forte tentation, qui est de coucher ensemble, et s'embrasser sans aucune concupiscence. Mais pour un qui en est eschappé, sont venuz tant d'inconveniens*, que l'Archevesque de Milan, où ceste religion s'exerçoit, fut d'avis de les separer et mettre les *hommes au convent des hommes, et les femmes en ceulx des femmes.* — Vrayement[b],

a. c quelques uns v.
b. mettre les femmes au convent des hommes, et les hommes en celuy des femmes. — Vrayement G

dist Guebron, cela est bien l'extremité et comble de la folie, de se vouloir rendre de soymesmes impeccable, et chercher si fort les occasions de peché. — Il y en a, dist Saffredent, qui sont tout au contraire : car quoy qu'ils fuyent tant qu'ils peuvent les occasions, encores la concupiscence les suyt. Et le bon sainct Hierosme, après s'estre bien fouëtté, et caché dans les deserts, confessa ne pouvoir eviter le feu qui brusloit dedans ses mouëlles[1]. Parquoy se fault recommander à Dieu : car si par sa puissance, vertu, et bonté il ne nous retient, nous prenons grand plaisir à trebucher. — Mais vous ne regardez pas ce que je voy, dist Hircan : c'est que, tant que nous avons recité noz histoires, les moynes estans derriere ceste haye, n'ont point oy la cloche de leurs vespres : et maintenant, quand nous avons commencé à parler de Dieu, ils s'en sont allez[2], et sonnent à ceste heure le second coup. — Nous ferons bien de les suivre, dit Oisille, et loüer Dieu de ce que nous avons passé ceste journée aussi joyeusement qu'il est possible. » Et en ce disant se leverent et s'en allerent à l'eglise, où ils oyrent les vespres devotement. Puis s'en allerent soupper, devisans des propos passez, et rememorans plusieurs cas advenuz de leur temps, pour veoir lesquels seroient dignes d'estre retenuz. Et après avoir passé joyeusement tout le soir, allerent prendre leur doux repos, esperans ne faillir* le lendemain à continuer l'entreprinse, qui leur estoit si agreable. Ainsi fut mis fin à la tierce journée.

FIN DE LA TROISIESME JOURNÉE
DES NOUVELLES DE LA ROYNE
DE NAVARRE

LA QUATRIESME JOURNÉE
DES NOUVELLES DE LA ROYNE
DE NAVARRE

Ma dame Oisille, selon sa bonne coustume, se leva beaucoup plus matin que tous les autres : et en meditant son livre de la Saincte Escriture, attendit la compaignie, qui peu à peu se rassembla, et les paresseux s'excuserent sur la parolle de Dieu, disans, « J'ay une femme, et n'y puis aller si tost[1] ». Parquoy Hircan et Parlamente sa femme trouverent la leçon* bien commencée : mais Oisille sceut tresbien chercher les passages, où l'Escriture reprend ceux qui sont negligens d'ouyr ceste saincte parolle[2]. Et non seulement leur lisoit le texte, mais aussi leur faisoit tant de bonnes et sainctes exhortations, qu'il n'estoit possible de s'ennuyer à l'ouyr. La leçon finie, Parlamente luy dist : « J'estois marrie* d'avoir esté paresseuse quand je suis arrivée icy : mais puis que ma faulte est occasion de vous avoir faict si bien parler à moy, ma paresse a doublement profité : car j'ay *eu* repos de corps à dormir d'avantage, et d'esprit à vous ouyr si bien dire. — Or pour penitence, luy dist Oisille, allons à la messe prier Nostre Seigneur nous donner la volonté et le moyen d'executer ses commandemens, et puis qu'il commande ce que luy plaira. » En disant ces parolles se trouverent à l'eglise, où ils ouyrent la messe devotement, et après se meirent à table, où Hircan n'oublia point à se moquer de la paresse de sa femme. Après disner* s'en allerent reposer, pour estudier leur roole*, et quand l'heure fut venue, se trouverent au lieu accoustumé. Et lors Oisille demanda à Hircan, à qui il donnoit sa voix, pour commencer la journée. « Si ma femme, dist il, n'eust commencé celle d'hier, je luy eusse donné ma voix : car combien que j'aye tousjours pensé qu'elle m'ait plus aimé, que tous les hommes du monde, si* est-ce que ce matin, elle m'a monstré m'aimer mieux, que Dieu et sa parolle, laissant vostre bonne leçon, pour me tenir compaignie. Ainsi donc je luy eusse volontiers baillé cest honneur : mais puis que ne le puis bailler à la plus sage femme de la compaignie, je le bailleray au plus sage d'entre nous, qui est Guebron : mais je le prie qu'il n'espargne point les moynes. » Guebron luy dist : « Il ne m'en falloit point prier, je les avois bien pour recommandez : Car il n'y a pas long temps, que j'en ay ouy faire un compte à monsieur de Sainct-Vincent[1], ambassadeur de l'Empereur, qui est digne de n'estre mis en oubly. »

Execrable cruauté d'un Cordelier, pour parvenir à sa detestable paillardise : et la punition qui en fut faicte.

NOUVELLE TRENTEUNIESME[2]

Aux terres subjectes à l'Empereur Maximilian d'Austriche[3], y avoit un convent* de Cordeliers* fort estimé, auprès duquel un gentil-homme avoit sa maison. Et portoit telle amitié aux religieux de leans*, qu'il n'avoit bien qu'il ne leur donnast, pour avoir part en leurs bienfaicts, jeusnes, et disciplines*. Et entre autres y avoit leans un grand et beau Cordelier, que le gentil-homme

avoit prins pour son confesseur : lequel avoit telle puissance de commander en la maison du gentil-homme, que
luy mesme. Ce Cordelier, voyant la femme de ce gentil-
homme tant belle et sage, qu'il n'estoit possible de plus,
en devint si fort amoureux, qu'il en perdit le boire et le
manger, et toute raison naturelle. Et un jour, deliberant*
executer son entreprise, s'en alla tout seul, en la maison
du gentil-homme : et ne le trouvant point, demanda à la
damoiselle*, où il estoit allé. Elle luy dist, qu'il estoit allé
à une sienne terre, où il devoit demeurer deux ou trois
jours : mais s'il avoit affaire à luy, elle y envoyroit un
homme exprès. Il dist que non, et commença à aller et
venir par la maison, comme celuy qui avoit quelque affaire
d'importance en son entendement. Et quand il fut sailly*
hors de la chambre, elle dist à une de ses femmes (desquelles n'avoit que deux) « Allez après le beaupere*, et
sçachez ce qu'il veult : car je luy trouve le visage d'un
homme qui n'est pas content. » La chambriere s'en alla
à la court, luy demander s'il vouloit rien. Il luy respondit
que ouy, et la tirant en un coing, print un poignart, qu'il
avoit en sa manche, et le luy meit dedans la gorge. Ainsi
qu'il eut achevé, arriva en la mesme court un serviteur
du gentil-homme, estant à cheval, lequel apportoit la rente
d'une ferme[1]. Incontinent qu'il fut à pied, salüa le Cordelier, qui en l'embrassant luy meit par derriere le poignart
en la gorge, et ferma la porte du chasteau[2] sur luy. La
damoiselle, voyant que sa chambriere ne revenoit point,
s'ebahit pourquoy elle demeuroit tant avec le Cordelier,
et dist à son autre chambriere : « Allez veoir à quoy il
tient, que vostre compaigne ne revient. » La chambriere
s'y en va, et si tost qu'elle fut descendue, et que le beaupere la veid, il la tira à part en un coing, et en feit comme
de l'autre : et quand il se veid seul en la maison, s'en
vint à la damoiselle, et luy dist, qu'il y avoit long temps,

qu'il estoit amoureux d'elle, et que l'heure estoit venuë qu'il failloit* qu'elle luy obeïst. Elle, qui ne s'en fut jamais doubtée, luy dist : « Mon pere, je croy que si j'avois une volonté si malheureuse, que me voudriez lapider le premier[1]. » Le religieux luy dist : « Sortez en ceste court, et vous verrez ce que j'ay faict. »

Quand elle veid ses deux chambrieres et son varlet morts, elle fut si treseffroyée de peur, qu'elle demeura comme une statue sans sonner mot. A l'heure le meschant, qui ne vouloit point jouïr d'elle pour une heure seule, ne la voulut prendre par force, mais luy dist : « Ma damoiselle, n'ayez peur, vous estes entre les mains de l'homme du monde qui plus vous aime. » Disant cela, il despouilla son grand habit*, dessoubs lequel en avoit un plus petit, qu'il presenta à la damoiselle, en luy disant, que si elle ne le prenoit, il la mettroit au rang des trespassez, qu'elle voyoit devant ses yeux. La damoiselle plus morte que vive, delibera* de feindre luy vouloir obeïr, tant pour sauver sa vie, que pour gaigner le temps qu'elle esperoit que son mary reviendroit. Et par le commandement dudict Cordelier, commença à se descoëffer, le plus longuement qu'elle peut : Et quand elle fut en cheveux, le cordelier ne regarda à la beauté qu'ils avoient, mais les couppa hastivement : et ce faict, la feit despoüiller toute en chemise, et luy vestit le petit habit qu'il portoit, reprenant le sien accoustumé : et le plus tost qu'il peut, partit de leans*, menant avec soy son petit cordelier, que si long temps il avoit desiré. Mais Dieu, qui a pitié de l'innocent en tribulation[2], regarda les larmes de ceste pauvre damoiselle : en sorte que le mary, ayant faict ses affaires, plus tost qu'il ne cuidoit*, retourna en la maison par un mesme chemin, que sa femme s'en alloit. Mais quand le cordelier l'apperceut de loing, il dist à la damoiselle : « Voicy vostre mary que je voy venir. Je sçay que si vous le regardez, il vous vouldra tirer hors de mes mains : parquoy, marchez devant moy, et ne tournez nullement la teste du costé de là où il ira : car si vous faictes un seul signe, j'auray plus tost mon poignart en vostre gorge, qu'il ne vous aura delivrée de ma main. » En ce disant le gentil-homme approcha, et luy demanda dont il venoit. Il luy dist, « de vostre maison, où j'ay laissé ma damoiselle* vostre femme, qui se porte tresbien, et vous attend ». Le gentil-homme passa outre, sans appercevoir sa femme : mais le serviteur, qui estoit avec luy, lequel avoit tousjours accoustumé d'entretenir le compaignon du cordelier nommé frere Jean, commença à appeler sa maistresse, pensant que ce fust frere Jean. La pauvre femme, qui n'osoit tourner la teste du costé de son mary, ne luy respondit mot : mais son varlet pour la veoir au visage traversa le chemin, et sans respondre rien, la damoiselle luy feit signe de l'œil, qu'elle avoit tout plein de larmes.

Le varlet s'en va après son maistre, et luy dist : « Monsieur, en traversant le chemin, j'ay advisé le compaignon du cordelier, qui n'est point frere Jean, mais resemble tout *à* faict à ma damoiselle vostre femme, qui avec un œil plein de larmes, m'a jecté un piteux* regard. » Le gentil-homme luy dist qu'il resvoit, et n'en tint compte. Mais le varlet persistant, le supplia luy donner congé d'aller après, et qu'il attendist au chemin, pour veoir si c'estoit ce qu'il pensoit. Le gentil-homme luy accorda, et demeura pour veoir que son varlet luy rapporteroit. Mais quand le cordelier ouït derriere luy le varlet qui appelloit frere Jean, se doubtant* que la damoiselle eust esté cogneuë, vint avec un grand baston ferré qu'il tenoit, et en donna un si grand coup par le costé au varlet, qu'il l'abatit du cheval à terre. Incontinent saillit* sur son corps, et luy couppa la gorge. Le gentil-homme qui de loing veid tresbucher son varlet, pensant qu'il fut tombé par

quelque fortune, courut après pour le relever. Et si tost
que le cordelier le veid, il luy donna de son baston ferré
comme il avoit faict à son varlet, et le portant par terre se
jetta sur luy, mais le gentil-homme, qui estoit fort et puissant, embrassa le cordelier de telle sorte, qu'il ne luy
donna pouvoir de luy faire mal, et luy feit saillir* le poignart des poings, lequel sa femme incontinent alla prendre, et le bailla à son mary, et de toute sa force tint le
cordelier par le chapperon*, et le mary luy donna plusieurs
coups de poignart : en sorte qu'il luy requist pardon, et luy
confessa toute la verité de sa meschanceté. Le gentil-
homme ne le voulut point tuer : mais pria sa femme d'aller en sa maison querir ses gens, et quelque charrette pour
le mener : ce qu'elle feit. Et après avoir despouïllé son
habit*, courut toute en chemise, la teste rase, jusques en sa
maison. Incontinent accoururent tous ses gens, pour aller à
leur maistre, luy aider à mener le loup qu'il avoit prins : et
le trouverent dedans le chemin, où il fut prins, et mené en
la maison du gentil-homme, lequel après le feit conduire à
la justice de l'Empereur en Flandres, où il confessa sa
meschante volonté, et fut trouvé par sa confession, et
preuve faicte par commissaires sur le lieu, qu'en ce monastere y avoit esté mené un grand nombre de gentils*-
femmes, et autres belles filles, par le moyen que ce cordelier y vouloit mener ceste damoiselle : ce qu'il eust faict,
sans la grace de Nostre Seigneur, qui aide tousjours à
ceux qui ont esperance en luy[1]. Et fut ledict monastere
spolié de ses larcins et belles filles, qui estoient dedans : et
les moines enfermez bruslez avec ledict monastere, pour
perpetuelle memoire de ce crime : par lequel se peult
cognoistre, qu'il n'y a rien plus cruel qu'amour, quand il
est fondé sur vice : comme il n'est rien plus humain ne
louable, quand il habite en un cueur vertueux.

« Je suis bien marry, mes dames, dequoy la verité ne
nous amene des comptes autant à l'advantage des cordeliers, comme elle faict à leur desadvantage. Car ce
me seroit grand plaisir, pour l'amour que je porte à leur
ordre, d'en sçavoir quelqu'un où j'eusse moyen de les
loüer. Mais nous avons tant juré de dire verité, que je
suis contrainct, après le rapport de gens si dignes de foy,
de ne la celer, vous asseurant que quand les religieux
<de ce jourd'huy> feroient acte, digne de memoire à leur
gloire, je mettrois grand peine à le faire trouver beaucoup meilleur, que je n'ay faict à dire la verité de cestui-
cy. — En bonne foy, Guebron, dist Oisille, voilà un
amour qui se devroit nommer cruauté. — Je m'esbahis,
dist Simontault, comment il eut la patience, la voyant en
chemise, et au lieu où il en pouvoit estre maistre, qu'il ne
la print par force. — Il n'estoit pas friant, dist Saffredent : mais il estoit gourmant[1] : car pour l'envie qu'il
avoit de s'en saouler* tous les jours, il ne se vouloit point
amuser d'en taster. — Ce n'est point cela, dist Parlamente : mais entendez, que tout homme furieux*, est
tousjours paoureux, et la crainte qu'il avoit d'estre surprins, et qu'on luy ostast sa proye, luy faisoit emporter
son aigneau, comme un loup sa brebis, pour la manger à
son aise. — Toutesfois, dist Dagoucin, je ne sçaurois
croire, qu'il luy portast amour, et aussi qu'en un cueur si
vilain* que le sien, amour eust sceu habiter. — Quoy
que ce soit, dist Oisille, il en fut bien puny. Je prie à
Dieu que de pareilles entreprises, puissent saillir* telles
punitions. Mais à qui donnerez vous vostre voix ? — A
vous, ma dame, dist Guebron : vous ne fauldrez* à nous
en dire quelque bonne. — Puis que je suis en mon rang,
dist Oisille, je vous en racompteray une bonne, pource
qu'elle est advenuë de mon temps, et que celuy mesme,
qui me l'a comptée, l'a veuë. Je suis seure que vous

n'ignorez pas, que la fin de tous noz malheurs est la mort : mais mettant fin à nostre malheur, elle se peult nommer nostre felicité, et seur repos. Parquoy, le malheur de l'homme est, desirer la mort, et ne la pouvoir avoir. Le plus grand mal que l'on puisse donner à un malfaicteur, n'est pas la mort : mais est de donner un tourment continuel, si grand, qu'il la faict desirer : et si petit, qu'il ne la peult avancer : ainsi qu'un mary bailla à sa femme, comme vous orrez. »

Punition plus rigoureuse que la mort,
d'un mary envers sa femme adultere.

NOUVELLE TRENTEDEUXIESME[1]

Le Roy Charles huictiesme de ce nom, envoya en Allemagne un gentil-homme nommé Bernage[2], seigneur de Cyvré près Amboise, lequel pour faire bonne diligence, et advancer son chemin, n'espargnoit jour ne nuict, en sorte qu'un soir bien tard, arriva au chasteau d'un gentilhomme, où il demanda logis, ce qu'à grand peine peut avoir. Toutesfois quand le gentil-homme entendit qu'il estoit serviteur d'un tel Roy, s'en alla au devant de luy, et le pria de ne se mal contenter de la rudesse de ses gens : car à cause de quelques parens de sa femme, qui luy vouloient mal, il estoit contrainct tenir sa maison ainsi fermée au soir[3]. Ledict Bernage luy dist l'occasion de sa legation, en quoy le gentilhomme s'offroit de faire tout service à luy possible au roy son maistre : et le mena dedans sa maison, où il le logea et festoya honorablement. Et estant heure de soupper, le gentil-homme le mena en une salle tendue de belle tapisserie : et ainsi que

la viande* fut apportée sur la table, veit sortir de derriere
la tapisserie une femme, la plus belle qu'il estoit possible de regarder, mais elle avoit la teste toute tondüe, le
demeurant du corps habillé de noir à l'Allemande. Après
que le gentil-homme eut lavé* avec ledict Bernage, l'on
apporta l'eau à ceste dame, qui lava, et s'en alla seoir au
bout de la table, sans parler à nul, ny nul à elle. Le seigneur de Bernage la regarda bien fort, et luy sembla l'une
des plus belles dames qu'il eust jamais veuë, sinon qu'elle
avoit le visage bien pale, et la contenance fort triste. Après
qu'elle eut un peu mangé, demanda à boire, ce que luy
apporta un serviteur de leans*, dedans un esmerveillable
vaisseau* : car c'estoit la teste d'un mort, de laquelle les
pertuis* estoient bouchez d'argent : et ainsi beut deux ou
trois fois la damoiselle. Après qu'elle eut souppé et lavé
les mains, feit une reverence au seigneur de la maison, et
s'en retourna derriere la tapisserie, sans parler à personne.
Bernage fut tant esbahy, de veoir chose si estrange, qu'il
en devint tout triste et pensif.

Le gentil-homme qui s'en apperceut, luy dist : « Je voy
bien, que vous vous estonnez de ce qu'avez veu en ceste
table : mais veu l'honnesteté que j'ay trouvée en vous, je
ne vous veux celer que c'est, à fin que vous ne pensiez
qu'il y ait en moy telle cruauté, sans grande occasion.
Ceste dame, que vous *avez veue*, est[a] ma femme, laquelle
j'ay plus aimée que jamais homme ne pourroit aimer la
sienne : tant que pour l'espouser j'ay oublié toute
crainte, en sorte que je l'amenay icy malgré ses parens.
Elle aussi me monstroit tant de signes d'amour, que
j'eusse hazardé dix mille vies, pour la mettre ceans à son
aise et au mien, où nous avons vescu long temps en tel
repos et contentement, que je me tenois le plus heureux

a. vous voyez est

gentil-homme de la Chrestienté. Mais en un voyage que
je fey, où mon honneur me contraignoit aller, elle oublia
tant le sien, sa conscience, et l'amour qu'elle avoit en
moy, qu'elle fut amoureuse d'un jeune gentil-homme que
j'avois nourry* ceans, dont à mon retour je m'en cuiday*
appercevoir. Si* est-ce que l'amour, que luy portois, estoit
si grande, que je ne me pouvois deffier d'elle, jusques à
ce que l'experience m'ouvrit les yeux, et vey ce que je
craignois plus que la mort. Parquoy l'amour, que je luy
portois, fut convertie en fureur et desespoir : de sorte que
je la guettay de si près, qu'un jour feignant aller dehors
me cachay en la chambre, où maintenant elle demeure :
en laquelle bien tost après mon partement* se retira, et
feit venir ce jeune gentil-homme, lequel je vey entrer
avec la privauté qui n'appartenoit qu'à moy avoir à elle.
Mais quand je vey qu'il vouloit monter sur le lict auprès
d'elle, je sailly* dehors, et le prins entre ses bras, où je
le tuay. Et pour ce que le crime de ma femme me sembla
si grand, que telle mort n'estoit suffisante pour la punir,
je luy ordonnay une peine, que je pense qu'elle a plus
desagreable que la mort : c'est, de l'enfermer en la chambre où elle se retiroit pour prendre ses plus grands delices,
et en la compaignie de celuy qu'elle aimoit trop mieux
que moy : auquel lieu je luy ay mis dans une armoire
tous les os de son amy, tenduz comme une chose precieuse
en un cabinet. Et à fin qu'elle n'en oublie la memoire, en
beuvant et mangeant luy fais servir à table tout devant
moy, en lieu de couppe, la teste de ce meschant, à ce
qu'elle voye vivant celuy qu'elle *a* faict son mortel
ennemy par sa faulte, et mort pour l'amour d'elle celuy
duquel elle avoit preferé l'amitié à la mienne : et ainsi
elle voit à disner* et souper les deux choses qui plus luy
doivent desplaire, l'ennemy vivant, et l'amy mort, et tout
par son peché. Au demeurant, je la traicte comme moy,

sinon qu'elle va tondue : car l'ornement des cheveux
n'appartient à l'adultere, ne le voile à l'impudique[1] : parquoy s'en va rasée, monstrant qu'elle a perdu l'honneur,
la chasteté et pudicité. S'il vous plaist prendre la peine de
la veoir, je vous y meneray. » Ce que feit volontiers Bernage, et descendirent en bas, et trouverent qu'elle estoit en
une tresbelle chambre assise toute seule, devant un feu. Le
gentil-homme tira un rideau qui estoit devant une grande
armoire, où il veit penduz tous les os d'un homme mort.
Bernage avoit grande envie de parler à la dame, mais de
peur du mary il n'osa. Ce gentil-homme qui s'en apperceut, luy dist : « S'il vous plaist luy dire quelque chose,
vous verrez quelle *grace de* parolle[a] elle a. » Bernage luy
dist à l'heure[*] : « Ma dame, si vostre peché est egal au
tourment[2], je vous estime la plus *malheureuse* femme[b] du
monde. » La dame ayant la larme à l'œil, avec une grace
tant humble qu'il n'estoit possible de plus, luy dist :
« Monsieur, je confesse ma faulte estre si grande, que tous
les maux que le seigneur de ceans (lequel je ne suis digne
de nommer mary) me sçauroit faire, ne me sont rien, au
pris du regret que j'ay de l'avoir offensé » : et en disant
cela, se print fort à plorer. Le gentil-homme tira Bernage
par le bras, et l'emmena.

Le lendemain au matin s'en partit, pour aller faire la
charge que le Roy luy avoit donnée. Toutesfois disant
à Dieu au gentil-homme, ne se peut tenir de luy dire :
« Monsieur, l'amour que je vous porte, et l'honneur et
privauté[*] que vous m'avez faicte en vostre maison, me
contraignent vous dire, qu'il me semble (veu la grande
repentance de vostre pauvre femme) que vous luy devez

a. quelle phrase et parolle
b. vostre patience est egale au tourment, je vous estime la plus heureuse femme

user de misericorde, et aussi que vous estes jeune, et n'avez nuls enfans, et seroit grand dommage de perdre une telle maison que la vostre, et que ceux qui ne vous aiment (peult estre) point en fussent heritiers. » Le gentilhomme, qui avoit deliberé* de ne parler jamais à sa femme, pensa longuement au propos que luy tint le seigneur de Bernage, et en fin cogneut qu'il luy disoit verité, et luy promist, que si elle perseveroit en ceste humilité, il en auroit quelquefois* pitié. Ainsi s'en alla Bernage faire sa charge. Et quand il fut retourné devers le Roy son maistre, luy feit tout au long le compte, que le prince trouva tel comme il disoit : et entre autres choses ayant parlé de la beauté de la dame, envoya son peintre nommé Jean de Paris¹, pour luy rapporter au vif ceste dame, ce qu'il feit, après le consentement de son mary : lequel après longue penitence, pour le desir qu'il avoit d'avoir enfans, et par la pitié qu'il eut de sa femme, qui en si grande humilité recevoit ceste penitence, la reprint avec soy, et en eut depuis beaucoup de beaux enfans.

« Mes dames, si toutes celles, à qui pareil cas, comme à elle, est advenu, beuvoient en tels vaisseaux*, j'aurois grand peur, que beaucoup de couppes dorées seroient converties en testes de morts. Dieu nous en vueille garder : car si sa bonté ne nous retient, il n'y a aucune d'entre *nous*ᵃ qui ne puisse faire pis : mais ayant confiance en luy, il gardera celles, qui confessent ne se pouvoir par elles mesmes garder². Et celles, qui se confient en leurs forces et vertuz, sont en grand danger d'estre tentées, jusques à confesser leur infirmité* : et vous asseure, qu'ils s'en sont veuës plusieurs, que l'orgueil a fait tresbuscher en tel cas, dont l'humilité sauvoit celles, que l'on estimoit les moins

a. vous

vertueuses. Et dict le vieil proverbe, que ce que Dieu
garde, est bien gardé[1]. — Je trouve, dist Parlamente,
ceste punition autant raisonnable, qu'il est possible : car
tout ainsi que l'offense est pire que la mort, aussi est la
punition pire que la mort. — Je ne suis pas de vostre
opinion, dist Emarsuitte : car j'aymerois mieux veoir toute
ma vie les os de tous mes serviteurs en mon cabinet, que
de mourir pour eux : veu qu'il n'y a meffaict ne crime,
qui ne se puisse amender, mais après la mort n'y a point
d'amendement. — Comment ? sçauriez vous amender la
honte, dist Longarine : car vous sçavez que quelque chose
que puisse faire une femme après un tel mesfaict, ne sçauroit reparer son honneur : — Je vous prie, dist Emarsuitte,
dictes moy si la Magdaleine n'a pas plus d'honneur
maintenant entre les hommes, que sa sœur qui estoit
vierge[2]. — Je vous confesse, dist Longarine, qu'elle est
louée entre nous de la grande amour qu'elle a portée à
Jesus Christ, et de sa grande penitence, mais si luy
demeure il le nom de pecheresse. — Je ne me soucie,
dist Emarsuitte, quel nom les hommes me donnent : mais
que Dieu me pardonne *et mon* mary[a] aussi, il n'y a rien
pourquoy je voulsisse* mourir. — Si ceste damoiselle
aimoit son mary[3], comme elle devoit (dist Dagoucin) je
m'esbahis qu'elle ne mouroit de dueil en regardant les
os de celuy, à qui par son peché elle avoit donné la mort.
— Comment, Dagoucin, dist Simontault, estes vous encores à sçavoir que les femmes n'ont amour ny regret ? —
Ouy, dist il, car jamais je n'ay osé tenter leur amour, de
peur d'en trouver moins que je desire. — Vous vivez
doncques de foy et d'esperance, dist Nomerfide, comme
le pluvier du vent[4], vous estes bien aisé à nourrir. — Je
me contente, dist il, de l'amour que je sens en moy, et de

a. et à mon mary

l'espoir qu'il y a[1] au cueur des dames : mais si je le sçavois, comme j'espere, j'aurois si extreme contentement, que je ne le pourrois porter sans mourir. — Gardez vous bien, dist Guebron, de la peste : car de ceste maladie là, je vous asseure[2]. Mais je voudrois sçavoir à qui ma damoiselle*[3] Oisille donnera sa voix. — Je la donne, dist elle, à Simontault, lequel, je sçay bien, n'espargnera personne. — Autant vault, dist il, que me mettiez assus* que je suis un peu mesdisant. Si ne lairray*-je à vous monstrer, que ceux que l'on disoit mesdisans, ont dict verité. Je croy, mes dames, que vous n'estes si sottes de croire en toutes les nouvelles[4] que l'on vous vient compter, quelque apparence qu'elles puissent avoir de saincteté, si la preuve n'y est si grande, qu'elle ne puisse estre remise en doubte. Aussi sous espece[5] de miracles y a bien souvent des abus : et pource j'ay envie vous en racompter un, qui ne sera moins à la louënge d'un prince fidele[6], qu'au deshonneur d'un meschant ministre d'Eglise. »

Abomination d'un prestre incestueux, qui engrossa sa sœur, soubs pretexte de saincte vie : et la punition qui en fut faicte.

NOUVELLE TRENTETROISIESME

Le Comte Charles d'Angoulesme[7] pere du Roy François premier de ce nom, prince fidele, et craignant Dieu[8], estant à Coignac, quelqu'un luy racompta qu'en un village près de là, nommé Cherves, y avoit une fille vierge, vivant si austerement que c'estoit chose admirable, laquelle toutes fois estoit trouvée grosse, ce qu'elle ne dissimuloit point, asseurant à tout le peuple que jamais n'avoit cogneu

homme, et qu'elle ne sçavoit comme le cas luy estoit
advenu, sinon que ce fust œuvre du Sainct Esprit : ce
que le peuple croyoit facilement, et la tenoit et reputoit*
comme une seconde Vierge Marie[1]. Car chacun cognoissoit que dès son enfance elle estoit si sage, que jamais
n'eut en elle un seul signe de mondanité*. Elle jeusnoit
non seulement les jeusnes commandés de l'Eglise[2],
mais plusieurs fois la sepmaine à sa devotion : et tant
que l'on disoit quelque service en l'Eglise, elle n'en bougeoit. Parquoy sa vie estoit si estimée de tout le commun,
que chacun par miracle la venoit veoir, et estoit bien
heureux qui luy pouvoit toucher la robbe. Le curé de la
paroisse estoit son frere, homme d'aage, et de bien austere vie, aimé et estimé de ses parroissiens, et tenu pour
un sainct homme, lequel luy tenoit de si rigoureux propos, qu'il la feit enfermer en une maison, dont le peuple
estoit mal content : et en fut le bruit si grand, que (comme
je vous ay dict) les nouvelles en vindrent jusques aux
oreilles du Comte, lequel voyant l'abbus où tout le monde
estoit, desira l'en oster : parquoy envoya un maistre des
requestes[3] et un aumosnier (deux fort gens de bien) pour
en sçavoir la verité : lesquels allerent sur le lieu, et s'in-
formerent du cas le plus diligemment qu'ils peurent,
s'adressans au curé, qui estoit tant ennuyé* de cest affaire,
qu'il les pria d'assister à la verification, laquelle il esperoit faire. Le lendemain ledict curé dès le matin chanta la
messe, où sa sœur assista tousjours à genoux, bien fort
grosse : et à la fin de la messe le curé print le corpus
domini[4], et en la presence de toute l'assistence, dist à sa
sœur[5] : « Malheureuse que tu es, voicy celuy qui a souffert mort et passion pour toy, devant lequel je te demande
si tu es vierge, comme tu m'as tousjours asseuré » :
laquelle hardiment et sans crainte luy respondit qu'ouy.
« Et comment donc est il possible, que tu sois grosse et

demeurée vierge ? » Elle respondit : « Je n'en puis rendre autre raison, sinon que ce soit de la grace du Sainct Esprit, qui faict en moy ce que luy plaist : mais si* ne puis-je nier le bien, que Dieu me faict de me conserver vierge : car jamais je n'eus volonté d'estre mariée. » Alors son frere luy dist : « Je te baille icy le corps precieux de Jesus Christ, lequel tu prendras à ta damnation, s'il est autrement que tu ne le dis, dont messieurs, qui sont icy presens de par monsieur le Comte, seront tesmoings. » La fille, aagée de près de *trente* ans*ᵃ*, jura par tel serment : « Je prends le corps de Nostre Seigneur icy present à ma damnation devant vous, messieurs, et vous, mon frere, si jamais homme m'attoucha non plus que vous » : et en ce disant receut le corps de Nostre Seigneur.

Le maistre des requestes et aumosnier du Comte voyans cela, s'en allerent tous confus, croyans qu'avecques tels sermens mensonge ne sçauroit avoir lieu, et en feirent le rapport au Comte, le voulans persuader à croire ce qu'ils croyoient. Mais luy, qui estoit sage, après y avoir bien pensé, leur feit de rechef dire les parolles du jurement*, lesquelles ayant bien pensées, leur dist[1] : « Elle vous a dict, que jamais homme ne luy toucha non plus que son frere : et je pense pour verité que son frere luy a faict cest enfant, et veult couvrir* sa meschanceté sous une si grande dissimulation : et nous qui croyons un Jesus Christ venu, n'en devons plus attendre d'autre. Parquoy allez vous en, et mettez le curé en prison : je suis seur qu'il confessera la verité. » Ce qui fut faict selon son commandement, non sans grandes remonstrances pour le scandale qu'ils faisoient à cest homme de bien. Et si tost que le curé fut prins, il confessa sa meschanceté, et comme il avoit conseillé à sa sœur de tenir les propos

a. treize ans

qu'elle tenoit, pour couvrir la vie qu'ils avoient menée
ensemble, non seulement d'une excuse legere, mais d'un
faux donner à entendre[1], par lequel ils demeureroient
honorez de tout le monde : et dist, quand on luy meit au
devant comment il avoit esté si meschant de prendre le
corps de Nostre Seigneur pour la faire jurer dessus, qu'il
n'estoit pas si hardy, et qu'il avoit prins un pain non sacré,
ne beneist[2]. Le rapport en fut faict au Comte d'Angoulesme, lequel commanda à la justice d'en faire ce qu'il
appartenoit. L'on attendit que sa sœur fust accouchée : et
après avoir faict un beau fils, furent bruslez le frere et la
sœur, dont tout le peuple eut un merveilleux* esbahissement, ayant veu sous un si sainct manteau, un monstre si
horrible, et sous une vie tant louable et saincte regner un
si detestable vice.

« Voilà, mes dames, comme la foy du bon Comte ne
fut vaincuë par signes ne par miracles exterieurs[3], sçachant
tresbien que nous n'avons qu'un sauveur, lequel en disant
Consummatum est[4], a monstré qu'il ne laissoit point le
lieu à un autre successeur pour faire nostre salut. — Je
vous promects, dist Oisille, que voilà une grande hardiesse sous une extreme hippocrisie, couvrir du manteau
de Dieu, et de bon chrestien un peché si enorme. — J'ay
ouy dire, dist Hircan, que ceux, qui sous couleur d'une
commission de Roy, font cruautés et tirannies, sont puniz
doublement : pource qu'ils couvrent leur injustice de la
justice royale. Aussi voyez vous que les hipocrites,
combien qu'ils prosperent quelque temps sous le manteau de Dieu, et de saincteté, si* est ce que quand le seigneur Dieu leve son manteau, il les descouvre et mect
tous nuds : et à l'heure leur nudité, ordure, et vilennie est
d'autant trouvée plus laide, que la couverture estoit honorable. — Il n'est rien plus plaisant, dist Nomerfide, que de

parler naïfvement* ainsi que le cueur le pense. — C'est
pour engresser¹, respondit Longarine, et je croy que vous
donnez vostre opinion selon vostre condition. — Je vous
diray, dist Nomerfide : Je veoy que les fols (si on ne les
tue) vivent plus longuement que les sages : et n'y entends* qu'une raison, c'est, qu'ils ne dissimulent point
leurs passions : s'ils sont courroucez, ils frappent : s'ils
sont joyeux, ils rient : et ceux qui cuident* estre sages,
dissimulent tant leurs imperfections, qu'ils en ont tous les
cueurs empoisonnez. — Je pense, dist Guebron, que
vous dictes verité, et que l'hipocrisie, soit envers Dieu,
envers les hommes, ou envers la nature, est cause de
tous les maux que nous avons. — Ce seroit belle chose,
dist Parlamente, que nostre cueur feust si remply par
foy, de celuy qui est toute vertu, et toute joye, que nous
le peussions librement monstrer à chacun. — Ce sera à
l'heure, dist Hircan, qu'il n'y aura plus de chair sur nos oz.
— Si* est-ce, dist Oisille, que l'esprit de Dieu, qui est
plus fort que la mort, peult mortifier nostre cueur² sans
mutation *ne ruyne du* corpsᵃ. — Ma dame, dist Saffredent, vous parlez *d'un* donᵇ de Dieu, qui n'est gueres
commun aux hommes. — Il est commun, dist Oisille, à
ceux qui ont la foy : mais pource que ceste matiere ne se
laisse entendre à ceux qui sont charnels³, sçachons à qui
Simontault donne sa voix. — Je la donne, dist il, à Nomerfide : car puis qu'elle a le cueur joyeux, sa parolle ne
sera point triste. — Et vrayement, dist Nomerfide, puis
que vous avez envie de rire, je vous en vay apprester
l'occasion. Et pour vous monstrer combien la peur et
l'ignorance nuist, et que faulte de bien entendre* un propos, est souvent cause de beaucoup de mal, je vous diray

a. mutation de corps
b. parlez du don

ce qui advint à deux pauvres cordeliers* de Niort,
lesquels, pour mal entendre le langage d'un boucher,
cuiderent* mourir de peur. »

Deux cordeliers trop curieux d'escouter, eurent si belles afres,
qu'ils en cuiderent mourir.

NOUVELLE TRENTEQUATRIESME

Il y a un village entre Niort et Fors nommé Grip, lequel
est au seigneur de Fors[1]. Un jour advint que deux cordeliers venans de Niort, arriverent bien tard en ce lieu de
Grip, et logerent en la maison d'un boucher. Et pource
qu'entre leur chambre et celle de l'hoste n'y avoit que des
ais* bien mal joincts, leur print envie d'escouter ce que le
mary disoit à sa femme estant dans le lict : et vindrent
mettre leurs oreilles tout droit au chevet du lict du mary,
lequel ne se doubtant* de ses hostes, parloit privéement*
à sa femme de son mesnage*, en luy disant : « M'amie,
il me fault lever demain de bon matin pour aller veoir
noz cordeliers : car il y en a un bien gras, lequel il nous
fault tuer, nous le sallerons incontinent, et en ferons nostre proffit. » Et combien qu'il entendist* de ses pourceaux,
qu'il appelloit cordeliers, si est-ce que les deux pauvres
freres, qui oyoient ceste deliberation*, se tindrent tout asseurez que c'estoit pour eux, et en grande peur et craincte
attendoient l'aube du jour. Il y en avoit un d'eux fort
gras, et l'autre assez maigre. Le gras se vouloit confesser
à son compaignon, disant, qu'un boucher, ayant perdu
l'amour et crainte de Dieu, ne feroit non plus de cas de
l'assommer qu'un bœuf ou autre beste : et veu qu'ils
estoient enfermez en leur chambre, de laquelle ils ne

pouvoient sortir sans passer par celle de l'hoste, ils se
pouvoient tenir bien seurs de leur mort, et recommander
leurs ames à Dieu : mais le jeune, qui n'estoit pas si
vaincu de peur que son compaignon, luy dist que puis
que la porte leur estoit fermée, il falloit essayer à passer
par la fenestre, aussi bien ne sçauroient ils avoir pis que
la mort. A quoy le gras s'accorda. Le jeune ouvrit la
fenestre, et voyant qu'elle n'estoit trop haulte de terre,
saulta legerement en bas, et s'en fuit le plustost et le plus
loing qu'il peut, sans attendre son compagnon, lequel
essaya le danger : mais la pesanteur le contraignit de
demourer en bas : car au lieu de saulter, il tumba si lourdement, qu'il se blessa fort une jambe. Et quand il se veit
abandonné de son compagnon, et qu'il ne le pouvoit
suyvre, regarda autour de luy où il se pourroit cacher, et
ne veid rien qu'un tect* à pourceaux, où il se traina le
mieux qu'il peut, et ouvrant la porte pour entrer dedans,
eschapperent deux grands pourceaux, en la place desquels se meist le pauvre cordelier, et ferma le petit huys*
sur luy, esperant quand il orroit* le bruict des gens passans, qu'il appelleroit et trouveroit secours. Mais si tost
que le matin fut venu, le boucher appresta ses grands
cousteaux, et dist à sa femme, qu'elle luy tint compagnie
pour aller tuer ses pourceaux gras. Et quand il arriva au
tect où le cordelier s'estoit caché, commença à crier bien
hault en ouvrant la petite porte : « Saillez* dehors, mes
cordeliers, saillez dehors, c'est aujourd'huy que j'auray
de voz boudins. » Le cordelier ne se pouvant soustenir
sur sa jambe, saillit à quatre pieds hors du tect, criant tant
qu'il pouvoit misericorde. Et si le pauvre cordelier eut
grand peur, le boucher et sa femme n'en eurent pas
moins : car ils pensoient que sainct François fust courroucé contre eux, de ce qu'ilz nommerent une beste un
cordelier, et se meirent à genoux devant le pauvre frere,

demandans pardon à sainct François et à sa religion[*] : en
sorte que le cordelier crioit d'un costé misericorde au
boucher, et le boucher, à luy de l'autre, tant que les uns
et les autres furent un quart d'heure sans se pouvoir
asseurer. A la fin le beaupere[*] cognoissant que le boucher ne luy vouloit point de mal, luy compta la cause
pour laquelle il s'estoit caché en ce tect, dont leur peur
fut incontinent convertie en matiere de ris, sinon que le
pauvre cordelier, qui avoit mal en la jambe, ne se pouvoit resjouïr : mais le boucher le mena en sa maison, où
il le feit tresbien penser[*]. Son compaignon, qui l'avoit
laissé au besoing, courut toute la nuict, tant qu'au matin
il vint en la maison du seigneur de Fors, où il se plaignit
de ce boucher qu'il soupçonnoit avoir tué son compaignon, veu qu'il n'estoit point venu après luy. Le seigneur de Fors envoya incontinent audict lieu de Grip,
pour en sçavoir la verité. Laquelle sceuë, ne trouva point
matiere de plorer : mais ne faillit à le racompter à sa
maistresse ma dame la Duchesse d'Angoulesme, mere
du Roy François premier de ce nom.

« Voilà, mes dames, comme il ne faict pas bon escouter le secret où l'on n'est pas appelé, et entendre[*] mal les
paroles d'autruy. — Ne sçavois-je pas bien, dist Simontault, que Nomerfide ne nous feroit point plorer, mais
fort rire ? en quoy il me semble que chacun de nous s'est
bien acquitté. — Et qu'est-ce à dire, dist Oisille, que
nous sommes plus enclins à rire d'une follie, que d'une
chose sagement faicte ? — Pource, dist Hircan, qu'elle
nous est plus aggreable, d'autant qu'elle est plus semblable à nostre nature, qui de soy n'est jamais sage : et chacun prend plaisir à son semblable, les fols aux follies, et
les sages à la prudence[*]. Toutesfois je croy qu'il n'y a ny

sages ny fols, qui se sceussent garder de rire de ceste
histoire. — Il y en a, dist Guebron, qui ont le cueur tant
adonné à l'amour de sapience, que pour choses qu'ils
sceussent ouyr, on ne les sçauroit faire rire : car ils ont
une joye en leurs cueurs, et un contentement si moderé,
que nul accident ne les peut muer*. — Où sont ceux là ?
dist Hircan. — Les philosophes du temps passé[1], respondit Guebron, desquels la tristesse et la joye n'estoit quasi
point sentie, au moins n'en monstroient ils nul semblant*,
tant ils estimoient grande vertu, se vaincre eux mesmes et
leur passion. — Et je trouve aussi bon[2] comme ils font,
dist Saffredent, de vaincre une passion vitieuse : mais
d'une passion naturelle, qui ne tend à nul mal, ceste victoire là me semble inutile. — Si est-ce, dist Guebron,
que les *anciens* estimoient[a] ceste vertu grande. — Il n'est
pas dict aussi, respondit Saffredent, qu'ils fussent tous
sages : mais il y avoit plus d'apparence de sens et de
vertu, qu'il n'y avoit de faict[3]. — Toutesfois vous voyez
qu'ils reprouvent toutes choses mauvaises, dist Guebron,
et mesmes Diogenes foulla aux pieds le lict[4] de Platon,
pource qu'il estoit trop curieux* à son gré : pour monstrer qu'il desprisoit* et vouloit mettre sous les pieds la
vaine gloire et couvoitise de Platon, en disant : "Je
foulle l'orgueil de Platon." — Mais vous ne dictes pas
tout, dist Saffredent : car Platon luy respondit soudainement, que vrayement il le foulloit, mais avec une plus
grande presumption. Car certes Diogenes usoit d'un tel
mespris de netteté, par une certaine gloire et arrogance[5].
— A dire vray, dist Parlamente, il est impossible, que la
victoire de nous mesmes, se face par nous mesmes, sans
un merveilleux orgueil, qui est le vice que chacun doibt
le plus craindre : car il s'engendre de la mort et ruine de

---

a. les autres estimoient

tous les autres[1]. — Ne vous ay-je pas leu au matin, dist
Oisille, que ceux, qui ont cuidé* estre plus sages, que les
autres hommes, et qui par une lumiere de raison, sont
venuz à cognoistre un Dieu, createur de toutes choses, toutesfois, pour s'attribuer ceste gloire, et non à celuy dont
elle venoit, estimans par leur labeur avoir gaigné ce sçavoir, ont esté faicts non seulement plus ignorans et des-
raisonnables, que les autres hommes, mais que les bestes
brutes ? Car ayans erré en leurs esprits se sont attribué ce
qu'à Dieu seul appartient, et ont monstré leurs erreurs, par
le desordre de leurs corps, oublians et pervertissans l'ordre
de leur sexe, comme sainct Paul nous monstre en l'epistre qu'il escript aux Romains[2]. — Il n'y a nulle de nous,
dist Parlamente, qui par ceste epistre ne confesse, que
tous les pechez exterieurs ne soient que les fruicts de
l'infidelité interieure[3] : laquelle, plus est couverte de vertu
et miracles, plus est dangereuse à arracher. — Entre nous
hommes, dist Hircan, nous sommes donc plus près de
nostre salut, que vous autres : car ne dissimulans point
noz fruicts, cognoissons facilement nostre racine[4]. Mais
vous, qui n'osez les mettre dehors, et qui faictes tant de
belles œuvres apparentes*, à grand peine cognoissez vous
ceste racine d'orgueil, qui croist sous si belle couverture.
— Je vous confesse, dist Longarine, que si la parolle de
Dieu ne nous monstre par la foy la lepre d'infidelité
cachée en nostre cueur, Dieu nous faict grand grace quand
nous tresbuchons en quelque offense visible, par laquelle
nostre pensee couverte* se puisse clairement veoir. Et bien
heureux sont ceux, que la foy a tant humiliez, qu'ils n'ont
point besoing d'experimenter leur nature pecheresse, par
les effects du dehors. — Mais regardons, dist Simontault, de là où nous sommes venuz : en partant d'une
tresgrande follie, nous sommes tombez en la philosophie
et theologie. Laissons ces disputes à ceux, qui *sçavent*

mieux resver[1] que nous[a] : et sçachons de Nomerfide à qui
elle donne sa voix. — Je la donne, dist elle, à Hircan,
mais je luy recommande l'honneur des dames. — Vous
ne me le pouvez dire en meilleur endroict, dist Hircan :
car l'histoire que j'ay apprestée, est toute telle qu'il la
fault, pour vous obeïr. Si[*] est-ce que je vous appren-
dray par cela à confesser, que la nature des femmes et
des hommes, est de soy encline à tout vice, si elle n'est
preservée par la bonté de celuy, à qui l'honneur de
toute victoire doibt estre rendu. Et pour vous abbatre
l'audace que vous prenez, quand on en dict à vostre
honneur, je vous en vay monstrer un exemple, qui est
tresveritable. »

Industrie d'un sage mary, pour divertir[*] l'amour que sa femme
portoit à un cordelier[2].

NOUVELLE TRENTECINQIESME

En la ville de Pampelune, y avoit une dame, estimée
belle et vertueuse, et la plus chaste et devote, qui fust au
païs. Elle aimoit son mary, et luy obeissoit si bien, que
entierement il se confioit en elle. Ceste dame frequentoit incessamment le service divin, et les sermons. Elle
persuadoit à son mary et enfans, d'y demeurer autant
qu'elle, qui estoit en l'aage de trente ans, où les femmes
ont accoustumé de quitter le nom de belles, pour estre
nommées sages nouvelles. Ceste[b] dame alla le premier
jour de caresme[3] à l'eglise, prendre la memoire de la mort,
où elle trouva le sermon, que commençoit un cordelier[*],

---

a. qui les sçavent mieux dechiffrer que nous
b. estre nouvelles sages. Ceste

tenu de tout le monde un sainct homme, pour sa tresgrande austerité et bonté de vie, qui le rendoit maigre et
pasle, mais non tant qu'il ne fust un des beaux hommes du
monde. La dame devotement escouta son sermon, ayans
les yeux fermes à contempler ceste venerable personne,
et l'aureille et esprit prompt à l'escouter : parquoy la
doulceur de ses paroles penetra les aureilles de ladicte
dame jusques au cueur, et la beauté et grace de son visage
passa par ses yeux, et blessa si fort son esprit, qu'elle fut
comme une personne ravye*[1]. Après le sermon regarda
soigneusement où le prescheur diroit la messe, où elle
assista, et print les cendres de sa main, qui estoit aussi
belle et blanche, que dame la sçauroit avoir. Ce que regarda
plus la devote, que la cendre qu'il luy bailloit, croyant
asseurement qu'une telle amour spirituelle, quelque plaisir qu'elle en sentist, ne sçauroit blesser sa conscience.
Elle ne failloit* point tous les jours d'aller au sermon, et
d'y mener son mary : et l'un et l'autre donnerent tant de
louange au prescheur, qu'en table et ailleurs ils ne tenoient
autres propos. Ainsi ce feu, sous tiltre *de* spirituel[2], fut si
charnel, que le cueur, en qui il fut embrasé, brusla tout le
corps de ceste pauvre dame. Et tout ainsi qu'elle avoit
esté tardive à sentir ceste flamme, aussi elle fut prompte
à enflammer, et sentit plus tost le contentement de sa
passion, qu'elle ne cogneut estre passionnée. Et comme
toute surprise de son ennemy amour, ne resista plus à
nul de ses commandemens : mais le plus fort* estoit, que
le medecin de ses douleurs estoit ignorant de son mal.
Parquoy ayant mis dehors toute crainte qu'elle devoit
avoir de monstrer sa follie devant un si sage homme, son
vice, et sa meschanceté à un si vertueux et homme de
bien, se meist à luy rescrire l'amour qu'elle luy portoit,
le plus doucement qu'elle peut, pour le commencement :
et bailla ses lettres à un petit page, luy disant ce qu'il

avoit à faire : et que sur tout il se gardast que son mary
ne le veist aller aux cordeliers. Le page cherchant son
plus droict chemin passa de fortune par la rue où son
maistre estoit assis en une bouticque. Le gentil-homme
le voyant passer, s'advança pour regarder où il alloit. Et
quand le page l'apperceut, tout estonné* se cacha dans
une maison. Le maistre voyant ceste contenance le
suyvit, et le prenant par le bras luy demanda où il alloit,
et voyant ses excuses sans propos, et son visage effroyé,
le menaça de le battre s'il ne luy disoit où il alloit. Le
pauvre page luy dist : « Helas, monsieur ! si je le vous
dy, ma dame me tuera. » Le gentil-homme doubtant* que
sa femme feist un marché sans luy asseura le page qu'il
n'auroit nul mal s'il luy disoit verité, et qu'il luy feroit
tout plein de bien : aussi que s'il mentoit, il le mettroit en
prison pour jamais. Le petit page, pour avoir du bien, et
pour eviter le mal, luy compta tout le faict, et luy monstra
les lettres que sa maistresse escrivoit au prescheur : dont
le mary fut autant esmerveillé* et marry*, comme il avoit
esté asseuré toute sa vie de la loyauté de sa femme, où
jamais n'avoit cogneu faulte. Mais luy, qui estoit sage,
dissimula sa colere : et pour cognoistre du tout* l'intention
de sa femme, va faire une response comme si le prescheur
la mercioit* de sa bonne volonté, luy declarant qu'il n'en
avoit moins de son costé. Le page, ayant juré à son maistre de mener sagement cest affaire, alla porter à sa maistresse la lettre contrefaicte, dont elle eut telle joye, que son
mary s'apperceut bien qu'elle en avoit changé de visage :
car en lieu d'emmaigrir pour le jeusne de caresme[1], elle
estoit plus belle et plus fresche qu'à caresme-prenant.
Desja estoit la mi-caresme, que la dame ne pour passion,
ne pour sepmaine saincte[2], ne changea sa maniere accoustumée de continuer et mander par lettres au prescheur sa
fantasie furieuse*. Et luy sembloit quand il tournoit les

yeux du costé où elle estoit, ou qu'il parloit de l'amour de Dieu, que c'estoit pour l'amour d'elle : et tant que ses yeux pouvoyent monstrer ce qu'elle pensoit, elle ne les espargnoit pas. Le mary ne failloit* à luy rendre pareilles responses.

Après Pasques il luy escrivit au nom du prescheur, qu'il la prioit luy enseigner le moien comme il la pourroit veoir secretement. Elle, à qui l'heure tardoit, conseilla son mary d'aller visiter quelques terres, qu'ils avoient dehors : ce qu'il luy promist, et demeura caché en la maison d'un sien amy. La dame ne faillit pas d'escrire au prescheur qu'il estoit heure de la venir veoir, car son mary estoit allé dehors. Le gentil-homme voulant experimenter le cueur de sa femme jusques au bout, s'en alla au prescheur le prier pour l'honneur de Dieu luy vouloir prester son habit*. Le prescheur, qui estoit homme de bien, luy dist, que leur reigle le deffendoit, et que pour rien il ne le presteroit pour aller en masque[1]. Le gentil-homme luy asseura, qu'il ne le vouloit pour en user à son plaisir, et que c'estoit pour chose necessaire à son bien et salut. Le cordelier, le cognoissant homme de bien et devot, le luy* presta : et avec cest habit, qui luy couvroit la plus part du visage, de sorte qu'on ne luy pouvoit veoir les yeux, print une faulse barbe et un faux nez, approchans à la ressemblance du prescheur, et avecques du liege en ses souliers, se feit de la propre grandeur du prescheur. Ainsi habillé s'en vint au soir en la chambre de sa femme, qui l'attendoit en grande devotion. La pauvre sotte n'attendit pas qu'il vint à elle, mais comme femme hors du sens le courut embrasser. Luy, qui tenoit le visage baissé, de peur d'estre cognu, commença à faire le signe de la croix[2], faisant semblant de la fuir, en disant tousjours, « tentation, tentation ». La dame luy dist : « Helas ! mon pere, vous avez raison : car il n'en est point de plus forte, que celle

qui vient d'amour, à laquelle vous m'avez promis donner
remede, vous priant que maintenant, que nous avons le
temps et loisir, ayez pitié de moy. » Et en ce disant s'efforçoit de l'embrasser, lequel fuyant par tous les costez de
la chambre avec grands signes de la croix crioit tousjours, « tentation, tentation ». Mais quand il veit, qu'elle
le cherchoit de trop près, print un gros baston qu'il avoit
sous son manteau, et la batit si bien, qu'il luy feit passer
sa tentation. Et ainsi, sans estre cogneu d'elle, s'en alla
incontinent rendre les habits au prescheur, l'asseurant
qu'ils luy avoient porté bonheur. Le lendemain faisant
semblant de revenir de loing, retourna en sa maison, où
il trouva sa femme au lict : et comme ignorant sa maladie, luy demanda la cause de son mal. Elle luy respondit,
que c'estoit un caterre*, et qu'elle ne se pouvoit aider
des bras ne jambes. Le mary, qui avoit belle envie de
rire, feit semblant* d'en estre marry*, et pour la resjouïr,
luy dist, que sur le soir, il avoit convié à soupper le
sainct homme predicateur : mais elle luy dist soudain :
« Jamais ne vous advienne, mon amy, de convier telles
gens, car ils portent malheur en toutes les maisons où ils
vont. — Comment, m'amie ? dist son mary, vous m'avez
tant loué cestuy, et je pense quant à moy, s'il y a un
sainct homme au monde, que c'est luy. » La dame luy
respondit : « Ils sont bons en l'eglise et aux predications,
mais aux maisons sont Antechrists[1]. Je vous prie, mon
amy, que je ne le voye point : car ce seroit assez, avec le
mal que j'ay, pour me faire mourir. » Le mary luy dist :
« Puis que vous ne le voulez veoir, vous ne le verrez
point, mais si luy donneray-je à soupper ceans. — Faictes, dist elle, ce qu'il vous plaira, mais* que je ne le voye
point : car je hay telles gens comme diables. » Le mary,
après avoir donné à soupper au beaupere[2], luy dist : « Mon
pere, je vous estime tant aimé de Dieu, qu'il ne vous ref-

fusera aucune requeste : parquoy je vous supplie avoir
pitié de ma pauvre femme, laquelle depuis huict jours en
ça est possedée d'un maling esprit, de sorte qu'elle veult
mordre et esgratigner tout le monde. Il n'y a croix, ny eau
beneiste, dont elle face cas. J'ay ceste foy, que si vous
mettez la main sur elle, que le diable s'en ira, dont je
vous prie autant que je puis. » Le beaupere luy dist :
« Mon fils, toute chose est possible au croyant. Croyez
vous pas fermement, que la bonté de Dieu ne refuse nul,
qui en foy luy demande grace ? — Je le croy, mon pere,
dist le gentil-homme. — Asseurez vous aussi, mon fils,
dist le cordelier, qu'il peult *ce* qu'il*ᵃ* veult, et qu'il n'est
moins puissant que bon. Allons forts en foy pour resister
à ce lyon rugissant, et luy arracher la proye qui est acquise
à Dieu, par le sang de son fils Jesus Christ[1]. » Ainsi le
gentil-homme mena cest homme de bien là où estoit sa
femme couchée sur un petit lict, qui fut si estonnée* de le
veoir, pensant que ce fust celuy qui l'avoit battue, qu'elle
entra en une merveilleuse* colere : mais pour la presence
de son mary baissa les yeux, et devint muette. Le mary
dist au sainct homme : « Tant que je suis devant elle, le
diable ne la tourmente gueres : mais si tost que je m'en
seray allé, vous luy jetterez de l'eau beneiste, et verrez à
l'heure* le maling esprit faire son office. » Le mary le
laissa tout seul avec sa femme, et demeura à la porte, pour
veoir leur contenance. Quand elle ne veit plus personne
que le beaupere, commença à crier comme femme enragée
et hors du sens, en l'appellant meschant, villain, meurdrier,
trompeur[2]. Le cordelier, pensant pour vray qu'elle fust
possedée d'un maling esprit, luy voulut prendre la teste,
pour dire dessus ses oraisons, mais elle l'esgratigna et
mordit de telle sorte, qu'il fut contrainct de parler de

a. peult et qu'il

plus loing, et en jettant force eau beneiste, disoit beaucoup
de bonnes oraisons. Quand le mary veid qu'il avoit assez
faict son debvoir, entra en la chambre, et le mercia* de la
peine qu'il en avoit prinse : et à son arrivée la femme
laissa ses injures et maledictions, et baisa la croix bien
doucement, pour la crainte qu'elle avoit de son mary.
Mais le sainct homme qui l'avoit veuë tant enragée,
croyoit fermement qu'à sa priere Nostre Seigneur eust
jecté le diable dehors, et s'en alla loüant Dieu de ce grand
miracle. Le mary, voyant sa femme bien chastiée de sa
folle fantasie, ne luy voulut point declarer ce qu'il avoit
faict : car il se contenta d'avoir vaincu son opinion par
sa prudence*, et l'avoir mise en tel estat, qu'elle haioit
mortellement ce, qu'elle avoit aimé indiscrettement*, et
detestoit sa follie. Et ayant de là en après* delaissé toute
superstition, se donna du tout* à son mary, et au mesnage*,
mieux qu'elle n'avoit faict auparavant.

« Par cecy, mes dames, pouvez vous cognoistre le bon
sens du mary, et la fragilité d'une estimée femme de
bien : et je pense quand vous aurez bien regardé en ce miroër, en lieu de vous fier en voz propres forces, apprendrez à vous retourner à celuy[1], en la main duquel gist
vostre honneur. — Je suis bien aise, dist Parlamente, de
quoy vous estes devenu prescheur des dames, et le serois
encor plus, si vous vouliez continuer ces beaux sermons
à toutes à qui vous parlez. — Toutes les fois, dist Hircan,
que vous me voudrez escouter, je suis asseuré que je n'en
diray pas moins. — C'est à dire, dist Simontault, que
quand vous n'y serez pas, il dira autrement. — Il en fera
ce qu'il luy plaira, dist Parlamente : mais je veux croire
pour mon contentement, qu'il dira tousjours ainsi, à tout
le moins l'exemple qu'il a allegué, servira à celles qui
cuident* que l'amour spirituelle ne soit point dangereuse :

mais il me semble qu'elle *l*'est plus que toutes les autres.
— Si[*] est-ce dist Oisille, qu'aimer un homme de bien,
vertueux, et craignant Dieu, n'est point chose à despriser[*], et que l'on n'en peut que mieux valoir. — Ma
dame, respondit Parlamente, je vous prie croire, qu'il
n'est rien plus sot ne plus aisé à tromper qu'une femme,
qui n'a jamais aimé : car amour de soy[1] est une passion,
qui a plustost saisi le cueur, que l'on ne s'en est advisé :
et est ceste passion si plaisante, que si elle se peult aider
de la vertu, pour luy servir de manteau, à grand peine
sera elle cogneuë, qu'il n'en vienne quelque inconvenient.
— Quel inconvenient sçauroit il venir, dist Oisille, d'aimer
un homme de bien ? — Ma dame, respondit Parlamente,
il y a assez d'hommes, estimez hommes de bien envers
les dames : mais d'estre tant homme de bien envers
Dieu, qu'on puisse garder son honneur et conscience, je
croy[2], que de ce temps ne s'en trouveroit point jusques à
un seul[3]. Et celles, qui s'y fient et qui croyent autrement,
s'en trouvent en fin trompées, et entrent en ceste amitié
de par Dieu, dont bien souvent elles en saillent[*] de par le
diable : car j'en ay assez veu, qui sous couleur de parler
de Dieu, commençoient une amitié, dont à la fin s'en vouloient retirer, et ne pouvoient : parce que l'honneste couverture les tenoit en subjection. Car une amour vicieuse
de soy-mesme se deffaict, et ne peult durer en un bon
cueur : mais la vertueuse est celle, qui a les liens de soye
si deliez[*], qu'on en est plustost prins, que l'on ne les
peult veoir. — A ce que vous dictes, dist Emarsuitte,
jamais femme ne voudroit aimer homme : mais vostre loy
est si aspre, qu'elle ne durera pas. — Je le sçay bien, dist
Parlamente : mais je ne lairray[*] pas pour cela de desirer
que chacun*e* se contentast de son mary, comme je fais
du mien. » Emarsuitte, qui par ce mot se sentit touchée,
en changeant de couleur luy dist : « Vous devez juger

que chacune a le cueur comme vous, ou vous pensez estre plus parfaicte que toutes les autres. — Or, ce dist Parlamente, de peur d'entrer en dispute, sçachons à qui Hircan donnera sa voix. — Je la donne, dist il, à Emarsuitte, pour la rapaiser contre ma femme. — Or puis que je suis en mon rang, dist Emarsuitte, je n'espargneray homme ne femme, à fin de faire tout egal : et voy bien que vous ne pouvez vaincre vostre cueur à confesser la bonté et vertu des hommes, qui me faict reprendre le propos dernier par une semblable histoire. »

Un president de Grenoble, adverty du mauvais gouvernement* de sa femme, y meit si bon ordre, que son honneur n'en fut interessé, et si s'en vengea[1].

NOUVELLE TRENTESIXIESME

En la ville de Grenoble[2] y avoit un president dont je ne diray le nom, mais il n'estoit point François. Il avoit une bien belle femme, et vivoient ensemblement en grande paix. Ceste femme, voyant que son mary estoit vieil, print en amour un jeune clerc beau et advenant. Quand son mary alloit le matin au palais, ce clerc entroit en sa chambre et tenoit sa place. Dequoy s'apperceut un serviteur du president, qui l'avoit bien servi trente ans, et comme loyal à son maistre ne se peust garder de luy dire. Le president, qui estoit sage, ne le voulut croire legerement : mais dist qu'il avoit envie de mettre division entre luy, et sa femme, et que si la chose estoit vraye, comme il disoit, il la luy pourroit monstrer : et s'il ne la luy monstroit, il estimeroit qu'il auroit controuvé* ceste mensonge, pour separer l'amitié de luy et de sa femme.

Le varlet l'asseura qu'il luy feroit veoir ce qu'il luy disoit : et un matin si tost que le president fut allé à la court, et le clerc entré en la chambre, le serviteur envoya un de ses compagnons dire à son maistre qu'il pouvoit bien venir, et se tint tousjours à la porte, pour guetter que le clerc n'en saillist*. Le president, si tost qu'il veit le signe que luy feit l'un de ses serviteurs, feignant de se trouver mal, laisse l'audience, et s'en alla hastivement en sa maison, où il trouva son vieil serviteur à la porte de sa chambre, l'asseurant pour vray que le clerc estoit dedans, qui ne faisoit gueres que d'entrer. Le seigneur luy dist : « Ne bouge de ceste porte, car tu sçais bien qu'il n'y a autre issuë ne entrée, que ceste cy, sinon un petit cabinet, duquel moy seul porte la clef. » Le president entra en sa chambre, et trouva sa femme et le clerc couchez ensemble, lequel en chemise se jetta à ses pieds et luy demanda pardon. Sa femme de l'autre costé se print à plorer. Lors dist le president : « Combien que le cas que vous avez faict soit tel que pouvez estimer, si* est-ce que je ne vueil pour vous, que ma maison soit deshonorée, et les filles, que j'ay euës de vous desavancées. Parquoy, dist il, je vous defends de plorer, mais voyez ce que je feray : et vous, Nicolas (ainsi se nommoit son clerc) cachez vous en mon cabinet, et ne faictes un seul bruit. » Quand il eut ainsi faict, va ouvrir la porte, et appella son vieil serviteur, et luy dist : « Ne m'as tu pas asseuré, que tu me monstrerois mon clerc couché avecques ma femme ? et sur ta parole suis venu icy en danger de tuer ma femme. Je n'ay rien trouvé de ce que tu m'as dit, j'ay cherché par toute ceste chambre, comme je te veux monstrer » : et ce disant feit regarder son varlet sous les licts, et par tous costez. Et quand le varlet ne trouva rien, tout estonné dist à son maistre : « Il fault que le diable l'ait emporté : car je l'ay veu entrer icy, et si* n'est point

sailly* par la porte, mais je voy bien qu'il n'y est pas. »
A l'heure* le maistre luy dist : « Tu es bien malheureux,
de vouloir mettre entre ma femme et moy une telle division. Parquoy je te donne congé de t'en aller, et pour les
services que tu m'as faicts, te veux payer ce que je te
dois, et d'avantage. Mais va t'en bien tost et garde d'estre
en ceste ville vingtquatre heures passées. » Le president luy donna cinq ou six payemens des années à advenir, et sçachant qu'il luy estoit loyal, esperoit luy faire
autre bien.

Quand le serviteur s'en fut allé pleurant, le president
feit saillir le clerc de son cabinet : et après avoir dict à sa
femme et à luy ce qu'il luy sembloit de leur meschanceté,
leur deffendit d'en faire aucun semblant* à personne, et
commanda à sa femme de s'habiller plus gorgiasement*,
qu'elle n'avoit accoustumé, et se trouver en toutes compagnies et festins : et au clerc, qu'il eust à faire meilleure
chere* qu'il n'avoit auparavant : mais que si tost qu'il
luy diroit à l'aureille, « va t'en », qu'il se gardast bien de
demeurer en la ville trois heures après son commandement. Et ce fait s'en retourna au palais sans faire semblant
de rien. Et durant quinze jours (contre sa coustume) se
meist à festoyer ses amis et voisins, et après le banquet
avoit des tabourins pour faire dancer les dames. Un jour,
voyant que sa femme ne dançoit point, commanda au clerc
de la mener dancer, lequel, cuidant* qu'il eust oublié les
faultes passées, la mena dancer joyeusement : mais quand
la dance fut achevée, le president feignant luy commander quelque chose en sa maison, luy dist en l'aureille :
« Va t'en, et ne retourne jamais. » Or fut bien marry* ce
clerc de laisser sa dame, mais non moins joyeux d'avoir
la vie sauve. Après que le president eut mis en l'opinion
de tous ses parens et amis, et de tout le païs la grande
amour qu'il portoit à sa femme, un beau jour du mois de

May, alla cueillir en son jardin une sallade de telles herbes, que si tost que sa femme en eut mangé, ne vesquit
pas vingtquatre heures après : dont il feit si grand dueil
par semblant*, que nul ne pouvoit soupçonner qu'il fust
occasion de ceste mort. Et par ce moyen se vengea de
son ennemy, et sauva l'honneur de sa maison.

« Je ne veux pas, mes dames, par cela louer la conscience du president : mais ouy bien monstrer la legereté
d'une femme, et la grande patience et prudence* d'un
homme. Vous suppliant, mes dames, ne vous courroucer
de la verité, qui parle quelque fois contre vous aussi
bien, que contre les hommes : car *les hommes et* les femmes sont commun<e>s aux vices et vertuz. — Si toutes
celles, dist Parlamente, qui ont aimé leurs varlets, estoient
contrainctes à manger de telles sallades, j'en cognois qui
n'aimeroient tant leurs jardins comme elles font, mais en
arracheroient toutes les herbes, pour eviter celles qui rendent l'honneur à la lignée par la mort d'une folle* mere. »
Hircan, qui devina bien pourquoy elle le disoit, luy respondit tout en colere : « Une femme de bien ne doit
jamais juger une autre de ce qu'elle ne voudroit faire. »
Parlamente respondit : « Sçavoir n'est pas jugement et
sottie*, si* est-ce que ceste pauvre femme porta la peine,
que plusieurs meritent. Et croy que le mary, puis qu'il s'en
vouloit venger, se gouverna avec une merveilleuse prudence et sapience. — Et aussi avec une grande malice*,
dist Longarine, longue et cruelle vengeance, qui monstroit bien n'avoir Dieu, ny conscience devant les yeux.
— Et qu'eussiez vous donc voulu qu'il eust faist, dist
Hircan, pour se venger de la plus grande injure, que la
femme peult faire à l'homme[1] ? — J'eusse voulu, dist elle,
qu'il *l*'eust tuée en sa colere[2] : car les docteurs* dient,
que tel peché est plus remissible, pource que les premiers

mouvemens ne sont pas en la puissance de l'homme,
parquoy il en eust peu avoir grace. — Ouy, dist Guebron,
mais ses filles et sa race eussent à jamais porté ceste note*.
— Il ne la devoit point tuer, dist Longarine : car puis que
la grand colere estoit passée, elle eust vecu avec luy en
femme de bien, et n'en eust jamais esté memoire. —
Pensez vous, dist Saffredent, qu'il fust appaisé partant*
qu'il dissimulast sa colere ? Je pense quant à moy, que le
dernier jour qu'il feit sa sallade, il estoit encor aussi courroucé que le premier. Car il y en a aucuns*, desquels les
premiers mouvemens n'ont jamais d'intervalle, jusques à
ce qu'ils ayent mis en effect* leur passion. Et me faictes
grand plaisir de dire, que les Theologiens estiment ces
pechez là faciles à pardonner, car je suis de leur opinion.
— Il faict bon regarder à ses paroles, dist Parlamente,
devant gens si dangereux que vous : mais ce que j'ay
dict[1] se doit entendre*, quand la passion est si forte, que
soudainement elle occupe tant les sens, que la raison ne
peult avoir lieu. — Aussi, dist Saffredent, je m'arreste à
vostre parole, et veux par là conclure, qu'un homme bien
fort amoureux, *quoy qu'il face ne peult pescher sinon de
pesché veniel, car je suys seur que si l'amour le tient
parfaictement lyé, jamais la raison ne sera escoutée en
son ceur ne en son entendement* : et si[a] nous voulons
dire verité, il n'y a aucun de nous, qui n'ait quelquefois
experimenté ceste furieuse* folie, *que je pense non seulle-
ment estre pardonnée facillement, mais encores je croy
que Dieu ne se courrouce poinct de tel pesché, veu que
c'est un degré*[b] pour monter à l'amour parfaicte de Dieu,

a. amoureux, merite plus aisément pardon, qu'un autre qui peche,
ne l'estant point : car si l'amour le tient parfaictement lié, la raison ne
luy commande pas facilement : et si
b. folie, et qui ne s'attende avoir pardon, veu que l'amour vray, est
un degré

où nul ne peult monter facilement, qui n'ait passé par
l'eschelle *de l'amour de ce monde.* Car[a] sainct Jean
dist : "Comment aimerez vous Dieu, que vous ne voyez
point, si vous n'aimez celuy, que vous voyez[1] ?" — Il n'y
a si beau passage en l'Escriture, dist Oisille, que vous ne
tiriez à vostre propos : mais gardez vous de faire comme
l'araigne*, qui convertit toutes bonnes viandes en venin[2] :
et si vous advise qu'il est dangereux d'alleguer l'Escriture Saincte sans propos et necessité. — Appellez vous
dire verité, *estre* sans[b] propos et necessité ? dist Saffredent : vous voudriez donc dire, qu'en parlant à vous autres
incredules, et appellant Dieu à nostre aide, nous prenons
son nom en vain : mais s'il y a peché, vous seules en
devez porter la peine : car voz incredulitez nous contraignent à chercher tous les sermens dont nous pouvons
adviser, et encore ne pouvons nous allumer le feu *de
charité*[3] dedans voz cueurs de glace. — C'est signe, dist
Longarine, que vous mentez tous. Car si la verité estoit
en vostre parole, elle est si forte, qu'elle nous feroit
croire : mais il y a danger que les filles de Eve croyent
trop tost ce serpent[4]. — J'entends bien que c'est, dist
Saffredent, les femmes sont invincibles aux hommes :
parquoy je m'en tairay, à fin de sçavoir à qui Emarsuitte
donnera sa voix. — Je la donne, dist elle, à Dagoucin : car
je pense qu'il ne voudroit point parler contre les dames.
— Pleust à Dieu, dist il, qu'elles respondissent autant à
ma faveur, que je voudrois parler pour la leur : et pour
vous monstrer que je me suis estudié d'honorer les vertueuses en recherchant leurs bonnes œuvres, je vous en
vois racompter une. Je ne vueil pas dire, mes dames, que

---

a. l'eschelle des tribulations, angoisses et calamitez de ce monde
visible, et qui n'aime son prochain, et ne luy veule et souhaitte autant
de bien comme à soymesme, qui est le lien de perfection. Car

b. Qu'appellez vous dire verité, sans

la patience du gentilhomme de Pampelune et du president de Grenoble n'ait esté grande : mais la vengeance n'en a esté moindre : et quand il fault louer un homme vertueux, il ne fault point tant donner de gloire à une seule vertu, qu'il la faille faire servir de manteau à couvrir un si grand vice. Aussi celuy est louable, qui pour l'amour de la vertu seule faict œuvre vertueuse : comme j'espere vous faire veoir par la patience, et vertu d'une jeune dame, qui ne cherchoit en sa bonne œuvre, que l'honneur de Dieu, et le salut de son mary. »

Prudence* d'une femme, pour retirer son mary de la folle* amour, qui le tourmentoit.

NOUVELLE TRENTESEPTIESME

Il y avoit une dame *en la maison** de Loué[1], tant*a* sage et vertueuse, qu'elle estoit aimée et estimée de tous ses voisins. Son mary, comme il devoit, se fioit en elle de toutes ses affaires, qu'elle conduisoit si sagement, que sa maison par son moyen devint une des plus riches et des mieux meublées, qui fust au païs d'Anjou ne de Touraine. Ayant vescu ainsi longuement avec son mary, duquel elle porta plusieurs beaux enfans, la felicité (après laquelle survient tousjours son contraire) commença à se diminuer, pource que son mary, trouvant l'honneste repos insupportable, l'abandonna pour chercher son travail : et print une coustume, que aussi tost que sa femme estoit endormie, se levoit d'auprès d'elle, et ne retournoit qu'il ne fust près du matin. La dame *de Loué* trouva ceste façon

a. dame en une grand'maison du royaume de France, dont je tairay le nom, tant

de faire si mauvaise, que entrant en une grande jalousie, de laquelle ne voulut faire semblant*, oublia les affaires de sa maison, sa personne et sa famille : comme celle qui estimoit avoir perdu le fruict de ses labeurs, qui est la grande amour de son mary, pour laquelle continuer n'y avoit peine qu'elle ne portast volontiers. Mais l'ayant perduë, comme elle voyoit, fut si negligente du reste de sa maison, que bien tost on cogneut le dommage que la negligence y faisoit. Car son mary d'un costé despendoit* sans ordre, et elle ne tenoit plus la main au mesnage* : en sorte que la maison fut bien tost renduë si brouïllée, que l'on commençoit à coupper les bois de haute fustaye, et engager les terres. Quelqu'un de ses parens, qui cognoissoit la maladie, luy remonstra la faulte qu'elle faisoit, et que si l'amour de son mary ne luy faisoit aimer le profit de sa maison, au moins qu'elle eust esgard à ses pauvres enfans. La pitié desquels luy feit reprendre ses esprits, et essayer par tous moyens de regaigner l'amour de son mary. Et le lendemain feit le guet quand il se leveroit d'auprès d'elle, et se leva pareillement avec son manteau de nuict, faisant faire son lict, et en disant ses heures[1] attendoit le retour de son mary : et quand il entroit en la chambre, alloit au devant de luy le baiser, et luy portoit un bassin et de l'eau pour laver ses mains. Luy estonné de ceste nouvelle façon de faire, luy dist, qu'il ne venoit que du retraict*, et que pour cela n'estoit mestier* qu'il se lavast. A quoy elle respondit, que combien que ce n'estoit pas grand chose, si estoit il honneste de laver ses mains, quand on venoit d'un lieu ord* et salle : desirant par là luy faire cognoistre et haïr sa meschante vie.

Mais pour cela il ne se corrigeoit point, et continua ladicte dame ceste façon de faire bien un an. Et quand elle veid, que ce moyen ne luy servoit de rien, un jour attendant son mary, qui demeura plus qu'il n'avoit de

coustume, luy print envie de l'aller chercher, et tant alla
de chambre en chambre, qu'elle le trouva couché en une
arriere garderobbe*, et endormi avec la plus laide, orde et
salle chambriere, qui fust leans*. Et lors se pensa qu'elle
luy apprendroit à laisser une si honneste femme, pour
une si salle et vilaine* : si print de la paille, et l'alluma
au milieu de la chambre : mais quand elle veid que la
fumée eust aussi tost tué son mary que esveillé, le tira par
le bras, en criant, « au feu, au feu ». Si le mary fut honteux et marry*, estant trouvé par une si honneste femme
avec une telle ordure, ce n'estoit pas sans grande occasion. Lors sa femme luy dist : « Monsieur, j'ay essayé un
an durant à vous retirer de ceste meschanceté par douceur et patience, et vous monstrer qu'en lavant le dehors,
vous deviez nettoyer le dedans. Mais quand j'ay veu que
tout ce que je faisois estoit de nulle valeur, je me suis
essayée de m'aider de l'element qui doit mettre fin à toutes choses : vous asseurant, monsieur, que si ceste cy ne
vous corrige, je ne sçay si une seconde fois, je vous pourrois retirer du danger comme j'ay faict. Je vous prie de
penser, qu'il n'est nul plus grand desespoir que l'amour,
et que si je n'eusse eu Dieu devant les yeux, je n'eusse
usé de telle patience que j'ay faict ». Le mary, bien aise
d'en estre eschappé à si bon compte, luy promit jamais
ne luy donner occasion de se tourmenter pour luy. Ce
que tresvolontiers la dame creut, et du consentement du
mary, chassa dehors ce qui luy deplaisoit. Et depuis ceste
heure là, vesquirent ensemble en si grande amitié, que
mesmes les faultes passées, par le bien qui en estoit venu,
leur estoient augmentation de contentement.

« Je vous supplie, mes dames, si Dieu vous donne de
tels mariz, que vous ne vous desesperez point, jusques à
ce que vous ayez longuement essayé tous les moyens

pour les reduire : car il y a vingtquatre heures au jour,
esquelles l'homme peut changer d'opinion : et une femme
se doit tenir plus heureuse d'avoir gaigné son mary par
patience et longue attente, que si la fortune, et les parens
luy en donnoient un plus parfaict. — Voyla, dist Oisille,
une exemple qui doit servir à toutes les femmes mariées.
— Il prendra cest exemple, qui voudra, dist Parlamente,
mais quant à moy, il ne me seroit possible avoir si longue patience. Car combien qu'en tous estats, patience
soit une belle vertu, j'ay opinion qu'en mariage, elle
ameine à la fin inimitié. Pource qu'en souffrant injure de
son semblable, on est contraint de s'en separer le plus
loing que l'on peult, et de ceste estrangeté* là, vient un
despris* de la faulte du desloyal, et en ce despris peu à
peu l'amour diminuë : car autant aime l'on la chose, que
l'on en estime la valeur. — Mais il y a danger, dist
Emarsuitte, que la femme impatiente trouve un mary
furieux*, qui luy donneroit douleur au lieu de patience.
— Et que sçauroit faire un mary, dist Parlamente, que
ce qui a esté racompté en ceste histoire ? — Quoy ? dist
Emarsuitte : battre tresbien sa femme et la faire coucher
en la couchette[1], et celle qu'il aimeroit, au grand lict. —
Je croy, dist Parlamente, qu'une femme de bien ne seroit
point tant marrie* d'estre battue par colere, que desprisée* *pour* une[a] qui ne la vault pas : et après avoir porté la
peine de la separation d'une telle amitié, ne sçauroit
faire le mary chose, dont elle se sceust plus soucier. Et
aussi dict le compte, que la peine qu'elle print pour le
retirer, fut pour l'amour qu'elle avoit à ses enfans : ce
que je croy. — Et trouvez vous grande patience à elle,
dist Nomerfide, d'aller mettre le feu sous le lict où son

---

a. desprisée par une *leçon de Gruget et de notre ms. de contrôle ;
nous empruntons l'autre leçon au ms. BNF fr. 1511.*

mary dormoit ? — Ouy, dist Longarine : car quand elle
veit la fumée elle l'esveilla, et paravanture ce fut où elle
feit plus de faulte : car de tels mariz que ceux là, les cendres en seroient bonnes à faire la lescive[1]. — Vous estes
cruelle, Longarine, dist Oisille, mais si n'avez vous pas
ainsi vescu avec le vostre. — Non, dist Longarine : car
(Dieu mercy) il ne m'en a point donné occasion, mais de
le regretter[2] toute ma vie au lieu de m'en pleindre. — Et
s'il vous eust esté tel, dist Nomerfide, qu'eussiez vous
faict ? — Je l'aimois tant, dist Longarine, que je croy
que je l'eusse tué, et me fusse tuée après : car mourir
après telle vengeance, m'eust esté chose plus agreable,
que vivre loyale avec un desloyal. — A ce que je voy,
dist Hircan, vous n'aimez voz mariz que pour vous :
s'ils sont bons selon vostre desir, vous les aimez bien : et
s'ils font la moindre faulte du monde, ils ont perdu le
labeur de leur sepmaine par un Samedi[3] : par ainsi voulez vous estre maistresses : dont quant à moy, j'en suis
d'advis, si tous les mariz s'y accordent. — C'est raison,
dist Parlamente, que l'homme nous gouverne comme
nostre chef, mais non pas qu'il nous abandonne, ou traicte
mal[4]. — Dieu a mis, dist Oisille, si bon ordre, tant à
l'homme qu'à la femme, que si l'on n'en abuse, je tiens
le mariage l'un des plus beaux et des plus seurs estats,
qui soit en ce monde. Et suis seure que tous ceux qui
sont icy, quelque mine qu'ils facent, en pensent autant
ou d'avantage. Et d'autant que l'homme se dict plus sage
que la femme, il sera plus reprins, si la faulte vient de
son costé. Mais ayans assez mené ce propos, sçachons à
qui Dagoucin donnera sa voix. — Je la donne, dist il, à
Longarine. — Vous me faictes grand plaisir, dit elle : car
j'ay un compte, qui est digne de suivre le vostre. Or puis
que nous sommes à louër la vertueuse patience des dames,
je vous en monstreray une plus louable, que celle de qui

a esté maintenant parlé, et de tant plus est elle estimée, qu'elle estoit femme de ville[1], qui de coustume ne sont nourries* si vertueusement que les autres. »

Memorable charité d'une femme de Tours, envers son mary putier.

NOUVELLE TRENTEHUICTIESME[2]

En la ville de Tours y avoit une bourgeoise belle et honneste, laquelle pour ses vertuz estoit non seulement aimée, mais crainte et estimée de son mary. Si* est-ce que, suyvant la fragilité des hommes qui s'ennuyent de manger bon pain, il fut amoureux d'une mestayere qu'il avoit, et souvent partoit de Tours pour aller visiter sa mestayere, où il demeuroit tousjours deux ou trois jours. Et quand il retournoit à Tours, il estoit tousjours si morfondu*, que la pauvre femme avoit assez à faire à le guerir : et si tost qu'il estoit sain, ne failloit* à retourner au lieu, où pour le plaisir oublioit tous ses maux. Sa femme, qui sur tout aymoit sa vie et sa santé, le voyant revenir ordinairement en si mauvais estat, s'en alla en la mestairie, où elle trouva la jeune femme que son mary aymoit, à laquelle sans colere mais d'un tresgracieux visage dist, qu'elle sçavoit bien que son mary la venoit veoir souvent : mais qu'elle estoit mal contente de ce qu'elle le traictoit si mal, qu'il s'en retournoit tousjours morfondu en la maison. La pauvre femme, tant pour la reverence de sa dame, que pour la force de la verité, ne luy peut denier le faict, duquel luy requist pardon. La dame voulut veoir le lict et la chambre où son mary couchoit, qu'elle trouva si froide, salle et mal en poinct, qu'elle en eut grande pitié. Parquoy incontinent envoya querir un bon lict garny de linceux*, mante*, et contrepoincte*, selon que son mary l'aymoit, feit accoustrer* et tapisser la chambre, luy donna de la vaisselle honneste pour le servir à boire et à manger, une pipe de bon vin, des dragées*, et des confitures* : et pria la mestayere qu'elle ne luy renvoyast plus son mary si morfondu. Le mary ne tarda gueres qu'il ne retournast, comme il avoit accoustumé, veoir sa mestayere, et s'esmerveilla fort de trouver ce pauvre logis si bien en ordre, et encores plus quand elle luy donna à boire dans une coupe d'argent, et luy demanda d'où estoient venuz tous ces biens. La pauvre femme luy dist en plorant, que c'estoit sa femme qui avoit tant de pitié de son mauvais traictement, qu'elle avoit ainsi meublé sa maison, et luy avoit recommandé sa santé. Luy voyant la grande bonté de sa femme, et que pour tant de mauvais tours qu'il luy avoit faicts, luy rendoit tant de biens, estimant sa faulte aussi grande, que l'honneste tour que sa femme luy avoit faict, après avoir donné argent à sa mestayere, la priant pour l'avenir vouloir vivre en femme de bien, s'en retourna à sa femme, à laquelle il confessa la debte, et que sans le moyen de ceste grande doulceur et bonté, il estoit impossible qu'il eust jamais laissé la vie qu'il menoit. Et depuis vesquirent en bonne paix, laissans entierement la vie passée.

« Croyez, mes dames, qu'il y a bien peu de mariz, que patience et amour de la femme ne puissent gaigner à la longue, ou ils seront plus durs que pierres, que l'eau foible et molle par longueur de temps vient à caver*[1]. » Ce dist Parlamente : « Voylà une femme sans cueur, sans fiel, et sans foye[2]. — Que voulez vous ? dist Longarine, elle experimentoit ce que Dieu commande, de faire bien à ceulx qui font mal[3]. — Je pense, dist Hircan, qu'elle estoit amoureuse de quelque cordelier*, qui luy avoit donné en penitence de faire si bien traicter son mary aux champs, à fin que, ce pendant qu'il iroit, elle eust loisir de le bien

traicter à la ville. — Or ça, dist Oisille, vous monstrez
bien la malice* de vostre cueur, qui en bons actes faictes
un mauvais jugement. Je croy plustost qu'elle estoit si
mortifiée[1] en l'amour de Dieu, qu'elle ne se soucioit plus
que du salut de son mary. — Il me semble, dist Simontault, qu'il avoit plus d'occasion de retourner à sa femme,
quand il avoit froid en sa mestairie, que quand il estoit si
bien traicté. — A ce que je voy, dist Saffredent, vous
n'estes pas de l'opinion d'un riche homme de Paris[2], qui
n'eust sceu laisser son accoustrement*, quand il estoit
couché avec sa femme, qu'il n'eust esté morfondu*.
Mais quand il alloit veoir sa chambriere en la cave sans
bonnet, et sans souliers au cueur de l'yver, il ne s'en trouvoit jamais mal, et si estoit *sa femme* fort belle, et sa
chambriere bien laide. — N'avez vous pas ouy dire, dist
Guebron, que Dieu aide tousjours aux fols, aux amoureux,
et aux yvrognes[3] ? Peult estre que cestuy là tout seul, estoit
les trois ensemble. — Par cela voulez vous conclure, dist
Parlamente, que Dieu nuist aux chastes, aux sages, et aux
sobres ? — Ceulx qui par eulx mesmes (dist Guebron) se
peuvent ayder, n'ont point besoin d'aide. Car celuy qui a
dit qu'il est venu pour les malades non point pour les
sains[4], est venu par la loy de sa misericorde secourir à
noz infirmitez*, rompant les arrests de la rigueur de sa
justice : et qui se cuide* sage, est fol devant Dieu. Mais
pour finer* nostre sermon, à qui donnera sa voix Longarine ? — Je la donne, dist elle, à Saffredent. — J'espere
donc, dist Saffredent, vous monstrer par exemple, que
Dieu ne favorise pas aux amoureux. Car nonobstant,
mes dames, qu'il ait esté dict par cy devant, que le vice
est commun aux femmes et aux hommes[5], si est-ce que
l'invention d'une finesse sera trouvée plus promptement
et subtilement d'une femme que d'un homme : et je vous
en diray un exemple. »

Bonne invention pour chasser le Lutin.

NOUVELLE TRENTENEUFIESME

Un seigneur de Grignaulx[1], qui estoit chevalier d'honneur de la Royne de France Anne Duchesse de Bretaigne, retournant en sa maison, dont il avoit esté absent plus de deux ans, trouva sa femme en une autre terre là auprès. Et s'enquerant[2] de l'occasion, luy dist, qu'il revenoit un esprit en sa maison, qui les tourmentoit tant, que nul n'y pouvoit demeurer. Monsieur de Grignaulx, qui ne croyoit point en bourdes*, luy dist, que, quand ce seroit le diable mesmes, il ne le craindroit, et emmena sa femme en sa maison. La nuict, feit allumer force chandelles, pour veoir plus clairement cest esprit : et après avoir veillé longuement, sans rien ouyr, s'endormit : mais incontinent fut resveillé par un grand soufflet, qu'on luy donna sur la jouë, et ouyt une voix criant, « *Benigne, Benigne[a]* », laquelle avoit esté sa grand'mere. Lors appella la femme, qui couchoit auprès d'eux[3], pour allumer de la chandelle, pource qu'elles estoient toutes esteinctes, mais elle ne se osa lever. Incontinent sentit le seigneur de Grignaulx, qu'on luy ostoit la couverture de dessus luy, et ouït un grand bruit de tables et tresteaux, et escabelles, qui tomboient en la chambre, qui dura jusques au jour. Et fut plus fasché ledict seigneur de perdre son repos, que de peur de l'esprit : car jamais ne creut que ce fust un esprit. La nuict ensuyvant se delibera de prendre cest esprit, et un peu après qu'il fut couché, feit semblant de ronfler tresfort, et meit la main toute ouverte, près son visage. Ainsi

a. Revigne, Revigne

qu'il attendoit cest esprit, sentit quelque chose approcher de luy, parquoy ronfla plus fort qu'il n'avoit accoustumé, dont l'esprit s'apprivoisa* si fort, qu'il luy bailla un grand soufflet. Et tout à l'instant print ledict seigneur de Grignaulx la main dessus son visage, criant à sa femme : « Je tiens l'esprit » : laquelle incontinent se leva, et alluma de la chandelle, et trouverent que c'estoit la chambriere, qui couchoit en leur chambre : laquelle se mettant à genoux, leur demanda pardon, et leur promit confesser verité, qui estoit, que l'amour qu'elle avoit longuement portée à un serviteur de leans*, luy avoit faict entreprendre ce beau mistere[1], pour chasser hors la maison maistre et maistresse, à fin que eux deux, qui en avoient toute la garde, eussent moyen de faire grande chere*, ce qu'ils faisoient, quand ils estoient tous seuls. Monsieur de Grignaulx, qui estoit homme assez rude, commanda qu'ils fussent battuz, en sorte qu'il leur souvint à jamais de l'esprit : ce qui fut faict, puis chassez dehors. Et par ce moyen, fut delivrée la maison du tourment des esprits, qui deux ans durant avoient joüé leur rolle.

« C'est chose esmerveillable*, mes dames, de penser aux effects de ce puissant dieu d'amour, qui ostant toute crainte aux femmes, leur apprend à faire toute peine aux hommes, pour parvenir à leur intention. Mais d'autant qu'est vituperable* l'intention de la chambriere, le bon sens du maistre est louable, qui sçavoit tresbien, que l'esprit s'en va et ne retourne plus[2]. — Vrayement, dist Guebron, amour ne favorisa pas à ceste heure là le varlet et la chambriere, et confesse que le bon sens du maistre luy servit beaucoup. — Toutesfois, dist Emarsuitte, la chambriere vesquit long temps, par sa finesse, à son aise. — C'est un aise bien malheureux, dist Oisille, quand il est fondé sur peché, et prend fin par honte et punition.

— Il est vray, ma dame, dist Emarsuitte, mais beaucoup de gens ont de la douleur et de la peine, pour vivre bien justement[1], qui n'ont pas le sens, d'avoir en leur vie tant de plaisir, que ceux cy. — Si suis je de ceste opinion, dist Oisille, qu'il n'y a nul parfait plaisir, si la conscience n'est en repos. — Comment ? dist Simontault : l'Italien veult maintenir, que tant plus le peché est grand, de tant plus il est plaisant. — Vrayement, dist Oisille, celuy, qui a inventé ce propos, est luy mesmes vray diable[2]. Parquoy laissons le là, et sçachons à qui Saffredent donnera sa voix. — A qui ? dist il : il n'y a plus que Parlamente, à tenir son rang : mais quand il y en auroit un cent d'autres, si luy donneray-je tousjours, pour estre celle de qui nous devons apprendre. — Or puis que je suis pour mettre fin à la journée, dist Parlamente, et que je vous promis hier, de vous dire l'occasion pourquoy le pere de Rolandine feit faire le chasteau, où il la tint si long temps prisonniere, je la vous vay racompter. »

Un seigneur feit mourir son beau-frere, ignorant l'alliance.

NOUVELLE QUARANTIESME

Ce seigneur pere de Rolandine, *qui s'appelloit le Conte de Jossebelin*[3], eut plusieurs sœurs, dont les unes furent mariées bien richement, les autres religieuses, et une qui demeura en sa maison, sans estre mariée, plus belle que toutes les autres, sans comparaison, laquelle son frere aimoit tant, qu'il n'avoit femme ny enfans qu'il preferast à elle. Aussi fut demandée en mariage de beaucoup de bons lieux : mais de peur de l'estranger[*], et par trop aimer son argent, n'y voulut jamais entendre, qui fut

cause qu'elle passa grande partie de son aage sans estre
mariée, vivant treshonnestement en la maison de son
frere, où il y avoit un beau jeune gentil-homme, nourry[*]
de son enfance en ladicte maison, lequel avec l'aage creut
en si grande beauté et vertu qu'il gouvernoit son maistre
tout paisiblement : de sorte que quand il mandoit quelque chose à sa sœur, c'estoit tousjours[*] par cestuy là. Et
luy donna tant d'authorité et privauté[*], l'envoyant soir et
matin vers elle, que par la longue frequentation s'engendra une grande amitié entre eux. Mais le gentil-homme,
craignant sa vie s'il offensoit son maistre, et la damoiselle
son honneur, ne prindrent[*] en leur amitié *nul contentement* que[a] de la parole, jusques à ce que *le seigneur de
Jossebelin dist souvant à sa seur*, qu'il[b] voudroit, qu'il
luy eust beaucoup cousté[1], et que le gentil-homme eust
esté de mesme maison qu'elle[2] : car il n'avoit jamais veu
homme qu'il aimast tant pour son beau-frere, que luy. Il
luy recita tant de fois ces propos, que les ayant debattuz
avec ce gentil-homme, estimerent que, s'ils se marioient
ensemble, on leur pardonneroit aisément. Et amour, qui
croit volontiers ce qu'il veult, leur feit entendre, qu'il ne
leur en pouvoit que bien venir, et sur ceste esperance,
conclurent et parfeirent le mariage, sans que personne en
sceust rien, qu'un prestre, et quelques femmes[3].

Et après avoir vescu quelques années au plaisir
qu'homme et femme mariez peuvent prendre ensemble,
comme l'une des plus belles couples qui fust en la Chrestienté, et de la plus grande et parfaicte amitié, fortune
envieuse de veoir deux personnes si à leur aise, ne les y
voulut souffrir : mais leur suscita un ennemy, qui espiant
ceste damoiselle, apperceut sa grande felicité, ignorant toutesfois ce mariage. Et vint à dire *au seigneur de Jossebelin*,

---

a. autre contenance que.
b. que ce seigneur frere d'elle, luy dist souvent qu'il

que*ᵃ* le gentil-homme, auquel il se fioit tant, alloit trop
souvent en la chambre de sa sœur, et aux heures que les
hommes n'y doivent entrer. Ce qui ne fut creu pour la
premiere fois, de la fiance* qu'il avoit à sa sœur, et au
gentil-homme. Mais l'autre *rechargea* tant*ᵇ* de fois, comme
celuy qui aimoit l'honneur de la maison*, qu'on y meit
un guet tel, que les pauvres gens, qui ne pensoient en nul
mal, furent surprins. Car un soir que le *seigneur de Jossebelin* fut*ᶜ* adverty, que le gentil-homme estoit chez sa
sœur, s'y en alla incontinent, et trouva les deux pauvres
aveuglez d'amour couchez ensemble : dont le despit luy
osta la parole, et en tirant son espée courut après le gentil-homme pour le tuer : mais luy, qui estoit fort dispos*
de sa personne, s'en fuit tout en chemise, et ne pouvant
eschapper par la porte, se jetta par une fenestre dedans un
jardin. La pauvre damoiselle toute en chemise se jetta à
genoux devant son frere, et luy dist : « Monsieur, sauvez
la vie de mon mary : car je l'ay espousé, et s'il y a offense,
n'en punissez que moy, par ce que ce qu'il en a faict, a
esté à ma requeste. » Le frere outré de courroux ne luy
repondit, sinon : « Quand il seroit vostre mary cent mil
fois, si* le punirai-je comme un meschant serviteur*, qui
m'a trompé. » En disant cela se meit à la fenestre, et cria
tout haut qu'on le tuast, ce qui fut faict promptement par
son commandement, devant les yeux de luy, et de sa
sœur. Laquelle voyant ce piteux* spectacle, auquel nulle
priere n'avoit sceu remedier, parla à son frere, comme
une femme hors du sens : « Mon frere, je n'ay pere ne
mere, et suis en tel aage, que je me puis marier à ma
volonté[1]. J'ay choisi celuy que maintes fois vous m'avez

a. dire à son frère que
b. l'autre rechercha tant
c. que le frère d'elle fut

dict, que voudriez que j'eusse espousé : et pour avoir faict
par vostre conseil, ce que je puis, selon la loy, faire sans
vous, vous avez faict mourir l'homme du monde, que
vous avez le mieux aimé. Or puis qu'ainsi est que ma
priere ne l'a peu garantir de la mort, je vous supplie pour
toute l'amitié, que m'avez jamais portée, me faire en
ceste mesme heure compagne de sa mort, comme j'ay
esté de toutes ses fortunes. Par ce moyen satisfaisant à
vostre cruelle et injuste colere, vous mettrez en repos le
corps et l'ame de celle, qui ne veult et ne peult vivre sans
luy. » Le frere, nonobstant qu'il fust esmeu* jusques à perdre la raison, si eut il tant de pitié de sa sœur, que, sans
luy accorder, ny denier sa requeste, la laissa.

Et après qu'il eut bien consideré ce qu'il avoit faict[1], et
entendu qu'il avoit espousé sa sœur, eust bien voulu jamais n'avoir commis un tel crime. Si* est-ce que la
crainte qu'il eut, que sa sœur en demandast justice ou
vengeance, luy feit faire un chasteau au milieu d'une forest, auquel il la meit, et deffendit que aucun ne parlast à
elle. Après quelque temps pour satisfaire à sa conscience,
essaya de la gaigner, et luy feit parler de mariage : mais
elle luy manda qu'il luy avoit donné un si mauvais
disner*, qu'elle ne vouloit plus soupper de telle viande, et
qu'elle esperoit vivre en sorte, qu'il ne seroit point l'homicide du second mary. Car à peine penseroit elle, qu'il
pardonnast à un autre, d'avoir faict[2] un si meschant tour à
l'homme du monde qu'il aimoit le mieux. Et nonobstant
qu'elle fust foible et impuissante pour s'en venger, si esperoit elle en celuy, qui estoit vray juge, et qui ne laisse
nul mal impuni, avec le seul amour *duquel*[a] elle vouloit
user le demeurant de sa vie en son hermitage[3] : ce qu'elle
feit. Car jusques à la mort, elle n'en bougea, vivant en

a. auquel

telle patience et austerité, qu'après sa mort chacun y couroit comme à une saincte. Et depuis qu'elle fut trespassée, la maison de son frere alla tellement en ruine, que de six fils, qu'il avoit, n'en demeura un seul, et moururent tous fort miserablement, et à la fin l'heritage demeura (comme vous avez ouy en l'autre compte) à sa fille Rolandine[1], laquelle avoit succedé à la prison faicte pour sa tante.

« Je prie à Dieu, mes dames, que cest exemple vous soit si profitable, que nulle de vous ait envie de se marier pour son plaisir, sans le consentement de ceux, à qui l'on doit porter obeïssance. Car mariage est un estat de si longue durée, qu'il ne doit estre commencé legerement, ne sans l'opinion de noz meilleurs amis* et parens. Encore ne le peult on si bien faire, qu'il n'y ait pour le moins autant de peine, que de plaisir. — En bonne foy, dist Oisille, quand il n'y auroit point de Dieu, ne de loy, pour apprendre les *filles* à*a* estre sages, cest exemple est suffisante pour leur faire porter plus de reverence à leurs parens, que de s'adresser à se marier à leur volonté[2]. — Si est-ce, ma dame, dist Nomerfide, que celle, qui a un bon jour en l'an, n'est pas toute sa vie malheureuse. Elle eut le plaisir de veoir et parler longuement à celuy, qu'elle aimoit plus que soy mesme : et puis en eut la jouïssance par mariage, sans scrupule de conscience. J'estime ce contentement si grand, qu'il me semble avoir passé l'ennuy* qu'elle porta. — Vous voulez donc dire, dist Saffredent, que les femmes ont plus de plaisir de coucher avec un mary, que de desplaisir de le veoir tuer devant leurs yeux. — Ce n'est pas mon intention, dist Nomerfide : car je parlerois contre l'experience que j'ay des femmes. Mais j'entends* qu'un plaisir non accoustumé, comme

*a. les folles à

d'espouser l'homme du monde, que l'on aime le mieux, doit estre plus grand, que de le perdre par mort, qui est chose commune. — Ouy, dist Guebron, par mort naturelle : mais ceste cy estoit trop cruelle : car je trouve bien estrange, veu que ce seigneur n'estoit son pere ny son mari, mais seulement son frere, et qu'elle estoit en aage, que les loix permettent aux filles de se marier à leur volonté[1], comme il osa exercer telle cruauté. — Je ne le trouve point estrange, dist Hircan : car il ne tua pas sa sœur, qu'il aimoit tant, et sur laquelle il n'avoit point de justice[2] : mais se print au gentil-homme, lequel il avoit nourry* comme fils, et aimé comme frere : et après l'avoir honnoré et enrichy en son service*, pourchassa le mariage de sa sœur, chose qui en rien ne luy appartenoit. — Aussi, dist Nomerfide, le plaisir n'est pas commun, ny acoustumé, qu'une femme de si grande maison* espousast un gentil-homme serviteur *par amour*[3]. Si la mort est estrange, le plaisir aussi est nouveau, et d'autant plus grand, qu'il a pour son contraire l'opinion de tous les sages hommes, et pour son aide le contentement d'un cuer plein d'amour, et le repos de l'ame, veu que Dieu n'y est point offensé. Et quant à la mort que vous dictes cruelle, il me semble, puis qu'elle est necessaire, que la plus briefve est la meilleure : car l'on sçait bien que ce passage là est inevitable. Mais je tiens heureux ceux qui ne demeurent point longuement aux fauxbourgs, et qui de la felicité, qui se peut seule nommer en ce monde felicité, volent soudain à celle qui est eternelle. — Qu'appellez vous les fauxbourgs de la mort ? dist Simontault. — Ceux qui ont beaucoup de tribulations en l'esprit : ceux aussi, qui ont esté longuement malades, et qui par extremité *de* douleur[a] corporelle et spirituelle, sont venuz à

---

a. extremité et douleur

despriser* la mort, et trouver son heure trop tardive. Je dy,
que ceux là ont passé par les fauxbourgs, et vous diront
comme se nomment les hostelleries, où ils ont plus crié
que reposé, et que ceste dame ne pouvoit faillir de perdre
son mary par mort : mais elle a esté exempte par la colere
de son frere de veoir son mary longuement malade ou
fasché, et elle, convertissant l'aise qu'elle avoit avec luy
au service de Nostre Seigneur, se pouvoit dire bien heureuse. — Ne faictes vous point cas, dist Longarine, de la
honte qu'elle receut, et de sa prison ? — J'estime, dist
Nomerfide, que la personne, qui aime parfaictement d'un
amour joinct au commandement de son Dieu, ne cognoist
honte ne deshonneur, sinon quand elle deffault* ou diminuë de la perfection de son amour : car la gloire de bien
aimer ne cognoist nulle honte. Et quant à la prison de son
corps, je croy, que pour la liberté de son cueur, qui estoit
joincte à Dieu et à son mary elle ne la sentoit point : mais
estimoit la solitude, tresgrande liberté : car qui ne peult
veoir, ce qu'il aime, n'a plus grand bien que d'y penser
incessamment. Et la prison n'est jamais estroicte, où la
pensée se peult promener à son aise. — Il n'est rien plus
vray que ce que dit Nomerfide, dist Simontault, mais
celuy qui feit ceste separation par fureur, se devoit dire
malheureux : car il offensoit Dieu, l'amour, et l'honneur.
— En bonne foy, dist Guebron, je m'esbahis des differentes amours des femmes, et voy bien que celles, qui
ont plus d'amour, ont plus de vertu : mais celles qui en
ont moins, se voulans feindre vertueuses, le dissimulent.
— Il est vray, dist Parlamente, que le cueur honneste
envers Dieu et les hommes, aime plus fort que celuy, qui
est vicieux, et ne craint point que l'on voye le fond de son
intention. — J'ay tousjours ouy dire, dist Simontault,
que les hommes ne doivent point estre reprins de pourchasser les femmes : car Dieu a mis au cueur de l'homme

l'amour et la hardiesse pour demander, et en celuy de
la femme, la crainte et la chasteté, pour refuser. Si
l'homme, ayant usé des puissances, qui luy sont données, a esté puny, on luy tient tort. — Mais c'est grand
cas, dist Longarine, de l'avoir longuement loüé à sa sœur :
et me semble que ce soit folie ou cruauté, à celuy qui
garde une fontaine, de loüer la beauté de son eau à un
qui languist de soif en la regardant[1], et puis le tuër,
quand il en veult prendre. — Pour vray, dist Parlamente, le *frere*[2] fut[a] occasion d'allumer le feu par ses
douces paroles, qu'il ne devoit point esteindre à coups
d'espée. — Je m'esbahis, dist Saffredent, pourquoy
l'on trouve mauvais qu'un simple gentil-homme,
n'usant d'autre force que de service*, et non de suppositions*, vienne à espouser une femme de grande maison* : veu que les philosophes tiennent, que le moindre
homme du monde vault mieux, que la plus grande et
vertueuse femme, qui soit[3]. — Pource, dist Dagoucin,
que pour entretenir la chose publicque en paix, l'on ne
regarde que les degrez des maisons, les aages des personnes, et les ordonnances des loix, sans priser l'amour
et les vertuz des hommes, à fin de ne confondre point
la monarchie[4]. Et de là vient, que les mariages, qui sont
faicts entre pareils, et selon le jugement des hommes,
et des parens, sont bien souvent si differens de cueur,
de complexions, et conditions, qu'en lieu de prendre un
estat pour mener à salut, ils entrent aux fauxbourgs
d'enfer. — Aussi en a l'on bien veu, dist Guebron, qui
se sont prins par amour, ayans les cueurs, les conditions, et complexions semblables, sans regarder à la
difference des maisons et du lignage, qui n'ont pas laissé
de s'en repentir : car ceste grande amitié indiscrette*,

a. le fou fut

tourne souvent en jalousie et en fureur. — Il me semble, dist Parlamente, que l'un ny l'autre n'est louable, et que les personnes, qui se soumettent à la volonté de Dieu, ne regardent, ny à la gloire ny à l'avarice*, ny à la volupté : mais *par* une amour vertueuse, et du consentement des *parens*, desirent*ᵃ* de vivre en l'estat de mariage, comme Dieu et nature l'ordonnent. Et combien qu'il ne soit aucun estat sans tribulation, si ay-je veu ceux là vivre sans repentence. Et nous ne sommes pas si malheureux en ceste compagnie, que nul de tous les mariez ne soit de ce nombre là. » Hircan, Guebron, Simontault, et Saffredent jurerent, qu'ils s'estoient mariez en pareille intention, et que jamais ne s'en estoient repentiz. Mais quoy qu'il en fust de la verité, celles à qui il touchoit en furent si contentes, que ne pouvans ouïr un meilleur propos à leur gré, se leverent pour en rendre graces et louange à Dieu, où les religieux estoient prests à dire vespres.

Le service fini, s'en allerent soupper, non sans plusieurs propos de leur mariage, qui durerent tout le long du soir, racomptans leurs fortunes qu'ils avoient euës, durant le prochats* du mariage : mais pource que l'un rompoit la parole de l'autre, l'on n'a peu retenir les comptes tout du long, qui n'eussent esté moins plaisans à escrire, que ceux qu'ils disoient dans le pré. Si* est-ce qu'ils y prindrent grand plaisir, et s'y amuserent tant que l'heure du coucher fut plustost venuë, qu'ils ne s'en apperceurent. Au moyen de quoy la dame Oisille, sentant l'heure de se retirer, donna occasion à la compagnie d'en faire autant, chacun fort joyeux de sa part, mesmes les mariez, qui ne dormirent pas si long temps que les autres[1], pource qu'ils employerent une partie de

---

a. du consentement des parties desirent

la nuict à racompter leurs amitiez passées, avec demonstration de la presente : ainsi la nuict se passa doucement jusques au matin.

FIN DE LA QUATRIESME JOURNÉE
DES NOUVELLES DE LA ROYNE
DE NAVARRE.

LA CINQIESME JOURNÉE
DES NOUVELLES DE LA ROYNE
DE NAVARRE

Quand le matin fut venu, ma dame Oisille leur prepara un desjeuner spirituel, d'un si tresbon goust, qu'il estoit suffisant* de fortifier le corps et l'esprit, où toute la compaignie fut fort ententive* : en sorte qu'il *leur* sembloit bien n'avoir jamais oy sermon, qui leur profitast tant[1]. Et quand ilz oyrent sonner le dernier coup de la messe, s'allerent exercer à la contemplation des saincts propos, qu'ils avoient entenduz. La messe oye, et s'estre un peu promenez[2], se meirent à table, se promettans la journée presente devoir estre aussi belle, que les passées. Lors Saffredent leur dist, qu'il voudroit que le pont demeurast encore un moys à faire, pour le plaisir qu'il prenoit à la bonne chere* qu'ils faisoient. Mais l'abbé de leans* y faisoit faire toute diligence à luy possible, pource que ce n'estoit pas sa consolation de vivre entre tant de gens de bien, pour la presence desquels ses pelerines accoustumées n'alloient si privéement* visiter ses saincts lieux[3]. Et quand ils se furent reposez quelque temps après disner*, ils retournerent à leur passe-temps accoustumé, et ayans prins chacun son siege, demanderent à Parlamente, à qui elle donneroit sa voix. « Il me semble, dist elle, que Saffredent commenceroit bien ceste journée : car je ne

voy point qu'il ayt le visage propre à nous faire plorer.
— Vous serez donc bien cruelles, mes dames, dist
Saffredent, si n'avez pitié d'un cordelier*, duquel je
vous compteray l'histoire. Et encores que par celles,
qu'aucuns* d'entre nous ont recitées cy devant *des
religieux*, vous pourriez penser que ce sont cas advenuz
à pauvres damoiselles, dont la facilité de l'execution a
faict sans crainte commencer l'entreprinse : si* est-ce que,
pour vous faire cognoistre, que l'aveuglement de leur
concupiscence leur oste toute crainte, et prudente consideration : à ceste fin, je vous diray ce, qui advint en
Flandres. »

Estrange et nouvelle penitence, donnée
par un cordelier confesseur à une jeune damoiselle.

NOUVELLE QUARANTEUNIESME

L'année que ma dame Marguerite d'Autriche vint à
Cambray de la part de son nepveu l'Empereur, pour
traicter la paix entre luy et le Roy treschrestien, de la part
duquel s'y trouva sa mere ma dame Loyse de Savoye[1],
estoit en la compaignie de ladicte dame Marguerite la
Comtesse d'Aiguemont[2], qui emporta en ceste assemblée le bruit d'estre la plus belle de toutes les Flamandes.
Au retour de ceste grande assemblée, s'en retourna la
Comtesse d'Aiguemont en sa maison : et le temps des
advents[3] venu, envoya en un convent* de cordeliers
demander un prescheur suffisant, et homme de bien, tant
pour prescher, que pour confesser elle et toute sa compaignie. Le gardien chercha le plus digne qu'il eust de
faire tel office, pour les grands biens qu'ils recevoient de

la maison d'Aiguemont et de celle de *Fiennes*[a], dont elle
estoit[1]. Eux, qui sur tous autres religieux desirent gaigner
la bonne estime, et amitié des grandes maisons, envoyerent un predicateur le plus apparent* de leur convent,
lequel tout le long de l'advent feit tresbien son devoir, et
avoit la Comtesse grand contentement de luy. La nuict
de Noël, que la Comtesse vouloit recevoir son createur,
feit venir son confesseur : et après s'estre confessée en une
chappelle bien fermée, à fin que la confession fust plus
secrette, laissa le lieu à sa dame d'honneur : la quelle après
s'estre confessée, envoya sa fille passer par les mains[2]
de son bon confesseur. Et après qu'elle eut dict tout ce
qu'elle sçavoit, cogneut le beaupere* quelque chose de
son secret, qui luy donna envie et hardiesse de luy
bailler une penitence non accoustumée, et luy dist : « Ma
fille, voz pechez sont si grands, que pour y satisfaire je
vous baille en penitence de porter ma corde sur vostre
chair toute nuë. » La fille, qui ne luy vouloit desobeïr,
luy dist : « Baillez la moy mon pere, et je ne faudray* de
la porter. — Non, ma fille, dist le beaupere, il ne seroit
pas bon de vostre main. Il fault que les miennes propres,
desquelles vous devez avoir l'absolution, la vous ayent
premierement ceincte : puis après vous serez absolute de
tous voz pechez. » La fille se prenant à plorer, respond
qu'elle n'en feroit rien. « Comment ? dist le prescheur,
estes vous une hereticque, qui refusez les penitences
selon que Dieu et nostre mere Saincte Eglise l'ont
ordonné ? — J'use de la confession (dist la fille) comme
l'Eglise l'a commandé, et veux bien recevoir l'absolution, et faire la penitence : mais je ne veux point que
vous y mettiez les mains : car en ceste sorte je refuse

---

a. *Gruget porte* Piennes, *notre manuscrit de contrôle comme le BNF
fr. 1520 a* Siennes. *Nous corrigeons d'après BNF fr. 1522, f. 179r.*

vostre penitence. — Par ainsi, dist le confesseur, ne vous puis-je aussi donner l'absolution. » La damoiselle se leva de devant luy, ayant la conscience bien troublée : car elle estoit si jeune, qu'elle avoit peur de faillir par le reffus qu'elle avoit faict au beaupere*. Quand ce vint après la messe, que la Comtesse d'Aiguemont eut receu le corpus domini[1], sa dame voulant aller après, demanda à sa fille, si elle estoit preste. La fille en pleurant luy dist, qu'elle n'estoit point confessée. « Et qu'avez vous tant faict avec ce prescheur ? dist la mere. — Rien, respondit la fille : car luy refusant la penitence qu'il m'a baillée, m'a aussi refusé l'absolution. » La mere s'en enquist si sagement, qu'elle cogneut l'estrange façon de penitence, que le beau-pere vouloit bailler à sa fille : et après l'avoir faicte confesser à un autre, receurent[2] toutes ensemble. Et si tost que la Comtesse fut retournée de l'eglise, la dame d'honneur luy feit la plaincte du prescheur, dont elle fut bien marrie*, et estonnée, veu la bonne opinion qu'elle avoit de luy. Mais son courroux ne la peult engarder*, qu'elle n'eust bien envie de rire, veu la nouvelleté de la penitence. Si est-ce que le rire n'empescha point aussi qu'elle ne le feit prendre et battre en sa cuisine, où à force de verges il confessa la verité, et après l'envoya pieds et mains liez à son gardien, le priant qu'une autre fois il baillast commission à plus gens de bien de prescher la parole de Dieu

« Regardez, mes dames, si en une maison si honnorable que celle là ils n'ont point eu de peur de declarer leur follie*, qu'ils peuvent faire aux pauvres lieux, où ordinairement ils vont faire leurs questes, où les occasions leur sont presentées si faciles, que c'est miracle, quand ils en eschappent sans scandale. Qui me faict vous prier, mes dames, de tourner vostre mauvaise estime en compas-

sion : et pensez que celuy, qui peut aveugler les cordeliers, n'espargne pas les dames, quand il les tient à
propos. — Vrayement, dist Oisille, voilà un bien meschant cordelier, estre religieux[1], prestre et predicateur, et
user de telle vilennie au jour de Noël, et en l'eglise, sous
le manteau de confession, qui sont toutes circonstances,
qui aggravent le peché. — *Il semble à vous oyr parler*,
dist Hircan, *que les cordelliers doivent estre anges ou
plus saiges que les autres. Mais vous en avez tant oy
d'exemples que vous les devez penser beaucoup pires, et
si me semble que cestuy cy est bien à excuser, se trouvant tout* seul de nuict *enfermé* avec une belle fille. —
*Voire, dict Oisille, mais c'estoit la nuict de Noel. — Et
voilà qui augmente son excuse, dict Simontault, car tenant la place de Joseph auprès d'une belle vierge, il
voulloit essayer de faire ung petit enffant pour jouer au
vif le mistere de la Nativité*[2]. — Vrayement, dist Parlamente, s'il eust pensé *à Joseph et à la Vierge*, il n'eust
pas eu la volonté si meschante. Toutes fois[a] c'estoit un
homme plein de mauvais vouloir, veu que pour si peu
d'occasion il faisoit une si meschante entreprinse. — Il
me semble, dist Oisille, que la Comtesse en feit si bonne
punition, que ses compagnons y pouvoient prendre
exemple. — Mais à sçavoir, dist Nomerfide, si elle feit
bien de scandaliser ainsi son prochain, et s'il eust pas
mieux valu, qu'elle luy eust remonstré ses faultes doucement, que de les divulguer. — Je croy, dist Guebron, que

---

a. Comment, dist Hircan, pensez vous que les cordeliers ne soient
pas hommes comme nous, et excusables : et principalement cestuy-là,
se sentant seul de nuict avec une belle fille ? — Vrayement, dist Parlamente, s'il eust pensé à la nativité de Jesus Christ, qui estoit represen-
tée ce jour là, il n'eust pas eu la volonté si meschante. — Voire* mais,
dist Saffredent, vous ne dictes pas, qu'il tendoit à l'incarnation, avant
que de venir à la nativité. Toutes fois

c'eust esté bien faict : car il est commandé de corriger
nostre prochain, entre nous et luy[1], avant que le dire à
personne, ne a l'eglise. Aussi depuis qu'un homme est
deshonté*, à grand peine se peult il jamais amender :
par ce que la honte retire autant de gens du peché, que
la conscience. — Je croy, dist Parlamente, qu'envers
un chascun, se doit user le conseil de l'Evangile, sinon
envers ceux qui le preschent, et font le contraire. Car il
ne faut point craindre à scandaliser ceux, qui scandali-
sent les autres[2]. Et me semble que c'est grand merite de
les faire cognoistre tels, qu'ils sont, à fin que nous *ne
prenions pas ung doublet pour ung bon rubis*. Mais[a] à
qui donnera *Saffredant*[3] sa[b] voix ? — Puis que vous me
le demandez, ce sera à vous mesmes, dist *Saffredant*, à
qui nul homme d'entendement ne la doit refuser. — Or
puis que vous me la donnez, dist Parlamente, je vous
en vay compter une, dont je puis servir de tesmoing : et
ay tousjours ouy dire, que tant plus la vertu est en un
subject debile* et foible, assaillie de son tresfort et
puissant contraire, c'est à l'heure qu'elle est plus louable, et se monstre mieux telle qu'elle est. Car si le fort
se deffend du fort, ce n'est pas cas esmerveillable :
mais si le foible en a la victoire, il en a gloire de tout
le monde. Pour cognoistre[4] les personnes, dont je veux
parler, il me semble, que je ferois tort à la *vertu*, que*
j'ay veuë cachée sous un si pauvre vestement, que nul
n'en tenoit compte, si je ne parlois de celle, par laquelle
ont esté faicts actes si honnestes, qu'ils me contraignent les vous racompter. »

---

a. à fin que nous nous donnions garde de leurs seductions à l'endroit des filles, qui ne sont pas tousjours bien advisées. Mais
b. donnera Hircan sa

Continence d'une jeune fille, contre l'opiniastre poursuitte amoureuse d'un des grands seigneurs de France : et l'heureux succez
qu'en eut la damoiselle.

NOUVELLE QUARANTEDEUXIESME

En une des meilleurs villes de Touraine demeuroit un
seigneur de grande et bonne maison*, lequel y avoit esté
nourry* de sa grande jeunesse. Des perfections, grace,
beauté, et grandes vertuz de ce jeune prince, ne vous en
diray autre chose, sinon qu'en son temps ne trouva jamais
son pareil[1]. Estant en l'aage de quinze ans, il prenoit plus
grans plaisir à courir et chasser, que non pas à regarder les
belles dames. Un jour estant en une eglise, regarda une
jeune fille, laquelle autres fois avoit esté nourrie en son
enfance au chasteau, où il demeuroit : et après la mort de
sa mere, son pere se remaria : parquoy elle se retira en
Poictou avec son frere. Ceste fille (qui avoit nom Françoise) avoit une sœur bastarde, que son pere aymoit
tresfort, et la maria à un sommelier d'eschansonnerie*
de ce jeune Prince, dont elle tint aussi grand estat, que
nul de sa maison. Le pere vint à mourir, et laissa pour
le partage de Françoise ce qu'il tenoit auprès de ceste
bonne ville. Parquoy, après qu'il fut mort, elle se retira
où estoit son bien : et à cause qu'elle estoit à marier, et
jeune d'un seize ans, ne se voulut tenir seule en sa maison, mais se mist en pension chez sa sœur la sommeliere.
Le jeune Prince, voyant ceste fille assez belle, pour une
claire brune, et d'une grace, qui passoit celle de son estat
(car elle sembloit mieux gentil-femme et princesse, que
bourgeoise) il la regarda longuement. Luy, qui jamais
encores n'avoit aymé, sentit en son cueur un plaisir non

accoustumé : et quand il fut retourné en sa chambre, s'enquist de celle qu'il avoit veuë en l'eglise, et recogneut qu'autresfois en sa jeunesse elle estoit allée jouër au chasteau aux poupinnes* avec sa sœur, à laquelle il la feit recognoistre. Sa sœur l'envoya querir, et luy feit fort bonne chere*, la priant de la venir veoir souvent. Ce qu'elle faisoit, quand il y avoit quelques nopces ou assemblée : où le jeune Prince la voyoit tant volontiers, qu'il pensa à l'aymer bien fort : et pource qu'il la cognoissoit de bas et pauvre lieu, espera recouvrer facilement ce qu'il en demandoit : mais n'ayant moyen de parler à elle, luy envoya un gentil-homme de sa chambre, pour faire sa practique* : auquel elle, qui estoit sage, et craignant Dieu, dist, qu'elle ne croyoit pas que son maistre, qui estoit si beau et honneste Prince, s'amusast à regarder une chose si laide qu'elle, veu qu'au chasteau où il demeuroit y en avoit de si belles, qu'il n'en falloit point chercher d'autres par la ville, et qu'elle pensoit, qu'il le disoit de luy mesmes, sans le commandement de son maistre.

Quand le jeune Prince entendit ceste response, amour, qui plus fort s'attache où plus il trouve de resistance, luy feit plus chauldement, qu'il n'avoit faict, poursuivre son entreprise, et luy escrivit une lettre, la priant vouloir entierement croire, ce que le gentil-homme luy diroit. Elle, qui sçavoit tresbien lire et escrire, leut sa lettre tout du long. A laquelle, quelque priere que luy en feit le gentil-homme, ne voulut jamais respondre, disant, qu'il n'appartenoit pas à personne de si basse condition, d'escrire à un tel prince : mais qu'elle le supplioit ne la penser si sotte, qu'elle estimast qu'il eust telle opinion d'elle, que de luy porter tant d'amitié. Et que s'il pensoit aussi, à cause de son pauvre estat, la cuider* avoir à son plaisir, il se trompoit : car elle n'avoit pas le cueur moins honneste,

que la plus grande princesse de Chrestienté, et n'estimoit
tresor au monde, au pris de l'honneur, et la conscience :
le suppliant ne la vouloir empescher de garder ce tresor
toute sa vie : car pour mourir ne changeroit d'opinion. Le
jeune Prince ne trouva pas ceste response à son gré : toutesfois l'en aima-il tresfort, et ne failloit* de faire mettre
son siege à l'eglise¹ où elle alloit à la messe : et durant le
service, adressoit tousjours ses yeux à cest image*². Mais
quand elle l'apperceut, changea de lieu, et alla en une
autre chappelle, non pour fuyr de le voir (car elle n'eust
pas esté creature raisonnable, si elle n'eust prins plaisir à
le regarder) mais elle craignoit d'estre veuë de luy, ne
s'estimant digne d'en estre aimée, par honneur, ou par
mariage : ne voulant aussi d'autre part, que ce fust par follie* et plaisir. Et quand elle veid, qu'en quelque lieu de
l'eglise qu'elle se peust mettre, le Prince se faisoit dire la
messe tout au près, ne voulut plus aller en ceste eglise :
mais alloit tous les jours à la plus eslongnée qu'elle pouvoit. Et quand quelques nopces alloient au chasteau, ne
s'y vouloit plus retrouver (combien que la sœur du Prince
l'envoyast querir souvent) s'excusant sur quelque maladie. Le Prince, voyant qu'il ne pouvoit parler à elle, s'aida
de son sommelier, et luy promist de grands biens, s'il
luy aidoit en cest affaire. A quoy le sommelier s'offroit
volontiers, tant pour plaire à son maistre, que pour le fruict
qu'il en esperoit : et tous les jours comptoit au Prince ce
qu'elle disoit et faisoit : mais que sur tout, tant qu'il luy
estoit possible, fuyoit les occasions de le veoir : si* est-
ce, que le grand desir qu'il avoit de parler à elle à son
aise, luy feit chercher un expedient : c'est, qu'un jour il
alla mener ses grands chevaux (dont il commençoit bien
à sçavoir le mestier) en une grande place de la ville,
devant la maison de son sommelier, où Françoise demeuroit. Et après avoir faict maintes courses et saults, qu'elle

pouvoit bien veoir, se laissa tomber de son cheval dedans une grande fange, si mollement, qu'il ne se feit point de mal, combien qu'il se plaignist assez, et demanda s'il y avoit point de logis, où il peust aller changer ses habillemens. Chacun presentoit sa maison, mais quelqu'un dist, que celle du sommelier estoit la plus prochaine, et la plus honneste : aussi fut elle choisie sur toutes. Il trouva la chambre bien accoustrée*, et se despouïlla en chemise : car tous ses habillemens estoient souïllez de la fange, et se meit dedans un lict. Et quand il veid que chacun s'estoit retiré, pour aller querir ses habillemens, excepté le gentil-homme, appella son hoste et son hostesse, et leur demanda où estoit Françoise. Ils eurent bien affaire à la trouver : car si tost qu'elle avoit veu ce jeune Prince entrer en sa maison, s'en estoit allée cacher, au plus secret lieu de la maison : toutesfois sa sœur la trouva, qui la pria ne craindre point de venir parler à un si honneste et vertueux prince. « Comment ? ma sœur, dist Françoise, vous que je tiens comme ma mere, me vouldriez vous conseiller d'aller parler à un jeune seigneur, duquel vous sçavez, que je ne puis ignorer la volonté ? » Mais sa sœur luy feit tant de remonstrances, et promesses de ne la laisser toute seule, qu'elle alla avec elle, portant un visage si pasle et deffaict, qu'elle estoit plus pour engendrer pitié, que concupiscence.

Et quand le jeune Prince la veid près de son lict, la print par la main, qu'elle avoit froide et tremblante, et luy dist : « Françoise, m'estimez vous si mauvais homme, si estrange et cruel, que je mange les femmes, en les regardant ? Pourquoy avez vous pris une si grande crainte de celuy, qui ne cherche que vostre honneur et avantage ? Vous sçavez qu'en tous lieux, qu'il m'a esté possible, j'ay cherché de vous veoir, et parler à vous, ce que je n'ay sceu. Et pour me faire plus de despit, avez fuy les lieux où j'avois accoustumé vous veoir à la messe, à fin que du tout* je n'eusse non plus de contentement de la veuë, que j'avois de la parole : mais tout cela ne vous a de rien servy : car je n'ay cessé que je ne sois icy venu par les moyens que vous avez peu veoir : et me suis mis au hazard de me rompre le col, me laissant tomber volontairement, pour avoir le contentement de parler à vous à mon aise. Parquoy je vous prie, Françoise, puis que j'ay acquis ce loisir icy avec un si grand labeur, qu'il ne me soit point inutile, et que je puisse par ma grande amour gaigner la vostre. » Et quand il eut long temps attendu sa response, et veid qu'elle avoit les larmes aux yeux, et le regard contre terre, la tirant à luy le plus près qu'il luy fut possible, la cuida* embrasser et baiser, mais elle luy dist : « Non, monsieur, non, ce que vous cherchez ne se peult faire : car combien que je sois un ver de terre, au pris de vous, j'ay mon honneur si cher, que j'aymerois mieux mourir, que l'avoir diminué, pour quelque plaisir que ce soit en ce monde : et la crainte que j'ay, que ceux qui vous ont veu venir ceans se doubtent de ceste verité, me donne la peur et le tremblement que j'ay. Et puis qu'il vous plaist me faire cest honneur de parler à moy, vous me pardonnerez aussi, si je vous respons selon que mon honneur me le commande. Je ne suis point si sotte, mon seigneur, ne si aveuglée, que je ne voye, et cognoisse bien la beauté et grace, que Dieu a mis en vous : et que je trouve la plus heureuse du monde, celle qui possedera le corps et l'amour d'un tel prince. Mais dequoy me sert cela ? veu que ce n'est pour moy, ny pour femme de ma sorte, et que seulement le desirer, seroit à moy parfaicte folie. Quelle raison puis-je estimer qui vous face adresser à moy, sinon, que les dames de vostre maison* (lesquelles vous aimez, si la beauté et la grace est aimée de vous) sont si vertueuses, que vous n'osez leur demander,

ne esperer avoir d'elles, ce que la petitesse de mon estat
vous faict esperer avoir de moy ? Et suis seure, que quand
de telle personne que moy auriez ce que demandez, ce
seroit un moyen pour entretenir vostre maistresse deux
heures d'avantage, en luy comptant de voz victoires, au
dommage des plus foibles. Mais il vous plaira, monsieur,
penser que je ne suis de ceste condition. J'ay esté nourrie*
en une maison, où j'ay apris que c'est d'aymer. Mon
pere et ma mere ont esté de voz bons serviteurs* : parquoy il vous plaira, puis que Dieu ne m'a faict Princesse,
pour vous espouser, ne d'estat pour estre tenuë à maistresse et amye, ne me vouloir mettre du rang des pauvres
malheureuses, veu que je vous estime et desire estre l'un
des plus heureux princes de la Chrestienté. Et si pour
vostre passetemps vous voulez des femmes de mon estat,
vous en trouverez assez en ceste ville de plus belles que
moy, sans comparaison, qui ne vous donneront la peine
de les prier tant. Arrestez vous donc à celles, à qui vous
ferez plaisir en achetant leur honneur, et ne travaillez plus
celle qui vous aime plus que soymesmes. Car s'il failloit*
aujourd'huy que vostre vie ou la mienne fust demandée
de Dieu, je me tiendrois bien heureuse, d'offrir la mienne,
pour sauver la vostre. Ce n'est faulte d'amour, qui me
faict fuyr vostre presence : mais c'est plustost, pour en
avoir trop en vostre conscience, et en la mienne, car j'ay
mon honneur plus cher que ma vie. Je demeureray s'il
vous plaist, monsieur, en vostre bonne grace, et prieray
toute ma vie Dieu pour vostre prosperité et santé. Il est
bien vray, que cest honneur, que vous me faictes, me
fera entre les gens de ma sorte mieux estimer : car qui
est homme de mon estat (après vous avoir veu) que je
daignasse regarder ? Par ainsi demeurera mon cueur en
liberté, sinon que de l'obligation où je veux à jamais estre,
de prier Dieu pour vous : car autre service ne vous puis-je

jamais faire. » Le jeune prince voyant ceste honneste
response (combien qu'elle ne fust selon son desir) si* ne
la pouvoit il moins estimer, qu'elle estoit. Il feit ce qui
luy estoit possible, pour luy faire croire qu'il n'aimeroit
jamais femme qu'elle : mais elle estoit si sage, qu'une
chose si desraisonnable ne pouvoit entrer en son entendement. Et durant ces propos, combien que souvent on dist,
que ses habillemens estoient venuz du chasteau, avoit
tant de plaisir et d'aise, qu'il feit dire, qu'il dormoit, jusques à ce que l'heure du soupper fut venuë, où il n'osoit
faillir* à sa mere, qui estoit une des plus sages dames du
monde. Ainsi s'en alla le jeune prince de la maison de
son sommelier, estimant plus que jamais l'honnesteté de
ceste fille.

Il en parloit souvent au gentil-homme qui couchoit en
sa chambre, lequel pensant qu'argent feroit plus qu'amour,
luy conseilla de faire offrir à ceste fille quelque honneste
somme, pour se condescendre à son vouloir. Le jeune
prince, duquel la mere estoit la tresoriere, n'avoit que peu
d'argent pour ses menuz plaisirs, qu'il print avec tout ce
qu'il peut emprunter, et se trouva la somme de cinq cens
escuz, qu'il envoya à ceste fille par le gentilhomme, la
priant vouloir changer d'opinion : mais quand elle veit le
present, dist au gentilhomme : « Je vous prie dictes à monsieur, que j'ay le cueur si bon et si honneste, que s'il
falloit obeyr à ce qu'il me commande, la beauté et les
graces, qui sont en luy, m'auroient desja vaincuë : mais
là où ils n'ont eu puissance contre mon honneur, tout
l'argent du monde n'y en sçauroit avoir, lequel vous luy
reporterez : car j'aime mieux l'honneste pauvreté, que
tous les biens qu'on sçauroit desirer. » Le gentilhomme
voyant ceste rudesse, pensa qu'il la falloit avoir par
cruauté, et vint à la menacer de l'authorité et puissance
de son maistre. Mais elle en riant, luy dist : « Faictes

peur de luy à celles qui ne le cognoissent point : car je
sçay bien qu'il est si sage et si vertueux, que tels propos
ne viennent de luy : et suis seure qu'il vous desavouëra,
quand vous les luy compterez. Mais quand il seroit ainsi,
que vous le dictes, il n'y a tourment ny mort, qui me
sceust faire changer d'opinion : car (comme je vous ay
dict) puis qu'amour n'a tourné mon cueur, tous les maux
ne les biens, que l'on sçauroit donner à personne, ne me
pourroient destourner d'un pas des propos où je suis. »
Ce gentil-homme, qui avoit promis à son maistre de la
luy gaigner, luy porta ceste response avec un merveilleux*
despit, et le persuada à la poursuivre par tous moyens
possibles, luy disant que ce n'estoit pas son honneur de
n'avoir sceu gaigner une telle femme. Le jeune prince,
qui ne vouloit point user d'autres moyens, que ceux, que
l'honnesteté commande, craignant aussi que s'il en estoit
quelque bruit, et que sa mere le sceust, elle auroit occasion de s'en courroucer bien fort, n'osa rien entreprendre,
jusques à ce que son gentil-homme luy bailla un moyen
si aisé, qu'il pensoit des-ja la tenir, et pour l'executer
parleroit au sommelier : lequel deliberé de servir son
maistre en quelque façon que ce fust, pria un jour sa
femme et sa belle sœur, d'aller visiter leurs vendanges
en une maison qu'il avoit près de la forest : ce qu'elles
luy promirent. Quand le jour fut venu, le feit sçavoir au
jeune prince, lequel se delibera* d'y aller tout seul avec
ce gentil-homme, et feit tenir sa mule *preste* secrettement pour partir, quand il en seroit heure. Mais Dieu
voulut que ce jour là sa mere accoustroit* un cabinet[1] le
plus beau du monde, et pour luy aider avoit avec elle
tous ses enfans, et là s'amusa ce jeune prince jusques à ce
que l'heure promise fut passée. Si ne tint il à son sommelier, lequel avoit mené sa sœur en sa maison en croupe
derriere luy, et feit faire la malade à sa femme, en sorte

qu'ainsi qu'il estoit à cheval luy vint dire qu'elle n'y sçauroit aller : et quand il veit que l'heure tardoit, que le prince
devoit venir, dist à sa belle sœur : « Je croy que nous en
pouvons bien retourner en la ville. — Qui nous en garde ?
respondit Françoise. — J'attendois monsieur, dist le sommelier, qui m'avoit promis de venir icy. » Quand la sœur
entendit ceste meschanceté, luy dist : « Ne l'attendez plus,
mon frere[1] : car je sçay bien que pour au jourd'huy il ne
viendra point. » Le frere la creut et la remena. Et quand
elle fut en la maison, monstra sa colere extreme, disant à
son beau-frere, qu'il estoit le varlet du diable, qu'il faisoit
plus qu'on ne luy commandoit. Car elle estoit asseurée,
que c'estoit son invention et du gentil-homme, et non du
jeune prince, duquel il aimoit mieux gaigner de l'argent
en le confortant en ses follies*, que de faire office d'un
bon serviteur* : mais puis qu'elle le cognoissoit tel, elle
ne demeureroit plus en sa maison. Et sur ce envoya querir son frere pour l'emmener en son païs, et se deslogea
incontinent d'avecques sa sœur. Le sommelier, ayant failly
à son entreprise, s'en alla au chasteau pour sçavoir à quoy
il tenoit que le jeune prince n'estoit venu, et ne fut gueres
là qu'il ne le trouvast sur sa mule tout seul avec le gentil
homme en qui il se fioit, et luy demanda : « Et puis, est
elle encor là ? » Il luy compta tout ainsi qu'il en avoit
faict. Le jeune prince fut bien marry* d'avoir failly* à sa
deliberation*, qu'il estimoit estre le moyen dernier et
extreme qu'il pouvoit prendre. Et voyant qu'il n'y avoit
plus de remede, la chercha tant, qu'il la trouva en une
compagnie d'où elle ne pouvoit fuïr, et se courrouça fort
à elle des rigueurs qu'elle luy tenoit, et de ce qu'elle vouloit laisser la compagnie de son frere. Laquelle luy dist,
qu'elle n'en avoit jamais trouvé une plus dangereuse pour
elle, et qu'il estoit bien tenu à son sommelier, veu qu'il ne
le servoit du corps et des biens seulement, mais aussi de

l'ame et de la conscience. Quand le prince cogneut qu'il n'y avoit autre remede, delibera de ne l'en presser plus, et l'eut toute sa vie en bonne estime. Un serviteur dudict prince, voyant l'honnesteté de ceste fille, la voulut espouser, à quoy jamais ne se voulut accorder sans le commandement, et congé du jeune prince, auquel elle avoit mise toute son affection. Ce qu'elle luy feit entendre : et par son bon vouloir fut faict le mariage, où elle a vescu toute sa vie en bonne reputation : et luy feit le jeune prince beaucoup de biens.

« Que dirons nous icy, mes dames ? avons nous le cueur si bas que nous facions noz serviteurs, noz maistres ? veu que ceste cy n'a sceu estre vaincuë d'amour ne de tourment. Je vous prie, qu'à son exemple nous demeurions victorieuses de nous mesmes : car c'est la plus louable victoire, que nous puissions avoir. — Je ne voy qu'un mal, dist Oisille, que les actes vertueux *de ceste fille* n'ont esté du temps des historiographes : car ceux qui ont tant loüé leur Lucresse[1] l'eussent laissée au bout *de* la plume, pour escrire bien au long les vertuz de ceste cy : pource que je les trouve si grandes, que je ne les pourrois croire, sans le grand serment que nous avons faict de dire verité. — Je ne trouve pas sa vertu telle comme vous la peignez, dist Hircan : car vous avez veu assez de malades desgoutez, delaisser les bonnes viandes* et salutaires, pour manger les mauvaises et dommageables. Ainsi peult estre que ceste fille aimoit *quelc'un aussi gentilhomme qu'elle*, qui[a] luy faisoit despriser* toute noblesse[2]. » Mais Parlamente respondit à ce mot, que la vie et la fin de ceste fille monstroient, que jamais n'avoit eu opinion à homme vivant, qu'à celuy qu'elle aimoit plus que sa vie,

a. aimoit quelque autre qui

mais non pas plus que son honneur. « Ostez ceste opinion de vostre fantasie, dist Saffredent, et entendez dont
est venu ce terme d'honneur, quant aux femmes : Car
peult estre que celles, qui en parlent tant, ne sçavent pas
l'invention de ce nom. Sçachez qu'au commencement,
que la malice* n'estoit pas trop grande entre les hommes,
l'amour y estoit si naïfve* et forte, que dissimulation n'y
avoit point de lieu, et estoit plus loüé, celuy qui plus parfaictement aimoit. Mais quand la malice, l'avarice*, et le
peché vindrent* saisir le cueur des hommes, ils en chas-
serent dehors Dieu et l'amour, et en leur lieu prindrent*
l'amour d'eux mesmes, hypocrisie, et fiction. Et voyans
les dames n'avoir en leur cueur ceste vertu de vraye
amour, et que ce nom d'hypocrisie estoit tant odieux entre
les hommes, luy donnerent le surnom d'honneur : tellement que celles, qui ne pouvoient avoir en elles cest
honorable amour, disoient que l'honneur le leur defendoit : et en ont faict une si cruelle loy, que mesmes celles,
qui aiment parfaictement, dissimulent, estimans vertu estre
vice. Mais celles qui sont de bon entendement, et de sain
jugement, ne tombent jamais en telles erreurs : car elles
cognoissent la difference des tenebres et de lumiere, et
que leur vray honneur gist à monstrer la pudicité du cueur,
qui ne doit vivre que d'amour, et non point se honorer
du vice de dissimulation. — Toutes fois, dist Dagoucin,
on dict qu'amour la plus secrette, est la plus louable. —
Ouy, secrette, dist Simontault, aux yeux de ceux qui en
pourroient mal juger : mais claire et cogneuë pour le
moins aux deux personnages à qui elle touche. — Je
l'entends ainsi, dist Dagoucin, si* est-ce qu'elle vaudroit mieux estre ignorée d'un costé *que* entendue*ᵃ* d'un
tiers. Et croy que ceste femme l'aimoit plus fort, d'autant

a. costé et entendue

qu'elle ne se declaroit point. — Quoy qu'il y ait, dist
Longarine, il fault estimer la vertu, dont la plus grande,
est à vaincre son cueur : et voyant les occasions *que*
ceste fille avoict d'oublier sa conscience et son honneur,
et la vertu qu'elle eust de vaincre son ceur, sa voullenté
et celluy qu'elle aymoict plus qu'elle mesmes avecques
toutes les occasions et moyens qu'elle *en* avoict, je dy[a]
qu'elle se pouvoit nommer la forte femme[1]. — Puis que
vous estimez, dist Saffredent, la grandeur de la vertu par
la mortification de soy-mesmes, ce seigneur estoit plus
louable qu'elle, veu l'amour qu'il luy portoit, la *puis-*
sance, occasion[b] et moyen qu'il en avoit. Et toutesfois
ne voulut point offenser la reigle de vraye amitié, qui
egale le prince et le pauvre : mais usa des moyens, que
l'honnesteté permet. — Il y en a beaucoup, dist Hircan,
qui n'eussent pas faict ainsi. — D'autant plus est il à estimer, dist Longarine, qu'il a vaincu la commune malice[*]
des hommes. Car qui peult faire mal et ne le faict point,
cestuy là est bien heureux[2]. — A ce propos, dist Guebron, vous me faictes souvenir d'une qui avoit plus de
crainte d'offenser les yeux des hommes, que Dieu, son
honneur, et l'amour. — Or je vous prie, dist Parlamente,
que vous nous la comptiez, et pour ce faire, je vous
donne ma voix. — Il y a, dist Guebron, des personnes
qui n'ont point de Dieu, ou s'ils en croyent quelqu'un,
l'estiment quelque chose si loing d'eux, qu'il ne peult
veoir ny entendre les mauvaises œuvres qu'ils font, et
encores *qu'il* les *voye*, pensent[c] qu'il soit nonchallant[*], et
qu'il ne les punisse point, comme ne se souciant des
choses de ça bas[3]. Et de ceste opinion mesmes estoit une

a. occasions et moyens qu'elle avoit, je dy
b. la puissante occasion
c. ils les voient pensent

Damoiselle, de laquelle, pour l'honneur de la race, je
changeray le nom, et la nommeray Camille¹. Elle disoit
souvent que la personne, qui n'avoit affaire que de Dieu,
estoit bien heureuse, si au demeurant, elle pouvoit bien
conserver son honneur devant les hommes : mais vous
verrez, mes dames, que sa prudence ny son hypocrisie
ne l'ont pas garantie, que son secret n'ait esté revelé² :
comme vous verrez par son histoire, où la verité sera
dicte tout du long, hors mis les noms des personnes et
des lieux, qui seront changez. »

L'hypocrisie d'une dame de court fut descouverte,
par le demenement* de ses amours, qu'elle pensoit bien celer.

NOUVELLE QUARANTETROISIESME

En un tresbeau chasteau demeuroit une grande princesse et de grande authorité, qui avoit en sa compagnie
une damoiselle, nommée Camille, fort audacieuse, de
laquelle la maistresse estoit si fort abusée, qu'elle ne faisoit rien que par son conseil, l'estimant la plus sage et
vertueuse damoiselle, qui fust de son temps. Ceste Camille
reprenoit tant la folle* amour, que quand elle voyoit quelque gentil-homme, amoureux de l'une de ses compaignes, elle les en tançoit fort aigrement, et en faisoit si
mauvais rapport à sa maistresse, que souvent elle les en
blamoit, dont elle estoit beaucoup plus crainte que aimée
de toute la compagnie. Et quant à elle, jamais ne parloit à
homme, sinon que tout hault et avec une grande audace,
tellement qu'elle avoit le bruit d'estre ennemie mortelle
de toute amour, combien qu'elle estoit contraire *en son*ᵃ

_____
a. contraire à son

cueur : car il y avoit un gentil-homme au service de sa
maistresse[1], duquel elle estoit si fort prinse, qu'elle n'en
pouvoit plus. Si est-ce que l'amour, qu'elle avoit à sa
gloire et reputation, luy faisoit du tout* dissimuler son
affection. Mais après avoir porté ceste passion bien un
an, ne se voulant soulager (comme les autres) par le regard
et la parole, brusloit si fort en son cueur, qu'elle vint chercher le dernier remede, et pour conclusion, advisa qu'il
valloit mieux satisfaire à son desir, et qu'il n'y eust que
Dieu seul qui cogneust son cueur, que le dire à un homme,
qui le peult reveler quelque fois*. Après ceste conclusion
prinse, un jour qu'elle estoit en la chambre de sa maistresse, regardant sur une terrace veid promener celuy
qu'elle aimoit tant. Et après l'avoir regardé si longuement,
que le jour qui se couchoit en emportoit la veuë avecques soy, elle appella un petit page qu'elle avoit, et en
luy monstrant le gentil-homme, luy dist : « Voyez vous
bien cestuy-là, qui a ce pourpoint de satin cramoisi, et la
robe[2] fourrée de loups serviers ? Allez luy dire, qu'il y a
quelqu'un de ses amis qui veult parler à luy en la gallerie du jardin de ceans. » Et ainsi que le page y alla, elle
passa par la garderobbe* de la chambre de sa maistresse,
et s'en alla en ceste gallerie, ayant mise sa cornette basse,
et son touret de nez[3].

Quand le gentil-homme fut arrivé où elle estoit, elle
va incontinent fermer les deux portes par lesquelles l'on
pouvoit venir sur eux, et sans oster son touret de nez, en
l'embrassant bien fort luy va dire le plus bas possible
qu'il luy fut possible : « Il y a long temps, mon amy, que
l'amour que je vous porte m'a faict desirer de trouver le
lieu et occasion de vous pouvoir veoir, mais la crainte de
mon honneur a esté pour un temps si forte, qu'elle m'a
contrainte malgré ma volonté dissimuler ceste passion.
Mais à la fin la force d'amour a vaincu la crainte, et pour

la cognoissance que j'ay de vostre honnesteté, si me voulez promettre de m'aimer, et de jamais n'en parler à personne, et ne vous enquerir qui je suis, de moy je vous asseure bien, que vous seray loyale et bonne amie, et que jamais n'aymeray autre que vous : mais j'aimerois mieux mourir, que vous sceussiez qui je suis. » Le gentil-homme luy promist ce qu'elle demandoit, qui la rendit facile à luy rendre la pareille : c'est, de ne luy refuser chose qu'il voulust prendre. L'heure estoit de cinq ou six heures en hyver, qui entierement luy ostoit la veüe d'elle. Et en touchant ses habillemens trouva qu'ils estoient de veloux, qui en ce temps là ne se portoient à tous les jours[1], sinon par les femmes de bonnes maisons*, et d'authorité. En touchant ce qui estoit dessous, autant qu'il en pouvoit prendre jugement par la main, ne trouva rien qui ne fust en tresbon estat, net, et en bon point*. S'il meit peine de luy faire la meilleure chere* qu'il luy fut possible de son costé, elle n'en feit moins du sien, et cogneut bien le gentil-homme, qu'elle estoit mariée. Elle s'en voulut retourner incontinent, de là où elle estoit venüe, mais le gentil-homme luy dist : « J'estime beaucoup le bien, que sans mon merite, vous m'avez donné : mais encor estimerai-je plus celuy que j'auray de vous à ma requeste. Je me tiens si satisfaict d'une telle grace, que je vous supplie me dire, si je ne doy plus esperer de recouvrer* encor un bien semblable, et en quelle sorte il vous plaira que j'en use : car veu que je ne vous puis cognoistre, je ne sçay comment le pourchasser. — Ne vous souciez, dist la damoiselle, mais asseurez vous, que tous les soirs, avant le soupper de ma maistresse, je ne faudray* de vous envoyer querir : mais* qu'à l'heure vous soyez sur la terrasse où vous estiez tantost. Je vous manderay *seulement* qu'il*[a]* vous souvienne de ce que avez promis. Par

a. manderay seul et qu'il

cela entendrez vous, que je vous attends en ceste gallerie. Mais si vous oyez parler d'aller à la viande*, vous pourrez bien pour le jour vous retirer, ou venir en la chambre de ma maistresse. Et sur tout, je vous prie ne cherchez jamais de me cognoistre, si vous ne voulez la separation de nostre amitié. »

La damoiselle et le gentil-homme s'en retournerent chacun en leur lieu, et continuerent longuement ceste vie, sans qu'il s'apperceust jamais qui elle estoit, dont il entra en grande fantasie, pensant en luy mesme, qui se pouvoit estre : car il ne pensoit point qu'il y eust femme au monde, qui ne voulust estre veuë et aimée, et se doubta* que ce fut quelque malin esprit[1], ayant ouy dire à quelque sot prescheur, que qui auroit veu le diable au visage, *ne l'*aimeroit[a] jamais. En ceste doubte* se delibera sçavoir qui estoit celle, qui luy faisoit si bon visage. Et l'autre fois, qu'elle le manda, porta avec luy de la croye*, et en l'embrassant luy feit une merque sur l'espaule par derriere sans qu'elle s'en apperceust : et incontinent qu'elle fut partie, s'en alla hastivement le gentilhomme en la chambre de sa maistresse, et se tint auprès de la porte, pour regarder le derriere des espaules de celles qui y entroient, et entres autres veid entrer ma damoiselle* Camille avec une telle audace, qu'il craignoit la regarder, comme les autres, se tenant tres asseuré que ce ne pouvoit elle estre. Mais ainsi qu'elle se tournoit, avisa sa croye blanche, dont il fut si estonné, qu'à peine pouvoit il croire ce qu'il voioit : toutesfois ayant bien regardé sa taille, qui estoit semblable à celle, qu'il touchoit, les façons de son visage, qui au toucher se pouvoient cognoistre, cogneut certainement, que c'estoit elle : dont il fut tresaise de veoir qu'une femme, qui jamais n'avoit eu le bruit d'avoir serviteur*, mais d'avoir

---

a. visage, l'on n'aimeroit

reffusé tant d'honnestes gentil-hommes, s'estoit arrestée
à luy seul. Amour qui n'est jamais en un estat, ne peult
endurer qu'il vesquit longuement en ce repos, et le meit
en telle gloire et esperance, qu'il se delibera* de luy faire
cognoistre son amour, pensant quand elle seroit cogneuë
qu'elle auroit occasion d'augmenter. Et un jour que ceste
grande dame alloit au jardin, la damoiselle* Camille s'en
alla promener en une autre allée. Le gentil-homme la
voyant seule, s'advança pour l'entretenir, et feignant ne
l'avoir point veuë ailleurs, luy dist : « Ma damoiselle il y
a long temps, que je porte une affection sur mon cueur,
laquelle, de peur de vous desplaire, ne vous ay osé reveler,
dont je suis si mal, que je ne puis plus porter ceste peine
sans mourir : car je ne croy pas que jamais homme vous
sceust tant aimer, que je fais. » La damoiselle Camille ne
le laissa pas achever son propos, mais luy dist avec une
tresgrande colere : « Avez vous jamais ouy dire, que j'aye
eu amy ne serviteur ? je suis seure que non. Et m'esbahis
dont vous vient ceste hardiesse de tenir tels propos à une
si femme de bien que moy. Car vous m'avez assez han-
tée ceans, pour cognoistre que jamais n'aimay autre que
mon mary. Et pource gardez vous de continuer ces propos. » Le gentil-homme voyant une si grande fiction,
ne se peut tenir de rire, et luy dire : « Ma damoiselle, vous
ne m'estes pas tousjours si rigoureuse que maintenant.
Dequoy vous sert il d'user envers moy de telle dissimulation ? ne vault il pas mieux avoir une amitié parfaicte,
que imparfaicte ? » Camille luy respondit : « Je n'ay en
vous amitié parfaicte ne imparfaicte, sinon comme aux
autres serviteurs* de ma maistresse : mais si vous continuez
les propos que me tenez, je pourray bien avoir telle haine
qu'elle vous cuira. » Le gentil-homme poursuyvit encore
son propos, et luy dist : « Et où est la bonne chere*, que
vous me faictes, quand je ne vous puis veoir ? Pourquoy

m'en privez vous maintenant que le jour me monstre vostre beauté accompagnée d'une si parfaicte et bonne grace ? » Camille faisant un grand signe de la croix, luy dist : « Vous avez perdu vostre entendement, ou vous estes le plus grand menteur du monde : car jamais en ma vie ne pensay vous avoir faict meilleure chere ne pire, que je vous fais, et vous prie me dire comment vous l'entendez. » Alors le pauvre gentil-homme pensant la gaigner d'avantage, luy alla compter le lieu où il l'avoit veuë, et la marque de la croie qu'il luy avoit faicte pour la cognoistre : dont elle fut si outrée de colere, qu'elle luy dist, qu'il estoit le plus meschant homme du monde, et qu'il avoit controuvé* contre elle une mensonge si vilaine, qu'elle mettroit peine de l'en faire repentir. Luy, qui sçavoit le credit qu'elle avoit envers sa maistresse, la voulut appaiser : mais il ne luy fut possible. Car en le laissant là, furieusement s'en alla où estoit sa mais-tresse, laquelle laissa toute la compagnie pour venir entre-tenir Camille, qu'elle aimoit comme soy-mesmes, et la trouvant en si grande colere, luy demanda qu'elle avoit : ce que Camille ne luy voulut celer, et luy compta tous les propos que le gentil-homme luy avoit tenuz, si mal à l'ad-vantage du pauvre gentil-homme, que dès le soir sa mais-tresse luy manda, qu'il eust à se retirer tout incontinent en sa maison, sans parler à personne, et qu'il y demeurast jusques à ce qu'il fust mandé. Ce qu'il feit hastivement, pour la crainte qu'il avoit d'avoir pis, et tant que Camille demeura avec sa maistresse, ne retourna le gentil-homme en ceste maison, ny onques* puis n'ouyt nouvelles de celle, qui luy avoit bien promis, qu'il la perdroit dès l'heure qu'il la chercheroit.

« Par cela, mes dames, pouvez vous veoir comme celle, qui avoit preferé la gloire du monde à sa conscience, a

perdu l'une et l'autre : car au jourd'huy est leu aux yeux
d'un chacun ce qu'elle vouloit cacher à ceux de son amy
et serviteur*, et fuyant la moquerie d'un, est tombée en
celle de tous[1]. Et si* ne peult estre excusée par simplicité
d'un amour naïfve*, de laquelle chacun doit avoir pitié :
mais accusée doublement, d'avoir couverte sa malice* du
manteau d'honneur et de gloire, et se faire devant Dieu
et les hommes autre qu'elle n'estoit. Mais celuy, qui ne
donne point sa gloire à autruy, en descouvrant ce manteau,
luy en a donné double infamie. — Voilà, dist Oisille, une
vilanie inexcusable : car qui peult parler pour elle, quand
Dieu, l'honneur, et mesmes l'amour l'accusent ? — Qui ?
dist Hircan, le plaisir et la follie*, qui sont deux grands
advocats pour les dames. — Si nous n'avions d'autres
advocats, dist Parlamente, qu'eux avec vous, nostre cause
seroit mal soustenuë. Mais celles, qui sont vaincuës de
plaisir, ne se doivent plus nommer femmes, mais hommes,
desquels la fureur* et concupiscence augmente leur honneur. Car un homme, qui se venge de son ennemy, et le
tue pour un dementir[2], en est estimé plus gentil compagnon : aussi est il, quand il en aime une douzeine avec sa
femme : mais l'honneur des femmes a autre fondement :
c'est, douceur, patience, et chasteté. — Vous parlez des
sages, dist Hircan. — Pource, dist Parlamente, que je
n'en veux point cognoistre d'autres. — S'il n'y en avoit
point de folles*, dist Nomerfide, ceux qui veulent estre
creuz de tout[3]

[ce qu'ils disent, et font, pour suborner la simplicité feminine,
se trouveroient bien loing de leur espoir. — Je vous prie, Nomerfide,
dist Guebron, que je vous donne ma voix, à fin que nous donniez
quelque compte à ce propos. — Je vous en diray un, dist Nomerfide, autant à la louënge d'un amant, que le vostre a esté au mespris
des folles femmes.

De deux amans, qui ont subtilement jouy de leurs amours :
et de l'heureuse issue d'icelles.

NOUVELLE QUARANTEQUATRIESME[1]

En la ville de Paris y avoit deux citoyens de mediocre estat, l'un
Politic[2], et l'autre marchand de draps de soye : lesquels de toute
ancienneté se portoient fort bonne affection, et se hantoient familie-
rement. Au moyen dequoy le fils du Politic, nommé Jaques, jeune
homme, assez mettable* en bonne compagnie, frequentoit souvent,
sous la faveur de son pere, au logis du marchand : mais c'estoit à
cause d'une belle fille qu'il avoit, nommée Françoise. Et feit Jaques
si bien ses menées envers Françoise, qu'il cogneut qu'elle n'estoit
moins aimante qu'aimée. Mais sur ces entrefaictes, se dressa le
camp de Provence, contre la descente de Charles d'Autriche[3] : et
fut force à Jaques de suyvre le camp, pour l'estat auquel il estoit
appelé. Durant lequel camp, et dès le commencement, son pere
alla de vie à trespas : dont la nouvelle luy apporta double ennuy*,
l'un, pour la perte de son pere : l'autre, pour l'incommodité de
revoir si souvent sa bien aimée, comme il esperoit à son retour.
Toutesfois avecques le temps, l'un fut oublié, et l'autre s'augmenta : car comme la mort est chose naturelle, principalement au
pere plustost qu'aux enfans, aussi la tristesse s'en escoule peu à
peu. Mais l'amour, au lieu de nous apporter mort, nous rapporte
vie, en nous communiquant la propagation des enfans, qui nous rendent immortels : et cela est une des principales causes d'augmenter
noz desirs. Jaques donc estant de retour à Paris, n'avoit autre soing,
ny pensement*, que de se remettre au train de la frequentation vulgaire* du marchand, pour, sous ombre* de pure amitié, faire trafic
de sa plus chere marchandise. D'autre part Françoise, pendant son
absence, avoit esté fort sollicitée d'ailleurs, tant à cause de sa
beauté, que de son bon esprit : et aussi qu'elle estoit, long temps y
avoit, mariable : combien que le pere ne s'en mist pas fort en son
devoir, fust ou pour son avarice, ou pour trop grand desir de la
bien colloquer*, comme fille unique. Ce qui ne faisoit rien à l'honneur de la fille : pource que les personnes de maintenant se scan-
dalisent beaucoup plustost, que l'occasion ne leur en est donnée, et
principalement quand c'est en quelque point, qui touche la pudicité

de belle fille, ou femme. Cela fut cause, que le pere ne feit point le
sourd ny l'aveugle au vulgaire caquet, et ne voulut ressembler beaucoup d'autres, qui, au lieu de censurer les vices, semblent y provoquer leurs femmes et enfans : Car il la tenoit de si court[1], que ceux
mesmes, qui n'y tendoient que sous voile de mariage, n'avoient
point ce moyen de la veoir que bien peu, encores estoit-ce tousjours avecques sa mere. Il ne fault pas demander, si cela fut fort
aigre à supporter à Jacques, ne pouvant resoudre en son entendement, que telle austerité se gardast, sans quelque grande occasion,
tellement qu'il vacilloit fort entre amour et jalousie. Si est-ce qu'il
se resolut d'en avoir la raison, à quelque peril que ce fust : mais premierement, pour cognoistre si elle estoit encores de mesmes affection, que auparavant, il alla tant et vint, qu'un matin à l'eglise oyant
la messe assez près d'elle, il apperceut à sa contenance, qu'elle
n'estoit moins aise de le voir, que luy elle : aussi luy cognoissant la
mere n'estre si severe que le pere, print quelque fois, comme ino-
pinement la hardiesse en les voyant aller de leur logis jusques à
l'eglise, de les acoster avecques une familiere et vulgaire reverence,
et sans se trop advantager* : le tout expressement*, et à fin de
mieux parvenir à ses attentes. Bref en approchant le bout de l'an[2]
de son pere, il se delibera* au changement du dueil de se mettre
sur le bon bout[3], et faire honneur à ses ancestres, et en tint propos
à sa mere, qui le trouva bon, desirant fort de le voir bien marié :
pource qu'elle n'avoit pour tous enfans, que luy, et une fille mariée
bien et honnestement. Et de faict, comme damoiselle* d'honneur,
qu'elle estoit, luy poussoit encor le cueur à la vertu, par infinité
d'exemples d'autres jeunes gens de son aage, qui s'advançoient
d'eux mesmes, au moins, qui se monstroient dignes du lieu d'où
ils estoient descenduz. Ne restoit plus, que d'adviser où ils se for-
niroient. Mais la mere dist : « Je suis d'advis, Jacques, d'aller chez
le compere* sire Pierre (c'estoit le pere de Françoise) il est de noz
amis : il ne nous voudroit pas tromper. » Sa mere le chatouilloit
bien, où il se demangeoit[4] : Neantmoins il tint bon, disant : « Nous
en prendrons là où nous trouverons nostre meilleur, et à meilleur
marché. Toutesfois (dist il) à cause de la cognoissance de feu mon
pere, je suis bien content, que nous y allions premier qu'ailleurs. »
Ainsi fut prins le complot*, pour un matin, que la mere et le fils
allerent voir le sire Pierre, qui les recueillit* fort bien, comme vous
sçavez, que les marchans ne manquent point de telles drogues. Si
feirent desployer grandes quantitez de draps de soye, de toutes sortes, et choisyrent ce qui leur en failloit : Mais ils ne peurent tomber

d'accord : ce que Jacques faisoit à propos, pource qu'il ne voyoit
point la mere de s'amye : et falut, à la fin, qu'ils s'en allassent,
sans rien faire, veoir ailleurs quel il y faisoit. Mais Jacques n'y
trouvoit rien si beau, que chez s'amye : où ils retournerent quelque
temps après. Lors s'y trouva la dame, qui leur feit le meilleur
recueil* du monde : et après les menées qui se font en telles bouti-
ques, la femme du sire Pierre tenant encor plus roide que son
mary, Jacques luy dist : « Et dea*, ma dame, vous estes bien rigoureuse. Voilà que c'est : Nous avons perdu nostre pere : on ne nous
cognoist plus. » Et feit semblant de pleurer, et de s'essuyer les yeux,
pour la souvenance paternelle : mais c'estoit à fin de faire sa menée.
La bonne femme vefve*, mere de Jacques, y allant à la bonne foy[1],
dist aussi : « Depuis sa mort nous ne nous sommes non plus fre-
quentez, que si jamais ne nous fussions veuz. Voilà le compte que
l'on tient des pauvres femmes vefves.* » Alors se racointerent* elles
de nouvelles caresses, se promettans de se revisiter plus souvent
que jamais. Et comme ils estoient en ces termes, vindrent* d'autres
marchans, que le maistre mena luy mesme en son arriere boutique.
Et le jeune homme, voyant son apoinct*, dist à sa mere : « Mais, ma
damoiselle, j'ay veu, que ma dame venoit bien souvent, les festes
visiter les saincts lieux[2], qui sont en noz quartiers, et principalement les religions*. Si quelquesfois elle daignoit en passant prendre son vin, elle nous feroit plaisir et honneur. » La marchande,
qui n'y pensoit en nul mal, luy respondit, qu'il y avoit plus de
quinze jours, qu'elle avoit deliberé* d'y faire un voyage : et que si
le prochain dimanche ensuyvant il faisoit beau, elle pourroit bien y
aller, qui ne seroit sans passer par le logis de la damoiselle*, et la
revisiter. Ceste conclusion prinse, aussi feit elle du marché des draps
de soye : car il ne failloit* pas, pour quelque peu d'argent, laisser
fuyr si belle occasion. Le complot* prins, et la marchandise emportée, Jacques, cognoissant ne pouvoir bien luy seul faire une telle
entreprinse, fut contrainct se declarer à un sien fidele amy. Si se
conseillerent* si bien ensemble, qu'il ne restoit que l'execution.

Parquoy le dimanche venu, la marchande et sa fille ne faillirent,
au retour de leurs devotions, de passer par le logis de la damoiselle
vefve*, où elles la trouverent avec une sienne voisine, devisans en
une gallerie de jardin, et la fille de la vefve, qui se promenoit par
les allées du jardin avec Jacques et Olivier. Luy, aussi tost qu'il
veid s'amye, se forma en sorte, qu'il ne changea nullement de contenance. Si alla en ce bon visage, recevoir la mere et la fille : et
comme c'est l'ordinaire, que les vieux cherchent les vieux, ces trois

dames s'asseirent sur un banc, qui leur faisoit tourner le dos vers
le jardin : dans lequel peu à peu les deux amans entrerent, se pro-
menans jusques au lieu où estoient les deux autres : et ainsi de
compaignie s'entrecaresserent quelque peu, puis se remirent au pro-
menoir : où le jeune homme compta si bien son piteux* cas à Françoise, qu'elle ne pouvoit accorder, et si n'osoit refuser ce que son
amy demandoit, tellement qu'il cogneut qu'elle estoit bien fort aux
alteres*. Mais il fault entendre que, pendant, qu'ils tenoient ces
propos, ils passoient et repassoient souvent au long de l'abry, où
estoient assises les bonnes femmes, à fin de leur oster tout soupçon :
parlans toutesfois de propos vulgaires* et familiers, et quelquesfois
un peu rageans* folastrement parmy le jardin. Et y furent ces bonnes femmes si accoustumées par l'espace d'une demie heure, que à
la fin Jacques feit le signe à Olivier, qui joua son personnage
envers l'autre fille qu'il tenoit, en sorte qu'elle ne s'apperceut point,
que les deux amans entrerent dans un preau* couvert de cerisaye, et
bien cloz de hayes de rosiers, et de groiseliers fort haults : là où ils
feirent semblant d'aller abattre des amendes, à un coing du preau,
mais ce fut pour abattre prunes. Aussi Jacques, au lieu de bailler la
cotte verte à s'amye, luy bailla la cotte rouge[1], en sorte que la couleur luy en vint au visage, pour s'estre trouvée surprinse un peu
plustost qu'elle ne pensoit. Si eurent ils si habilement cueilly leurs
prunes, pource qu'elles estoient meures, que Olivier mesme ne le
pouvoit croire, n'eust esté qu'il veid la fille tirant la veuë contre
bas, et monstrant visage honteux : qui luy donna marque de la verité,
pource que au paravant elle alloit la teste levée, sans craindre
qu'on veit en l'œil la veine, qui doibt estre rouge, avoir pris couleur azurée : dequoy Jacques s'apercevant la remit en son naturel,
par remonstrances à ce necessaires. Toutesfois, en faisant encor
deux ou trois tours de jardin, ce ne fut point sans larmes, et souspirs, et sans dire maintesfois : « Helas ! estoit-ce pour cela que vous
m'aimiez ? Si je l'eusse pensé ! Mon Dieu, que feray-je ? me voilà
perdue pour toute ma vie. En quelle estime m'aurez vous d'oresen-
avant ? Je me tiens asseurée, que vous ne tiendrez plus compte de
moy, au moins si vous estes du nombre de ceux, qui n'aiment que
pour leur plaisir. Helas ! que ne suis-je plustost morte, que de tomber en ceste faulte ? » Ce n'estoit pas sans verser force larmes,
qu'elle tenoit ce propos : mais Jacques la reconforta si bien avec
tant de promesses et sermens, que avant qu'ils eussent parfourny
trois autres tours de jardin, et qu'il eust faict le signe à son compaignon, ils rentrerent encores au preau, par un autre chemin, où

elle ne sceut si bien faire, qu'elle ne receust plus de plaisir à la
seconde cotte verte, que à la premiere : voire*, et si s'en trouva si
bien dès l'heure*, qu'ils prindrent* deliberation, pour aviser comment ils se pourroient reveoir plus souvent, et plus à leur aise, en
attendant le bon loisir du pere. A quoy leur aida grandement une
jeune femme, voisine du sire Pierre, qui estoit aucunement* parente
du jeune homme, et bien amye de Françoise. En quoy ils ont
continué, sans scandale (à ce que je puis entendre) jusques à la
consommation du mariage, qui s'est trouvé bien riche, pour une
fille de marchand : car elle estoit seule. Vray est, que Jacques a
attendu le meilleur du temporel, jusques au decès du pere, qui
estoit si serrant*, qu'il luy sembloit, que ce, qu'il tenoit en une
main, l'autre luy desrobboit.

« Voilà, mes dames, une amitié bien commencée, bien continuée,
et mieux finie : car encores que ce soit le commun d'entre vous
hommes, de desdaigner une fille ou femme, depuis qu'elle vous a
esté liberale de ce que vous cherchez le plus en elles : si* est-ce,
que ce jeune homme, estant poulsé de bonne et sincere amour, et
ayant cogneu en s'amye ce que tout mary desire en la fille qu'il
espouse[1], et aussi la cognoissant de bonne lignée et sage, au reste*
de la faulte, que luy mesme avoit commise, ne voulut point adul-
terer, ny estre cause ailleurs d'un mauvais mariage : en quoy je le
trouve grandement louable[2]. — Si est-ce, dist Oisille, qu'ils sont
tous deux dignes de blasme, voire le tiers aussi, qui se faisoit ministre*, ou du moins adherant, à un tel violement*. — M'appelez vous
cela violement, dist Saffredent, quand les deux parties en sont bien
d'accord ? Est-il meilleur mariage, que cestuy là, qui se faict ainsi
d'amourettes ? C'est pourquoy on dict en proverbe, que les mariages se font au ciel. Mais cela ne s'entend pas des mariages forcez,
ny qui se font à pris d'argent, et qui sont tenuz pour tresapprouvez,
depuis que le pere et la mere y ont donné consentement. — Vous
en direz ce que vous vouldrez (repliqua Oisille) si fault il que nous
recognoissions l'obeïssance paternelle, et par default d'icelle,
avoir recours aux autres parens. Autrement s'il estoit permis à tous
et toutes, de se marier à volonté, quants* mariages cornuz* trouveroit on ? Est il à presupposer, qu'un jeune homme et une fille de
xij. ou xv. ans, sçachent ce que leur est propre ? Qui regarderoit
bien le contenement* de tous les mariages, on trouveroit qu'il y en
a, pour le moins autant de ceux, qui se sont faicts par amourettes,
dont les yssues en sont mauvaises, que de ceux qui ont esté faicts

forcément*. Pource que ces jeunes gens, qui ne sçavent ce que leur est propre, se prennent au premier qu'ils trouvent, sans consideration : puis peu à peu ils descouvrent leurs erreurs, qui les faict entrer en de plus grandes. Là où au contraire la pluspart de ceux, qui se font forcément, procedent du discours de ceux, qui ont plus veu, et ont plus de jugement, que ceux à qui plus il touche : en sorte, que quand ils viennent à sentir le bien qu'ils ne cognoissoient, ils le savourent et embrassent beaucoup plus avidement, et de plus grande affection. — Voire*, mais vous ne dictes pas, ma dame (dist Hircan) que la fille estoit en hault aage nubile, cognoissant l'iniquité du pere, qui laissoit moisir son pucelage, de peur de desmoisir ses escuz. Et ne sçavez vous pas que nature est cogneuë ? Elle aimoit : elle estoit aimée, elle trouvoit son bien prest, et si se pouvoit souvenir du proverbe : que tel refuse, qui après muse[1]. Toutes ces choses : avecques la prompte execution du poursuivant, ne luy donnerent pas loisir de se rebeller. Aussi avez vous ouy, qu'incontinent après on cogneut bien à sa face, qu'il y avoit en elle quelque mutation notable. C'estoit (peult estre) l'ennuy du peu de loisir qu'elle avoit eu pour juger si telle chose estoit bonne, ou mauvaise : car elle ne se feit pas grandement tirer l'aureille, pour en faire le second essay. — Or de ma part, dist Longarine, je n'y trouverois point d'excuse, si ce n'estoit l'approbation de la foy du jeune homme, qui, se gouvernant en homme de bien, ne l'a point abandonnée, ains* l'a bien vouluë telle qu'il l'avoit faicte. En quoy il me semble grandement loüable, veu la corruption depravée de la jeunesse du temps present. Non pas que pour cela je vueille excuser la premiere faulte, qui l'accuse tacitement, d'un rapt, pour le regard de la fille[2], et de subornation en l'endroit de la mere. — Et point, point (dist Dagoucin) il n'y a rapt, ny subornation : tout s'est faict de pur consentement, tant du costé des deux meres, pour ne l'avoir empesché, bien qu'elles ayent esté deceuës, que du costé de la fille, qui s'en est bien trouvée : aussi ne s'en est elle jamais plaincte. — Tout cela n'est procédé, dist Parlamente, que de la grande bonté et simplicité de la marchande, qui sous tiltre de bonne foy mena, sans y penser, sa fille à la boucherie. — Mais aux nopces[3], dist Simontault : tellement que ceste simplicité ne fut moins profitable à la fille, que dommageable à celle, qui se laissoit trop aiséement tromper par son mary[4]. — Puis que vous en sçavez le compte, dist Nomerfide, je vous donne ma voix, pour nous le reciter. — Et je n'y ferai faulte, dist Simontault,][5]

*le monde auroient bien souvant manty. — Je vous prye
Nomerfide, dict Gueburon, que je vous donne ma voix, et
combien que vous estes femme, pour sçavoir quelle gens
estimés veritables disans de leurs follies. — Puisque la
verité me y contrainct et que vous me donnez le rang,
dict Nomerfide, j'en diray ce que j'en sçay. Je ne oy nul
ne nulle de nous qui se soict espargnée à parler au desad-
vantaige des cordelliers*, et pour la pityé que j'en ay, je
suys deliberée par le conte que je vous voys faire d'en
dire du bien[1].*

En la maison de Sedan arriva ung cordellier pour
demander à madame de Sedan[2], qui estoict de la maison
de Corny, ung pourceau gras que tous les ans elle leur
donnoit pour aumosne. Monsieur de Sedan qui estoict
homme saige et parloit plaisamment feit manger le beau
pere* à sa table. Et entre autres propos luy dict pour le
mectre aux champs[3] : « Beau pere, vous faictes bien de
faire voz questes tandis qu'on ne vous congnoist poinct
car j'é peur que si une foys vostre hipocrisye est descouverte vous n'aurez plus le pain des pauvres enfans acquis
à la sueur des peres[4]. » Le cordellier ne s'estonna* poinct
de ses propos, mais luy dict : « Monsieur, nostre religion*
est si bien fondée que tant que le monde sera monde elle
durera, car nostre fondement ne fauldra jamais tant qu'il
y aura homme sur la terre ne femme » Monsieur de
Sedan desirant sçavoir sur quel fondement estoict leur
vie assignée le prya bien fort de luy voulloir dire. Le
cordellier après plusieurs excuses luy dict : « Puis qu'il
vous plaist me commander de le dire, vous le sçaurez.
Sachez monsieur que nous sommes fondez sur la folie
des femmes, et tant qu'il y aura femme fole ou sotte au
monde nous ne mourrons poinct de faim. » Madame de
Sedan qui estoict femme fort collere, oyant ceste parolle,

se courouça si fort que si son mary n'y eust esté, elle eust faict faire desplaisir au cordellier ; et jura ung bon serment qu'il n'auroict jà le pourceau qu'elle luy avoict promis. Mais monsieur de Sedan, voyant qu'il n'avoict poinct dissimulé la verité, jura qu'il en auroict deux et les feyt porter à son couvent.

« *Voylà commant le cordellier estant seur que le bien des dames ne luy pouvoict faillir**, *trouva façon, pour ne dissimuller la verité, d'avoir la grace et l'aumosne des hommes. S'il eust esté flateur et dissimullateur, il eust esté plus plaisant aux dames, mais non si proffitable à luy et aux siens.* » *La nouvelle ne fut pas achevée sans faire rire la compaignie, et principallement ceulx qui congnoissoient le seigneur et la dame de Sedan. Et Hircan dict :* « *Les cordelliers ne devroient jamais prescher pour faire les femmes saiges veu que leur follie leur sert tant.* » *Ce dict Parlamante :* « *Ilz ne les preschent pas d'estre saiges mais bien de le cuyder* estre. Car celles qui sont du tout* mondaines* et folles* ne leur donnent pas grandes aumosnes, mais celles qui pour frequenter leur couvent et porter de leurs paternostres* marquées de teste de mort, et leurs cornetes plus basses que les autres, cuident estre les plus saiges, sont celles que l'on peult dire folles car elles constituent* leur salut en la confiance qu'elles ont en la saincteté des inicques que pour ung peu d'apparence sainte elles estiment demy dieux*[1]. — *Mais qui se garderoict de croire à eulx, dict Ennasuyte, veu qu'ilz sont ordonnez de noz prelatz pour nous prescher l'Evangille*[2] *et pour nous reprandre de noz vices ? — Ceulx, dict Parlamante, qui ont cogneu leur hipocrisye et qui congnoissent la difference de la doctrine de Dieu et de celle du diable. — Jesus*[3], *dict Ennasuyte, penserez-vous bien que ces gens là ausassent prescher*

une mauvaise doctrine ? — Commant penser ? dict Parla-
mante, mais je suis seure qu'ilz ne croyent rien moings
que l'Evangille. J'entendz les mauvais, car j'en congnoys
beaucoup de gens de bien qui preschent purement et sim-
plement l'Escripture[1] et vivent de mesme sans scandalle,
sans ambition ne convoitise, en chasteté et pureté non
faincte ne contraincte. Mais de ceulx là ne sont pas tant
les rues pavées que marquées de leurs contraires. Et "au
fruict congnoist on le bon arbre[2]". — En bonne foy, je
pensoys, dict Ennasuyte, que nous feussions tenuz sur
peur de pesché mortel de croire tout ce qu'ilz nous disent
en chaire de verité. — C'est quand ilz ne parlent que de
ce qui est en la Saincte Escripture, dict Oysille, ou qu'ilz
alleguent les expositions des saincts docteurs divine-
ment inspirez[3]. — Quand* est de moy, dict Parlamante,
je ne puys ignorer qu'il n'y en ayt entre eulx de tresmau-
vaise foy car je sçay bien que ung d'entre eulx, docteur
en theologie nommé Colimant[4], grand prescheur et pro-
vincial de leur ordre, voulut persuader à plusieurs de ses
freres que l'Evangille n'estoict non plus croiable que les
Commantaires de Cesar et autres histoires escriptes par
autheurs autanticques. Et depuis l'heure que je l'entendis,
ne voulus croyre en parolles de prescheur se je ne la
trouve conforme à la parolle de Dieu qui est la vraye
touche[5] pour sçavoir les parolles vrayes ou mensongeres.
— Croyez, dict Oisille, que ceulx qui humblement et sou-
vant la lisent ne seront jamais trompez par fables ny par
inventions humaines car qui a l'esprit remply de verité
ne peult recevoir la mensonge. — Si me semble il, dict
Simontault, que une simple personne est plus aisée à
tromper que une autre. — Oy bien, dict Longarine, si
vous estimez sotise estre simplicité. — Je vous dictz, dict
Simontault, qu'une femme bonne, doulce et simple est
plus aisée à tromper que une fine et malicieuse. — Je

*pense, dict Nomerfide, que vous en sçavez quelc'une trop
plaine de telle bonté. Parquoy je vous donne ma voix
pour la dire. — Puisque vous l'avez si bien deviné, dict
Simontault, je ne fauldray* à la vous dire, mais*¹ que
vous promettiez de ne pleurer point. Ceux, qui disent,
mes dames, que vostre malice* passe celle des hommes,
auroient bien à faire de mettre un tel exemple en avant
que celuy, que maintenant je vous vay racompter : où je
pretends non seulement vous declarer la grande malice
d'un mary, mais aussi la tresgrande simplicité et bonté
de sa femme. »*

Un mary baillant les Innocens² à sa chambriere
trompoit la simplicité de sa femme.

NOUVELLE QUARANTECINQIESME

En la ville de Tours y avoit un homme de fort subtil et
bon esprit, lequel estoit tapissier de feu monsieur le Duc
d'Orleans³ fils du Roy François premier. Et combien que
ce tapissier par fortune de maladie fust devenu sourd, si
n'avoit il diminué son bon entendement : car il n'y en
avoit point de plus subtil de son mestier : et d'autres choses, vous verrez comment il s'en sçavoit aider. Il avoit
espousé une honneste et femme de bien, avec laquelle il
vivoit en grand paix et repos. Il craignoit fort à luy desplaire, elle aussi ne cherchoit que à luy obeïr en toutes
choses. Mais avec la bonne amitié qu'il luy portoit, estoit
si charitable⁴, que souvent il donnoit à ses voisines ce
qui apartenoit à sa femme, combien que ce fust le plus
secrettement qu'il pouvoit. Ils avoient en leur maison une
chambriere fort en bon point*, de laquelle le tapissier

devint amoureux : toutesfois craignant que sa femme le
sceust, faisoit souvent semblant* de la tancer et reprendre,
disant que c'estoit la plus paresseuse garse* que jamais il
avoit veuë, et qu'il ne s'en esbahissoit pas, veu que sa
maistresse jamais ne la battoit. Et un jour qu'ils parloient
de donner les Innocens[1], le tapissier dist à sa femme :
« Ce seroit belle aumosne de les donner à ceste paresseuse garse, que vous avez : mais il ne faudroit pas que
ce fust de vostre main, car elle est trop foible, et vostre
cueur trop piteux*. Si* est-ce que si je voulois employer
la mienne, nous serions mieux serviz d'elle, que nous ne
sommes. » La pauvre femme, qui n'y pensoit en nul mal,
le pria d'en vouloir faire l'execution, confessant qu'elle
n'avoit le cueur ne la force pour la battre. Le mary, qui
accepta volontiers ceste commission, faisant le rigoureux
bourreau, feit acheter des verges des plus fines qu'il peult
trouver. Et pour monstrer le grand desir qu'il avoit de ne
l'espargner point, les feit tremper dedans de la saumure,
en sorte, que la pauvre femme eut plus de pitié de sa
chambriere, que de doute de son mary. Le jour des Innocens venu, le tapissier se leva de bon matin, et s'en alla
en la chambre haute, où la chambriere estoit toute seule :
et là luy bailla les Innocens d'autre façon qu'il n'avoit
dict à sa femme. La chambriere se print fort à plorer :
mais rien ne luy valut. Toutesfois de peur que sa femme
y survint commença à frapper des verges sur le bois du
lict tant qu'il les escorcha et rompit, et ainsi rompuës les
apporta à sa femme, luy disant : « M'amie, je croy qu'il
souviendra des Innocens à vostre chambriere. » Après
que le tapissier s'en fut allé hors de la maison, la chambriere se vint jetter à deux genoux devant sa maistresse,
luy disant que son mary luy avoit faict plus grand tort
que jamais on feit à chambriere. Mais la maistresse, cuidant* que ce fust à cause des verges qu'elle pensoit luy

avoir esté données, ne la laissa pas achever son propos :
mais luy dist : « Mon mary a bien faict : car il y a plus
d'un moys, que je suis après luy pour l'en prier, et si vous
avez eu du mal, j'en suis bien aise : ne vous en prenez
qu'à moy : et encores n'en a il pas tant faict qu'il devoit. »
La chambriere, voyant que sa maistresse approuva un tel
cas, pensa que ce n'estoit pas un si grand peché qu'elle
cuidoit, veu que celle que l'on estimoit tant femme de
bien en estoit l'occasion, et n'en osa plus parler depuis : et
le maistre voyant que sa femme estoit aussi contente d'estre trompée, que luy de la tromper, delibera de la contenter souvent, et gaigna si bien ceste chambriere, qu'elle ne
ploiroit plus pour avoir¹ les Innocens.

Il continua ceste vie longuement, sans que sa femme
s'en apperceust, tant que les grandes neiges² vindrent*.
Et tout ainsi que le tapissier avoit donné les Innocens à
sa chambriere sur l'herbe en son jardin, il luy en voulut
donner sur la neige. Et un matin avant que personne fust
eveillé en sa maison, la mena tout en chemise faire le
crucifix sur la neige, et en se joüant tous deux à se bailler
de la neige l'un à l'autre, n'oublierent le jeu des Innocens. Ce qu'advisa une de leurs voisines, qui s'estoit mise
à la fenestre, qui regardoit* tout droict sur le jardin, pour
veoir quel temps il faisoit, et voyant ceste vilennie, fut si
courroucée, qu'elle se delibera de le dire à sa bonne commere*, à fin qu'elle ne se laissast plus tromper d'un si
mauvais mary, ne servir d'une si meschante garse*. Le
tapissier après avoir faict tous ses beaux jeux, regarda à
l'entour de luy si personne ne l'avoit veu, et advisa sa
voisine à la fenestre, dont il fut fort marry* : mais luy qui
sçavoit donner couleur à toute tapisserie, pensa si bien
colorer ce faict³, que sa commere seroit aussi bien trompée
que sa femme : et si tost qu'il fut recouché feit lever du
lict sa femme en chemise, et la mena au jardin où il avoit

mené sa chambriere, et se joua long temps avec elle de la
neige, comme il avoit faict avec l'autre, et puis luy bailla
des Innocens, ainsi qu'à sa chambriere : et après s'en allerent tous deux coucher. Quand ceste bonne femme alla à
la messe, sa voisine et bonne amie ne faillit de s'y trouver, et du grand zele, qu'elle avoit, luy pria, sans luy en
vouloir dire d'avantage, qu'elle voulust chasser sa chambriere, et que c'estoit une tres-mauvaise et dangereuse
garse. Ce qu'elle ne voulut faire, sans sçavoir pourquoy
sa voisine l'avoit en si mauvaise estime : qui à la fin luy
compta comme elle l'avoit veuë au matin en son jardin
avec son mary. La bonne femme se print bien fort à rire,
en luy disant : « Helas ! ma commere* m'amie, c'estoit
moy. — Comment, ma commere ? dist l'autre, elle estoit
toute en chemise au matin environ les cinq heures. » La
bonne femme luy respondit : « Par ma foy, ma commere,
c'estoit moy. » L'autre continuant son propos : « Ils se
bailloient, dist elle, de la neige l'un à l'autre, puis aux
tetins, puis en autre lieu, aussi privéement* qu'il estoit
possible. » La bonne femme luy dist : « He, he, ma commere, c'estoit moy. — Voire, ma commere ! ce dist
l'autre : mais je les ay veuz sur la neige faire telle chose
et telle, qui me semble n'estre belle ny honneste. — Ma
commere, dist l'autre, je le vous ay dict, et le dy encores,
que c'estoit moy, et non autre, qui ay faict tout ce que
vous me dictes : mais mon mary et moy joüons ainsi privéement. Je vous prie ne vous en scandalisez point : car
vous sçavez que nous devons complaire à noz mariz. »
Ainsi s'en retourna la commere plus desirante d'avoir un
tel mary, qu'elle n'estoit à venir[1] *d'amander* celuy[a] de sa
bonne commere. Et quand le tapissier fut retourné, sa

---

a. venir demander celuy *Gruget* ; sen venir demander *ms. de contrôle* ; *nous corrigeons d'après BNF fr. 1522.*

femme luy feit le compte tout au long de sa commere.
« Or regardez, m'amye (respondit le tapissier) si vous
n'estiez femme de bien et de bon entendement, long
temps a que nous fussions separez l'un de l'autre : mais
j'espere que Dieu nous conservera en nostre bonne amitié
à sa gloire, et à nostre contentement. — Amen, mon amy,
dist la bonne femme. J'espere que de mon costé vous
n'y trouverez jamais faulte. »

« Celuy seroit bien incredule, mes dames, qui après
avoir veu une telle et si veritable histoire, jugeroit qu'il y
eust en vous telle malice, que aux hommes : combien que
sans faire tort à nul, pour bien loüer à la verité l'homme et
la femme, l'on ne peult faillir* de dire que l'un et l'autre
ne vault rien. — C'est homme là, dist Parlamente, estoit
merveilleusement* mauvais. Car d'un costé il trompoit
sa chambriere, et de l'autre sa femme. — Vous n'avez
pas donc bien entendu* le compte, dist Hircan, pource
qu'il est dict, qu'il les contenta toutes deux en une mati-
née, que je trouve un grand acte de vertu, tant au corps
qu'à l'esprit, de sçavoir dire et faire *chose qui rendict*
deux contraires contens. — En cela, respondit Parlamente, il est doublement mauvais de satisfaire à la sim-
plesse de l'une par mensonge, et à la malice* de l'autre
par son vice. Mais j'entends* bien que ces pechez là, mis
devant tel juge que vous, seront tousjours pardonnez. —
Si* vous asseuray-je, dist Hircan, que je ne feray jamais
si grande ne si difficile entreprinse. Car mais* que je
vous rende *contente*, je*a* n'auray pas mal employé ma
journée. — Si l'amour reciproque, dist Parlamente, ne
contente le cueur, toute autre chose ne le peult contenter.
— De vray, dist Simontault, je croy, qu'il n'y a au monde

a. rende compte je

plus grande peine, que d'aimer, et n'estre point aimé. — *Il fauldroit pour estre aymé (dict Parlamante) s'adresser aux lieux qui ayment ; mais bien souvant celles qui sont les moins aymées sont celles qui veullent aymer, et ceulx qui sont les moins aymés aiment plus fort.*

[— Je vous en croy, dist Oisille, et si me souvient à ce propos[1] d'un compte, que je n'avois deliberé* de mettre au rang des bons : toutesfois, puis qu'il vient à propos, je suis contente de m'en acquiter. »

D'un cordelier, qui faict grand crime
envers les mariz de battre leurs femmes.

NOUVELLE QUARANTESIXIESME[2]

En la ville d'Angoulesme, où se tenoit souvent le Comte Charles[3] pere du roy François, y avoit un cordelier nommé de Valles, homme sçavant, et fort grand prescheur, en sorte que les advents[4] il prescha en la ville devant le Comte : dont sa reputation augmenta encores d'avantage. Si advint que durant les advents, un jeune estourdy de la ville, ayant espousé une assez belle jeune femme, ne laissoit pour cela de courir par tout autant et plus dissolument, que les non mariez. Dequoy la jeune femme advertie, ne se pouvoit taire, tellement que bien souvent en passant elle en recevoit ses gages[5] plustost, et d'autre façon qu'elle n'eust voulu : et toutesfois elle ne laissoit pour cela de continuer en ses lamentations, et quelques fois jusques à injures : parquoy le jeune homme s'irrita en sorte qu'il la battit à sang et marque, dont elle se print à crier plus que devant : et pareillement ses voisines, qui sçavoient l'occasion, ne se pouvoient taire, ains crioyent publiquement par les rües, disans : « Et fy, fy de tels mariz : au diable, au diable. » De bonne encontre le cordelier de Valles passoit par là, qui entendit le bruit et l'occasion : si se delibera* d'en toucher un mot le lendemain à sa predication, comme il n'y faillit* pas : car faisant venir à propos le mariage et l'amitié, que nous y devons garder, il le collauda* grandement, blasmant les infracteurs d'iceluy, et faisant comparaison de l'amour conjugale à l'amour paternelle. Et si* dist entre autres choses, qu'il y avoit plus de danger et plus griefve punition à un mary de battre sa femme, que de battre son pere ou sa mere : « car (dist il) si vous battez vostre pere ou vostre mere, on vous envoyra pour penitence à Rome : mais si vous battez vostre femme, elle et toutes ses voisines vous envoyront à tous les diables, c'est à dire, en enfer. Or regardez quelle difference il y a entre ces deux penitences : car de Rome on en revient ordinairement : mais d'enfer, oh, on n'en revient point, *nulla est redemptio*[1]. »

Depuis ceste predication il fut adverty, que les femmes faisoient leur Achilles[2] de ce qu'il avoit dict, et que les mariz ne pouvoient plus chevir* d'elles : à quoy il s'advisa de mettre ordre, comme à l'inconvenient* des femmes. Et pour ce faire, en l'un de ses sermons, il accompara les femmes aux diables, disant, que ce sont les deux plus grands ennemis de l'homme, et qui le tentent sans cesse, et desquels il ne se peult depestrer, et par especial de la femme : « car (dist il) quant aux diables, en leur monstrant la croix, ils s'enfuyent, et les femmes, tout au rebours : c'est cela[3], qui les aprivoise*, qui les faict aller et courir, et qui faict qu'elles donnent à leurs mariz infinité de passions*. Mais sçavez vous, que vous y ferez, bonnes gens ? quand vous verrez, que voz femmes vous tourmenteront ainsi sans cesse, comme elles ont accoustumé, demanchez la croix, et du manche[4] chassez les au loing : vous n'aurez point faict trois ou quatre fois ceste experience vivement, que ne vous en trouviez bien : et verrez que, tout ainsi que l'on chasse le diable en la vertu de la croix, aussi chasserez vous, et ferez taire voz femmes en la vertu du manche de ladicte croix, pourveu qu'elle n'y soit plus attachée. »

« Voilà une partie des predications de ce venerable de Valles, de la vie duquel je ne vous feray autre recit, et pour cause : mais bien vous diray-je, quelque bonne mine qu'il feit (car je l'ay cogneu) qu'il tenoit beaucoup plus le party des femmes, que celuy des hommes. — Si* est ce, ma dame, dist Parlamente, qu'il ne le monstra pas à ce dernier sermon, donnant instruction aux hommes de les mal traicter. — Or vous n'entendez pas sa ruze, dist Hircan : aussi n'estes vous pas exercitée* à la guerre, pour user des stratagemes y requis, entre lesquels, cestuy cy est un des plus grands, sçavoir est, mettre sedition civile dans le camp de son ennemy : pour ce que lors il est trop plus aisé à vaincre. Aussi ce maistre moyne cognoissoit bien, que la hayne et courroux de entre le mary

et la femme sont le plus souvent cause de faire lascher la bride à
l'honnesteté des femmes, laquelle honnesteté s'emancipant de la
garde de la vertu, se trouve plustost entre les mains des loups,
qu'elle ne pense estre egarée. — Quelque chose qu'il en soit, dist
Parlamente, je ne pourrois aimer celuy qui auroit mis divorse entre
mon mary et moy, mesmement* jusques à venir à coups : car au
battre fault* l'amour. Et toutesfois (à ce que j'en ay ouy dire) ils
font si bien les chatemites[1], quand ils veullent avoir quelque avantage sur quelqu'une, et sont de si attraiante maniere en leurs propos, que je croirois bien qu'il y auroit plus de danger de les
escouter en secret, que de recevoir publiquement des coups d'un
mary, qui au reste* de cela seroit bon. — A la verité, dist Dagoucin, ils ont tellement descouvert leurs menées de toutes parts, que
ce n'est point sans cause, que l'on les doit craindre, combien qu'à
mon opinion la personne, qui n'est point soupçonneuse, est digne
de louange.]

— *Vous me faictes souvenir (dict Oisille) d'un compte
que je n'avoys pas deliberé de mectre au rand des bons.
— Je vous prye (dict Simontault) que vous nous le dictes.
— Et je le feray voulluntiers (dict Oisille)*[2]. »

*En la ville d'Angoulesme où se tenoit souvant le conte
Charles, pere du roy François, y avoict ung cordellier
nommé de Valé, estimé homme sçavant et fort grand
prescheur, en sorte qu'un avant prescha en la ville devant
le conte*[3]. *Dont il acquist si grand bruict que ceulx qui le
congnoissoient le convioent à grand requeste à disner*
*en leur maison ; et entre autres ung qui estoit juge des
exemptz*[4] *de la conté, lequel avoit espouzé une belle et
honneste femme, dont le cordellier fut tant amoureux
qu'il en mouroit. Mais il n'avoit la hardiesse de luy dire.
Dont elle qui s'en apperceut s'en mocquoit tresfort. Après
qu'il eut faict plusieurs contenances de sa folle* intention, l'avisa un jour qu'elle montoit en son garnier*
toute seule, et cuydant la surprendre monta avecques*

elle. Mais quand elle ouyt le bruict, elle se retourna, et
luy demanda où il alloit. « Je m'envoys, dict il, après
vous pour vous dire quelque chose en secret. — N'y venez
poinct beau pere*, dict la jugesse, car je ne veulx point
parler à telles gens que vous en secret. Et si vous montez
plus avant de ce degré*, vous vous en repentirez. » Luy
qui la voioyt seule ne tint compte de ses parolles, mais
se hasta de monter. Elle, qui estoit femme de bon esprit,
le voyant au hault du degré, luy donna ung coup de pied
par le ventre, en luy disant : « Monsieur de Valé, deva-
lez », et le gecta du hault en bas. Dont le pauvre beau
pere fut si honteux qu'il oublia le mal qui s'estoit faict à
choir et s'en fuyt le plus tost qu'il put, car il pensoit bien
qu'elle ne le scelleroit pas à son mary (ce qu'elle ne
feist, ne au conte ny à la contesse) ; parquoy le cordellier
ne se ausa plus trouver devant eulx.

   Et[1] pour parfaire* sa malice* s'en alla chez une
damoiselle* qui aimoyt les cordelliers sur toutes gens ;
et après avoir presché ung sermon ou deux devant elle,
advisa sa fille qui estoit fort belle. Et pource qu'elle ne
se levoit poinct matin pour venir au sermon, la tansoit
souvant devant sa mere, qui luy disoit : « Mon pere, plut
à Dieu qu'elle eust ung peu tasté des disciplines* que
entre vous religieux prenez. » Le beau pere luy jura
que, si elle estoict plus si paresseuse, qu'il luy en baille-
roit ; dont la mere le pria bien fort. Et quand ce vint au
bout d'un jour ou de deux, le beau pere entra en la chambre de madamoiselle et ne voyant poinct sa fille, luy
demanda où elle estoict. Et la damoiselle luy dict : « Elle
vous crainct si peu que je croys qu'elle est encores au
lict. — Sans faulte, madamoiselle, dict le cordellier,
c'est une tresmauvaise coustume à jeunes filles d'estre
paresseuses. Peu de gens font conscience du pesché de
paresse, mais quand à moy je l'estime l'un des plus

*dangereux qui soient tant pour le corps que pour l'ame.
Parquoy vous l'en devez bien chastier. et si vous m'en
donniez la charge, je la garderoys bien d'estre au lict à
l'heure qu'il fault prier Dieu. »* La pauvre damoiselle,
cuidant* qu'il feust homme de bien, le pria de la voulloir
coriger. Ce qu'il feyt incontinant ; et en montant en
hault par ung petit degré* de boys trouva la fille toute
seulle dans le lict qui dormoit bien fort, et toute endormie la print par force. La pauvre fille en s'esveillant ne
sçavoit si c'estoict homme ou diable. Si se print à crier
tant qu'il luy fut possible, appellant sa mere à l'aide.
Laquelle, du bout du degré, cryoit au cordellier : *« N'en
ayez poinct de pitié, monsieur. Donnez luy en encores
et chastiez ceste mauvaise garce. »* Et quand le cordellier
eut parachevé sa meschante volunté descendict où estoict
la damoiselle et luy dict avecques ung visaige tout
enflammé : *« Je croy, madamoiselle, qu'il souviendra à
vostre fille de ma discipline*. »* La mere, après l'avoir
remercié bien fort, monta en la chambre où estoit sa
fille, qui menoit ung tel dueil que doit faire une femme
de bien à qui ung tel cas estoit advenu. Et quand elle
sceut la verité, feist chercher le cordellier partout, mais
il estoit desja bien loing, et oncques* puys ne fut trouvé
au royaume de France.

*« Vous voiez, mes dames, quelle seureté il y a à bailler
telles charges à ceulx qui ne sont pour bien en user. La
corection des hommes appartient aux hommes et des
femmes aux femmes. Car les femmes à coriger les hommes
seroient aussi piteuses* que les hommes à coriger les
femmes seroient cruelz. — Jhesus[1] ! madame (dict Parlamante) que voilà ung meschant et vilain cordellier. —
Mais dictes plustost (dict Hircan) que s'estoit une folle
et sotte mere qui soubz couleur d'ipocrisie[2] donnoit tant*

de privaulté à ceulx que l'on ne doit jamais veoir qu'en
l'eglise. — Vrayement (dict Parlamante) je la confesse
l'une des plus sottes meres qui jamais fut ; et s'elle eust
esté aussi saige que la jugesse, elle luy eust plustost faict
descendre le degré* que monter. Mais que voulez vous, ce
diable de midy[1] *est le plus dangereux de tous, car il se*
sçait si bien transfigurer en ange de lumiere que l'on faict
conscience de les soupsonner telz qu'ilz sont ; et me
semble que la personne qui n'est poinct soupsonneuse
doit estre louée. — Toutesfois, dist Oisille, on doit soupçonner le mal, qui est à eviter, *principalement ceulx qui*
ont charge : car il vault mieux soupçonner le mal, qui
n'est point, que de tomber par sotement croire en celuy,
qui est[2]. De ma part, je n'ay jamais veu femme trompée,
pour estre tardive à croire la parole des hommes : mais
ouy bien plusieurs, pour trop promptement adjouster foy
à leur mensonge. Parquoy je dy, que le mal, qui peult
advenir, ne se peult jamais trop soupçonner de ceux, qui
ont charge d'hommes, femmes, villes, et estats. Car encores quelque bon guet que l'on face, la meschanceté et les
trahisons regnent assez : et le pasteur, qui n'est vigilant,
sera tousjours trompé par les finesses du loup[3]. — Si est-
ce, dist Dagoucin, que la personne soupçonneuse ne peult
entretenir un parfaict amy : et assez sont separez pour un
soupçon seulement. — Si vous en sçavez quelque exemple, dist Oisille, je vous donne ma voix pour le dire. —
J'en sçay un si veritable, dist Dagoucin, que vous prendrez plaisir à l'ouïr. Je vous diray, mes dames, ce qui
plus facilement rompt une bonne amitié : c'est, quand la
seureté de l'amitié commence à donner lieu au soupçon.
Car ainsy que croire l'amy, est le plus grand honneur,
qu'on luy puisse faire : aussi se douter* de luy, est le
plus grand deshonneur : pource que par cela on l'estime autre, que l'on ne veult qu'il soit : qui est cause de

rompre beaucoup de bonnes amitiez, et rendre les amis ennemis : comme vous verrez par le compte, que je vous vay faire. »

Un gentil-homme du Perche, soupçonnant à tort l'amitié de son amy, le provocque à executer contre luy la cause de son soupçon.

NOUVELLE QUARANTESEPTIESME

Auprès du païs du Perche y avoit deux gentils-hommes, qui dès le temps de leur enfance avoient vescu en si grande et parfaicte amitié, que ce n'estoit qu'un cueur, une maison, un lict, une table, et une bourse d'eux deux. Ils vesquirent long temps continuans ceste parfaicte amitié, sans que jamais il y eust entre eux deux une seule volonté ou parole où l'on peust veoir difference des personnes, tant que non seulement ils vivoient comme deux freres, mais comme un homme tout seul. L'un des deux se maria : toutesfois pour cela ne laissa il à continuer sa bonne amitié, et de tousjours vivre avec son bon compagnon, comme il avoit accoustumé. Et quand ils estoient en quelque logis estroit, ne laissoit* à le faire coucher avec sa femme et luy[1] : il est bien vray qu'il estoit au milieu. Leurs biens estoient tout en commun, de sorte que pour le mariage ne cas qui peust advenir, ne sceust estre empeschée ceste parfaicte amitié. Mais au bout de quelque temps la felicité de ce monde (qui avec soy porte une mutabilité) ne peult durer en la maison, qui estoit trop heureuse. Car le mary oubliant la seureté qu'il avoit en son amy, sans nulle occasion print un tresgrand soupçon de luy et de sa femme : à laquelle il ne peult dissimuler, et luy en tint quelque fascheux propos, dont elle fut fort estonnée : car il luy avoit commandé de faire en toutes choses, hors mis une, aussi bonne chere* à son compagnon comme à soy : et neantmoins luy deffendoit de parler à luy, si elle n'estoit en grande compagnie. Ce qu'elle feit entendre au compagnon de son mary, lequel ne la creut pas, sçachant tres-bien qu'il n'avoit pensé ny faict chose, dont son compagnon deust estre marry* : et ainsi qu'il avoit accoustumé de ne luy celer rien, luy dist ce qu'il avoit entendu, le priant de ne luy en celer la verité. Car il ne vouloit en cela ny en autre chose, luy donner occasion de rompre l'amitié, qu'ils avoient longue-ment entretenuë. Le gentil-homme mary l'asseura qu'il n'y avoit jamais pensé, et que ceux, qui avoient semé ce bruit, avoient meschantement menty. Son compagnon luy dist : « Je sçay bien que la jalousie est une passion aussi importable*, comme l'amour, et quand vous auriez ceste opinion, et fust-ce de moy-mesme, je ne vous en donne point tort : car vous ne vous en sçauriez garder. Mais d'une chose, qui est en vostre puissance, aurois-je occa-sion de me plaindre, c'est que me vousissiez* celer vostre maladie, veu que jamais passion* ou opinion, que vous ayez euë, ne m'a esté cachée. Pareillement de moy, si j'estois amoureux de vostre femme, vous ne me le devriez point imputer à meschanceté : car c'est un feu, que je ne tiens pas en ma main, pour en faire à mon plaisir. Mais si je le vous celois, et cherchois de faire cognoistre à vostre femme par demonstrance* mon amitié, je serois le plus meschant compagnon qui oncques* fut. De ma part je vous asseure bien, que combien qu'elle soit honneste et femme de bien, c'est la personne que je vey oncques (encore qu'elle ne fust vostre femme) où ma fantasie s'adonneroit aussi peu. Mais jaçoit* qu'il n'y ait point d'occasion, je vous requiers, que si en avez le moindre sentiment de soupçon, qui puisse estre, que vous me le dictes, à celle fin, que j'y donne tel ordre, que nostre amitié, qui a tant duré, ne se rompe pour une femme : car quand je l'aymerois plus que toutes les choses du monde, si* ne parlerois-je jamais à elle, pource que je prefere vostre amour à tout autre. » Son compagnon luy jura par les plus grands sermens, qui luy furent possibles, que jamais n'y avoit pensé, et le pria de faire en sa maison comme il avoit accoustumé. L'autre luy respondit : « Puis que vous le voulez, je le feray : mais je vous prie, que, si après cela vous avez opinion de moy, et que le me dissimuliez, ou que le trouviez mauvais, je ne demeure jamais en vostre compagnie. »

Au bout de quelque temps, qu'ils vivoient tous deux, comme ils avoient accoustumé, le gentil-homme marié rentra en son soupçon plus que jamais, et commanda à sa femme qu'elle ne luy feist plus le visage qu'elle avoit accoustumé. Ce qu'elle dist au compagnon de son mary, le priant de luy mesme se vouloir abstenir de parler plus à elle : car elle avoit commandement d'en faire autant de luy. Le gentil-homme entendit par la parole d'elle, et par quelques contenances qu'il voioit faire à son compagnon, qu'il ne luy avoit pas tenu promesse : parquoy luy dist en grande colere : « Si vous estes jaloux, mon compagnon, c'est chose naturelle : mais après les sermens que vous en avez faicts, je ne me puis contenter de ce que me l'avez tant celé. Car j'ay tousjours pensé, qu'il n'y eust entre vostre cueur et le mien un seul moyen* ny obstacle : mais à mon tresgrand regret, et sans qu'il y ait de ma faulte, je voy le contraire, par ce que non seulement vous estes bien fort jaloux de vostre femme et de moy, mais le me voulez couvrir*, à fin que vostre maladie dure si longuement, qu'elle tourne du tout* en haine : et ainsi que l'amour a esté la plus grande que l'on ait veuë de nostre temps, l'inimitié soit la plus mortelle. J'ay faict ce

que j'ai peu pour eviter cest inconvenient*, mais puis que
vous me soupçonnez si meschant, et le contraire de ce
que je vous ay tousjours esté, je vous jure et promects
ma foy, que je *seray* tel[a] que vous m'estimez, et ne ces-
seray jamais jusques à ce que j'aye eu de vostre femme
˄e que cuidez* que j'en pourchasse : et doresenavant gardez vous de moy. Car puis que le soupçon vous a separé
de mon amitié, le despit me separera de la vostre. » Et
combien que son compagnon luy voulust faire croire le
contraire, si* est-ce qu'il n'en creut *plus* rien[b], et retira
sa part des meubles et biens, qui estoient en commun, et
furent avecques leurs cueurs aussi separez, qu'ils avoient
esté uniz : en sorte que le gentil-homme, qui n'estoit point
marié, ne cessa jamais qu'il n'eust faict son compagnon
coqu, comme il luy avoit promis.

« Ainsi en puisse il prendre, mes dames, à ceux qui à
tort soupçonnent mal de leurs femmes. Car plusieurs sont
cause de les faire telles, qu'ils les soupçonnent : pource
qu'une femme de bien est plustost vaincuë par un desespoir, que par tous les plaisirs du monde. Et qui dict que le
soupçon est amour, je luy nie : car combien qu'il en sorte,
comme la cendre du feu, ainsi le tue il. — Je ne pense
point, dist Hircan, qu'il soit un plus grand desplaisir à
homme ou à femme, que d'estre soupçonné du contraire
de la verité. Et quant à moy, il n'y a chose, qui tant me
feist* rompre la compagnie de mes amis, que ce soupçon
là. — Si* n'est-ce pas excuse raisonnable, dist Oisille, à
une femme, de se venger du soupçon de son mary à la
honte de soy-mesme. C'est faict comme celuy, qui ne pouvant tuer son ennemy, se donne un coup d'espée au travers

a. je suis tel
b. creut pas rien

du corps, ou ne le pouvant esgratigner, se mord les doigts. Mais elle eust faict plus sagement de ne parler jamais à luy, pour monstrer le tort à son mary qu'il avoit de la soupçonner : car le temps les eust tous deux rapaisez. — Si* estoit-ce faict en femme de cueur*, dist Emarsuitte : et si beaucoup de femmes faisoient ainsi, leurs mariz ne seroient pas si outrageux qu'ils sont. — Quoy qu'il y ait, dist Longarine, la patience rend en fin la femme victorieuse, et la chasteté loüable, et fault que là nous nous arrestions. — Toutesfois, dist Emarsuitte, une femme peult bien estre non chaste sans peché. — Comment l'entendez vous ? dist Oisille. — Quand elle en prend un autre pour mary, respondit Emarsuitte. — Et qui est la sotte, dist Parlamente, qui ne cognoist bien la difference de son mary ou d'un autre, en quelque habillement qu'il se puisse desguiser[1] ? — Il y en a eu, et encores y en a, dist Emarsuitte, qui ont esté trompées demeurans innocentes et incoupables* de peché. — Si vous en sçavez quelqu'une, dist Dagoucin, je vous donne ma voix, pour la dire : car je trouve bien estrange, que innocence et peché puissent estre ensemble. — Or escoutez doncques, dist Emarsuitte. Si par les comptes precedens, mes dames, vous n'estes assez adverties, qu'il faict dangereux loger chez soy, ceux qui nous appellent mondains*, et qui s'estiment estre chose saincte, et plus digne que nous : j'en ay bien voulu encores icy mettre un exemple, *affin que tout ainsi que j'entends quelques contes des faultes où sont tumbés ceulx qui s'y fyent, aussi souvant je les vous veulx mectre devant les yeux,* pour vous monstrer, qu'ils *ne sont non seulement* hommes comme les autres, *mais qu'ilz ont quelque chose diabolicque en eulx outre la commune malice* des hommes*[2] : comme vous verrez par ceste histoire[a]. »

a. un exemple pour vous monstrer, qu'ils sont hommes comme les autres, et autant malicieux* qu'eux : comme vous verrez par ceste histoire

Deux cordeliers*, une premiere nuict de nopces prindrent l'un après l'autre la place de l'espousé[1], dont ils furent bien chastiez.

NOUVELLE QUARANTEHUICTIESME

Dans un village au pays de Perigord, en une hostellerie, furent faictes unes nopces[2] d'une fille de leans*, où tous les parens et amis s'efforcerent faire la meilleure chere* qui leur estoit possible. Durant le jour des nopces arriverent leans deux cordeliers, ausquels on donna à souper en leur chambre, veu que ce n'estoit point leur estat d'assister aux nopces. Mais le principal d'eux, qui avoit plus d'authorité et de malice*, pensa puis qu'on le separoit de la table, qu'il auroit part au lict, et qu'il leur joüeroit un tour de son mestier[3]. Quand le soir fut venu, et que les dances commencerent, le cordelier par une fenestre regarda long temps la mariée, qu'il trouva fort belle, et à son gré. Et s'enquerant songneusement aux chambrieres, de la chambre où elle devoit coucher, trouva que c'estoit près de la sienne, dont il fut fort aise, faisant si bien le guet pour parvenir à son intention, qu'il veid desrobber la mariée, que les vieilles emmenerent, comme elles ont de coustume. Et pource que c'estoit de fort bonne heure, le marié ne voulut laisser la dance, mais y estoit si affectionné*, qu'il sembloit qu'il eust oublié sa femme. Ce que n'avoit pas faict le cordelier : car incontinent qu'il entendit, que la mariée fut couchée, se despouïlla de son habit* gris, et s'en alla tenir la place de son mary : mais de peur d'y estre trouvé, n'y arresta que bien peu, et s'en alla jusques au bout d'une allée où estoit son compaignon, qui faisoit le guet pour luy, lequel feit signe, que le marié dançoit encores. Le cordelier, qui n'avoit pas satisfaict à sa meschante concupiscence, s'en retourna de rechef, coucher avec la mariée, jusques à ce que son compaignon luy feit signe, qu'il estoit temps de s'en aller. Le marié se vint coucher, et sa femme, qui avoit esté tant tourmentée du cordelier, qu'elle ne demandoit que le repos, ne se peut tenir de luy dire : « Avez vous deliberé de ne dormir jamais, et ne faire que me tourmenter ? » Le pauvre mary, qui ne faisoit que de venir, fut bien estonné, et luy demanda quel tourment il luy avoit faict, veu qu'il n'avoit party de la dance. « C'est bien dancé, dist la pauvre fille, voicy la troisiesme fois que vous vous estes venu coucher : il me semble, que vous feriez mieux de dormir. » Le mary oyant ce propos fut fort estonné, et oublia toute chose pour entendre la verité de ce faict. Mais quand elle luy eut compté, soupçonna que c'estoient les cordeliers, qui estoient logez leans[*], et se leva incontinent, et alla en leur chambre, qui estoit tout auprès de la sienne. Et quand il ne les trouva point, se print à crier à l'aide, si fort, qu'il assembla tous ses amis : lesquels après avoir entendu le faict, luy aiderent avec chandelles, lanternes, et tous les chiens du village, à chercher les cordeliers. Et quand ils ne les trouverent point dans les maisons, feirent si bonne diligence, qu'ils les attraperent dans les vignes, et là furent traictez comme il leur appartenoit. Car après les avoir bien battuz, leur coupperent les bras et les jambes, et les laisserent dedans les vignes en la garde du dieu Bacchus et de Venus[1], dont ils estoient meilleurs disciples, que de saint François.

« Ne vous esbahissez point, mes dames, si telles gens separez de nostre commune façon de vivre, font des choses que des avanturiers[*] auroient honte de faire. Vous esmerveillez vous qu'ils ne font pis, quand Dieu retire sa main d'eux[2] ? Car l'habit ne fait pas tousjours le moyne[3], mais souvent par orgueil il le defait. *Et quand à moy, je m'arreste à la religion que dict saint Jaques : "avoir le ceur envers Dieu pur et nect et se excercer de tout son pouvoir à faire charité à son prochain*[1]*"*. — Mon Dieu, dist Oisille, ne serons nous jamais hors des comptes de ces *facheux cordeliers*[a] ? » Emarsuitte dist : « Si les dames, princes, et gentils-hommes ne sont point espargnez, il me semble que *les cordeliers ont grand honneur dont l'on daigne*[b] parler d'eux. Car la plus part d'entre eux sont si inutiles, que s'ils ne faisoient quelque mal digne de memoire, on n'en parleroit jamais. Et on dit vulgairement*, qu'il vault mieux mal faire, que ne rien faire. Et nostre boucquet sera plus beau, tant plus il sera remply de differentes choses. — Si vous me voulez promettre, dist Hircan, de ne vous corroucer point à moy, je vous en racompteray un *d'une grand dame si infame*[2], que[c] vous excuserez le pauvre cordelier, d'avoir prins sa necessité* où il la peut trouver, veu que celle qui avoit assez à manger, cherchoit sa friandise trop indiscretement*. — Puis que nous avons juré de dire la verité, dist Oisille, aussi avons nous de l'escouter. Parquoy vous pouvez parler en liberté : car les maux, que nous disons des hommes ou des femmes, ne sont point pour la honte particuliere de ceux desquels est faict le compte : mais pour oster l'estime et la confiance des creatures, en monstrant les miseres où elles sont subjectes, afin que nostre espoir s'arreste et s'appuye à celuy seul qui est parfaict, et sans lequel tout homme n'est que imperfection[3]. — Or doncques, dist Hircan, sans crainte je racompteray mon histoire. »

---

a. de ces moynes
b. semble qu'ils ne doivent tourner à desplaisir de ce qu'on daigne
c. un de deux personnes si confites en amour, que

Subtilité d'une comtesse, pour tirer secrettement
son plaisir des hommes : et comme elle fut decouverte.

NOUVELLE QUARANTENEUFIESME

En la court d'un Roy de France, nommé Charles (je
ne diray point le quantiesme[1], pour l'honneur de celle
dont je veux parler, laquelle aussi ne nommeray par son
nom propre) y avoit une comtesse de fort bonne maison,
mais estrangiere. Et pource que toutes choses nouvelles
plaisent, ceste dame à sa venue tant pour la nouvelleté de
son habillement, que pour la richesse dont il estoit plein,
estoit regardée d'un chacun. Et combien qu'elle ne fust
des plus belles, si avoit elle une grace avec une audace
tant bonne, qu'il n'estoit possible de plus : la parole et la
gravité de mesme, de sorte qu'il n'y avoit personne, qui
n'eust crainte à l'aborder, sinon le Roy qui l'ayma tresfort. Et pour parler à elle plus privement*, donna quelque
commission au comte son mary, en laquelle il demeura
longuement : et durant ce temps, le Roy feit grand chere*
avec sa femme. Plusieurs gentils-hommes du Roy, qui
cogneurent que leur maistre en estoit bien traicté, prindrent hardiesse de parler à elle, et entre autres un nommé
Astillon, qui estoit fort audacieux, et homme de bonne
grace. Au commencement elle luy tint une si grande gravité, le menassant de le dire au Roy son maistre, qu'il en
cuyda* avoir peur : mais luy, qui n'avoit accoustumé de
craindre les menaces d'un bien hardy capitaine, s'asseura des siennes, et la poursuyvit de si près qu'elle luy
accorda de parler à luy seule, luy enseignant la maniere
comme il devroit venir en sa chambre : à quoy il ne
faillit*. Et affin que le Roy n'en eust nul soupçon, luy

demanda congé d'aller en quelque voyage, et s'en partit
de la court. Mais dès la premiere journée laissa tout son
train, et s'en vint de nuict recevoir les promesses que la
comtesse luy avoit faictes : ce qu'elle luy tint. Dont il
demeura si satisfaict, qu'il fut content de demeurer sept
ou huict jours enfermé en une garderobe* sans saillir*
dehors, et là ne vivoit que de restaurans*. Durant les huict
jours qu'il estoit caché, vint un de ses compagnons faire
l'amour¹ à la comtesse, lequel avoit nom Duracier. Elle
tint tels termes à ce second, qu'elle avoit faict au premier au commencement, en rudes et audacieux propos,
qui tous les jours s'adoucissoient. Et quand c'estoit le
jour qu'elle donnoit congé au premier prisonnier, elle en
mettoit un second en sa place. Et durant qu'il y estoit, un
autre sien compaignon, nommé Valnebon, feit pareille
office que les deux premiers², et après eux en vint deux
ou trois autres, qui tous eurent part à la doulce prison.
Ceste vie dura assez longuement, et fut conduicte si finement, que les uns ne sçavoient rien des autres. Et combien
qu'ils entendissent assez l'amour que chacun luy portoit,
si n'y avoit il nul qui ne pensast en avoir eu seul ce qu'il
en demandoit, et se mocquoit chacun de son compagnon,
qu'il pensoit avoir failly* à un si grand bien.

Un jour que les gentils-hommes dessusnommez estoient
en un bancquet où ils faisoient fort bonne chere*, ils
commencerent à parler de leurs fortunes et prisons, qu'ils
avoient euës durant les guerres. Mais Valnebon, à qui il
faisoit mal de celer longuement une si bonne fortune,
que celle qu'il avoit euë, va dire à ses compagnons : « Je
ne sçay quelles prisons vous avez euës, mais quant à moy,
pour l'amour d'une où j'ay esté, je diray toute ma vie
louënge et bien des autres. Car je pense qu'il n'y a plaisir
en ce monde, qui approche de celuy que l'on a d'estre prisonnier. » Astillon, qui avoit esté le premier prisonnier,

se doubta de la prison, qu'il vouloit dire, et luy respondit : « Valnebon, sous quel geolier ou geoliere avez vous
esté si bien traicté, que vous aimez tant vostre prison ? »
Valnebon luy dist : « Quel que soit le geolier, la prison
m'a esté si aggreable, que j'eusse bien voulu qu'elle eust
duré plus longuement : car je ne fus jamais mieux
traicté, ne plus content. » Duracier, qui estoit homme
peu parlant, cognoissant tresbien que l'on se debattoit
de la prison où il avoit part comme les autres, dist à Valnebon : « De quelles viandes* estiez vous nourry en ceste
prison, dont vous vous louëz si fort ? — Le Roy n'en a
point de meilleures, dist il, ne de plus nourrissantes. —
Mais encores fault il que je sache, dist Duracier, si celuy
qui vous tenoit prisonnier, vous faisoit bien gaigner vostre
pain. » Valnebon, qui se doubta d'estre entendu*, ne se
peut tenir de jurer : « Ha vertu* bieu, j'avoys bien des
compagnons, où je pensois estre tout seul. » Astillon
voyant ce differant où il avoit part comme les autres, dist
en riant : « Nous sommes tous à un maistre, compagnons
et amis de nostre jeunesse. Parquoy si nous sommes compagnons d'une mauvaise fortune, nous aurons occasion
d'en rire. Mais pour sçavoir si ce que je pense est vray, je
vous prie que je vous interrogue, et que vous tous me
confessiez la verité : car s'il est advenu ainsi de nous,
comme je pense, ce seroit une adventure aussi plaisante,
que l'on en sçauroit trouver en nul lieu. » Ils jurerent
tous de dire verité, s'il estoit ainsi qu'ils ne la peussent
denier. Il leur dist : « Je vous diray ma fortune, et vous
me respondrez ouy ou nenny, si la vostre est pareille. »
Ils s'y accorderent tous, et à l'heure* il dist : « Premierement je demanday congé au Roy d'aller en quelque
voyage. » Et ils respondirent : « Et nous aussi. » « Quand
je fus à deux lieuës de la court, je laissay mon train, et
m'en allay rendre prisonnier. » Ils respondirent : « Nous

en feismes autant. » « Je demeuray, dist Astillon, sept ou huict jours caché en une garderobbe*, où l'on ne m'a faict manger que restaurans*, et les meilleures viandes*, que je mangeay jamais. Et au bout des huict jours, ceux qui me tenoient *prisonnier* me laisserent aller beaucoup plus foible, que je n'estois arrivé. » Ils jurerent que ainsi leur estoit advenu. « Ma prison, dist Astillon, commença à finir tel jour. — La mienne, dist Duracier, commença le propre jour que la vostre finit, et dura jusques à un tel jour. » Valnebon, qui perdoit patience, commença à jurer et dire : « Par le sang* bieu, à ce que je voy, je suis le tiers, qui pensois estre le premier et seul : car j'entray et en sailly* tel jour. » Les autres trois, qui estoient à table, jurerent qu'ils avoient bien gardé ce rang. « Or puis qu'ainsi est, dist Astillon, je diray l'estat de nostre geoliere. Elle est mariée, et son mary est bien loing. — C'est ceste là propre », respondirent ils tous. « Or pour nous mettre hors de peine, dist Astillon, moy, qui suis le premier enroollé, la nommeray le premier. C'est ma dame la Comtesse, qui estoit si audacieuse, qu'en gaignant son amitié, je pensois avoir vaincu Cesar. Qu'à tous les diables soit la vilaine, qui nous a faict tant travailler*, et nous reputer* si heureux de l'avoir acquise. Il ne fut onc* une telle meschante : car quand elle en tenoit un en cage, elle praticquoit l'autre pour n'estre jamais sans passe-temps : si aimerois-je mieux estre mort, qu'elle demeurast sans punition. » Ils demanderent à Astillon qu'il luy sembloit quelle punition elle devoit avoir[1], et qu'ils estoient tous prests à la luy donner. « Il me semble, dist il, que nous le devons dire au Roy, nostre maistre, lequel en faict un cas comme d'une deesse. — Nous ne ferons point ainsi, dist *Duracier*[2], *car puys qu'elle ne nous a point fait de desplaisir envers le roy, nous ne luy en*

devons point faire aussy ; nous avons[a] assez de moyens
pour nous venger d'elle, sans appeller nostre maistre.
Trouvons nous demain quand elle ira à la messe, et que
chacun de nous porte une chaine de fer au col : et quand
elle entrera en l'eglise, nous la salurons, comme il
appartient. » Ce conseil fut trouvé fort bon de toute la
compagnie, et feirent provision chacun d'une chaine
de fer.

Le matin venu tous habillez de noir, leurs chaines de fer
tournées à l'entour de leur col, en façon de collier, vindrent* trouver la comtesse, qui alloit à l'eglise. Et si tost
qu'elle les veid ainsi habillez, se print à rire, et leur dist :
« Où vont ces gens si douloureux ? — Ma dame, dist
Astillon, nous vous venons accompagner, comme pauvres esclaves prisonniers, qui sommes tenuz à vous faire
service. » La comtesse, faisant semblant* de n'y entendre* rien, leur dist : « Vous n'estes point mes prisonniers, et n'entends point que vous ayez occasion de me
faire service plus que les autres. » Valnebon s'advança,
et luy dist : « Si nous avons mangé vostre pain si longuement, nous serions bien ingrats, si nous ne vous faisions
service. » Elle feit si bonne mine feignant de n'y rien
entendre, qu'elle cuidoit* par ceste feinte les estonner* :
mais ils poursuivirent si bien leur proces[1], qu'elle entendit que la chose estoit descouverte. Parquoy trouva incontinent moyen de les tromper : car elle, qui avoit perdu
l'honneur et la conscience, ne voulut point recevoir la
honte qu'ils luy cuidoient faire : mais comme celle qui
preferoit son plaisir à tout l'honneur du monde, ne leur
en feit pire visage, ny n'en changea de contenance, dont

---

a. ainsi, dist Astillon, nous avons : *faute par saut du même au même de
Gruget comme de plusieurs manuscrits, dont notre volume de contrôle.
Nous corrigeons d'après BNF fr. 1522, f. 203r.*

ils furent tant estonnez, qu'ils rapporterent en leur *seing* la*ᵃ* honte, qu'ils luy avoient voulu faire.

« Si vous ne trouvez, mes dames, ceste histoire digne de faire cognoistre les femmes aussi mauvaises que les hommes, j'en chercheray d'autres pour vous compter. Toutesfois il me semble que ceste cy suffist pour vous monstrer, qu'une femme qui a perdu la honte, est cent fois plus hardie à faire mal, que n'est un homme. » Il n'y eut femme en la compagnie oyant racompter ceste histoire, qui ne feist tant de signes de croix, qu'il sembloit qu'elles voyoient tous les ennemis d'enfer devant leurs yeux. Mais Oisille leur dist : « Mes dames, humilions nous quand nous oyons cest horrible cas, d'autant que la personne delaissée de Dieu, se rend pareille à celuy avecques lequel elle est joincte. Car puis que ceux, qui adherent à Dieu, ont son esprit avecques eux[1], aussi sont ceux qui adherent à son contraire : et n'est rien si bestial, que la personne destituée de l'esprit de Dieu. — Quoy qu'ait faict ceste pauvre dame, dist Emarsuitte, si ne sçaurois-je louër ceux qui se vantent de leur prison. — J'ay opinion, dist Longarine, que la peine n'est moindre à un homme de celer sa bonne fortune, que de la pourchasser. Car il n'y a veneur, qui ne prenne plaisir à corner sa prinse, ny amoureux d'avoir la gloire de sa victoire. — Voilà une opinion, dist Simontault, que devant tous les inquisiteurs de la foy, je soustiendray heretique : car il y a plus d'hommes secrets, que de femmes. Et sçay bien, que l'on en trouveroit, qui aimeroient mieux n'en avoir bonne chere*, s'il falloit que creature vivante l'entendist. Partant* l'Eglise, comme bonne mere, a ordonné les prestres

a. en leur fin la

confesseurs, et non pas les femmes, parce qu'elles ne
peuvent rien celer. — Ce n'est pas pour ceste occasion,
dist Oisille, mais c'est pource que les femmes sont tant
ennemies du vice, qu'elles ne donneroient pas si facilement absolution que les hommes, et seroient trop auste-
res en leurs penitences. — Si elles l'estoient autant,
dist Dagoucin, qu'elles sont en leurs responses, elles
feroient plus desesperer de pecheurs, qu'elles n'en atti-
reroient à salut. Parquoy l'Eglise en toutes sortes y a
bien pourveu. Mais si ne veux je pas pour cela excuser
les gentils-hommes, qui se vanterent ainsi de leur prison : car jamais homme n'eut honneur de dire mal des
femmes. — Puis que le faict estoit commun, dist Hircan, il me semble qu'ils faisoient bien de se consoler
les uns aux autres. — Mais, dist Guebron, ils ne le
devoient jamais confesser, pour leur honneur mesme.
Car les livres de la Table Ronde nous apprennent que
ce n'est point honneur à un chevalier, d'en abbattre un
qui ne vault rien[1]. — Je m'esbahis, dist Longarine, que
ceste pauvre femme ne mouroit de honte devant ses
prisonniers. — Celles, qui l'ont perduë, dist Oisille, à
grand peine la peuvent elles jamais recouvrer, sinon
celles que forte amour a faict oublier[2], et de telles en
ay veu beaucoup revenir. — Je croy, dist Hircan, que
vous en avez veu revenir celles, qui y sont allées. Car
forte amour en une femme, est fort malaisée à trouver.
— Je ne suis pas de vostre opinion, dist Longarine : car
je sçay qu'il y en a, qui ont aimé jusques à la mort. —
J'ay tel desir d'ouyr ceste nouvelle, dist Hircan, que je
vous donne ma voix, pour cognoistre aux femmes
l'amour que je n'ay jamais estimée y estre. — Mais*
que vous l'oyez, dist Longarine, vous le croirez, et
qu'il n'est plus forte passion, que celle d'amour : mais
tout ainsi qu'elle faict entreprendre choses quasi impos-

sibles, pour aquerir quelque contentement en ceste vie :
aussi *mene*-elle*ᵃ*, plus que toute autre passion *à desespoir*, celuy, ou celle, qui perd l'esperance de son desir :
comme vous verrez par ceste histoire. »

Un amoureux, après la saignée, reçoit le don de mercy[1] :
dont il meurt, et sa dame, pour l'amour de luy.

NOUVELLE CINQUANTIESME

En la ville de Cremonne il n'y a pas encores un an, qu'il
y avoit un gentil-homme, nommé messire Jean Pietre,
lequel avoit aimé longuement une dame, qui demeuroit
près de sa maison : mais pour pourchas*, qu'il sceust
faire, n'en pouvoit avoir la response qu'il desiroit, combien qu'elle l'aimast de tout son cueur. Dont le pauvre
gentil-homme fut si ennuyé et fasché, qu'il se retira en
son logis, deliberé de ne poursuyvre plus en vain, le bien,
dont la poursuitte consommoit* sa vie. Et pour en cuider*
divertir sa fantasie, fut quelques jours sans la veoir, dont
il tomba en telle tristesse, que l'on le mescognoissoit. Ses
parens feirent venir les medecins, et voyans que le visage
luy devenoit jaune, estimerent que c'estoit une oppilation* de foye, et luy ordonnerent la saignée. Ceste dame,
qui avoit tant faict la rigoureuse, sçachant tresbien que la
maladie ne luy venoit que par son reffus, envoya vers
luy une vieille en qui elle se fioit, et luy manda que, puis
qu'elle cognoissoit, que son amour estoit veritable, et
non feincte, elle estoit deliberée* luy accorder du tout* ce
que si longtemps luy avoit reffusé. Elle avoit trouvé

a. mine-elle

moyen de saillir de son logis[1] en un lieu, où privément*
il la pouvoit veoir. Le gentil-homme, qui au matin avoit
esté saigné au bras, se trouvant par ceste parole mieux
guary qu'il n'avoit sceu estre par medecine ne saignée
qu'il sceust prendre, luy manda qu'il n'y auroit point de
faulte, qu'il ne se trouvast à l'heure qu'elle luy mandoit,
et qu'elle avoit faict un miracle evident : car par une
seule parole, elle avoit guary un homme d'une maladie,
où tous les medecins ne pouvoient trouver remede. Le
soir venu, qu'il avoit tant desiré, s'en alla le gentil-homme
au lieu, qui luy avoit esté ordonné avec un si extreme
contentement, qu'il falloit que bien tost il print fin, ne
pouvant augmenter : et ne dura gueres après qu'il fut
arrivé, que celle qu'il aimoit plus que son ame le vint
trouver. Il ne s'amusa pas à luy faire grande harangue :
car le feu, qui le brusloit, luy faisoit hastivement pourchasser ce qu'à peine pouvoit il croire avoir en sa puissance : et plus yvre d'amour et de plaisir qu'il ne luy
estoit besoing, cuidant* chercher par un costé le remede
de sa vie, se donnoit par un autre l'advancement de sa
mort. Car ayant pour s'amie mis en oubly soy-mesme,
ne s'apperceut de son bras, qui se desbanda, et la playe
nouvelle, qui se print à s'ouvrir, rendit tant de sang, que
le pauvre gentil-homme en estoit tout baigné. Mais estimant que sa lasseté* venoit à cause de ses excés, cuida*
retourner en son logis. Lors amour, qui les avoit trop uniz
ensemble, feit en sorte qu'en departant* d'avec s'amie
son ame departit d'avec luy, et par la grande effusion de
sang qu'il avoit perdu, tomba tout mort aux pieds de
s'amie, qui demeura hors de soy-mesme par estonnement*, en considerant la perte qu'elle avoit faicte d'un si
parfaict amy, de la mort duquel elle estoit la seule cause.
Regardant d'autre costé avec le regret la honte en laquelle
elle demeureroit, si on trouvoit ce corps mort en sa

maison, à fin de faire ignorer la chose, elle et une de ses
chambrieres, en qui elle se fioit, porterent le corps mort
dedans la ruë, où elle ne le voulut laisser seul : mais en
prenant l'espée du trespassé, se voulut joindre à sa fortune : et en punissant son cueur cause de tout le mal, se
la passa tout au travers, et tomba son corps mort sur
celuy de son amy. Le pere et la mere de ceste fille, en
sortant au matin de leur maison, trouverent ce piteux*
spectacle. Et après en avoir faict tel dueil que le cas meritoit, les enterrerent tous deux ensemble.

« Ainsi voit on, mes dames, qu'une extremité d'amour
amene un autre malheur. — Voilà qui me plaist bien, dist
Simontault, quand l'amour est si egale, que l'un mourant, l'autre ne veult plus vivre. Et si Dieu m'eut fait la
grace d'en trouver une telle, je croy que jamais homme
n'eust aimé plus parfaictement que moy. — Si ay je ceste
opinion, dist Parlamente, que amour ne vous eust pas
tant aveuglé, que vous n'eussiez mieux lié vostre bras,
qu'il ne feist : car le temps est passé, que les hommes
oublient leur vie pour les dames. — Mais il n'est pas
passé, dist Simontault, que les damès oublient la vie de
leurs serviteurs*, pour leurs plaisirs. — Je croy, dist
Emarsuitte, qu'il n'y a femme au monde, qui prenne plaisir à la mort d'un homme, encor qu'il fust son ennemy.
Toutesfois si les hommes se veulent tuer d'eux mesme,
les dames ne les en peuvent pas garder. — Si* est-ce, dist
Saffredent, que celle, qui reffuse pain au pauvre mourant
de faim, en est estimée la meurtriere[1]. — Si voz requestes, dist Oisille, estoient aussi raisonnables que celles du
pauvre demandant sa necessité*, les dames seroient trop
cruelles de vous refuser. Mais (Dieu mercy) ceste maladie
ne tuë que ceux qui doivent mourir dans l'année. — Je ne
trouve point, ma dame, dist Saffredent, qu'il soit une plus

grande necessité, que celle qui faict oublier toutes les autres. Car quand l'amour est forte, on ne recognoist autre pain ne autre viande*, que le regard et la parole de celle que l'on aime. — Qui vous laisseroit jeusner, dist Oisille, sans vous bailler autre viande, on vous feroit bien changer de propos. — Je vous confesse, dist il, que le corps pourroit deffaillir, mais le cueur et la volonté non. — Doncques, dist Parlamente, Dieu vous a faict grand grace de vous adresser en lieu où vous avez si peu de contentement, qu'il vous fault reconforter à boire et à manger, et dont il me semble que *vous* vous acquitez si bien, que devez louër Dieu de ceste douce cruauté. — Je suis tant nourry au tourment, dist il, que je commence à me louër des maulx dont le autres se pleignent. — Peult estre que c'est, dist Longarine, que vostre pleincte vous reculle de la compagnie, où vostre contentement vous faict estre bien venu. Car il n'y a rien si fascheux qu'un amoureux importun. — Mettez[1], dist Simontault, qu'une dame cruelle. — J'entends bien, dist Oisille, si nous voulons attendre la fin des raisons de Simontault, veu que le cas luy touche, nous pourrions trouver complies[2] au lieu de vespres. Parquoy allons louër Dieu de ce que ceste journée est passée sans *plus* grand debat. » Elle commença la premiere à se lever et tous les autres la suivirent : mais Simontault et Longarine ne cesserent de debattre leur querelle si doucement, que sans tirer espée Simontault gaigna, monstrant, que de la passion plus forte estoit la plus grande necessité*. Et sur ce mot entrerent en l'eglise, où les moynes les attendoient.

Vespres ouyes, s'en allerent soupper autant de paroles que de viandes* : car leurs questions durerent tant qu'ils furent à table : et encores le soir, jusques à ce que Oisille leur dist, qu'ils pouvoient bien aller reposer leur esprit. Et que les cinq journées estoient accomplies de si belles histoires, qu'elle avoit grand peur que la sixiesme ne fust pas pareille. Car il n'estoit possible, encores qu'on les voulust inventer, de dire de meilleurs comptes, que veritablement ils en avoient racompté en leur compagnie. Mais Guebron leur dist, que tant que le monde dureroit, se feroient tous le jours cas dignes de memoire : « car la malice* des hommes mauvais, est tousjours telle qu'elle a esté, comme la bonté des bons : et tant que la malice et bonté regneront sur la terre, il la rempliront tousjours de nouveaux actes : combien qu'il soit escrit, qu'il ne se faict "rien nouveau sous le soleil[1]". Mais nous, qui n'avons esté appellez au conseil privé de Dieu, ignorans les premieres causes, trouvons toutes choses nouvelles, et tant plus admirables, que moins nous les voudrions, ou pourrions faire. Parquoy n'ayez peur que les journées, qui viendront, ne suivent bien celles qui sont passées, et pensez de vostre part à bien faire vostre devoir. » Oisille dist, qu'elle se recommandoit à Dieu, au nom duquel, elle leur donnoit le bon soir. Ainsi se retira toute la compagnie, mettant fin à la cinquiesme journée.

FIN DE LA CINQIESME JOURNÉE
DES NOUVELLES DE LA ROYNE
DE NAVARRE.

LA SIXIESME JOURNEE
DES NOUVELLES DE LA ROYNE
DE NAVARRE

Le matin plustost que de coustume, ma dame Oisille alla preparer sa leçon* en la salle : mais tous ceux de la compagnie, aussi tost qu'ils en furent advertiz, pour le desir d'ouyr sa bonne instruction, se diligenterent tant de s'habiller, qu'ils ne la feirent gueres attendre. Elle cognoissant leur cueur, leut l'epistre *de* sainct Jean l'Evangeliste, qui n'est pleine que d'amour *pource que les jours passez elle leur avoit declairé celle de sainct Paul aux Romains*[1]. La compaignie trouva ceste viande* si douce, que combien qu'ils y fussent plus de demie heure, qu'ils n'y avoient demeuré les autres jours, si leur sembloit il n'y avoir pas demeuré un quart. Au partir de là s'en allerent à la contemplation de la messe, où chacun se recommanda au Sainct Esprit, pour satisfaire ce jour là à leur plaisante audience[2]. Et après qu'ils eurent disné*, et un peu prins de repos, s'en allerent continuer le passe-temps accoustumé. Ma dame Oisille demanda, qui commenceroit ceste journée. Et Longarine respondit : « Ma dame, je vous donne ma voix : car vous nous avez au jourd'huy faict une si belle leçon, qu'il est impossible, que ne disiez quelque histoire digne de parachever la gloire, qu'avez meritée ce matin. — Il me desplaist, dist Oisille, que je ne vous puis dire ceste après-disnée chose aussi profitable, que celle du matin. Mais à tout le moins l'intention de mon histoire ne sortira point hors de la doctrine de la Saincte Escriture, où il est dict : "Ne vous confiez point aux princes, ny aux fils des hommes, ausquels n'est vostre salut[1]." Et à fin que par faulte de exemple, ne mettez en oubly ceste verité : Je vous en diray une tresveritable, et dont la memoire est si fresche, qu'à peine en sont essuyez les yeux de ceux, qui ont veu ce piteux* spectacle. »

Perfidie et cruauté d'un Duc Italien.

NOUVELLE CINQUANTEUNIESME

Le Duc d'Urbin nommé le « Prefect », lequel espouza la seur du premier duc de Mantoue[2] avoit[a] un fils de l'aage de dixhuict à vingt ans, qui fut fort amoureux d'une fille de bonne et honneste maison*, *seur de l'abbé de Farse* : et pource qu'il n'avoit pas la liberté de parler à elle comme il vouloit, selon la coustume du païs, s'aida du moyen d'un gentil-homme, qui estoit à son service, lequel estoit amoureux d'une jeune damoiselle fort belle et honneste, servant sa mere, par laquelle faisoit declarer à s'amie la grande affection qu'il luy portoit, sans que la pauvre fille pensast en nul mal, mais prenoit plaisir à luy faire service, estimant sa volonté si bonne et honneste, qu'il n'avoit intention, dont elle ne peust avec honneur en faire le message. Mais le Duc, qui avoit plus de regard au proffit de sa maison qu'à toute honneste amitié, eut si grand peur, que ces propos menassent son fils jusques au mariage, qu'il y feit mettre un grand guet, et luy fut

---

a. Un Duc d'Italie (duquel tairay le nom) avoit

rapporté que ceste pauvre damoiselle s'estoit meslée de
bailler quelques lettres de la part de son fils à celle que
plus il aimoit : dont il fut tant courroucé, qu'il se delibera*
d'y donner ordre. Mais il ne sceut si bien dissimuler son
courroux, que la damoiselle n'en fust advertie. Laquelle
cognoissant la malice* de ce prince, qu'elle estimoit aussi
grande que sa conscience petite, eut une merveilleuse*
crainte, et s'en vint à la Duchesse, la suppliant luy donner congé de se retirer en quelque lieu hors de la veuë
de luy, jusques à ce que sa fureur fust passée. Mais sa
maistresse luy dist, qu'elle essayeroit d'entendre la volonté
de son mary, avant que de luy donner congé. Toutesfois
elle entendit bien tost les mauvais propos que le Duc en
tenoit, et cognoissant sa complexion, non seulement donna
congé, mais conseilla ceste damoiselle de s'en aller à un
monastere, jusques à ce que ceste tempeste fust cessée.
Ce qu'elle feit le plus secrettement qu'il luy fut possible : mais non tant que le Duc n'en fust adverty, qui
d'un visage feint* et joyeux demanda à sa femme où
estoit ceste damoiselle, laquelle pensant qu'il en sçavoit
bien la verité, la luy confessa, dont il feignit estre marry*,
luy disant qu'il n'estoit point besoing qu'elle feist ces
contenances là, et que de sa part il ne luy vouloit point
de mal, et qu'elle la feist retourner : car le bruit de telle
chose n'estoit point bon. La Duchesse luy dist, que si
ceste pauvre fille estoit si malheureuse d'estre hors de
sa bonne grace, il valloit mieux, que pour quelque
temps elle ne se trouvast en sa presence. Mais il ne voulut point recevoir toutes ces raisons, et luy commanda
qu'elle la feist revenir. La Duchesse ne faillit* à declarer à la pauvre damoiselle la volonté du Duc, dont elle
ne se peut asseurer, la suppliant qu'elle ne tentast point
ceste fortune, et qu'elle sçavoit bien que le Duc n'estoit
pas si aisé à pardonner, comme il en faisoit mine. Toutes-

fois la Duchesse l'asseura qu'elle n'auroit nul mal, et le
print sur sa vie et honneur. La fille, qui sçavoit bien, que
sa maistresse l'aimoit, et ne la voudroit tromper pour rien,
print confiance en sa promesse, estimant que le Duc ne
voudroit jamais aller contre telle seureté, où l'honneur de
sa femme estoit en gaige : et ainsi s'en retourna avec la
Duchesse. Mais si tost que le Duc le sceut, ne faillit de
venir en la chambre de sa femme, où si tost qu'il eut
apperceu ceste fille, disant à sa femme, « Voilà une telle,
qui est revenuë », se retourna vers ses gentils-hommes,
leur commandant la prendre et mener en prison. Dont la
pauvre Duchesse, qui sur sa parole l'avoit tirée hors de
sa franchise[1], fut si desesperée, qu'elle se meit à genoux
devant luy, le suppliant, que, pour l'honneur de luy et de
sa maison*, il luy pleust ne faire un tel acte, veu que
pour luy obeïr l'avoit tirée du lieu où elle estoit en seureté. Si* est-ce que quelque priere qu'elle sceust faire, ny
raison qu'elle sceust alleguer, ne peut amollir son dur
cueur, ne vaincre la forte opinion qu'il avoit prinse de se
venger d'elle : car sans respondre à sa femme un seul
mot, se retira incontinent le plustost qu'il peut : et sans
forme de justice, oubliant Dieu et l'honneur de sa maison, feit cruellement pendre ceste pauvre damoiselle. Je
ne puis entreprendre de vous racompter l'ennuy* de la
Duchesse : car il estoit tel, que doit avoir une dame
d'honneur et de cueur, qui sur *sa* foy[a2], voioit mourir
celle, qu'elle desiroit sauver : mais encores moins se
peult dire l'extreme dueil du pauvre gentil-homme qui
estoit son serviteur*, qui ne faillit de se mettre en tout le
devoir, qui luy fut possible de sauver la vie de s'amie,
offrant mettre la sienne au lieu : mais nulle pitié ne sceut
toucher au cueur de ce Duc, qui ne cognoissoit autre

a. sur la foy

felicité, que de se venger de ceux qu'il hayoit*. Ainsi fut
ceste damoiselle innocente mise à mort par le cruel Duc,
contre la loy d'honnesteté, au tresgrand regret de tous
ceux, qui la cognoissoient.

« Regardez, mes dames, quels sont les effects de la
malice*, quand elle est joincte à la puissance. — J'avois
bien ouy dire, dist Longarine, que [la plus part des] Italiens
[(je dy la plus part : car il y en a d'autant gens de bien,
qu'en toutes autres nations)¹] estoient subjects à trois vices
par excellence. Mais je n'eusse pas pensé que la vengeance et cruauté fut allée si avant, que, pour si petite
occasion, de donner une si cruelle mort. » Saffredent luy
dist en riant : « Longarine, vous nous avez bien dict l'un
des trois vices, mais il fault sçavoir qui sont les deux
autres. — Si vous ne les sçaviez, respondit elle, je vous
les apprendrois, mais je suis seure, que vous les sçavez
tous. — Par ces paroles, dist Saffredent, vous m'estimez
bien vicieux. — Non fais, dist Longarine, mais si bien
cognoissant la laideur du vice, que vous le pouvez mieux
qu'un autre eviter. — Ne vous esbahissez, dist Simontault, de ceste cruauté : car ceux qui ont passé par l'Italie
en dient de si tresincroyables, que ceste cy n'est *auprès
des autres qu*'une*ᵃ* petite peccatile*. — Vrayement, dist
Guebron, quand Rivole fut prinse des François², il y avoit
un capitaine Italien³, que l'on estimoit gentil*-compa-
gnon, lequel voyant mort un, qui ne luy estoit ennemy,
que de tenir sa part contraire de Guelphe à Gibelin⁴, luy
arrachea le cueur du ventre, et le rotissant sur les char-
bons à grand haste le mangea, et respondit à quelques
uns, qui luy demandoient, quel goust il y pouvoit trouver,
que jamais il n'avoit mangé si *savoureux* ne*ᵇ* si plaisant

a. n'est au prix d'une
b. si amoureux ne

morceau que cestuy là. Et non content de ce bel acte, tua
la femme du mort, et en arrachant de son ventre le fruict,
dont elle estoit grosse, le froissa contre les murailles, et
emplit d'avoine les deux corps, du mary et de la femme,
dedans lesquels il feit manger ses chevaux. Pensez si
cestuy là n'eust bien faict mourir une fille, qu'il eust
soupçonnée luy faire quelque desplaisir. — Il fault bien
dire, dist Emarsuitte, que ce Duc *d'Urbin* avoit plus de
peur, que son fils fust marié pauvrement, qu'il ne desiroit luy bailler femme à son gré. — Je croy, que vous ne
devez point (respondit Simontault) douter que le naturel
d'entr'eux est d'aimer plus que nature, ce qui est créé
seulement pour le service d'icelle. — *C'est bien pis (dict
Hircan) car ilz font leur Dieu des choses qui sont contre
nature.* — Et voilà, dist Longarine, les pechez, que je
voulois dire : car on sçait bien qu'aimer l'argent, sinon
pour s'en aider, est servir les idoles[1]. » Parlamente dist,
que sainct Paul n'avoit point oublié les vices *des Ytal-
liens*, et[a] de tous ceux, qui cuident* passer et surmonter
les autres hommes en prudence et raison humaine, en
laquelle ils se fondent si fort, qu'ils ne rendent point à
Dieu la gloire, qui luy appartient. Parquoy le tout puissant jaloux de son honneur rend plus insensez, que les
bestes enragées, ceux, qui ont cuidé avoir plus de sens,
que tous les autres hommes, leur faisant monstrer par œuvres contre nature, qu'ils sont en sens reprouvé[2]. Longarine luy rompit la parole, pour dire que c'est le troisiesme
peché, à quoy la plus part d'eux sont subjects. « Par ma
foy, dist Nomerfide, je prens grand plaisir à ce propos :
car puis que les esprits, que l'on estime les plus subtils
et grands discoureurs, ont telle punition de demeurer
plus sots, que les bestes : il fault donc conclure que ceux,
qui sont humbles et bas, et de petite portée, comme le

a. oublié leurs vices et

mien, seront rempliz de la sapience des anges. — Je vous asseure, luy respondit Oisille, que je ne suis pas loing de vostre opinion : car nul n'est plus ignorant, que celuy qui cuide sçavoir[1]. — Je n'ay jamais veu, dist Guebron, mocqueur, qui ne fust mocqué : trompeur, qui ne fust trompé : ne glorieux, qui ne fust humilié[2]. — Vous me faictes souvenir, dist Simontault, d'une tromperie, que, si elle estoit honneste, je l'eusse bien volontiers comptée. — Or puis que nous sommes ici pour dire verité, ce dist Oisille, soit de telle qualité que vous voudrez, je vous donne ma voix pour la dire. — Puis que la place m'est donnée, dist Simontault, je la vous diray. »

Du sale desjeuner[*] preparé par un varlet d'apoticaire
à un advocat et à un gentil-homme.

NOUVELLE CINQUANTEDEUXIESME[3]

En la ville d'Alençon au temps du Duc Charles dernier[4], y avoit un advocat nommé Anthoine Bacheré, bon compagnon, et bien aymant à desjeuner au matin. Un jour estant assis à sa porte, veit passer un gentil-homme devant luy, qui se nommoit monsieur de la Tyreliere[5], lequel à cause du trop grand froid, qu'il faisoit, estoit venu à pied de sa maison en la ville, pour quelque affaire, et n'avoit pas oublié au logis sa grosse robbe[6] fourrée de regnards. Et quand il veid l'advocat, qui estoit de sa complexion, luy dist, comme il avoit faict ses affaires, et qu'il ne restoit sinon de trouver quelque bon desjeuner. L'advocat luy respondit, que de desjeuners il trouveroit assez, mais[*] qu'il eust un defrayeur[*] : et en le prenant par dessous les bras, luy dist : « Allons, mon compere[*], nous trouverons

possible* quelque sot, qui payera l'escot, pour nous deux. »
Il y avoit de fortune derriere eux le varlet d'un apoticaire, fin et inventif, auquel cest advocat menoit tousjours la guerre : mais le varlet pensa à l'heure* qu'il s'en
vengeroit bien. Sans aller plus loing de dix pas, trouva
derriere une maison un bel estronc tout gelé, lequel il
meit dans un papier, et l'enveloppa si bien, qu'il sembloit un petit pain de succre[1]. Il regarda où estoient les
deux comperes, et en passant par devant eux fort hastivement, entra en une maison, et laissa tomber de sa manche le pain de succre, comme par mesgarde. Ce que
l'advocat leva de terre à grande joye, et dist au seigneur
de la Tyreliere : « Ce fin varlet payera au jourd'huy
nostre escot : mais allons vistement à fin qu'il ne nous
trouve sur nostre larcin. » Et entrant en une taverne dist
à la chambriere : « Faictes nous beau feu, et nous donnez
bon pain et bon vin, et quelque morceau bien friand :
nous avons bien dequoy payer. » La chambriere les servit
à leur volonté : mais en s'eschauffant à boire et à manger, le pain de succre, que l'advocat avoit en son sein,
commença à degeler, dont la puanteur estoit si grande,
que ne pensans jamais qu'elle deust saillir* d'un tel
lieu[2], dist à la chambriere : « Vous avez le plus puant, et
le plus ord* mesnage, que je vey jamais. Je croy que
vous laissez chier les enfans par la place. » Le seigneur
de la Tyreliere, qui avoit sa part à ce bon perfum, ne luy
en dist pas moins. Mais la chambriere, courroucée de ce
qu'ils l'appelloient ainsi vilaine, leur dist en colere : « Par
sainct Pierre, mon maistre, la maison est si honneste,
qu'il n'y a merde, si vous ne l'avez apportée. » Les deux
compagnons se leverent de la table, en crachant, et se
vont mettre devant le feu, pour se chauffer *avant que
partir car ilz ne pouvoient plus endurer ceste odeur*. Et
en se chauffant l'advocat tire son mouchoir de son sein,

qui estoit tout plein du cyrop du pain de succre fondu, lequel à la fin meit en lumiere. Vous pouvez penser, quelle mocquerie leur feit la chambriere, à laquelle ils avoient dict tant d'injures, et quelle honte avoit l'advocat, de se veoir surmonté par un varlet d'apoticaire, au mestier de tromperie, dont toute sa vie il s'estoit meslé. Mais si* n'en eut point la chambriere tant de pitié, qu'elle ne les feit aussi bien payer leur escot, comme ils s'estoient bien faict servir, en leur disant, qu'ils devoient estre bien yvres : car ils avoient beu par la bouche, et par le nez. Les pauvres gens s'en allerent avec leur honte, et leur despense : mais ils ne furent pas plus tost en la rue, qu'ils ne veirent le varlet de l'apoticaire, qui demandoit à tout le monde, s'ils avoient point veu un pain de succre, enveloppé dedans du papier. Et ne se sceurent si bien destourner de luy, qu'il ne criast à l'advocat : « Monsieur, si vous avez mon pain de succre, je vous prie rendez le moy : car les larcins ne sont pas bien proffitables à un pauvre serviteur. » A ce cry saillirent* tout plein de gens de la ville, pour oyr leur debat, et fut la chose si bien verifiée, que le varlet d'apoticaire fut aussi content d'avoir esté desrobbé, que les autres furent marriz*, d'avoir faict un si villain larcin. Mais esperans de luy rendre une autre fois, s'appaiserent.

« Nous voyons bien communément, mes dames, cela advenir à ceux qui prennent plaisir d'user de telles finesses. Si le gentil-homme n'eust voulu manger au despens d'autruy, il n'eust pas beu aux siens un si vilain bruvage. Il est vray, que mon compte n'est pas trop net : mais vous m'avez baillé congé de dire la verité, laquelle j'ay dicte, pour monstrer, que quand un trompeur est trompé, il n'y a nul qui en soit marry. — L'on dit volontiers, dist Hircan, que les paroles ne sont jamais puantes : mais

ceux *pour* qui^a elles sont dictes, n'en *estoient pas* quittes
à si bon marché, qu'ils ne le *sentissent* bien^b. — Il est
vray, dist Oisille, que telles paroles ne puent point, mais
il y en a d'autres qu'on appelle villaines, qui sont de si
mauvaise odeur, que l'ame en est plus faschée, que le
corps n'est de sentir un tel pain de succre, qu'avez dict.
— Je vous prie, dist Hircan, dictes moy quelles paroles
vous sçavez, qui sont si ordes*, qu'elles font mal au
cueur et à l'ame d'une honneste femme. — Il seroit bon,
dist Oisille, que je vous disse ce que je n'ay conseillé à
nulle femme de dire. — Par ce mot là, dist Saffredent,
j'entends bien quels termes ce sont, dont les femmes se
veulent faire reputer* sages, et n'en usent¹ point communément. Mais je demanderois volontiers à toutes celles qui
sont icy, pourquoy c'est, puis qu'elles n'en osent parler,
qu'elles rient si volontiers, quand on en parle devant
elles : car je ne puis entendre, qu'une chose, qui desplaist
tant, face rire. — Nous ne rions pas, dist Parlamente,
pour ouïr dire ces beaux mots : mais il est vray, que toute
personne est encline à rire, ou quand elle voit quelqu'un
tresbucher, ou quand on dit quelque mot sans propos,
comme souvent advient, que la langue fourche en parlant,
et faict dire un mot pour l'autre, ce qui advient aux plus
sages et mieux parlantes. Mais quand, entre vous hommes, vous parlez vilainement par vostre malice*, sans
nulle ignorance, je ne sçache femme de bien, qui n'ayt
telle horreur de telles gens, que non seulement ne les
veulent escouter, mais en fuyent la compagnie. — Il est
bien vray, dist Guebron, que j'ay veu des femmes faire
le signe de la croix, oyant dire telles paroles, qui ne ces-
soient après qu'on ne les eut encores redictes. — Mais,

a. ceux par qui
b. n'en sont quittes à si bon marché, qu'ils ne le sentent bien

dist Simontault, combien de fois ont elles mis leur touret de nez[1] pour rire en liberté, autant qu'elles s'estoient courroucées en feincte ? — Encores valoit il mieux faire ainsi, dist Parlamente, que de donner à cognoistre, que l'on trouvast le propos plaisant. — Vous louëz donc, dist Dagoucin, l'hypocrisie des dames, autant que la vertu. — La vertu seroit bien meilleure, dist Longarine, mais où elle default, se fault aider de l'hypocrisie, comme nous faisons de pantoufles[2], pour faire oublier nostre petitesse. Encores est-ce beaucoup, que nous puissions couvrir noz imperfections. — Par ma foy, dist Hircan, il vauldroit mieux quelquefois monstrer quelque imperfection, que la couvrir si fort du manteau de vertu. — Il est vray, dist Emarsuitte, qu'un accoustrement* emprunté, deshonore autant celuy qui est constrainct de le rendre, comme il luy a faict d'honneur en le portant. Et y a telle dame sur la terre, qui pour trop dissimuler une petite faulte, est tombée en une plus grande. — Je me doubte, dist Hircan, de qui vous voulez parler : mais au moins ne la nommez point. — Or, dist Guebron, je vous donne ma voix, par tel si[3], qu'après avoir faict le compte, vous nous direz les noms, et nous jurerons de n'en parler jamais. — Je le vous promets, dist Emarsuitte : car il n'y a rien, qui ne se puisse dire avec honneur. »

Diligence personnelle d'un prince, pour estranger*
un importun amoureux.

NOUVELLE CINQUANTETROISIESME

Le roy François premier du nom, estant en un chasteau fort plaisant, où il estoit allé, avecques petite compaignie,

tant pour la chasse, que pour y prendre quelque repos,
avoit en sa compaignie un seigneur *nommé le prince de
Belhoste*[1], autant honneste, vertueux, et sage, et beau
prince, qu'il y en eust point en sa court : et avoit espousé
une femme, qui n'estoit pas de grande beauté : mais si
l'aimoit il, et la traictoit autant bien, que mary peult faire
sa femme. Et se fioit tant en elle, que quand il en aimoit
quelque une, il ne luy celoit point : sçachant qu'elle
n'avoit volonté autre que la sienne. Ce seigneur print fort
grande amitié[2] à une dame vefve*, *qui s'appelloit Madame
de Neufchastel*, qui avoit reputation d'estre la plus belle,
que l'on eust sceu regarder : et, si *le*[a] prince *de Belhoste*
l'aimoit bien, sa femme ne l'aimoit pas moins, et l'envoyoit souvent querir, pour boire et manger avec elle, la
trouvant si sage et honneste, qu'au lieu d'estre marrie*
que son mary l'aimast, se resjouïssoit de le veoir adresser en si honneste lieu, remply d'honneur et de vertu.
Ceste amitié dura longuement, en sorte qu'en toutes les
affaires de ladicte dame, ce prince s'employoit, comme
pour les siennes propres : et la princesse sa femme n'en
faisoit moins. Mais à cause de sa beauté plusieurs grans
seigneurs et gentils-hommes cherchoient fort sa bonne
grace, les uns pour l'amour seulement, les autres pour
l'anneau : car outre sa beauté, elle estoit fort riche. Entre
autres y avoit un jeune gentil-homme, *nommé le seigneur
des Chariotz*, qui la poursuivoit de si près, qu'il ne
failloit* d'estre à son habiller et deshabiller[3], et tout du
long du jour, tant qu'il pouvoit estre près d'elle. Ce qui
ne pleut pas audict prince *de Belhoste*, pource qu'il luy
sembloit qu'un homme de si pauvre lieu, et de si mauvaise grace ne meritoit point avoir si honneste et gracieux recueil* : dont souvent il faisoit des remonstrances à

a. ce

ceste dame. Mais elle, qui estoit fille de Duc, s'excusoit, disant qu'elle parloit à tout le monde generalement, et que pour cela leur amitié en estoit mieux couverte, voyant qu'elle ne parloit point plus aux uns, qu'aux autres. Mais au bout de quelque temps, ce *seigneur des Chariotz*, qui[a] la poursuivoit en mariage, feit telle diligence, plus par importunité que par amour[1], qu'elle luy promist de l'espouser, le priant ne la presser point de declarer le mariage, jusques à ce que ses filles fussent mariées. A l'heure sans crainte de conscience alloit le gentil-homme en sa chambre à toutes heures qu'il vouloit, et n'y avoit qu'une femme de chambre et un homme, qui sceussent leur affaire.

Le prince voyant que de plus en plus le gentil-homme s'aprivoisoit* en la maison de celle qu'il aimoit tant, le trouva si mauvais, qu'il ne se peut tenir de dire à la dame : « J'ay tousjours aimé vostre honneur, comme celuy de ma propre sœur, et sçavez les propos honnestes, que je vous ay tenuz, et le contentement, que j'ay d'aimer une dame tant sage et vertueuse, que vous estes : mais si je pensois qu'un autre, qui ne le merite pas, gaignast par importunité, ce que je ne veux demander contre vostre vouloir, ce me seroit chose importable, et non moins deshonnorable pour vous. Je le vous dy, pource que vous estes belle et jeune, et que jusques icy avez esté en si bonne reputation, et vous commencez d'acquerir un tresmauvais bruit. Car nonobstant qu'il ne soit pareil de maison*, de biens, et moins d'authorité, sçavoir, et bonne grace, si est-ce qu'il vaudroit mieux, que vous l'eussiez espousé, que d'en mettre tout le monde en soupçon. Parquoy je vous prie, dictes moy, si estes deliberée* de le vouloir aimer : car je ne le veux point avoir pour compagnon, et le vous

---

a. ce gentil-homme qui

lairray* tout entier, et me retireray de la bonne volonté
que je vous ay portée. » La pauvre dame se print à plorer, craignant de perdre son amitié, et luy jura qu'elle
aimeroit mieux mourir que d'espouser le gentil-homme,
dont il luy parloit : mais il estoit tant importun, qu'elle
ne le pouvoit garder d'entrer en sa chambre à l'heure
que tous les autres y entroient. « De ceste heure là, dist
le prince, je n'en parle point : car j'y puis aussi bien entrer
que luy, et chacun void ce que vous faictes. Mais on m'a
dict qu'il y va après que vous estes couchée : chose que
je trouve si estrange, que si vous continuez ceste vie, et
vous ne le declarez pour mary, vous estes la plus des-
honnorée femme, qui oncques* fut. » Elle luy feit tous
les sermens qu'elle peult*, qu'elle ne le tenoit pour mary,
ne pour amy : mais pour un aussi importun gentil homme
qu'il en fust. « Puis qu'ainsi est, dit le prince, qu'il vous
fasche, je vous asseure que je vous en defferay. — Comment ? dit elle, le voudriez vous bien faire mourir ? —
Non, non, dit le prince : mais je luy donneray à cognoistre, que ce n'est point en tel lieu, ne en telle maison,
comme celle du Roy, où il fault faire honte aux dames :
et vous jure foy de tel amy, que je vous suis, que si,
après avoir parlé à luy, il ne se chastie, je le chastieray
si bien, que les autres y prendront exemple. » Sur ces
paroles s'en alla, et ne faillit* pas au partir de la chambre de trouver le seigneur *des Chariotz*, qui[a] y venoit,
auquel il tint tous les propos que vous avez ouyz, l'asseurant que la premiere fois qu'il le trouveroit hors
l'heure, que les gentils-hommes doivent aller veoir les
dames, il luy feroit une telle peur, qu'à jamais luy en
souviendroit, et qu'elle estoit trop bien apparentée, pour
se jouër ainsi à elle. Le gentil-homme l'asseura qu'il n'y

a. seigneur, dont estoit question, qui

avoit jamais esté, sinon comme les autres, et qu'il luy
donnoit congé, s'il l'y trouvoit, de luy faire du pis qu'il
pourroit.

Quelques jours après, que le gentil-homme cuidoit*
les paroles du prince estre mises en oubly, s'en alla veoir
au soir sa dame, et y demeura assez tard. Le prince dist à
sa femme, comme la dame *de Neufchastel* avoit[a] un grand
rheume : parquoy sa bonne femme le pria de l'aller visiter
pour tous deux, et de luy faire ses excuses de ce qu'elle
n'y pouvoit aller : car elle avoit quelque affaire necessaire en sa chambre. Le prince attendit que le Roy fust
couché, et après s'en alla pour donner le bon soir à sa
dame : mais en cuidant* monter un degré*, trouva un
varlet de chambre, qui descendoit, auquel il demanda, que
faisoit sa maistresse, qui luy jura qu'elle estoit couchée
et endormie. Le prince descendit le degré, et soupçonna
qu'il mentoit, parquoy il regarda derriere luy, et veid le
varlet, qui retournoit en grande diligence. Il se pourmena
en la court devant ceste porte, pour veoir si le varlet
retourneroit point : mais un quart d'heure après le veid
encores descendre, et regarder de tous costez pour veoir
qui estoit en la court. A l'heure pensa le prince que le
seigneur des Chariotz estoit[b] en la chambre de sa dame,
et que pour crainte de luy n'osoit descendre, qui le feit
encores pourmener long temps. Et s'advisant qu'en la
chambre de la dame y avoit une fenestre qui n'estoit
gueres haulte, et regardoit* dedans un petit jardin, il luy
souvint du proverbe, qui dit : Qui ne peult passer par la
porte, saille* par la fenestre. Dont soudain appella un
sien varlet de chambre, et luy dist : « Allez vous en en
ce jardin là derriere, et si vous voyez un gentil-homme

a. dame, qu'il aimoit, avoit
b. le gentil-homme estoit

descendre par la fenestre, si tost qu'il sera à terre, tirez vostre espée, et en la frottant contre la muraille, criez, "tuë, tuë" : mais gardez vous de luy toucher. » Le varlet de chambre s'en alla où son maistre luy avoit commandé, et le prince se pourmena jusques environ trois heures après minuict. Quand le *seigneur des Chariotz* entendit[a], que le prince estoit tousjours en la court, deliberat* de descendre par la fenestre, et après avoir jetté sa cappe la premiere, avecques l'ayde de ses bons amis, sauta dedans le jardin. Et si tost que le varlet de chambre l'advisa, ne faillit* de faire bruit de son espée, et cria, « tuë, tuë ». Le pauvre gentil homme cuidant* que ce fust son maistre eut si grande peur, que sans adviser à prendre sa cappe, s'en fuit en la plus grande haste qu'il luy fut possible, et trouva les archiers, qui faisoient le guet, qui furent fort estonnez de le veoir ainsi courir : mais ne leur osa rien dire, sinon de les prier bien fort de luy vouloir ouvrir la porte, ou de le loger avecques eux jusques au matin : ce qu'ils firent, car ils n'avoient pas les clefs[1]. A ceste heure là vint le prince pour se coucher, et trouvant sa femme dormant, la reveilla, luy disant : « Dormez vous, ma femme ? quelle heure est il ? » Elle luy dist : « Depuis au soir que me couchay, je n'ay point ouy sonner l'horloge. » Il luy dist : « Ils sont trois heures après minuict passées. — Jesus[2], monsieur, dist sa femme, où avez vous tant esté ? j'ay grand peur que vostre santé en vaudra pis. — M'amie, dist le prince, je ne seray jamais malade de veiller, quand je garde de dormir ceux qui me cuident tromper. » Et en disant ces paroles se print tant à rire, qu'elle le pria bien fort de luy vouloir compter ce que c'estoit. Ce qu'il feit tout du long, en luy monstrant la peau *du*

---

a. le gentil-homme entendit

loup*a*1, que son varlet de chambre avoit apportée. Et
après qu'ils eurent passé leur temps aux despens des
pauvres gens, s'en allerent dormir d'aussi gracieux repos,
que les deux autres travaillerent* en peur et crainte, que
leur affaire fut revelée. Toutesfois le gentil-homme, sçachant bien qu'il ne pouvoit dissimuler devant le prince,
vint au matin à son lever, et le supplia qu'il ne le voulust
point deceler, et qu'il luy feist rendre sa cappe. Le prince
feit semblant* d'ignorer tout le faict, et tint si bonne
contenance, que le pauvre gentil-homme ne sçavoit où il
en estoit. Si* est-ce qu'à la fin, il ouït autre leçon qu'il ne
pensoit : car le prince l'asseura que si jamais il retournoit,
il le diroit au Roy, et le feroit bannir de la court.

« Je vous prie, mes dames, jugez, s'il n'eust pas mieux
valu à ceste pauvre dame d'avoir parlé franchement à
celuy qui luy faisoit tant d'honneur de l'aimer et estimer,
que de le mettre par dissimulation jusques à faire une
preuve, qui luy fut si honteuse. — Elle sçavoit bien, dist
Guebron, que si elle luy confessoit la verité, elle perdroit
entierement sa bonne grace, qu'elle ne vouloit perdre
pour rien. — Il me semble, dist Longarine, puis qu'elle
avoit choisi un mary à sa fantasie, qu'elle ne devoit
craindre de perdre l'amitié de tous les autres. — Je croy
bien, dist Parlamente, que si elle eust osé deceler son
mariage, elle se fust contentée de son mary : mais puis
qu'elle le vouloit dissimuler jusques à ce que ses filles
fussent mariées, elle ne vouloit point laisser une si honneste couverture. — Ce n'est pas cela, dist Saffredent :
mais c'est, que l'ambition des femmes est si grande,
qu'elle ne se peult jamais contenter d'en avoir un seul.
Mais j'ay ouy dire, que celles qui sont les plus sages, en

a. peau de loup

ont volontiers trois, un pour l'honneur, un pour le profit, et l'autre pour le plaisir : et chacun des trois pense estre le mieux aimé, mais les deux premiers servent au dernier. — Vous parlez, ce dist Oisille, de celles, qui n'ont amour ny honneur. — Ma dame, dist Saffredent, il y en a telle de la condition que je peins icy, que vous estimez bien des plus honnestes femmes du païs. — Croyez, dist Hircan, qu'une femme fine sçaura bien vivre, où toutes les autres mourront de faim. — Aussi, leur dist Longarine, quand leur finesse est cogneuë, c'est bien la mort. — Mais la vie[1], dist Simontault : car elles n'estiment à petite gloire, estre reputées plus fines que leurs compagnes. Et ce nom là de fines, qu'elles ont *acquis* à[a] leurs despens, faict plus hardiment venir les serviteurs* à leur obeïssance, que la beauté. Car un des plus grands plaisirs, qui soit entre ceux qui aiment, c'est de conduire leur amitié finement. — Vous parlez donc, dist Emarsuitte, d'une amour meschante : car la bonne amour n'a besoing de couverture. — Ha, dist Dagoucin, je vous supplie d'oster ceste opinion de vostre teste : pource que tant plus la drogue est precieuse, et moins se doit esventer, pour la malice* de ceux, qui ne se prennent qu'aux signes exterieurs, lesquels en bonne et mauvaise amitié sont tous pareils. Parquoy les fault aussi bien cacher quand l'amour est vertueuse, que si elle estoit au contraire, pour ne tomber au mauvais jugement de ceux qui ne peuvent croire qu'un homme puisse aimer une dame par honneur : et leur semble que s'ils sont subjects à leurs plaisirs, que chacun est semblable à eux. Mais si nous estions tous de bonne foy, le regard et la parole ne seroient point dissimulez, au moins à ceux, qui aimeroient mieux mourir, que d'y penser quelque mal. — Je vous asseure Dagoucin, dist Hircan, que vous avez une si haulte philosophie, qu'il

a. ont appris à

n'y a homme ici qui l'entende*, ne la croye : car vous
nous voudriez faire croire que les hommes sont anges,
ou pierres, ou diables. — Je sçay bien dist Dagoucin,
que les hommes sont hommes, et subjects à toutes passions : mais si* est-ce qu'il y en a, qui aimeroient mieux
mourir, que pour leur plaisir leur dame feit chose contre
sa conscience[a]. — C'est beaucoup de mourir, dist Guebron. Je ne croiray ceste parole, quand elle seroit dicte de
la bouche du plus austere religieux, qui soit. — Mais je
croy, dist Hircan, qu'il n'y en a point, qui ne desirent le
contraire. Toutesfois ils font semblant* de n'aimer point
les raisins, quand ils sont si haults qu'ils ne les peuvent
cueillir[1]. — Mais, dist Nomerfide, je croy que la femme
de ce prince fut fort joyeuse, que son mary apprenoit à
cognoistre les femmes. — Je vous asseure, que non, dist
Emarsuitte : mais en fut tresmarrie*, pour l'amour qu'elle
luy portoit. — J'aimerois autant, dist Saffredent, celle, qui
rioit, quand son mary baisoit sa chambriere. — Vrayement, dist Emarsuitte, vous nous en ferez le compte : je
vous donne ma place. — Combien que le compte soit
court, dist Saffredent, si le vous diray-je : car j'aime
mieux vous faire rire, que parler longuement. »

D'une damoiselle de si bonne nature, que voyant son mary, qui
baisoit sa chambriere, ne s'en feit que rire : et pour n'en dire autre-
chose, dist qu'elle rioit à son ombre.

NOUVELLE CINQUANTEQUATRIESME

Entre les monts Pyrenées et les Alpes, y avoit un gentil-
homme nommé Thogas, lequel avoit femme, enfans, une

---

a. contre leur conscience

fort belle maison, et tant de biens et de plaisirs, qu'il avoit
occasion de vivre content, sinon qu'il estoit subject à une
grande douleur au dessous de la racine des cheveux : tellement que les medecins luy conseillerent de descoucher
d'avec sa femme. A quoy elle se consentit tresvolontiers,
n'ayant regard qu'à la vie, et à la santé de son mary. Elle
feit mettre son lict en l'autre coing de sa chambre vis à vis
de celuy de son mary, en ligne si droicte, que l'un ne
l'autre n'eust sceu mettre la teste dehors, sans se veoir tous
deux. Ceste damoiselle tenoit avec elle deux chambrieres,
et souvent que le seigneur et la damoiselle estoient couchez, prenoit chacun d'eux quelque livre de passe-temps,
pour lire chacun en son lict : et leurs chambrieres tenoient
la chandelle, c'est à sçavoir la jeune au seigneur, et l'autre
à la damoiselle. Ce gentil-homme voyant sa chambriere
plus jeune, et plus belle que sa femme, prenoit si grand
plaisir à la regarder, qu'il interrompoit sa lecture pour l'entretenir. Ce que très bien oyoit sa femme, et trouvoit bon
que ses serviteurs et servantes feissent passer le temps à
son mary, pensant qu'il n'eust amitié à autre qu'à elle :
mais un soir, qu'ils eurent leu plus longuement que de
coustume, la damoiselle regardant *le long*ᵃ du costé du lict
de son mary, où estoit la jeune chambriere, qui tenoit la
chandelle, laquelle elle ne voyoit que par derriere, et ne
pouvoit veoir son mary, sinon *que* du costé de la chemi-
née, qui retournoit devant son lict, elle le veid contre une
muraille blanche, où reverberoit la clarté de la chandelle, et
recogneut tresbien le *profil* duᵇ visage de son mary et de
celuy de sa chambriere, s'ils s'eslongnoient, s'ils s'appro-
choient, ou s'ils rioient : dont elle en avoit si bonne
cognoissance, comme si elle les eust veuz. Le gentil-

a. regardant du long
b. le portraict du

homme qui ne s'en donnoit de garde, se tenant seur que sa
femme ne les pouvoit veoir, baisa sa chambriere, ce que
pour une fois sa femme endura sans dire mot : mais quand
elle veit que les umbres retournoient souvent à ceste union,
elle eut peur[1] que la verité fust couvert* dessous. Parquoy
elle se print tout hault à rire, en sorte que les umbres eurent
peur de son ris, et se separerent. Et le gentil-homme luy
demanda pourquoy elle rioit si fort, et qu'elle luy donnast
part de sa joye. Elle luy respondit : « Mon amy, je suis si
sotte, que je ris à mon umbre. » Et jamais quelque en-
queste qu'il peut faire, ne luy en confessa autre chose. Si*
est-ce qu'il *laissa* ceste face*a* umbrageuse[2].

« Et voilà de quoy il m'est souvenu, quand vous m'avez
parlé de la dame, qui aimoit l'amie de son mary. — Par
ma foy, dist Emarsuitte, si ma chambriere m'en eust faict
autant, je me feusse levée, et luy eusse tué la chandelle
sur le nez. — Vous estes bien terrible, dist Hircan, mais
c'eust esté bien employé : vostre mary et la chambriere
se feussent mis contre vous, et vous eussent tresbien bat-
tuë, car pour un baiser ne fault pas faire si grand cas.
Encores eust mieux faict sa femme de n'en sonner mot,
et de luy laisser prendre sa recreation, qui l'eust peu
guerir de sa maladie. — Mais, dist Parlamente, elle avoit
peur que la fin du passe-temps le feit plus malade. —
Elle n'est pas, dist Oisille, de ceux contre qui parle Nostre Seigneur : "Nous vous avons lamenté, et vous n'avez
point pleuré, nous avons chanté, et vous n'avez point
dancé[3]." Car quand son mary estoit malade, elle pleuroit : et quand il estoit joyeux, elle rioit. Ainsi toutes
femmes de bien deussent avoir la moitié du bien, du mal,
de la joye, et de la tristesse de leurs mariz, et les aimer,

---

a. il baisa ceste face

obeïr et servir, comme l'Eglise à Jesus Christ. — Il faudroit donc, ma dame, dist Parlamente, que noz mariz fussent envers nous comme Jesus Christ envers son Eglise. — Aussi faisons nous, dist Saffredent, et si possible estoit nous le passerions. Car Jesus Christ ne mourut qu'une fois pour son Eglise[1], et nous mourons tous les jours pour noz femmes. — Mourir ! dist Longarine, il me semble que vous et les autres, qui sont icy, valez mieux escuz, que ne faisiez grands blancs[2], avant que fussiez mariez. — Je sçay bien pourquoy, dist Saffredent, c'est pource que souvent nostre valeur est esprouvée : mais si se sentent bien noz espaules, d'avoir longuement porté la cuirasse. — Si vous aviez esté contrains, dist Emarsuitte, de porter un mois durant, le harnois[*], et coucher sur la dure, vous auriez grand desir de recouvrer le lict de vostre bonne femme, et porter la cuirasse, dont maintenant vous vous plaignez. Mais on dict, que toutes choses se peuvent endurer, sinon l'aise, et ne peut on cognoistre le repos, sinon quand on l'a perdu. — Ceste bonne femme, dist Oisille, qui rioit quand son mary estoit joyeux, avoit bien *apprins* à[a] trouver son repos par tout. — Je croy, dist Longarine, qu'elle aimoit mieux son repos que son mary, veu qu'elle ne prenoit à cueur chose qu'il feist. — Elle prenoit bien à cueur, dist Parlamente, ce qui pouvoit nuire à sa conscience, et à sa santé : mais aussi ne se vouloit point arrester à petite chose. — Quand vous parlez de la conscience, vous me faictes rire, dist Simontault : c'est chose, dont ne voudrois jamais, fors à bon droict, que ma femme eust soucy. — Il seroit bien employé, dist Nomerfide, que vous eussiez une telle femme, que celle, qui monstra bien après la mort de son mary, d'aimer mieux son argent que sa conscience. — Je vous prie, dist

a. bien à faire à

Saffredent, dictes nous ceste nouvelle, et pour ce faire je vous donne ma voix. — Je n'avois pas deliberé*, dist Nomerfide, de racompter une si courte histoire, mais puis qu'elle vient à propos je la diray. »

Finesse d'une Espaignole, pour frauder
les cordeliers* du laiz* testamentaire de son mary.

NOUVELLE CINQUANTECINQIESME

En la ville de Sarragosse y avoit un *riche* marchand, lequel voyant sa mort approcher, et qu'il ne pouvoit plus tenir les biens qu'il avoit, peult estre, acquis avecques mauvaise foy, pensa *que en faisant quelque petit present à Dieu après sa mort il satisferoict* en partie à ses peschez, comme si Dieu donnoit sa grace par argent*. Et*[a] quand il eut ordonné du faict de sa maison, dist qu'il vouloit qu'un bon cheval d'Espaigne *qu'il avoit*, fust*[b][2] vendu le plus que l'on pourroit, et que l'argent en fust distribué aux pauvres mendians[3], priant sa femme qu'elle ne voulust faillir* incontinent qu'il seroit trespassé, de vendre son cheval, et distribuer cest argent selon son ordonnance. Quand l'enterrement fut faict, et les premieres larmes jettées, la femme, qui n'estoit non plus sotte que les Espaignoles ont accoustumé d'estre, s'en vint au serviteur, qui avoit comme elle entendu la volonté de son mary, et luy dist : « Il me semble, que j'ay assez faict de perte de la personne de mon mary, que j'ay tant

---

a. pensa de satisfaire à son peché s'il donnoit tout aux mendians, sans avoir esgard, que sa femme et ses enfants mourroient de faim, après son decez[4]. Et

b. d'Espaigne (qui estoit presque tout ce qu'il avoit de bien) fust

aimé, sans maintenant perdre les biens*a*. Si* est-ce que je
ne voudrois desobeïr à sa parole : mais ouy bien faire
meilleure son intention. Car le pauvre homme, *seduict
par l'avarice des prebstres*, pense faire sacrifice à Dieu
de donner après sa mort une somme, dont en sa vie
n'eust pas voulu donner un escu en extresme necessité,
comme vous sçavez. Parquoy j'ay advisé que nous ferons
ce qu'il a ordonné par sa mort, encores mieux qu'il n'eust
faict, s'il eust vescu quinze jours d'avantage : [car je
surviendray* à la necessité* de mes enfans[1]]. Mais il
fault que personne du monde n'en sçache rien. » Et quand
elle eut promesse du serviteur, de le tenir secret, elle luy
dist : « Vous irez vendre son cheval, et à ceux qui vous
diront, "combien ?" vous leur direz, un ducat : mais j'ay
un fort bon chat, que je veux mettre en vente, que vous
vendrez quant et quant* pour quatre vingts dixneuf
ducats : et ainsi le chat et le cheval, feront tous deux les
cent ducats, que mon mary vouloit vendre son cheval
seul. » Le serviteur accomplit promptement le commandement de sa maistresse : car ainsi qu'il pourmenoit le
cheval par la place, tenant son chat entre ses bras, un
gentil-homme, qui autres fois avoit veu et desiré le cheval, luy demanda combien il le faisoit en un mot. Il luy
respondit, « Un ducat. — Je te prie, ne te mocque point
de moy. — Je vous asseure, monsieur, dist le serviteur,
qu'il ne vous coustera qu'un ducat. Il est bien vray, qu'il
fault acheter le chat quant et quant, duquel il fault que
j'aye quatre vingts dixneuf ducats. » A l'heure* le gentil-
homme, qui estimoit avoir raisonnable marché, luy paya
promptement un ducat pour le cheval, et le demeurant*,
comme il luy avoit demandé, et emmena sa marchandise,
et le serviteur d'autre costé emporta son argent, dont sa

a. perdre le reste de mes biens

maistresse fut fort joyeuse, et ne faillit pas de donner le ducat, que le cheval avoit esté vendu, aux pauvres mendians, comme son mary l'avoit ordonné, et retint le demeurant pour survenir* à elle et à ses enfans.

« A vostre advis si celle là n'estoit pas bien plus sage que son mary, et si elle se soucioit tant de sa conscience que du profit de son mesnage* ? — Je pense, dist Parlamente qu'elle aimoit bien son mary : mais voyant qu'à la mort *la plus part des hommes resvent**, elle[a], qui cognoissoit son intention, l'avoit voulu interpreter au profit de ses enfans, dont je l'estime tressage. — Comment ? dist Guebron, n'estimez vous pas une grande faulte de faillir* à acomplir les testamens des amiz trespassez ? — Si fais, dist Parlamente, pourveu que le testateur soit en bon sens *et qu'il ne resve*[*1] *poinct*. — Appellez vous, dist Guebron, *resverie*, donner[b] son bien à l'eglise, et aux pauvres mendians ? — Je n'appelle point *resverye*, dist[c] Parlamente, quand l'homme distribue aux pauvres[2], ce que Dieu a mis en sa puissance. Mais[3] de *faire aumosne du bien d'autruy je n'estime pas grand sapience. Car vous verrez ordinairement les plus grands usuriers qui soient poinct faire les plus belles et triumphantes* chappelles que l'on sçauroit veoir, voulans appaiser Dieu pour cent mil ducatz de larcin de dix mil ducatz d'ediffice, comme si Dieu ne sçavoit pas bien compter. — Vrayement je me suys maintefoys esbaye, dict Oisille, commant ilz cuident* appaiser Dieu par les choses que luy mesmes estant sur la terre a reprouvez comme grands bastimens, dorures, fars et paintures. Mais s'ilz entendent*

---

a. mort il avoit mal consideré à ses affaires, elle
b. Guebron, s'esgarer, donner
c. point errer, dist

bien ce que Dieu a dict en ung passaige que pour toute
oblacion il nous demande le cueur contrit et humilié, et en
ung autre où sainct Paul dict que "nous sommes le tem-
ple de Dieu où il veult habiter", ilz eussent mis peine de
orner leur conscience durant leur vie et n'atendre pas
l'heure que l'homme ne peult plus faire ne bien ne mal ;
encores qui pys est, charger ceulx qui demeurent à faire
leurs aumosnes à ceulx qu'i'[ls] n'eussent pas daigné
regarder leur vye durant. Mais Celuy^a qui cognoist les
cueurs, ne peult estre trompé, et ne jugera pas seulement
selon les oeuvres, mais selon la foy et charité qu'on a
euë à luy[1]. — Pourquoy est-ce doncques (dist Guebron)
que *ces cordelliers* * *et mandians ne nous chantent à la*
mort que de faire beaucoup de biens à leurs monastai-
res, nous asseurant qu'ilz nous mectront en paradis,
voulons ou non ? — Comant Gueburon (dict Hircan)
avez vous desjà oublyé la malice * *que vous nous avez*
comptée des cordelliers, pour nous demander comme il
est possible que telles gens puissent mantir ? Je vous
declaire que je ne pense qu'il y ait au monde plus gran-
des mansonges que les leurs. Et encores ceulx ne peuvent
estre reprins qui parlent pour le bien de toute la commu-
naulté ensemble, mais il y en a qui oublyent leur veu de
pauvreté pour satisfaire à leur avarice *.* — Il^b me semble, Hircan, dist Nomerfide, que vous sçavez quelque
histoire à ce propos. Je vous prie, si la pensez digne de
ceste compagnie, qu'il vous plaise nous la dire. — Je le

a. Mais de donner tout ce qu'on a à sa mort, et de faire languir de
faim sa famille puis* après, je n'approuve pas cela : et me semble que
Dieu auroit aussi acceptable, qu'on eust sollicitude des pauvres orphe-
lins, qu'on a laissez sur terre, lesquels n'ayans moyen de se nourrir, et
accablez de pauvreté, quelquefois au lieu de benir leurs peres les mau-
dissent quand ils se sentent pressez de faim : car Celuy
b. Pourquoy est-ce doncques (dist Guebron) que l'avarice est au
jourd'huy si enracinée en tous les estats du monde[2], que la pluspart des

veux bien, dist Hircan, et combien qu'il me fasche *de parler de ces gens là, car il me semble qui sont du rang de ceulx que Virgille dict à Dante, "passe outre et n'en tiens compte[1]". Toutesfois pour vous monstrer qu'ilz n'ont pas laissé leurs passions avec leurs habitz mondains*, je vous diray ce qui advint[a].* »

Un cordelier* marie frauduleusement un autre cordelier son compagnon à une belle jeune damoiselle, dont ils sont puis après tous deux puniz.

NOUVELLE CINQUANTESIXIESME

En la ville de Padoue passa une dame Françoise, à laquelle fut rapporté, que dedans les prisons de l'Evesché y avoit un cordelier : et s'enquerant de l'occasion, pource

---

hommes s'attendent à faire des biens lors qu'ils se sentent assailliz de la mort, et qu'il leur fault rendre compte à Dieu ? Je croy, qu'ils mettent si bien leurs affections en leurs richesses, que s'ils les pouvoient emporter avecques eux, ils les feroient volontiers : mais c'est l'heure où le Seigneur leur faict sentir plus grievement son jugement, que à l'heure de la mort : car tout ce qu'ils ont faict, tout le temps de leur vie, bien ou mal, en un instant se represente devant eux. C'est l'heure où les livres de noz consciences sont ouverts, et où chacun peult y veoir le bien et le mal qu'il a faict : car les esprits malings ne laissent rien, qu'ils ne proposent au pecheur, ou pour l'induire à une presumption d'avoir bien vescu, ou à une deffiance de la misericorde de Dieu, à fin de les faire trebucher du droict chemin. — Il

a. de compter quelque chose à leur desavantage, si* est-ce que, veu que nous n'avons espargné, ny Roys, ny Ducs, ny Comtes, ny Barons, ceux icy ne se doivent tenir offensez, si nous les mettons au rang de tant de gens de bien : mesmes* que nous ne parlons que des vicieux. Car nous sçavons qu'il y a de gens de bien en tous estats, et que les bons ne doivent estre interessez pour les mauvais[2]. Laissons doncques ces propos, et donnons commencement à nostre histoire.

qu'elle voyoit, que chacun en parloit par mocquerie, luy
fut dict, que ce cordelier, homme ancien, estoit confesseur
d'une fort honneste dame et devote, demeurée vefve*,
qui n'avoit que une seule fille, qu'elle aimoit tant, qu'il
n'y avoit peine qu'elle ne print pour luy amasser du bien,
et luy trouver un bon party. Or voyant sa fille devenir
grande, estoit continuellement en soucy de luy trouver
mary, qui peust vivre avecques elles deux, en paix et en
repos, c'est à dire, qui fust homme de conscience, comme
elle s'estimoit estre. Et pource qu'elle avoit ouy dire à
quelque sot prescheur, qu'il valoit mieux faire mal par le
conseil des docteurs, que faire bien *croiant* l'inspiration*ᵃ*
du Sainct Esprit, s'adressa à son beaupere* confesseur,
homme desja ancien, docteur en Theologie, estimé bien
vivant de toute la ville, s'asseurant par son conseil et bonnes prieres ne pouvoir faillir* de trouver le repos d'elle et
de sa fille. Et quand elle l'eut bien fort prié de choisir un
mary pour sa fille, tel qu'il cognoissoit qu'une femme
aimant Dieu et son honneur pouvoit souhaitter, il luy respondit, que premierement il falloit implorer la grace du
Sainct Esprit par oraisons et jeusnes. Et puis ainsi que
Dieu conduiroit son entendement, il esperoit de trouver ce
qu'elle demandoit, et ainsi alla le cordelier d'un costé
penser à son affaire. Et pource qu'il entendit de la dame,
qu'elle avoit amassé cinq cens ducats tous prests pour
donner au mary de sa fille, et qu'elle prenoit sur sa charge
la nourriture des deux, les fournissant de maison, meubles, et accoustremens* : il s'advisa qu'il avoit un jeune
compagnon de belle taille, et agreable visage, auquel il
donneroit la belle fille, la maison, meubles, sa vie et nourriture asseurée, et que les cinq cens ducats luy demeureroient pour un peu soulager son ardente avarice*. Et après

a. bien contre l'inspiration

qu'il eut parlé à son compagnon, et se trouverent tous
deux d'accord, il retourna vers la dame, et luy dist : « Je
croy sans faulte, que Dieu m'a envoyé son ange Raphaël,
comme il feit à Thobie[1], pour trouver un parfaict espoux à
vostre fille : car je vous asseure, que j'ay en main le plus
honneste jeune gentil-homme, qui soit en Italie : lequel a
quelquefois[*] veu vostre fille, et en est si bien prins,
qu'aujourd'huy ainsi que j'estois en oraison, Dieu le m'a
envoyé et m'a declaré l'affection qu'il avoit à ce mariage.
Et moy, qui cognois sa maison[*] et ses parens, et qu'il est
de vie notable, luy ay promis de vous en parler. Vray est
qu'il y a un inconvenient[*], que seul je cognois en luy :
c'est, qu'en voulant secourir un de ses amis, qu'un autre
vouloit tuer, tira son espée, pensant les departir[*], mais la
fortune advint, que son amy tua l'autre. Parquoy luy, combien qu'il n'ait frappé nul coup, est fugitif de sa ville,
pource qu'il assista au meurtre. Et par le conseil de ses
parens, s'est retiré en ceste ville, en habit d'escolier[*],
où il demeure incogneu, jusques à ce que ses parens ayent
mis ordre à son affaire, ce qu'il espere estre faict de bref.
Par ce moyen faudroit le mariage estre faict secrettement,
et que vous fussiez contente, que le jour il allast aux lectures publicques[2], et tous les soirs vint soupper et coucher
ceans. » A l'heure[*] la bonne femme luy dist : « Monsieur,
je trouve en ce que vous me dictes grand advantage : car
au moins j'auray près de moy ce que je desire le plus en
ce monde. » Ce que le cordelier feit, et le luy amena bien
en ordre, avec un beau pourpoinct de satin cramoisi,
dont elle fut bien aise : et après qu'il fut venu, feirent les
fiançailles, et incontinent que mynuict fut passé, feirent
dire une messe, et espouserent, et puis allerent coucher
ensemble, jusques au poinct du jour, que le marié dist à
sa femme, que pour n'estre cogneu, il estoit contrainct
s'en aller au college. Ayant prins son pourpoint de satin

cramoisi et sa robbe longue, sans oublier sa coëffe noire[1], vint dire à Dieu à sa femme, qui encores estoit au lict, et l'asseura que tous les soirs il viendroit soupper avec elle, mais que pour le disner* il ne le falloit attendre : et ainsi s'en partit, et laissa sa femme, qui s'estimoit la plus heureuse du monde, d'avoir trouvé un si bon party. Et ainsi s'en retourna le jeune cordelier marié, à son vieil pere, auquel il porta les cinq cens ducats, dont ils avoient convenu ensemble, par l'accord du mariage : et au soir ne faillit* de retourner soupper avec celle, qui le cuidoit* estre son mary, et s'entretint si bien en l'amour d'elle, et de sa belle mere, qu'ils ne l'eussent pas voulu changer avec le plus grand prince du monde.

Ceste vie continua quelque temps : mais ainsi que la bonté de Dieu a pitié de ceux, qui sont trompez de bonne foy, par sa grace et bonté advint qu'un matin il print grande devotion à ceste dame, et à sa fille, d'aller ouïr la messe à Sainct-François, et visiter leur bon pere confesseur, par le moyen duquel elles pensoient estre si bien pourveuës, l'une de beau fils, et l'autre de mary. Et de fortune ne trouvans leur confesseur, ne autre de leur cognoissance, furent contentes d'ouïr la grande messe qui se commençoit, attendans s'il viendroit point. Et ainsi que la jeune dame regardoit ententivement* au service divin, et au mystere d'iceluy, quand le prestre se retourna, pour dire Dominus vobiscum[2], ceste jeune mariée fut toute surprinse d'estonnement*. Car il luy sembloit, que c'estoit son mary, ou un pareil de luy : mais pour cela ne voulut sonner mot, et attendit jusques à ce qu'il se retournast encores une fois, où elle l'advisa* beaucoup mieux, et ne doubta point, que ce ne fust luy. Parquoy, elle tira sa mere, qui estoit en grande contemplation, en luy disant : « Helas ! ma dame, qu'est-ce que je voy ? » La mere luy demanda : « Quoy ? — C'est, dist elle, mon mary qui dit la messe, ou la personne du monde qui mieux luy resemble. » La mere, qui ne l'avoit point bien regardé, luy dist : « Je vous prie, ma fille, ne mettez point ceste opinion dedans vostre teste. Car c'est une chose totalement impossible, que ceux, qui sont si sainctes gens, feissent une telle tromperie : vous pecheriez grandement contre Dieu, d'adjouster foy à une telle opinion. » Toutesfois ne laissa pas la mere d'y regarder. Et quand ce vint à dire, Ite missa est[1], cogneut veritablement, que jamais deux freres d'une ventrée, ne furent si semblables : toutesfois elle estoit si simple, qu'elle eust volontiers dict : « Mon Dieu, garde moy de croire ce que je voy » : Mais, pource qu'il touchoit tant à sa fille, ne voulut pas laisser la chose ainsi incogneuë, et se delibera* d'en sçavoir la verité. Et quand ce vint au soir, que le mary devoit retourner, lequel ne les avoit aucunement apperceuës, la mere vint dire à sa fille : « Nous sçaurons, si vous voulez, maintenant la verité de vostre mary : car ainsi qu'il sera dedans le lict, je l'iray trouver, et sans qu'il y pense, par derriere, vous luy arracherez sa coëffe, et nous verrons s'il aura telle coronne[2], que celuy qui a dict la messe. » Ainsi qu'il fut deliberé*, il fut faict : car si tost que le meschant mary fut couché, arriva la vieille dame, et en luy prenant les deux mains, comme par jeu, sa fille luy osta sa coëffe, et demeura avec sa belle coronne : dont mere et fille, furent tant estonnées*, qu'il n'estoit possible de plus. Et à l'heure appellerent des serviteurs de leans*, pour le faire prendre et lier, jusques au matin, et ne luy servit nulle excuse ne beau parler. Le jour venu, la dame envoya querir son confesseur, feignant avoir quelque grand secret à luy dire, lequel y vint hastivement : et elle le feit prendre comme le jeune, luy reprochant la tromperie, qu'il luy avoit faicte. Et sur cela, envoya querir la justice, entre les mains de laquelle elle les meit tous deux. Il est à juger que, s'il y avoit des gens de bien pour juges, ils ne laisserent pas la chose impunie.

« Voilà, mes dames, pour vous monstrer, que tous ceux, qui vouënt pauvreté, ne sont pas exempts d'estre tentez d'avarice*, qui est l'occasion de faire tant de maux. — Mais tant de biens[1], dist Saffredent : car de cinq cens ducats, dont la vieille vouloit faire tresor, en furent faictes beaucoup de cheres*. Et la pauvre fille, qui avoit tant attendu un mary, par ce moyen en pouvoit avoir deux, et sçavoir mieux parler à la verité de toutes hierarchies[2]. — Vous avez tousjours les plus faulses opinions, dist Oisille, que je vey jamais : car il vous semble, que toutes les femmes sont de vostre complexion. — Ma dame, sauf vostre grace, dist Saffredent : car je vouldrois qu'il m'eust cousté beaucoup, et elles fussent[3] aussi aisées à contenter, que nous. — Voilà une mauvaise parole, dist Oisille : car il n'y a nul icy, qui ne sçache bien tout le contraire de vostre dire. Et qu'il ne soit vray, le compte, qui est faict maintenant, monstre bien l'ignorance des pauvres femmes, et la malice* de ceux, que nous tenons meilleurs, que vous autres hommes : car elle ne sa fille, ne vouloient rien faire à leur fantasie, mais soubmettoient leur desir à bon conseil. — Il y a des femmes si difficiles, dist Longarine, qu'il leur semble qu'elles doivent avoir des anges. — Et voilà pourquoy, dist Simontault, elles trouvent souvent des diables, principalement celles, qui ne se confians en la grace de Dieu, cuident* par leur bon sens, ou celuy d'autruy, pouvoir trouver en ce monde quelque felicité, qui n'est donnée, ny ne peult venir, que de Dieu. — Comment ? Simontault, dist Oisille, je ne pensois que vous sceussiez tant de bien. — Ma dame, dist Simontault, c'est grand dommage, que je ne suis bien experimenté. Car par faulte de me cognoistre, je

voy que vous avez mauvais jugement de moy : mais si*
puis je bien faire le mestier d'un cordelier, puis que le
cordelier s'est meslé du mien. — Vous appellez donc
vostre mestier*ᵃ*, dist Parlamente, de tromper les femmes :
et ainsi de vostre bouche mesme vous vous jugez. —
Quand j'en aurois trompé cent mil, dist Simontault, je ne
serois pas encores vengé, des peines, que j'ay euës pour
une seule. — Je sçay, dist Parlamente, combien de fois
vous vous plaignez des dames : et toutesfois nous vous
voyons si joyeux et en bon poinct*, qu'il n'est à croire,
que vous ayez eu tous les maux, que vous dictes. Mais la
belle dame sans mercy respond qu'il siet bien, que l'on
le die, pour en tirer quelque confort[1]. — Vous alleguez
un notable docteur, dist Simontault, qui seulement n'est
fascheux, mais le faict estre toutes celles, qui ont leu et
suivy sa doctrine*. — Si* est-ce, que sa doctrine, dist
Parlamente, est autant profitable aux jeunes dames, que
nulle que je sçache. — S'il estoit ainsy, dist Simontault,
que les dames fussent sans mercy, nous pourrions bien
faire reposer noz chevaux, et laisser rouïller noz harnois*,
jusques à la premiere guerre, et ne faire, que penser du
mesnage*. Et je vous prie dictes moy, si c'est honnesteté
à une dame d'avoir le nom d'estre sans pitié, sans charité, sans amour, et sans mercy ? — Sans charité et amour,
dist Parlamente, ne fault il pas qu'elle soit : mais ce mot
de mercy[2] sonne si mal entre les femmes, qu'elles n'en
peuvent user, sans offenser leur honneur : car proprement mercy, est accorder la grace qu'on demande. Et
l'on sçait bien celle, que les hommes desirent. — Ne
vous desplaise, ma dame, dist Simontault, il y en a de si
raisonnables, *qu'ilz* ne*ᵇ* demandent que la parole. —
Vous me faictes souvenir, dist Parlamente, de celuy qui

---

a. donc estre mestier
b. raisonnables, qui ne

se contentoit d'un gand. — Il fault que nous sachons, qui est ce gracieux serviteur, dist Hircan, et pour ceste cause je vous donne ma voix. — Ce me sera plaisir de le dire, dist Parlamente : car elle est pleine d'honnesteté[1]. »

Compte ridicule d'un Milhort d'Angleterre, qui portoit
un gand de femme, par parade sur son habillement.

NOUVELLE CINQUANTESEPTIESME

Le Roy Loys unziesme, envoya en Angleterre le seigneur de Montmorency[2], pour son ambassadeur : lequel y fut tant bien venu, que le Roy et tous les autres princes l'aimerent et l'estimerent fort, et mesmes luy communiquerent plusieurs de leurs affaires secrets, pour avoir son conseil. Un jour estant en un banquet, que le Roy luy feit, fut assis aupres de luy un Milhort de grande maison*, lequel avoit sur son saye* attaché un petit gand, comme pour femme, à crochets d'or, et dessus les joinctures des doigts y avoit force diamants, rubiz, esmerauldes, et perles, tant que ce gand estoit estimé à grand argent. Le seigneur de Montmorency le regarda si souvent, que le Milhort s'apperceut qu'il avoit envie de luy demander la raison, pourquoy il estoit si bien en ordre. Et pource qu'il en estimoit le compte estre fort à sa louënge, il commença à dire : « Je voy bien, que vous trouvez estrange, de ce que si gorgiasement* j'ay accoustré* un pauvre gand, ce que j'ay encores plus d'envie de vous dire : car je vous tiens tant homme de bien, et cognoissant quelle passion c'est qu'amour, que si j'ay bien faict, vous me louërez, ou sinon, vous excuserez l'amour, qui commande à tous honnestes cueurs. Il fault que vous entendiez, que j'ay

aimé toute ma vie, une dame, aime, et aimeray encores
après ma mort. Et parce que mon cueur eut plus de hardiesse, de s'adresser en un bon lieu, que ma bouche n'eut
de parler, je demeuray sept ans sans luy en oser faire
semblant*, craignant que si elle s'en appercevoit, je per-
drois le moyen, que j'avois de souvent la frequenter,
dont j'avois plus de peur, que de ma mort. Mais un jour
estant dedans un pré, et la regardant, me print un si
grand battement de cueur, que je perdy toute couleur, et
toute contenance : dont elle s'apperceut tresbien, et en
me demandant que j'avois, je luy dis, que c'estoit une
douleur de cueur importable*. Et elle, qui pensoit que ce
fust maladie d'autre sorte, que d'amour, me monstra
avoir pitié de moy : qui me feit la supplier mettre la main
sur mon cueur, pour veoir comme il se debattoit : ce
qu'elle feit, plus par charité, que par autre amytié. Et,
luy tenant la main dessus mon cueur, laquelle estoit gan-
tée, il se print à debattre et tourmenter si fort, qu'elle
sentit que je disois verité. Et à l'heure luy serray la main
contre mon estomach*, en luy disant : « Helas ! ma dame,
recevez le cueur, qui veult rompre mon estomach, pour
saillir en la main de celle, dont j'espere grace, vie, et
misericorde : lequel me contrainct maintenant vous declarer l'amour, que tant long temps vous ay celée : car luy
ne moy ne sommes maistres de ce puissant dieu. » Quand
elle entendit le propos, que je luy tenois, le trouva fort
estrange, et voulut retirer sa main : mais je la luy tins si
ferme, que le gand demeura en la place de sa cruelle
main. Et pource que jamais je n'avois eu ne ay eu depuis
plus grande privauté d'elle, je attachay ce gand comme
l'emplastre la plus propre que je puis donner à mon
cueur. Et l'ay aorné* de toutes les plus belles bagues que
j'avois, combien que les richesses viennent du gand, que
je ne donnerois pour le Royaume d'Angleterre. Car je

n'ay bien en ce monde que j'estime tant, que de le sentir sur mon estomach. » Le seigneur de Montmorency, qui eust mieux aimé la main que le gand d'une dame, luy loüa fort ceste grande honnesteté, luy disant qu'il estoit le plus vray amoureux qu'il eust jamais veu *et digne de meilleur traictement*, puis que de si peu, il faisoit tant de cas, combien que veu sa grande amour, s'il eust eu mieux que le gand, peult estre qu'il fust mort de joye. Ce qu'il accorda au seigneur de Montmorency, ne soupçonnant point qu'il le dist par mocquerie.

« Si tous les hommes du monde estoient de telle honnesteté, les dames s'y pourroient bien fier, quand il ne leur en cousteroit que le gand. — J'ay si bien cogneu le seigneur de Montmorency dont vous parlez, dist Guebron, que je suis seur, qu'il n'eust point voulu vivre *à l'angloise*, et[a] s'il se fust contenté de si peu, il n'eust pas eu les bonnes fortunes qu'il a euës en amour. Car la vieille chanson dict : Jamais d'amoureux coüart n'oyez bien dire. — Pensez, dist Saffredent, que ceste pauvre dame retira sa main bien hastivement, quand elle sentit que le cueur luy debattoit ainsi : car elle cuydoit* qu'il deust trespasser, et l'on dist, qu'il n'y a rien que les femmes hayent plus, que de toucher les morts. — Si vous aviez autant hanté les hospitaux que les tavernes, dist Emarsuitte, vous ne tiendriez pas ce langage : car vous verriez celles qui ensevelissent les trespassez, que souvent les hommes, quelques hardiz qu'ils soient, craignent approcher. — Il est vray, dist Simontault, qu'il n'y a nul, à qui l'on donne penitence, qui n'ayt faict le rebours de ce à quoy il a prins plaisir : comme une damoiselle que je vis en une bonne maison*, qui pour satisfaire* au plaisir

---

a. vivre en telle angoisse, et

qu'elle avoit eu à baiser quelqu'un qu'elle aimoit, fut
trouvée au matin à quatre heures baisant le corps mort
d'un gentil-homme, qui avoit esté tué le jour de devant,
lequel elle n'avoit *poinct plus* aimé *qu'un* autre*ᵃ*, et à
l'heure* chacun cogneut que c'estoit penitence des plaisirs passez. — Voilà, dist Oisille, comme toutes bonnes
œuvres, que les femmes font sont estimées mal entre les
hommes. Je ne suis d'opinion que morts ne vifs on doive
baiser, si ce n'est ainsi que Dieu le commande. — Quant
à moy, dist Hircan, je me soucie si peu de baiser les femmes, hors mis la mienne, que je m'accorde à toutes les
loix, que l'on voudra : mais j'ay pitié des jeunes gens, à
qui vous voulez oster un si petit contentement, et faire
nul le commandement de sainct Paul, qui veult que l'on
baise "in osculo sancto[1]". — Si sainct Paul eust esté
tel homme, que vous, dist Nomerfide, nous eussions
demandé l'experience de l'esprit de Dieu, qui parloit en
luy. — A la fin, dist Guebron, vous aimerez mieux douter
de la Saincte Escriture, que de faillir* à l'une de voz
petites ceremonies. — Jà à Dieu ne plaise, dist Oisille,
que nous doutons de la Saincte Escriture, veu que si peu
nous croyons en voz mensonges. Car il n'y a nulle, qui
ne sçache bien ce qu'elle doit croire, c'est de jamais ne
mettre en doute la parole de Dieu, et moins adjouster
foy à celle des hommes, se destournans de la verité. —
Si croy-je, dist *Dagoucin*ᵇ[2], qu'il y a eu plus d'hommes
trompez par les femmes, que de femmes par les hommes.
Car la petite amour, qu'elles ont à nous, les garde de
croire la verité, et la tresgrande amour, que nous leur portons, nous faict tellement fier en leurs mensonges, que

a. lequel elle n'avoit pas moins aimé que l'autre
b. Simontault. Berlin a la même leçon. Dagoucin *corrige* Simontault *dans BNF fr. 1515, 1516-1519, 2155.*

plustost nous sommes trompez, que *soupçonneux* de[a] le
pouvoir estre. — Il semble, dist Parlamente, que vous
ayez ouy la plaincte de quelque sot deceu par une folle :
car vostre propos est de si petite authorité, qu'il a besoing
d'estre fortifié d'exemple. Parquoy si vous en sçavez
quelqu'un, je vous donne ma place pour le racompter. Et
n'entends pas, que pour un mot, soyons subjects de vous
croire. Mais pour vous escouter dire mal de nous, noz
oreilles n'en[b] sentiront point de douleur : car nous sçavons ce qui en est. — Or puis que j'ay lieu, dist *Dagoucin*[c], je le vous diray. »

Une dame de court se venge plaisamment
d'un sien serviteur* d'amourettes.

NOUVELLE CINQUANTEHUICTIESME

En la court du Roy François premier, y avoit une dame
de fort bon esprit, laquelle par sa bonne grace, honnesteté, et parole aggreable, avoit gaigné le cueur de plusieurs serviteurs, dont elle sçavoit fort bien passer son
temps, l'honneur sauve, les entretenant si plaisamment,
qu'ils ne sçavoient à quoy se tenir d'elle[1]. Car les plus
asseurez estoient desesperez, et les plus desesperez en
prenoient asseurance. Toutesfois en se mocquant de la
plus grande partie, ne se peult tenir d'en aimer fort bien
un, qu'elle nommoit son cousin, lequel nom donnoit couleur à plus long entretenement*. Mais comme nulle
chose n'est stable, souvent leur amitié tournoit en cour-

a. que soupçonnez de
b. noz nouvelles n'en
c. Simontault

roux, et puis se renouvelloit plus fort que jamais, en sorte que toute la court ne le pouvoit ignorer. Un jour la dame, tant pour donner à cognoistre qu'elle n'avoit affection en rien, que pour donner un peu de peine à celuy, pour l'amour duquel elle en avoit beaucoup porté, luy va faire meilleur semblant* qu'elle n'avoit jamais faict. Parquoy luy, qui n'avoit ny en armes ny en amours nulle faulte de hardiesse, commença à pourchasser vivement celle que maintes fois avoit prié : laquelle feignant ne pouvoir plus soustenir tant de pitié, luy accorda sa demande, et luy dist, que pour ceste occasion, elle s'en alloit en sa chambre, qui estoit en un galetas*, où elle sçavoit bien qu'il n'y avoit personne, et si tost qu'il la verroit partir, qu'il ne faillit* point d'aller après : car il la trouveroit seule, *sinon* de la bonne volonté qu'elle luy portoit. Le gentil-homme qui creut à sa parole, fut si content qu'il se meit à jouër avecques les autres dames, attendant qu'il la veid partir pour bien tost aller après. Et elle, qui n'avoit faulte de nulle finesse de femme, s'en alla à *Madame Margue-rite, fille du roy, et à la duchesse de Montpencier*[1], et[a] leur dist : « Si vous voulez, je vous monstreray le plus beau passe-temps, que vous vistes oncques. » Elles, qui ne cherchoient point de melencolie, la prierent de leur dire que c'estoit. « C'est, ce dist elle, un tel que vous co-gnoissez autant homme de bien qu'il en soit point, et non moins audacieux. Vous sçavez combien de mauvais tours il m'a faict, et qu'à l'heure, que je l'aimois plus fort, il en a aimé d'autres, dont j'en ay porté plus d'ennuy*, que je n'en ay monstré de semblant*. Or maintenant Dieu m'a donné le moyen de m'en venger, c'est que je m'en vay en ma chambre, qui est sur ceste cy, et incontinent, s'il vous plaist y faire le guet, vous le verrez venir après

---

a. alla à deux grandes princesses desquelles elle estoit familiere, et

moy, et quand il aura passé les galleries, et qu'il voudra
monter le degré*, je vous prie, vous mettre toutes deux à
la fenestre pour m'aider à crier au larron, et vous verrez sa
colere. A quoy je croy qu'il n'aura point mauvaise grace,
et s'il ne me dit des injures tout hault, je m'attens bien,
qu'il n'en pensera pas moins en son cueur. » Ceste
conclusion ne se feit pas sans rire : car il n'y avoit gentil-
homme en la court, qui menast plus la guerre aux dames,
que cestuy là : et estoit tant aimé et estimé d'un chacun,
que l'on eust voulu pour rien se trouver au danger de sa
moquerie : et sembla bien aux dames qu'elles avoient
bonne part à la gloire, qu'une seule esperoit d'emporter
sur le gentil-homme. Parquoy si tost qu'elles veirent partir
celle qui avoit faict l'entreprinse, commencerent à regarder la contenance du gentil-homme, qui ne demeura gueres sans changer de place. Et quand il eut passé la porte,
les dames sortirent à la gallerie pour ne le perdre point
de veuë, et luy, qui ne s'en doutoit* pas, va mettre sa
cappe à l'entour de son col, pour se cacher le visage, et
descendit le degré jusques à la court, puis remonta. Mais
trouvant quelqu'un, qu'il ne vouloit pour tesmoing, redes-
cendit encores en la court, et retourna par un autre
costé : ce que tout entierement les dames voyoient, dont
ne s'apperceut oncques. Et quand il parvint au degré où
il pouvoit seurement aller en la chambre de sa dame, les
deux dames se vont mettre à la fenestre, et incontinent
elles apperceurent la dame, qui estoit en hault, qui commença à crier au larron tant que sa teste en pouvoit porter : et les deux dames d'enbas luy respondirent si fort,
que leurs voix furent ouÿes de tout le chasteau. Je vous
laisse à penser en quel despit le gentil-homme s'enfuit
en son logis, non si bien couvert, qu'il ne fust cogneu de
celles, qui sçavoient le mistere. Lesquelles depuis le luy
ont souvent reproché, mesme celle, qui luy avoit faict ce

mauvais tour, luy disant, qu'elle s'estoit bien vengée de luy. Mais il avoit ses responses et deffenses si propres, qu'il leur feit croire qu'il se doutoit bien de leur entreprinse, et qu'il avoit accordé à la dame de l'aller veoir, pour luy donner quelque passe-temps : car pour l'amour d'elle, n'eust il prins ceste peine, pource qu'il y avoit trop long temps, que l'amour en estoit dehors. Mais les dames ne vouloient recevoir ceste verité, dont encores en est la matiere en doute.

« Mais si ainsi estoit, qu'il eust creu ceste dame, comme il n'[1]est vray semblable, veu qu'il estoit tant sage et hardy, que de son aage et son temps, a eu peu de pareils, ou point, qui le passast, comme le nous a faict veoir sa treshardie et chevaleureuse mort, il me semble qu'il fault que vous confessiez, que l'amour des hommes vertueux est telle, que par trop croire de verité aux dames, sont souvent trompez. — En bonne foy, dist Emarsuitte, j'advoüe* ceste dame du tour qu'elle a faict. Car puis qu'un homme est aimé d'une dame, et la laisse pour une autre, elle ne s'en peult trop venger. — Voire, dist Parlamente, si elle en est aimée. Mais il y en a, qui aiment des hommes sans estre asseurées de leur amitié, et quand elles cognoissent qu'ils aiment ailleurs, elles dient qu'ils sont muables. Parquoy celles, qui sont sages, ne sont jamais trompées de ces propos. Car elles ne s'arrestent, ny ne croyent < jamais, qu'à > ceux, qui sont veritables, à fin de ne tomber au danger des menteurs, pource que le vray et le faux n'ont qu'un mesme langage. — Si toutes estoient de vostre opinion, dist Simontault, les gentils-hommes pourroient bien mettre leurs oraisons* dedans leurs coffres. Mais quoy que vous ne voz semblables en sceussiez dire, nous ne croyrions jamais, que les femmes ne soient aussi incredules, comme elles sont belles. Et ceste opinion

nous fera vivre aussi contans, que vous voudriez par
voz oraisons nous mettre en peine. — Vrayement, dist
Longarine, sçachant tresbien qui est la dame, qui a faict
ce bon tour au gentil-homme, je ne trouve impossible
nulle finesse à croire d'elle : car puis qu'elle n'a pas
espargné son mary, elle ne devoit pas espargner son serviteur. — Vous en sçavez doncques plus que moy, dist
Dagoucin[a] : parquoy je vous donne ma place, pour en
dire vostre opinion. — Puis que le voulez, et moy aussi,
dist Longarine. »

Un gentil-homme pensant acoler* en secret
une des damoiselles de sa femme, est par elle surprins.

NOUVELLE CINQUANTENEUFIESME

La dame, de qui vous avez faict le compte avoit espousé
un mary de bonne et ancienne maison*, et riche gentil-
homme, et par grande amitié de l'un et de l'autre, se feist
ce mariage. Elle, qui estoit l'une des femmes du monde,
parlant aussi plaisamment, ne dissimuloit point à son
mary, qu'elle n'eust des serviteurs*, desquels elle se mocquoit et passoit son temps, dont son mary avoit sa part
du plaisir, mais à la longue ceste vie luy fascha : car
d'un costé il trouvoit mauvais qu'elle entretenoit longuement ceux qu'il ne tenoit pour ses parens et amis* :
d'autre costé luy faschoit fort la depense, qu'il estoit
contrainct de faire pour entretenir sa gorgiaseté*, et suivre
la court. Parquoy le plus souvent qu'il pouvoit se retiroit
en sa maison, où tant de compagnie l'alloit veoir, que sa

---

a. Simontault. *Même leçon dans Berlin et les autres manuscrits, sauf
BNF fr. 1515 et 1520 qui ont* Dagoucin.

despense n'amoindrissoit gueres en son mesnage*. Car
sa femme, en quelque lieu qu'elle fust, trouvoit tousjours
moyen de passer son temps à quelques jeux, dances, et à
toutes choses, ausquelles honnestement les jeunes dames
se peuvent exercer. Et quelquefois* que son mary luy
disoit en riant que leur despense estoit trop grande, elle
luy faisoit response, qu'il s'asseurast, qu'elle ne le feroit
jamais cocu, mais ouy bien coquin*. Car elle aimoit si
tresfort les accoustremens*, qu'il falloit qu'elle en eust
des plus beaux et riches, qui fussent en la court, où son
mary la menoit le moins qu'il pouvoit, et où elle faisoit
tout son possible d'aller. Et pour ceste occasion se rendit
toute complaisante à son mary, qui de chose plus difficile ne la vouloit pas reffuser.

Or un jour voyant que toutes ses inventions ne le pouvoient gaigner à faire ce voyage de la court, s'apperceut
qu'il faisoit fort bonne chere à une femme de chambre à
chapperon*1, qu'elle avoit, dont elle esperoit bien faire
son profit. Et un soir elle retira à part ceste fille de chambre, et l'interrogea si finement tant par promesses que
par menaces, que la fille luy confessa, que depuis qu'elle
estoit en sa maison, il n'estoit jour que son maistre ne la
sollicitast de l'aimer, mais qu'elle aimeroit mieux mourir, que faire rien contre Dieu et son honneur, et encore
veu l'honneur qu'elle luy avoit faict de la retirer à son
service, qui seroit double meschanceté. Ceste dame, entendant la desloyauté de son mary, fut soudain emeuë* de
despit et de joye, voyant que son mary, qui faisoit tant
semblant* de l'aimer, luy pourchassoit secrettement telle
honte en sa compagnie, combien qu'elle s'estimoit plus
belle et de trop meilleure grace, que celle pour laquelle
il la vouloit changer. Mais la joye estoit, qu'elle esperoit
prendre son mary en telle et si grande faulte, qu'il ne luy
reprocheroit plus ses serviteurs*, ne la demeure de la

court. Et pour y parvenir, pria ceste fille d'accorder petit
à petit à son mary, ce qu'il demandoit, avec les conditions qu'elle luy dist. La fille en cuida* faire difficulté,
mais asseurée par sa maistresse de sa vie et de son honneur, s'accorda de faire tout ce qu'il luy plairoit. Le gentil-
homme, continuant sa poursuitte, trouva ceste fille d'œil
et de contenance toute changée, parquoy la pressa plus
vivement, qu'il n'avoit accoustumé. Mais elle, qui sçavoit son roolle par cueur, luy remonstra sa pauvreté, et
qu'en luy obeïssant perdroit le service de sa maistresse,
auquel elle s'attendoit bien gaigner un bon mary : à quoy
luy fut respondu par le gentil-homme, qu'elle n'eust soucy
de toutes ces choses : car il la marieroit mieux et plus
richement, que sa maistresse ne sçauroit faire, et qu'il
conduiroit son affaire si secrettement, que nul n'en pourroit mal parler. Sur ces propos feirent leur accord, et en
regardant le lieu plus propre pour accomplir ceste belle
œuvre, elle va dire, qu'elle n'en sçavoit point de meilleur,
ne plus loing de tout soupçon, qu'une petite maison, qui
estoit dedans le parc, où il y avoit chambre et lict tout
à propos. Le gentil-homme, qui n'eust trouvé nul lieu
mauvais, se contenta fort de cestuy-là, et luy tarda bien
que le jour et l'heure n'estoient venuz. Ceste fille ne
faillit* pas de promesse à sa maistresse, et luy compta
tout le discours* de son entreprinse, bien au long, comme
ce devoit estre le lendemain après disner, et qu'elle n'y
faudroit* point à l'heure qu'il y falloit aller, de luy faire
signe. A quoy elle supplioit bien fort de prendre garde,
et ne faillir point de s'y trouver à l'heure, pour la garder
du danger où elle se mettoit en luy obeïssant. Ce que la
maistresse luy jura, la priant n'avoir nulle crainte, et que
jamais ne l'abandonneroit, et si la deffendroit de la fureur*
de son mary.

Le lendemain venu après que l'on eust disné*, le gentil-
homme faisoit meilleure chere* à sa femme, qu'il n'avoit
encore faict. Ce qu'elle n'avoit pas trop aggreable : mais
elle feignoit si bien, qu'il ne s'en apperceut point. Après
le disner elle luy demanda à quoy il passeroit le temps.
Il luy dist, qu'il n'en sçavoit point de meilleur, que de
joüer au cent[1]. A l'heure feirent dresser le jeu, mais elle
feignit qu'elle ne vouloit point joüer, et qu'elle auroit
assez de plaisir à les regarder. Et ainsi qu'il se vouloit
mettre au jeu, ne faillit* pas de dire à ceste fille, qu'elle
n'oubliast pas sa promesse. Et quand il fut au jeu, elle
passa par la salle, faisant signe à sa maistresse du pelerinage qu'elle avoit à faire, qui l'advisa tresbien, mais le
gentil-homme n'y cogneut rien. Toutesfois au bout d'une
heure, qu'un de ses varlets luy feit signe de loing, dist à
sa femme que la teste luy faisoit un peu mal, et qu'il estoit
contrainct de s'aller reposer et prendre l'air. Elle, qui
sçavoit aussi bien sa maladie que luy, demanda s'il vouloit qu'elle joüast son jeu : il luy dist, qu'ouy, et qu'il
reviendroit bien tost. Toutesfois elle l'asseura, que pour
deux heures elle ne s'ennuyeroit point de tenir sa place.
Ainsi s'en alla le gentil-homme en sa chambre, et de là
par une allée en son parc. La damoiselle, qui sçavoit un
autre chemin plus court, attendit un petit, puis soudain
feit semblant* d'avoir une tranchée, et bailla son jeu à un
autre : et si tost qu'elle fut saillie de la salle, laissa ses
haults patins[2], et s'en courut le plus tost qu'elle peult*
au lieu où elle ne vouloit que le marché se feist sans elle,
et y arriva à si bonne heure, qu'elle entra par une porte
en la chambre où son mary ne faisoit que d'arriver, et
se cacha derriere l'huys*, escoutant les beaux et honnestes propos, que son mary tenoit à sa chambriere. Mais
quand elle veid, qu'il s'approchoit du criminel, le print
par derriere, en luy disant : « Je suis trop près de vous

pour en prendre une autre. » Si le gentil-homme fut lors courroucé jusques à l'extremité, il ne le fault demander, tant pour estre frustré de la joye qu'il esperoit recevoir, que pour veoir sa femme le cognoistre plus qu'il ne vouloit, de laquelle il avoit grand peur de perdre pour jamais l'amitié. Mais pensant que ceste menée vint de la fille, sans parler à sa femme, courut après elle de telle fureur, que si sa femme ne luy eust ostée des mains, il l'eust tuée, disant que c'estoit la plus meschante garse*, qu'il eust jamais veuë, et que si sa femme eust attendu la fin, elle eust bien cogneu que ce n'estoit que mocquerie. Car en lieu de luy faire ce qu'elle pensoit, il luy eust baillé des verges pour la chastier. Mais elle, qui se cognoissoit en tel metal, ne le print pas pour bon, et luy feit là de si bonnes remonstrances, qu'il eut grand peur, qu'elle ne le voulust abandonner. Parquoy il luy feit toutes les promesses qu'elle voulut, et confessa, voyant les bonnes remonstrances de sa femme, qu'il avoit tort de trouver mauvais, qu'elle eust des serviteurs*. Car une femme belle et honneste, n'est point moins vertueuse pour estre aimée, pourveu qu'elle ne face ny ne die chose, qui soit contre son honneur : mais un homme merite bien grande punition, qui prend peine de pourchasser une, qui ne l'aime point, pour faire tort à sa femme et à sa conscience. Parquoy luy promist qu'il ne l'empescheroit jamais d'aller à la court, ny ne trouveroit mauvais qu'elle eust des serviteurs : car il sçavoit bien qu'elle parloit plus à eux par mocquerie, que par affection. Ces propos là ne despleurent pas à la dame : car il luy sembloit bien avoir gaigné un grand point. Si* est-ce qu'elle dist tout au contraire, feignant de prendre desplaisir d'aller à la court, et qu'elle estimoit plus son amitié que toute autre chose, sans laquelle toutes compagnies luy faschoient : disant qu'une femme bien aimée de son mary, et l'aimant de son costé,

comme elle faisoit, portoit avec elle un saufconduict de
parler à tout le monde, et n'estre mocquée de nul. Le
pauvre gentil-homme meit si grande peine de l'asseurer
de l'amitié qu'il luy portoit, qu'en la fin ils partirent de
ce lieu là bons amis. Mais pour ne retourner plus à tel
inconvenient*, il la pria de chasser ceste fille, à l'occasion de laquelle il avoit eu tant d'ennuiz. Ce qu'elle feit,
mais ce fut en la mariant bien et honorablement aux despens de son mary. Et pour faire entierement oublier à
la damoiselle ceste follie, la mena bien tost à la court,
en tel ordre et si gorgiase*, qu'elle avoit occasion de se
contenter.

   « Voilà, mes dames, qui me faict dire, que je ne trouve
point estrange le tour qu'elle avoit faict à l'un de ses serviteurs, veu celuy que nous sçavons de son mary. —
Vous nous avez peint, dist Hircan, une femme bien fine,
et un mary bien sot. Car puis qu'il en estoit venu jusques
là, il ne se devoit pas arrester en si beau chemin. — Et
qu'eust il faict ? dist Longarine. — Ce qu'il avoit entre-
prins, dist Hircan. Car autant estoit courroucée sa femme
contre luy, pour sçavoir qu'il vouloit mal faire, comme
s'il eust mis le mal à execution : et peult estre que sa
femme l'eust mieux estimé, si elle l'eust cogneu plus
hardy, et gentil* compagnon. — C'est bien dict, dist
Emarsuitte, mais où trouverez vous des hommes, qui
forcent deux femmes à la fois ? Car sa femme eust deffendu son droict, et la fille sa virginité. — Il est vray, dist
Hircan, mais un homme fort et hardy, ne craint point
d'en assaillir deux foibles, et ne fault* point d'en venir à
bout. — J'entends bien, dist Emarsuitte, que s'il eust tiré
son espée, il les eust bien tuées toutes deux : mais autrement ne voy-je pas, qu'il en eust peu eschapper. Parquoy
je vous prie nous dire, que vous en eussiez faict. —

J'eusse embrassé ma femme, dist Hircan, et l'eusse emporté dehors, et puis eusse faict de sa chambriere ce qu'il m'eust pleu, par amour ou par force. — Hircan, dist Parlamente, il suffist assez que vous sçachez faire mal. — Je suis seur, Parlamente, dist Hircan, que je ne scandalise point l'innocent devant qui je parle[1]. Et si* ne veux par cela, soustenir un mauvais faict : mais je ne louë l'entreprinse, qui de soy ne vault rien, et l'entrepreneur, qui ne l'a mise à fin, plus par crainte de sa femme, que par amour. Je louë qu'un homme aime sa femme, comme Dieu le commande : mais quand il ne l'aime point, je ne l'estime gueres de la craindre. — A la verité, luy respondit Parlamente, si l'amour ne vous rendoit bon mary, j'estimerois bien peu ce que vous feriez par crainte. — Vous n'auriez garde, Parlamente, dist Hircan : car l'amour, que je vous porte, me rend plus obeïssant à vous, que la crainte de la mort, ny d'enfer. — Vous en direz ce qu'il vous plaira, dist Parlamente, mais j'ay occasion de me contenter de ce que j'ay veu et cogneu de vous : et de ce que je n'ay point sceu, n'en ay point voulu douter*, et encores moins m'en enquerir. — Je trouve une grande follie, dist Nomerfide, à celles, qui s'enquierent de si près de leurs mariz, et les mariz aussi des femmes : car il suffist au jour de sa malice[2], sans avoir tant de soucy du lendemain. — Si est il aucunesfois necessaire, dist Oisille, de s'enquerir des choses qui peuvent toucher l'honneur d'une maison*, pour y donner ordre, mais non pour faire mauvais jugement des personnes : car il n'y a nul qui ne faille aucunesfois*. — Il est advenu, dist Guebron, des inconveniens* à plusieurs, par faulte de bien et songneusement s'enquerir de la faulte de leurs femmes. — Je vous prie, dist Longarine, si vous en sçavez quelque exemple, ne la nous vouloir celer. — J'en sçay bien un, dist Guebron : et puis que vous le voulez, je le vous diray. »

Une Parisienne abandonne son mary pour suivre un chantre,
puis contrefaisant la morte, se feit enterrer.

NOUVELLE SOIXANTIESME

En la ville de Paris y avoit un homme de si bonne nature, qu'il eust faict conscience de croire un homme estre couché avec sa femme, quand encores il l'eust veu. Ce pauvre homme espousa une femme de si mauvais gouvernement*, qu'il n'estoit possible de plus, dont jamais ne s'apperceut, ains* la traictoit comme la plus femme de bien du monde. Un jour que le Roy Loys douziesme alla à Paris, ceste femme s'alla abandonner à un des chantres dudict seigneur. Et quand elle veid que le Roy s'en alloit de la ville de Paris, et qu'elle ne pouvoit plus veoir le chantre, se delibera d'abandonner son mary, et de le suivre. A quoy le chantre s'accorda, et la mena en une maison qu'il avoit près de Bloys, où ils vesquirent ensemble long temps. Le pauvre mary, trouvant sa femme *adirée*, la[a] chercha de tous costez, mais en fin luy fut dict, qu'elle s'en estoit allée avec le chantre. Luy, qui vouloit recouvrer sa brebis perduë[1], dont il avoit faict mauvaise garde, luy escrivit force lettres, la priant de retourner à luy, et qu'il la reprendroit si elle vouloit estre femme de bien : mais elle, qui prenoit si grand plaisir à ouïr le chant du chantre, avec qui elle estoit, qu'elle avoit oublié la voix de son mary, ne tint compte de toutes ses bonnes paroles,

---

a. femme à dire la

et s'en mocqua. Dont le mary courroucé luy feit sçavoir
qu'il la demanderoit par justice à l'Eglise, puis qu'elle
ne vouloit autrement retourner avecques luy. Ceste
femme, craignant que si la justice y mettoit la main, son
chantre et elle, en pourroient avoir affaire, pensa une
cautelle* digne d'une telle main : et feignant d'estre
malade, envoya querir quelques femmes de bien de la
ville, pour la venir visiter. Ce que volontiers elles feirent,
esperans par ceste maladie la retirer de sa mauvaise vie.
Et à ceste fin, chacune luy faisoit les plus belles remonstrances, qu'elle pouvoit. Lors elle, qui faignoit d'estre
griefvement malade, feit semblant de plorer et de recognoistre son peché, en sorte qu'elle faisoit pitié à toute la
compagnie, qui cuidoient* fermement qu'elle parlast du
fond de son cueur. Et la voyans ainsi reducite et repentante, se meirent à la consoler, en luy disant, que Dieu
n'estoit pas si terrible, que beaucoup de prescheurs
indiscrets* le peignoient : et que jamais il ne luy refuse-
roit sa misericorde : et sur ce bon propos, envoyerent
querir un homme de bien, pour la confesser. Et le lendemain vint le curé du lieu, pour luy administrer le Sainct
Sacrement, qu'elle receut avec tant de bonnes mines, que
toutes les femmes de bien de la ville, qui estoient presen-
tes, ploroient de veoir sa devotion, loüans Dieu, qui par
sa bonté avoit pitié de ceste pauvre creature. Et après,
feignant ne pouvoir plus manger, l'extreme unction[1] luy
fut apportée par le curé, et par elle receuë, avec plusieurs
bons signes : car à peine pouvoit elle avoir sa parole,
comme l'on estimoit : et demeura ainsi bien long temps,
et sembloit que peu à peu elle perdist la veuë, l'ouye, et
tous les autres sens, dont chacun se print à crier « Jesus »[2].
Et à cause que la nuict estoit prochaine, et que les
dames estoient de loing, se retirerent toutes. Et ainsi
qu'elles sortoient de la maison, on leur dist qu'elle estoit

trespassée, et en disant leur de profundis[1] pour elle,
s'en retournerent en leurs maisons.

Le curé demanda au chantre où il vouloit qu'elle fust
enterrée, lequel luy dist, qu'elle avoit ordonné d'estre
enterrée au cymitiere, et qu'il seroit bon de l'y porter de
nuict. Ainsi fut ensevelie ceste pauvre malheureuse, par
une chambriere, qui se gardoit bien de luy faire mal, et
puis avecques belles torches, fut portée jusques à la
fosse, que le chantre avoit faict faire. Et quand le corps
passa par devant celles qui avoient assisté à la veoir mettre à l'unction[2], elles saillirent* toutes de leurs maisons,
et l'accompagnerent jusques à la terre, où bien tost la
laisserent femmes et prestres : mais le chantre ne s'en
alla pas. Car incontinent qu'il veid la compagnie assez
loing, *avecques sa* chambriere deffeirent[a] la fosse, d'où
il retira s'amie, plus vive que jamais, et l'emmena secrettement en sa maison, où il la tint longuement
cachée[3]. Le mary, qui la poursuyvoit, vint jusques à
Bloys demander justice, et trouva qu'elle estoit morte et
enterrée, par l'attestation de toutes les dames de Bloys,
qui luy compterent la belle fin qu'elle avoit faicte, dont
le bon homme fut bien joyeux, croyant que l'ame de sa
femme estoit en paradis. Et luy, depesché* d'un si meschant corps, et avec ce contentement, retourna à Paris,
où il se maria, avec une belle et honneste jeune femme
de bien, et bonne mesnagere*, de laquelle il eut plusieurs
enfans, et demeurerent ensemble quatorze ou quinze ans.
Mais à la fin renommée, qui ne peult rien celer, le vint
advertir, que sa femme n'estoit point morte, ains* demeuroit avec ce meschant prestre. Chose, que le pauvre
homme dissimula autant qu'il peult, feignant de n'en
rien sçavoir, et desirant que ce fust une mensonge : mais

a. loing, luy et son autre chambriere deffeirent

sa femme, qui estoit sage, en fut advertie, dont elle portoit une si grande angoisse, qu'elle en cuida* mourir
d'ennuy*. Et s'il eust esté possible, sa conscience sauve[1],
eust volontiers dissimulé sa fortune : mais il luy fut impossible. Car incontinent l'Eglise y voulut mettre la
main : et pour le premier les separa tous deux, jusques à
ce que l'on sceust la verité du faict. Alors fut contrainct
ce pauvre homme de laisser la bonne, pour chercher la
mauvaise, et vint à Bloys, un peu après que le Roy François premier fut Roy, auquel lieu trouva la Royne
Claude, et ma dame la Regente[2], devant lesquelles vint
faire sa plaincte, demandant celle qu'il eust bien voulu
ne trouver point : mais force luy estoit, dont il faisoit
pitié à toute la compagnie. Et quand sa femme luy fut
presentée, elle voulut longuement soustenir, qu'il n'estoit point son mary : mais que c'estoit chose apostée* :
ce qu'il eust volontiers creu s'il eust peu. Elle, plus marrie* que honteuse, luy dist, qu'elle aimoit mieux mourir,
que retourner avecques luy, dont il estoit très content.
Mais les dames, devant lesquelles elle parloit si deshon-
nestement, la condamnerent, qu'elle y retourneroit : et
prescherent si bien ce chantre, avecques forces reprehen-
sions et menaces, qu'il fut contrainct de dire à sa laide
amie, qu'elle s'en allast avecques son mary, et qu'il ne
la vouloit plus voir. Ainsi chassée de tous costez, se retira la pauvre malheureuse, où elle fut mieux traictée de
son mary, qu'elle n'avoit merité.

« Voilà, mes dames, pourquoy je dy, que si le pauvre
mary eust esté bien vigilant après sa femme, il ne l'eust
pas ainsi perdue : car la chose bien gardée, est difficilement perdue, et l'abandon faict le larron[3]. — C'est chose
estrange, dist Hircan, comme l'amour est si fort, où il
semble moins raisonnable. — J'ay ouy dire, dist Simon-

tault, que l'on aura plus tost faict rompre cent mariages, que separer l'amour d'un prestre et de sa chambriere. — Je croy bien, dist Emarsuitte : car ceux qui lient les autres par mariages, sçavent si bien faire le nœud, que la mort seule y peult mettre fin. Et tiennent les docteurs*, que le langage spirituel, est plus grand que nul autre : par consequent aussi l'amour spirituel[1] passe les autres. — C'est chose, dist Dagoucin, que je ne sçaurois pardonner aux dames, d'abandonner un mary honneste, ou un amy, pour un prestre, quelque beau et honneste qu'il sceust estre. — Je vous prie, dist Hircan, ne vous meslez point de parler de nostre mere Saincte Eglise : mais croyez, que c'est grand plaisir aux pauvres femmes craintives et secrettes, de pecher avec ceux qui les peuvent absouldre : car il y en a, qui ont plus de honte de confesser une chose, que de la faire. — Vous parlez, dist Oisille, de celles qui n'ont point de cognoissance de Dieu, et qui cuident*, que les choses secrettes ne soient pas une fois revelées[2] devant la compagnie celeste. Mais je croy, que ce n'est pas pour chercher la confession qu'elles cherchent les confesseurs. Car l'ennemy les a si bien aveuglées, qu'elles regardent plus à s'arrester au lieu, qui leur semble le plus couvert*, et le plus seur, que de soy soucier d'avoir absolution du mal dont elles ne se repentent point. — Comment repentir ? dist Saffredent : mais s'estiment plus sainctes, que les autres femmes : et suis seur qu'il y en a, qui se tiennent honorées, de perseverer en telles amitiez. — Vous en parlez de sorte, dist Oisille à Saffredent, que vous en sçachiez quelque chose : Parquoy, je vous prie, que demain pour commencer la journée nous en vueilliez dire ce que vous en sçavez : car voilà des-ja le dernier coup de vespres qui sonne : pource que noz religieux sont partiz incontinent qu'ils ont ouy la dixiesme nouvelle, et nous ont laissé parachever noz debats[1]. » Et ce disant se leva la compagnie, qui s'en alla à l'eglise, où elle trouva que l'on l'avoit attendue : et après avoir ouy leurs vespres, soupa la compagnie toute ensemble, parlant de plusieurs beaux comptes. Après souper, selon la coustume, s'en alla un peu esbatre au pré, puis reposer, pour avoir le lendemain meilleure memoire.

FIN DE LA SIXIESME JOURNÉE
DES NOUVELLES DE LA ROYNE
DE NAVARRE.

LA SEPTIESME JOURNÉE
DES NOUVELLES DE LA ROYNE
DE NAVARRE

Au matin ne faillit ma dame Oisille, de leur administrer la salutaire pasture, qu'elle print en la lecture des actes et vertueux faicts des glorieux chevaliers et apostres de Jesus Christ, selon sainct Luc[1] : leur disant, que ces comptes là devoient estre suffisans pour desirer veoir un tel temps, et plorer la fortune de cestuy-cy. Et quand elle eut suffisamment leu et exposé le commencement de ce digne livre, les pria d'aller à l'eglise, en l'union que les Apostres faisoient leur oraison, et demander à Dieu sa grace, laquelle n'est jamais refusée à ceux qui en foy la requierent. Ceste opinion fut trouvée de chacun très-bonne, et arriverent à l'eglise, ainsi que l'on commençoit la messe du Sainct Esprit, qui leur sembloit chose venir à leur propos[2], qui leur feit ouyr le service en grande devotion : et après à leur disner* ramanteurent* ceste heureuse vie apostolique, à quoy ils prindrent tel plaisir, que quasi leur entreprinse estoit oubliée. Dequoy s'advisa Nomerfide, comme la plus jeune, et leur dist : « Ma dame Oisille nous a tant roulées[3] en devotion, que nous passons l'heure accoustumée de nous retirer, pour nous preparer à racompter noz nouvelles » Sa parole fut occasion de faire lever toute la compagnie : et après avoir bien peu demeuré en leurs chambres, ne faillirent* à se trouver *au*

pré, comme ils avoient faict le jour de devant. Et quand ils
furent bien à leurs aises, ma dame Oisille dist à Saffredent : « Encor que je sois asseurée, que vous ne direz
rien à l'avantage des femmes, si* est-ce qu'il fault que je
vous advise de dire la nouvelle, que dès hier au soir vous
avez promise. — Je proteste, ma dame, dist Saffredent,
que je n'acquerray point le deshonneur de mesdisant
pour dire verité, ny ne perdray la grace des dames vertueuses, pour racompter ce que les folles* font. Car j'ay
bien experimenté que c'est d'estre seulement eslongné de
leur veuë : et si je l'eusse esté autant de leur bonne grace,
je ne fusse pas à ceste heure en vie. » Et en ce disant,
tourna les yeux au contraire de celle, qui estoit cause de
son bien et de son mal. Mais en regardant Emarsuitte, la
feit aussi bien rougir, comme si c'eust esté celle à qui le
propos s'adressoit[1] : si est-ce qu'il n'en fut moins entendu*
de celle dont il desiroit estre ouy. Et ma dame Oisille
l'asseura, qu'il pouvoit dire verité librement aux despens
de qui il appartiendroit. Parquoy Saffredent commença,
et dist.

Merveilleuse pertinacité* d'amour effrontée
d'une Bourguignonne envers un chanoine d'Authun.

NOUVELLE SOIXANTEUNIESME[2]

Auprès de la ville d'Authun, y avoit une fort belle
femme, grande, blanche, et d'autant belle façon de visage,
que j'en aye point veu. Elle avoit espousé un honneste
homme, qui sembloit estre plus jeune qu'elle, lequel
l'aimoit, et la traictoit tant bien, qu'elle avoit cause de
s'en contenter. Peu de temps après qu'ils furent mariez,

la mena en la ville d'Authun, pour quelques affaires. Et
durant que le mary pourchassoit la justice, sa femme alloit
à l'eglise prier Dieu pour luy. Et tant frequenta le lieu
sainct, qu'un chanoine¹ fort riche, fut amoureux d'elle :
et la poursuivit si fort, qu'en fin la pauvre malheureuse
luy accorda : dont le mary n'avoit nul soupçon, et pensoit plus à garder son bien, que sa femme. Et quand ce
vint au departir*, et qu'il falloit retourner en la maison,
qui estoit loing de la ville de sept grandes lieuës, ce ne
fut pas sans un regret : mais le chanoine luy promist de
l'aller souvent visiter : ce qu'il feit, feignant aller en quelque voyage, où son chemin s'adressoit* tousjours par la
maison de cest homme, qui ne fut pas si sot, qu'il ne s'en
apperceust, et y donna si bon ordre que quand le chanoine y venoit, il n'y trouvoit plus sa femme, mais la faisoit si bien cacher, qu'il ne pouvoit parler à elle. La
femme cognoissant la jalousie de son mary, ne feit semblant* qu'il luy despleust : toutesfois si* pensa elle qu'elle
y donneroit bien ordre : car elle estimoit un enfer, de perdre la vision de son Dieu. Un jour que son mary estoit hors
de sa maison, empescha* si bien les chambrieres et varlets, qu'elle y demeura seule : incontinent print ce qui luy
estoit necessaire, et sans nulle compagnie, que de la folle*
amour, s'en alla de son pied à Authun, où elle n'arriva
pas si tard, qu'elle ne fust bien recogneuë de son chanoine, qui la tint enfermée et cachée plus d'un an, quelques monitions et excommunications² qu'en feist jetter
son mary. Lequel ne trouvant meilleur remede, en feit la
plaincte à l'Evesque, qui avoit un Archediacre autant
homme de bien, qu'il y en eust en France. Et luy mesmes
chercha si diligemment toutes les maisons des chanoi-
nes, qu'il trouva celle que l'on tenoit perduë, laquelle il
meit en prison, et condamna le chanoine en grosse penitence. Le mary, sçachant que sa femme estoit retrouvée

par la monition du bon Archediacre, et de plusieurs gens
de bien, fut content de la reprendre avec les serments,
qu'elle luy feist de vivre le temps advenir en femme de
bien. Ce que le bon homme creut volontiers, pour la
grande amour qu'il luy portoit, et la mena en sa maison, la
traictant aussi honnestement qu'au paravant, sinon qu'il
luy bailla deux vieilles chambrieres, qui jamais ne la laissoient seule, que l'une des deux ne fust avec elle.

Mais quelque bonne chere*, que luy feist son mary, la
meschante amour, qu'elle portoit au chanoine, luy faisoit
estimer tout son repos tourment. Et combien qu'elle fust
tresbelle femme, et luy homme de bonne complexion,
fort et puissant, si est-ce que jamais elle n'eut enfans de
luy : car son cueur estoit tousjours à sept lieuës de son
corps. Ce qu'elle dissimuloit si bien, qu'il sembloit à son
mary, qu'elle eust oublié tout le passé, comme il avoit
faict de son costé. Mais la malice* d'elle n'avoit pas
ceste opinion : car à l'heure qu'elle veid son mary mieux
l'aymant, et moins la soupçonnant, va feindre d'estre
malade, et continua si bien ceste feincte, que son pauvre
mary estoit en merveilleuse peine, n'y espargnant bien,
ny chose qu'il eust pour la secourir. Toutesfois elle joüa
si bien son roole, que luy et tous ceux de la maison la
penserent malade jusques à l'extremité, et que peu à peu
elle s'afoiblissoit : et voyant que son mary en estoit
autant marry*, qu'il en devoit estre joyeux, luy pria qu'il
luy pleust l'auctoriser de faire son testament. Ce qu'il
feit volontiers en plorant. Et elle, ayant puissance de tes-
ter, combien qu'elle n'eust enfans, donna à son mary, ce
qu'elle luy pouvoit donner, luy requerant pardon des fautes qu'elle luy avoit faictes. Après envoya querir le curé,
se confessa, receut le sainct sacrement de l'autel tant
devotement, que chacun ploroit de veoir une si glorieuse
fin. Et quand ce vint le soir, pria son mary de luy faire

porter l'extreme unction[1], et qu'elle s'affoiblissoit tant, qu'elle avoit peur de ne la pouvoir recevoir vive. Son mary luy feit apporter en grande diligence, et elle, qui la recevoit en grande humilité, incitoit chacun à la louër. Quand elle eut faict tous ses beaux misteres[2], elle dist à son mary, que, puis que Dieu luy avoit tant faict de grace d'avoir prins tout ce que l'Eglise commande, elle sentoit sa conscience en si grande paix, qu'il luy prenoit envie de se reposer un petit : priant son mary de faire le semblable, et qu'il en avoit bien besoing pour avoir tant ploré, et veillé avec elle. Quand son mary fut endormy, et tous les varlets avecques luy, les deux vieilles, qui en sa santé l'avoient si longuement gardée, ne se doutans* plus de la perdre, sinon par mort, se vont tresbien coucher à leur aise. Et quand elle les ouyt dormir et ronfler bien hault, se leva en sa chemise, et saillit* hors de sa chambre, escoutant si personne de leans* faisoit point de bruit. Mais quand elle fut asseurée de son baston[3], sceut tresbien saillir par un petit huys* du jardin qui ne fermoit point, et tant que la nuict dura toute en chemise et nuds pieds feit son voyage à Authun, devers le sainct, qui l'avoit gardée de mourir. Mais pource que le chemin estoit long, n'y peut* aller tout d'une traicte, que le jour ne la surprint. A l'heure* regarda partout le chemin, et advisa deux chevaucheurs, qui couroient bien fort, et se doutant* que ce fust son mary, qui la cherchast, se cacha tout le corps dans un maraiz et la teste entre les joncs, et son mary passant par auprès d'elle, disoit à un sien serviteur, comme tout desesperé : « O la meschante ! qui eust pensé que sous le manteau des saincts sacrements de l'Eglise, on eust peu couvrir un si vilain et abominable cas ? » Le serviteur luy respondit : « Puis que Judas, prenant un tel morceau, ne craignit à trahir son maistre[4], ne trouvez point estrange la trahison d'une femme. » En ce

disant passa outre le mary, et la femme demeura plus
joyeuse entre les joncs, de l'avoir trompé, qu'elle n'estoit en sa maison dans un bon lict en servitude. Le pauvre mary chercha par toute la ville d'Authun, mais il
sceut certainement qu'elle n'y estoit point entrée. Parquoy s'en retourna sur ses brisées, et ne faisoit que se
plaindre d'elle sur le chemin, et de sa grande perte : ne
la menaçant point moins, quant au reste, que de la mort,
s'il la trouvoit : dont elle n'avoit peur en son esprit, non
plus qu'elle sentoit de froid en son corps : combien que la
saison et le lieu meritoient de la faire repentir de son dam-
nable voyage. Et qui ne sçauroit comme le feu d'enfer
eschauffe ceux qui en sont rempliz, l'on devroit estimer
à merveilles, comme ceste pauvre femme, saillant* d'un
lict bien chaud, peut* demeurer tout un jour en si extreme
froidure. Si ne perdit elle point le cueur* ny l'aller : car
incontinent que la nuit fut venuë, reprint son chemin. Et
ainsi que l'on vouloit fermer la porte d'Authun, arriva
ceste pauvre pelerine, et ne faillit* d'aller tout droict où
demeuroit son corps sainct[1] : qui fut tant esmerveillé de
sa venuë, qu'à peine pouvoit il croire, que ce fust elle.
Mais quand il l'eut bien regardée et visitée de tous costez,
trouva qu'elle avoit oz et chair, ce qu'un esprit n'a point.
Et ainsi s'asseura que ce n'estoit fantosme, et dès l'heure
furent si bien d'accord, qu'elle demeura quatorze ou
quinze ans avec luy. Et si quelque temps elle fut cachée,
à la fin perdit toute crainte, et qui pis est, print une telle
gloire d'avoir un tel amy[2], qu'elle se mettoit à l'eglise
devant la plus part des femmes de bien de la ville, tant
femmes d'officiers* que autres, et eut des enfans du chanoine, et entre autres une fille, qui fut mariée à un riche
marchand, et si gorgiase* à ses nopces, que toutes les femmes de la ville en murmuroient tresfort, mais n'avoient pas
la puissance d'y mettre ordre.

Or advint qu'en ce temps là, la Royne Claude, femme du Roy François, passa par la ville d'Authun, ayant en sa compagnie, ma dame la regente mere du Roy, et la Duchesse d'Alençon sa fille[1]. Vint lors une femme de chambre nommée Perrette, qui trouva ladicte Duchesse, et luy dist : « Ma dame, je vous supplie escoutez moy, et vous ferez œuvre aussi ou plus grande, que d'aller ouyr tout le service* du jour. » La Duchesse s'arresta volontiers, sçachant que d'elle ne pouvoit venir que bon conseil. Perrette luy alla compter incontinent, comme elle avoit prins une petite fille pour luy aider à savonner le linge de la Royne : et en luy demandant des nouvelles de la ville, luy compta la peine qu'avoient les femmes de bien, de veoir, ainsi aller devant elles la femme de ce chanoine, laquelle luy compta une partie de sa vie. Tout soudain s'en alla ladicte Duchesse à la Royne, et à ma dame la regente, et leur racompta ceste histoire : qui, sans autre forme de proces, envoyerent querir ceste pauvre malheureuse, laquelle ne se cachoit point : car elle avoit changé sa honte en gloire, d'estre dame de la maison d'un si riche homme, et sans estre estonnée* et honteuse se vint presenter devant lesdictes dames : qui avoient si grand honte de sa hardiesse, que soudain elles ne luy sceurent que dire. Mais après ma dame la regente luy feit de telles remonstrances, qu'elles deussent avoir faict plorer une femme de bon entendement. Ce que ne feit ceste pauvre femme : mais d'une audace tresgrande leur dist : « Je vous supplie, mes dames, que vous vouliez garder, que l'on ne touche point à mon honneur. Car, Dieu mercy, j'ay vescu avec monsieur le chanoine si bien et vertueusement, qu'il n'y a personne vivant, qui m'en sceust reprendre. Et si ne fault point que l'on pense que je vive contre la volonté de Dieu : car il y a trois ans qu'il ne me fut rien, et vivons aussi chastement, et en aussi grande amour, que deux

beaux petits anges, sans que jamais entre nous deux il y
ait eu parole ne volonté au contraire : et qui nous separera,
fera grand peché : car le bon homme, qui a bien près de
quatre vingts ans, ne vivra plus gueres sans moy, qui en ay
quarante cinq. » Vous pouvez penser comme ces dames
se peurent tenir, et les remonstrances que chacune luy
feit, voyant l'obstination, qui à l'heure n'estoit amollie
par paroles, que l'on luy dist, pour aage qu'elle eust, ne
pour l'honorable compagnie. Et pour l'humilier plus fort,
envoyerent querir le bon Archediacre d'Authun, qui la
condemna d'estre en prison un an au pain et à l'eau. Et
les dames envoyerent querir son mary, lequel, pour leur
bon enhortement*, fut content la reprendre, après qu'elle
auroit faict sa penitence. Mais se voyant prisonniere, et
le chanoine deliberé de jamais plus la reprendre, remerciant les dames de ce qu'elles luy avoyent jecté un diable
hors de dessus les espaules, eut une si grande et parfaicte
contrition, que son mary, au lieu d'attendre le bout de
l'année à la reprendre, n'attendit pas quinze jours, qu'il
ne la vint demander à l'Archediacre, et depuis ont vescu
en bonne paix et amytié.

« Voilà, mes dames, comme les chaisnes *de* Sainct
Pierre sont converties par les mauvais ministres*, en celles
de Sathan[1], et si fortes à rompre, que les sacrements, qui
chassent les diables du corps, sont à ceux cy les moyens
de les faire plus longuement demeurer en leurs consciences. Car les meilleures choses sont celles, quand on en
abuse, dont l'on faict plus de maulx. — Vrayement, dist
Oisille, ceste femme estoit bien mal-heureuse : mais aussi
fut elle bien punie de venir devant tels juges, comme les
dames que vous avez nommées : car le regard seul de ma
dame la regente estoit de telle vertu, qu'il n'y avoit si
femme de bien qui ne craignit de se trouver devant ses

yeux, et qui ne s'estimast indigne de sa veuë. *Celle qui estoict regardée* doulcement[a1], s'estimoit meriter grand honneur, sçachant que femmes autres que vertueuses ne pouvoit ceste dame regarder de bon cueur. — Si est il meilleur, dist Hircan, que l'on ayt plus de craincte du sainct sacrement (lequel n'estant receu en foy, et charité*, est en damnation eternelle[2]) que des yeux d'une femme. — Je vous promets, dist Parlamente, que ceux, qui ne sont point inspirez *de Dieu*, craignent plus les puissances temporelles que les spirituelles. Encores je croy que ceste pauvre creature se chastia plus par la prison, et pour l'opinion de ne veoir plus son chanoine, qu'elle ne feit pour remonstrance que l'on luy eust sceu faire. — Mais, dist Simontault, vous avez oublié la principale chose, qui la feit retourner à son mary, c'est, que le chanoine avoit quatre vingts ans, et son mary estoit plus jeune qu'elle. Ainsi gaigna ceste bonne dame en tous ses marchez. Mais si le chanoine eust esté jeune, elle ne l'eust point voulu abandonner. Les enseignemens des dames n'eussent pas eu plus de valeur, que les sacrements qu'elle avoit prins. — Encore me semble il, dist Nomerfide, qu'elle faisoit bien, de ne confesser point son peché si aisément : car ceste offense là, se doit dire à Dieu seulement, et la renier fort et ferme devant les hommes. Car encores qu'il fust vray, à force de mentir et jurer, on engendre quelque doute à la verité. — Si* est-ce, dist Longarine, qu'un peché a grand peine peult il estre si secret, qu'il ne soit revelé, sinon quand Dieu le couvre en ceux qui pour l'amour de luy en ont vraye repentance. — Et que diriez vous, dist Hircan, de celles qui n'ont pas plus tost faict une folie*, qu'elles ne la racomptent à quelque une ? — Je le trouve bien estrange, dist Longarine. et est signe que le peché ne

---

a. veuë. Car la regardant doulcement

lcur desplaist pas. Et, comme je vous ay dict, celuy qui n'est couvert par la grace de Dieu, ne se sçauroit nier devant les hommes, et y en a maintes qui prennent plaisir de parler de tels propos, et font gloire de publier leurs vices : et autres, qui en se couppant s'acusent. — Si* est ce coupper bien lourdement, dist Saffredent : mais je vous prie, si vous en sçavez quelqu'une, que je vous donne ma place, et que vous nous la disiez. — Or escoutez donc, dist Longarine. »

Une damoiselle* faisant un compte de l'amour d'elle mesme, parlant en tierce personne, se declara* par mesgarde.

NOUVELLE SOIXANTEDEUXIESME

Au temps du Roy François premier, y avoit une dame du sang royal[1] accompagnée d'honneur, de vertu, et de beauté, et qui sçavoit bien dire un compte, et de bonne grace, et en rire aussi, quand on luy en disoit quelqu'un. Ceste dame estant en une de ses maisons, tous ses subjects et voisins la vindrent* veoir, pource qu'elle estoit autant aimée, que femme pouvoit estre. Entre autres la vint veoir une damoiselle, qui escoutoit que chacun luy disoit tous les comptes qu'ils pensoient pour luy faire passer le temps. Elle s'advisa qu'elle ne feroit moins que les autres, et luy dist : « Ma dame, j'ay à vous faire un beau compte, mais vous me promettrez de n'en parler point. » A l'heure* luy dist : « Ma dame, le compte que je vous feray est très-veritable, je le prens sur ma conscience[2]. C'est, qu'il y avoit une damoiselle* maryée, qui vivoit avec son mary treshonnestement, combien qu'il fust vieil et elle jeune. Un gentil-homme son voisin, voyant qu'elle avoit espousé ce vieillard, fut amoureux d'elle, et la pressa par plusieurs années : mais jamais il n'eut response d'elle, sinon telle qu'une femme de bien doit faire. Un jour pensa le gentil-homme, que s'il la pouvoit trouver à son avantage, que par aventure elle ne luy seroit si rigoureuse. Et après avoir long temps debatu avec la crainte du danger où il se mettoit, l'amour qu'il avoit à la damoiselle luy osta tellement la crainte, qu'il se delibera* chercher le lieu et l'occasion. Et feit si bon guet, qu'un matin, ainsi que le gentil-homme, mary de ceste damoiselle, s'en alloit en quelque autre de ses maisons, et partoit dès le poinct du jour, pour la chaleur, le jeune folastre vint en la maison de ceste jeune damoiselle, laquelle il trouva dormant en son lict, et advisa, que ses chambrieres s'en estoient allées hors de la chambre, et sans avoir le sens de fermer la porte, se vint coucher tout houzé* et esperonné, dedans le lict de la damoiselle. Et quand elle s'esveilla, fut autant marrie*, qu'il estoit possible : mais quelques remonstrances, qu'elle luy sceust faire, il la print par force, luy disant, que si elle reveloit cest affaire, il le diroit à tout le monde, et qu'elle l'avoit envoyé querir[1] : dont la damoiselle eut si grand peur, qu'elle n'osa crier. Après arriva une des chambrieres dedans la chambre, parquoy le gentil-homme se leva bien hastivement, et ne s'en fust personne aperceu, sinon que l'esperon, qui s'estoit attaché au linceul* de dessus, l'emporta tout entier : en sorte, que la damoiselle demeura toute nuë sur son lict. » Et combien qu'elle feist le compte d'une autre, si ne se peut elle garder de dire à la fin : « Jamais femme ne fut plus estonnée que moy, quand je me trouvay toute nuë. » A l'heure la dame, qui avoit escouté tout le compte sans rire, ne s'en peut tenir à ce dernier mot, luy disant : « A ce que je voy, vous en pouvez bien racompter l'histoire. » La pauvre damoiselle chercha ce qu'elle peut pour cuider* reparer son honneur, mais il estoit desjà volé si loing, qu'elle ne le pouvoit rappeller.

« Je vous asseure, mes dames, que si elle eust eu grand desplaisir à faire un tel acte, elle en eust voulu avoir perdu la memoire. Mais comme je vous ay dict, le peché seroit plus tost descouvert par *elle mesme qui l'a faict*, qu'il[a] ne pourroit estre sceu, quand il n'est point couvert de la couverture que David dit rendre l'homme bien heureux[1]. — En bonne foy, dit Emarsuitte, voylà la plus grande sotte, dont j'ouys jamais parler, qui faisoit rire les autres à ses despens. — Je ne trouve point estrange, dist Parlamente, dequoy la parole ensuit le faict : car il est plus aisé à dire que à faire. — Dea*, dist Guebron, quel peché avoit elle faict ? elle estoit endormie en son lict, et il la menassoit de mort, et de honte. Lucresse[2], qui est tant louée, en feit bien autant. — Il est vray, dist Parlamente, je confesse qu'il n'y a si juste, à qui il ne puisse mescheoir*. Mais quand on a prins grand desplaisir à l'œuvre, l'on en prend aussi en la memoire, pour laquelle effacer Lucresse se tua. Et ceste sotte en voulut faire rire les autres. — Si semble il, dist Nomerfide, qu'elle fust femme de bien, veu que par plusieurs fois elle avoit esté priée, sans jamais y avoir voulu consentir : de sorte que le gentilhomme fut contrainct de s'aider de tromperie, et de force, pour la decevoir*. — Comment ? dist Parlamente, tenez vous une femme quitte de son honneur, quand elle se laisse aller, après avoir usé de deux ou trois refus ? Il y auroit doncques beaucoup de femmes de bien, qui sont estimées le contraire. Car l'on en a assez veu, qui ont longuement refusé celuy où leur cueur s'estoit des-ja accordé : les unes pour crainte de leur honneur, les autres pour plus

_____

a. descouvert par soy mesme, qu'il

ardemment se faire aimer et estimer. Parquoy l'on ne doit point faire cas d'une femme, si elle ne tient ferme jusques au bout. — Et si un jeune homme refusoit une fois une belle fille, dist Dagoucin, estimeriez vous pas cela grande vertu ? — Vrayement, dist Oisille, si un jeune homme et sain, usoit de ce refus, je le trouverois fort loüable, mais non moins difficile à croire. — Si en cognois je dist Dagoucin, qui ont refusé des avantures, que tous leurs compagnons cherchoient. — Je vous prie, dist Longarine, que vous preniez ma place, pour nous en dire des nouvelles[1] : mais souvienne vous, que nous sommes icy tenuz de dire verité. — Je vous promets, dist Dagoucin, que je la vous diray si purement, qu'il n'y aura nulle couleur pour la desguiser. »

Notable chasteté d'un seigneur François.

NOUVELLE SOIXANTETROISIESME

En la ville de Paris se trouverent quatre filles, dont les deux estoient sœurs, de si grande beauté, jeunesse, et frescheur, qu'elles avoient la presse de tous les amoureux. Mais un gentil-homme, que le Roy, qui lors regnoit, avoit faict prevost de Paris[2], voyant son maistre jeune et de l'aage pour desirer telle compagnie, practiqua* si bien toutes les quatre, que pensant chacune d'elles estre pour le Roy, s'accorderent à ce que ledict prevost voulut, qui estoit de se trouver ensemble en un festin, où il convia son maistre, auquel il racompta l'entreprinse, qui fut trouvée bonne dudict seigneur et de deux autres grands personnages de la court, qui s'accorderent d'avoir part au marché. Et en cherchant un quatriesme compagnon, arriva un

jeune seigneur, beau et honneste, plus jeune de dix ans,
que les trois autres, lequel fut convié à ce banquet, qu'il
accepta de bon visage, combien qu'en son cueur il n'en
eust aucune volonté : car d'un costé il avoit une femme
qui luy portoit de beaux enfans, dont il se contentoit tresfort, et vivoient en telle paix, que pour rien il n'eust voulu
qu'elle eust prins mauvais soupçon de luy : d'autre part il
estoit serviteur* de l'une des plus belles dames, qui fust de
son temps en France, laquelle il aimoit et estimoit, tant
que toutes les autres luy sembloient laides au pris d'elle :
en sorte qu'au commencement de sa jeunesse, et avant
qu'il fust marié, il n'estoit possible de luy faire veoir et
hanter autre femme, quelque beauté qu'elle eust, et prenoit plus de plaisir à veoir s'amie, et à l'aimer parfaictement, que de tout ce qu'il eust sceu avoir d'une autre. Ce
seigneur s'en vint à sa femme, et luy dist l'entreprinse,
que le Roy avoit faicte, et que de luy[1], il aimoit autant
mourir, que d'accomplir ce qu'il avoit promis. Car tout
ainsi que par colere n'y a homme vivant, qu'il n'osast bien
assaillir : ainsi sans occasion par un guet à pens aimeroit
mieux mourir que de faire un meurdre si l'honneur ne l'y
contraignoit. Et pareillement sans une extreme force
d'amour, qui est l'aveuglement des hommes vertueux, il
aimeroit mieux mourir que rompre son mariage à l'appetit d'autruy : dont sa femme l'aima et estima plus que
jamais, voyant en si grande jeunesse habiter tant d'honnesteté, en luy demandant comme il se pourroit excuser,
veu que les princes trouvent souvent mauvais ceux qui ne
louënt ce qu'ils aiment : mais il luy respondit : « J'ay ouy
dire que le sage a tousjours une maladie ou un voyage en
sa manche, pour s'en aider à sa necessité. Parquoy j'ay
deliberé de feindre quatre ou cinq jours devant, estre bien
fort malade : à quoy vostre contenance me pourra bien
fort servir. — Voilà, dist sa femme, une bonne et saincte

hypocrisie, et ne faudray* vous y servir de myne, la plus
triste dont je me pourray adviser : car qui peult eviter
l'offense de Dieu et l'ire* du prince, est bien heureux. »
Ainsi qu'ils delibererent*, ils feirent : et fut le Roy bien
marry* d'entendre par la femme la maladie de son mary,
laquelle ne dura gueres : car pour quelques affaires qui
survindrent, le Roy oublia son plaisir pour penser de son
devoir, et partit de Paris : et un jour ayant memoire de son
entreprinse, qui n'avoit esté mise à fin, dist à ce jeune
prince : « Nous sommes bien sots d'estre ainsi partiz soudain sans avoir veu les quatre filles, que l'on nous avoit
promises estre les plus belles de mon royaume. » Le
jeune prince luy respondit : « Je suis bien aise, que vous
y avez failly : car j'avois grand peur durant ma maladie
de perdre moy seul une si bonne aventure. » A ces paroles ne s'apperceut jamais le Roy de la dissimulation de ce
jeune seigneur, lequel depuis fut plus aimé de sa femme,
qu'il n'avoit jamais esté.

Parlamente à l'heure se print à rire, et ne se peut tenir
de dire : « Encores l'eust elle mieux aimé, si c'eust esté
pour l'amour d'elle seule : mais en quelque sorte que ce
soit, il est tresloüable. — Il me semble, dist Hircan, que
ce n'est pas grande louënge à un homme, de garder chasteté pour l'amour de sa femme : car il y a tant de raisons,
que quasi il y est constrainct. Premierement Dieu luy
commande, son serment l'y oblige : et puis la nature,
qui est saoule*, n'est point subjette à tentation ou desir,
comme est la necessité. Mais l'amour libre, que l'on
porte à s'amie, de laquelle l'on n'a point la jouïssance, ny
autre contentement, que le veoir et le parler, et bien souvent mauvaise response, quand elle est si loyale et ferme,
que pour nulle aventure qui puisse avenir on ne la *peult*

changer*ᵃ*, je dy que c'est une chasteté non seulement
loüable, mais miraculeuse. — Ce n'est point miracle, dist
Oisille : car où le cueur s'adonne il n'est rien impossible
au corps. — Non aux corps, dist Hircan, qui sont des-ja
angelisez. — Je n'entends point, dist Oisille, seulement
parler de ceux, qui par la grace de Dieu sont tous transmuez* en luy[1] : mais des plus grossiers esprits que l'on
voye çà bas entre les hommes, et si vous y prenez garde,
vous trouverez ceux, qui ont mis leur cueur et affection à
chercher la perfection des sciences, non seulement avoir
oublié la volupté de la chair, mais les choses, qui luy sont
les plus necessaires, comme le boire et le manger : car
tant que l'ame est par affection[2], dedans son corps, la
chair demeure comme insensible. Et de là vient que ceux,
qui aiment femmes belles, honnestes et vertueuses, ont tel
contentement d'esprit à les veoir, ou à les ouyr parler, que
la chair est appaisée de tous ses desirs. Et ceux, qui ne
peuvent experimenter ces contentemens, sont les charnels,
qui trop enveloppez de leur gresse ne peuvent cognoistre
s'ils ont ame ou non : mais quand le corps est subject à
l'esprit, il est quasi insensible aux imperfections de la
chair : tellement que leur forte opinion les peult rendre
insensibles. Et j'ay cognu un gentil-homme, qui, pour
monstrer avoir plus fort aimé sa dame que nul autre, avoit
faict preuve* à tenir une chandelle les doigts tous nuds
contre tous ses compagnons, et regardant sadicte dame,
tint si ferme qu'il se brusla jusques à l'os, encores disoit
il n'avoir point senty de mal. — Il me semble, dist Guebron, que le diable, dont il estoit martyré, en devoit faire un
sainct Laurens[3] : car il y en a peu, de qui le feu d'amour
soit si grand, qu'il ne craigne celuy de la moindre bougie.
Et si une damoiselle m'avoit laissé tant endurer pour elle,

a. la veult changer

j'en demanderois grande recompense, ou j'en retirerois ma fantasie. — Vous voudriez donc, dist Parlamente, avoir vostre heure, après que vostre dame auroit eu la sienne, comme feit un gentil homme d'auprès de Valence en Espaigne, duquel un commandeur, fort homme de bien, m'a faict le compte. — Je vous prie, ma dame, dist Dagoucin, que prenez ma place, et le nous dictes : car je croy, qu'il doit estre bon. — Par ce compte, mes dames, dist Parlamente, vous regarderez deux fois ce que vous voudrez refuser, et ne vous fierez que le temps present soit tousjours un. Parquoy cognoissant sa mutation, donnerez ordre à l'advenir. »

Un gentil-homme desdaigné pour mary, se rend cordelier*, dequoy s'amie porte pareille penitence.

NOUVELLE SOIXANTEQUATRIESME

En la cité de Valence y avoit un gentil-homme, qui par l'espace de cinq ou six ans avoit aimé une dame si parfaictement, que l'honneur et la conscience de l'un et de l'autre n'y estoit point blessée : car son intention estoit de l'avoir pour femme, qui estoit chose fort raisonnable : car il estoit beau, riche, et de bonne maison*, et si ne s'estoit point mis en son service sans premierement avoir sceu son intention, qui estoit de s'accorder à mariage par la volonté de ses amis*, lesquels estans assemblez pour cest effect, trouverent le mariage fort raisonnable, pourveu que la fille y eust bonne volonté. Mais elle, ou cuidant* trouver mieux, ou voulant dissimuler[1] l'amour qu'elle luy avoit portée, y trouva quelque difficulté : tellement que la compagnie assemblée se departit*, non sans regret qu'elle n'y avoit peu mettre bonne conclusion, cognoissant le party d'un costé, et d'autre fort raisonnable. Mais sur tout fut courroucé le pauvre gentil-homme, qui eust porté son mal patiemment, s'il eust pensé que la faulte fust venue des parens, et non d'elle. Et cognoissant la verité, dont la creance* luy causoit plus de mal que la mort, sans parler à s'amie ne à autre, se retira en sa maison, et après avoir donné quelque ordre à ses affaires, s'en alla en un lieu solitaire, où il meist peine d'oublier ceste amitié, et la convertit entierement en celle de Nostre Seigneur, à laquelle sans comparaison il estoit plus obligé*. Et durant ce temps là, n'eut aucunes nouvelles de sa dame, ne de ses parens. Parquoy print resolution, puis qu'il avoit failly* à la vie la plus heureuse qu'il eust peu esperer, de prendre et choisir la plus austere et desagreable, qu'il pourroit imaginer : et avecques ceste triste pensée, qui se pouvoit nommer desespoir, s'en alla rendre religieux en un monastere de Sainct François, non loing de plusieurs de ses parens : lesquels entendans son desespoir, feirent tout leur effort d'empescher sa deliberation : mais elle estoit si fermement fondée en son cueur, qu'il n'y eut ordre de l'en divertir*. Toutesfois cognoissant dont le mal estoit venu, penserent de chercher la medecine, et allerent vers celle, qui estoit cause de ceste soudaine devotion : laquelle fort estonnée et marrie* de cest inconvenient*, pensant que¹ son refus pour quelque temps, luy serviroit seulement d'experimenter sa bonne volonté, et non de la perdre pour jamais, dont elle voyoit le danger evident, luy envoya une epistre, laquelle mal traduicte, dist ainsi :

> Pource qu'amour, s'il n'est bien esprouvé,
> Ferme et loyal ne peust estre approuvé*,
> J'ay bien voulu par le temps esprouver,
> Ce que j'ay tant desiré de trouver :
> C'est, un mary remply d'amour parfaict,

Qui par le temps ne peust estre deffaict.
Cela me feit requerir mes parens
De retarder, pour un ou pour deux ans,
Ce grand lien, qui jusqu'à la mort dure,
Qui à plusieurs engendre peine dure.
De vous avoir je ne feis pas refus,
Certes jamais de tel vouloir ne fus :
Car oncques* nul, que vous, ne sceu aimer,
Ny pour mary et seigneur estimer.
O quel malheur, amy, ay-je entendu,
Que sans parler à nully t'es rendu
En un convent*, et vie¹ trop austere ?
Dont le regret faict que ne m'en puis taire,
Et me contrainct de changer mon office,
Faisant celuy dont as usé sans vice :
C'est, requerir celuy dont fus requise,
Et d'acquerir celuy dont fus acquise.
Or donc, amy, la vie de ma vie,
Lequel perdant, n'ay plus de vivre envie :
Las ! plaise toy vers moy tes yeux tourner,
Et du chemin, où tu es, retourner.
Laisse le gris² et son austerité.
Vien recevoir ceste felicité,
Qui tant de fois fut par toy desirée.
Le temps ne l'a deffaicte ou empirée :
C'est pour toy seul que gardée me suis,
Et sans lequel plus vivre je ne puis.
Retourne donc, vueille t'amie croire,
Refraichissant la plaisante memoire
Du temps passé par un sainct mariage.
Croy moy, amy, et non point ton courage*,
Et sois certain qu'oncques* je n'ay pensé
De faire rien où tu fusses offensé :
Mais esperois te rendre contenté

Après t'avoir bien experimenté.
Or ay-je faict de toy experience :
Ta fermeté, ta foy, ta patience,
Et ton amour, sont cogneuz clairement,
Qui m'ont acquise à toy entierement.
Vien donc, amy, prendre ce qui est tien :
Je suis à toy, sois doncques du tout* mien.

Ceste epistre portée par un sien amy, avec toutes les remonstrances, qu'il fut possible de faire, fut receuë et leuë du gentil-homme cordelier, avec une contenance tant triste, accompagnée de souspirs et de larmes, qu'il sembloit qu'il vousist* noyer et brusler ceste pauvre epistre. A laquelle ne feit autre response, sinon dire au messager, que la mortification de sa passion extreme, luy avoit cousté si cher, qu'elle luy avoit osté la volonté de vivre, et la crainte de mourir. Parquoy requeroit celle qui en estoit l'occasion, puis qu'elle ne l'avoit voulu contenter en la passion de ses grands desirs, ne le vouloir tourmenter à l'heure qu'il en estoit hors, mais se contenter du mal passé : auquel il ne peut* trouver autre remede, que de choisir vie si aspre, que la continuelle penitence, qui luy faisoit oublier sa douleur : et à force de jeusnes[1] et disciplines* affoiblir tant son corps, que la memoire de la mort, luy estoit pour souveraine consolation, et que sur tout il la prioit, qu'il n'eust jamais nouvelle d'elle. Car la memoire de son nom seulement, luy estoit importable* purgatoire.

Le gentil-homme s'en retourna avec ceste triste response, et en feit le rapport à celle, qui ne la peut entendre sans incroyable regret. Mais amour, qui ne veult permettre *l'espoir* faillir*[a] jusques à l'extremité, luy meit en fan

---

a. permettre l'esprit de faillir

tasie, si elle le pouvoit veoir, que la veuë et la parole
auroient plus de force, que n'avoit eu l'escriture. Parquoy
avec son pere et ses plus proches parens, s'en alla au
monastere où il demeuroit, n'ayant rien laissé en sa boëte*,
qui peust servir à sa beauté : se confiant, que s'il la pouvoit une fois regarder et ouïr parler, impossible estoit que
le feu si longuement continué en leurs cueurs, ne se ralu-
mast plus fort que devant. Ainsi entrant au monastere, sur
la fin de vespres le feit appeller en une chapelle dans le
cloistre. Luy, qui ne sçavoit qui le demandoit, s'en alla
ignorantemant à la plus forte bataille où il eust jamais
esté. Et à l'heure qu'elle le veid tant palle et deffaict,
qu'à peine le peut elle recognoistre, neantmoins remply
d'une grace, non moins aimable qu'au paravant, amour
la contraignit avancer ses bras pour le cuider* embrasser : mais la pitié de le veoir en tel estat, luy feit tellement affoiblir le cueur, qu'elle tomba esvanouye. Lors le
pauvre religieux qui n'estoit destitué de charité fraternelle, la releva, et assist dedans un siege de la chapelle.
Et luy, qui n'avoit moins besoing de secours, faignit
ignorer sa passion, fortifiant son cueur en l'amour de son
Dieu, contre les occasions qu'il voyoit se presenter : tellement qu'il sembloit à sa contenance, ignorer ce qu'il
voyoit. Elle revenant de sa foiblesse, tournant vers luy
ses yeux, tant beaux et piteux*, qu'ils estoient suffisans
de faire amollir un rocher, commença à luy dire tous les
propos, qu'elle pensoit dignes de le retirer du lieu où il
estoit. A quoy il respondit le plus vertueusement qu'il
luy fut possible : mais à la fin, sentant le pauvre religieux,
que son cueur s'amolissoit, par l'abondance des larmes
de s'amie, comme celuy, qui voyoit amour ce dur archer,
dont si longuement il avoit porté la douleur, ayant sa fle-
che dorée[1] preste à luy faire nouvelle et mortelle playe,
s'en fuyt de devant l'amour et l'amie, comme n'ayant

autre pouvoir, que par fuyr. Et quand il fut enfermé en sa
chambre, ne la voulant laisser aller sans quelque resolution, luy va escrire trois mots en Espagnol, que j'ay
trouvé de si bonne substance, que je ne les ay voulu traduire, pour ne diminuer leur grace : lesquels luy envoya
par un petit novice, qui la trouva encores en la chapelle,
si desesperée, que s'il luy eust esté licite se rendre cor-
deliere, elle y fust demeurée. Mais en voyant l'escriture,
qui disoit : *Volvete don venesti anima mi, que en las tris-
tas vides es la mia*[1]. Elle, pensant bien par cela, que
toute esperance luy estoit faillie*, se delibera* croire le
conseil de luy et de ses amis, et s'en retourna en sa maison, mener une vie aussi melancolique*, que son amy la
mena austere en la religion*.

« Vous voyez, mes dames, quelle vengeance print le
gentil-homme de sa rude amye, qui, en le pensant experimenter, le desespera, de sorte que, quand elle voulut,
elle ne le peut recouvrer. — J'ay regret, dist Nomerfide,
qu'il ne laissa son habit pour l'aller espouser, je croy
que c'eust esté un parfaict mariage. — En bonne foy, dist
Simontault, je l'estime bien sage : car qui a bien poisé le
faix de mariage, il ne l'estimera moins fascheux, qu'une
austere religion. Et luy, qui estoit tant affoibly de jeusnes
et d'abstinences[2], craignoit de prendre une telle charge,
qui durast toute la vie. — Il me semble, dist Hircan,
qu'elle faisoit tort à un homme si foible, de le tenter de
mariage : car c'est trop pour le plus fort homme du
monde. Mais si elle luy eust tenu propos d'amitié, sans
autre obligation que de volonté, il n'y a corde, qui n'eust
esté deschirée, ny nœud qui n'eust esté denoüé. Et veu
que pour l'oster de purgatoire, elle luy offroit un enfer, je
dy qu'il eut grand'raison de la refuser, et luy faire sentir
l'ennuy* qu'il avoit porté de son refus. — Par ma foy, dist

Emarsuitte, il y en a beaucoup, qui, pour cuider* mieux
faire que les autres, font pis, ou bien, le rebours de ce
qu'ils veulent. — Vrayement, dist Guebron, vous me faictes souvenir, encores que ne soit à propos, d'une qui faisoit le contraire de ce qu'elle vouloit, dont il vint grand
tumulte en l'eglise Sainct-Jean de Lyon. — Je vous prie,
dist Parlamente, prenez ma place, et nous la comptez. —
Mon compte, dist Guebron, ne sera pas long, ne si piteux*,
que celuy de Parlamente. »

Simplicité d'une vieille, qui presenta une chandelle ardante à Sainct
Jean de Lyon, et l'attacha contre le front d'un soldat, qui dormoit
sur un sepulchre : et de ce qui en advint

NOUVELLE SOIXANTECINQIESME

En l'eglise Sainct-Jean de Lyon y avoit une chapelle
fort obscure, et dedans un sepulchre[1] faict de pierres à
grands personnages eslevez, comme le vif[2], et sont à
l'entour du sepulchre plusieurs hommes d'armes couchez. Un soldat se promenant un jour dans l'eglise, au
temps d'Esté qu'il faict grand chauld, luy print envie de
dormir, et regardant ceste chapelle obscure et fresche,
pensa d'aller au sepulchre dormir, comme les autres,
auprès desquels il se coucha. Or advint qu'une bonne
vieille fort devote arriva au plus fort de son sommeil. Et
après qu'elle eut dict ses devotions, tenant une chandelle
en sa main la voulut attacher au sepulchre : et là trouvant
le plus près d'icelle cest homme endormy, la luy voulut
mettre au front, pensant qu'il fust de pierre : mais la cire
ne peut tenir contre ceste pierre. La bonne dame, qui
pensoit que ce fust à cause de la froideur de l'image*,
luy va mettre le feu contre le front, pour y faire tenir sa

bougie : mais l'image, qui n'estoit insensible, commença
à s'escrier, dont la femme eut peur : et comme toute hors
du sens, se print à crier, « miracle, miracle » : tant que
tous ceux, qui estoient dans l'eglise coururent, les uns à
sonner les cloches, les autres à venir veoir le miracle. Et la
bonne femme les mena veoir l'image qui s'estoit remuée,
qui donna occasion à plusieurs de rire : mais *les* prestres[a]
ne s'en pouvoient contenter : car ils avoient bien deliberé*
de faire valoir ce sepulchre, et en tirer *autant d'*argent *que
du crucifix qui est sur leur pepitre, lequel on dict avoir
parlé*[1]. *Mais la commedie print fin par la congnoissance
de la sotise d'une femme. Si chacun les congnoissoit telles qu'elles sont, leurs sotises ne seroient pas estimées
saincteté, ne leur malice* verité*[b].

« *Je vous prye*, mes dames, *doresnavant* regardez à[c]
quels saincts vous donnerez voz chandelles[2]. — C'est
grande chose, dist Hircan, qu'en quelque sorte, que ce
soit, il fault tousjours que les femmes facent mal. — Est
ce mal faict, dist Nomerfide, de porter des chandelles
aux sepulchres ? — Ouy, dist Hircan, quand on mect le
feu au front des hommes : car nul bien ne se doit dire
bien, s'il est faict avec mal. Pensez que la pauvre femme
cuidoit* avoir faict un beau present à Dieu d'une petite
chandelle ! — *Dieu* ne regarde[d] point, dist Oisille, la
valeur du present, mais le cueur qui le presente. Peult
estre que ceste bonne femme avoit plus d'amour à Dieu,
que ceux, qui donnent leurs grandes torches : car (comme
dist l'Evangile) elle donnoit de sa necessité*. — Si ne
croy-je pas, dist Saffredent, que Dieu, qui est souveraine

a. mais quelques prestres
b. en tirer argent.
c. Regardez donques, mes dames, à
d. Je ne regarde

sapience, sceust avoir aggreable la sottise des femmes : car combien que la simplicité luy plaise, je voy par l'Escriture, qu'il desprise* l'ignorant : Et s'il commande d'estre simples comme colombes, il ne commande moins d'estre prudens comme serpens[1]. — Quant* est de moy, dist Oisille, je n'estime point estre ignorante celle, qui porte devant Dieu sa chandelle ou cierge ardent[2], comme faisant amende honorable, les genoux en terre et la torche au poing devant son souverain Seigneur[3], auquel confessant sa damnation, demande en ferme esperance misericorde et salut. — Pleust à Dieu, dist Dagoucin, que chacun l'entendist* aussi bien que vous ! Mais je croy, que les pauvres sottes ne le font pas à ceste intention. » Oisille luy respondit : « Celles qui moins en sçavent parler, sont celles, qui souvent ont le plus de sentiment de l'amour et volonté de Dieu : parquoy, ne fault juger, que de soy mesme. » Emarsuitte en riant luy dist : « Ce n'est pas chose estrange, d'avoir faict peur à un varlet qui dormoit : car aussi basses femmes qu'elle ont bien faict peur à de bien grands princes, sans leur mettre le feu au front. — Je suis seur, dict *Gueburon*, que vous en sçavez quelque histoire, que vous voulez racompter : parquoy vous tiendrez mon lieu, s'il vous plaist. — Le compte ne sera pas long, dist Emarsuitte : mais si je le pouvois representer tel qu'il avint, vous n'auriez point envie de plorer. »

Compte risible advenu au Roy et Royne de Navarre[4].

NOUVELLE SOIXANTESIXIESME

L'année que monsieur de Vendosme espousa la princesse de Navarre, après avoir festoyé à Vendosme, le Roy

et la Royne, leur pere et mere[1], s'en allerent en Guyenne
avecques eux, et passans par la maison d'un gentil-homme
où il y avoit beaucoup de belles et jeunes dames, il y fut
dancé si longuement, que les deux nouveaux mariez se
trouverent lassez, qui les feit retirer en leur chambre, et
tous vestuz se meirent sur le lict, où ils s'endormirent, les
portes et fenestres fermées, sans que nul demeurast avec
eux. Mais au plus fort de leur sommeil ouyrent ouvrir leur
porte par dehors, et en tirant le rideau regarda ledict seigneur qui ce pouvoit estre, doutant* que ce fust quelqu'un
de ses amis, qui le voulust surprendre. Et lors il veid
entrer une grande vieille chambriere, qui alla tout droit à
leur lict, mais pour l'obscurité de la chambre ne les pouvoit cognoistre : parquoy les entrevoyant bien près l'un
de l'autre, se print à crier : « O meschante vilaine infame,
que tu es, il y a longtemps que je t'ay soupçonnée telle :
mais ne le pouvant prouver, je ne l'ay osé dire à ma
dame : à ceste heure ta vilanie est si cogneuë, que je ne
suis deliberée* de la dissimuler. Et toy, vilain apostat[2],
qui as pourchassé en ceste maison une telle honte de mettre à mal ceste pauvre garse*, si n'estoit pour la crainte
de Dieu, je t'assommerois de coups, là où tu es. Sus,
debout, de par tous les diables : sus, debout. Encores
semble-il, que tu n'en ayes point de honte. » Monsieur
de Vendosme et ma dame la princesse, pour faire durer
le propos plus longuement, se cachoient le visage l'un
contre l'autre, rians si fort, qu'ils ne pouvoient parler.
Parquoy la chambriere, voyant que pour ses menaces ils
ne faisoient semblant* de s'en emouvoir, ny se lever du
lict, s'en approcha de plus près, pour les tirer de là par
les bras, ou par les jambes. Mais alors elle cogneut, tant
aux visages qu'aux habillemens, que ce n'estoit point ce
qu'elle pensoit : et en les recognoissant, se jetta *à* genoux
devant eux, les suppliant de luy vouloir pardonner la

faulte, qu'elle avoit faicte de les oster de leur repos. Mais
monsieur de Vendosme, non content d'en sçavoir si peu,
se leva incontinent, et pria la bonne vieille de luy dire,
pour qui elle les avoit prins. Ce qu'elle refusoit de dire,
mais en fin, après avoir prins son serment de jamais ne le
reveler, luy declara, que c'estoit une damoiselle de leans*,
dont un protonotaire[1] estoit amoureux : et que de long
temps elle luy avoit faict le guet, pource qu'il luy desplai-
soit, que sa maistresse se confiast en un homme, qui luy
pourchassast ce deshonneur. Et ainsi laissa les prince et
princesse enfermez, comme elle les avoit trouvez, où ils
furent long temps à rire de leur aventure : et combien
qu'ils en ayent racompté l'histoire, si est-ce que jamais
n'ont voulu nommer personne à qui elle touchast.

« Voilà, mes dames, comme la bonne vieille, cuidant
faire une belle justice, declara aux princes estrangers, ce
que les domestiques* mesmes n'avoient onques* entendu.
— Je me doute bien, dist Parlamente, en quelle maison
c'est, et qui est le protonotaire : car il a gouverné des-ja
assez de maisons* de dames, où quand il ne peut avoir la
grace de la maistresse, il ne fault* point de l'avoir de
l'une des damoiselles : mais, au demeurant, il est honneste et homme de bien. — Pourquoy dictes vous au
demeurant, dist Hircan, veu que c'est l'acte *qu'il face
dont je l'*estime[a] autant homme de bien ? » Parlamente
luy respondit : « Je voy bien, que vous cognoissez la
maladie, et le patient, et que s'il avoit besoing d'excuses,
ne luy faudriez* d'advocat. Mais si* est-ce que je ne me
voudrois point fier en la menée d'un homme, qui n'a sceu
conduire la sienne, mesmes sans que les chambrieres en
eussent cognoissance. — Et pensez-vous, dist Nomerfide,

a. l'acte duquel il s'estime

que les hommes se soucyent qui le sçache, mais* qu'ils
viennent à leur fin. Croyez que quand nul n'en parleroit,
encore fauldroit il qu'il fust sceu par eux mesmes. » Hircan leur dist en colere : « Il n'est pas besoing, que les
hommes dient tout ce qu'ils sçavent. » Mais elle rougissant luy respondit : « Peut estre qu'ils ne diroient chose à
leur advantage. — Il semble, à vous ouïr parler, dist Simontault, que les hommes prennent plaisir à ouïr mal
dire des femmes : et suis seur, que vous me tenez de ce
nombre là. Parquoy j'ay grande envie de dire bien d'une,
à fin de n'estre tenu de *toutes*ᵃ les autres pour mesdisant.
— Je vous donne ma place, dist Emarsuitte, vous priant
de contraindre vostre naturel, pour faire vostre devoir en
nostre honneur. » A l'heure Simontault commença : « Ce
m'est choseᵇ si nouvelle, mes dames, d'ouïr de vous quelque acte vertueux : que s'il s'en offre quelqu'un, il me
semble ne devoir estre celé, mais plustost escrit en lettres
d'or, à fin de servir aux femmes d'exemple, et aux hommes d'admiration[1] : voyant en sexe fragile, ce que fragilité
refuse. C'est l'occasion, qui me fera racompter ce, que
j'ay ouy dire au capitaine Roberval, et à plusieurs de sa
compagnie. »

Extresme amour, et austerité de femme, en terre estrange*.

NOUVELLE SOIXANTESEPTIESME[2]

Roberval faisant un voyage sur la mer (duquel il
estoit chef, par le commandement du roy son maistre) en
l'isle de Canadas, auquel lieu avoit deliberé*, si l'air du

_____
a. tous
b. Ce n'est chose

pays eust esté commode, de demeurer, et y faire villes et
chasteaux[1]. En quoy il feit le commencement, que chacun peult sçavoir. Et pour habiter* le païs de Chrestiens, y mena avec luy toutes sortes d'artisans[2], entre
lesquels y avoit un homme, qui fut si malheureux, qu'il
trahit son maistre, et le meit en danger d'estre prins des
gens du pays. Mais Dieu voulut, que son entreprinse fut si
tost cogneuë, qu'elle ne peut nuire au capitaine Roberval,
lequel feit prendre ce meschant trahistre, le voulant
punir comme il avoit merité. Ce qui eust esté faict sans
sa femme, laquelle, ayant suyvi son mary par les perils
de la mer, ne le voulut abandonner à la mort : mais avec
force larmes feit tant envers le capitaine, et toute la
compagnie, que tant par la pitié d'icelle, que pour les services qu'elle leur avoit faicts, luy accorda sa requeste,
qui fut telle, que le mary et la femme seroient laissez en
une petite isle sur la mer, où n'habitoient que bestes sauvages : et leur fut permis de porter avec eux, ce dont ils
avoient nécessité. Les pauvres gens se trouvans tous
seuls en la compagnie des bestes sauvages et cruelles,
n'eurent recours qu'à Dieu seul, qui avoit tousjours esté
le ferme espoir de ceste pauvre femme. Laquelle, comme
celle qui avoit toute sa consolation en luy, porta pour sa
sauve-garde, nourriture, et consolation, le Nouveau Testament, qu'elle lisoit incessamment : et au demeurant
avecques son mary mettoit peine d'accoustrer* un petit
logis, le mieux qu'il leur estoit possible. Et quand les
lions et autres bestes en aprochoient pour les devorer, le
mary avec sa harquebuze, et elle avec des pierres se def-
fendoient si bien, que non seulement les bestes, ny les
oyseaux, ne les osoient approcher, mais bien souvent en
tuerent de bonnes à manger. Ainsi avec telles chairs et
les herbes du païs, y vesquirent quelque temps, quand le
pain leur fut failly*. Toutesfois à la longue, le mary ne

peut porter* telle nourriture, et à cause des eaux qu'ils
beuvoient, devint si enflé, qu'en peu de temps il mourut,
n'ayant service ne consolation que de sa femme, laquelle
luy servoit de medecin et confesseur, en sorte qu'il passa
joyeusement de ce desert en la celeste patrie¹. Et la pauvre femme demeurée seule l'enterra le plus profond en
terre qu'il luy fut possible. Si* est-ce que les bestes en
eurent incontinent le sentiment, qui vindrent* *pour* manger la charongne : mais la pauvre femme, de sa petite maisonnette defendoit à coups de harquebuze, que la chair
de son mary n'eust tel sepulchre. Ainsi vivant, quant au
corps de vie bestiale, et quant à l'esprit de vie angelique,
passoit son temps en lectures, contemplations, prieres et
oraisons, ayant un esprit joyeux, et contant dedans un
corps amaigry et demy mort. Mais celuy, qui n'abandonne
jamais les siens au besoing, et qui au desespoir des autres,
monstre sa puissance, ne permeit que la vertu, qu'il avoit
mise en ceste femme, fust ignorée des hommes : mais
voulut qu'elle fust cogneuë à sa gloire, et feit qu'au bout
de quelque temps un des navires de ceste armée passant
devant ceste isle, les gens qui estoient dedans aviserent
quelque *fumée*, quiᵃ leur feit souvenir de ceux qu'ils y
avoient laissez, et delibererent d'aller veoir ce que Dieu
en avoit faict. La pauvre femme, voyant approcher le
navire, se tira au bort de la mer, auquel lieu la trouverent
à leur arrivée, et après en avoir rendu louënge à Dieu, les
mena en sa pauvre maisonnette, et leur monstra dequoy
elle vivoit durant sa miserable demeure*. Ce qui leur eust
esté incroyable sans la cognoissance qu'ils avoient, que
Dieu est autant puissant de nourrir en un desert ses
serviteurs², comme aux plus grands festins du monde. *Et
ne pouvant demourer en tel lieu amenerent la pauvre*

---

a. quelque femme qui

*femme avec eulx droict à La Rochelle, où aprez long
navigaige ilz arriverent.* Et quand ils eurent faict entendre
aux habitans la fidelité et perseverance de ceste femme,
elle fut receuë à grand honneur de toutes les dames, qui
volontiers luy baillerent leurs filles pour aprendre à lire, et
à escrire. Et à cest honneste mestier là, gaigna le surplus
de sa vie, n'ayant autre desir, que d'exhorter un chacun à
l'amour et confiance de Nostre Seigneur, *se* proposant[a]
pour exemple, pour la grande misericorde dont il avoit usé
envers elle.

« A ceste heure, mes dames, ne pouvez vous pas dire,
que je ne louë bien les vertuz, que Dieu a mises en vous,
lesquelles se monstrent d'autant plus grandes, que le subject est plus infirme*. — Nous ne sommes pas marries*,
dist Oisille, de ce que vous louëz les graces de Nostre
Seigneur en nous : car à dire vray, toute vertu vient de
luy : mais il fault passer condamnation[1], que aussi peu
favorise l'homme à l'ouvrage de Dieu, que la femme : car
l'un et l'autre par son courir, ny par son vouloir ne faict
rien que planter *et arroser*, et Dieu *seul* donne l'accroissement. — Si vous avez bien leu l'Escriture, dist Saffredent,
sainct Paul dit, qu'Apollo a planté, et qu'il a arrousé[2] :
mais il ne parle point, que les femmes ayent mis les mains
à l'ouvrage de Dieu. — Vous voudriez suyvre, dist Parlamente, l'opinion des mauvais hommes, qui prennent un
passage de l'Escriture pour eux, et laissent celuy qui leur
est contraire. Si vous avez leu sainct Paul jusques au bout,
vous trouverez qu'il se recommande aux dames, qui ont
beaucoup labouré avecques luy en l'Evangile[3]. — Quoy
qu'il y ayt, dist Longarine, ceste femme est digne de bien
grande louënge, tant pour l'amour qu'elle a portée à son

a. le proposant

mary, pour lequel elle a hazardé sa vie, que pour la foy qu'elle a euë en Dieu, lequel (comme nous voyons) ne l'a pas abandonnée. — Je croy, dist Emarsuitte, quant au premier, qu'il n'y a femme icy, qui n'en vousist* faire autant pour sauver la vie de son mary. — Je croy, dit Parlamente, qu'il y a des mariz, qui sont si bestes, que celles, qui vivent avec eux, ne doivent point trouver estrange de vivre avec leurs semblables. » Emarsuitte ne se peult tenir de dire, comme prenant le propos pour elle : « Mais* que les bestes ne mordent point, leur compagnie est plus plaisante, que celle des hommes, qui sont coleres et insupportables. Mais je suyvray mon propos, et diray, que, si mon mary estoit en tel danger, je ne l'abandonnerois pour mourir. — Gardez vous, dist Nomerfide, de l'aimer tant, que trop d'amour ne trompe et luy et vous : car il y a partout moyen*, et par faulte d'estre bien entendu*, souvent s'engendre haine pour amour. — Il me semble, dist Simontault, que vous n'avez point mené ce propos si avant, sans envie de le confirmer par quelque exemple. Parquoy si vous en sçavez, je vous donne ma place pour le dire. — Or donc, dist Nomerfide, selon ma coustume, je le vous feray court et joyeux. »

Une femme faict manger des cantarides[1] à son mary, pour avoir un traict de l'amour : et il en cuida* mourir.

NOUVELLE SOIXANTEHUICTIESME

En la ville de Pau en Bear, y eut un apoticaire que l'on nommoit maistre Estienne, lequel avoit espousé une femme de bien, bonne mesnagere*, et assez belle pour le contenter. Mais ainsi qu'il goustoit de differentes drogues, aussi faisoit il souvent de differentes femmes, pour sçavoir

mieux parler de toutes complexions : dont sa femme
estoit si fort tourmentée, qu'elle perdoit toute patience :
car il ne tenoit compte d'elle, sinon la semaine saincte par
penitence. Estant un jour l'apoticaire en sa boutique, et sa
femme cachée derriere l'huys* escoutant ce qu'il disoit,
vint une femme de la ville, commere* dudict apoticaire,
frappée de mesme maladie que l'autre : et en souspirant
dist à l'apoticaire : « Helas ! mon compere*, mon amy, je
suis la plus malheureuse femme du monde. Car j'aime
mon mary comme moy-mesme, et ne fais que penser à le
servir et obeïr : mais tout mon labeur est perdu, parce
qu'il aime mieux la plus meschante, plus orde*, et salle
de la ville, que moy. Et je vous prie, mon compere, si
vous sçavez point quelque drogue, qui luy puisse servir à
changer sa complexion, m'en vouloir bailler : car si je
suis bien traictée de luy, je vous asseure de le vous rendre, de tout mon pouvoir. » L'apoticaire pour la consoler
luy dist, qu'il sçavoit une pouldre, laquelle si elle donnoit
avec un bouillon ou une rostie, comme de pouldre de
duc[1], à son mary, il luy feroit la plus grande chere* du
monde. La pauvre femme, desirant veoir ce miracle, luy
demanda que c'estoit, et si elle en pouvoit recouvrer*. Il
luy declara, qu'il n'y avoit rien sinon que prendre la pouldre de cantarides, dont il avoit bonne provision : et avant
que partir d'ensemble, le contraignit d'accoustrer* ceste
pouldre, et en print ce qu'il luy faisoit de mestier*, dont
depuis elle le mercia* plusieurs fois : car son mary, qui
estoit fort et puissant, et qui n'en print pas trop, ne s'en
trouva point pis, et elle mieux. La femme de cest apoticaire, qui entendit tout ce discours, pensa en elle mesmes,
qu'elle avoit necessité de ceste recepte, aussi bien que sa
commere. Et regardant au lieu où son mary mettoit le
demeurant* de la poudre, pensa qu'elle en useroit quand
elle verroit l'occasion : ce qu'elle feit avant trois ou

quatre jours, que son mary sentit une froideur d'estomach, la priant luy faire quelque bon potage. Mais elle luy dist qu'une rostie à la pouldre de duc luy seroit plus profitable : et luy commanda de luy en aller tost faire une, et prendre de la cynamome, et du succre en la boutique : ce qu'elle feist, et n'oublia le demeurant de la pouldre qu'il avoit baillée à sa commere, sans y garder doze, poix, ne mesure. Le mary mangea la rostie, et la trouva tresbonne : mais bien tost s'apperceut de l'effect, qu'il cuida* appaiser avec sa femme, ce qui ne fut possible : car le feu le brusloit si fort, qu'il ne sçavoit de quel costé se tourner, et dist à sa femme qu'elle l'avoit empoisonné, et qu'il vouloit sçavoir qu'elle avoit mis en sa rostie. Elle luy confessa la verité, et qu'elle avoit aussi bon besoing de ceste recepte, que sa commere. Le pauvre apoticaire ne la sceut battre que d'injures, pour le mal en quoy il estoit, mais la chassa de devant luy, et envoya prier l'apoticaire de la Royne de Navarre de le venir visiter, lequel luy bailla tous les remedes propres pour le guerir. Ce qu'il feit en peu de temps, le reprenant tresaprement, de ce qu'il estoit si fol de conseiller à autruy d'user des drogues, qu'il ne vouloit prendre pour luy : et que sa femme avoit faict, ce qu'elle devoit faire, veu le desir qu'elle avoit de se faire aimer à luy. Ainsi fallut que le pauvre homme print patience de sa follie*, et qu'il recogneust que Dieu l'avoit justement puny, de faire tomber sur luy la moquerie qu'il preparoit à autruy.

« Il me semble, mes dames, que l'amour de ceste femme n'estoit moins indiscrete*, que grande. — Appellez vous aimer son mary, dist Hircan, de luy faire sentir du mal, pour le plaisir qu'elle en esperoit avoir ? — Je croy, dist Longarine, qu'elle n'avoit intention que de recouvrer* l'amour de son mary, qu'elle pensoit bien esgarée. Pour un tel bien, il n'y a rien que les femmes ne facent. — Si* est-ce, dist Guebron, qu'une femme ne doit donner à boire ny à manger à son mary, pour quelque occasion que ce soit, qu'elle ne sçache tant par experience, que par gens sçavans, qu'il ne luy puisse nuire : mais il fault excuser l'ignorance. Celle là est excusable : car la passion plus aveuglante, c'est l'amour, et la personne, plus aveuglée, c'est la femme, qui n'a pas la force de conduire sagement un si grand fais. — Guebron, dist Oisille, vous saillez* hors de vostre bonne coustume, pour vous rendre à l'opinion de voz compagnons. Mais si a il des femmes, qui ont porté l'amour, et la jalousie patiemment. — Ouy, dist Hircan, et plaisamment : car les plus sages, sont celles, qui prennent autant de passe-temps à se mocquer, et rire des œuvres de leurs mariz, comme les mariz de les tromper secretement. Et si vous me voulez donner le rang, avant que ma dame Oisille ferme le pas à tous ces discours, je vous en diray une, dont toute la compagnie a cogneu la femme, et le mary. — Or commencez donc », dist Nomerfide. Hircan en riant leur dist.

Un Italien se laisse affiner* par sa chambriere, qui faict que la femme trouve son mary blutant, au lieu de sa servante.

NOUVELLE SOIXANTENEUFIESME[1]

Au chasteau de Doz en Bigorre demeuroit un escuyer d'escuyerie du Roy, nommé Charles[2], Italien, lequel avoit espousé une damoiselle fort femme de bien et honneste : mais estoit devenuë vieille, après luy avoir porté plusieurs enfans. Luy aussi n'estoit pas jeune, et vivoit avec elle en bonne paix et amitié. Il est vray, qu'il parloit quelquefois à ses chambrieres, dont sa bonne femme ne faisoit nul semblant*, mais doucement leur donnoit congé, quand elle les cognoissoit trop privées* en la maison. Elle en print un jour une, qui estoit sage et bonne fille, à laquelle elle dist les complexions de son mary, et les siennes, *qui les chassoit aussi tost qu'elle les cognoissoit folles*. Ceste*ᵃ* chambriere, pour demeurer au service de sa maistresse en bonne estime, se delibera* d'estre femme de bien : et combien que son maistre luy tint souvent quelques propos au contraire, n'en voulut tenir compte, et racomptoit tout à sa maistresse, et toutes deux passoient le temps de la follie de luy. Un jour, que la chambriere blutoit en la chambre de derriere, ayant son surcot[1] sur sa teste, à la mode du païs, qui est faict comme un cresmeau, mais il couvre tout le corps et les espaules par derriere : son maistre la trouvant en cest habit, la vint bien fort presser. Elle, qui pour mourir n'eust faict un tel tour, feit semblant* de s'accorder à luy : toutesfois luy demanda congé d'aller veoir premier, si sa maistresse estoit point amusée à quelque chose, à fin de n'estre tous deux surprins : ce qu'il accorda. Alors elle le pria de mettre son surcot en sa teste, et de bluter en son absence, à fin que sa maistresse ouïst tousjours le bruit du bluteau. Ce qu'il feit joyeusement, ayant esperance d'avoir ce qu'il demandoit. La chambriere, qui n'estoit point melancolique, s'en courut à sa maistresse, luy disant : « Venez veoir vostre bon mary, auquel j'ay apprins à bluter, pour me deffaire de luy. » La femme feit bonne diligence, pour trouver ceste nouvelle chambriere, et en voyant son mary le surcot en la teste, et le bluteau entre ses mains, se print si fort à rire en frappant des mains, qu'à peine luy peut elle dire : « Goujatte*, combien veux tu par mois de ton labeur ? » Le mary, oyant ceste voix, et cognoissant

a. qu'il les chassoit aussi tost qu'il les cognoissoit salles. Ceste

qu'il estoit trompé, getta par terre ce qu'il portoit et
tenoit, pour courir sus à sa chambriere, l'appellant mille
fois meschante. Et si sa femme ne se fust mise entre
deux, il l'eust payée de son quartier[1] : toutesfois le tout
s'appaisa, au contentement des parties : et puis vesquirent ensemble sans querelle.

« Que dictes vous, mes dames, de ceste femme ?
N'estoit elle pas bien sage, de passer tout son temps du
passetemps de son mary ? — Ce n'est pas passetemps,
dist Saffredent, pour le mary, d'avoir failly[*] à son entreprinse. — Je croy, dist Emarsuitte, qu'il eut plus de plaisir de rire avec sa femme, que de s'aller tuer en l'aage
où il estoit, avec sa chambriere. — Si me fascheroit il
bien fort, dist Simontault, que l'on me trouvast avec ce
beau cresmeau. — J'ay ouy dire, dist Parlamente, qu'il
n'a pas tenu à vostre femme, qu'elle ne vous ayt trouvé
bien près de cest habillement, quelque finesse que vous
ayez, dont oncques[*] puis elle n'eut repos. — Contentez
vous des fortunes de vostre maison[*], dist Simontault, sans
venir chercher les miennes. Combien que ma femme n'a
cause de se plaindre de moy. Et encores que je fusse tel
que vous dictes, elle ne s'en appercevroit, pour necessité
de chose dont elle ait besoing. — Les femmes de bien,
dist Longarine, n'ont besoing d'autre chose, que de
l'amour de leurs mariz, qui *seule* les *peult* contenter[a].
Mais celles, qui cherchent un contentement bestial, ne le
trouveront jamais, où honnesteté le commande. — Appellez vous contentement bestial, dist Gueburon, si une
femme veult avoir de son mary, ce qu'il luy appartient ? » Longarine luy respondit : « Je dy, que la femme
chaste, qui a le cueur remply de vraye amour, est plus

---

a. qui seuls les peuvent contenter

satisfaicte, d'estre aimée parfaictement, que de tous les
plaisirs, que le corps peult desirer[1]. — Je suis de vostre
opinion, dist Dagoucin : mais ces seigneurs icy ne le
veulent entendre* ne confesser. Je pense que si l'amour
reciproque ne contente une femme, un mary seul ne la
contentera pas : car ne vivant selon l'honneste amour des
femmes, fault qu'elle soit oultrée* d'insatiable cupidité
des bestes. — Vrayement, dist Oisille, vous me faictes
souvenir d'une dame belle et bien mariée, qui par faulte
de vivre de ceste honneste amitié, devint plus charnelle,
que les pourceaux, et plus cruelle, que les lyons. — Je
vous requiers, ma dame, luy dist Simontault, pour mettre
fin à ceste journée, la nous vouloir compter. — Je ne puis,
dist Oisille, pour deux raisons : l'une, pour sa grande longueur : l'autre, pource que ce n'est pas de nostre temps :
et si* a esté escrite par un autheur bien croyable. Et nous
avons juré de ne rien mettre icy, qui ait esté escrit[2]. — Il
est vray, dist Parlamente, mais me doutant du compte que
c'est, il a esté escrit en si vieux langage, que je croy, que,
hors mis nous deux, il n'y a icy homme ne femme, qui en
ayt ouy parler : parquoy, il sera tenu pour nouveau. » A
ceste parole toute la compagnie la pria de le vouloir dire,
sans craindre la longueur, pource qu'encor pouvoient ils
demeurer une bonne heure en ce lieu, avant vespres.
Oisille donc à leur requeste, commença ainsi :

L'incontinence furieuse* d'une Duchesse, fut cause de sa mort,
et de celle de deux parfaicts amans.

NOUVELLE SEPTANTIESME

En la duché de Bourgongne y avoit un Duc treshonneste et beau prince, ayant espousé une femme, dont la

beauté le contentoit si fort, qu'elle luy faisoit passer et
ignorer ses conditions*, tant qu'il ne regardoit qu'à luy
complaire : ce qu'elle feignoit tresbien luy rendre. Or
avoit le Duc en sa maison un jeune gentil-homme, tant
accomply de toutes les perfections, que l'on peult
demander à l'homme, qu'il estoit de tous aimé, et principalement du Duc, qui de son enfance l'avoit nourry* près
de sa personne : et le voyant si bien conditionné, l'aimoit
parfaictement, et se confioit en luy de toutes les affaires,
que selon son aage il pouvoit entendre. La Duchesse, qui
n'avoit pas cueur de femme et de princesse vertueuse, ne
se contentant de l'amour que son mary luy portoit, et du
bon traictement qu'elle avoit de luy, regardoit souvent
ce gentil-homme, qu'elle trouva tant à son gré, qu'elle
l'aimoit outre raison : ce que à toute heure mettoit peine
de luy faire entendre*, tant par regards piteux* et doux,
que par souspirs et contenances passionnées : mais le
gentil-homme, qui n'avoit jamais estudié qu'à la vertu,
ne pouvoit cognoistre le vice en une dame, qui en avoit
si peu d'occasion : tellement que les œillades et mines
de ceste pauvre folle*, n'apportoient autre fruict, qu'un
furieux* desespoir. Lequel un jour la pressa tant, que
oubliant qu'elle estoit femme qui devoit estre priée, et
refuser, princesse qui devoit estre adorée, et desdaigner
tels serviteurs*, print le cueur d'un homme transporté,
pour descharger ce qui estoit en elle importable* : et ainsi
que son mary s'en alloit au conseil, où le gentil-homme
pour sa jeunesse n'entroit point, luy feit signe qu'il vint
vers elle : ce qu'il feit, pensant qu'elle eust quelque
chose à luy commander, mais en souspirant sus son bras,
comme femme lasse de trop de repos, le mena promener
en une gallerie, où elle luy dist : « Je m'esbahis de vous,
qui estes tant beau, jeune, et plein de toutes bonnes graces, comme vous avez vescu en ceste compagnie, où il y

a si grand nombre de belles dames, sans que jamais vous ayez esté amoureux, ou serviteur* d'aucune. » Et en le regardant du meilleur œil, qu'elle pouvoit, se teut, pour luy donner lieu de dire. « Ma dame (dist-il) si j'estois digne, que vostre hautesse se peust abaisser *à penser* en moy, ce vous seroit plus d'occasion d'esbahissement, de veoir un homme si indigne que moy, presenter son service, pour en rapporter refus ou mocquerie. » La Duchesse, oyant ceste sage response, l'aima plus fort que paravant, et luy jura, qu'il n'y avoit dame en sa court, qui ne fust trop heureuse, d'avoir un tel serviteur, et qu'il se pouvoit bien essayer à telle avanture : car sans peril il en sortiroit à son honneur. Le gentil-homme tenoit tousjours les yeux baissez, n'osant regarder ses contenances, qui estoient assez ardentes pour faire brusler une glace. Et ainsi qu'il vouloit s'excuser, le Duc manda la Duchesse au conseil, pour quelque affaire, qui luy touchoit, où avec un grand regret elle alla : mais le gentil-homme ne feit jamais semblant* d'avoir entendu un seul mot, qu'elle luy eust dict. Dont elle se sentoit si troublée et faschée, qu'elle ne sçavoit à qui donner le tort de son ennuy*, sinon à la sotte crainte, dont elle estimoit le gentil-homme trop plein.

Peu de jours après, voyant qu'il n'entendoit* son langage, se delibera* de ne regarder crainte ny honte, mais luy declarer sa fantasie, se tenant seure, qu'une telle beauté, que la sienne, ne pouvoit estre que bien receuë : mais eust bien desiré, d'avoir l'honneur d'estre priée : toutesfois, laissa l'honneur à part, pour le plaisir. Et après avoir tenté, par plusieurs fois, de luy tenir semblables propos, que le premier, et ne trouvant nulle response à son gré, le tira un jour par la manche, et luy dist, qu'elle avoit à parler à luy d'affaires d'importance. Le gentil-homme, avec la reverence et humilité qu'il luy devoit, s'en alla devers elle en une fenestre profonde où elle s'estoit retirée[1] : et quand elle veid que nul de la chambre ne la pouvoit veoir, avec une voix tremblante entre le desir et la crainte, luy va continuer les premiers propos, le reprenant de ce qu'il n'avoit encores choisi quelque dame en sa compagnie, l'asseurant qu'en quelque lieu que ce fust, luy aideroit d'avoir bon traictement. Le gentil-homme, non moins estonné* que fasché de ses paroles, luy respondit : « Ma dame, j'ay le cueur si bon, que si j'estois une fois refusé, jamais je n'aurois joye en ce monde : et je suis tel, qu'il n'y a dame en ceste court, qui daignast accepter mon service. » La Duchesse rougissant, pensant qu'il ne tenoit plus à rien qu'il ne fust vaincu, luy jura, que s'il vouloit, elle sçavoit la plus belle dame de la compagnie, qui le recevroit à grand joye, et dont il auroit parfaict contentement. « Helas ! ma dame (luy respondit il) je ne croy pas qu'il y ayt si malheureuse et aveuglée femme en ceste honneste compagnie, qui me ait trouvé à son gré. » La Duchesse, voyant qu'il ne la vouloit entendre*, luy va entr'ouvrir le voile de sa passion, et pour la crainte que luy donnoit la vertu du gentil-homme, parla par maniere d'interrogation, luy disant : « Si fortune vous avoit tant favorisé, que ce fust moy, qui vous portast ceste bonne volonté, que diriez vous ? » Le gentil-homme, qui pensoit songer, d'ouyr une telle parole, luy dist le genoil à terre : « Ma dame, quand Dieu me fera la grace d'avoir celle du Duc, mon maistre, et de vous, je me tiendray le plus heureux du monde : car c'est la recompense que je demande de mon loyal service, comme celuy qui est obligé*, plus que nul autre, de mettre la vie pour le service de vous deux : estant seur (ma dame) que l'amour, que vous portez à mondict seigneur, est accompagné de telle chasteté et grandeur, que non pas moy, qui ne suis qu'un verm* de terre[2], mais le plus grand prince et parfaict homme, que l'on

sçauroit trouver, ne pourroit empescher* l'union de vous
et de mondict seigneur. Et quant à moy, il m'a nourry*
dès mon enfance, et m'a faict tel que je suis. Parquoy il
ne sçauroit avoir femme, fille, sœur, ou mere, desquelles
pour mourir, je voulusse avoir autre pensée, que doit à
son maistre un loyal et fidele serviteur. » La Duchesse
ne le laissa pas passer outre : et voyant qu'elle estoit en
danger d'un refus deshonnorable, luy rompit soudain son
propos, en luy disant : « O meschant glorieux fol, qui est
ce qui vous en prie ? vous cuidez* par vostre beauté
estre aimé des mouches, qui volent : mais si vous estiez
si outrecuidé*, de vous adresser à moy, je vous monstrerois que je n'aime, et ne veux aimer autre que mon
mary. Et les propos que je vous ay tenuz, n'ont esté que
pour passer mon temps, et sçavoir de voz nouvelles, et
m'en mocquer, comme je fais des sots amoureux. — Ma
dame (dist le gentil-homme) je l'ay creu et croy, comme
vous dictes. » Lors sans escouter plus avant s'en alla hastivement en sa chambre, et voyant qu'elle estoit suyvie
des dames, entra en son cabinet, où elle feit un dueil, qui
ne se peult raconter : car d'un costé l'amour, où elle
avoit failly*, luy donna une tristesse mortelle : d'autre
costé, le despit tant contre elle, d'avoir commencé un si
sot propos, que contre luy, d'avoir respondu si sagement,
la mettoit en telle furie, qu'en une heure se vouloit def-
faire*, l'autre elle vouloit vivre, pour se venger de celuy,
qu'elle tenoit pour son mortel ennemy.

Après doncques qu'elle eust longuement pleuré, feignit estre malade, pour n'aller point au soupper du Duc,
auquel ordinairement le gentil-homme servoit. Le Duc,
qui plus aimoit sa femme que luy mesmes, la vint visiter. Mais pour mieux venir à la fin qu'elle pretendoit,
luy dist, qu'elle pensoit estre grosse[1], et que sa grossesse
luy avoit faict tomber un rheume sur les yeux, dont elle

estoit en grande peine. Ainsi passerent deux ou trois jours que la Duchesse garda le lict, tant triste et melencolicque*, que le Duc pensa bien qu'il y avoit autre chose que la grossesse : qui le feit venir la nuict coucher avecques elle. Et luy faisant toutes les bonnes cheres* qu'il luy estoit possible, cognoissant qu'il n'empeschoit en rien ses continuels souspirs, luy dist : « M'amie, vous sçavez que je vous porte autant d'amour, comme à ma propre vie, et que deffaillant* la vostre, la mienne ne peult durer. Parquoy, si voulez conserver ma santé, je vous prie dictes moy la cause, qui vous faict ainsi souspirer : car je ne puis croire, que tel mal vous vienne seulement de grossesse. » La Duchesse, voyant son mary tel envers elle qu'elle l'eust sceu demander, pensa qu'il estoit temps de se venger de son despit, et embrassant son bon mary, se print à pleurer, luy disant : « Helas ! monsieur, le plus grand mal que j'aye, c'est de vous veoir tromper de ceux, qui sont tant obligez* à garder vostre bien et honneur. » Le Duc, entendant ceste parole, eut grand desir de sçavoir pourquoy elle disoit ce propos, et la pria bien fort de luy en declarer sans crainte, toute la verité. Et après en avoir faict plusieurs refus, luy dist : « Je ne m'esbahiray jamais si les estrangers font guerres aux princes, quand ceux, qui sont les plus obligez, l'osent entreprendre si cruelle, que la perte des biens n'est rien au pris. Je le dy, monsieur, pour un tel gentil-homme (nommant celuy qu'elle hayoit*) lequel, estant nourry* de vostre main, eslevé et traicté plus en parent et en fils, qu'en serviteur*, a osé entreprendre chose si cruelle et miserable, que de pourchasser à faire perdre l'honneur de vostre femme, où gist celuy de vostre maison* et de voz enfans. Et combien que longuement m'ait faict des mines tendans à meschante intention, si est-ce que mon cueur, qui n'a regardé qu'à vous, n'y pouvoit rien entendre*, dont à la fin s'est declaré par parole. Je luy ay faict telle response, que mon estat et chasteté doit. Ce neantmoins je luy porte telle hayne, que je ne le puis regarder. Qui est la cause de m'avoir faict demeurer en ma chambre, et perdre le bien de vostre compagnie : vous suppliant, monsieur, de ne tenir une telle peste auprès de vostre personne. Car après un tel crime, craignant que je vous le die, pourroit bien entreprendre pis. Voilà, monsieur, la cause de ma douleur, qui me semble estre tresjuste et digne, que promptement vous plaise y donner ordre. » Le Duc, qui d'un costé aimoit sa femme, et se sentoit fort injurié, d'autre costé aimant son serviteur*, duquel il avoit tant experimenté la fidelité, qu'à peine pouvoit il croire ceste mensonge estre verité, fut en grand peine : et remply de colere s'en alla en sa chambre, et manda au gentil-homme qu'il n'eust plus à se trouver devant luy, mais qu'il se retirast à son logis pour quelque temps.

Le gentil-homme ignorant ceste occasion, fut tant ennuyé*, qu'il n'estoit possible de plus, sçachant avoir merité le contraire d'un si mauvais traictement. Et comme celuy qui estoit asseuré de son cueur, et de ses œuvres, envoya un sien compagnon parler au Duc, et porter une lettre, le suppliant treshumblement, que, si par mauvais rapport il estoit eslongné de sa presence, il luy pleust suspendre son jugement, jusques après avoir entendu de luy la verité du faict, et qu'il trouveroit qu'en nulle sorte il ne l'avoit offensé. Voyant ceste lettre le Duc rappaisa un peu sa colere, et secretement l'envoya querir en sa chambre, auquel dist d'un visage furieux : « Je n'eusse jamais pensé, que la peine, que j'ay prinse de vous nourrir* comme enfant, se deust convertir en repentance de vous avoir tant advancé*, veu que vous m'avez pourchassé ce qui m'a esté plus dommageable, que la perte de ma vie et des biens, d'avoir voulu toucher à l'honneur de celle, qui est la moitié de moy, pour rendre ma maison* et ma lignée infame jusques à jamais. Vous pouvez bien penser, que telle injure me touche si avant au cueur, que, si ce n'estoit le doute que je fais, s'il est vray ou non, vous fussiez desja au fonds de l'eau, pour vous rendre en secret la punition du mal, qu'en secret m'avez pourchassé. » Ce gentil-homme ne fut point estonné* de ses propos : car son innocence le faisoit constamment* parler, et le supplia luy vouloir dire qui estoit son accusateur : car telles paroles se doivent plus justifier avec la lance, qu'avec la langue. — Vostre accusateur, dist le Duc, ne porte autres armes que sa chasteté, vous asseurant que nul que ma femme mesmes ne me l'a dict, me suppliant de luy faire vengeance de vous. » Le pauvre gentil-homme, voyant la grande malice* de la dame, ne la voulant toutesfois accuser, respondit : « Monsieur, ma dame peult dire ce qu'il luy plaist, vous la cognoissez mieux que moy, et sçavez si je l'ay veuë hors de vostre compagnie, si non une fois qu'elle parla bien peu à moy. Vous avez aussi bon jugement que prince, qui soit en la chrestienté. Parquoy je vous supplie, monsieur, jugez si vous avez jamais veu en moy contenance, qui vous ayt peu engendrer quelque soupçon. Si* est-ce un feu, qui ne se peult tant longuement couvrir que quelque fois* ne soit cogneu de ceux qui ont pareille maladie. Vous suppliant, monsieur, croire deux choses de moy : l'une, que je vous suis si loyal, que quand ma dame vostre femme seroit la plus belle creature du monde, si n'auroit amour la puissance de mettre tache en mon honneur et fidelité : l'autre est, que quand elle ne seroit point vostre femme, c'est celle que je veiz oncques, dont je serois aussi peu amoureux : et y en assez d'autres, où je mettrois plustost ma fantasie. » Le Duc commença à s'adoucir oyant ce veritable propos, et luy dist : « Aussi ne l'ay je pas creu ·

parquoy faictes comme vous avez accoustumé, vous asseurant, que, si je cognois la verité de vostre costé, vous aimeray mieux que je ne feis oncques : aussi par le contraire,
vostre vie est en ma main » : dont le gentil-homme le
mercia*, se soumettant à toute peine et punition, s'il estoit
trouvé coulpable. La Duchesse, voyant le gentil-homme
servir, comme il avoit accoustumé, ne le peust porter* en
patience, mais dist à son mary : « Ce seroit bien employé,
monsieur, si vous estiez empoisonné, veu qu'avez plus
de fiance* en voz ennemis mortels, qu'en voz amis. —
Je vous prie, m'amie, ne vous tourmentez point de cest
affaire : car si je cognois que ce que m'avez dict soit
vray, je vous asseure qu'il ne demeurera pas en vie vingt
quatre heures : mais il m'a tant juré le contraire (veu
aussi que jamais ne m'en suis apperceu) que je ne le puis
croire, sans grande preuve. — En bonne foy, monsieur,
luy dist elle, vostre bonté rend sa meschanceté plus
grande. Voulez vous plus grande preuve, que de veoir un
homme tel, que luy, sans avoir bruit d'estre amoureux ?
Croyez, monsieur, que sans la haulte entreprinse, qu'il
avoit mise en sa teste de me servir, il n'eust tant
demeuré à trouver maistresse. Car oncques jeune homme
ne vesquit en si bonne compagnie ainsi solitaire qu'il
faict, sinon qu'il ait le cueur en si hault lieu, qu'il se
contente de sa vaine esperance : et puis que vous pensez
qu'il ne vous cele nulle verité, je vous supplie mettez le
à serment de son amour : car s'il en aime une autre, je
suis contente que vous le croyez : sinon, pensez que je dy
verité. »

Le Duc trouva les raisons de sa femme tresbonnes, et
mena le gentil-homme aux champs, auquel il dist : « Ma
femme continuë tousjours son opinion, et m'allegue une
raison, qui me cause un grand soupçon contre vous :
c'est, que l'on s'esbahist, que, vous estant si honneste et

jeune, n'avez jamais aimé, que l'on ayt sceu : qui me faict penser, que vous avez l'opinion qu'elle dict, l'esperance de laquelle vous rend si content, que ne pouvez penser en autre femme. Parquoy je vous prie comme amy, et commande comme maistre, que vous ayez à me dire si vous estes serviteur* de nulle dame de ce monde. » Le pauvre gentil-homme, combien qu'il eust bien voulu differer et dissimuler son affection autant qu'il tenoit chere sa vie, fut contrainct, voyant la jalousie de son maistre, luy jurer que veritablement il en aimoit une, de laquelle la beauté estoit telle, que celle de la Duchesse, et de toute sa compagnie n'estoit que laydeur et difformité au pris : le suppliant de ne le contraindre jamais de la luy nommer : car l'accord de luy et de s'amie estoit de telle sorte, qu'il ne se pouvoit rompre, sinon par celuy qui premier le declareroit. Le Duc luy promist de ne l'en presser point, et fut tant content de luy, qu'il luy feit meilleure chere* qu'il n'avoit encores faict. Dont la Duchesse s'apperceut tresbien, et usant de finesse accoustumée, meit peine d'entendre l'occasion[1]. Ce que le Duc ne luy cela. Dont avecques sa vengeance s'engendra une forte jalousie, qui la feit supplier le Duc de commander à ce gentil-homme de luy nommer ceste amie, l'asseurant que c'estoit mensonge, et le meilleur moyen que l'on pourroit trouver pour l'asseurer de son dire : mais que s'il ne luy nommoit celle, qu'il estimoit tant belle, il estoit le plus sot prince du monde, s'il adjoustoit foy à sa parole. Le pauvre seigneur, duquel la femme tournoit l'opinion comme il luy plaisoit, s'en alla promener tout seul avec ce gentil-homme, luy disant qu'il estoit encores en plus grande peine qu'il n'avoit esté : car il doutoit* fort, qu'il luy avoit baillé une excuse, pour le garder de soupçonner la verité, qui le tourmentoit plus que jamais. Parquoy luy pria tant qu'il estoit possible, de luy declarer celle qu'il

aimoit si fort. Le pauvre gentil-homme le supplia de ne le
contraindre à faire une telle faulte envers celle qu'il
aimoit si fort, que de luy rompre une promesse, qu'il
avoit tenuë si long temps, et de luy *faire* perdre en un
jour ce qu'il avoit conservé plus de sept ans : et qu'il
aimeroit mieux endurer la mort, que de faire un tel tort à
celle, qui luy estoit si loyale. Le Duc, voyant qu'il ne luy
vouloit dire, entra en une si forte jalousie, que avecques
un visage furieux, luy dist : « Or choisissez des deux
choses l'une, de me dire celle que vous aimez plus que
toutes, ou de vous en aller banny des terres où j'ay
authorité : à la charge que, si je vous y trouve huict jours
passez[1], je vous feray mourir de cruelle mort. » Si jamais
douleur saisit le cueur d'un loyal serviteur, elle print
celuy de ce pauvre gentil-homme, lequel pouvoit bien
dire, *Angustiæ sunt mihi undique*[2] : car d'un costé, voyant
qu'en disant verité, il perdoit s'amie, si elle sçavoit que
par sa faulte luy failloit* de promesse : aussi qu'en ne la
confessant, il estoit banny du païs où elle demeuroit, et
n'avoit plus moyen de la veoir : ainsi pressé des deux
costez, luy vint une sueur froide, comme à celuy, qui par
tristesse approchoit de la mort. Le Duc, voyant sa contenance, jugea qu'il n'avoit nulle dame fors* que la
sienne, et que pour n'en pouvoir nommer une autre, il
enduroit telle passion*. Parquoy luy dist assez rudement :
« Si vostre dire estoit veritable, vous n'auriez tant de peine
à me le declarer : mais je croy que vostre offense vous
tourmente. » Le gentil-homme picqué de ceste parole, et
poulsé de l'amour qu'il luy portoit, se delibera* de luy
dire verité, se confiant que son maistre estoit tant
homme de bien, que pour rien ne le voudroit reveler. Et
se mettant à genoux devant luy, les mains joinctes, luy
dist : « Monsieur, l'obligation que j'ay à vous, et la
grande amour, que je vous porte, me forcent plus que la

peur de nulle mort : car je vous voy en telle fantasie et faulse opinion de moy, que, pour vous oster d'une si grande peine, je suis deliberé de faire ce que, pour nul tourment, je n'eusse faict : vous suppliant, monsieur, en l'honneur de Dieu me jurer en foy de prince et de chrestien, que jamais vous ne revelerez le secret, que (puis qu'il vous plaist) je suis contrainct de dire. » A l'heure le Duc luy jura tous les sermens, dont il se peut adviser, de jamais à creature du monde n'en reveler rien, ne par parole, ne par *escript*, ne[a] par contenance. Le gentilhomme, se tenant asseuré d'un si vertueux prince, comme il le cognoissoit, alla bastir le commencement de son malheur, en luy disant : « Il y a sept ans passez, mon seigneur, qu'ayant cogneu vostre niece *la dame du Verger* estre vefve[*1] et sans party, j'ay mis peine d'acquerir sa bonne grace. Et pource que je n'estois de maison[*] pour l'espouser, je me contentois d'estre envers elle receu pour serviteur[*], ce que j'ay esté. Et Dieu a voulu que nostre affaire jusques icy a esté conduit si sagement, que jamais homme ou femme, qu'elle et moy, n'en a rien entendu, sinon vous, monseigneur, entre les mains duquel je mets ma vie et mon honneur, vous suppliant le tenir secret, et n'en avoir en moindre estime ma dame, vostre niece : car je ne pense sous le ciel une plus parfaicte et chaste creature. »

Qui fut bien aise, ce fut le Duc : car cognoissant la tresgrande beauté de sa niece, ne douta point qu'elle ne fust plus aggreable que sa femme : mais ne pouvant entendre qu'un tel mistere se peust conduire sans moyen, le pria de luy dire comment il la pouvoit voir. Le gentil-homme luy compta, comme la chambre de sa dame sailloit[*] dedans un jardin, et que, le jour qu'il y devoit aller, on laissoit une petite porte ouverte, par où il entroit à pied, jusques à ce

---

a. ne par effect, ne

qu'il oyoit japper un petit chien, que la dame laissoit aller par le jardin, quand toutes ses femmes estoient retirées, et à l'heure* il s'en alloit parler à elle toute la nuict, et au partir luy assignoit jour, qu'il y devoit retourner, où sans trop grandes excuses n'avoit encores failly*. Le Duc, qui estoit le plus curieux homme du monde, et qui en son temps avoit fort bien mené l'amour, tant pour satisfaire à son soupçon, que pour entendre une si estrange histoire, le pria de le mener avecques luy la premiere fois, non comme maistre, mais comme compagnon. Le gentil-homme, pour en estre si avant, luy accorda *et luy dict comme ce soir là mesmes estoict son assignacion.* Dont le Duc fut plus aise, que s'il eust gaigné un royaume, et feignant s'en aller reposer en sa garderobbe*, feit venir deux chevaux pour luy et le gentil-homme, et toute la nuict se meirent en chemin pour aller *depuys Argilly*¹ *où le duc demeuroict jusques au Verger. Et* laissansᵃ leurs chevaux hors la closture, le gentil-homme feit entrer le Duc au jardin par le petit huys*, le priant demeurer derriere un gros noyer, duquel lieu il pouvoit veoir, s'il disoit vray, ou non. Ils n'eurent guieres demeuré au jardin, que le petit chien commença à japper, et le gentil-homme marcha devers la tour, où sa dame ne faillit à venir au devant de luy, et le saluant et l'embrassant, luy dist qu'il sembloit avoir esté mil ans sans le veoir. Et à l'heure entrerent dedans la chambre, *et fermerent la porte sur eulx.* Le duc *ayant veu tout ce mistere* se tintᵇ plus que satisfaict, et attendit là non trop longuement : car le gentil-homme dist à sa dame, qu'il estoit contraint de retourner plustost qu'il n'avoit accoustumé, pource que le Duc devoit dès

---

a. aller où sa niece se tenoit, laissans
b. chambre, qu'ils laisserent ouverte, où le Duc entra secrettement après eux, car il n'y avoit aucune lumiere : lequel entendant tout le discours de leur chaste amitié, se tint

quatre heures aller à la chasse, où il n'osoit faillir*. La
dame, qui aimoit mieux son honneur que son plaisir, ne
le voulut retarder de faire son devoir : car la chose que
plus elle estimoit en leur honneste amitié, c'estoit, qu'elle
estoit secrette devant tous les hommes. Ainsi se partit ce
gentil-homme à une heure après minuict, et *sa dame tout
en manteau et en coevrechef le conduisyt, non si loing
qu'elle voulloit car il la contraignit de retourner de peur
qu'elle ne trouvast le duc avecques lequel il monta* à cheval[a], et s'en retournerent *au chasteau d'Argilly*, et par[b] les
chemins le Duc juroit incessamment au gentil-homme,
qu'il aimeroit mieux mourir, que de jamais reveler son
secret : et print telle fiance* et amour en luy, qu'il n'y
avoit nul en sa court, qui fust plus en sa grace : dont la
Duchesse devint toute enragée. Mais le Duc luy deffendit
de jamais plus luy en parler, et qu'il en sçavoit la verité,
dont il se tenoit pour content : car la dame qu'il aymoit
estoit plus aimable qu'elle.

Ceste parole navra* si avant le cueur de la Duchesse,
qu'elle en print une maladie pire que la fievre. Le Duc
l'alla veoir pour la consoler, mais il n'y avoit ordre, s'il
ne luy disoit, qui estoit ceste belle dame tant aimée.
Dont elle luy faisoit une vie importune, et le pressa tant,
que le Duc s'en alla hors de sa chambre, luy disant : « Si
vous me tenez plus tels propos, nous nous separerons
d'ensemble. » Ces paroles augmenterent la maladie de la
Duchesse, qui feignoit *sentir* bouger son enfant, dont le
Duc fut si joyeux, qu'il s'en alla coucher avec elle. Mais
à l'heure qu'elle le veid plus amoureux d'elle, se tournoit
de l'autre costé, luy disant : « Je vous supplie, monsieur,
puis que vous n'avez amour à femme ne enfans, nous

a. après minuict, et le Duc sortit devant, et monterent à cheval
b. retournerent d'où ils estoient venuz, et par

laisser mourir tous deux. » Et avec ces paroles jetta tant
de larmes et de cris, que le Duc eut grand peur qu'elle
perdist son fruict. Parquoy la prenant entre ses bras, la
pria de luy dire que c'estoit qu'elle vouloit, et qu'il
n'avoit rien *qu'il ne fyt pour l'amour* pour elle[a]. « Ha,
monsieur (ce luy respondit elle en pleurant) quelle esperance puis-je avoir, que vous fissiez pour moy une chose
difficile, quand la plus facile et raisonnable du monde,
vous ne la voulez pas faire, qui est, de me dire l'amie du
plus meschant serviteur* que vous eustes oncques ? Je
pensois, que vous et moy ne fussions qu'un cueur : mais
maintenant je cognois bien, que vous me tenez pour une
estrangere, veu que voz secrets, qui ne me doivent estre
celez, vous les cachez comme à une personne ennemie.
Helas, monsieur ! vous m'avez dict tant de choses grandes et secretes, desquelles n'avez jamais entendu que
j'aye parlé. Vous avez tant experimenté ma volonté egale
à la vostre, que ne devez douter, que je ne sois plus vous
mesmes, que moy. Et si vous avez juré de jamais ne dire
à autruy le secret du gentil-homme, en le me disant, ne
faillez* à vostre serment : car je ne suis, ny ne peux estre
autre que vous. Je vous ay en mon cueur. Je vous tiens
entre mes bras. J'ay un enfant en mon ventre, auquel
vous vivez, et ne puis avoir vostre amour, comme vous
avez le mien. Mais tant plus je vous suis loyale et fidele,
tant plus vous m'estes cruel et austere : qui me faict mille
fois *le jour desirer* par[b] une soudaine mort delivrer vostre enfant d'un tel pere, et moy d'un tel mary : ce que
j'espere faire bien tost, puis que preferez un serviteur
infidele à vostre femme, telle que je vous suis, et à la vie
de la mere, et d'un fruict, qui est vostre, lequel s'en va

a. rien qui ne feust pour elle
b. mille fois desirer le jour par

perir, ne pouvant obtenir de vous, ce que plus je desire
sçavoir. » Ce disant, embrassa et baisa son mary, arrou-
sant tout son visage de ses larmes, avec tels cris et souspirs, que le bon prince, qui craignoit perdre sa femme et
enfant tout ensemble, se delibera* de luy dire vray : mais
luy jura que, si elle le reveloit à creature du monde, elle
ne mourroit d'autre main que de la sienne. A quoy elle se
condamna, et accepta la punition. A l'heure le pauvre
mary deceu* luy racompta tout ce qu'il avoit veu, depuis
un bout jusqu'à l'autre : dont elle feit semblant* d'estre
fort contente, mais en son cueur pensoit bien le contraire.
Toutesfois pour la crainte du Duc, dissimula le mieux
qu'elle peust sa passion.

Et le jour d'une grande feste, que le Duc tenoit sa
court, où il avoit mandé toutes les dames du païs, et entre
autres sa niece : après le festin, les dances commancerent,
où chacun feit son devoir. Mais la Duchesse, qui estoit
tourmentée, voyant la beauté et bonne grace de sa niece
du Verger[1], ne se pouvoit resjouïr, et moins garder son
despit de paroistre. Car ayant appellé toutes les dames,
qu'elle feit asseoir auprès d'elle, commença à relever
propos d'amour, et voyant que *Madame du Verger n'en*
parloit*[a] point, luy dist, avec un cueur crevé de jalousie :
« Et vous, belle niece, est il possible, que vostre beauté
soit sans amy ou serviteur* ? — Ma dame (ce luy respondit *la dame du Verger*) ma[b] beauté ne m'a point faict
de tel acquest : car depuis la mort de mon mary, n'ay
voulu avoir d'autres amis que ses enfans, dont je me
tiens pour contente. — Belle niece, belle niece (luy respondit la Duchesse, par un extreme despit) il n'y a amour
si secrette, qui ne soit sceuë, ny petit chien si affetté*[2] ny

a. voyant que sa niece ne parloit
b. respondit elle ma

faict à la main, duquel on n'entende le japper. » Je vous
laisse penser, mes dames, quelle douleur sentit au cueur
ceste pauvre dame, voyant une chose tant couverte*,
estre à son deshonneur declarée. L'honneur si songneusement gardé, et si malheureusement perdu, la tourmentoit : mais encores plus le soupçon, qu'elle avoit, que
son amy luy eust failly* de promesse. Ce qu'elle ne pensoit jamais qu'il peust faire, sinon pour aimer quelque
dame plus belle qu'elle, à laquelle force d'amour auroit
faict declarer tout son faict. Toutesfois sa vertu fut si
grande, qu'elle n'en feit un seul semblant*, et respondit
en riant, qu'elle ne s'entendoit point au langage des bestes. Et sous ceste sage dissimulation, son cueur fut si
pressé de tristesse, qu'elle se leva : et passant par la chambre de la Duchesse, entra dedans une garderobbe*, où
le Duc, qui se pourmenoit, la veid entrer. Et quand la
bonne dame se trouva en lieu où elle pensoit estre seule,
se laissa tomber dessus un lict, avec une si grande foiblesse, que une damoiselle, qui s'estoit assise en la ruelle
pour dormir, se leva, regardant au travers du rideau qui
ce pouvoit estre. Mais voyant que c'estoit *madame du
Verger*, laquelle^a pensoit estre seule, n'osa luy dire rien,
et l'escouta, le plus paisiblement qu'elle peut.

   Et la pauvre dame avecques une voix demie morte,
commença à se plaindre et dire : « O malheureuse ! quelle
parole est-ce que j'ay ouye ? quel arrest de ma mort ay-je
entendu ? Quelle sentence de ma fin ay-je receuë ? O le
plus aimé, qui oncques* fut ! est-ce la recompense de ma
chasteté honneste, et vertueux amour ? O mon cueur !
avez vous faict une si perilleuse election, de choisir pour
le plus loyal, le plus infidele ? pour le plus veritable, le
plus feint* ? pour le plus secret, le plus mesdisant ? Helas !

---

a. c'estoit la niece du Duc, laquelle

est-il possible, qu'une chose cachée aux yeux de tous les humains, ayt esté revelée à ma dame la Duchesse ? Helas ! mon petit chien tant bien apprins, le seul moyen de ma longue et vertueuse amitié, ce n'a pas esté vous, qui m'avez decelée : mais celuy, qui a la voix plus criante, que le chien, et le cueur plus ingrat, que nulle beste. C'est luy, qui contre son serment et sa promesse a descouvert l'heureuse vie (sans tenir tort à personne) que nous avons longuement menée. O mon amy ! l'amour duquel seul est entrée dedans mon cueur, avec lequel ma vie a esté conservée, fault il maintenant qu'en vous declarant[1] mon mortel *ennemy*, mon*[a]* honneur soit mis au vent ? mon corps en la terre ? mon ame où eternellement elle demeurera ? La beauté de la Duchesse, est elle si extreme, qu'elle vous a transmué*, comme faisoit celle de Circes[2] ? Vous a elle faict de vertueux, vicieux ? et de bon, mauvais ? et d'homme, beste cruelle ? O mon amy ! combien que vous me faillez* de promesse, si vous tiendray-je la mienne : c'est, de jamais plus ne vous veoir après la divulgation de nostre amitié : et aussi ne pouvant vivre sans vostre veuë, je m'accorde volontiers à l'extreme douleur que je sens : à laquelle ne veux chercher remede, ne par raison, ne par medecine : car la mort seule, y mettra la fin : qui me sera trop plus plaisante, que de demeurer au monde sans amy, sans honneur, et sans contentement. La guerre, ou la mort, ne m'ont point osté mon amy : mon peché, ne ma coulpe*, ne m'ont point osté mon honneur : ma faulte, ne mon demerite, ne m'ont faict perdre mon contentement : mais c'est l'infortune cruelle, qui rend ingrat le plus obligé* de tous les hommes, qui m'a faict recevoir le contraire de ce que j'avois desservy*. Helas, ma dame la Duchesse ! quel plaisir vous a esté,

a. mortel ennuy, mon

quand par mocquerie m'avez allegué mon petit chien ?
Or jouïssez vous du bien, qui à moy seule appartient.
Vous vous mocquez de celle, qui pensoit, par bien celer
et vertueusement aimer, estre exempte de toute mocquerie. O que ce mot m'a serré le cueur, qu'il m'a faict rougir de honte, et pallir de jalousie ! Helas, mon cueur ! je
sens bien, que n'en pouvez plus : l'amour mal recogneu
vous brusle, la jalousie et le tort, que l'on vous tient, vous
glace et amortit*, par despit et regret, ne *me* permettant
de vous donner consolation. Helas, mon ame ! par trop
avoir adoré la creature, avez oublié le Createur[1]. Il vous
fault retourner entre les mains de celuy, duquel l'amour
vaine vous avoit ravie. Prenez confiance, mon ame, de le
trouver meilleur pere, que n'avez trouvé amy celuy, pour
lequel l'avez souvent oublié. O mon Dieu mon Createur !
qui estes le vray et parfaict amy, par la grace duquel
l'amour, que j'ay portée à mon amy, n'a esté tachée de
nul vice, sinon de trop aimer, je supplie vostre misericorde de recevoir l'ame et l'esprit de celle, qui se repent
avoir failly à vostre premier et juste commandement[2]. Et
par le merite de celuy duquel l'amour est incomprehensi-
ble, excusez la faulte, que trop d'amour m'a faict faire :
car en vous seul j'ay ma parfaicte confiance. Et à Dieu,
mon amy, duquel le nom sans effect*[3] me creve le
cueur. » A ceste parole se laissa tomber toute à l'envers,
et luy devint la couleur blesme, et les levres bleuës, et
les extremitez froides.

En cest instant, arriva à la sale le gentil-homme, qui
l'aimoit, et voyant la Duchesse, qui dançoit avecques
les dames, regarda par tout où estoit s'amie : mais ne la
voyant point, entra en la chambre de la Duchesse, et
trouva le Duc, qui se pourmenoit, lequel, devinant sa
pensée, luy dist à l'oreille : « Elle est allée en ceste garderobbe*, et sembloit qu'elle se trouvoit mal. » Le

gentil-homme luy demanda, s'il luy plaisoit bien qu'il y
allast. Le Duc l'en pria. Ainsi qu'il entra dedans la garderobbe, trouva *madame du Verger*, qui*ᵃ* estoit au dernier
pas de sa mortelle vie. Laquelle il embrassa, luy disant :
« Qu'est-ce cy, m'amie ? me voulez vous laisser ? » La
pauvre dame, oyant la voix, que tant bien elle cognoissoit, print un petit de vigueur, et ouvrit l'œil, regardant
celuy, qui estoit cause de sa mort. Mais en ce regard,
l'amour et le despit accreurent si fort, qu'avec un piteux*
souspir rendit son ame à Dieu. Le gentil-homme plus
mort que la mort*e*, demanda à la damoiselle comment
ceste maladie l'avoit prinse, laquelle luy compta tout du
long, et les paroles qu'elle luy avoit ouy dire. A l'heure il
cogneut, que le Duc avoit revelé son secret à sa femme,
dont il sentit une telle fureur, qu'embrassant le corps de
s'amie l'arrousa longuement de ses larmes, en disant :
« O moy traistre, meschant, et malheureux amy ! pourquoy est-ce, que la punition de ma trahison, n'est tombée
sur moy, et non sur elle, qui est innocente ? Pourquoy le
ciel ne me fouldroya il le jour, que ma langue revela la
secrette et vertueuse amitié de nous deux, pour jamais ?
Pourquoy la terre ne s'ouvrit elle, pour engloutir ce faul-
seur de foy[1] ? Ma langue, punie sois tu, comme celle du
mauvais riche, en enfer[2]. O mon cueur, trop craintif de
mort et bannissement ! deschiré sois tu des aigles perpetuellement, comme celuy d'Ixion[3]. Helas m'amie ! le
malheur des malheurs le plus malheureux qui oncques*
fut m'est advenu : vous cuidant* garder, je vous ay perdue : vous cuidant veoir longuement vivre, avec honnesteté et plaisant contentement, je vous embrasse morte,
mal contente de moy, de mon cueur, et de ma langue,
jusques à l'extremité. O la plus loyale et fidele femme,

---

a. garderobbe, la trouva, qui

qui fut oncques ! Je passe condemnation[1], d'estre le plus
muable, desloyal, et infidele, de tous les hommes. Je me
vouldrois volontiers plaindre du Duc, sous la promesse
duquel je me suis confié, esperant par là faire durer nostre heureuse vie[2]. Helas ! je devois sçavoir, que nul ne
pouvoit garder mon secret mieux que moy mesme. Le
Duc a plus de raison de dire le sien à sa femme, que
moy le mien à luy. Je n'accuse que moy seul, de la plus
grande meschanceté, qui oncques fut commise entre
amis. Je devois endurer d'estre jetté en la riviere, comme
il me menaçoit : au moins, m'amie, tu fusses demeurée
vive, et moy glorieusement mort, observant la loy, que
vraye amitié commande : mais l'ayant rompue, je demeure
vif, et vous, par aimer parfaictement, estes morte : car
vostre cueur tant pur et net, n'a sceu porter sans mort,
de sçavoir le vice, qui estoit en vostre amy. O mon Dieu !
pourquoy me creastes vous homme, ayant l'amour si
legiere, et cueur tant ignorant[3] ? Pourquoy ne me creastes vous le petit chien, qui a fidelement servy sa maistresse ? Helas ! mon petit amy, la joye, que me donnoit
vostre japper, est tournée en mortelle tristesse, puis que
par moy autre que nous deux a ouy vostre voix. Si* est
ce, m'amie, que l'amour de la Duchesse, ne de femme
vivante, ne m'a faict varier : combien que plusieurs fois
la meschante m'en ait requis et prié : mais ignorance
m'a vaincu, pensant à jamais asseurer vostre amitié :
toutesfois, pour ceste ignorance je ne laisse d'estre coulpable : car j'ay revelée le secret de m'amie, j'ay faulsé
ma promesse, qui est la seule cause, dont je la voy morte
devant mes yeux. Helas, m'amie ! me sera la mort moins
cruelle qu'à vous, qui par amour a mis fin à vostre innocente vie ? Je croy, qu'elle ne daigneroit toucher à mon
infidele et miserable cueur : car la vie deshonorée, et la
memoire de ma perte, par ma faulte, est plus importa-

ble*, que dix mille morts. Helas, m'amie ! si quelqu'un, par malheur ou malice*, vous eust osé tuer, promptement j'eusse mis à la main à l'espée, pour vous venger. C'est donc raison, que je ne pardonne à ce meurtrier, qui est cause de vostre mort, par un acte, qui est plus meschant, que de vous donner un coup d'espée. Si je sçavois un plus meschant bourreau que moy-mesmes, je le prierois d'executer vostre traistre amy. O amour ! par ignoramment aimer, je vous ay offensé. Aussi ne me voulez secourir, comme vous avez faict celle, qui a gardé toutes voz loix. Et n'est pas raison, que par un si honneste moyen je deffine* : mais il est raisonnable, que ce soit par ma propre main : et puis qu'avec mes larmes j'ay lavé vostre visage, et avec ma langue vous ay requis pardon : il ne reste plus, qu'avec ma main je rende mon corps semblable au vostre, et laisse aller mon ame où la vostre ira : sçachant qu'un amour vertueux et honneste n'a jamais fin en ce monde ne en l'autre. » Et à l'heure* se levant de dessus le corps, comme un homme forcené et hors du sens, tira son poignard, et par grande violence s'en donna au travers du cueur. Et de rechef print s'amie entre ses bras, la baisant par telle affection, qu'il sembloit plus estre attainct d'amour, que de la mort.

La damoiselle voyant le coup, s'en courut à la porte crier à l'aide. Le Duc oyant le cry, et doutant* le mal de ceux qu'il aimoit, entra le premier dedans la garderobbe*, et voyant ce piteux* couple, s'essaya de les separer pour sauver, s'il luy eust esté possible, le gentil-homme. Mais il tenoit s'amie si fermement, qu'il ne fut possible de la luy oster, jusques à ce qu'il fust trespassé. Toutesfois entendant le Duc qui parloit à luy, *disant* : « Helas ! et qui est cause de cecy ? » avec un regard furieux, luy respondit : « Ma langue, et la vostre, monsieur. » Et en ce disant trespassa, le visage joint à celuy de s'amie. Le Duc

desirant en entendre plus avant, contraignit la damoiselle de dire ce qu'elle en avoit veu et entendu, ce qu'elle
feit tout au long sans en espargner rien. Cognoissant à
l'heure* le Duc qu'il estoit cause de tout le mal, se jetta
dessus les deux amans morts, et avec grands cris et
pleurs, leur demanda pardon de sa faulte, en les baisant
tous deux par plusieurs fois : et puis tout furieux se
leva, tirant le poignard du corps du gentil-homme. Et
tout ainsi qu'un sanglier, estant navré* d'un espieu,
court d'impetuosité contre celuy, qui a faict le coup :
ainsi s'en alla le Duc, chercher celle, qui l'avoit navré
jusques au fond de son ame : laquelle il trouva dançant
en la sale, plus joyeuse qu'elle n'avoit accoustumé,
comme celle qui pensoit estre bien vengée de la *dame
du Verger*. Le Duc*ᵃ* la print au milieu de la dance, et
luy dist : « Vous avez prins le secret sur vostre vie, et
sur vostre vie tombera la punition. » En ce disant, la
print par sa coëffure, et luy donna du poignard dedans
la gorge : dont la compagnie fut si estonnée*, que l'on
pensoit, que le Duc fust hors du sens. Mais après avoir
parachevé ce qu'il vouloit, assembla tous ses serviteurs*
dedans la sale, et leur racompta l'honneste et piteuse*
histoire de sa niece, et le meschant tour, que luy avoit
faict sa femme : qui ne fut sans faire pleurer les assis-
tans. Après, le Duc ordonna, que sa femme fust enterrée
en une abbaye, qu'il fonda *pour en partie satisfaire* au
pesché qu'il avoit faict de tuer sa femme*. Et feit faire
une belle sepulture, où les corps de sa niece et du gentil-homme furent mis ensemble, avec un epitaphe de la
tragedie de leur histoire. Et le Duc entreprint voyage
contre les Turcs, où Dieu le favorisa tant, qu'il en rapporta honneur et profit. Et trouvant à son retour son fils

---

a. vengée de la niece du Duc. Le Duc

aisné suffisant* pour gouverner son bien, *luy laissa tout et* s'en alla rendre religieux en l'abbaye, où sa femme estoit enterrée, et les deux amans, où il passa sa vieillesse heureusement avec Dieu[1].

« Voylà, mes dames, l'histoire que vous m'avez prié vous racompter, que je cognois bien à voz yeux, n'avoir esté entendue, sans compassion. Il me semble que devez tirer exemple de cecy, pour vous garder de mettre vostre affection aux hommes. Car quelque honneste et vertueuse qu'elle soit, elle a tousjours à la fin quelque mauvais deboire. Et vous voyez encores, que sainct Paul ne veult, que les gens mariez ayent ceste grande amour ensemble : car d'autant que nostre cueur est affectionné à quelque chose terrienne*, d'autant s'eslongne il de l'affection celeste[2] : et plus l'amour est honneste et vertueuse, et plus difficile en est à rompre le lien. Qui me faict vous prier, mes dames, de demander à toute heure à Dieu son Sainct Esprit, par lequel vostre cueur soit tant enflammé en l'amour de Dieu, que vous n'ayez point de peine à la mort, de laisser ce que vous aimez trop en ce monde. — Puis que l'amour estoit si honneste (dist Hircan) comme vous nous la peignez, pourquoy la failloit* il tenir secrette ? — Pource (dict Parlamente) que la malice* des hommes est telle, que jamais ne pensent, que grand amour soit joinct à honnesteté. Car ils jugent les hommes et les femmes vertueux selon leurs passions, et pour ceste occasion est besoing, que si une femme a quelque bon amy outre ses plus grands et prochains parens, qu'elle parle à luy secretement, si elle y veult parler longuement : car l'honneur d'une femme est aussi bien mis en dispute, pour aimer par vertu, comme par vice : veu que l'on ne se prend qu'à ce que l'on void. — Mais, dist Guebron,

quand ce secret là est decelé, on y pense beaucoup pis.
— Je le vous confesse, dist Longarine, parquoy le
meilleur est, n'aimer point. — Nous appellons de ceste
sentence[1], dist Dagoucin : car si nous pensions les dames
estre sans amour, nous voudrions estre sans vie. J'entends de *ceulx qui* ne[a] vivent, que pour l'acquerir. Et
encores que ce n'advienne point, l'esperance les sous-
tient, et leur faict faire mille choses honnorables, jusques à ce que vieillesse change ces honnestes passions
en autres peines. Mais qui penseroit, que les femmes
n'aimassent point, il faudroit au lieu d'hommes d'armes, faire des marchands : et en lieu d'acquerir honneur,
ne penser qu'à amasser du bien[2]. — Doncques, dist
Hircan, s'il n'y avoit point de femmes, vous voudriez
dire, que nous serions tous meschans, comme si nous
n'avions cueur*, que celuy qu'elles nous donnent. Mais
je suis bien de contraire opinion, et pense qu'il n'est
rien, qui abbate plus le cueur d'un homme, que de hanter, ou trop aimer les femmes. Et pour ceste occasion
defendoient les Hebrieux, que l'année, que l'homme
seroit marié, n'allast point à la guerre : de peur que
l'amour de sa femme le retirast des hazards[3], que l'on
y doit chercher. — Je trouve, dist Saffredent, ceste loy
sans grande raison : car il n'y a rien, qui face plustost
saillir l'homme de sa maison, que d'estre marié*. Pource
que la guerre de dehors n'est pas plus importable*, que
celle de dedans. Et croy que pour donner desir aux
hommes d'aller en pays estrange*, et ne s'amuser à
leurs foyers, il les faudroit marier. — Il est vray, dist
Emarsuitte, que le mariage leur oste le soing de leur
maison : car ils s'en fient à leurs femmes, et ne pensent
qu'à acquerir honneur, estans seurs que leurs femmes

a. J'entends qu'ils ne

auront assez de soing du profit. » Saffredent luy respondit : « En quelque sorte que ce soit, je suis bien aise
que vous estes de mon opinion. — Mais, dist Parlamente, vous ne debatez de ce, qui est plus à considerer :
c'est, pourquoy le gentil-homme, qui estoit cause de tout
le mal, ne mouroit aussi tost de desplaisir, comme celle,
qui estoit innocente. » Nomerfide luy dist : « C'est, pource
que les femmes aiment mieux, que les hommes. — Mais,
ce dist Simontault, pource que la jalousie des femmes,
et le desir, les fait crever sans sçavoir pourquoy, et la
prudence* des hommes, les faict enquerir de la verité :
laquelle cogneuë par bon sens, monstre leur grand cueur* :
comme feit le gentil-homme, qui, après avoir entendu
qu'il estoit l'occasion du mal de s'amie, monstra combien
il aimoit sans espargner sa propre vie. — Toutesfois, dist
Emarsuitte, elle mourut par vraye amour : car son ferme
et loyal cueur, ne pouvoit endurer d'estre si villainement
trompé. — Ce fust la jalousie (dist Simontault) qui ne
donna lieu à la raison, et parce qu'elle creut le mal, qui
n'estoit point en son amy tel, comme elle pensoit. Sa
mort fut contraincte, car elle n'y pouvoit remedier : mais
celle de son amy fut volontaire, après avoir cogneu son
tort. — Si fault il, dist Nomerfide, que l'amour soit grand,
qui cause une telle douleur. — N'en ayez point de peur,
dist Hircan : car vous ne mourrez point d'une telle fievre.
— Non plus, dist Nomerfide, que vous ne vous tuerez,
après avoir cogneu vostre offense. » Parlamente, qui doutoit le debat estre à ses despens, leur dist en riant : « C'est
assez que deux soient morts d'amour, sans que l'amour
en face battre deux autres. Car voilà le dernier son de
vespres, qui nous departira*, vueillez ou non. » Par son
conseil la compagnie se leva, et s'en allerent ouyr vespres,
n'oublians en leurs bonnes prieres les ames des vraiz
amans pour lesquelles, les religieux de leur bonne volonté

dirent un De profundis[1]. Et tant que le soupper dura, n'eurent autre propos, que de ma dame du Verger : et après avoir un peu passé leur temps ensemble, chacun se retira en sa chambre. Et ainsi meirent fin à la septiesme journée.

FIN DE LA SEPTIESME JOURNÉE
DES NOUVELLES DE LA ROYNE
DE NAVARRE.

LA HUICTIESME JOURNÉE
DES NOUVELLES DE LA ROYNE
DE NAVARRE

Le matin venu, s'enquirent si leur pont s'avançoit fort, et trouverent que dedans deux ou trois jours il pourroit estre parachevé : ce qui despleut à quelques uns de la compagnie : car ils eussent bien desiré, que l'ouvrage eust duré plus longuement, pour faire durer le contentement qu'ils avoient de leur heureuse vie[1]. Mais voyans qu'ils n'avoient plus que deux ou trois jours de bon temps, se delibererent de ne le perdre pas. Et prierent ma dame Oisille de leur donner la pasture spirituelle, comme elle avoit accoustumé : ce qu'elle feit, mais elle les tint plus long temps, qu'auparavant. Car elle vouloit, avant que partir, avoir mise fin à la *Canonicque* de[a] sainct Jean[2]. A quoy elle s'acquita si tresbien, qu'il sembloit que le Sainct Esprit plein d'amour et de douceur, parlast par sa bouche. Et tous enflammez de ce feu, s'en allerent ouyr la grand messe. Et après disner*, ensemble parlans encores de la journée passée, se deffioient d'en pouvoir faire une aussi belle. Et pour y donner ordre, se retirerent chacun en son logis jusques à l'heure, qu'ils allerent à leur chambre des comptes[3] sur le bureau* de l'herbe verde, où desja trouverent les moynes arrivez, qui avoient prins leurs places.

---

a. la Chronicque de

Quand chacun fut assis, l'on demanda, qui commenceroit.
Saffredent dist : « Vous m'avez faict l'honneur de commencer deux journées[1] : il me semble, que nous ferions
tort aux dames, si une seule n'en commençoit deux. — Il
faudroit doncques, dist ma dame Oisille, que nous demeu-
rissions icy longuement, ou que l'un de vous, ou une de
nous soit sans avoir sa journée. — Quant à moy, dist
Dagoucin, si j'eusse esté esleu, j'eusse donné ma place à
Saffredent. — Et moy, dist Nomerfide, j'eusse donné la
mienne à Parlamente. Car j'ay tant accoustumé de servir,
que je ne sçaurois commander. » A quoy la compagnie
s'accorda : et Parlamente commença ainsi : « Mes dames,
noz journées passées ont esté pleines de tant de sages
comptes, que je vous voudrois prier, que ceste cy le fust
de toutes les plus grandes folies[2], et les plus veritables,
dont nous pourrions adviser. Et pour nous mettre en train,
je vay commencer. »

Une femme estant aux abboiz[3] de la mort, se courrouça en sorte,
voyant que son mary accolloit* sa chambriere, qu'elle revint en santé.

NOUVELLE SEPTANTEUNIESME

En la ville d'Amboise y avoit un sellier nommé Bour-
rihaudier, lequel estoit sellier de la Royne de Navarre,
homme duquel l'on pouvoit juger la nature à veoir la
couleur du visage, estre plustost serviteur de Bacchus,
que des prestres de Diane[4]. Il avoit espousé une femme
de bien, qui gouvernoit son mesnage*, et ses enfans tres-
sagement, dont il se contentoit. Un jour on luy dist, que
sa bonne femme estoit fort malade, et en grand danger.
Dont il monstra estre autant courroucé, qu'il estoit possi-

ble, et s'en alla en grande diligence pour la secourir, et
trouva sa pauvre femme si bas, qu'elle avoit plus besoing
de confession, que de medecin, dont il feit un dueil le
plus piteux* du monde. Mais pour bien le representer, il
fauldroit parler gras[1], comme luy : et encores seroit ce
plus, qui pourroit peindre[2] son visage, et sa contenance.
Après qu'il luy eut faict tous les services, qu'il estoit possible, elle demanda la croix, que l'on luy feit apporter.
Quoy voyant le bon homme, s'en alla jetter sur un lict,
tout desesperé, criant, et disant, avec sa langue grasse[3] :
« Helas, mon Dieu ! Je perds ma pauvre femme : que
feray-je, moy pauvre malheureux ! » et plusieurs autres
complainctes. A la fin, qu'il n'y avoit personne à la chambre, qu'une jeune chambriere, assez belle et en bon
poinct*, l'appella tout bas, en luy disant : « M'amie, je
me meurs, et suis pis, que trespassé de veoir ainsi mourir
ta maistresse. Je ne sçay que faire, ne que dire, sinon,
que je me recommande à toy : et te prie, de prendre le
soing de ma maison, et de mes enfans. Tiens les clefs,
que j'ay à mon costé, et donne ordre au mesnage* : car
je n'y sçaurois plus entendre. » La pauvre fille, qui en
eut pitié, le reconforta, le priant ne se vouloir desesperer,
et que, si elle perdoit sa maistresse, elle ne perdist son
bon maistre. Il luy respondit : « M'amie, il n'est possible : car je me meurs. Regarde, comme j'ay le visage
froid, approche tes jouës des miennes. » Et ce disant, luy
mit la main au tetin, dont elle cuida* faire quelque difficulté : mais la pria n'avoir point de crainte : car il fauldroit bien qu'ils se veissent de plus près. Et sur ces mots,
la print entre ses bras, et la jetta sur un lict. Sa femme, qui
n'avoit aucune compagnie, que de la croix, et de l'eau
beneiste, et n'avoit parlé depuis deux jours, commença
avec sa foible voix à crier le plus hault qu'elle peut :
« Ha, ha, ha, je ne suis pas encores morte. » Et en les

menaçant de la main, disoit : « Meschant, je ne suis pas
morte. » Le mary et la chambriere, oyans sa voix, se leverent : mais elle estoit si despitée contre eux, que la colere
consomma* l'humidité du caterre*, qui la gardoit de parler : en sorte qu'elle leur dist toutes les injures, dont elle
se peut adviser. Et depuis ceste heure là commença à guerir, qui ne fut souvent sans reprocher à son mary le peu
d'amour, qu'il luy portoit.

« Vous voyez, mes dames, l'hypocrisie des hommes :
comme pour peu de consolation, ils oublient le regret de
leurs femmes. — Que sçavez-vous, dist Hircan, s'il avoit
ouy dire, que ce fust le meilleur remede que sa femme
pouvoit avoir ? Car puis que par son bon traictement il
ne la pouvoit guerir, il vouloit essayer si le contraire luy
seroit meilleur. Ce que tresbien il experimenta. Et m'esbahis comme vous, qui estes femme, avez declaré la condition de vostre sexe, qui plus amende[1] par despit, que par
douceur. — Sans point de faulte, dist Longarine, un despit me feroit bien, non seulement saillir* du lict, mais du
sepulchre encores tel que cestuy là. — Et quel tort luy
faisoit il, dist Saffredent, puis qu'il la pensoit morte, de se
consoler ? Car l'on sçait bien, que le lien de mariage ne
peult durer sinon autant que la vie, et puis après on en est
deslié. — Ouy deslié, dist Oisille, du serment de l'obligation : mais un bon cueur n'est jamais deslié d'amour. Et
c'estoit bien tost oublié son dueil, de ne pouvoir attendre
que sa femme eust passé le dernier souspir. — Mais ce
que je trouve le plus estrange, dist Nomerfide, c'est, que,
voyant la mort et la croix devant ses yeux, il ne perdit la
volonté d'offenser Dieu. — Voilà une belle raison, dist
Simontault. Vous ne vous esbahiriez donc pas de veoir
faire une follie*, mais que ce fust loing de l'eglise, et du
cimetiere. — Mocquez vous tant de moy, que vous voul-

drez, respondit Nomerfide, si* est-ce que la meditation de
la mort refroidist bien fort un cueur, quelque jeune qu'il
soit. — Je serois bien de vostre opinion, dist Dagoucin, si
je n'avois ouy dire le contraire à une princesse. — C'est
donc à dire, dist Parlamente, qu'elle racompta quelque
histoire. Parquoy s'il est ainsi, je vous donne ma place
pour la dire. » Dagoucin commença ainsi.

Continuelle repentance d'une religieuse, pour avoir perdu
sa virginité sans force, ny par amour.

NOUVELLE SEPTANTEDEUXIESME

En une des meilleures villes de France après Paris, y
avoit un hospital[1] richement fondé : c'est à sçavoir, d'un
prieuré de quinze ou seize religieuses, et en un autre
corps de maison devant iceluy, y avoit un prieur et sept
ou huict religieux, qui tous les jours disoient le service* :
et les religieuses seulement leurs patenostres* et heures
de Nostre Dame[2], pource qu'elles estoient occupées au
service des malades. Un jour vint à mourir un pauvre
homme, où toutes les religieuses s'assemblerent : et après
luy avoir faict tous les remedes pour sa santé, envoyerent querir un de leurs religieux pour le confesser : puis
voyans qu'il s'affoiblissoit, luy baillerent l'unction[3], et
peu après il perdit la parole. Mais pource qu'il demeura
longuement à passer, et faisoit semblant* d'ouyr, chacune
se meit à luy dire les meilleures paroles qu'elles peurent,
dont à la longue, elles se fascherent[4] : car voyans la nuict
venuë, et qu'il estoit tard, s'en allerent coucher l'une
après l'autre, et ne demeura là pour ensevelir le corps
qu'une des plus jeunes avec un religieux, qu'elle crai-

gnoit plus que le prieur, ny autre, pour la grande austerité, dont il usoit tant en vie qu'en paroles. Et quand ils
eurent bien crié, « Jesus », à l'oreille du pauvre homme,
cogneurent qu'il estoit trespassé. Parquoy tous deux l'en-
sevelirent. Et en exerçant ce dernier œuvre de misericorde, commença le religieux à parler de la misere de la
vie, et de la bien-heureté* de la mort, et en ces propos là
passerent la mynuict. La pauvre fille escoutoit ententivement* ces devots propos, et le regardoit les larmes aux
yeux, où il print si grand plaisir, que, parlant de la vie
advenir, commença de l'embrasser, comme s'il eust eu
envie de la porter entre ses bras, droict en paradis. La
pauvre fille, escoutant ces propos, et l'estimant le plus
devot de la compagnie, ne l'osa refuser. Quoy voyant le
meschant moyne en parlant tousjours de Dieu, paracheva
avec elle l'œuvre, que soudain le diable leur avoit mis au
cueur (car auparavant n'en avoit jamais esté question)
l'asseurant qu'un peché secret n'estoit point imputé
devant Dieu : et que deux personnes non liées[1], ne peuvent
offenser en tel cas, quand il n'en vient point de scandale :
et que, pour l'eviter, elle se gardast bien de se confesser
à autre, qu'à luy. Ainsi se departirent* d'ensemble, elle
la premiere, qui, en passant par une chapelle de Nostre
Dame, voulut faire son oraison, comme elle avoit accoustumé : mais quand elle commença à dire, « Vierge Marie »,
luy souvint, qu'elle avoit perdu ce tiltre de virginité, sans
force ny amour, ains* par une sotte crainte : dont elle se
print si fort à pleurer, qu'il sembloit, que le cueur luy
deust fendre. Le religieux, qui de loing ouyt ses souspirs,
se douta* de sa conversion, par laquelle il pouvoit perdre
son plaisir, dont pour l'empescher, la vint trouver proster-
née devant ceste image, et la reprint aigrement, luy disant,
que si elle en faisoit conscience[2], qu'elle s'en confessast à
luy, puis qu'elle n'y retournast plus, si elle vouloit : car

l'un et l'autre estoit sans peché en sa liberté. La sotte religieuse, cuidant* satisfaire* envers Dieu, s'alla confesser à
luy, qui pour toute penitence luy jura qu'elle ne pechoit
point de l'aimer, et que l'eau beneiste pouvoit effacer
un tel peccatile*. Elle, croyant plus en luy, qu'en Dieu,
retourna au bout de quelque temps à luy obeïr, en sorte
qu'elle devint grosse, dont elle print si grand regret,
qu'elle supplia à la prieure de faire chasser hors du
monastere ce religieux, sçachant qu'il estoit si fin et cau-
teleux, qu'il ne faudroit* point à la seduire.

La prieure et le prieur, qui s'accordoient fort bien
ensemble, se mocquerent d'elle, disans qu'elle estoit assez
grande pour se deffendre d'un homme : et que celuy,
dont elle parloit, estoit trop homme de bien. A la fin, à
force d'impetuosité*, pressée du remors de sa conscience,
leur demanda congé d'aller à Rome : car elle pensoit, en
confessant son peché aux pieds du Pape, recouvrer sa
virginité. Ce que tresvolontiers le prieur et la prieure luy
accorderent : car ils aimoient mieux, qu'elle fust pelerine
contre sa reigle, que renfermée et devenir si scrupuleuse,
comme elle estoit, craignans que son desespoir luy feist
reveler la vie que l'on menoit là dedans, luy baillans de
l'argent pour faire son voyage. Mais Dieu voulut[1] qu'estant
à Lyon, un soir après vespres, sur le pulpistre[2] de l'eglise
Sainct-Jean, où ma dame la Duchesse d'Alençon, qui
depuis fut Royne de Navarre, alloit secretement faire
quelque neufveine[3], avecques trois ou quatre de ses femmes estant à genoux, et devant le crucifix, ouyt monter en
hault quelque personne, et à la lueur de la lampe, cogneut
que c'estoit une religieuse. Et à fin d'entendre ses devotions, se retira la Duchesse au coing de l'autel, et la
religieuse, qui pensoit estre seule, s'agenoilla : puis en
frappant sa coulpe[4], se print tant à pleurer, que c'estoit
pitié, ne cryant sinon : « Helas ! mon Dieu, ayez pitié de

ceste pauvre pecheresse. » La Duchesse, pour entendre
que c'estoit, s'approcha d'elle, en luy disant : « M'amie,
qu'avez vous ? d'où estes vous ? et qui vous amene en ce
lieu ? » La pauvre religieuse, qui ne la cognoissoit point,
luy dist : « Helas, m'amie ! mon malheur est tel, que je
n'ay recours qu'à Dieu, lequel je prie me donner le
moyen de parler à madame la Duchesse d'Alençon : car
à elle seule, je compteray mon affaire, m'asseurant que
s'il y a ordre, elle le trouvera. — M'amie, ce luy dist la
Duchesse, vous pouvez parler à moy comme à elle, car
je suis fort de ses amies. — Pardonnez moy, dist la religieuse, jamais autre qu'elle ne sçaura mon secret. » A
l'heure la Duchesse luy dist, qu'elle pouvoit parler franchement, et qu'elle avoit trouvé ce qu'elle demandoit. La
pauvre femme se jetta lors à ses pieds : et après avoir longuement pleuré et crié, luy racompta tout ce qu'avez ouy
de sa pauvreté*. Adonc la Duchesse la reconforta si bien,
que sans luy oster la repentance continuelle de son peché,
luy meit hors de l'entendement le voyage de Rome, et
la renvoya à son prieuré, avecques des lettres à l'evesque
du lieu, pour donner ordre à faire chasser ce religieux
scandaleux.

« Je tiens ce compte de ladicte Duchesse mesmes, par
lequel vous pouvez veoir, mes dames, que la recepte de
Nomerfide ne sert pas à toutes personnes : car ceux cy
touchàns et ensevelissans le mort, ne furent moins tou-
chez de lubricité. — Voilà une invention, dist Hircan,
de laquelle, je croy, que jamais homme n'usa, de parler
de la mort, et faire les œuvres de la vie. — Ce n'est point
œuvre de vie, dist Oisille, de pecher : car on sçait bien
que peché engendre la mort. — Croyez, dist Saffredent,
que ces pauvres gens ne pensoient point à toute ceste
Theologie. Mais comme les filles de Lot enyvrerent

leur pere, pensans conserver nature humaine[1] : aussi ces pauvres gens vouloient reparer ce que la mort avoit gasté en ce corps, et en refaire un tout nouveau. Parquoy je ne voy mal, que les larmes de la pauvre religieuse, qui tousjours pleuroit et tousjours retournoit à la cause de son pleur. — J'en ay assez veu de telles, dist Hircan, qui pleurent leur peché, et rient leur plaisir tout ensemble. — Je me doute bien, dist Parlamente, pour qui vous le dictes : dont il me semble, que le rire a assez duré, et seroit temps que les larmes commençassent. — Taisez vous, dist Hircan, encores n'est pas finie la Tragedie, qui a commencé par rire[2]. — Pour changer mon propos, dist Parlamente, il me semble que Dagoucin est sailly* hors de nostre deliberation*, qui estoit de ne dire compte que pour rire, et le sien est trop piteux*. — Vous avez dict, respondit Dagoucin, que nous ne racompterions que des follies, et il me semble que je n'y ay pas failly*. Mais pour en ouyr un plus plaisant, je donne ma voix à Nomerfide, esperant qu'elle rabillera ma faulte. — Aussi ay-je un compte tout prest, respondit elle, qui est digne de suivre le vostre : car il parle de religieux, et de mort[3]. Or escoutez le bien, s'il vous plaist. »

CY FINENT* LES COMPTES
ET NOUVELLES DE LA FEUË ROYNE
DE NAVARRE, QUI EST CE QUE L'ON EN
A PEU RECOUVRER.

DOSSIER

CHRONOLOGIE

1492. Naissance de Marguerite d'Angoulême.
1494. Naissance de son frère François.
1496. Mort de leur père Charles d'Angoulême.
1498. Charles VIII meurt sans enfant. Louis d'Orléans, cousin de
       Marguerite et de François, devient roi et reprend les guer-
       res d'Italie. Louis XII et Anne de Bretagne n'auront que
       des filles. François d'Angoulême est héritier présomptif et
       sa mère Louise de Savoie voit en lui le futur roi. En 1506
       on le fiance à Claude de France, fille de Louis XII née en
       1499.
1509. Mariage de Marguerite avec Charles, duc d'Alençon.
       Séjour en Normandie.
       Avènement de Henri VIII en Angleterre.
1514. Mort de la reine Anne de Bretagne.
       Mai : mariage de François et de Claude de France.
       Octobre : Remariage de Louis XII.
1515. 1er janvier : Mort de Louis XII.
       Avènement de François Ier. Victoire de Marignan.
       Marguerite à la cour : elle y tient une place éminente. Son
       frère la comble de faveurs. Diplomates et hommes de let-
       tres l'entourent.
1517. Thèses de Luther sur les « indulgences ».
1517-1518. Marguerite s'intéresse à la réforme des couvents et
       entre en relation avec le théologien humaniste Lefèvre
       d'Étaples ; Clément Marot est pris à son service.
1519. Élu à la tête du Saint Empire, Charles, duc de Bourgogne,
       roi d'Espagne depuis 1516, devient l'empereur Charles
       Quint.
1521. Luther est condamné en Sorbonne et excommunié.

1521-1524.   Marguerite compose le *Dialogue en forme de vision nocturne.*

Le texte est inspiré par la mort de sa jeune nièce Charlotte de France. Elle y dialogue avec l'âme de la petite morte. (Publication en 1533.)

Marguerite entretient une correspondance avec l'évêque de Meaux, Guillaume Briçonnet, ami de Lefèvre d'Étaples. Briçonnet, en réponse à ses questions, à ses demandes de secours spirituel, lui écrit de très longues lettres qui sont de véritables lettres de direction. Marguerite a fait recopier cette correspondance dont toute son œuvre a gardé la marque. Briçonnet était entouré d'un groupe qui voulait réformer la vie religieuse du diocèse et répandre la lecture de l'Écriture sainte : ce sont les « évangéliques » de Meaux.

1524.   Mort de le reine Claude de France.

1525.   Défaite de Pavie. François Ier est prisonnier de Charles Quint. Louise de Savoie est régente.

Avril : Mort de Charles d'Alençon.

Septembre : Marguerite rejoint à Madrid son frère très malade et tente de négocier sa libération.

Retour en France en décembre.

1526.   Traité de Madrid. François Ier libéré, ses fils sont envoyés en otages.

1527.   Second mariage de Marguerite avec Henri d'Albret, roi de Navarre. Voyage en Navarre : le royaume d'Henri d'Albret se réduit à la petite Navarre française ; la plus grande partie de la Navarre, de l'autre côté des Pyrénées, est espagnole.

1528.   Naissance de Jeanne d'Albret.

1530.   Lefèvre d'Étaples s'installe définitivement à Nérac, auprès de Marguerite. Il y meurt en 1536.

1531.   Mort de Louise de Savoie.

Publication du *Miroir de l'âme pécheresse*, suivi du *Discord estant en l'homme par la contrariété entre l'esprit et la chair et paix par vie spirituelle.*

1532.   Rabelais : *Pantagruel.*

Marot : *L'Adolescence clémentine.*

Malgré l'opposition des théologiens de la Sorbonne, Marguerite favorise les idées nouvelles ;

G. Roussel prêche le carême au Louvre, avec le soutien de François Ier.

1533. Réédition du *Miroir...*, suivi du sixième *Psaume* de David traduit par Marot.
Les théologiens de la Sorbonne condamnent le livre, puis, devant la colère du roi, reviennent sur leur condamnation.

1534. Affaire des « Placards » : à Paris, Orléans, Amboise et jusque sur la porte de la chambre du roi, sont apposées des affiches injurieuses contre la messe. La réaction est vive et les réformés sont poursuivis et persécutés. Marguerite se retire en Navarre et voyage en Languedoc.

1537-1541. Henri d'Albret manœuvre en vain pour récupérer la Navarre espagnole.
La position de Marguerite, entre son frère et son mari, est difficile. En 1541, François Iᵉʳ impose le mariage de Jeanne d'Albret avec un prince protestant allemand, le duc de Clèves, alors que ses parents négociaient son mariage avec l'infant d'Espagne. Vu l'âge de la princesse, le mariage n'est pas consommé et elle reste avec sa mère. Il sera annulé en 1545.

1540. Calvin s'établit à Genève et donne en 1541 une version française de l'*Institution de la religion chrétienne* (première version en latin : 1536).
Marot : *Psaumes* en vers français.

1542. Antoine Héroët : *La Parfaite Amye*.
Marot se réfugie à Genève.

1542-1544. Marguerite est en Navarre, à Nérac et à Pau, puis revient à la cour au printemps 1544. Depuis 1542, elle a retrouvé la faveur de son frère.

1545. Début du concile de Trente.
Calvin désapprouve la secte des « libertins spirituels », protégés par la reine. Antoine Le Maçon : traduction du *Décaméron*, dédiée à Marguerite de Navarre.

1546. Retour de Marguerite en Navarre.
Mort de Luther.
Rabelais : *Le Tiers Livre* (dédié à Marguerite).
Traduction du *Commentaire... sur le banquet* de Marsile Ficin, dédiée à Marguerite de Navarre par S. Silvius, dit Jean de La Haye.

1547. Mort de François Iᵉʳ le 31 mars. Marguerite l'apprend au monastère de Tusson où elle faisait retraite. Elle dira son deuil dans quelques-unes de ses *Chansons spirituelles*, dans sa *Comédie sur le Trépas du Roi,* dans *La Navire*.
Publication à Lyon des *Marguerites de la Marguerite des*

Princesses et de leur *Suyte*, recueil, incomplet, des œuvres poétiques, où se trouvent notamment : *Le Miroir...*, le *Discord...*, quatre « comédies » bibliques, *Le Triomphe de l'Agneau*, beaucoup de *Chansons spirituelles*, des épîtres, *La Coche*.

1548.   Marguerite fait jouer par les filles de sa cour, à Mont-de-Marsan, le jour de « Caresme prenant », la *Comédie de Mont-de-Marsan* où quatre personnages féminins incarnent quatre manières d'être, depuis l'oubli de Dieu (la Mondaine) jusqu'à l'extase (la « Ravie de l'Amour de Dieu »). Mariage de Jeanne et d'Antoine de Bourbon.

Rabelais : *Le Quart Livre*.

1549.   Retour de Marguerite en Navarre.

31 décembre. Mort de Marguerite de Navarre.

À sa mort, la reine laisse inédites beaucoup d'œuvres importantes. En vers, *La Navire* déploration sur la mort de son frère, et *Les Prisons*, grand poème allégorique où s'enclavent quatre récits de mort (de sa belle-mère Marguerine de Lorraine, de son premier mari, de sa mère et de son frère) le resteront jusqu'en 1896. En prose, les nouvelles et débats de *L'Heptaméron* attendront plusieurs années.

1554.   Les trois premières parties des *Novelle* del Bandello (1573. éd. posthume de la 4ᵉ partie).

1558.   *Histoire des Amans fortunez*, édition de Pierre Boaistuau (1ʳᵉ version imprimée de *L'Heptaméron*).

1559.   *L'Heptaméron des Nouvelles de la Royne de Navarre*, édition de Claude Gruget.

N. C.

TABLEAU GÉNÉALOGIQUE

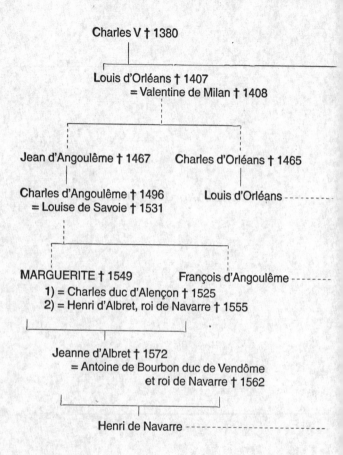

Charles V † 1380

Louis d'Orléans † 1407
= Valentine de Milan † 1408

Jean d'Angoulême † 1467   Charles d'Orléans † 1465

Charles d'Angoulême † 1496   Louis d'Orléans - - - - - - -
= Louise de Savoie † 1531

MARGUERITE † 1549   François d'Angoulême - - - - - -
1) = Charles duc d'Alençon † 1525
2) = Henri d'Albret, roi de Navarre † 1555

Jeanne d'Albret † 1572
= Antoine de Bourbon duc de Vendôme
et roi de Navarre † 1562

Henri de Navarre - - - - - - - - - - - - - - - - - -

Seuls sont indiqués, à chaque génération, les enfants qui ont régné, ou qui sont pères ou grands-pères de rois.

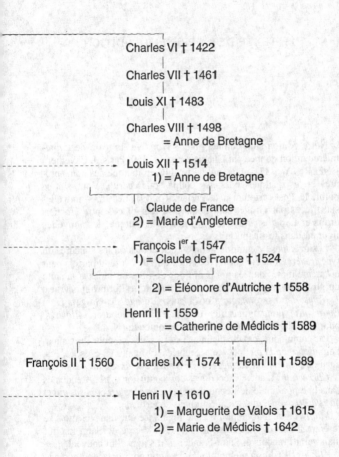

Charles VI † 1422

Charles VII † 1461

Louis XI † 1483

Charles VIII † 1498
= Anne de Bretagne

Louis XII † 1514
1) = Anne de Bretagne

Claude de France
2) = Marie d'Angleterre

François Ier † 1547
1) = Claude de France † 1524

2) = Éléonore d'Autriche † 1558

Henri II † 1559
= Catherine de Médicis † 1589

François II † 1560   Charles IX † 1574   Henri III † 1589

Henri IV † 1610
1) = Marguerite de Valois † 1615
2) = Marie de Médicis † 1642

LE TEXTE DE LA PRÉSENTE ÉDITION

Notre édition suit, comme nous l'avons vu, le texte de la première édition donnée par Claude Gruget (1559, Paris, J. Cavellier ; BNF, Rés Y² 737), mais ont été rétablis en italique des noms propres et les quelques passages coupés ou réécrits. Voir, sur ce point, le Post-scriptum à la Préface (p. 49). Les trois nouvelles substituées par Gruget sont données à leur place, entre crochets droits et en petits ceractères, et suivies, en italique, des nouvelles figurant dans les manuscrits.

Les *graphies*, y compris l'emploi des trémas ou les soudures du type *tresbon*, ont été conservées bien qu'elles varient parfois pour un même mot. Pour les noms propres de lieu, un index à la suite du glossaire permet de retrouver, au besoin, les formes modernes.

Noms des personnages : on a suivi l'usage de Gruget. D'où *Emarsuitte* pour Ennasuite, *Guebron* pour Geburon, *Florinde* pour Floride (N. 10), *Camille* pour Jambicque (N. 43).

Par commodité, ont été distingués *i* et *j*, *u* et *v* et, pour l'accentuation, *a* et *à*, *ou* et *où* ; ont été accentuées les finales en é, és, ée, ées, ainsi que les invariables *dès, çà, près* ainsi que *après, auprès* et *ès*.

Corrections : ont été corrigées les confusions, très fréquentes dans la typographie de l'époque, entre *se* et *ce*, *s'est* et *c'est*, *qui* et *qu'il/qu'ils,* ainsi que les apostrophes superflues.

Majuscules : leur emploi n'a été régularisé que dans les mots se référant à la religion : Dieu, le Christ, la Vierge, le Saint Esprit ; mais saint François et Saint-François s'il s'agit d'un couvent.

Alinéas : l'édition n'emploie l'alinéa que pour détacher, après le récit, la conclusion où le conteur s'adresse à son auditoire. Ces alinéas essentiels sont marqués par un double interligne. Mais sauf pour les nouvelles et débats les plus brefs, nous avons introduit quelques alinéas : ils restent rares pour respecter la continuité du texte.

Coquilles : les coquilles corrigées (notamment interversions ou erreurs de lettres) ne sont pas signalées. Quelques-unes étaient notées, en errata, dès 1559. Beaucoup étaient corrigées dès l'édition de 1560. Mais cette édition numérotait les nouvelles par journée, selon un usage qui ne fut pas suivi : d'où notre choix, pour exemplaire de référence, de 1559.

Ponctuation : dans la transcription des répliques au style direct, nous avons introduit les *guillemets* (qui n'étaient pas en usage dans cet emploi) et les *tirets* (qui n'existaient pas) pour marquer les changements d'interlocuteur.

Mais nous avons cherché à respecter la ponctuation de 1559. Si déconcertante qu'elle puisse nous paraître, la ponctuation du XVIᵉ siècle avait sa cohérence : elle visait à marquer des accents des pauses souhaitables dans la lecture orale.

Nous avons gardé les coupes fortes marquées par des *points*, même s'il s'agissait d'isoler ainsi des subordonnées, des fragments de phrase. On remarquera l'usage du *point* devant discours direct (p. 81, 118, 281), celui de la *virgule* en même position (p. 83, 103, 104, 110, etc.). Ce sont là des traces d'habitudes anciennes, que les *deux-points*, dans leur rôle moderne, n'ont pas encore totalement éliminées. En revanche, les *deux-points*, héritiers du *comma* gréco-latin, apparaissent en bien d'autres positions. Ce signe, qui marque une pause assez forte, à peu près équivalent à notre *point-virgule* — et on trouvera d'ailleurs parfois une majuscule après les *deux-points* comme après *point* —, indique que le sens reste suspendu. Mais il faut admettre qu'ils paraissent parfois, en certains passages, se multiplier arbitrairement (peut-être parce que les virgules manquaient dans la casse du compositeur).

Restent les *virgules,* extrêmement fréquentes et devenues quasi de règle devant les subordonnées, qu'il s'agisse de complétives, de consécutives (de sorte, que), de relatives (ceux, qui), après l'opuscule où Étienne Dolet en 1540 avait proposé ses recommandations sur « la punctuation de la langue Françoyse » : nous les avons maintenues.

L'imprimé, enfin, connaît le *point d'interrogation* et le *point d'exclamation*, mais pas les *guillemets anglais* qui nous sont propres et servent aux citations.

S. L.

NOTE SUR LES MANUSCRITS
ET LES ÉDITIONS ANCIENNES
DE *L'HEPTAMÉRON*

Nous avons conservé dix-neuf manuscrits et deux éditions anciennes différentes de l'œuvre de Marguerite de Navarre (1492-1549)[1].

En 1558, Pierre Boaistuau édite pour un groupement de libraires soixante-sept des nouvelles de la reine, sous le titre de *Histoire des Amans fortunez*, sans nom d'auteur. Il a, moins qu'il ne s'en vante pourtant, modifié le texte : cinq nouvelles supprimées, quelques coupures dans les contes et les annonces ; mais en dépit d'un ordre bouleversé, les débats demeurent, à l'exception d'un seul. Il dédie son travail à Marguerite de Bourbon, duchesse de Nevers, nièce par alliance de Marguerite de Navarre, du fait du premier mariage de la reine. Dès 1559, Claude Gruget fait paraître, pour les mêmes libraires, *L'Heptaméron des Nouvelles de la Royne de Navarre* Restituée dans son intégralité et son ordre, ou peu s'en faut, l'œuvre imprimée est cette fois dédiée à la fille de Marguerite, Jeanne d'Albret, reine de Navarre, ainsi qu'à sa nièce et filleule, Marguerite, fille de François Ier. Dès 1560, on donne une seconde édition débarrassée de beaucoup des coquilles de la précédente. Le succès paraît immédiat. Et de 1561 à 1698 le texte établi par Gruget sera l'objet de réimpressions à Paris comme à Rouen et à Lyon.

---

1. Pour plus de détails, on nous permettra de renvoyer à deux de nos articles : « *L'Heptaméron* : codices et indices », *Autour du roman. Études présentées à Nicole Cazauran*, PENS, 1990, p. 71-94 ; « *L'Heptaméron* entre éditions et manuscrits », *Marguerite de Navarre 1492-1992*, Actes du colloque international de Pau (1992), Mont-de-Marsan, 1995, p. 445-482.

Les deux éditeurs du texte ont bien sûr eu recours à des manuscrits pour fonder leur travail. Mais quelques années avant eux, un savant juriste proche de Marguerite, Adrien de Thou, avait préparé une véritable édition pré-critique des nouvelles. Plusieurs manuscrits de l'œuvre sont d'ailleurs de sa main : le Paris, BNF fr. 1520 est une première rédaction du texte qu'il corrigera, mettra au net et calligraphiera dans le BNF fr. 1524 daté de 1553. On a là sa propre version du recueil de la reine de Navarre[1]. D'autres volumes portent des notes de sa main, attestant qu'il en a usé pour établir son texte : les BNF fr. 1515, 1514 et Berlin, Hamilton 425. Enfin dans un volume de papiers divers (BNF Dupuy 736), on trouve de sa main, copiés vers 1550, des textes issus du BNF 1513, volume qu'il connut après tous les autres.

Or ce dernier manuscrit, resté inédit, est capital pour la compréhension de la genèse du travail de Marguerite de Navarre. Il contient en effet vingt-huit histoires dans un ordre différent de l'ordre final. Il s'agit des nouvelles 23, 26, 27, 22, 31, 32, 33, 30, 34, 10, 35, 36, 37, 38, 39, 41, 44, 20, 43, 21, 40, 52, 28, 24, 25, 29, *Nouvelle du curé auvergnat*[2], 50. Si les devisants n'y ont pas encore d'existence et que, par conséquent, on ne les voit pas discuter entre chaque histoire, il existe déjà des prémices de débats et un début d'organisation entre les textes. Surtout, le prologue de la dixième nouvelle (l'histoire d'Amadour et de Floride comme dans la version finale) s'accorde à ce que la reine fait dire à Parlamente dans le Prologue du recueil : dix personnes de la cour, dont la reine de Navarre, la dauphine et le dauphin, devaient réaliser un nouveau *Décaméron*. Par suite de circonstances défavorables, l'idée fut abandonnée. Or les dix premières nouvelles du manuscrit forment précisément la contribution de Marguerite à ce projet collectif. Aussi lit-on dans le BNF fr. 1513 : *Mes dames, apres avoir compté durant les neuf jours neuf hystoires que j'estime tres veritables, j'ay esté en peine de vous racompter la dixieme…* Après la nouvelle 10, un autre projet se fait jour : la reine va tout écrire seule.

L'étape suivante est liée à l'invention du cadre et des devisants, mis en place dans le Prologue et les débats. Trois manuscrits gardent trace d'une rédaction combinée : dans les volumes Turin LV4, BNF fr. 1514, et fr. 1525 le Prologue et les deux premières journées

---

1. Cette version de *L'Heptaméron* a été éditée par Yves Le Hir sous le titre de *Nouvelles* en 1967 aux P.U.F.
2. Nouvelle que l'on trouvera en appendice p. 611.

complètes de la rédaction finale précèdent huit nouvelles de la première rédaction (représentée par le BNF fr. 1513).

Enfin viennent les manuscrits qui présentent uniquement la rédaction finale, de façon plus ou moins complète. Ainsi, malgré leurs lacunes, deux volumes, les BNF na. fr. 22018 et fr. 1516-1519, sont clairement des manuscrits de travail ; ils ont d'ailleurs été écrits sur des papiers semblables et par le même copiste que le BNF fr. 1513. D'autres ont été copiés sur le même papier mais par d'autres copistes : les BNF fr. 1511, fr. 1515 et Berlin, Hamilton 425.

Les autres volumes sont moins directement ou moins facilement rattachables aux précédents. Cas extrême, le manuscrit de New York, Pierpont Morgan 242 est tout à la fois tardif (autour de 1560-1570) et atypique par son texte (il combine nouvelles de la rédaction primitive et nouvelles de la rédaction finale d'où il supprime les débats).

À la lumière de ces quelques lignes, on peut discerner combien la tradition textuelle de *L'Heptaméron* est passionnante et complexe. Entre les manuscrits de travail de la reine et ceux d'Adrien de Thou, une dizaine de copies sont concernées. Et du BNF fr. 1513 au BNF fr. 1524, on peut suivre les différentes métamorphoses de l'œuvre. Car existe-t-il un texte plus autorisé qu'un autre ? Aucun manuscrit, avant le travail si particulier d'Adrien de Thou, ne se présente comme « définitif [1] ». Toutefois avec les volumes BNF fr. 1511, fr. 1515 et Berlin, Hamilton 425, il semble que l'on tienne un texte-vulgate (c'est-à-dire une version courante) qui, sans être dénué de fautes, doit être le plus proche de la dernière rédaction de la reine. Ce sont ces manuscrits, en tout cas, qui sont passés entre les mains d'Adrien de Thou. Et il est probable que Pierre Boaistuau puis Claude Gruget, tout en se servant du texte de leur(s) prédécesseur(s), se sont également appuyés sur les mêmes manuscrits.

Loin de s'opposer à la tradition manuscrite, l'édition de Claude Gruget en est donc l'ultime avatar. C'est elle qui aux XVIe et XVIIe siècles puis de 1698 à 1833, dans une langue rajeunie [2], a assuré la diffusion et le succès du recueil de nouvelles de Marguerite de Navarre. Rôle dont les manuscrits de *L'Heptaméron* auraient été bien incapables : peu nombreux au bout du compte sont les

---

1. Dans l'introduction de son édition, Yves Le Hir prétend faire du manuscrit de De Thou un *Heptaméron* sans « scories », *op. cit.*, p. XII.
2. En 1698 a paru à Amsterdam une édition « en beau langage » plusieurs fois reprise jusqu'en 1833. Vocabulaire et syntaxe étaient modifiés, mais les coupures et les nouvelles substituées par Gruget étaient maintenues.
En 1841, paraissait une réimpression du texte de Gruget.

volumes à conserver l'intégralité du texte sans lacune importante. Ils sont six : les BNF fr. 1511, 1515, Berlin, Hamilton 425, et les BNF fr. 1522, 1512 et 2155.

Pour son édition publiée en 1853-1854, lorsque Leroux de Lincy voulut « revenir » à l'œuvre originale en recourant aux manuscrits, il choisit d'ailleurs le BNF fr. 1512 comme texte de base[1]. Et depuis les éditeurs se sont généralement conformés à son choix[2]. Les critères en sont pour nous aujourd'hui assez peu probants : outre un « texte bien complet », le volume pourrait en effet se prévaloir d'un texte « correct » et d'une « orthographe uniforme ». Or nombre de fautes manifestes ont été relevées par la suite dans cette version. Une version qui pourtant a également servi à Adrien de Thou : plusieurs leçons convergentes en attestent.

On peut donc légitimement préférer un tout autre manuscrit. C'est ce que fit Renja Salminen, lorsqu'elle élut le BNF fr. 2155 pour son édition de 1991. Mais là encore les critères du choix sont contestables et donnés après coup, une fois le texte transcrit et édité, dans le second volume contenant l'apparat critique, paru en 1997[3]. L'autorité de ce volume se fonderait à nouveau sur un texte complet et correct ; mieux, sur un texte qui appartient à une famille inédite et qui « donne une nouvelle lecture de *L'Heptaméron* ». De fait, le BNF fr. 2155 offre souvent des leçons isolées. De là à les croire authentiques… D'autant que la singularité textuelle du manuscrit est doublée d'une singularité matérielle : c'est le seul des volumes conservés à n'être pas un in-folio. Si l'on peut bien en déduire qu'il n'est pas sorti d'un atelier professionnel comme les autres (et l'on se souviendra alors que plusieurs de ces autres manuscrits furent précisément des textes de travail de Marguerite), on ne peut assurément pas en inférer qu'il s'agit d'un volume où « les nouvelles ont probablement été transcrites au fur et à mesure que la Reine les composait ». Selon nous, le BNF fr. 2155 n'a donc pas « toutes les chances de représenter *L'Heptaméron* dans l'état où il se trouvait à la mort de Marguerite de Navarre ».

---

1. Leroux de Lincy, *L'Heptaméron des nouvelles de très haute et très illustre princesse Marguerite d'Angoulême, Reine de Navarre*, Société des Bibliophiles François, Paris, 1853-1854. Édition reprise et corrigée en 1880 par Anatole de Montaiglon, Paris, 1880 (reprints, Genève, 1969).
2. Voir les éditions de Michel François (Garnier, 1943 et réimpr.) ; de Simone de Reyff (Garnier-Flammarion, 1982, dans une graphie modernisée).
3. Renja Salminen, *Marguerite de Navarre, Heptaméron, édition critique*, t. 1 Texte, Helsinki, 1991 ; t. 2 Commentaire et apparat critique, Helsinki, 1997.

En l'absence de manuscrit définitif, c'est à l'édition de Claude Gruget qu'il convient de revenir comme au texte qui a permis à *L'Heptaméron* de véritablement exister. On en connaît les défauts, les lacunes, les substitutions[1]. Aussi est-il nécessaire de la corriger sur les points où elle diverge clairement de la tradition manuscrite. Pour ce faire, nous avons choisi comme manuscrit de contrôle un des trois volumes de ce que nous considérons comme un texte-vulgate : le ms. Berlin, Hamilton 425.

Ce volume était considéré comme perdu. Nous l'avons redécouvert par hasard en 1990 lors de notre enquête sur les manuscrits de *L'Heptaméron*. Copié sans doute sur le même papier que les BNF fr. 1513, fr. 1511, fr. 1515 et na. fr. 22018, il a été annoté par Adrien de Thou. Il porte le blason des Fumée, grande famille au service de l'État depuis la fin du XVe siècle[2]. Le volume, entré à une date indéterminée dans les collections royales, porte une reliure de maroquin bleu aux armes de Louis XIV. Il appartient ensuite à Samuel Bernard, conseiller d'État, dont les livres furent vendus en 1754, puis à l'abbé Joseph Jean Rive, bibliothécaire du duc de La Vallière, grand collectionneur lui-même. Sa bibliothèque fut dispersée à Marseille en 1793. Le manuscrit fut alors acquis par un certain Pontier, puis passa à Alexander Douglas, duc d'Hamilton (†1852). Le petit-fils de ce dernier le vendit à la Prusse en 1882. C'est le catalogue de cette vente qui le donna faussement pour un livre ayant appartenu à Catherine de Médicis.

S. I

---

1. Voir *Post-scriptum* à l'introduction (p. 50).
2. Le BNF fr. 1515 porte la signature et la devise d'Adam III Fumée (†1574).

NOUVELLE DU CURÉ AUVERGNAT

Texte donné par le manuscrit BNF fr. 1513, f. 101r-v, et corrigé par BNF Dupuy 736, f. 34r-v.

Cette histoire, qui figure dans le plus ancien manuscrit de L'Heptaméron *(BNF 1513 : vingt-huit nouvelles seulement et pas de débats), n'a pas été conservée par les autres manuscrits (sauf dans une copie d'Adrien de Thou) et ne figure dans aucune édition avant celle de Michel François, Classiques Garnier, Appendice V, p. 443-445.*

[101r] Argument

Il y a des gens qui ne sont jamais sans responce ou expedians de paour que l'on les estime ignorans, et ayment mieulx parler sans propoz ne raison que se taire, comme feit celluy dont je vous feray le compte.

En Auvergne, près de la ville de Rion*, y avoit ung curé qui n'estoit moings glorieux que ignorant, et voulloit donner ordre à toutes choses et parler de ce qu'il n'entendoit. Ung dimanche que*a* l'on a accoustumé de sonner les haulx boys, quant on leve le Corpus Domini, le curé après avoir dict ce qu'il sçavoit jusques à la levacion de l'autel, tourna*b* la teste derriere faisant signe que l'on feist sonner les haulx boys. Mais après [avoir]*c* actendu quelque temps,

---

a. Un jour de la feste du village que
b. la levation de l'hostie tourna
c. avoir *manque dans BNF fr. 1513*

et que son clerc luy dist que n'estoient poinct venuz, s'arrestant sur
la coustume, pensa qu'il ne seroit pas honneste de lever en hault le
Sainct Sacrement sans*a* trompette, et pour donner ordre à la faulte
de ceulx qui n'y estoient venuz, en levant les mains hault avec le
Corpus Domini chanta le plus hault qu'il luy fut possible au son
que les trompettes ont accoustumé dire en tel acte : « Tarantan, le
tarantan ta, taranta ta*b* », dont le peuple fut si estonné que ne se
peust contenir de rire. Et quant après la messe il sceut [101v] que
l'on c'estoit mocqué de luy, il leur dist : « Bestes que vous estes !
Il fault que vous entendiez que l'on ne peult crier trop hault en
l'honneur du Sainct Sacrement. » Quelques ungs qui le veoient*c* si
glorieux que d'une chose mal faicte il voulloit avoir louenge,
chercherent*d* de là en avant à ouyr sa doctrine. Et le veoiant ung
jour disputer à quelques prebstres, s'approcherent et entendoient*e*
que l'un des prebstres luy disoit qu'il estoit en ung scrupule, lequel
il valloit mieulx dire : « Hoc est corpus meum*f* » ou « Hoc est cor-
pum meam*g* ». L'un des prebstres soustenoit l'un et l'autre comme
celuy qui imitoit le curé en sçavoir de praticque*h*. Ceulx qui escou-
toient ce propoz icy disrent au curé : « Monsieur, pensez bien en
ceste matiere, car elle est de grant importance. » Il leur respondit :
« Il n'est ja besoing d'y penser si fort. Je vous y respondray promptement. Entendez que j'ay autresfois esté en [ce]*i* scrupulle, mais
quant ces petites*j* resveries me venoient*k* à l'entendement, je laissay tout cela*l* et ne dis ne l'un ne l'autre, mais en leur lieu je dis
mon Ave Maria. Et voilà comme j'en eschappay*m* au repoz de ma
conscience. »

a. Honneste d'eslever en hault l'hostie sans
b. Taratan ta, taratan ta, taratan ta
c. virent
d. cherchant
e. entendirent
f. meus
g. meum
h. et l'autre comme ceulx qui estimoient leur curé en sçavoir et praticque *BNF fr. 1513*
i. ce *manque dans BNF fr. 1513*
j. quant telles petites
k. viennent
l. je laisse tout la
m. eschappe

Conclusion

Combien que le compte soit fort brief, mes dames, je l'ay bien voullu mectre icy affin que par cela congnoissez tousjours que ainsi que l'homme sçavant se juge tousjours ignorant, aussi l'ignorant en defendant son ignorance veult estre estimé sçavant.

S. L.

REGARDS SUR *L'HEPTAMÉRON*

1558 Pierre BOAISTUAU — *Histoires des Amans fortunez* — ‹ Au lecteur.

« ... je te puis asseurer qu'il m'auroit esté moins penible de bastir l'œuvre tout de neuf, que de l'avoir tronqué en plusieurs endroits, changé, innové, adjousté, et supprimé en d'autres, ayant esté quasi contraint luy donner nouvelle forme. Ce que j'ay fait partie pour la necessité et decoration des histoires partie pour servir au temps et à l'infelicité de nostre siecle où la pluspart des choses humaines sont si exulcerées, qu'il ne se trouve œuvre si bien digeré, poly et limé, duquel on ne face mauvaise interprétation... »

1559 Claude GRUGET — *L'Heptaméron des Nouvelles...*
« A tres illustre et tres vertueuse Princesse, Ma Dame Jeanne de Foix, Royne de Navarre... »

« ... la Royne, vray ornement de nostre siecle (...) en se jouant sur les actes de la vie humaine, a laissé si belles instructions, qu'il n'y a celuy, qui n'y trouve matiere d'erudition : et si a (selon tout bon jugement) passé Boccace, ès beaux discours qu'elle faict, sur chacun de ses comptes. Dequoy elle merite louënge, non seulement par dessus les plus excellentes dames, mais aussi entre les plus doctes hommes : car de trois stiles d'oraison, decrits par Cicéron, elle a choisy le simple, semblable à celuy de Terence en latin, qui semble à chacun fort aisé à imiter, mais à qui l'experimente, rien moins. »

1580 MONTAIGNE — *Essais* — Textes de l'édition de 1580.

— Livre II, chap. 11 (éd. Villey-Saulnier, t. I, p. 430), à propos de la N. 18 :

« Je ne prens pour miracle, comme faict la Royne de Navarre en l'un des contes de son *Heptameron* (qui est un gentil livre pour son estoffe), ny pour chose d'extreme difficulté, de passer des nuicts entieres en toute commodité et liberté, avec une maistresse de long temps desirée, maintenant la foy qu'on luy aura engagée de se contenter des baisers et simples attouchemens. »

— Livre I, chap. 56 (éd. Villey-Saulnier, t. I, p. 324), à propos de la N. 25 :

« La Royne de Navarre recite d'un jeune prince (…) qu'allant à une assignation amoureuse et coucher avec la femme d'un Advocat de Paris, son chemin s'adonnant au travers d'une église, il ne passoit jamais en ce lieu saint, allant ou retournant de son entreprinse, qu'il ne fit ses prières et oraisons. Je vous laisse à juger, l'ame pleine de ce beau pensement, à quoy il employoit la faveur divine. Toutesfois elle allègue cela pour un tesmoynage de singuliere devotion. Mais ce n'est pas par cette preuve, seulement qu'on pourroit verifier que les femmes ne sont guères propres à traiter les matieres de la théologie. »

1585 Antoine DU VERDIER — *La Bibliothèque,* Lyon, B. Honorat.

L'article Marguerite de Navarre (p. 843) après l'éloge de sa poésie et le sommaire des *Marguerites de la Marguerite des Princesses* note :

« Elle a escrit aussi en prose un livre de comptes ou Nouvelles. »

L'éloge est une citation explicite de la dédicace de Claude Gruget (« se jouant… sur chascun de ses comptes »). Enfin Du Verdier donne en extrait la N. 32 et son débat (en se référant à l'édition de 1576).

Circa 1590-1600 BRANTÔME — *Œuvres*, éd. Lalanne, t. VIII, *Des Dames*, première partie, p. 125 (composée après 1590 ; Brantôme meurt en 1614).

« Elle fist en ses gayetez ung livre qui s'intitule : *Les Nouvelles de la reyne de Navarre*, où l'on y veoit ung stille si doux et si fluant et plain de si beaux discours et belles sentences que j'ay ouy dire que, la reyne mère et madame de Savoye estant jeunes, se voulurent mesler d'en escrire des nouvelles à part, à l'immitation de la dicte reyne de Navarre, saichant bien que elle en faisoit ; mais, quand elles eurent veu les siennes, elles eurent si grand despit des leurs qui n'approchoyent nullement des autres, qu'elles les jetterent dans le feu et ne voulurent les mettre en lumière (…). Elle composa toutes ses Nouvelles, la pluspart dans sa lityère en allant par pays ; car elle avoit de plus grandes occupations, estant retirée. Je l'ay ouy ainsi conter à ma grand'mère, qui alloyt tousjours avecq'elle dans sa lityere, comme sa dame d'honneur, et luy tenoit l'escritoyre dont elle escrivoit, et les mettoit par escrit aussitost et habillement, ou plus que si on luy eust ditté. »

1604 Jacques-Auguste de THOU — *Historiarum sui temporis*, Pars prima, Paris, 1604, p. 149.

Année 1549 — mort de Marguerite.
   « *Ejus nomine et fabellarum volumen imitatione Joa. Bocatii editum, cicunfertur, si tempora et juvenilem aetatem, in qua scriptum est, respicias, non prorsus damnandum, certe gravitate tantae heroïnae et extrema vita minus dignum.* »
   « On connaît aussi sous son nom un volume d'histoires à l'imitation de Boccace qui n'est pas tout à fait condamnable si l'on tient compte de l'époque et de la jeunesse de l'auteur, mais qui est indigne de la gravité d'un si grand personnage et du reste de sa vie. »

1607 Étienne PASQUIER — *Recherches de la France,* Livre VII, chap. V.
   Dans l'édition de 1663, p. 614 (dans l'édition Champion, Paris, Livre VII, chap. 6, p. 1410-1411) :
   « Et surtout faut que nous solemnizions la mémoire de ceste grande Princesse Marguerite (…), Roine de Navarre, laquelle nous fit paroistre par sa Marguerite des Marguerites (ainsi est intitulée sa Poésie) combien peut l'esprit d'une femme, quand il s'exerce à bien faire : C'est elle qui fit encore des Comptes à l'imitation de Boccace. »

1633 Charles SOREL — *L'Anti-Roman ou l'Histoire du Berger Lysis*, Paris, Toussainct du Bray, t. II.
   Remarques sur le treiziesme livre, p. 277-278 :
   « Nous avons les Nouvelles de la Reyne de Navarre, où il y a l'histoire d'un gentilhomme qui coucha avec sa mère, et qui

épousa après la fille qu'il avait euë d'elle, laquelle fut sa sœur, sa femme et sa fille tout ensemble. Il y a là aussi beaucoup de contes exécrables de Prestres et de Cordeliers, toutes lesquelles choses ne furent jamais et ont esté inventées par un Huguenot qui a composé le livre. L'on void par là quel prejudice aportent ces Romans où les Autheurs peuvent mettre tant de méchancetez ; car bien qu'il ne soit pas deffendu de relever les crimes quand ils sont advenuz, encore ne le fait on qu'avec horreur : mais s'ils sont faux, à quoy sert-il d'en parler, si ce n'est pour scandaliser tout le peuple et pour apprendre à des gens simples et innocens des pechez qu'ils ne scavent pas encore… »

1656 SEGRAIS — *Les Nouvelles françaises ou les divertissements de la princesse Aurélie* (éd. R. Guichemerre, Paris, S.T.F.M., 1990), p. 22. (Dialogue en préambule ; Aurélie est Melle de Montpensier — la Grande Mademoiselle — qui a pour trisaïeule Marguerite de Navarre).

« Je vous assure qu'Aplanice a raison, dit l'agréable Silerite. Je me suis fait lire autrefois quelques-uns des contes de la reine de Navarre, et je suis persuadée que, si Madame Oisille n'allait pas si souvent à Vèpres et ne mêlait point tant de passages de l'Écriture sainte en des choses profanes, et si le style de Guebron ou de Symontaut était en quelques endroits un peu plus modeste, ce serait une chose fort divertissante.

— Ce sont des contes de ma grand'mère, dit Aurélie, riant de l'application qu'elle faisait d'une chose qui se dit très vulgairement ; car j'ai ouï dire qu'elle était mère de Jeanne d'Albret, et je suis obligée d'en prendre le parti pour cette raison. Je vous avoue aussi que je trouve qu'ils avaient assez de plaisir en leur solitude et je crois que, si la reine de Navarre ne se fût point lassée d'écrire ou que le pont ne se fût point refait, ils raconteraient encore leurs histoires. Je pense même que nous ne ferions pas mal, si nous faisions comme eux. »

Au XVIIIe siècle, la réputation de *L'Heptaméron* reste le plus souvent celle d'une imitation du *Décaméron,* séduisante par la liberté des récits. Ainsi Bayle, dans son *Dictionnaire* à l'article « Navarre », remarque N : « Voici une Reine sage, très-vertueuse, très-pieuse, qui compose néanmoins un livre de Contes assez libres et assez gras, et qui veut bien que l'on sache qu'elle en est l'Auteur (…). Une princesse toute remplie de l'amour divin ne laissait pas d'exercer sa plume sur des matières obscènes comme sont celles de *L'Heptaméron*. »

Et Goujet, dans sa *Bibliothèque françoise* (t. XI, 1748), se contente de faire écho exactement à de Thou pour conclure que « sa poésie lui fait plus d'honneur ». Richard Cooper a rassemblé plusieurs de ces jugements au début de son article « Marguerite de Navarre et ses malheurs au XVIIIe siècle » (*Nouveaux destins des vieux récits*, Cahiers V.-L. Saulnier n° 9, 1992, p. 33-40).

Au XIXe siècle encore, quand Balzac fait l'éloge des « beaulx contes de nostre royne des Marguerites » c'est en « Avertissement » aux *Contes drôlatiques* dans une énumération où ils voisinent avec les *Contes* de La Fontaine et en plaidant pour la liberté des « joyeux récits », des « fabliaux comiques » de la Renaissance.

N. C.

BIBLIOGRAPHIE

Cette bibliographie est volontairement sommaire et orientée vers *L'Heptaméron*.

I. ŒUVRES DE MARGUERITE DE NAVARRE
(éditions modernes)

1 POÉSIE ET THÉÂTRE : QUELQUES TITRES

Chansons spirituelles, éd. Michèle Clément, Champion, 2000.
La Coche, éd. Robert Marichal, Genève, Droz, 1971.
Les Prisons, éd. Simone Glasson (de Reyff), Genève, Droz, 1978.
Théâtre profane, éd. Verdun-Louis Saulnier, Droz, 1946.
Les deux recueils collectifs, publiés en 1547 du vivant de Marguerite, *Les Marguerites de la Marguerite des princesses* et la *Suyte des Marguerites...* qui contiennent une partie de l'œuvre poétique et du théâtre, ont été réédités en 1873 par Félix Franck (réimpr. Genève, Slatkine, 1970) et reproduits en fac-similé, avec une introduction de Ruth Thomas, Johnson Reprint Corporation, Mouton éditeur, 1970.
Poésies chrétiennes, choix, éd. Nicole Cazauran, Cerf, 1996.

2. *L'HEPTAMÉRON*

Édition Michel François, Garnier ; réimpr. 1991 : Ms. BN fr. 1512.
Édition Claude Mettra, *Club des libraires de France,* 1964 : texte de Gruget, orthographe modernisée, sans annotation.
Édition Yves Le Hir, *Nouvelles*, Grenoble, P.U.F., 1967 : Ms. BN fr. 1524.

Édition Simone Glasson (de Reyff), GF, 1982 : Ms BN fr 1512, orthographe modernisée.

Édition Renja Salminen, Annales Academiae cientiarum Fennicae, Helsinki, 1991 : Ms. BN fr. 2155. Notes, variantes et glossaire, *ibid.*, 1997 ; reprise en 1999, Genève, Droz.

Édition Gisèle Mathieu-Castellani, Le Livre de Poche classique, 1999, reprise du texte de l'édition Michel François, avec corrections et nouvelle annotation.

En cours de publication : *Œuvres complètes*, sous la direction de Nicole Cazauran, Champion.

II. ÉTUDES CRITIQUES

1. MARGUERITE DE NAVARRE ET SON TEMPS

A. Biographie

DEJEAN (Jean-Luc), *Marguerite de Navarre*, Fayard, 1987.

JOURDA (Pierre), *Marguerite d'Angoulême, duchesse d'Alençon, reine de Navarre (1492-1549), Étude biographique et littéraire*, Champion, 2 vol., 1930 ; réimpr. Slatkine, 1978.

RITTER (Raymond), *Les Solitudes de Marguerite de Navarre (1527-1549)*, Champion, 1953.

B. Histoire, philosophie, religion

BLUM (Claude), *La Représentation de la mort dans la littérature française de la Renaissance*, Paris, Champion, 1989.

FEBVRE (Lucien), *Au cœur religieux du XVIe siècle*, SEVPEN, 1957.

HIGMAN (Francis), *La Diffusion de la Réforme en France, 1520-1565*, Genève, Labor et Fides, 1992.

JACQUART (Jean), *François Ier*, Fayard, 1981.

MARTINEAU-GENIEYS (Christine), « Le platonisme de Marguerite de Navarre ? », *Réforme, Humanisme, Renaissance*, IV, nov. 1976, p. 12-35.

TELLE (Émile), *L'Œuvre de Marguerite d'Angoulême, reine de Navarre, et la Querelle des femmes*, Toulouse, Lion, 1937 (réimpr. Slatkine, 1969).

VEISSIÈRE (Chanoine Michel), *L'Évêque Guillaume Briçonnet*, Provins, Société d'histoire et d'archéologie, 1986. (La *Correspondance* de Guillaume Briçonnet avec Marguerite d'Angoulême

—1521-1524 — a été éditée par Christine Martineau et Michel Veissière, avec le concours de Henry Heller, Genève, Droz, t. I, 1975, t. II, 1979.)

WANEGFFELEN (Thierry), *Ni Rome ni Genève. Des fidèles entre deux chaires en France au XVIᵉ siècle*, Champion, 1997.

2. SUR L'ŒUVRE DE MARGUERITE DE NAVARRE

A. Études d'ensemble

JOURDA (Pierre) : voir section II 1 A.

Trois volumes collectifs (Actes de colloque) réunissent des articles sur diverses œuvres :

International Colloquium Celebrating the 500ᵗʰ Anniversary of the Birth of Marguerite de Navarre (1992), éd. Régine Reynolds Cornell, Birmingham, U.S.A., 1995.

Marguerite de Navarre, 1942-1992. Actes du colloque international de Pau (1992). Textes réunis par Nicole Cazauran et James Dauphiné, Éditions interuniversitaires, Mont-de-Marsan, 1995 (abrégé ensuite : *Marguerite* : Actes).

Les Visages et les Voix de Marguerite de Navarre, éd. Marcel Tetel, Klincksieck, 1995.

B. Sur la poésie et le théâtre

COTTRELL (Robert D.), *The Grammar of Silence. A Reading of Marguerite de Navarre's Poetry*, Washington, Catholic University Press, 1986 ; trad. fr., Champion, 1995.

LEFRANC (Abel), « Les idées religieuses de Marguerite de Navarre d'après son œuvre poétique », *Bulletin de la Société d'histoire du protestantisme français*, 46 (1897) : p. 7-30, 72-84, 137-148 295-311, 418-442 ; 47 (1898) : p. 69-81, 115-136.

SOMMERS (Paula), *Celestial Ladders* : *Readings in Marguerite de Navarre's Poetry of Spiritual Ascent*, Genève, Droz, 1989

C. Sur *L'Heptaméron*

a. *Sur l'ensemble du recueil et le genre narratif.*

BIDEAUX (Michel), « *L'Heptaméron* » *de Marguerite de Navarre. De l'enquête au débat*, Éditions interuniversitaires, 1992 (avec bibliographie).

CAZAURAN (Nicole), « *L'Heptaméron* » *de Marguerite de Navarre*, 2ᵉ édition revue, avec bibliographie, SEDES, 1991.

FEBVRE (Lucien), *Autour de « L'Heptaméron »* : *Amour sacré, amour profane*, Gallimard, 1944, réimpr. dans Folio Histoire, n° 74, 1996.

GELERNT (Jules), *World of Many Loves* : *The « Heptameron » of Marguerite de Navarre*, Chapel Hill : Univ. of North Carolina Press, 1966.

LA GARANDERIE (Marie-Madeleine de), *Le Dialogue des romanciers*, Archives des lettres modernes, CLXVIII, Minard, 1977.

MATHIEU-CASTELLANI (Gisèle), *La Conversation conteuse* : *les Nouvelles de Marguerite de Navarre*, P.U.F., 1992.

La Nouvelle française à la Renaissance, éd. L. Sozzi, Genève, Slatkine, 1981.

PÉROUSE (Gabriel-A.), *Nouvelles françaises du XVIe siècle* : *Images de la vie du temps*, Genève, Droz, 1977.

SOZZI (Lionello), *La Nouvelle française à la Renaissance*, Anthologie avec introduction et notices, Turin, Giappichelli, 1973.

TETEL (Marcel), *Marguerite de Navarre's « Heptaméron »* : *Themes, Langage and Structure*, Durham, Duke University Press, 1973 ; trad. fr. B. Beaulieu : *« L'Heptaméron » de Marguerite de Navarre* : *thèmes, langage et structure*, Klincksieck, 1991.

Aux trois volumes collectifs cités *supra* (2, A), il convient d'ajouter, portant sur le seul *Heptaméron* :

Cahiers Textuel n° 10, 1992.

Critical Tales, éd. J. D. Lyons et Mary B. McKinley, Univ. of Pennsylvannia Press, 1992.

Colloque *Marguerite de Navarre* (février 1992), Univ. de Nice, s. d.

Heroic Virtue, Comic Infidelity. Reassessing Marguerite de Navarre's Heptaméron, ed. by Dora E. Polacheck, Amherst Massachusetts, Hestia Press (colloque de l'Université du Massachusetts, octobre 1992).

b. *Quelques articles*

Les articles souvent importants des volumes collectifs cités *supra* (2, A et 2, C) ne sont pas repris dans cette section. Le choix est délibérément restreint à quelques titres.

— Sur l'ensemble de *L'Heptaméron*

CAZAURAN (Nicole), « Dénouements dans L'Heptaméron », *La Nouvelle* : *stratégie de la fin. Boccace, Cervantès, Marguerite de Navarre*, SEDES, 1996, p. 47-76.

« *L'Heptaméron*, face au *Décaméron* », *La Nouvelle, Boccace, Marguerite de Navarre, Cervantès*, Champion, 1996, p. 69-108.

LAJARTE (Philippe de), « *L'Heptaméron* et le ficinisme : rapports d'un texte et d'une idéologie », *Revue des Sciences humaines*, 1972, p. 339-371.

LOSSE (Deborrah H.), « Authorial and narrative voice in the *Heptaméron* », *Renaissance and Réformation*, XXIII (1987), p. 223-242.

ROSSI (Daniela), « *Honneur* e *conscience* nelle lingua e nella cultura di Margherita di Navarra », *Journal of Medieval and Renaissance Studies*, V, 1975, p. 63-87.

STONE (Donald), « Narrative Technique in *L'Heptaméron* », *Studi Francesi*, XI, 1967, p. 473-476.

— Prologue et Prologues

DELÈGUE (Yves), « Autour de deux prologues : *L'Heptaméron* est-il un anti-Boccace ? », *Travaux de Linguistique et de Littérature*, Strasbourg, IV, 2, 1966, p. 23-37.

DUBOIS (Claude Gilbert), « Fonds mythique et jeu des sens dans le Prologue de *L'Heptaméron* », *Études seiziémistes offertes à... V.-L. Saulnier par plusieurs de ses anciens doctorants*, THR, CLXXVII, Genève, Droz, 1980, p. 151-168.

NORTON (Glyn P.), « The Emilio Ferreti Letter : A Critical Preface for Marguerite de Navarre », *Journal of Medieval and Renaissance Studies*, IV, 1974, p. 278-300.

SOMMERS (Paula), « Marguerite de Navarre's *Heptaméron* : the case for the *cornice* », *French Review*, LVII, 6, 1984, p. 786-793.

— Sur quelques nouvelles : *analyses et documents*

N. 1 : TOURNON (André), « Conte véritable, véritable conte », *Conteurs et romanciers de la Renaissance, Mélanges offerts à Gabriel-André Pérouse*, Champion, 1997, p. 379-393.

N. 12 : FONTAINE (Marie-Madeleine), « Les enjeux du pouvoir dans *L'Heptaméron* », *Cahiers textuels*, 10, p. 133-160.

N. 24 : CHARPENTIER (Françoise), « L'épreuve du miroir : narcissisme, mélancolie et honneste amour dans la 24e nouvelle », *L'Esprit créateur*, Winter 1990.

N. 30 : CAZAURAN (Nicole) « La Trentième nouvelle de *L'Heptaméron* ou la méditation d'un *exemple* », *Mélanges... Jeanne Lods*, Collection de l'École normale supérieure de jeunes filles, X, 1978, t. II, p. 617-652.

N. 32 : LECOY (Félix) « Un épisode du *Protheselaus* et le conte du mari trompé », *Romania*, LXXVI (1955), p. 477-518.

N. 70 : ARRATHOON (Leigh A.), « The *Compte en viel langaige* behind *Heptaméron*, LXX », *Romance Philology*, XXX, 1976-1977, p. 192-199.

FRAPPIER (Jean), « *La Chastelaine de Vergi*, Marguerite de Navarre et Bandello », *Études littéraires*, publications de la Faculté des lettres de l'Université de Strasbourg, Paris, 1946, p. 89-150 ; réimpr. dans *Du Moyen Âge à la Renaissance : Études d'histoire et de critique littéraire*, Champion, 1976, p. 393-473.

NOTES

Page 55.

1. « Caulderets » : le décor pyrénéen, avec ses détails précis et les noms de lieux, ancre le récit dans la réalité. Marguerite s'y souvient de ses séjours en Navarre et de ses voyages dans la région. En 1546, elle est allée à Cauterets (Hautes-Pyrénées) dont les eaux chaudes étaient réputées et elle y retourna en 1549.

2. Première référence à la Bible : Genèse, 9 : 15. Hyperbole pour désigner de fortes pluies comme il y en a dans les Pyrénées à la fin de l'été, mais c'est peut-être, symboliquement, l'entrée en scène d'un Dieu acteur qui intervient aussi bien dans le récit du Prologue que dans les nouvelles.

Page 56.

1. Raymond Ritter (*Les Solitudes de Marguerite de Navarre*, p. 124 et suiv.) a insisté sur l'invraisemblance des itinéraires. Mais les lecteurs ne devaient guère les percevoir en un temps où les guides des voyageurs se bornaient à quelques repères, de ville en ville.

2. Première à être présentée, Oisille aura aussi une place à part dans le groupe (voir Préface, p. 19-20). Avec ce nom d'Oisille commence la série de noms bizarres qui ont intrigué les critiques. Depuis le bibliophile Jacob (1841) et Le Roux de Lincy (1853-1854), on a cherché des clefs en supposant que la reine aurait représenté des personnages de son proche entourage. En 1879, Félix Frank a donné des identifications restées traditionnelles, en les appuyant

sur des jeux d'anagrammes comme on les aimait tant au XVIe siècle, mais ceux qu'il propose sont compliqués et plus ou moins
approximatifs. Oisille doit peut-être son autorité et sa piété à
Louise de Savoie, Loyse ou Loïse pouvant donner, à une ou deux
lettres près, Oysille ou Osille — graphies attestées dans les manuscrits. Mais sa piété est aussi à l'image de celle de l'auteur.

3. À Sarrance, l'abbaye avait une église vouée à la Vierge, avec
une statue qui attirait les pèlerins. Ici, premier exemple des coupures pratiquées en 1558 et maintenues par Gruget : le début de la
phrase formulait le refus d'un attachement superstitieux aux lieux
et objets de culte, et la critique, d'inspiration évangélique, prenait
vers 1560 une couleur nettement réformée. Dans *La Comédie de
Mont de Marsan*, jouée en sa cour en 1548, la reine a mis en
scène la Superstitieuse qui s'impose des pèlerinages, mais qui a
bien des difficultés à découvrir la piété véritable.

Page 57.

1. « Serviteur » : mot à la mode ; « mot maquereau » inconnu
au temps passé, écrivait encore en 1585 Noël Du Fail au chapitre XXII de ses *Contes et discours d'Eutrapel*. Dans le vocabulaire
galant, celui qui aime une dame sans prétendre à l'épouser ni à en
jouir se dit son « serviteur » pour marquer sa soumission et elle
devient sa « maîtresse ». Dans la N. 10, Amadour définit la conduite
du parfait « serviteur » (p. 133).

Page 58.

1. Suite des noms des futurs devisants : Hircan semble l'ana-
gramme de Hanric, Henri en Béarnais, et serait Henri de Navarre,
le second mari de Marguerite. Parlamente — celle qui porte la
parole — représenterait l'auteur. Pour les autres identifications,
voir Michel Bideaux, *De l'enquête au débat*, chap. IV, p. 106-108.
À noter que Dagoucin est « serviteur » de Parlamente (voir *infra*,
p. 114-115), tout comme Simontault qui entre en scène p. 60.

2. En 1546, en chemin vers Cauterets, le roi et la reine de Navarre
ont visité l'abbaye bénédictine de Saint-Savin en Lavedan dont
l'abbé était, depuis 1540, un cousin de Henri d'Albret, François de
Foix-Candale.

Page 59.

1. « Emarsuite » ou « Emarsuitte » dans les manuscrits et, par suite,
dans les éditions modernes, est nommée Ennasuite, ou Ennasuyte et
« Guebron », cité plus loin, est Geburon.

Page 60.

1. Le 8 septembre, fête de la nativité de la Vierge.

Page 61.

1. Le groupe élu a foi dans la protection de Dieu, mais la formule marque fortement la hiérarchie sociale. Le texte a pourtant noté la tristesse de Simontault qui a vu « ses gens » mourir noyés. À noter que le mot « serviteur » est pris successivement dans le sens moderne et dans son sens amoureux (voir *supra*, n. 1 à p. 57).

2. « Bear », graphie attestée ailleurs, serait une prononciation ancienne pour « Bearn ».

3. Invraisemblance : en venant de Saint-Savin à l'est, il faut déjà franchir le gave d'Aspe pour arriver à l'abbaye sur la rive ouest.

Plusieurs critiques ont lu allégoriquement le récit du Prologue, proposant, pour le déluge initial, les dangers du voyage et, pour ce pont qu'il faut construire, un sens symbolique qui varie de l'un à l'autre : voir, dans la Bibliographie, les articles groupés sous la rubrique Prologue.

Page 63.

1. Certains manuscrits donnent « bonté » au lieu de « volonté ».

2. Le vocabulaire renvoie au sacrement de la pénitence : absolution et rémission des péchés, puis « satisfaction » liée à l'accomplissement de la pénitence imposée par le prêtre. Les « debtes » désignent le prix à payer pour les fautes commises, comme dans le latin du *Notre Père* (*et dimitte nobis debita nostra*). Mais ici Oisille, comme les évangéliques et les réformés, insiste sur le pardon acquis par la seule passion du Christ. La « rémission » est ici pur don comme dans les paroles du Christ à la pécheresse : « Tes péchés te seront remis […] Ta foi t'a sauvée » (Luc, 7 : 48, 50). Elle y revient plus précisément dans le récit de la N. 23 (p. 291).

Page 64.

1. « Mortifiez » : le mot, ici, est à prendre comme un terme de spiritualité. Est mortifié celui qui est mort à soi-même et au monde pour vivre en Dieu, selon l'enseignement de saint Paul dans ses épîtres. Le mot aura le même sens dans les débats des N. 33 et N. 38. Ici, Hircan, tout en reconnaissant la « vérité » du discours d'Oisille, lui objecte que le groupe réuni autour d'elle n'a pas encore atteint cet état de l'âme où la méditation de la parole divine suffirait à faire « vivre joyeusement » sans aucun divertissement.

Page 65.

1. Référence à la traduction d'Antoine Le Maçon dédiée à Marguerite de Navarre et entreprise à sa demande. Auparavant le *Décaméron* de Boccace avait été imprimé en italien dès 1470 et une première version française, avec coupures et moralités, avait paru dès 1485.

Cette version fut attribuée à tort à Laurent de Premierfait qui avait réalisé entre 1411 et 1414 une traduction plus fidèle mais restée manuscrite.

2. Le dauphin est le futur Henri II (son frère aîné est mort en 1536), la dauphine est Catherine de Médicis qu'il a épousée en 1533 ; « Madame Marguerite », plutôt que l'auteur, doit être sa nièce Marguerite de France, qui joue un rôle dans la N. 58. Brantôme rapporte que Catherine de Médicis et Marguerite de France jetèrent au feu les nouvelles qu'elles avaient écrites de « dépit » de ne pouvoir rivaliser avec leur tante la reine de Navarre (*Œuvres*, éd. Lalanne, t. VIII, « Des Dames », p. 125-126).

Page 66.

1. La traduction de Le Maçon paraît en 1545 avec un privilège du 2 septembre 1544. L'automne 1544 et le tout début de 1545 sont relativement paisibles : on négocie les accords conclus avec Charles Quint à la paix de Crépy, le 18 septembre. Ce serait le moment du projet collectif suscité par la lecture du *Décaméron* traduit. Quant aux « grandes affaires » qui expliqueraient l'oubli de l'entreprise, ce serait la reprise de la lutte contre l'Angleterre au printemps 1545, le second accouchement de la dauphine en avril et surtout peut-être, le 9 septembre, la mort soudaine de Charles d'Orléans, le plus jeune fils du roi.

2. Sur la coupure de Gruget voir *supra*, n. 3 à p. 56.

3. Ici commence le petit prologue de la première journée, mais rien n'indique le début de cette première journée (contrairement aux journées suivantes).

Page 67.

1. À prendre le texte à la lettre, l'annonce convient au rôle de la femme dans l'histoire qui suit, mais pas aux autres récits de Simontault, soit qu'il ait oublié son programme, soit qu'il évoque ici le projet d'un « recueil » qui serait son œuvre à venir.

NOUVELLE 1

Page 68.

1. Ce titre est ainsi placé dans notre édition de référence, venant après la phrase où Simontault annonce son récit (p. 67). Gruget a voulu mettre nettement à part le Prologue, mais il aurait dû placer ce titre à l'endroit où commence en fait la première journée (voir n. 3 à p. 66).

Après ce titre vient le sommaire de la N. 1 : les sommaires de Gruget précèdent toujours la numérotation des nouvelles pour bien détacher les récits. Ils sont différents dans l'édition de Boaistuau et dans le manuscrit d'Adrien de Thou (voir la Note sur les manuscrits et les éditions anciennes (p. 606-607).

2. Le nœud du drame est attesté par les lettres de rémission obtenues du roi en juillet 1526. On y trouve une version des faits donnée par Saint-Aignan pour justifier son acte : Du Mesnil a le mauvais rôle, il a contraint la jeune femme à lui céder, il projetait de tuer le mari, s'est introduit secrètement dans la maison du procureur et meurt en lui demandant pardon. Thomas Guérin n'est pas un tueur à gages recruté par Saint-Aignan et se trouve là par hasard, pour ses « affaires ». Saint-Aignan frappe dans un mouvement de colère et ne fait pas brûler le cadavre. (Voir le texte des lettres dans *L'Heptaméron des Nouvelles...*, éd. Le Roux de Lincy et Montaiglon, Paris, 1880, t. IV, p. 214-217.)

3. Il s'agit du premier mari de Marguerite, Charles d'Alençon, mort en 1525. Il est dit « dernier Duc » (voir aussi N. 6 et N. 52) parce que son duché est un apanage qui, à sa mort, en l'absence d'héritier mâle, est retourné à la couronne, bien que Marguerite en ait conservé l'usufruit. Le titre de duc d'Alençon n'est porté ensuite que par le quatrième fils de Henri II, François.

4. Jacques de Silly, évêque de Sées depuis 1512, d'une famille connue. La précision est supprimée dans l'édition, de même que le nom de la victime et de son père — donné, par inadvertance, à la fin (p. 75).

5. Charles d'Alençon et Marguerite elle-même.

Page 70.

1. « Aux Jacobins » : au couvent des dominicains, souvent appelés « jacobins », parce que leur couvent parisien abritait les pèlerins en route pour Saint-Jacques-de-Compostelle — d'où le nom

de la rue où il était situé (rue Saint-Jacques) et des moines qu'il
abritait.

Page 72.

1. « Et en montant... » : et pendant qu'il montait...

2. Dans les lettres de rémission, la scène du meurtre a lieu dans
une allée près d'une cour et la femme n'y joue aucun rôle.

Page 73.

1. Sur les « Jacobins » voir n. 1 à p. 70. La vieille y est en
« franchise », c'est-à-dire qu'elle bénéficiait du droit d'asile et que
l'on ne pouvait l'y arrêter.

2. Les filles publiques ne pouvaient témoigner en justice.

3. Les arguments du procureur sont ceux qu'il donne dans les
lettres de rémission et la colère était juridiquement admise comme
excuse : voir la réplique de Longarine dans le débat de la N. 36
p. 380-381.

4. La procédure n'est pas très précisément définie. La cour de
justice du duc d'Alençon restait soumise au parlement de Paris,
son chancelier n'ayant guère qu'un rôle honorifique et faire grâce
est une prérogative royale. On pourrait donc comprendre que le
meurtrier en appelle au roi et que le duc d'Alençon intervient auprès
de celui qui était, comme on disait, « chef de la justice » : le « chancelier » du roi. Mais le roi concédait parfois au titulaire d'un fief
important, généralement de famille royale, le droit de faire grâce.
C'est ce qu'implique dans le récit (p. 74) la formule de refus du
roi (« le Duc d'Alençon avoit seul ce privilège en son royaume, de
donner grace en sa duché »). La « court » et la « chancellerie » en
question ici peuvent donc être celles du duc.

Page 74.

1. « Mort en France » : puisque condamné par contumace.

2. Le refus du roi, fondé sur le « privilège » du duc d'Alençon
(voir n. 4 à p. 73), se situe nécessairement avant la mort de Charles
d'Alençon, le 11 avril 1525, qui suivit de peu la défaite de Pavie, et
même avant cette défaite (24 février) où le roi fut fait prisonnier. En
revanche, quand les lettres sont accordées en juillet 1526, le duc est
mort et le roi est de retour dans son royaume.

3. La croyance aux envoûtements par « images » (statuettes)
était très répandue. Dans le procès qui suivit la conjuration de La
Mole et Coconnàs (1574), on trouva chez La Mole une « image »

de cire, le cœur percé d'une aiguille : on conclut à une tentative pour faire mourir le roi, et le fournisseur de l'image, le Florentin Cosme Ruggieri, fut condamné aux galères.

Page 75.

1. Le chancelier d'Alençon est alors Jean Brinon, juriste et diplomate qui eut la confiance de Marguerite et de sa mère, Louise de Savoie.

2. À la fin de 1526, Marguerite est encore duchesse d'Alençon — son second mariage a lieu en janvier 1527 —, mais elle est veuve depuis avril 1525. Les manuscrits pourtant, comme l'édition, associent ici le « Duc et la Duchesse ». Marguerite semble se souvenir des péripéties de l'affaire, non de sa chronologie.

3. Le roi ne rentra à Paris que le 14 avril 1527, d'où peut-être l'initiative de Louise de Savoie qui lance l'action judiciaire. Juridiquement elle n'est plus régente depuis que le roi est revenu dans son royaume (mars 1526), mais le titre lui est donné par honneur, comme à la fin de la N. 13 (p. 188), où elle est présente en même temps que le roi.

4. Jean de La Barre, prévôt de Paris depuis 1526 et favori de François Ier. Le prévôt, siégeant au Châtelet, exerce les pouvoirs de police, de justice et d'administration relevant du roi.

Page 76.

1. Bernard d'Ornezan, baron de Saint-Blancard, était général des galères du roi.

NOUVELLE 2

Page 77.

1. Le 15 juillet 1530, Marguerite accoucha d'un fils (qui devait mourir quelques mois plus tard). Le récit est ainsi daté et se réfère peut-être à un fait divers, bien qu'il ressemble à un « exemple » médiéval à la gloire de la chasteté, tels que ceux utilisés par les prédicateurs.

2. « Pour » suivi d'un infinitif : valeur causale ; « pour cuider » : parce qu'elle croyait.

Page 78.

1. Cette « eglise du chasteau » doit être la collégiale Notre-Dame-Saint-Florentin-du-Château (démolie au début du XIXe siècle), chef-lieu de paroisse pour tous ceux qui étaient en charge au

château, mais, traditionnellement, elle était aussi ouverte aux gens de la ville. Louis XI avait pourtant décidé de la leur fermer et, en 1484, avait été consacrée une nouvelle église Notre-Dame, parfois dite aussi Saint-Florentin (c'est l'actuelle église Saint-Florentin). Son chevet s'appuyait sur les remparts.

Page 79.

1. « En la réverence de celuy de son fils » : elle répand son sang en hommage à celui du Christ — « révérence » marquant la vénération.

2. La récriture supprime la leçon donnée par l'ensemble des manuscrits : « l'esperance de son salut par Jesus Christ seul ». La formule insistait sur la rédemption obtenue par le sacrifice du Christ, accordée par grâce et non pas donnée en récompense des œuvres accomplies : dès les années 1520, c'était l'enseignement du groupe des « évangéliques », proches de Marguerite, mais, en 1559, c'était surtout celui des luthériens et des calvinistes.

Page 80.

1. Dieu « n'est point accepteur de personne » : ne tient pas compte de la qualité des personnes. Traduction littérale du latin de la Vulgate où la formule revient plusieurs fois, notamment dans l'Épître de saint Paul aux Romains (Romains, 2 : 11), mais il faudrait le pluriel « personnes », donné par certains manuscrits. Le mot « *persona* » renvoie au rôle joué dans la société, et « *acceptor* », en latin chrétien, c'est celui qui agrée et préfère.

Ensuite, Oisille fait écho, plus ou moins précisément, à de multiples textes bibliques. Souvenirs de saint Paul pour la formule « couronner de gloire » (Hébreux, 2 : 7) et pour l'élection des « choses basses » (I Corinthiens, 1 : 27-28) ; puis souvenir possible de l'Évangile de Luc 10 : 20, où le Christ dit à ses disciples : « Ne vous réjouissez pas de ce que les [mauvais] esprits vous sont soumis, mais de ce que vos noms sont inscrits dans les cieux. » Mais la référence aux vertus rappelle les dangers de l'orgueil, leçon souvent répétée par saint Paul (I Corinthiens, 1 : 29-31, II Corinthiens, 4 : 7, Éphésiens, 2 : 9), et déjà formulée dans l'Ancien Testament, Jérémie, 9 : 22-23 (« que le sage ne se glorifie pas de sa sagesse… »). Le « livre de vie », celui des élus, est plusieurs fois mentionné dans l'Apocalypse, notamment en 20 : 15 et en 21 : 27.

Page 81.

1. La phrase supprimée par Gruget insiste sur la prédestination des élus.

NOUVELLE 3

2. « Un Roy de Naples », : Probablement, le roi Alphonse V d'Aragon (Alphonse Ier en Sicile) mort en 1458 (sauf pour la N. 70, de sujet médiéval, l'action n'est jamais située plus loin dans le temps). Mais il s'agit d'un schéma très traditionnel dans les contes facétieux.

Page 83.

1. « L'honneur qu'elle craignoit plus que la conscience » : les deux mots sont ici nettement disjoints, l'honneur se réduisant à la réputation, au contraire du « vray honneur » dont parle Longarine (N. 10, débat, p. 159).

Page 84.

1. L'argument, ici, reste sur le mode plaisant. Mais la dame du Verger, dans la N. 70, et Oisille, dans le débat qui suit, y reviennent sur le mode grave : l'amour le plus vertueux peut détourner de Dieu (p. 577 et 582).

Page 86.

1. Jeu de mots qui renvoie à deux mystères : le fameux *Mystère de la Passion*, dans la version de Jean Michel, plusieurs fois représenté et très souvent imprimé entre 1488 et 1550 (au moins dix-sept éditions) et le *Mystère de la Vengeance Nostre Seigneur,* anonyme, imprimé dès 1491 et plusieurs fois réédité jusqu'en 1539, où Justice obtient de Dieu le châtiment des juifs meurtriers de Jésus — ce sera, finalement, le siège et la prise de Jérusalem par Titus.

2. Jeu sur le sens propre de « lieutenant » : qui tient la place, le rôle de…

Page 87.

1. « Je porte les cornes, chacun le voit, mais tel les porte qui ne s'en doute pas. » En italique dans le texte.

Page 88.

1. Seul exemple de leçon qui soit radicalement parodique.

2. « Les cheveux vous blanchissent » : légère incohérence car le Prologue dit Saffredent jeune (p. 58).

3. D'après le Prologue, il s'agit de Longarine.

NOUVELLE 4

Page 89.

1. Les deux protagonistes seraient la reine elle-même et l'amiral de Bonnivet, la dame d'honneur étant Blanche de Tournon, duchesse de Châtillon. La tradition remonte à Brantôme qui donne pour garant sa grand-mère, la sénéchale de Poitou, dame d'honneur de Marguerite après Blanche de Tournon. (*Vie des Grands Capitaine François* et *Des Dames,* éd. Lalanne, Société de l'Histoire de France, 1864-1882, t. III, p. 67 et t. IX, p. 678-679.) Dans cette perspective, les détails discordants — Bonnivet est mort à Pavie en 1525 avant que Marguerite soit veuve de son premier mari — importent peu. Il s'agirait de brouiller les pistes.

Page 90.

1. Princesses et grandes dames recevaient à leur lever et à leur coucher.

Page 93.

1. Brantôme reste sceptique : « ...comme dict le conte, il n'en tira d'elle que des égratignures ; toutes fois, c'est asçavoir » (*Vies des Grands Capitaines,* t. III, p. 67).

Page 94.

1. Thème récurrent : la « vertu » vient de Dieu et n'est pas un mérite. Voir *supra*, le discours d'Oisille, après la N. 2, p. 81.

Page 95.

1. « Auquel » renvoie à « seigneur », l'antécédent pouvant être éloigné du relatif.

NOUVELLE 5

Page 97.

1. Première apparition des « cordeliers » qui seront les héros de plusieurs histoires comiques ou tragiques où ils ont toujours le

mauvais rôle. Sur cet ordre mendiant, voir « cordelier » dans le Glossaire.

2. La localisation et le détail pittoresque sur le passage de la Sèvre niortaise renvoient peut-être à un fait divers. Le schéma (trompeur trompé) est traditionnel.

Page 98.

1. Leur « bon sainct François » est saint François d'Assise qui fonda leur ordre.

2. « Beau-pere », s'agissant d'un moine, et souvent d'un corde-lier, peut-être employé par raillerie, par ironie quand leur conduite est blâmable. Mais c'est aussi une formule usuelle de politesse : voir N. 31, p. 348 et N. 35, p. 373. La graphie varie dans l'édition : beaupère, beau père, beau-père.

3. « L'Ange de Dieu » : cet ange consolateur, dans l'Évangile de Luc (22 : 43), apparaît au Christ priant et souffrant au Mont des Oliviers. Mais, dans les vies de saints, des anges apparaissent sou-vent aux ermites vivant au désert pour les soutenir et les consoler dans leurs tentations et leurs épreuves (voir, par exemple, les lé-gendes de saint Antoine et de saint Jérôme) : d'où sans doute, ici, l'emploi ironique.

Page 99.

1. « Dont » garde longtemps toutes les valeurs d'un relatif pré-cédé de la préposition « de ». Ici : aux dents « duquel ». Mais il y a redondance avec le possessif « leurs ».

2. Au paradis terrestre, Adam après la faute « se cacha de la face de Dieu » : Genèse, 3 : 8.

3. Allusion ironique à la règle qui interdisait aux franciscains de recevoir de l'argent. La phrase paraît inventée par Boaistuau (édition de 1558) que Gruget suit ici : aucun des manuscrits exa-minés ne la donne. Si les références doctrinales, qui pourraient passer pour une adhésion aux positions des réformés, sont sup-primées (en 1558 comme en 1559), la crudité d'une raillerie dans le goût des fabliaux ne gênait pas et Boaistuau devait y voir, au contraire, une trouvaille ajoutant au relief.

4. Ces « sépulcres blanchis » figurent les pharisiens et leur hypo-crisie dans le discours du Christ : Matthieu, 23 : 27.

5. Autre maxime évangélique, devenue proverbiale, sur l'arbre qui se juge à ses fruits : Matthieu, 12 : 34.

6. Les cordeliers échappent à la justice séculière pour être remis à leur supérieur ou « gardien » et être « chapitrés », c'est-à-dire blâmés devant tous leurs frères assemblés en « chapitre ».

7. « Satisfaire à partie », en droit, c'est donner satisfaction à un plaignant qui a eu gain de cause dans un procès.

Page 100.

1. Dans l'édition (voir la variante), la formule de renvoi « c'est là où... » se trouve éloignée de « celles qui ne sçavent rien » par l'évocation des femmes qui n'ont qu'à « ouyr sermons et predications ». Gruget suit ici encore Boaistuau. Dans certains manuscrits, après la description des « femmes bien nourryes », vient, sans interruption, ce qui concerne « celles qui ne sçavent rien ».

2. Être cassé « du harnois » : s'être épuisé au métier des armes (« harnois » : armure).

Page 101.

1. « Ils » : elles ; confusion ancienne qui persiste au XVIe siècle.

2. Dans l'édition de Gruget, la fin du débat depuis « Parlamente dist... » est une erreur : c'est à Guebron de donner sa voix et l'annonce ne convient pas à la N. 6. Mais Gruget a conservé par inadvertance le texte de Boaistuau qui, ayant brouillé l'ordre des nouvelles, plaçait ici la N. 14 dont c'est effectivement l'annonce. Gruget répétera le texte à sa juste place, avant la N. 14.

NOUVELLE 6

Page 102.

1. L'anecdote du mari borgne et de la femme infidèle est une très vieille histoire dont il existe déjà plusieurs versions au XIIe siècle (d'abord un petit récit en latin dans la *Disciplina clericalis* de Pierre Alphonse, exemple 9). Elle se retrouve dans le recueil médiéval d'anecdotes moralisées des *Gesta romanorum* ou dans sa traduction partielle, le *Violier des histoires romaines* (1re édition, 1521, chap. CXLV) et, plus proche, dans le fameux recueil anonyme du XVe siècle des *Cent Nouvelles Nouvelles* (1re édition, 1486, N. 16). C'est pour rendre le récit « véritable » que le mari est ici valet de chambre du duc d'Alençon, premier mari de Marguerite (voir N. 1, n. 3 à p. 68).

2. « Congneut » : connut, au sens de reconnut.

3. « Maudissant » : alors qu'il maudissait.

Page 103.

1. « Qui ne la fera mourir » : s'il ne la fait mourir.

Page 104.

1. « Pour soustenir » : parce qu'il soutient… Emploi causal de « pour » suivi d'un infinitif.

NOUVELLE 7

Page 107.

1. « Avecques une estime de » : en estimant leur bon sens (de…), en croyant leur bon sens capable de.

NOUVELLE 8

1. Vieille histoire qui n'a rien à voir, quoi qu'on en ait dit, avec celle de Boccace (*Décaméron*, VIII, 4), mais qui a eu plusieurs versions, à commencer par le fabliau du *Meunier d'Arleux* d'Enguerrand d'Oisy. La reine a pu connaître celles du Pogge (en latin, *Facetiae*, 238 et 270, ou en français dans l'adaptation de Guillaume Tardif, 105 et 110), mais aussi celle des *Cent Nouvelles Nouvelles*, N. 9 (voir n. 1 à p. 102).

2. Le métier de tambourineur s'accorde à la localisation, dans le Languedoc vers Alès (« Allex »).

3. « Rien party » : rien de séparé, rien qui ne soit commun.

Page 111.

1. « A fin que […] nous vivons » : l'indicatif était employé dans les subordonnées de but.

Page 112.

1. « Toutes choses dictes à l'oreille sont preschées sur le tect » : formule toute profane, d'allure proverbiale, mais qui fait écho à la parole du Christ à ses disciples : « Ce que vous avez dit à l'oreille […] sera prêché sur les toits » (Luc, 12 : 4).

Page 113.

1. « Avant son quartier » : les gages pouvaient être payés par quartiers, tous les trois mois.

2. Cette « moitié » est un souvenir du *Banquet* de Platon où Aristophane raconte le mythe des Androgynes, premiers êtres

humains : chacun avait deux visages, quatre bras et jambes et doubles attributs sexuels, avant d'être coupés en deux sur l'ordre de Zeus pour avoir voulu escalader le Ciel.

Page 114.

1. L'omission, commune à beaucoup de manuscrits (dont notre manuscrit de référence), fausse gravement le dialogue puisque la réplique de Dagoucin se trouve attribuée à Hircan.

2. L'allusion à la « république de Platon » ne peut se référer à l'ensemble du traité, mais seulement au court passage où il s'agit de régler les rapports amoureux dans la cité idéale, le « droit amour » excluant « l'amour charnel » considéré comme la « pire folie » (*Rép.*, 403, a-b). C'est dans *Le Banquet* que la doctrine est exposée plus précisément (210 et suiv.). Certains manuscrits donnent, pour la relative, « qui s'escript et ne s'experimente point », leçon qui ironise, non pas sur l'auteur mais, plus précisément, sur la thèse qu'il soutient.

Page 115.

1. En italique dans le texte de Gruget. « Ce n'est pas par des paroles, mais par leur mort qu'ils ont confessé [leur foi] » : Collecte de la messe des Saints Innocents (28 décembre). À Bethléem, après la naissance du Christ, Hérode fit massacrer tous les enfants qui n'avaient pas deux ans : Matthieu, 2 : 16-18. L'Église les honore sous le nom des Saints Innocents.

2. « Transiz » est à prendre ici au sens propre (morts), participe de transir, trépasser.

3. Formule qui paraphrase une épître de saint Paul, II Corinthiens 12 : 12 : « Les preuves de mon apostolat vous ont été manifestées par […] des signes et des miracles. »

NOUVELLE 9

Page 116.

1. Leçon plus claire dans le manuscrit : « qui ne vouloit pretendre à mieulx. »

Page 117.

1. « Sa vie et sa resurrection » : formule qui fait écho aux paroles de Jésus dans l'Évangile, Jean, 11 : 25, « je suis la résurrection et la vie ».

Page 121.

1. « Fortune aide aux audacieux » : proverbe venu de Virgile, *Énéide*, x, 284, suivi d'un second « oncques place... », exemple du vocabulaire guerrier employé pour les conquêtes amoureuses.

2. Citation du *Roman de la Rose* un peu déformée (pour pouvoir être isolée plus aisément et mieux liée au contexte). Le texte dit, selon les manuscrits : « Ainz nous a faiz, biau filz, n'en doutez... » (v. 13889-13890) et, dans la version dite de Marot (v. 14250-14251) : « point n'en doubtes... ».

NOUVELLE 10

Page 122.

1. Type de nouvelle « romanesque », mais très précisément située, malgré quelques approximations chronologiques, dans le temps et les lieux. Les références aux luttes entre l'Espagne et la France notamment placent l'histoire sous le règne de Ferdinand II d'Aragon et d'Isabelle de Castille (mariés en 1470 — Isabelle devenant reine de Castille en 1474 et Ferdinand roi d'Aragon en 1479). Quant aux lieux, Marguerite les connaissait pour être allée en 1525 en Espagne négocier la libération de son frère prisonnier à Madrid. L'Empereur résidait à Tolède où eurent lieu les entrevues. Marguerite revint en France par Saragosse et Barcelone.

2. « En toutes les Espaignes » : le pluriel est usuel pour manifester la dualité des couronnes — Aragon et Castille —, elles-mêmes formées de plusieurs royaumes. Le château de « La Jafferie » — de la *Aljaferia* en espagnol — est la résidence des rois d'Aragon, à l'ouest de Saragosse.

Page 123.

1. Les frontières de Perpignan entre Catalogne et Roussillon étaient un lieu d'affrontement : le Roussillon est possession catalane, mais Louis XI l'a occupé en 1462, en gage d'un prêt consenti au roi d'Aragon pour l'aider à soumettre la Catalogne révoltée. Depuis, l'Aragon avait réclamé la restitution. En 1493, la restitution est faite.

Page 126.

1. « L'enfant fortuné » ou, selon certains manuscrits, « l'Infant Fortuné » : c'est le surnom, et non pas le nom, de Henri d'Aragon,

duc de Ségorbe, né en 1445 après la mort de son père. Son fils était Alphonse d'Aragon

Page 127.

1. En 1496, la guerre reprend entre l'Espagne et la France sur les frontières du Languedoc et du Roussillon.

Page 130.

1. « Elle ne se gardoit d'aucune contenance » : elle ne surveillait pas du tout sa contenance, sa manière d'être.

Page 137.

1. « Ce present soupçon » : le manuscrit donne une meilleure leçon, « ce *premier* soupçon ».

2. « Saulse » : Salces, place forte près de Perpignan, clef du Roussillon. L'allusion peut se référer à deux sièges de Salces : le premier, en 1496, dans la guerre du Languedoc (voir n. 2, p. 127) où les Français prennent la place le 2 novembre, mais, selon le texte, le temps a passé depuis le début de cette guerre : deux ans et même cinq (p. 129) ; le second siège de Salces a lieu en 1503, la ville ayant repassé aux mains des Espagnols. Louis XII cherchait à faire diversion en attaquant de ce côté, Ferdinand lui disputant en Italie le royaume de Naples. La chronologie paraît approximative, mais Marguerite de Navarre doit se rappeler certains détails de récits entendus. En 1503, en effet, le roi d'Espagne est bien, sinon à Salces, du moins à Perpignan avec des forces considérables et les Français doivent lever le siège.

3. « Ils » : pour « elles » — voir n. 1 à p. 101 (N. 5).

Page 138.

1. Le duc de Nájère — Pedro Manrique de Lara — combattit les Maures révoltés en 1501. Peut-être intervint-il aussi quand une flotte arabe ravagea les côtes de Catalogne en 1503.

Page 139.

1. Ces « Turcs » sont en fait les Maures : les deux mots sont souvents confondus.

2. « L'Achilles de toutes les Espagnes » : le héros grec désignait souvent, par antonomase, un guerrier d'une vaillance incomparable.

Page 144.

1. Le sujet, sous-entendu, est Amadour.

Page 145.

1. Coupure d'un texte qui justifiait le suicide et toutes les fautes inspirées par la passion, et substitution d'un discours beaucoup plus bref et vague tournant au compliment (voir variante). Gruget suit Boaistuau.

Page 146.

1. Les manuscrits donnent « l'honneur *et* la conscience », formule qui associe la réputation, le jugement d'autrui, et le jugement du for intérieur. La formule de Gruget donne à « honneur » un autre sens : ce qui est honorable pour la conscience.

Page 147.

1. Métaphore filée. Souvenir de l'Évangile, Matthieu, 7 : 24-27, conclusion du sermon sur la montagne, où une double comparaison oppose la maison du sage, bâtie sur le roc, à celle de l'insensé, bâtie sur le sable et que la ruine menace.

Page 150.

1. S'agirait-il — la reine brouillant les dates — du siège et de la prise de Leucate le 28 octobre 1503 par le duc d'Albe ?

Page 151.

1. Comprendre : le bien dont l'absence me ferait perdre ma force (« qui, sans l'avoir » : qui, si je ne l'avais pas).

Page 155.

1. Quelle est la « requeste » d'Amadour ? La formule n'est pas claire : demande-t-il à la comtesse d'Arande « de ne pas parler » ou — ce qui est peut-être plus plausible — de « parler » à sa fille ? Les manuscrits ne donnent pas de variante.

2. « Faire l'amour », au XVIIᵉ siècle encore, peut signifier seulement : courtiser.

Page 156.

1. Ici, le texte brouille les dates. Depuis fin 1491 — bien avant les autres événements mentionnés —, il n'y a plus de roi maure à Grenade : Boabdil a capitulé et les portes de la ville ont été ouvertes au roi et à la reine d'Espagne le 2 janvier 1492. Mais, en 1499 et 1500, les Maures se révoltèrent, réfugiés dans la sierra des Alpujanas, proche de Grenade.

Page 157.

1. Amadour baise la croix formée par la poignée et la lame de son épée. Cette mort héroïque pour éviter le risque d'apostasie

n'est pas condamnée comme un suicide, malgré la doctrine de l'Église.

2. Il y avait à Barcelone un monastère Santa Maria de Jésus — mais, semble-t-il, réservé aux hommes.

Page 158.

1. Sur cet emploi de « serviteur » et « maîtresse », voir, dans le Prologue, n. 1 à p. 57.

Page 159.

1. Le « proverbe » cité par Saffredent se trouve sous une forme voisine dans *Le Trésor des sentences* de Gabriel Meurier (1577) : « Pour bien servir et leal estre/On voit souvent le valet mestre », mais aussi, vers 1400, dans le *Livre de Mutation de fortune* de Christine de Pisan, I, 11, v. 107 : « Et par servir devient on maistre ».

2. La vertu d'un « chevalier », d'un noble, dont la fonction est de combattre, est d'abord et par-dessus tout la vaillance.

Page 160.

1. Les devisants de *L'Heptaméron* n'oublient pas leurs contes. Ceux du *Décaméron*, eux, ne les mentionnent pas hors du moment prévu pour les raconter.

DEUXIÈME JOURNÉE

Page 162.

1. L'annonce de Nomerfide, modifiée par Gruget, introduit une des trois nouvelles propres à son édition et qui ne figurent dans aucun manuscrit. Celle-ci se substitue à un récit à comique scatologique, mais l'anecdote et son débat jouent sur des équivoques obscènes et des plaisanteries licencieuses qui ne sont pas du tout dans la manière de Marguerite de Navarre. Voir le débat de la N. 52 où les dames proscrivent les paroles « vilaines ».

[PSEUDO-NOUVELLE 11]

2. Localisation précise : Saint-Martin le Beau est effectivement à quelques kilomètres de Bléré.

3. « Prescher les advents », c'est prêcher pendant les quatre semaines de l'Avent, qui, dans la liturgie, précèdent la fête de Noël. Le carême, ce sont les quarante jours qui précèdent celle de Pâques, d'où l'allusion qui suit aux « jeunes dames venues pour faire leurs pasques », c'est-à-dire pour communier, comme l'Église l'impose quand on célèbre la résurrection du Christ. Les cordeliers, moines itinérants, faisaient souvent office de prédicateurs : voir N. 35 et N. 41.

4. Le jeudi « absolut » se disait autrefois pour le jeudi saint, avant le dimanche de Pâques, *absolu*, au sens propre, qualifiant ce qui est achevé, parfait. C'est le jeudi où l'Église commémore le dernier repas pris par le Christ avec ses disciples (la Cène) et l'institution de l'Eucharistie.

5. Dans le Deutéronome, 16 : 6-7, Moïse rappelle aux Israélites que, pour rendre grâce à Dieu de leur sortie d'Égypte, ils sacrifieront une victime le soir, après le coucher du soleil, et la mangeront — mais une fois rôtie : c'est la fête de la Pâque.

6. Se mettre sur le « beau bout » : se mettre en vue, chercher à briller.

Page 163.

1. « Je suis d'Anjou » : les Angevins avaient la réputation d'être des railleurs, de savoir plaisanter. Voir Des Périers, *Nouvelles récréations et joyeux devis*, N. 23 et N. 26.

2 « A vostre commandement » : à votre service.

Page 164.

1. La remarque de Nomerfide paraît vanter le renouveau d'une prédication inspirée directement par le texte sacré, telle que l'ont souhaitée et favorisée l'évêque Briçonnet et ses amis les « évangéliques » proches de Marguerite, mais aussi les réformés. C'est le genre de propos que Gruget coupe volontiers et ils sont surprenants dans cette nouvelle apocryphe. La formule « prescher purement et simplement » l'Évangile se retrouve textuellement dans le débat de la N. 44 : voir p. 436.

2. « Amphibologie », parole à double entente, est un hapax dans *L'Heptaméron* et n'appartient pas au vocabulaire de la reine. De même, quelques lignes plus loin, dans la réplique de Parlamente, « modestie ». Dans cette réplique c'est aussi la seule fois qu'un devisant est apostrophé par « Seigneur »…. Autant d'indices du caractère apocryphe de ce texte.

3. « Plein son sac » : allusion aux propos du cordelier, à la fin de son sermon, sur la fille qu'il a engrossée.

4. Fin de la réplique de Nomerfide dont le début se lit p. 161. Le texte en italique donne le texte de la onzième nouvelle supprimée par Gruget, tel qu'il est dans notre manuscrit de référence (N. 1 de la seconde journée, N. 11 dans les autres manuscrits).

NOUVELLE 11

Page 165.

1. Thouars dans les Deux-Sèvres, sur les terres des La Tremoïlle, grande famille poitevine.

2. « Pour » suivi d'un infinitif : voir n. 1 à p. 104 (N. 6).

3. « Bachus », Bacchus : le vin, par antonomase. Le nom des divinités mythologiques ainsi employé est d'ordinaire, au XVIe siècle, une marque de style soutenu. Ici emploi burlesque dans un contexte grossier.

Page 166.

1. Ici se rejoignent le texte de Gruget (voir : « Ce sera Dagoucin qui », p. 164) et le texte des manuscrits.

NOUVELLE 12

Page 167.

1. Récit de l'assassinat d'Alexandre de Médicis par son cousin Lorenzo (ce sera le sujet du drame de Musset *Lorenzaccio*), cette nouvelle est la plus historique de tout le recueil. Après le meurtre, Lorenzo séjourna en France et a pu raconter à la cour son aventure dont on parlait partout. Les documents du XVIe siècle évoquant le meurtre sont cités par Marie-Madeleine Fontaine en appendice à l'article où elle analyse la version donnée par Marguerite (« Les enjeux du pouvoir… » *Cahiers : Textuel*, n° 10, 1992, p. 137-144 et p. 157-160).

L'annonce de Dagoucin condamne par avance le meurtrier en excusant le duc, au contraire du titre de Gruget. Ce titre ne fait aucune référence à la dimension politique du geste pourtant notée dans le récit (« mettre en liberté la chose publique » p. 171) et dans le débat (« avoir délivré sa patrie d'un tel tyran » p. 173).

2. Alexandre de Médicis (1511-1537) épousa en 1536 la fille de l'Empereur qui avait quinze ans. La variante du manuscrit « depuis dix ans en çà » situe la rédaction en 1547.

3. Quinze ans ne pouvait rendre illicites des rapports conjugaux. Mais ici l'âge n'est pas précisé. L'éloge de la conduite du duc est ironique.

4. Le rôle de cette sœur de Lorenzo est mis en avant dans certaines versions et, en France, semble-t-il, par Lorenzo lui-même : voir M.-M. Fontaine, *article cité*, Appendice II, 4, 14, 22.

Page 168.

1. « Creature » : le mot, employé par les courtisans pour marquer leur soumission à un maître auquel ils doivent tout, est un italianisme.

Page 169.

1. « Tyrant » ici prend une valeur politique par son association à « patrie ». Les lettres de Lorenzo et son apologie insistent sur sa volonté de libérer sa patrie. Le récit insiste plutôt sur l'honneur familial et l'attachement fraternel.

Page 170.

1. Phrase à double entente : il s'agit, non de la jeune femme, mais de l'épée que le sang rougira.

2. La morsure au pouce : détail attesté dans les récits du XVIe siècle.

Page 171.

1. Traduction du latin *respublica* · ce qui relève de l'intérêt général.

2. Le récit est conduit de façon à exclure toute préméditation du meurtre, alors qu'elle est attestée par divers documents. Mais le frère de Lorenzo, Julien de Médicis, était effectivement malade et soigné à la campagne.

Page 172.

1. Lorenzo arriva à Venise le 9 janvier. En avril, il part pour la Turquie avec, semble-t-il, l'appui de François Ier, puis revint en France en octobre.

Page 173.

1. Ici apparaît une deuxième sœur. Lorenzo en avait bien deux qui épousèrent, en 1539, après leur veuvage, Pierre et Roberto

Strozzi, fils d'un riche banquier, et tous deux au service de François Ier.

2. Dagoucin revient à son annonce. L'histoire est un exemple de l'aveuglement provoqué par l'amour. Mais la « méchanceté » du meurtrier n'est pas rappelée, et la mort du duc est un châtiment voulu par Dieu : le meurtrier n'est qu'un instrument.

3. « En sa garde » : en la garde de Dieu (leçon donnée par plusieurs manuscrits).

4. Ici, pas de débat au style direct, mais un résumé par la voix narrative. Il eût été difficile, dans un dialogue, de ne pas développer les arguments en faveur du tyrannicide, tel que Lorenzo lui-même les présente dans son Apologie. L'ellipse est délibérée pour que l'on n'ait pas à opposer deux régimes, alors que la famille royale tient à ses relations avec l'Empereur et avec les Médicis. Les hommes, dans ce débat en raccourci, privilégient les liens qui attachent un « serviteur » au seigneur, au prince dont il dépend : les bienfaits reçus supposent dévouement et fidélité aux intérêts du protecteur (voir le Glossaire).

Page 174.

1. Citation textuelle du poème d'Alain Chartier (xve siècle), où les deux vers qui suivent précisent l'ironie : « Si gracïeuse maladie/Ne mect gaires de gens à mort/Mais il siet bien que l'on le die/Pour plus tost actraire confort » (v. 265-268). La « Belle Dame sans merci », sans pitié, est un dialogue entre une dame impitoyable et un amant qui meurt de désespoir.

2. « Honneur et conscience » : voir n. 1 à p. 146, N. 10.

Page 175.

1. Saffredent, sur le mode cynique et provocateur, justifie la libre jouissance de la femme aimée en ironisant sur l'erreur de ceux qui en restent à l'« idolâtrie », à l'adoration d'une « image » : d'où son jeu sur « user » et « abuser », pervertir le bon usage. Même jeu de mots dans *Les Prisons* quand Ami qui a été prisonnier d'un amour « parfait » soutient ensuite « Que mieux vault des femmes user/Que ydolatrer d'elles ou abuser » (II, v. 311-312, c'est le moment où Ami cède aux séductions du monde).

NOUVELLE 13

Page 176.

1. Louise de Savoie fut deux fois régente en l'absence du roi, en 1515-1516 (première campagne d'Italie) et en 1523-1526 (expédition d'Italie et captivité en Espagne). Mais le rôle du capitaine paraît se rapporter à une expédition navale de 1520 et la fin du récit donne un rôle au roi. Le titre doit être employé ici de façon honorifique.

2. Pèlerinage sur les lieux de la passion du Christ.

Page 177.

1. L'entreprise en question est probablement l'attaque de Beyrouth, en octobre 1520, par des navires français envoyés par François Ier. Il s'agissait d'affaiblir les Turcs dont la flotte menaçait Rhodes où étaient installés les chevaliers de l'ordre de Saint-Jean.

2. « L'Archipelle » est la mer Égée et ses îles, passage obligé pour aller en Terre sainte.

3. La « croix et guide » : les mots se redoublent, les croix plantées aux carrefours des chemins servant à guider.

Page 178.

1. C'est une faute d'avoir épousé une femme « trop (très) proche son alliée » : l'Église interdisait les mariages consanguins, jusqu'au huitième degré (cousins issus de germains).

Page 179.

1. « Nostre Dame de Pitié » désigne traditionnellement la Vierge portant le Christ mort sur ses genoux.

Page 180.

1. « De luy » : pour sa part.

2. Premier exemple d'un texte en vers inclus dans le récit. Sur la mode du mélange vers et prose et sur la fonction des poèmes, voir Nicole Cazauran, *L'Heptaméron…*, chap. IV, « Artifices et vérité », p. 173-177 (voir la Bibliographie). L'épître amoureuse est un genre traditionnel, souvent en décasyllabes à rimes plates. Celle-ci est écrite dans le style des rhétoriqueurs, avec un jeu de dédoublements entre le capitaine, son « parler » et son « cueur ».

3. L'*e* final de « vie » devant consonne, à l'intérieur d'un vers, compte dans la scansion : *vi-e* ; de même, *infra*, p. 184, dans *suppli-e*.

Page 182.

1. La rime /*larmes*/*termes*/ peut s'admettre, *e* et *a* devant *r* étant souvent confondus dans la prononciation.

2. Les « signes » du zodiaque, « Estoille » paraît un singulier collectif, la formule désignant les étoiles de l'hémisphère Nord et de l'hémisphère Sud.

Page 184.

1. La gloire du héros revient à la dame dont il est « serviteur » et ami : motif traditionnel dans les romans médiévaux, de même que l'échange des cœurs dans la poésie courtoise.

Page 185.

1. Dans la symbolique des pierrres précieuses, le diamant symbolise la constance. Le jeu de mots « diamant/dy : amant » est dans le goût des rhétoriqueurs. On le retrouve dans le *Pantagruel* de Rabelais, ch. XV/XXIII. Comprendre : Ô diamant, dis : l'amant ainsi m'envoie...

2. La déclaration où le capitaine se pose en « serviteur parfait » reste ambiguë : conversion d'un « hardy... compaignon » (p. 177), illusion sur soi-même favorisée par l'éloignement, manœuvre d'un séducteur ? Avec sa mort tout reste en suspens.

Page 186.

1. Les « Rhodiens » sont les chevaliers de l'ordre de Saint-Jean qui n'auraient pas dû trahir les Français dont ils attendaient de l'aide. Le chef de l'expédition contre Beyrouth (voir n. 1 à p. 177), attiré dans une embuscade, mourut avec plusieurs centaines de ses hommes et les survivants s'enfuirent à Chypre. La nouvelle évoque peut-être la mort du baron de Malleville à qui Marot consacra une complainte dans *L'Adolescence clémentine*. Si l'arrière-plan est historique, la chronologie paraît incertaine : c'est en 1517 que le roi et la cour séjournèrent à Argentan, en Normandie.

2. « Tenu sur les fons » : il s'agit des fonts baptismaux. La dame a été marraine du Turc quand il a été baptisé.

Page 187.

1. Le capitaine embrasse la « croix » formée par la poignée et la lame de son épée comme Amadour (N. 10, p. 157).

Page 189.

1. Ce « bien » est que la femme du capitaine soit convaincue que son mari lui a rendu son « amitié ».

NOUVELLE 14

Page 191.

1. « Cueilla » : la table des sommaires (p. 747) donne « cueillit ». Pour cueillir, comme pour d'autres verbes du même groupe, on rencontrait des passés en « a ».

2. Charles d'Amboise, seigneur de Chaumont, grand maître et maréchal de France, fut gouverneur de Milan entre 1507 et 1510.

3. Le nom du héros est donné et conservé par Gruget : Guillaume Gouffier, seigneur de Bonnivet, ami d'enfance de François Ier, participa aux guerres d'Italie sous le grand maître de Chaumont et devint amiral de France à la fin de 1517. Brantôme a noté qu'il était « de fort gentil et subtil esprit... fort bien disant et fort beau et agréable » (*Vie des Grands capitaines françois...*, *Œuvres*, éd. Lalanne, t. III p. 67). On a supposé qu'il était le héros de la N. 4. Voir n. 1 à p. 89.

4. « Masque » et « carneval » (carnaval) sont des mots nouveaux empruntés à l'italien, de même que, plus loin, à propos de la dame, « scofion ».

5. « Mettre la paille au devant » : l'expression doit se référer au geste par lequel on renonçait (en droit féodal) au lien avec quelqu'un. Ici la jeune femme refuse le lien.

Page 197.

1. La « fleur des champs » si vite fanée figure, dans la Bible, la brièveté de la vie humaine (Isaïe, 40 : 6, Psaumes, 102/103 : 15). La comparaison est devenue proverbiale.

Page 198.

1. La question de Nomerfide rappelle la parole du Christ dans le sermon sur la montagne : « Ne jugez point afin de n'être point jugé » (Matthieu, 7 : 1).

2. La « chose publique » dont parle Hircan est la *République* de Platon et son amour qui ne « s'experimente point ». — Voir N. 8 et n. 2 à p. 114.

NOUVELLE 15

Page 199.

1. Exemple d'une nouvelle où l'âge des personnages joue un rôle essentiel, les rapports des deux protagonistes s'inversant au fil du temps.

Page 201.

1. « Sur la sienne » : le mari a une chambre au-dessus de celle de sa femme ; celle-ci doit être au niveau de l'entrée puisque, de sa fenêtre, le mari voit arriver et repartir le prince.

Page 204.

1. « De le veoir » : la construction peut s'admettre au sens de « pour le voir », mais la leçon du manuscrit est plus claire : « de la venir veoir ».

Page 205.

1. La peur de la jeune femme s'explique. Brantôme raconte de multiples anecdotes de maris tuant leur femme coupable, sans même qu'il y ait toujours flagrant délit d'adultère. Voir les débats des N. 35 et 40.

2. Emploi absolu de la forme en *ant* accordée en nombre, par confusion du gérondif et du participe, avec ellipse de son sujet : « comme elles la cuidoient… ».

Page 206.

1. La narratrice, en précisant l'intention double du discours, en marque par avance l'ambiguïté — que soulignera, après coup, le rire de l'héroïne. Sur l'usage d'une rhétorique si évidente, voir la Préface, p. 37.

Page 207.

1. « Je ne demande… » : subjonctif de souhait employé seul, équivalent de « puissé-je ne jamais demander… ». Formule destinée à renforcer l'affirmation qui suit.

Page 208.

1. « la vostre » renvoie à « œuvre » qui, ici comme dans le manuscrit, est pourtant au masculin. Le mot avait les deux genres.

Page 211.

1. « Pour aller demeurer » : pour qu'elle aille demeurer… L'infinitif derrière préposition ne se rapporte pas nécessairement au sujet de la phrase.

Page 212.

1. Référence à la règle des cordeliers. Dans leurs quêtes, ils ne devaient ni demander ni recevoir de l'argent, mais seulement des dons en nature : voir N. 5, p. 99 et la pseudo-nouvelle 11, p. 163.

Page 213.

1. La conclusion de Longarine, comme son annonce, mêle l'admiration pour « le grand cœur » de son héroïne, et la réprobation morale, mais au lieu de dire ici par litote que l'histoire n'est « tant à la louange des femmes » qu'elle le voudrait (p. 199), elle insiste sur la condamnation.

2. Souvenir de saint Paul : « Ne te laisse pas vaincre par le mal, mais triomphe du mal par le bien » (Romains, 12 : 21).

NOUVELLE 16

Page 215.

1. « Le grand Maître de Chaulmont » : voir N. 14, n. 2 à p. 191.

2. D'après Brantôme, il s'agirait encore de Bonnivet (voir N. 14, n. 3 à p. 191), mais il se réfère à la nouvelle de la reine (*Œuvres*, t. IX, *Des Dames,* p. 388-389).

3. Festins, danses et masques à Milan, comme dans la N. 14, p. 191.

Page 216.

1. À la messe, c'est le moment de l'élévation où le prêtre montre aux fidèles l'hostie consacrée (le *corpus Domini* : « le corps du Christ »).

2. C'est manière de prendre à témoin Dieu même (présent dans l'hostie) : s'il ment, il accepte d'être damné.

Page 218.

1. « Mettre sa cappe alentour de son bras » : geste traditionnel avant de combattre à l'épée. Voir Montaigne, *Essais* I, 49 (éd. Villey-Saulnier, 1978, t. I, p. 297).

2. « Les commander à tous les diables » : les recommander, les envoyer au diable.

Page 220.

1. « Satisfaire » : plaisanterie sur le mot pris dans son sens rituel (voir le Glossaire).

2. « De meilleur discours que de grand effect » : il croyait les Italiens meilleurs en paroles qu'en action. « Effect » : action.

NOUVELLE 17

Page 221.

1. Le titre de Gruget emploie « generosité » au sens qui devient usuel au XVIIᵉ siècle : grandeur d'âme, confiance en soi propre au héros. Le défi du roi, avec son décor et sa mise en scène qui isole, au cours d'une chasse, les deux protagonistes fait du roi un héros de roman, mais, par le lieu et les personnages, la nouvelle est historique.

L'action se situe en 1521. À Dijon dès le mois de mai, François Iᵉʳ y séjourne jusqu'au 19 juin, puis voyage dans les environs jusqu'au début juillet. Louis de la Trémoille était bien alors gouverneur de Bourgogne, Bonnivet vivait encore et était amiral depuis 1518. Quant au comte Guillaume, c'est Guillaume de Furstenberg, capitaine de lansquenets, qui vint au service du roi le 21 mai 1521. Plusieurs contemporains font allusion, non pas à son projet d'assassinat, mais à sa « trahison ». Il a changé de camp plusieurs fois : en 1522 il est du côté des troupes impériales. Brantôme le dit « bon et vaillant capitaine », mais « léger de foy, trop avare… » (*Œuvres*, éd. Lalanne, t. I, *Vies des Grands capitaines étrangers*, p. 349).

2. La tradition voulait que le premier comte de Savoie Bertold ou Berold, sur qui l'on n'a guère de documents, fût prince saxon et les chroniqueurs ou historiens français du XVIᵉ siècle l'admettaient. D'où, dans le récit, la référence à « l'alliance » — la parenté — entre Louise de Savoie et le comte allemand.

3. « Un jour » reste en suspens, la phrase à l'imparfait décrivant la conduite habituelle de La Trémoille.

4. « Ancien chevalier » : la formule convient à La Trémoille né en 1460.

Page 222.

1. « Il penseroit deux fois » à : il y penseroit à deux fois (avant de m'assaillir).

Page 223.

1. Florimont Robertet, qui mourut en 1527 (voir Marot, « Deploration sur le trespas de Messire Florimond Robertet ») fut secrétaire des Finances sous Charles VIII, Louis XII et François Ier.

2. « La moitié au double » serait une augmentation de cinquante pour cent. Le manuscrit dit « au double ».

NOUVELLE 18

Page 225.

1. À noter ce début qui montre un seigneur « de bonne maison » jugeant nécessaire d'étudier « aux escoles », à l'Université, probablement à la Faculté des Arts où les études précédaient la spécialisation dans l'une ou l'autre des trois autres Facultés (droit, médecine, théologie).

Page 226.

1. Le texte manuscrit, qui coupe après « amour » et reprend : « La jeunesse… » est plus clair. C'est pourquoi nous l'avons suivi.

2. Jeu sur « s'accorda » et « discordante » (au sens de : qui n'est pas d'accord). La dame n'a jamais été « discordante », opposée à cette liaison amoureuse.

3. L'épreuve est traditionnelle dans l'érotique courtoise des troubadours. Montaigne ironise : il n'y voit ni « miracle », ni « extreme difficulté », mais plutôt un « exemple du plaisir de la chose » (*Essais*, II, 11, éd. Villey-Saulnier). Dans le texte de Gruget, le jeune homme — en accord avec Montaigne — paraît trouver sa « joye » dans l'épreuve qui lui « permet » de passer ainsi la nuit près de sa dame. Mais dans les manuscrits, il s'agit de la joie qu'elle lui « promectoit » après l'épreuve, ce qui convient mieux à la « peine » évoquée ensuite.

Page 227.

1. Le narrateur Hircan introduit dans son récit un jugement qui s'accorde avec ce qu'il dit partout de la nature féminine.

2. « Faire l'amour » : voir n. 2 à p. 155 (N. 10).

Page 229.

1. Saint Antoine, pendant sa vie au désert, « souffrit temptations des dyables sans nombre », dit *La Légende dorée*.

Page 230.

1. « À la premiere fois... fol et à la derniere sot » : le manuscrit, comme plusieurs autres, donne les adjectifs en ordre inverse.

2. « De frigidis et maleficiatis » : « Sur les impuissants et les ensorcelés », chapitre des *Décrétales* (Grégoire IX, Liber Sextus, IV, XV) où il est question des peines à prononcer contre ceux qui, par conjurations magiques, prétendaient provoquer l'impuissance sexuelle. Le chapitre est souvent allégué par plaisanterie : voir Rabelais, *Gargantua*, chap. 40/42 et *Tiers Livre*, chap. 14. Les *Décrétales* rassemblent les sources du droit canon. Les cinq premiers livres reprennent et classent les décisions papales déjà compilées dans le *Décret* de Gratien (milieu du XIIᵉ siècle) : c'est la collection de Grégoire IX. En 1294, au début du pontificat de Boniface VIII, est publié un sixième livre — *Liber sextus* — qui en est le complément.

Page 231.

1. Elle « luy avoit donné camp » est équivoque. On peut comprendre qu'elle lui avait donné un lieu favorable « pour la forcer » ou même qu'elle l'avait appelé au combat, « donner le camp » signifiant donner la lice, le champ clos pour un duel ou un tournoi. Les devisants appliquent souvent le vocabulaire militaire au domaine amoureux.

2. Les manuscrits hésitent entre « on les peut... » et, comme dans l'édition de Gruget, « on *ne* les peut... ». La suite de la phrase impose de choisir l'affirmation.

NOUVELLE 19

Page 232.

1. « Saint-François » et « Sainte-Claire » désignent respectivement le couvent des franciscains ou cordeliers (voir le Glossaire) qui suivent la règle de saint François d'Assise et celui des clarisses, ordre fondé en 1212 par sainte Claire selon une règle elle aussi établie par saint François.

2. Jean François II de Gonzague a épousé en 1490 Isabelle d'Este dont le frère devint duc de Ferrare (en succédant à son père) en 1505 et mourut en 1534.

Page 233.

1. La construction de la phrase, un peu surprenante, juxtapose une longue causale et une principale où le sujet *ils* renvoie à « maistre et maitresse ». Les manuscrits font de la principale une subordonnée de conséquence : « *si* rigoureux commandement *qu'*ils se peuvent… ». C'est plus cohérent, mais la phrase tout entière reste alors en suspens.

Page 234.

1. L'infinitif « pourchasser » (comme « changer ») dépend de « j'aimerois mieux mourir que » ; « ce que devrois (ou "vouldroys", selon le manuscrit) défendre envers tous », c'est-à-dire : votre honneur et vertu.

2. « La *sienne* » renvoie à la grâce divine nécessaire au salut. « Science », leçon de Gruget et de plusieurs manuscrits, ne convient ni au contexte ni à la spiritualité de Marguerite.

Page 235.

1. « La pitié du pauvre gentilhomme » : l'état pitoyable…

2. « Ne pouvant plus… s'en alla… » : changement de sujet. On revient au gentilhomme.

3. « Religion de l'observance » : il s'agit d'un couvent de franciscains, rattaché à celui fondé par Hercule, duc de Ferrare, père d'Isabelle d'Este (voir n. 2 à p. 232), dit « de l'observance » parce qu'il suivait plus strictement la règle que ceux qu'on appelait les « conventuels ». Tout le XVe siècle, en Italie, fut marqué par les efforts des « observants » pour acquérir ou conserver leur autonomie.

4. « Demander l'habit » : « l'habit » désigne spécialement le vêtement des religieux. « Prendre l'habit » : entrer en religion.

Page 236.

1. L'annonce d'Emarsuitte insiste sur la couleur italienne du récit. Mais le chant « italien » existe effectivement : Pierre Jourda l'avait signalé d'après un recueil de 1568 et F. Ellsworth Peterson — « Italian music in French Renaissance courts. . », p. 42-43, dans *International colloquium celebrating the 500th Anniversary of the birth of M. De N.*, ed. R. Reynolds Cornell, 1995 — l'a retrouvé dans deux recueils de *frottole* (1513, par Andrea Antico, et 1514, par Ottaviano Petrucci). Marguerite de Navarre ne le transpose pas de bout en bout, car la situation est différente : l'amant dédaigné s'y plaint que son amie ait été incrédule quand il

lui jurait qu'il se ferait moine. Mais le poème français reprend le refrain, jusque dans son rythme (seul le vers 3 s'écarte du texte italien qui disait seulement : « quand elle saura »), et aussi la dernière strophe qui devient la première.

Page 237.

1. Plusieurs manuscrits (dont notre manuscrit de référence) donnent une leçon qui associe déjà les deux amants comme dans la strophe suivante : « nostre constance ».

Page 238.

1. La strophe rappelle que Marguerite de Navarre, dans sa poésie, dénonce souvent les trois voies du péché, les trois « tyrans » qui perdent l'âme : la cupidité, l'orgueil et les plaisirs charnels (cf. *Les Prisons* II, 607-608 et *Chansons spirituelles*, 9 et 23).

2. « L'habit de cendre » : voir n. 4 à p. 235. Cendre a un double sens : couleur de cendre et signe de mortification.

Page 239.

1. « Le Phenix » — oiseau unique qui meurt (au feu d'un bûcher qu'il a lui-même préparé et que le soleil vient enflammer) avant de renaître de ses cendres — figure souvent l'immortalité et, dans la symbolique chrétienne, le Christ. L'image est ici employée de façon complexe : ce qui se consume et devient « cendre », c'est l'amour humain qui liait Pauline et son ami (« amitié vive et forte ») ; le phénix qui renaît de cette cendre, c'est l'amour « spirituel » qu'ils vivront désormais en Dieu et qui n'aura pas de fin.

2. « L'observance » est un raccourci pour couvent de l'Observance : voir *supra,* n. 3 à p. 235.

3. La précision du vocabulaire met en relief l'apparition des officiants. Dans l'ordre hiérarchique sortent du « revestoire » — sacristie qui est leur vestiaire — le prêtre, qui va célébrer la grand-messe, le « diacre » ou clerc qui a reçu le second ordre majeur précédant l'ordination et qui peut lire l'Évangile, prêcher, distribuer la communion, le sous-diacre (« soudiacre ») ou clerc qui, ayant reçu le premier ordre majeur, appartient irrévocablement à l'Église et peut lire l'Épître, puis l'acolyte (« accolite ») qui n'a pas fini son année de probation ou noviciat et qui va servir à l'autel : il porte donc les « canettes » ou burettes, petits vases contenant le vin et l'eau utilisés pendant la messe.

Page 240.

1. L'église de Sainte-Claire, appartenant au couvent des Clarisses où elle va entrer.

Page 241.

1. « Quel il y fait » : comment on s'y trouve.

2. L'opposition entre le corps du « vieil Adam » et le corps du Christ — entre l'homme marqué par le péché originel et l'homme régénéré par la grâce — fait écho à saint Paul ; « comme tous meurent en Adam, de même tous revivront avec le Christ » (I *Corinthiens*, 15 : 22-23) et « il vous faut... dépouiller du vieil homme corrompu... et revêtir l'homme nouveau » (Éphésiens, 4 : 22-24) : de même, Colossiens, 3 : 9 et Romains, 13 : 14. Dans ses lettres à Marguerite, l'évêque Guillaume Briçonnet parle ainsi du « vieil Adam », du « vieil homme », « corps de péché » dont il faut se dépouiller « avant de se vestir du nouveau qui est Jésus » (*Correspondance*, t. I, p. 107 et p. 51, voir la Bibliographie à Veissière).

3. « Serviteur religieux » : le voisinage des deux mots traduit l'ambivalence de l'amour, tourné encore vers Pauline et déjà voué à Dieu.

4. « Charité », au sens fort du latin biblique : amour, sans connotation charnelle. C'est cet amour qui inspire le « baiser de dilection ».

Page 242.

1. « Leur observance » : voir n. 2 à p. 239 et n. 3 à p. 235.

2. « La fin (l'aboutissement) de la loi est charité » : citation d'une épître de saint Paul, I Timothée, 1 : 5.

3. Référence à l'Évangile, Luc, 7 : 47, où Jésus dit de la pécheresse qui a pleuré à ses pieds en les baignant de larmes et de parfums : « Ses péchés (...) lui sont pardonnés, car elle a beaucoup aimé. » La tradition, et notamment la *Légende dorée* de Jacques de Voragine, confondait trois personnages féminins de l'Évangile de Luc : cette pécheresse anonyme, Marie sœur de Marthe qui écoute Jésus pendant que sa sœur s'active (Luc, 10 : 39) et surtout « Marie appelée Madeleine » nommée en 8 : 2 parmi les femmes qui suivent Jésus : c'est cette Marie-Madeleine qui découvre vide le tombeau de Jésus et entend l'ange lui annoncer la Résurrection (23-24). Voir aussi Matthieu, 28 ; Marc, 16 ; et Jean, 20. Malgré la savante mise au point de l'humaniste Lefèvre d'Étaples (1518 et

1519), Marie-Madeleine resta l'incarnation de la pécheresse repen-
tie, pardonnée pour avoir su aimer le Christ.

4. Référence à la première Épître de saint Jean, 4 : 20 : « Celui
qui n'aime pas son frère qu'il voit, comment peut-il aimer Dieu
qu'il ne voit pas ? » Parlamente ajoute « parfaitement » pour indiquer qu'elle ne songe pas à un amour charnel inspiré par la concupiscence. D'où la question ironique de Saffredent.

Page 243.

1. « Le péché du premier père » : la faute commise par Adam
quand il enfreint l'interdiction de Dieu en mangeant le fruit
défendu (Genèse, 3).

2. Jusqu'ici la tirade de Parlamente fait écho à la doctrine que
le Florentin Marsile Ficin avait développée dans son commentaire
du *Banquet* de Platon (1469 et 1475 ; traduction française dédiée à
Marguerite de Navarre en 1546) et qui se retrouvait notamment au
quatrième livre du *Courtisan* de Castiglione (1528, traduction
française dès 1537). Lettrés et mondains connaissaient ces textes
où l'amour — le « vray amour » distinct de la volupté charnelle
— est désir de beauté et début d'une ascension spirituelle de l'âme
qui doit conduire jusqu'à l'amour de Dieu. C'est bien ce progrès
du visible (la leçon de Gruget, « territoires », terrestres, peut s'admettre) à l'invisible que définit Parlamente.

Mais l'adverbe de restriction « toutefois » est essentiel et marque un changement de perspective : Parlamente rompt l'évocation
de cette ascension de l'âme pour marquer la vanité d'un mouvement vers Dieu que Dieu lui-même ne soutiendrait pas par sa
grâce. La perspective est paulinienne. Dès le début de l'Épître aux
Romains, saint Paul insiste sur le salut par la foi et condamne
ceux qui se sont « égarés dans leurs vains raisonnements » et « se
disant sages sont devenus fous » (Romains 1 : 2-22). L'image de
« l'œil » de l'esprit que Dieu seul peut ouvrir est développée par
Guillaume Briçonnet dans une lettre où il loue Dieu d'avoir fait
cette grâce à la reine (*Correspondance*, I, p. 34-35).

Page 244.

1. Dans la réplique de Longarine les images de « bon grain » et
de la « semence » de la parole divine font écho aux paraboles de
Jésus (Matthieu, 13 : 3-9 et 18-30 ; Luc, 8 : 4-18).

2. Gruget, après Boaistuau, a supprimé l'attaque de Saffredent
contre les « docteurs » en théologie paradoxalement voués au désir
charnel sous sa forme la plus bestiale.

3. Simontault cite littéralement — mais en français — la parole de saint Jean qui inspirait Parlamente avant qu'elle développe sa définition des « parfaits amants » ; voir n. 4 à p. 242, Emarsuitte s'amuse à répliquer en latin : « Quis est ille et laudabimus eum », qui est-il et nous le louerons ? (Gruget a transcrit le début en français.) Elle détourne le sens de sa citation prise à l'Ecclésiastique, 31 : 8-9-10. Ici, c'est manière de dire qu'elle ne croit pas les hommes en général — et Simontault en particulier — capables de s'élever ainsi du visible à l'invisible. Dans l'Ecclésiastique, la perfection qui mérite louange est celle du riche « qui ne court pas après l'or ».

4. Le caméléon avait cette réputation depuis l'Antiquité. « Toujours (…) la gueule ouverte », disait Pline l'Ancien, « seul de tous les animaux, il ne mange ni ne boit et se nourrit d'air » (*Histoire naturelle*, Livre VIII, 51).

NOUVELLE 20

Page 245.

1. Le thème est banal, mais Saffredent le traite à sa manière pour dénoncer l'hypocrisie de la vertu féminine.

2. Ryant : le nom est attesté sur les états de la maison du Roi.

Page 246.

1. « Un pavillon d'arbres ployés » (pliés) : il était de mode d'en faire dans les jardins pour se protéger du soleil, les branches entrelacées formant toit.

2. « Prou vous face » : grand bien vous fasse ! « Prou » ou « preu », profit, avantage, s'employait ainsi dans un souhait de bonheur. Ici, par ironie.

Page 247.

1. « Les hypocrites sont payés de leur loyer » : reçoivent leur dû.

2. Inversion, qui n'est pas dans le manuscrit, pour « bien nourry sans bouger d'un lieu ». La réplique d'Hircan rappelle celle de Guebron après la N. 5 : voir p. 100.

3. « Evangelistes » : au sens figuré, des hommes qui parlent avec autant d'assurance que s'ils prêchaient la vérité contenue dans l'Évangile.

Page 248.

1. « Drapper », c'est dire du mal de quelqu'un, ici, des femmes. La « tissure » — manière dont une étoffe (et, par analogie, un texte) est tissée — se réfère au discours de Simontault, où il a généralisé la portée de l'anecdote en passant du singulier employé par Oisille (« une femme ») au pluriel (« des femmes »).

2. « Quand je vouldrois » : si je voulais.

3. « Faire le rapport du cerf » appartient au langage de la véne-rie. Le valet, qui, au matin, va détourner ou lancer le cerf avec le chien dressé ou limier, « fait le rapport du cerf » en disant tout ce qu'il sait sur la bête. Saffredent pourrait faire un rapport sur ce qu'il a vu — « à veüe d'œil » — et non pas seulement su par « ouy dire » à propos de la conduite des femmes.

4. « En disant ces parolles » : pendant qu'il disait.

5. « Le touret de nez », que la mode remplaça par le masque, n'était pas tout à fait, malgré le *Dictionnaire* de Nicot (1610), un « cachenez », ni un demi-masque. C'était une bande d'étoffe atta-chée au chaperon, et qui pouvait se porter abaissée sur le cou ou relevée jusqu'aux oreilles et cachant le bas du visage. Dans *La Coche* (v, 41-42), Marguerite décrivant les trois dames en noir qu'elle voit sortir du bois précise : « colletz, touretz, cornettes/cou-vroient leurs colz, leurs visages et leurs testes. » La miniature du manuscrit (Musée Condé, Chantilly, ms 522) les montre en effet portant un « touret de nez » noir qui laisse voir seulement les yeux et le haut des joues. Dans la N. 43 (p. 422) et dans le débat de la N. 52 (p. 478), le « touret de nez » permet de cacher son identité ou un rire inconvenant. Mais ici ? Parlamente ne doit pas être émue par les propos de Saffredent (qui, d'après le prologue, est « serviteur » de Longarine). Le geste est-il lié à son entrée dans l'église, comme le serait celui d'abaisser un voile ?

Page 249.

1. Ils sont de « bonne volonté », bien disposés pour écouter les conteurs, mais l'éloge est ironique, puisqu'ils préfèrent leurs « plai-sirs » aux prières et aux offices. Avec ces moines, se met en place un second cercle d'auditeurs qui resteront muets et à distance du cercle aristocratique.

2. Le manuscrit dit plus simplement, ici comme pour les autres journées : « mettant fin à ceste seconde journée ».

TROISIÈME JOURNÉE

NOUVELLE 21

Page 250.

1. « Visiter leurs registres » : on peut hésiter entre le sens figuré — les registres de leur mémoire — et le sens propre (peu vraisemblable), livre où seraient écrites les histoires. L'ambiguïté rappelle le jeu entre l'oral et l'écrit déjà perceptible, au Prologue, dans le discours de Parlamente.

Page 251.

1. La reine est Anne de Bretagne, femme de Charles VIII (†1498), puis de Louis XII (†1515). D'après Brantôme, elle fut la première à avoir « une très grande suite de dames et de Filles », qu'elle demandait aux gentilshommes leurs pères (*Œuvres*, édition Lalanne, t. VII, *Des Dames*, p. 7). Rolandine, sa « parente », est depuis longtemps identifiée comme Anne de Rohan qui fut une de ses filles d'honneur : c'était la fille aînée de Jean II, vicomte de Rohan et de Marie de Bretagne, arrière-petite-fille, comme la reine, du duc Jean V de Bretagne. Son père le vicomte de Rohan avait pris parti pour le roi de France dans la guerre qui opposa Louis XI et le duc de Bretagne, puis Charles VIII et Anne héritière de son père. Il contesta aussi les droits d'Anne sur une part de son héritage. D'où l'hostilité que lui voue la reine.

Page 252.

Ce personnage n'a pas été identifié. Bâtard était employé sans rien d'injurieux, parallèlement à « fils naturel », moins fréquent et plus savant.

2. À « sa gouvernante » : dame d'honneur d'âge mûr qui lui est attachée.

Page 253.

1. Rolandine a recours aux pèlerinages (« voyages ») et à l'« abstinence » (privation de nourriture carnée et même, dans certaines règles monastiques, d'œufs) que l'Église n'impose aux laïcs que le vendredi.

Page 254.

1. Jeûner, c'est se borner à un seul repas par jour, et l'Église ne l'imposait qu'à certains moments de l'année liturgique. Ces jeûnes conviennent à la dévotion de Rolandine, évoquée au début du récit. Les jours de jeûne sont bien les mercredis, jeudis, samedis.

Page 255.

1. « Jacobin » : nom donné aux dominicains, voir N. 1, p. 70 et n. 1.

Page 256.

1. La question des mariages sans le consentement des parents — (sujet du débat de la N. 40) — est d'actualité. Le discours de Rolandine paraît, juridiquement, en avance sur son temps : c'est en 1556 seulement, sous Henri II, qu'une ordonnance autorise les parents à déshériter une fille de moins de vingt-cinq ans qui se marie sans leur consentement. Plus tard encore, viennent d'autres ordonnances assimilant de tels mariages au crime de rapt passible de mort. Mais Rolandine, qui approche des trente ans, pourrait songer, en se référant à la « loi », au droit romain du Code Justinien : c'est ce que fait le Gargantua de Rabelais (*Tiers Livre*, chap. 48). L'usage autorisait peut-être déjà les parents à sévir. En matière de rapt, Étienne Pasquier n'hésite pas à affirmer, dans son commentaire aux *Institutes* de Justinien, que c'est « de tout temps » en France que l'accusation de rapt était possible devant le juge royal « pour estancher la folie des enfants » (*L'Interprétation des Institutes de Justinien*, Paris, 1847, chap. 37, p. 75).

Page 257.

1. L'échange des promesses est un mariage par « paroles de présent » — *ego te accipio...* Je te prends pour... — valide aux yeux de l'Église. Pour le droit canon *consensus facit nuptias*, le consentement fait le mariage. L'intervention d'un prêtre, la présence de témoins ne sont pas encore « de nécessité ». Même quand le concile de Trente, en 1563, réglera la célébration du mariage (publications des bans, présence de témoins, rôle du curé de la paroisse), il maintiendra la validité des mariages contractés sans le consentement des parents, et cela malgré l'opposition des légistes royaux : « Tous les docteurs de droit canon (…) soutiennent » que, après « les parolles de présent », il n'est « point en la puissance du

père de les dénouer », écrit Étienne Pasquier (*ibid.*, chap. 36, p. 73).

Page 258.

1. Ce « livre des chevaliers de la Table Ronde » est probablement, plutôt qu'un manuscrit, une des impressions qui, dès la fin du XVe siècle, proposèrent au public aristocratique des romans arthuriens dans de très beaux volumes in-folio : ainsi ces « Histoires de la Table Ronde » figurant dans l'inventaire de la librairie royale de Blois en 1544, qui groupaient le *Lancelot en prose*, *La Queste du Graal* et *La Mort Artu*.

Page 259.

1. Ce « lict » est évidemment une garniture de lit : ciel et rideaux.

2. La scène rappelle la sévérité des moralistes pour ces romans. Dès le XIVe siècle, on y voit des « bourdes » qui attirent « à impossibilité, à folie, vanité et péché » (Philippe de Mézières, *Le Songe du vieil pelerin,* l. III, 221).

Page 263.

1. Il s'agit de l'« amour », de l'attachement qu'elle n'a plus pour la reine.

Page 264.

1. « Son père passeroit devant le mien » : allusion aux préséances réglées par le rang dans la hiérarchie nobiliaire.

2. « Trente ans » : nouvelle référence de Rolandine à la liberté que lui donne son âge, son statut de fille majeure.

Page 267.

1. Les longs discours, dans *L'Heptaméron*, sont moins un ornement qu'une manière de portrait psychologique : ici, Rolandine révèle sa grandeur d'âme.

2. « Paroles de present » : voir *supra*, n. 1 à p. 257.

Page 268.

1. « Pour s'enfuir... pour revenir... » : pour qu'il s'enfuie... pour qu'il revienne... Voir n. 1 à p. 211 (N. 15).

2. Les gens de « conseil », distingués des gens d'Église, sont probablement des membres du Conseil du roi et, plus précisément, de ceux qui formaient le « grand conseil », ayant compétence dans le domaine de la justice.

3. Le mariage n'a pas été consommé (voir p. 257), ce qui rendait possible l'annulation par l'Église, si les contractants y consentaient.

4. Référence aux paroles du Christ : « Que l'homme ne sépare pas ce que Dieu a uni », Matthieu, 19 : 6.

5. Quelques manuscrits (dont notre manuscrit de référence) donnent la leçon : « Combien qu'elle *n'*eust failly », mais Parlamente, malgré l'éloge de Rolandine qu'elle fait en conclusion, admet bien qu'il y a eu faute : la suite de la phrase le confirme. Sa position sur les mariages clandestins se précise dans le débat sur la quarantième nouvelle.

Page 269.

1. Ce sera le sujet de la quarantième nouvelle. Dans le plus ancien manuscrit (28 nouvelles seulement, ni prologue, ni journées, ni devisants, ni débats), les deux nouvelles se succédaient.

2. Parlamente a nommé Rolandine et son mari « parfaicts amans » (p. 257) mais a noté que « l'honneur » qu'il attendait de ce mariage avait eu part à la décision du bâtard (p. 253) et il n'oublie pas que Dieu lui a donné une « riche femme » (p. 257).

Page 270.

1. Certains manuscrits donnent : « *et* sa très grande vertu », leçon plus claire. Le texte de Gruget et d'autres manuscrits (dont le manuscrit de référence) imposent de comprendre : l'amour, l'attachement de Rolandine pour sa propre vertu.

2. Les conteurs ont soin de rapporter explicitement à la « bonté divine » les coïncidences favorables aux victimes.

Page 271.

1. La fin de l'histoire s'accorde avec le destin d'Anne de Rohan qui épousa, en 1515 ou 1517, son cousin Pierre de Rohan, troisième fils du maréchal de Rohan (cf « son mary qui estoit un puisné ») et elle eut deux fils. Son frère Claude, évêque de Quimper, la contraignit à abandonner une partie de l'héritage que lui avait légué son frère aîné. À la mort d'Anne en 1529, ses deux fils eurent Marguerite pour tutrice.

Page 272.

1. Leur « mauvaise volonté » : à prendre au sens fort de volonté coupable, tournée vers le mal. La leçon du manuscrit est plus claire : « Les femmes ignorant leurs mauvaises volontez. »

Page 273.

1. Guebron a en effet le premier mis en scène des cordeliers (N. 5) ; il va parler d'un bénédictin. L'ordre, placé sous l'autorité de saint Benoît, fut fondé au VIe siècle.

2. Citation du Psaume CXV, 2 — « Omnis homo mendax » — et du Psaume XIII, 2 — « Qui faciat bonum non est usque ad unum », que le manuscrit traduit par « il n'en est point qui face bien, il n'en est point jusques à un ». La leçon de Gruget — « n'est celuy qui » — n'est pas attestée par les manuscrits, mais se comprend : il n'existe pas celui qui fait quelque bien, « non jusques à un » : non, pas même un seul.

3. « Prieur réformateur » : Le prieur est le supérieur d'un couvent. Il est ici qualifié de « réformateur », en accord avec le début du récit, où on le voit travailler à la « réformation » de couvents, c'est-à-dire s'efforcer de rétablir la règle souvent relâchée et d'y faire cesser les désordres. Il semble que le prieur mis en cause soit Étienne Le Gentil qui fut prieur de l'abbaye bénédictine de Saint-Martin des Champs jusqu'en 1536.

NOUVELLE 22

Page 274.

1. Le mot « religion » est employé ici à la fois au sens de couvent, abbaye, au sens de vie monastique (« le père de vraye religion ») et au sens d'ordre religieux (« grande religion »).

2. « Visiteur » est le terme propre pour désigner le religieux chargé d'inspecter les monastères, généralement ceux de l'ordre auquel il appartient (ce sera le cas au couvent de Gif).

3. À Fontevrault (Maine-et-Loire), il y avait jusqu'à la Révolution un monastère double, d'hommes et de femmes, placé sous l'autorité de l'abbesse des moniales, mais c'était aussi un ordre religieux auquel se rattachaient beaucoup de fondations, d'où la formule « grande religion ».

4. Le supérieur d'un couvent, d'une abbaye peut en effet « dispenser » tel ou tel de pratiquer l'abstinence (sur ce mot, voir note 1 à p. 253, N. 21).

5. Images traditionnelles et bibliques. Jésus dit à ses disciples : « Méfiez-vous des faux prophètes qui viennent à vous vêtus en brebis et qui, au-dedans, sont des loups rapaces » (Matthieu, 7 : 15)

ou encore, il a pitié des foules souffrantes et prostrées « comme des brebis qui n'ont pas de berger » (Matthieu, 9 : 37).

Page 275.

1. Abbaye bénédictine à Gif-sur-Yvette dans la vallée de Chevreuse.

2. L'héroïne porte ici son vrai nom Herouët (Heroët). C'est la sœur d'un poète proche de Marguerite de Navarre, Antoine Héroët, évêque de Digne, auteur de la *Parfaicte Amye* (1542).

3. Un « Dieu peinct en jugement » : représenté jugeant les hommes au Jugement dernier.

4. Les lieux réguliers : les lieux qui sont dans la clôture du couvent — cloître, dortoir, réfectoire, chapitre — par opposition aux lieux ouverts aux hôtes.

Page 276.

1. « Tante de sa mere » : l'abbesse de Gif était Catherine de Saint-Benoît effectivement grand-tante de Marie Héroët. En 1529, elle quitta Gif pour le calvaire de Mme de Vendôme, voir *infra*, n. 1 à p. 279.

2. « En bailler d'un autre » : en bailler à quelqu'un, jouer un tour à quelqu'un, tromper ; ici user d'un autre tour.

Page 278.

1. Phrase à double entente : « Salve regina » — Salut Reine… — sont les premiers mots d'une antienne à la Vierge Marie qui se termine sur « ô clémente, ô miséricordieuse, ô douce Vierge Marie ».

2. « De n'estre venu au dessus de la sienne » : de n'avoir pas eu le dessus dans sa « dévotion », dans son amour pour sœur Marie.

Page 279.

1. Mme de Vendôme est Marie de Luxembourg, épouse en secondes noces du comte de Vendôme. Après son veuvage, retirée dans son château de La Fère, près de Laon, elle y fonda un monastère bénédictin, le Calvaire, nommé ici mont d'Olivet, mont des Oliviers (« olivet » : lieu planté d'oliviers).

2. « Reformateur » : voir *supra*, n. 3 à p. 273.

3. « Monsieur de Sainct-Martin » : titre donné au prieur puisqu'il est prieur de l'abbaye de Saint-Martin des Champs.

Page 280.

1. « Visiteur » : voir *supra*, n. 2 à p. 274. Visitation : inspection.

Page 281.

1. « L'obedience de ceste religion » : la soumission à la règle du couvent et, plus largement, de l'ordre religieux.

2. Dieu est « juste juge », comme il est dit dans le Psaume 7 (v. 12) ou dans saint Paul, II Timothée, 4 : 8.

Page 282.

1. La « maistresse des novices » est celle qui a en charge les jeunes religieuses qui n'ont pas encore fait leurs vœux perpétuels.

2. « In pace » : littéralement « en paix ». La formule désigne un cachot où l'on est à perpétuité, d'où la glose : « en chartre [prison] perpétuelle ». Dans un couvent, c'est le châtiment des religieux coupables de crimes.

Page 284.

1. Marguerite intervient à plusieurs reprises dans le dénouement de ses récits, en tant que sœur du roi, soucieuse de ramener l'ordre et de punir les coupables.

2. Catherine d'Albret, fille de Jean d'Albret roi de Navarre, était abbesse de Montivilliers, près du Havre, depuis 1528 et sa sœur Madeleine l'était à l'abbaye de la Trinité de Caen, depuis 1531.

3. Antoine Duprat, cardinal et chancelier du Roi, mort en 1535, nommé légat du pape en 1530. Le chancelier est le chef de la justice.

4. Cela situerait le dénouement vers 1535, Étienne Le Gentil mourant en novembre 1536.

5. Il s'agit de l'abbaye de Gy-les-Nonnains, beaucoup plus près de Montargis que Gien.

6. La plupart des manuscrits se réfèrent seulement à l'Évangile, mais il s'agit bien d'une paraphrase de saint Paul, I Corinthiens, 1 : 27-28.

Page 285.

1. « Qui se exaltera, sera humilié » : citation évangélique : Matthieu, 23 : 12, Luc, 14 : 11 et 18 : 14.

2. Gruget, après Boaistuau, prête à Nomerfide une formule neutre et brève au lieu de sa très violente attaque.

3. « Laissons le moustier où il est » : formule proverbiale. D'après Étienne Pasquier (*Recherches de la France*, VIII, 12), ce « commun dire » marque le refus de « quelque changement », notamment qu'il ne faut « rien eschanger des anciennes constitutions de l'Église ».

Mais dans le *Testament* de Villon (v. 265), on peut comprendre
« parlons d'autre chose ». Ici le sens propre de « moustier »,
monastère (l'archaïsme soulignant l'emploi proverbial), persiste
par plaisanterie : il s'agit de ne plus parler des moines et aussi de
ne pas les fréquenter.

4. Oisille va dire en effet une nouvelle où un cordelier joue un
très mauvais rôle. La leçon de l'édition Gruget, où elle annonce,
au contraire, un conte à l'honneur des religieux ne peut s'admettre :
elle est, du reste, en contradiction avec la suite de son discours et
le titre donné à la nouvelle.

Page 286.

1. « Un ange de lumière » : citation de saint Paul, II Corinthiens,
11 : 14.

2. L'œil extérieur s'oppose à l'œil de foi. Voir n. 2 à p. 243
(N. 19).

NOUVELLE 23

3. C'est une des nouvelles à propos desquelles on a pu débattre
des rapports entre *L'Heptaméron* et les nouvelles italiennes de
Bandello : trois séries publiées en 1554 avant la publication de
L'Heptaméron, une quatrième en 1573. Bandello, après avoir
occupé en Italie plusieurs charges ecclésiastiques, suivit en France
la famille Fregoso qui était passée au service de François Ier. Vers
1542-1544, à Bassens, où Costanza Fregosa tenait une petite cour
d'aristocrates et de lettrés, il a pu rencontrer Marguerite de
Navarre. Certains schémas narratifs se retrouvent chez Marguerite
et Bandello, mais, sans entrer dans le détail des discussions érudi-
tes (voir notamment dans la Bibliographie P. Jourda, t. II p. 708-
722, A. C. Fiorato *Bandello entre l'histoire et l'écriture,* Florence,
1979, p. 520 et suiv.), on doit noter que manière et perspective
sont très différentes. Pour cette nouvelle, Bandello (II, 24) avoue
la tenir de l'humaniste Scaliger qui l'aurait entendue de Marguerite
elle-même.

Page 287.

1. Son père spirituel : celui qui dirigeait son âme, qui le guidait
spirituellement, et à qui il se confessait.

2. Sur « beaupere », voir n. 2 à p. 98, N. 5. Le cordelier est
ainsi appelé tout au long du récit.

3. Dans le Lévitique, 12 : 1-5, parmi les instructions que Dieu donne à Moïse, se trouve la loi concernant la mère après la naissance d'un enfant mâle : la mère est considérée comme souillée pendant huit jours et doit rester chez elle pour accomplir sa « purification » pendant trente-trois jours. Dans l'Évangile (Luc, 2 : 22), la présentation de Jésus au temple a lieu après la « purification ». L'Église fête le même jour la purification de la Vierge et la présentation de Jésus au temple.

4. « Frater » : frère en latin (emploi ironique).

Page 288.

1. Référence indirecte au précepte du Lévitique, 15 : 19, 24-25.

Page 289.

1. Les « matines » sont la première partie de l'office quotidien auquel les moines doivent assister ; elles ont lieu entre minuit et le lever du jour.

Page 291.

1. En 1558 et en 1559 étaient coupées les deux relatives où Oisille, suspendant son récit, analyse l'origine du désespoir de la victime. Elle y attaque les cordeliers, non pas pour leur conduite, mais pour leur enseignement tel qu'elle le définit : attendre son salut des « œuvres » accomplies, prétendre mériter le pardon des péchés par des pénitences corporelles (« jeusnes et disciplines »). Pour Oisille — et pour Marguerite de Navarre — cette doctrine fait ignorer l'essentiel : la « grâce » que Dieu nous donne, non pour nos œuvres, mais pour le « mérite » du Christ qui, par sa mort, a obtenu la « rémission » de nos péchés (voir n. 2 à p. 63). L'inspiration paulinienne est évidente (Romains, 3 : 23-25, 4 : 5-6). Les disputes sur la grâce et les œuvres étaient vives et le renouveau spirituel qui se développa vers 1520, autour de l'évêque de Meaux, Guillaume Briçonnet, fut marqué par cette insistance sur la grâce, que les « œuvres » ne peuvent mériter. Mais luthériens et calvinistes refusaient plus radicalement encore la notion de mérite et de salut par les œuvres et en 1559, sous Henri II, à la veille des guerres de religion, l'œuvre posthume de la tante du roi régnant ne devait en aucune manière paraître soutenir les thèses de la Réforme.

Bandello, quand il examine les possibles motifs du suicide, n'aborde en rien ces points de doctrine.

2. Les rideaux du lit avaient des cordons permettant de les tirer, ou de les relever en forme de boule dans la journée.

Page 293.

1. Les manuscrits — c'est l'unique cas — divergent sur le dénouement : dans beaucoup, c'est le beau-frère qui meurt. Gruget, ici, s'accorde au plus ancien manuscrit connu et à la version établie en 1555 par Adrien de Thou : c'est le mari qui meurt.

2. C'est en 1545 que François d'Olivier devint « chancelier de France ».

Page 294.

1. Jouer « à la pelote », au sens de « se jouer de », est une expression quasi proverbiale. La formule marque que l'on s'amuse d'une personne, d'une chose comme de la balle (pelote) que l'on se lançait au jeu de paume.

2. « Sinite eos », laissez-les : emprunt à l'Évangile (Matthieu, 15 : 14) souligné par l'emploi du latin. Il suffisait de reconnaître les propos du Christ contre les pharisiens pour que l'ironie se fasse évidente. Le Christ disait : « Laissez-les, ce sont des aveugles qui guident des aveugles. » D'où la coupure de Gruget.

3. L'annonce est double — « profit » d'Elisor au dénouement, « nuisance », dommage, tenant à son aveu.

Page 295.

1. « Se trouver mauvais marchand » : tournure proverbiale au sens de : perdre à un marché.

NOUVELLE 24

Page 296.

1. La « canetille » et l'or « frisé » : les deux mots indiquent la richesse du vêtement, l'éclat de l'or sur fond de laine noire. La « canetille », gros fil d'or ou d'argent, servait à broder et l'or est dit « frisé » pour marquer le relief des broderies (frisé : qui n'est pas uni).

2. Tout est noir (le drap du manteau, le cheval « maureau », le chapeau de soie) et or (les broderies) pour figurer à la fois le secret et l'éclat de la flamme amoureuse.

3. « L'enseigne » (insigne) et sa « devise » désignent l'ornement d'orfèvrerie qu'il était de mode de porter au bonnet et qui, par le motif choisi, figurait la fonction ou les sentiments du porteur.

4. « Couvert par force » : caché par contrainte.

Page 297.

1. « Comme Dieu en terre » : l'aveu d'Elisor est celui d'un amour volontairement idolâtre, celui dont Saffredent se moque et qu'il juge coupable ; voir n. 1 à p. 175, N. 12. Marguerite, dans son poème des *Prisons*, a montré l'Ami captif d'un tel amour, aimant sa dame « non comme créature/Mais comme ung Dieu... » (*Les Prisons*, II, v. 323-324).

Page 298.

1. Exemple d'incertitude du narrateur, voir aussi N. 64 p. 538.

Page 301.

1. Deuxième exemple d'épître en vers (voir N. 13) et d'un poème donné pour traduit d'une autre langue (N. 19). Elle est construite sur l'opposition des deux amours — non pas l'amour parfait et l'amour « meschant », mais la dévotion à une créature et la dévotion à Dieu, l'amour idolâtre et l'amour véritable. Mais l'épître d'Elisor est aussi une méditation sur le Temps personnifié — un temps qui est acteur dans son histoire.

2. Formule paradoxale qui s'explique dans le second mouvement du poème voué à la découverte de « l'amour d'en hault ».

Page 302.

1. Cet amour pour la créature est « pauvre et nu » comme celui dont Socrate raconte la naissance mythique dans *Le Banquet* (203c), mais ici il l'est par opposition à l'amour « véritable ».

2. « En voyant » : comme je voyais. Construction libre du gérondif qui se rapporte au complément du verbe principal : « Le temps *m'*a faict veoir... »

3. *À luy* : à l'amour de Dieu, l'amour « d'en hault ».

4. « En vous servant » : comme je vous servais... ; « en l'offensant » : alors que je l'offensais... ; « Et le fuyant » : et quand je le fuis. Même construction que précédemment et répétée pour mieux mettre en relief les antithèses.

5. L'antécédent de « qui fut pour moy » est « l'autre amour ».

Page 303.

1. L'adieu d'Elisor évoque l'adieu de l'ami au livre I des *Prisons* : « Adieu l'abisme où j'estois englouti/Adieu le feu où souvent fus rosty (...) Par vous de vous plus compte je ne faiz » (v. 611-617).

Page 304.

1. « À toutes preuves de harquebouse » : à toutes épreuves, par tous les moyens (à l'épreuve des coups d'arquebuse). La formule marque la résistance à toutes les tentatives de séduction.

Page 306.

1. « La doctrine de maistre Jean de Meun » : dans *Le Roman de la Rose*, discours d'Ami (v. 7343-7400 ; version de Marot, v. 7477-7528) où il commande à l'Amant d'user de « faulce simulation ».

2. *En tous autres* : en tous autres actes, quand il ne s'agit pas d'amour.

NOUVELLE 25

3. Cette nouvelle passe pour relater la liaison de François Ier (peut-être pas encore roi) avec la femme de l'avocat Jacques Disomme. D'où, par jeu de mots, la formule « plus estimé que neuf hommes ». *Le Journal d'un Bourgeois de Paris sous le règne de François Ier*, à l'année 1515, parle d'une farce jouée place Maubert faisant allusion à l'aventure. L'auteur aurait été battu sur l'ordre du roi.

Page 307.

1. « Unes » pouvait s'employer comme pluriel de l'indéfini devant certains noms : « unes nopces ».

Page 309.

1. « Prieur » : voir N. 22, n. 3 à p. 273.

2. « Matines » : voir N. 23, n. 1 à p. 289.

Page 310.

1. Ecclésiastique, 31 : 10, éloge de celui qui a pu pécher et n'a pas péché, qui a pu « faire le mal et ne l'a pas fait ».

2. Marguerite de Navarre, dans *La Navire* où elle déplore la mort de François Ier, insiste sur la sincère piété de son frère. Ici elle distingue cette piété des superstitions et même des « cérémonies autres » que celles ordonnées aux bons chrétiens, qui n'ont pas à suivre les rites et les offices propres à la vie monastique. C'est bien elle qui est censée parler puisque Longarine prétend rapporter les pensées de la « sœur » du héros.

Page 311.

1. Quoi qu'en dise Montaigne (*Essais* I, 56, éd. Villey, p. 524), Marguerite de Navarre « n'allègue » nullement cela « pour un tesmoignage de singulière dévotion ». Parlamente oppose à la plaisanterie ironique de Nomerfide qu'il ne faut pas juger et qu'il priait « peut-être » par repentir.

2. Ponctuation corrigée. Gruget coupe à tort :... « le plaisir me plaist ».

Page 312.

1. « Amour de soi » : l'amour en soi-même.

NOUVELLE 26

2. Le titre de Gruget ne se réfère qu'à un bref moment dans une histoire longue et complexe.

3. On identifie le héros avec Gabriel d'Albret, seigneur d'*Avesnes*, quatrième fils d'Alain, sire d'Albret. Il mourut sans avoir été marié.

4. Pampelune en Navarre n'était pas encore rattachée à la Castille sous Louis XII.

Page 313.

1. « Qu'il vouloit » : *qui il* vouloit.

2. La mule est la monture habituelle des hommes d'âge mûr.

Page 314.

1. « Alliance » est un mot à la mode pour désigner des liens affectifs indépendants d'une parenté charnelle.

Page 315.

1. Notre-Dame de Montserrat, abbaye bénédictine, lieu de pélerinage à la Vierge. L'édition, donne *Montferrat*, peut-être par erreur.

Page 318.

1. S'en aller à beau pied : s'en aller à pied, mais avec la nuance que c'est sans difficulté.

Page 319.

1. « Compter pour une » : se dit d'un danger auquel on a eu la chance d'échapper de justesse.

2. Jeu de mots sur « images », par allusion aux pouvoirs miraculeux attribués aux statues de la Vierge ou des saints.

Page 320.

1. Au souvenir de saint Jean (1ʳᵉ Épître, 4 : 20, citée dans le débat de la N. 19) se mêle celui de saint Paul : «…la foi est (…) la preuve des choses invisibles » (Hébreux, 11 : 1).

2. « Théologie » qualifie ironiquement le discours du seigneur d'Avannes qui a mis en parallèle l'incarnation du Christ (Dieu fait homme) objet de foi pour le chrétien — et celle de la vertu dans le corps de la « sage dame » — objet de foi pour lui qui avoue ainsi son adoration.

Page 321.

1. « Olly et Taffares » : Olite et Taffala, au sud de Pampelune, anciennes résidences de la cour de Navarre.

Page 322.

1. « L'or s'esprouve en la fournaise » : image traditionnelle depuis les *Proverbes* de Salomon 17 : 3, 27 : 21.

Page 325.

1. Prétendre qu'une âme rejoint le Paradis sans expier d'abord ses fautes au Purgatoire pouvait paraître hétérodoxe, d'où la coupure de Gruget (après Boaistuau). « *Qui* sont exemptz » pour *qu'ils*…

2. Souvenir de saint Paul, Ephésiens, 1 : 4 « Il nous a élus en lui avant la création du monde. » « Constitution » est la traduction littérale du latin de la Vulgate.

Page 326.

1. Dernier sacrement administré aux mourants : le prêtre trace le signe de croix à l'aide d'une huile consacrée — c'est l'onction sur les yeux, les oreilles, les narines, la bouche, les mains et les pieds — en demandant le pardon des péchés commis.

2. « In manus » : premiers mots du verset 6 du Psaume 30, devenu prière des agonisants : « Dans tes mains, Seigneur, je remettrai mon âme ».

3. La plupart des manuscrits disent « dix ans ».

Page 327.

1. Citation du Psaume 33, 22 : « Mors peccatorum pessima ».

2. C'est le seul cas où le conteur détruit radicalement la perspective où il a placé son récit en annonce comme en conclusion, mais les manuscrits s'accordent pour attribuer la réplique à Saffredent. Inadvertance de l'auteur dans la répartition des répliques ou bien jeu de Saffredent qui reviendrait cyniquement à son vrai rôle après avoir feint de répondre à la demande de Longarine (p. 312, en annonce) ? C'est son habitude de réduire la vertu féminine à une dissimulation contraire à la nature (voir son discours après la N. 42) comme Hircan va le faire aussi dans ce débat.

3. *Un pire diable met l'autre dehors* : reprise de la formule déjà employée dans le récit.

4. La cohérence impose la leçon « chasse », bien que plusieurs manuscrits (dont notre manuscrit de référence) donnent « cherche ».

5. La ponctuation de Gruget — un point devant « si nature est vicieuse » — fait contresens.

Page 328.

1. Rappel de Genèse 3 : 7. Adam et Ève après la faute « connurent qu'ils étaient nus » et se couvrirent de feuilles.

2. Guebron cite à la fois l'Évangile (Matthieu 5 : 28) et saint Jean (Première Épître, 3 : 15).

3. « Dieu qui juge le cœur » : souvenir du Psaume 7 : 10, 12 : « Toi qui sondes les reins et le cœur (…) Dieu juste juge. »

4. Souvenir de l'épisode de la femme adultère où le Christ renvoie la femme sans la condamner quand ses accusateurs se sont dispersés (Jean, 8 : 10).

Page 329.

1. « L'on m'a faict un compte » : formule qui ne convient pas dans cette abbaye où les devisants sont isolés, mais qui est une trace de la première version où la narratrice, alors unique, allait et venait, rencontrant à l'occasion des amis.

NOUVELLE 27

2. « Canibale » est un mot encore neuf répandu par les livres traitant du Nouveau Monde. D'abord confondus avec les mythiques hommes à tête de chien, les cannibales n'ont pas figure humaine. Rabelais les range parmi les « monstres difformes et contrefaicts en dépit de nature » (*Quart Livre*, chap. 32).

NOUVELLE 28

Page 331.

1. « Jehan » : peut-être Jean Frotté secrétaire des Finances des roi et reine de Navarre.

Page 332.

1. Le prévôt de Paris (voir n. 4 à p. 75, N. 1) a deux « lieutenants », « le lieutenant civil » pour la justice civile et le lieutenant criminel pour la justice criminelle.

2. Les jambons de Bayonne et de la région étaient déjà réputés. Il doit s'agir d'un jambon en croûte, d'où le mot « pasté ».

Page 333.

1. « Eguillon de vin » désigne, par périphrase, le jambon qui donne soif. À la naissance de Pantagruel, sortent d'abord du ventre de sa mère langues de bœuf, andouillettes et jambons : « ce sont agueillons de vin », disent les sages-femmes (Rabelais, *Pantagruel*, II).

2. Le « bout de tison », morceau de bois à demi brûlé, figure l'os du jambon.

Page 334.

1. « Ne faire à autruy... » : écho du précepte évangélique, Luc 6 : 31 et Matthieu 7 : 12, sous une forme négative devenue proverbiale.

2. La formule « rien plus sage, que celuy qui cognoist son rien » prend ici une portée morale, mais toute la poésie religieuse de Marguerite répète la nécessité pour l'homme de se connaître *rien* pour accéder à Dieu qui est *Tout*.

3. Parlamente fait écho au discours que Platon prête à Socrate dans l'*Apologie* (21d) pour justifier que l'oracle de Delphes l'ait désigné comme le plus sage des hommes.

4. Nomerfide dit toujours des histoires brèves (et comiques).

Page 335.

1. L'annonce de Nomerfide doit se comprendre par rapport à la N. 25 qui mettait en scène la finesse du prince surpris par l'avocat : dans le plus ancien manuscrit, les deux nouvelles se suivaient.

NOUVELLE 29

1. Le texte joue sur les deux sens du mot « mistere » : secret et cérémonie, représentation théâtrale.

Page 336.

1. Le « maistre qu'il servoit », c'est-à-dire le diable.

Page 337.

1. Deuxième citation du *Roman de la Rose* (voir N. 24, p. 306 et n. 1), v. 4333-4334.

2. Dans les romans médiévaux, c'est pour l'amour de leurs dames que les chevaliers veulent « porter le harnois » — l'armure — et accomplissent des prouesses. Voir la réplique de Simontault dans le débat de la N. 56, p. 500 et de Dagoucin dans le débat de la N. 70, p. 583.

3. Saffredent répète le verbe « idolâtrer » qu'il a déjà employé dans le débat de la N. 12 (p. 175) pour critiquer la dévotion aux dames.

NOUVELLE 30

Page 338.

1. Le titre de Gruget va à l'essentiel.

L'histoire de la mère incestueuse se trouve, au Moyen Âge, dans des recueils d'exemples à l'usage de prédicateurs, dans des « dits » en vers, dans des « miracles » et elle est toujours utilisée pour prouver la nécessité et le pouvoir de la confession qui sauve *in extremis* la coupable que le diable, déguisé en clerc, est venu dénoncer. Au XVIe siècle le schéma se complique du second inceste, aussi bien en 1545 dans une nouvelle du chanoine italien Brevio que dans une leçon sur la *Genèse* professée par Luther en 1543 (mais non éditée) où se trouve exactement le schéma mis en œuvre dans *L'Heptaméron*. Luther prétend tenir l'aventure du prêtre qui l'avait entendue en confession et qui avait consulté juristes et théologiens avant d'absoudre la coupable et de confirmer la validité du mariage du jeune couple.

Bandello a aussi traité l'histoire du double inceste (II, 35) en donnant pour garant Marie d'Albret, belle-sœur de Marguerite. Sur Bandello, voir n. 3 à p. 286, N. 23.

2. Le légat en France sous Louis XII, depuis 1500 jusqu'à sa mort en 1510, est le cardinal Georges d'Amboise. Le texte distingue bien ce légat, cardinal « envoyé » auprès d'un prince chrétien, du légat en Avignon — peut-être Louis d'Amboise, évêque d'Albi — qui était chargé de gouverner une province appartenant aux papes (Avignon et le Comtat Venaissin appartinrent aux papes jusqu'en 1791) ; d'où le rôle de ce légat au dénouement.

3. Tout au long du récit, Hircan met en lumière les fautes de l'héroïne.

4. « Unes nopces » : voir n. 1 à p. 307, N. 25.

5. Dont : ce dont.

Page 339.

1. « *Tourna* sa gloire *à* la contraincte qu'elle donnoit à son corps » : mit sa gloire dans la contrainte… La formule est à mettre en parallèle avec « l'eau par force retenue », tandis que la suite : « a plus d'impétuosité quand on la laisse aller » annonce : « se trouva soudainement portée. »

Page 340.

1. L'analyse, à la fois psychologique et métaphysique, suspend le récit pour dénoncer l'erreur fondamentale, la confiance en soi-même qui détourne de l'humilité, et fait oublier la nécessité de la grâce divine.

2. Le péché charnel (« externe ») est à la fois châtiment et remède de l'orgueil. La perspective, inspirée par saint Paul, est clairement formulée par saint Thomas, citant saint Isidore : « Celui qui, sans le sentir, est captif de l'orgueil, tombe dans la luxure charnelle pour qu'une telle humiliation le fasse sortir de son erreur » (*Somme théologique*, 2e partie, II q. CLXII, art. 6). Ici la faute — le péché *externe* — est restée sans efficace.

Aucune analyse de ce type chez Bandello qui note seulement, très brièvement, le désespoir devant l'énormité du péché.

3. Le « grand maistre » de Chaumont : voir N. 14 p. 191 et note 2. Allusion aux expéditions françaises en Italie où Charles d'Amboise se distingua dès sa jeunesse.

Page 341.

1. « S'affoler » : se blesser, se mutiler ; « s'affoler de son fruit » : se faire avorter, leçon des manuscrits, beaucoup plus précise et violente que le texte de Gruget (de même, quelques phrases plus loin : « retourna toute *saine* », et non pas toute « seule »).

D'autre part, le texte de Gruget ne donne à « manteau » que le sens figuré.

Page 342.

1. Catherine de Foix mariée à Jean III, roi de Navarre.

2. La version de *L'Heptaméron* accentue les coïncidences, alors que les conteurs italiens prêtaient à la mère une passion coupable pour son fils et que Brevio comme Luther jouaient sur l'unité de lieu pour rapprocher le fils et la jeune fille. Mais ici les coïncidences sont à lire comme la manifestation de la volonté divine.

Page 343.

1. La confession n'est plus rite tout-puissant, comme dans les exemples médiévaux, mais signe d'une conversion à l'humilité. Le légat d'Avignon serait Louis d'Amboise.

2. L'Église prohibait strictement les mariages consanguins et les tenait pour nuls. Mais, la prohibition s'étendant à des degrés de parenté éloignés, on pouvait plaider l'ignorance et obtenir du pape une bulle remettant le péché et tenant le mariage pour valide. Ici, c'est le légat en Avignon qui intervient (voir n. 2 à p. 338).

3. La formule évoque certaines épitaphes énigmatiques relevées, avant le XVIIᵉ siècle, sur des pierres tombales, notamment celle d'Écouis dans le Vexin normand : « Ci gît l'enfant, ci gît le père/Ci gît le frère/Ci gît la femme et le mari/Et ne sont que deux corps ici. » Écho d'un fait divers ? Jeu d'imagination ?

4. La citation ne vient pas des Psaumes, mais d'Isaïe, 38 : 14. Le texte de la Vulgate — *vim patior* — est traduit littéralement par « je souffre force », je souffre violence (la leçon de Gruget ne peut s'admettre par rapport au texte biblique). Hircan conclut sur la nécessité de l'humilité intérieure qui attend son salut de Dieu seul, leçon partout répétée dans la poésie religieuse de Marguerite ; ainsi, dans les *Chansons spirituelles* (chanson 42) : « La misère est en moy/Et le salut en Toy (…) En ce terrible esmoy/Seigneur, respond pour moy. »

Page 344.

1. Les répliques des devisants confirment la perspective où Hircan a placé cet « estrange cas ». Parlamente et Guebron font très précisément écho à la doctrine paulinienne (voir, par exemple, Galates, 6 : 3 : « Si quelqu'un estime être quelque chose alors qu'il n'est rien, il s'abuse »). Emarsuite trouve dans l'histoire prétexte à

renouveler l'attaque contre l'enseignement des cordeliers (voir N. 23, p. 291), d'où les coupures de l'édition. Elle voit dans leur « resverye » — doctrine illusoire, sans fondement — la cause de la confiance que la mère plaçait dans ses propres forces.

2. Longarine introduit dans le débat une histoire en raccourci (autres exemples : débats des nouvelles 38, 44 et 51). Les procès d'Inquisition attribuent les pratiques décrites ici aux milieux proches des franciscains et l'anecdote a toutes chances d'être authentique : à Milan, en juin 1536, le pape Paul III ordonna une enquête sur une secte qui se livrait à des expériences de ce genre. Malgré l'ironie de Longarine qui la traite sur un registre quasi comique, elle s'intègre exactement au débat où chacun s'accorde à condamner la « folie » d'avoir confiance en soi-même.

Page 345.

1. Allusion aux tentations de saint Jérôme. Dans *La Légende dorée* de Jacques de Voragine, il décrit sa vie au désert où il dormait sur la terre nue et vivait d'eau froide sans pour autant échapper « aux embrasements de luxure » qui croissaient en sa chair.

2. Deuxième apparition des moines. Voir fin de la 2ᵉ journée, n. 1 à p. 249). La réplique d'Hircan est une raillerie à l'égard de ces auditeurs avides d'histoires, mais incapables de s'intéresser à un débat qui est méditation religieuse sur un « cas ». On peut y voir l'image des mauvais lecteurs qui en restent au divertissement.

QUATRIÈME JOURNÉE

Page 346.

1. « Parole » de Dieu, puisqu'il s'agit d'une citation de l'Évangile, Luc, 14 : 20, où Jésus raconte la parabole des invités qui refusent de venir au festin. Le texte ne dit pas exactement « j'ai une femme », mais « j'ai pris femme ».

2. L'allusion est vague, mais, dans les livres que Marguerite cite ailleurs, diverses formules pourraient convenir aux gloses d'Oisille, bien qu'il s'agisse de refus plus que de négligence face à la parole divine. D'abord, dans les livres sapientiaux, Psaumes, 106 : 10-11 : « Habitant dans les ténèbres et l'ombre de la mort (…) parce qu'ils ont méprisé la parole de Dieu et dédaigné le conseil du Très Haut… » ; Ecclésiastique, 5 : 8 : « Ne tarde pas à

revenir au Seigneur et ne remets pas jour après jour… ». Dans les livres prophétiques, plusieurs passages d'Isaïe : « Cherchez Dieu pendant qu'il se laisse trouver, invoquez-le pendant qu'il est proche » ou les discours de Dieu lui-même : « Vous tomberez tous à l'abattoir, car j'ai appelé vous n'avez pas répondu, j'ai parlé et vous n'avez pas écouté (…) Je prendrai plaisir à les maltraiter. Car j'ai appelé et personne n'a répondu, j'ai parlé et ils n'ont pas écouté » (Isaïe, 55 : 6, 65 ; 12, 66 : 4). De même, dans Jérémie, 7 : 13 les menaces de Dieu : « Puisque… je vous ai appelé et que vous n'avez pas répondu (…) je vous rejetterai de devant moi. »

Page 347.

1. François Bonvalot, abbé de Saint-Vincent de Besançon, représenta Charles Quint à la cour de 1539 à 1541.

NOUVELLE 31

2. Plusieurs récits antérieurs jouent sur la présence de femmes dans des couvents mais, bien qu'on ait cité à propos de cette nouvelle le fabliau de Rutebeuf *Frère Denise* ou deux des *Cent Nouvelles Nouvelles* (32 et 60), il ne s'agit pas du tout de modèles. Les circonstances n'ont rien à voir.

3. Maximilien d'Autriche (grand-père de Charles Quint) qui mourra en 1519 est empereur depuis 1493 : l'empereur, élu dans la maison des Habsbourg, règne sur une fédération d'États, sur les terres des Habsbourg — dont l'Autriche — et une partie des Pays-Bas — dont le comté de Flandres : d'où au dénouement la référence à la « justice de l'Empereur en Flandres » (p. 351).

Page 348.

1. Un seigneur pouvait donner à « ferme » l'exploitation d'une terre moyennant une « rente ». La « rente » est ce qui est dû en espèces ou en nature.

2. La porte du « chasteau » est la porte du mur d'enceinte à l'intérieur duquel se trouvent les dépendances, la cour et la « maison » d'habitation.

Page 349.

1. Écho de l'épisode de la femme adultère dans l'Évangile, Jean, 8 : 7 : « Que celui qui n'a jamais péché lui jette la première pierre. »

2. Dieu est « protecteur » des justes « dans le temps de leur tribulation » (Psaumes, 36 : 39). C'est un lieu commun dans les Psaumes qu'il s'agisse d'un souhait, d'un espoir ou rappel d'une circonstance passée.

Page 351.

1. La phrase fait écho à de multiples Psaumes : 5 : 12 ; 31 : 7 ; 108 : 31.

Page 352.

1. L'opposition des adjectifs se comprend par référence au sens ancien de « *friant* », participe de frire : ardent, avide (au plaisir).

NOUVELLE 32

Page 353.

1. Malgré la précision du cadre historique, ce spectacle macabre de la femme buvant dans un crâne, devant un voyageur étonné, est une très vieille histoire : une scène très proche se trouve déjà dans un roman du XIIe siècle, le *Protheselaus* de Hue de Rotelande, et surtout dans l'anthologie française des *Gesta Romanorum*, ce *Violier des Histoires romaines* (éd. 1521, chap. LIV) que la reine pouvait connaître. Voir l'article de F. Lecoy dans *Romania*, 1955 : « Un épisode de *Protheselaus* et le conte du mari trompé. »

2. Un Bernage — ou Vernaiges — est mentionné comme écuyer dans l'état des serviteurs de Charles VIII.

3. La ponctuation de Gruget est fautive : « ...sa maison ainsi fermée. Au soir... ». Correction d'après le manuscrit de référence.

Page 356.

1. Selon saint Paul, c'est un honneur pour la femme de porter un voile sur la tête, marque de sa soumission à l'homme (I *Corinthiens,* 11 : 6, 15).

2. Certains manuscrits (dont le manuscrit de référence) ne comparent pas au « tourment » la « patience », mais le « pesché ». « Patience », ici : le fait de supporter, d'endurer.

Page 357.

1. Jean de Paris est le surnom de Jean Perreal « peintre ordinaire » des rois Charles VIII, Louis XII et François Ier.

2. La conclusion d'Oisille rappelle celle d'Hircan après la N. 30. La leçon de Gruget (« aucune d'entre *vous* ») ne convient pas au

rôle d'Oisille qui ne se met jamais à part du groupe des dames. Elle vient de l'édition de Boaistuau où Hircan disait l'histoire.

Page 358.

1. Le proverbe est attesté dès la fin du XIIIe siècle : « Bien est gardé qui dex velt garder. »

2. « Sa sœur qui estoit vierge » : ce serait Marthe (Luc, 10 : 39) ; voir n. 3 à p. 242, N. 19.

3. La leçon de Gruget « mary » (qui se trouve dans un manuscrit) convient à « comme elle debvoit », mais le manuscrit de référence donne « amy », qui conviendrait mieux au deuil devant les os du mort.

4. Moquerie à l'adresse de Dagoucin (voir N. 19, p. 244). Vivre « de vent comme pluvier » est une expression proverbiale attestée dès le XVe siècle.

Page 359.

1. « De l'espoir qu'il y a » : leçon de beaucoup de manuscrits, dont le manuscrit de référence ; on peut comprendre : de l'espoir que l'on met dans le cœur des dames ; d'autres manuscrits donnent une leçon plus simple : « de l'espoir qu'il y *en* a » (qu'il y a de l'amour).

2. « Je vous asseure » : je vous garantis que vous n'en mourrez pas.

3. C'est le seul moment où Oisille est appelée « ma damoiselle ». Les manuscrits donnent « madame » (voir Glossaire à « damoiselle »).

4. Le mot « nouvelles » est ici employé dans son sens banal, sans référence à un genre littéraire. (C'est à tort que certaines éditions lui mettent une majuscule.) Il s'agit ici spécialement de « nouvelles » qui ont « apparence de sainteté », au point de passer pour le récit d'un miracle.

5. Une « *espece* de miracles » est une « apparence » de miracles, espèce gardant son sens étymologique, du latin *species*.

6. « Fidele » est à prendre au sens religieux : animé par la foi.

NOUVELLE 33

7. Le père de Marguerite et de François, mort en 1496, avait le comté d'Angoulême en apanage (à l'origine, biens donnés par un roi à ses fils cadets, transmissibles à leurs descendants et retournant

à la couronne en l'absence d'héritier mâle). Le fait divers se passe à Cognac en Angoumois, et le rôle que joue le comte vient en attester l'authenticité.

8. « Prince fidèle et craignant Dieu » : écho de la formule biblique qui présente Job comme un homme « droit et craignant Dieu » (*Job*, 1 : 1).

Page 360.

1. Le vocabulaire (jamais n'avoit *cogneu* homme », « œuvre du Saint Esprit » « Vierge Marie ») fait écho au dialogue de l'Ange et de Marie dans l'Évangile, Luc 1 : 27, 34-35.

2. Sur les « jeusnes commandés par l'Eglise », voir n. 1 à p. 254, N. 21.

3. Un maître des requêtes est un officier de justice dépendant du roi, mais, dans les apanages, le seigneur pouvait pourvoir ces offices, et le comté d'Angoulême était un apanage. Voir n. 7 à p. 359.

4. Le « corpus domini » : le corps du Christ, présent dans l'hostie consacrée.

5. La « vérification » annoncée par le curé prétend satisfaire à l'enquête ordonnée par le comte. La scène, après la messe, se déroule en trois temps : un premier interrogatoire où la fille enceinte maintient qu'elle est vierge ; une invitation à communier et à prêter serment sur le corps du Christ (« corpus domini ») qu'elle doit « prendre » à sa « damnation », c'est-à-dire qu'elle sera damnée en cas de faux serment ; la formulation du serment après la répétition de la formule rituelle (« Je prends le corps de nostre Seigneur… à ma damnation »). Le serment était un acte à la fois juridique et religieux qui prenait Dieu à témoin d'une affirmation et pour le confirmer, on posait la main sur un objet sacré (Bible, croix, reliques) ; ici l'hostie présentée par le curé n'est pas touchée par la main, mais absorbée, puisque l'accusée est invitée à communier. Pour mentir par un serment non valable, donc sans parjure, on recourait à la ruse (reliquaire vide, par exemple) ou à l'ambiguïté des termes. La littérature médiévale offre plusieurs exemples de serments ambigus, le plus célèbre étant celui d'Yseult (Béroul, *Tristan et Yseut*, v. 4197-4211).

Page 361.

1. Dans le manuscrit de référence, le comte, avant de citer et d'interpréter le serment ambigu, précise : « Elle vous a dict verité et si elle vous a trompez. »

Page 362.

1. Un « faux donner à entendre » : les manuscrits écrivent « donné », comme un qualificatif de « faux ». Mais la graphie de Gruget peut s'admettre, la formule se nouant sur un infinitif substantivé, un « donner à entendre » (faire comprendre) qui est mensonger, *faux* étant alors adjectif.

2. « Un pain non sacré, ne beneist » : avant la consécration par le prêtre, l'hostie est seulement du pain sans levain.

3. « Par signes ne par miracles extérieurs » : la formule paraphrase saint Paul (II Corinthiens, 12 : 12) comme faisait Dagoucin pour annoncer la N. 9, mais cette fois, c'est pour inviter à se défier des « signes ».

4. « Consummatum est » : « Tout est accompli. » Dernière parole de Jésus sur la Croix (Jean, 19 : 30).

Page 363.

1. « C'est pour *engresser* » : pour en tirer profit ; du latin chrétien « incrassare », devenir prospère. Plaisanterie de Longarine sur la spontanéité de Nomerfide.

2. « L'esprit de Dieu, qui est plus fort que la mort » : Oisille résume la leçon de saint Paul dans Romains, 8 : 11. « Mortifier », à nouveau employé dans son sens théologique, comme dans le Prologue : voir n. 1 à p. 64.

3. « Ceux qui sont *charnels* » : attachés au monde ; référence à l'opposition paulinienne entre « ceux qui vivent selon la chair » et « ceux qui vivent selon l'esprit » (Romains, 8 : 5-10). Les débats s'interrompent à plusieurs reprises, quand ils se font trop religieux (voir, par exemple, la réplique de Simontault à la fin du débat de la N. 34, p. 368). Mais ici Oisille renonce délibérément à un discours qui serait incompréhensible pour des mondains.

NOUVELLE 34

Page 364.

1. Localisation précise (Grip) et référence à un personnage bien connu de Marguerite, dès son premier mariage. Jacques Poussart, seigneur du Fors, est donné ici comme appartenant à Louise de Savoie (p. 366).

Page 367.

1. Le début de la réplique de Guebron semble se référer à la morale de Démocrite : la mesure dans le plaisir procure la tranquil-

lité de l'âme (ataraxie). Mais il généralise en mentionnant l'indifférence à tout « accident », c'est-à-dire à tout ce qui arrive de l'extérieur, bon ou mauvais : c'est l'apathie, la fermeté d'âme exigée par le stoïcisme.

2. « Et *je trouve aussi bon* comme... » : je trouve, moi aussi, bon...

3. « Qu'il n'y avoit de faict » : qu'il n'y en avait en réalité.

4. Le « lict » traduit le latin « stratum » : ce qui est étendu par terre, natte, matelas.

5. L'anecdote vient des *Vies des philosophes* de Diogène Laërce dans une version latine ou française (livre VI). Le texte de l'édition explicite en amplifiant la réplique de Platon et en ajoutant la phrase de conclusion (« Car certes... ») où le dénuement affecté par Diogène devient marque d'orgueil (version quasi identique, comme chez Boaistuau, à celle du manuscrit d'Adrien de Thou).

Page 368.

1. L'orgueil se développe grâce à la mort de « tous les autres » vices quand l'âme s'attribue le mérite de cette victoire sur les vices, au lieu d'y voir l'effet de la grâce divine.

2. Reprise de la condamnation de l'orgueil et de la confiance en soi, déjà formulée dans le débat de la N. 30, et rappel explicite de la leçon du matin qui se trouve précisée *a posteriori* : Oisille paraphrase ici Romains 1 : 21-28. Voir aussi le débat de N. 51. « Pour s'attribuer » : parce qu'ils se sont attribué...

3. Voir n. 2 à p. 340, N. 30. « L'infidélité intérieure » désigne l'absence d'une foi véritable, l'erreur de l'esprit se fiant à sa propre sagesse.

4. L'image des mauvais fruits et de leur racine d'orgueil est fréquente dans la poésie de Marguerite, notamment au début du *Miroir de l'âme pescheresse*.

Page 369.

1. « Resver » est péjoratif, d'où probablement la variante introduite dans les deux éditions : « dechiffrer ».

NOUVELLE 35

2. Schéma traité par Bandello. Voir n. 3 à p. 286, N. 23.

3. Le « premier jour de caresme » est le mercredi des Cendres où un office est célébré après lequel le prêtre « impose » sur le front

de chaque fidèle une croix de cendre en disant : « Souviens-toi que tu es poussière et que tu retourneras en poussière. »

Page 370.

1. Description traditionnelle, notamment dans la poésie italienne, de la naissance de l'amour.

2. « *Sous tiltre* de spirituel » : sous le nom de... Opposition du nom et de la réalité.

Page 371.

1. Pendant le carême — quarante jours précédant le dimanche de Pâques — l'Église imposait de jeûner (un seul repas par jour).

2. La semaine sainte : dernière semaine du carême où, le vendredi, on commémore la Passion du Christ.

Page 372.

1. « Pour aller en masque » : pour qu'il s'en serve comme de déguisement.

2. Le signe de croix, comme l'eau bénite, fait fuir les démons.

Page 373.

1. Dans les épîtres de saint Jean, « Antechrist » est le nom de l'imposteur qui viendra à la fin des temps pour renverser la religion du Christ (I, 2 : 18 et 4 : 3 ; II, 7) ; par extension nom commun désignant les ennemis du Christ.

2. « Beau père » : ici, sans ironie, voir n. 2 à p. 98, N. 5.

Page 374.

1. Le « lyon rugissant » est l'ennemi du fidèle dans le Psaume 21 : 14 et la métaphore se lie à une réminiscence paulinienne sur la rédemption acquise par le sang du Christ : Éphésiens 1 : 7.

2. « Trompeur » : elle croit qu'il avait répondu à ses lettres d'amour sans l'aimer puisqu'il l'a repoussée et battue.

Page 375.

1. À vous « retourner » à celuy : à revenir à celui.

Page 376.

1. « Amour de soy » : amour, en soi-même.

2. Le texte de Gruget est clair, mais les manuscrits donnent une autre leçon : « Il y a assez d'hommes estimez hommes de bien, mais d'estre hommes de bien envers les dames pour garder leur honneur et leur conscience, je croy... »

3. Ne s'en trouveroit point « jusques à un seul » : pas même un seul. Souvenir biblique : Psaume 13 : 1.

NOUVELLE 36

Page 377.

1. Fait divers ou nouvelle romanesque, on en dispute (voir P. Jourda, p. 780-781). La ressemblance avec là quarante-septième des *Cent Nouvelles Nouvelles* est peu probante (vengeance d'un mari trompé qui est, lui aussi, « président », mais circonstances très différentes). On a pu reconnaître dans le protagoniste Geoffroy Carles, d'origine italienne, premier président au Parlement de Grenoble dès 1500, jurisconsulte et diplomate d'importance sous Charles VIII et Louis XII ; ses armoiries portaient un ange tenant un index sur la bouche : emblème du silence — ou allusion au nom de sa femme Marguerite du Mottet (de *mutus* : muet) ?

2. Deux manuscrits (l'un dans le texte, l'autre en marge) donnent « Turin », ce qui renverrait à G. Carles qui, en 1500 aussi, fut nommé par Louis XII président du Sénat de Turin.

Page 380.

1. L'usage admettait que le mari tue l'amant et la femme surpris en flagrant délit d'adultère : Brantôme en rapporte de multiples exemples. Au xive siècle, Geoffroy de La Tour Landry dans le *Livre* écrit pour ses filles (voir *infra* n. 1 à p. 383) raconte un cas particulièrement affreux où le mari qui a transpercé d'un coup les deux coupables pris « en celluy vil péchié » n'hésite pas à faire venir la justice pour montrer « le fait ». Conclusion : « s'y en fut tenu pour excusé » (chap. LXII).

2. Dans les affaires de meurtre, l'excuse de la colère était admise et mise en avant pour obtenir des lettres de rémisssion. Les « docteurs » sont les docteurs en théologie, et la phrase de Longarine pourrait s'autoriser de la position de saint Thomas pour qui la « passion » diminue le péché.

Page 381.

1. « Ce que j'ay dict » : en fait, c'est Longarine qui a excusé les « premiers mouvemens ».

Page 382.

1. Gruget, suivant Boaistuau, mêle coupures et réécritures pour atténuer la hardiesse des propos de Saffredent qui justifie les amou-

reux, quoi qu'ils fassent, en se référant à la première épître de Jean, 4 : 20, déjà deux fois citée, de façon beaucoup plus orthodoxe, dans le débat de la N. 19. L'image de l'« eschelle » (seul exemple dans *L'Heptaméron*), que Saffredent s'approprie ici avec désinvolture, est familière aux mystiques et elle correspond aussi à la perspective néo-platonicienne où, à partir de l'amour humain, l'âme s'élève par degrés à l'amour de Dieu. Briçonnet l'emploie dans ses lettres à Marguerite et Marguerite elle-même la reprend déjà très précisément dans le *Dialogue en forme de vision nocturne* (v. 733-738).

2. Oisille ne s'offusque pas d'allusions très libres de ton à des textes de l'Écriture (voir N. 41, p. 407 et 72, p. 593-594) et à l'occasion en plaisante elle-même (N. 54, p. 488), mais elle n'admet pas qu'ils soient pervertis pour appuyer de fausses doctrines, comme celle qui excuserait la violence des amoureux.

3. La formule est volontairement ambiguë : la « charité » attendue des dames n'est pas le « feu de charité » qui doit être élan vers Dieu. Il y a peut-être un souvenir de l'hymne *Veni Creator* où l'Esprit-Saint est appelé « feu, charité » et où on l'implore d'enflammer les âmes de son amour.

4. Référence à la Genèse, 3. Les paroles des amoureux sont assimilées au mensonge du serpent tentateur qui séduit Ève.

NOUVELLE 37

Page 383.

1. La seigneurie de Loué, près du Mans, appartenait à la maison de Laval, apparentée aux Montmorency. Cette nouvelle où l'héroïne porte un nom réel, que Gruget a eu soin de couper, paraît pourtant, dans la scène où la femme prie son mari de se laver les mains, suivre de près *Le Livre du chevalier de la Tour Landry* : c'est une des histoires édifiantes qu'il propose en exemple à ses filles (chap. XVII) et où il met en scène sa tante, la dame de Langalier. Le texte, composé en 1371, fut imprimé au XVIe siècle (1514) et un manuscrit figurait dans la bibliothèque royale de Blois.

Page 384.

1. Les « heures » sont les livres d'heures où l'on trouvait un abrégé de l'office que doivent réciter les moines aux différentes heures de la journée, et, en outre, les heures de la Vierge, les psaumes de la pénitence, les litanies des saints et des fragments des Évangiles. L'imprimerie favorisa la diffusion parmi les laïcs de

ces livres propres à la prière privée. Madame de Loué manifeste ainsi sa piété.

Page 386.

1. Dans les chambres des maîtres couchait d'ordinaire un serviteur, ou une femme de confiance (voir N. 23, p. 292) dans un petit lit ou « couchette ».

Page 387.

1. On utilisait la cendre de bois pour laver le linge.

2. « Il ne m'en a point donné occasion, mais de le regretter » : Ellipse pour : « mais il m'a donné occasion de le regretter ».

3. « Ils ont perdu le labeur de leur sepmaine par un samedi » : tournure proverbiale signifiant perdre, au dernier moment, le bénéfice de longs efforts.

4. Souvenir de saint Paul, Éphésiens, 5 : 23 (« le mari est le chef de la femme ») et 5 : 28 (« les maris doivent aimer leur femme comme leur propre corps »).

Page 388.

1. Une « femme de ville » est une « bourgeoise » qui n'est pas instruite, éduquée aussi « vertueusement » que les femmes de la haute société. Voir ce que dit Oisille en conclusion de la N. 2 et Guebron après la N. 5 où il insiste sur les « exemples » qu'ont lus les femmes « de bonne maison ».

NOUVELLE 38

2. Plusieurs modèles sont possibles : un célèbre colloque d'Érasme, « La femme qui blâme le mariage » ; un ouvrage oublié, mais dont le sujet pouvait avoir séduit Marguerite : *La Louenge de Mariaige* de Pierre de Lesnauderie (éd. s. d. et 1523) ; mais aussi un des récits figurant dans *Le Mesnagier de Paris* où un vieux mari prétend donner des conseils à sa jeune épouse ; un manuscrit de ce texte de la fin du XIVe siècle figurait dans la Bibliothèque royale sous le titre : « Mesnager » « contient belles et sainctes doctrines de l'Espoux à son Espouse » et « l'exemple » y était mis dans la même perspective que dans le récit de Longarine. Dans ces trois textes, on trouve des détails concrets analogues à ceux donnés par cette nouvelle.

Page 389.

1. Cf. le proverbe, attesté dès le XIVe siècle en français, « goute d'yaue fait la pierre caver ».

2. « Sans cueur, sans fiel et sans foye » : les trois mots renvoient à ce qui pouvait provoquer les passions dont l'origine pour les Anciens était ou dans le cœur (*thumos*) ou dans le foie. Quant au fiel, ou bile jaune, il inspirait l'amertume : être « sans fiel », être sans ressentiment, sans désir de vengeance.

3. Écho des préceptes du Christ dans Matthieu, 5 : 38-44. La formule est proche de saint Paul, Romains, 12 : 17 (« Ne rendez à personne le mal pour le mal ») et 12 : 21 (« Triomphe du mal par le bien ») ou de la première épître de saint Pierre, 3 : 9 (« Ne rendez pas le mal pour le mal (…) au contraire bénissez »).

Page 390.

1. Mortifiée : voir n. 1 à p. 64, au Prologue.

2. Exemple d'anecdote insérée dans le débat (voir aussi les débats des N. 30, 44 et 51).

3. Le *Dictionnaire comique* de Leroux, au XVIIe siècle, note : « Dieu aide à trois sortes de personnes, aux fous, aux enfans et aux ivrognes. »

4. Référence aux paroles du Christ dans l'Évangile, Luc, 5 : 31. L'inspiration est ensuite visiblement paulinienne. Voir notamment Romains, 3 : 19 et 7 : 7 sur le joug de la loi et l'affranchissement par le Christ et Romains, 1 : 22 (« se disant sages ils sont devenus fous ») ou I Corinthiens, 1 : 20 (« Dieu n'a-t-il pas convaincu de folie la sagesse du monde »).

5. « Le vice est commun aux femmes et aux hommes » : voir *supra,* p. 380, conclusion de la N. 36.

NOUVELLE 39

Page 391.

1. Jean de Talleyrand, seigneur de Grignols : Brantôme le dit de « plaisante compagnie et qui rencontroit bien », c'est-à-dire qui avait l'esprit d'à-propos (*Œuvres,* t. VII, *Des dames,* p. 317) et ailleurs il le montre ambassadeur à Rome, tournant en ridicule des cardinaux qui partaient pour exorciser un pauvre homme et refusaient de l'emmener voir ce « mystère » (*ibid., Sermens* et *jure-*

mens espagnols, p. 197-198). L'anecdote s'accorde bien au rôle qu'il joue dans la nouvelle.

2 « Et s'enquerant... luy dict » : comme *il* s'enquérait... *elle* lui dit...

3. « La femme qui couchoit auprès d'eux » : voir n. 1 à p. 386, N. 37.

Page 392.

1. « Ce beau mistère » : voir n. 2 à p. 335, N. 29. Dans la conclusion de l'anecdote, la formule « deux ans durant avoient joué leur rolle » fait écho au mot « mistere ».

2. « L'esprit s'en va et ne retourne plus » : Saffredent et ses auditeurs ne croient pas aux revenants.

Page 393.

1. « Bien justement » : très justement.

2. La formule d'Oisille « vray diable » semble correspondre à la leçon de certains manuscrits » : « tant plus le plaisir est diabolique. »

NOUVELLE 40

3. Jean II vicomte de Rohan (voir n. 1 à p. 251, N. 21) paraît être le seigneur en scène dans cette nouvelle. « Josselin », dans le Morbihan, faisait partie de ses domaines ; d'où le pseudonyme : comte de « Jossebelin ». Il eut une sœur Catherine morte, dit-on, sans avoir été mariée et il fut arrêté en 1479, sur l'ordre du duc de Bretagne, pour un meurtre, celui du seigneur de Keradreux. Il passa en France à sa sortie de prison et resta au service de Charles VIII, puis de Louis XII.

Page 394.

1. « Il voudroit qu'il luy eust beaucoup cousté et que... » : cf. notre expression : « il donnerait cher pour que... »

2. « De mesme maison qu'elle » : de qualité égale à la sienne.

3. Exemple de mariage clandestin. Ce sera la question dont les devisants vont débattre.

Page 395.

1. « Je me puis marier à ma volonté » : voir n. 1 à p. 256, N. 21.

Page 396.

1. « Ce qu'*il* avoit faict » : on peut comprendre qu'il s'agit du frere qui réfléchit à son acte, c'est-à-dire au meurtre, tandis que, dans ce qui suit, *il* renverrait (devant « avoit espousé ») à la victime, l'emploi des pronoms personnels s'accommodant, jusqu'au XVIIe siècle, des équivoques ; mais « ce qu'il avoit faict » peut aussi se rapporter à la conduite de la victime.

2. « À peine penseroit-elle » : elle aurait peine à penser, à croire. « Pardonner à » est à prendre au sens de « faire grâce à », « un autre » renvoyant à « second mary ». Le texte de Gruget est équivoque à cause de la tournure « d'avoir faict ». Mais plusieurs autres manuscrits donnent, sans ambiguïté, « quand il avoit faict... », alors qu'il avait fait...

3. Le mot « hermitage » appartient au langage de l'héroïne qui fait ainsi de sa prison un lieu solitaire, voué à la prière et à l'amour de Dieu.

Page 397.

1. Rolandine : voir le dénouement de la N. 21, p. 271.

2. Parlamente et Oisille prennent parti contre les mariages secrets. À noter qu'ici le consentement du père n'est pas en cause et qu'il ne s'agit pas d'un mariage par « seules paroles de présent », mais contracté devant un prêtre. C'est pourtant l'écho des querelles entre les juges d'Église qui s'en tiennent au droit canon (voir n. 1 à p. 257, N. 21) et les légistes royaux, qui s'appuyaient sur le droit romain : le pouvoir était soucieux de prévenir les mésalliances résultant des mariages non autorisés par les familles.

Page 398.

1. La réplique de Guebron rappelle en effet que les parents ne pouvaient faire opposition au mariage — en arguant d'un « rapt » — que si le jeune homme ou la jeune fille avait moins de vingt-cinq ans. Mais c'est plus tard, semble-t-il, que des ordonnances royales légiféreront précisément.

2. « Sur laquelle il n'avoit point de justice » : il n'était ni son père ni son mari et elle était majeure comme Guebron vient de le dire, donc il n'avait aucune autorité légale sur elle.

3. « Par amour » : est à relier à « espousast », et non pas à « serviteur » qui a ici son sens social (rapport d'un gentilhomme au seigneur qu'il sert).

Page 400.

1. Image traditionnelle : motif d'un concours poétique à Blois en 1548 où rivalisèrent Charles d'Orléans (Ballade 100 : « Je meurs de soif en couste la fontaine ») et François Villon (« Poésies diverses », ballade VII : « Je meurs de seuf aupres de la fontaine »).

2. La leçon de Gruget, le « fou », peut s'admettre.

3. Saffredent se réfère au lieu commun venu d'Aristote : « La femelle est comme le mâle incomplet » (littéralement : mutilé) ; et sa nature est « comme une défectuosité » (*De la génération des animaux* II, 3, 737 a et IV, 6, 775 a). La thèse se retrouve jusque dans *Le Courtisan* de Castiglione où l'un des devisants soutient que les femmes sont « des animaux très imparfaits et de dignité faible ou nulle par rapport aux hommes » (II, XCI).

4. « À fin de ne confondre point la monarchie » : pour empêcher toute confusion dans l'ordre du royaume. Dagoucin, enclin à défendre les mariages d'inclination, met en évidence les objectifs du roi et de ses légistes, les mésalliances des filles allant contre les intérêts des grandes familles. Mais Guebron lui oppose les dangers des mariages d'amour. Parlamente tente un compromis et dénonce au passage la triple tentation qui écarte de la vie selon Dieu — « gloire, avarice, volupté ». Voir n. 1 à p. 238, N. 19. Ce débat sur les mariages secrets a permis de formuler diverses opinions sur un sujet d'actualité.

Page 401.

1. La fin de la quatrième journée semble récrite par Gruget qui supprime l'unique intervention à la première personne hors du Prologue. Leçon du manuscrit : « La dame Oisille departit la compaignie qui s'en alla coucher si joieusement que *je pense* que ceulx qui estoient mariez ne dormirent pas si longuement que les autres racontant… et demonstrant… »

CINQUIÈME JOURNÉE

Page 403.

1. À noter l'insistance croissante sur les leçons d'Oisille et l'apparition de la métaphore de la nourriture spirituelle.

2. « Et s'estre un peu promenez » : après s'être…, construction absolue de l'infinitif passé, assez fréquente.

3. L'ironie visant les mœurs des religieux, satire traditionnelle, ne paraît pas dangereuse à Gruget — d'où sa formule, de même ton que celle (différente) du manuscrit : « … gens de bien en la presence desquels n'osoit faire venir ses pellerines acoustumées. »

NOUVELLE 41

Page 404.

1. L'anecdote est datée très précisément par cette référence à la paix dite « paix des dames » signée en août 1529, où Louise de Savoie, accompagnée de Marguerite, représentait François Ier. Marguerite d'Autriche, tante de Charles Quint, est gouvernante des Pays-Bas.

2. Françoise de Luxembourg, femme de Jean comte d'Egmont.

3. « Le temps des advents » : les quatre dimanches de l'avent (voir n. 3 à p. 162, N. 11).

Page 405.

1. La terre de « Fiennes » appartenait à la maison de Luxembourg depuis le XIVe siècle.

2. « Passer par les mains » : pour Saffredent, le mot est à double entente.

Page 406.

1. Recevoir le « corpus domini » : communier — Voir n. 4 et 5 à p. 360.

2. « Receurent » : ellipse pour reçurent le « corpus domini ».

Page 407.

1. Les religieux, c'est-à-dire les moines, n'étaient pas tous prêtres (ce qui est la condition nécessaire pour confesser), d'où l'énumération d'Oisille.

2. « Jouer au vif le mistère de la Nativité » : jouer au naturel. Le mot « mistère » se réfère ici encore aux représentations théâtrales (voir N. 29 et N. 39). Le « mistere de la Nativité » est une formule doublement hardie : elle peut désigner, dans les *Mystères de la Passion*, la partie, parfois autonome, qui représentait la naissance du Christ, mais c'était aussi la référence traditionnelle au « mystère » de cette naissance et à sa célébration liturgique. Simontault n'hésite pas, par plaisanterie, à voir une excuse là où Oisille juge qu'il y a aggravation du péché. Gruget a récrit prudemment l'ensemble du passage, mais il a bizarrement interrompu la réplique de

Parlamente pour donner la parole à Saffredent qui répond à Parlamente par une plaisanterie aussi hardie que celle qui a été coupée, puisqu'il joue sur le mot « incarnation » : dans le contexte on songe nécessairement à l'incarnation du Christ, « conçu sans péché », tandis que le moine voulait abuser charnellement de la jeune fille. La fin de la réplique de Saffredent (« Toutes fois… ») est bien le texte original, mais elle s'y trouve dans la réplique de Parlamente.

Page 408.

1. Dans l'Évangile, Matthieu, 10 : 15, Jésus insiste sur le devoir de « corriger » son prochain d'abord « seul à seul ».

2. Souvenir de l'Évangile : « Malheur à l'homme par qui le scandale arrive » (Matthieu, 18 : 7, Luc, 17 : 1). « Scandaliser » a d'abord son sens propre : être une pierre d'achoppement, un obstacle, pour quelqu'un, puis son sens dérivé, moral : inciter au péché.

3. C'est bien « Saffredent » qui a raconté la N. 41 et qui doit donner « sa voix » — et non pas « Hircan » comme dans le texte de Gruget.

4. « Pour cognoistre » : valeur causale. Cf. débat de la N. 6, n. 1 à p. 104.

NOUVELLE 42

Page 409.

1. Parlamente se donne pour « tesmoing » de l'aventure qui met en scène (comme dans la N. 25) un jeune prince qui n'a pas « son pareil » : il s'agit de son frère François, encore strictement soumis à sa mère Louise de Savoie. La ville est Amboise, résidence que Louis XII leur avait assignée. François n'a pas tout à fait quatorze ans quand il la quitte pour rejoindre la cour, en août 1508

Page 411.

1. « Faire mettre son siege à l'eglise » : il n'y avait ni chaises ni bancs dans les églises et les personnages importants y faisaient apporter leur siège ou, pour les dames, un coussin.

2. « Image » : jeu sur le sens de statue (que l'on vénère à l'église).

Page 416.

1. Ce « cabinet » peut désigner aussi bien une petite pièce où l'on dispose des objets précieux, que le meuble à l'italienne. avec niches et petits tiroirs, où l'on range bijoux et médailles.

Page 417.

1. « Sœur » et « frere » : pour belle-sœur et beau-frère.

Page 418.

1. Modèle légendaire de vertu, Lucrèce, épouse d'un patricien romain, violée par le fils du roi Tarquin le Superbe, se tua devant son père et son mari après avoir accusé le coupable. Tite-Live raconte son histoire (I, 58) et les poètes latins l'évoquent souvent.

2. Le texte du manuscrit (« quelc'un aussi gentilhomme qu'elle ») marque l'ironie plus nettement que celui de Gruget.

Page 420.

1. Formule biblique : la « forte femme » est celle dont Salomon fait l'éloge (Proverbes, 31 : 10 et suiv.).

2. La citation de l'Ecclésiastique, 31 : 10, qui ne convenait pas à la conduite du prince dans la N. 25 (voir n. 1 à p. 310), peut, cette fois, lui convenir.

3. Ce serait un Dieu semblable aux dieux d'Épicure et de Lucrèce.

Page 421.

1. Gruget dit « Camille », comme le manuscrit. D'autres manuscrits disent « Jambique ».

2. C'est le seul exemple dans *L'Heptaméron* d'une annonce qui ne s'accorde pas exactement avec le récit : on ne sait pas, au dénouement, comment le « secret » fut finalement « revelé ».

NOUVELLE 43

Page 422.

1. D'après Brantôme, qui se réfère à sa mère (dont il fait une des devisantes de *L'Heptaméron*), le héros serait son oncle La Châtaigneraie ; protégé par le roi, il n'eut pas à quitter la cour (*Œuvres, Des Dames*, t. IX, p. 238).

2. La robe, au début du XVIᵉ siècle, n'est pas encore réservée aux médecins et magistrats.

3. Camille baisse sa « cornette » (partie souple au-devant du chaperon qui pouvait retomber sur le front) non pour affecter l'austérité comme les dames évoquées p. 435, mais pour se dissimuler, de même qu'elle met son « touret de nez » (voir n. 5 à p. 248). Dans *La Coche*, Marguerite, décrivant les trois tristes dames

en noir qu'elle va faire parler, précise : « *colletz, touretz, cornettes*/couvroient leurs colz, leurs *visages* et leurs *testes* » (v. 41-42).

Page 423.

1. De siècle en siècle, plusieurs ordonnances royales tentent de réglementer le port des fourrures, des velours et soie. Par exemple en 1485, le velours est réservé aux nobles ; en 1549, seules les filles proches de la reine, des filles et des sœurs du roi « pourront porter en robe du velours ».

Page 424.

1. La croyance aux incubes (démons mâles) et aux succubes (démons femelles) qui venaient la nuit abuser des femmes et des hommes pour en jouir à leur gré était répandue.

Page 427.

1. La leçon de Guebron renvoie à son annonce, mais la formule « au jourd'huy est leu aux yeux d'un chacun », commune à la plupart des manuscrits, reste incongrue : les devisants sont censés dire des nouvelles qui n'ont pas encore été écrites — et l'exception de la N. 70 sera justifiée.

2. « Pour un dementir » : la phrase vise les duels pour point d'honneur qui se multiplient au cours du siècle. On disait : « tu as menti » à l'auteur d'un propos injurieux et ce démenti, surclassant la première offense, provoquait le duel.

3. Le texte des manuscrits reprend p. 434. Ici commence la substitution faite par Gruget.

[PSEUDO-NOUVELLE 44]

Page 428.

1. Nouvelle substituée par Gruget où la place donnée à la vie quotidienne en milieu bourgeois n'est pas dans la manière de la reine.

2. À noter que « citoyen », doublet de « citadin », et « Politic », ici au sens d'attaché à une des administrations, ne sont pas employés dans *L'Heptaméron*. Il en est de même *infra* (p. 429) pour « complot ».

3. Référence à l'invasion de la Provence par Charles Quint en 1536. Charles Quint était archiduc d'Autriche et en portait les armes sur son blason.

Page 429.

1. « Il la tenoit de si court » : il lui laissait si peu de liberté.

2. Le « bout de l'an » est le service funèbre célébré un an après le décès de quelqu'un.

3. « Se mettre sur le bon bout » : faire plus de dépenses pour paraître, se parer.

4. Tournure proverbiale : gratter quelqu'un où il lui démange, prendre une personne par son faible, la flatter.

Page 430.

1. « À la bonne foy » : avec sincérité.

2. Les jours de fête, on « visite » églises et couvents (religions) pour y suivre des offices, pour honorer les saints et leurs reliques.

Page 431.

1. « Bailler la cotte verte » se disait pour « baiser une fille sur l'herbe » (*Dictionnaire comique*… de Leroux) ; le jeu de mots qui remplace « cotte verte » par « cotte rouge » implique que le jeune homme fait perdre sa virginité à Françoise.

Page 432.

1. « Ce que tout mary desire en la fille qu'il espouse » : la virginité.

2. Gruget reprend ici le débat sur le mariage avec ou sans consentement des parents qui avait suivi la N. 40, voir n. 4 à p. 400.

Page 433.

1. « Tel refuse, qui après muse » : qui, ensuite, attend en vain, n'a plus d'occasion favorable. « Vieux proverbe », d'après Étienne Pasquier (lettre 10, livre XXII). *Le Dictionnaire comique*… de Leroux précise : « On le dit particulièrement des filles qui demeurent à marier après avoir refusé de bons partis. » À noter, dans cette nouvelle apocryphe, la fréquence des tournures proverbiales, parfois signalées.

2. Longarine, comme les légistes royaux, voit un « rapt » dès qu'il y a séduction d'une jeune fille, fût-elle consentante.

3. « Mais aux nopces » : « mais », ainsi employé dans une réplique, marque une vive contradiction ; comprendre : non pas « à la boucherie », mais aux noces. Tour employé aussi dans les débats de la N. 53, p. 485, et de la N. 56, p. 499.

4. Gruget, pour bien lier au texte de *L'Heptaméron* sa nouvelle de substitution, fait annoncer par Simontault la « simplicité » de la femme trompée par son mari qui sera le sujet de la N. 45.

5. Le texte du manuscrit reprend ici à l'intérieur de la réplique de Nomerfide, là où Gruget l'avait modifié : voir p. 427.

Page 434.

1. Ici commence dans les manuscrits la nouvelle 44, numérotée « quatrième » par le manuscrit de référence. La nouvelle a été supprimée par Gruget parce que le débat attaque l'enseignement — la doctrine — des cordeliers. Voir la coupure déjà pratiquée dans la N. 23, p. 291.

2. Robert de la Mark, duc de Bouillon, seigneur de Sedan (†1536) avait épousé en 1491 Catherine de Croye — et non pas de Corny (texte du manuscrit).

3. « Pour le mectre aux champs » : pour le mettre en colère, pour le provoquer.

4. « Le pain... acquis à la sueur des peres » : tournure proverbiale depuis Genèse, 3 : 19 (« Tu mangeras ton pain à la sueur de ton front »).

Page 435.

1. Critique de la piété réduite à l'extérieur et de la satisfaction de soi qui en résulte (« cuider », être sage). Marguerite de Navarre a partout répété que ce n'était pas la voie du salut et, dans sa *Comédie de Mont de Marsan*, elle a mis en scène « La Superstitieuse » dont la conversion à la sagesse est plus difficile que celle de « La Mondaine ». Mais ici la critique se double d'une attaque contre l'hypocrisie des « iniques » — des méchants, des injustes, le mot, dans le contexte, désignant les cordeliers — qui se font prendre pour des « demi-dieux » et profitent des erreurs qu'ils enseignent. Sur les « cornettes », voir n. 3 à p. 422, N. 43.

2. Les cordeliers, moines itinérants, étaient invités à prêcher, notamment les jours de fêtes : voir N. 35, N. 41, N. 46.

3. « Jésus » : exclamation usuelle qui a diverses valeurs ; ici, stupéfaction.

Page 436.

1. Prêcher « purement et simplement » l'Écriture était une exigence formulée par tous les évangéliques soucieux que la foi soit vivifiée directement par la parole divine. Rabelais vante souvent

les bons « prêcheurs évangéliques » (*Gargantua*, chap. XVI, XVII, XXII et XXIV) et son Pantagruel, à la veille d'une bataille, fait vœu de faire prêcher dans son royaume le « saint Évangile purement, simplement et entièrement » (*Pantagruel*, chap. XIX et XXIX).

2. « Et au fruict congnoist on le bon arbre » : Le Christ emploie plusieurs fois cette image (Luc, 6 : 43-44, Matthieu, 7 : 17-20), mais la citation reprend précisément Matthieu, 12 : 34, de même que dans la N. 5 (p. 99 et n. 5).

3. Les « *expositions des saincts docteurs* divinement inspirez » : les commentaires des Pères de l'Église sur l'Écriture sainte. Oisille admet donc que les prédicateurs en fassent usage (certains manuscrits attribuent la réplique à Guebron). Mais elle s'accorde avec Parlamente sur le rôle essentiel de la lecture de l'Écriture. C'est la leçon de La Sage dans la *Comédie de Mont de Marsan*.

4. « Colimant » (Colliman, Colyman) fut bien un docteur en théologie et provincial de son ordre. Dans un mémoire inédit de Calvin adressé à Jean Sleidan et dans *l'Histoire entière ae l'estat de la Religion...* où Sleidan utilise ce mémoire (Genève, 1558, f. 133 v-134 r), Colliman joue le rôle de l'exorciste dans une histoire de revenant organisée par les cordeliers d'Orléans pour se venger du prévôt de la ville : pendant les offices, ils faisaient entendre des bruits inquiétants, puis la voix de la femme du prévôt enterrée dans leur église.

Le « provincial » d'un ordre religieux est le supérieur qui gouverne toutes les « maisons », tous les couvents d'une province.

5. « Touche », pour « pierre de touche » : pierre qui permet d'éprouver la qualité de l'or ou de l'argent, par extension ce qui sert d'épreuve, ce qui révèle la qualité de quelque chose ou de quelqu'un. Marguerite utilise l'image dans *Les Prisons* (III v. 2003-2004) : « Car l'évangile est la pierre de touche/Où du bon or se connaît la valeur. »

Page 437.

1. « Mais que » : reprise du texte dans Gruget, à la fin du débat de la pseudo nouvelle 44, ici, p. 433.

NOUVELLE 45

2. « Bailler les Innocens », « donner les Innocens » : la formule se réfère à la fête des Saints Innocents, le 28 décembre (voir note 1 à p. 115, N. 8), qui se confondait souvent avec la fête des Fous : ce

jour-là quand on pouvait surprendre au lit les paresseux et les paresseuses, on leur donnait le fouet. Marot a évoqué la coutume dans
une épigramme (*Œuvres poétiques*, éd. G. Defaux, II, p. 205-206).

3. « Feu monsieur le Duc d'Orleans » : il s'agit de Charles, le
plus jeune fils du roi, mort en 1545. La rédaction de l'anecdote
serait tardive. Elle ne figure pas dans le plus ancien manuscrit.

4. Pour indiquer les infidélités du mari, Simontault use, comme
souvent, d'une périphrase ironique (« estoit si charitable »).

Page 438.

1. « Donner les Innocens » : voir *supra,* note 2 à p. 437. La formule, dans la suite du récit, prend un sens érotique.

Page 439.

1. « Pour avoir » : parce qu'elle avait valeur causale (tournure
fréquente : voir N. 6, p. 104, et N. 41, p. 408).

2. La phrase indique que la liaison a duré du 28 décembre à
l'hiver suivant.

3. « Colorer » : rappel plaisant du métier du personnage.

Page 440.

1. « À venir » : quand elle vint.

Page 442.

1. L'enchaînement, à peu près identique dans l'édition et les
manuscrits (voir p. 444), convient mal aux deux histoires de cordelier qui suivent, que ce soit celle de l'édition Gruget ou celle des
manuscrits.

[PSEUDO-NOUVELLE 46]

2. Nouvelle propre à l'édition de Gruget, mais située dans la
même ville que la nouvelle qu'elle remplace, avec référence identique à Charles d'Angoulême et, pour héros, le même cordelier de
Valles — ou de Valé.

3. Charles, comte d'Angoulême. Voir n. 7 à p. 359.

4. « Les advents » : voir n. 3 à p. 162, pseudo-nouvelle 11.

5. « Elle en recevoit ses gages » : elle en était payée — c'est-à-
dire, ici, qu'elle était battue en échange de ses reproches.

Page 443.

1. « *Nulla est redemptio* » : il n'y a nul rachat. En italique dans
le texte.

2. « Faisoient leur Achilles » : Achille, dans l'épopée homéri-que, est un héros invincible. Dans les disputes scolastiques, on appelait ainsi l'argument principal, impossible à contredire, le syllogisme qui emportait la victoire.

3. « Cela » : le signe de croix ou la croix elle-même passait pour chasser les démons. Mais la croix qui « apprivoise » les femmes doit être celle qui marquait les pièces de monnaie, autrement dit l'argent.

4. Le manche de la croix : équivalent d'un bâton.

Page 444.

1. Faire la « chatemite » : affecter l'humilité, la douceur, flatter.

2. Cet échange de répliques où Oisille introduit la nouvelle donnée par les manuscrits est l'équivalent de ce qu'elle dit avant la nouvelle donnée par l'édition : voir p. 442. Ici commence la nouvelle 46 des manuscrits, numérotée « Sixiesme » dans le manuscrit de référence.

NOUVELLE 46

3. Début identique à la nouvelle de Gruget. Pour le « comte Charles » et le mot « advent », voir n. 7 à p. 359 et n. 3 à p. 162.

4. « Les exemptz » sont ceux qui, par privilège personnel ou en raison de l'affaire en cause, sont soustraits à la justice seigneuriale que pouvait exercer Charles d'Angoulême (puisque son comté était un apanage : voir n. 7 à p. 359) et qui relèvent de la justice royale. « Le juge des exempts » était l'officier royal chargé de les juger en première instance.

Page 445.

1. Seul exemple de nouvelle double, comme il y en a dans les *Recreations et joyeux devis…* de Bonaventure des Périers.

Page 446.

1. « Jhesus » : voir n. 3 à p. 435 ; ici, indignation.

2. « Soubz couleur d'ipocrisie » : trompée par l'hypocrisie.

Page 447.

1. Le « diable de midi » : qui sévit non la nuit, mais en plein midi, par référence aux Psaumes, 90 : 5-6 (« Tu ne craindras pas les terreurs de la nuit (…) ni le démon de midi »).

Le diable sait se transfigurer en « ange de lumière » par référence à saint Paul, II Corinthiens, 11 : 14 (déjà cité p. 286 dans l'annonce de la N. 23).

2. Sens plus clair en ponctuant : « tomber, par sottement croire, en celuy qui est ».

3. « Pasteur et loup » : au sens métaphorique comme dans le langage de Jésus dans l'Évangile. Voir n. 5 à p. 274, N. 22.

NOUVELLE 47

Page 448.

1. En voyage, il n'était pas rare de coucher à trois ou plus dans un même lit.

Page 452.

1. La question de Parlamente, naturelle dans le contexte, peut surprendre après le quiproquo de la N. 23.

2. La N. 48 met à nouveau en scène des cordeliers et les coupures de l'édition Gruget atténuent la violence de l'attaque qui l'annonce.

NOUVELLE 48

Page 453.

1. Le titre de Gruget est inexact : seul l'un des cordeliers prend la place du mari.

2. « Unes nopces » : voir n. 1 à p. 307, N. 25.

3. « Jouer un tour de son mestier » : tournure proverbiale.

Page 454.

1. « En la garde du dieu Bacchus et de Venus » : les cordeliers mutilés sont placés ironiquement sous la protection du dieu du vin et de la déesse de l'amour.

2. Rappel du Psaume 73 : 11 : « Pourquoi retires-Tu ta main… »

3. « L'habit ne fait pas tousjours le moyne » : vieux proverbe attesté dès le XIII⁰ siècle.

Page 455.

1. La référence à l'épître de saint Jacques (I, 27) est supprimée : c'était manière d'opposer aux pratiques enseignées par les cordeliers le seul précepte de charité.

2. La version de Gruget (variante c) est une bévue qui maintient la formule où l'édition de Boaistuau, dans ce même débat, annonçait une autre nouvelle, l'histoire de Jean Pietre (ici N. 50).

3. Sur l'importance de ce passage, voir l'introduction p. 35-36.

NOUVELLE 49

Page 456.

1. Il s'agit de Charles VIII.

Page 457.

1. « Faire l'amour » : voir n. 2 à p. 155, la N. 10.

2. Les trois personnages sont reconnaissables parmi les favoris de Charles VIII : « Astillon » serait Jacques de Chastillon, « Duracier » serait Jacques de Genouillac, dit Galliot, seigneur d'Acier, et « Valnebon » serait Germain de Bonneval. Voir ce qu'en dit Brantôme, *Œuvres*, *Vie des Capitaines*, t. II, p. 305, 422, 103.

Page 459.

1. Syntaxe confuse. On peut comprendre : « quelle punition il lui sembloit qu'elle devoit avoir ». Le manuscrit dit : « demanderent à Astillon qui luy sembloit qu'elle devoit avoir », « qui » étant mis pour « ce qu'il ».

2. Cette nouvelle réplique qui s'oppose à la proposition d'Astillon ne peut lui être attribuée. Deux manuscrits donnent « dist Duracier ».

Page 460.

1. Poursuivre son « procès » signifie ici poursuivre son sujet.

Page 461.

1. Le manuscrit dit : « sont ung esprit avec luy », ce qui renvoie plus précisément à Paul, I Corinthiens, 6 : 17.

Page 462.

1. Nouvelle référence aux livres de la Table Ronde (voir N. 21 et n. 1 à p. 258). Mais ici Guebron fait une application plaisante de ce qui inspirait la conduite des chevaliers : pour acquérir la gloire et l'honneur, il faut triompher des adversaires les plus redoutables. Vaincre une femme, c'est comme vaincre un chevalier « qui ne vault rien ». Mieux vaut n'en pas parler.

2. « Que forte amour a faict oublier » : « oublier » a ici le sens du pronominal « s'oublier », s'égarer, se laisser transporter ; « en revenir », c'est revenir de cet égarement.

NOUVELLE 50

Page 463.

1. « Le don de mercy » : dans le vocabulaire courtois, désigne le don que fait la dame de sa personne. Le sens de faveur amoureuse dérive du sens de *merces* en latin chrétien, faveur, grâce.

Page 464.

1. La dame est sortie de son « logis », mais non de sa maison : le logis doit désigner sa chambre, son appartement, puisqu'au dénouement elle porte le corps hors de sa « maison ».

Page 465.

1. Saffredent applique métaphoriquement à la dame qui refuse ses faveurs ce que dit saint Jean dans sa première Épître, 3 : 15-18.

Page 466.

1. « Mettez » : formule de correction, équivalent de « dites plutôt ».

2. « Les complies » : office qui achève le service divin du jour (du verbe « complir », achever).

Page 467.

1. « Rien nouveau sous le soleil » : citation de l'Ecclésiaste I : 10 qui s'oppose, en apparence seulement, à la définition que donne Guebron des « cas dignes de mémoire ». Ces « nouveaux actes » sont inspirés par une « malice » ou une « bonté » toujours semblables : l'homme ne change pas sous le regard de Dieu, mais, sous le regard des hommes, paraît nouveau et « admirable » (surprenant) à la fois tout ce qui fait horreur, ce qui est détestable et tout ce qui est impossible à imiter, à égaler, exemples extrêmes en mal et en bien (« tant plus admirables, que moins nous les voudrions, ou pourrions faire »).

SIXIÈME JOURNÉE

Page 468.

1. Premières précisions sur les textes choisis pour « les leçons ». Gruget a coupé la référence à l'Épître aux Romains, texte souvent cité par les réformés.

2. À noter le lien entre la prière et le plaisir des récits.

Page 469.

1. Citation du Psaume, 145 : 2-3, mais sans référence à son contexte qui oppose l'éternité de Dieu et la fragilité de l'homme.

NOUVELLE 51

2. François Della Rovere (1491-1538), duc d'Urbin, « Préfet » de Rome, était marié à Éléonor de Gonzague, sœur du duc de Mantoue, et il eut un fils, né en 1514.

Page 471.

1. « Hors de sa franchise » : hors du monastère où elle était « franche », libre. Les églises et couvents étaient lieux d'asile où l'autorité temporellle était sans force.

2. « Sur sa foy » : la duchesse a donné sa parole à sa demoiselle — jurant sur « sa vie et honneur » — qu'elle pouvait revenir sans danger.

Page 472.

1. La restriction « la plus part » et la parenthèse sont propres aux éditions de 1558 et de 1559 : atténuation de l'attaque contre les Italiens, Catherine de Médicis étant désormais reine.

2. Prise de Rivolta : 1509.

3. Début d'une histoire dans le débat, comme après les nouvelles 30, 38, et 44. L'histoire de ce capitaine faisant rôtir le cœur de son ennemi pour le manger a peut-être inspiré à Balzac celle du capitaine Bianchi, italien lui aussi, qui, pour gagner un pari contre un autre Italien, fait rôtir et mange le cœur de la sentinelle qu'il a tuée : « tous ces Italiens là », dit le narrateur, « étaient de vrais cannibales » (*Échantillons de causerie française*, *Comédie humaine* XII, p. 472-474, Bibl. de la Pléiade). À noter que ce n'est pas le motif médiéval du « cœur mangé », où le mari se venge d'une femme infidèle en lui faisant manger le cœur de son amant mort.

4 Les « guelfes » étaient partisans du pape, les « gibelins » l'étaient de l'empereur du Saint Empire romain germanique. Leurs querelles agitèrent les cités de l'Italie médiévale du XII⁰ siècle à la fin du XV⁰.

Page 473.

1. Souvenir de saint Paul, Éphésiens, 5 : 5 (« l'avare qui est serviteur des idoles »).

2. La tirade de Parlamente fait référence à saint Paul, Romains, 1 : 21-28, sur l'égarement de ceux qui se sont enorgueillis de leur sagesse, sans rendre à Dieu la « gloire qui lui appartient ». Passage déjà utilisé par Oisille dans le débat de la N. 34.

Page 474.

1. « Nul n'est plus ignorant, que celuy qui cuide sçavoir » : même perspective socratique dans le débat de la N. 28.

2. « Ne glorieux, qui ne fust humilié » : amplification sur des formules proverbiales.

NOUVELLE 52

3. Le détail du récit et notamment l'ampleur de la conclusion varient selon les manuscrits.

4. « Le Duc Charles dernier » : voir n. 3 à p. 68, N. 1.

5. D'après la note d'un archiviste de l'Orne (éd. Montaiglon, 1880), La Tirelière est un lieu-dit, à quatre kilomètres d'Alençon, où il y avait une gentilhommière.

6. Sur la « robe », voir n. 2 à p. 422, N. 43.

Page 475.

1. Le sucre de canne (il n'y en avait pas d'autre) était rare et cher. Il était vendu par les apothicaires

2. D'un tel lieu : du « sein » de l'avocat.

Page 477.

1. La leçon du manuscrit est plus claire : « dont les femmes *qui* se veulent faire reputer sages *n'usent…* ». Il y a ici l'esquisse des règles d'un bel usage d'où seront proscrits les mots sales, les équivoques, les allusions scabreuses comme le voudront les Précieuses au siècle suivant.

Page 478.

1. Sur le « touret de nez », voir n. 5 à p. 248.

2. Les « pantoufles » dont parle Longarine sont plutôt des « patins » comme ceux dont il est question dans la N. 59 (voir n. 2 à p. 512). Les « pantoufles » sont proprement des mules.

3. « Par tel si » : avec telle condition. Ce devrait être à Simontault, conteur de la N. 52, de donner sa voix.

NOUVELLE 53

Page 479.

1. Malgré la demande d'Hircan et la réplique de Guebron, les manuscrits donnent les noms dès le récit. Seule Mme de Neufchastel semble pouvoir être identifiée avec la veuve de Louis d'Orléans, duc de Longueville, fille unique du comte souverain de Neufchastel.

2. Exemple de ces « amitiés » considérées comme non répréhensibles parce qu'excluant une liaison charnelle. Voir aussi la situation du gentilhomme de la N. 63.

3. « A son habiller et deshabiller » : voir n. 1 à p. 90, N. 4.

Page 480.

1. Le manuscrit fait commencer la subordonnée de conséquence plus tôt : « fait telle dilligence *que* plus par inportunité que par amour elle… ». Dans cette version, pas d'équivoque : Mme de Neufchastel cède moins à l'amour qu'à l'insistance. Dans la version de Gruget, il semble que l'opposition caractérise ce qui inspire la « poursuite » du gentilhomme.

Page 483.

1. La « porte » doit être celle du château où logent le roi et sa suite.

2. « Jésus » : voir n. 3 à p. 435, N. 44 ; étonnement.

Page 484.

1. La « peau du loup » désigne plaisamment la cape du coupable.

Page 485.

1. « Mais la vie » : voir, sur cet emploi de « mais », la n. 3 à p. 433, à la pseudo-nouvelle 44.

Page 486.

1. Allusion à la fable « Le Renard et les Raisins ». C'était une de celles qu'avait répandue la tradition médiévale des *Isopets*. Elle

figurait dans la collection dite de *Romulus*, imprimée plusieurs fois à Lyon en version française dès la fin du xvᵉ siècle.

NOUVELLE 54

Page 488.

1. « Elle eut peur » est à prendre comme plaisanterie de conteur · les « ombres » trahissent nécessairement la vérité.

2. Plusieurs manuscrits donnent « façon », qui se comprend . conduite, attitude vue en ombre ; mais un des plus anciens donne, comme les deux éditions, « *face* », d'où jeu de mots dans le rapport entre le substantif et l'adjectif. Le visage ne peut s'abstraire de son ombre sur le mur et ce que laisse le mari, c'est l'ombre que voyait sa femme tout autant que le visage. À l'arrière-plan, il y a peut-être aussi le rappel des deux sens d'ombrage : ombre produite et défiance, jalousie. L'adjectif peut qualifier doublement le visage — qui provoque une ombre sur le mur et la défiance dans l'esprit.

3. « Nous vous avons lamenté, et vous n'avez point pleuré, nous avons chanté, et vous n'avez point dancé » : citation de l'Évangile, Luc, 7 : 32, et Matthieu, II : 16. Oisille n'hésite pas à faire un usage plaisant des paroles du Christ, du moment que la doctrine, le message ne sont pas en question (voir n. 2 à p. 282, N. 36).

Page 489.

1. Souvenir, toujours sur un registre plaisant, de saint Paul, Éphésiens, 5 : 24-25.

2. « Les grands blancs », pièces d'argent, valent moins que les « escuz », pièces d'or.

NOUVELLE 55

Page 490.

1. Le texte de la nouvelle, en 1558 comme en 1559, est plusieurs fois remanié et coupé pour garder le schéma traditionnel de l'anecdote tout en supprimant la portée d'un récit destiné, comme le montre le débat dans sa version manuscrite, à blâmer la pratique des legs pieux et l'attente d'un pardon dû à des « œuvres » qui, pour ainsi dire, l'achètent.

2. La version de l'imprimé (variantes a et b) s'accorde à ce que va dire Parlamente pour justifier la veuve et critiquer le marchand.

3. Les « mendiants » doivent être les ordres mendiants, notamment les franciscains. Du moins c'est ce qu'a compris Gruget, qui, dans son titre, parle des « cordeliers ».

4. La version des imprimés (variante a) insiste sur la perspective choisie : le legs du marchand serait à peu près la ruine de sa famille.

Page 491.

1. Addition des imprimés, avec même portée que *supra* : voir n. 1 à p. 490.

Page 492.

1. Le vocabulaire de Parlamente, corrigé dans la version imprimée, dénonce la folie du mourant : « resver » signifie ici délirer, et « resverie » délire, égarement d'esprit.

2. Parlamente parle des « pauvres » et non des moines mendiants. Guebron parlait, lui, des « pauvres mendians », voir *supra*, n. 3 à p. 490.

3. À partir de ce « mais » tout le débat est modifié. Dans le texte imprimé, bien que Gruget ait maintenu l'opposition entre la foi et les œuvres, le marchand est seulement blâmé pour avoir oublié le soin de ses enfants et Guebron insiste sur le jugement de Dieu « à l'heure de la mort » (voir le texte en variante). La réplique de Nomerfide à Hircan, conservée (voir p. 493), ne convient pas dans cette version imprimée où Hircan ne parle pas.

Page 493.

1. Oisille songe aux malédictions de Jésus contre les Pharisiens qui mettent « l'or du temple » au-dessus du temple lui-même et se vantent de « bâtir » et d'« orner » les tombeaux des prophètes et des justes (Matthieu, 23 : 16-17, 29). Elle cite ensuite le Psaume 50 : 19 — « Dieu ne dédaigne pas un cœur contrit et humilié » — et saint Paul, I Corinthiens, 3 : 16 — « Vous êtes le temple de Dieu et l'esprit de Dieu habite en vous » — et aussi : II Corinthiens 6 : 16. Pour finir, elle associe, sous le regard de Dieu « qui cognoist le cueur » *(*Actes des Apôtres I : 24), aux « œuvres » nécessaires selon saint Jacques (2 : 17-24) la « foi » et la « charité » primordiales selon saint Paul (Galates, 5 : 6 et Romains, 1 : 17).

2. Depuis le début du XIVe siècle, les « estats du monde » désignent traditionnellement les diverses catégories sociales, objet de « revues » satiriques et surtout moralisatrices. C'est souvent le moyen de faire allusion à la division en trois ordres, Clergé,

Noblesse et Labeur (avec parfois subdivision en bourgeois et « vilains »).

Page 494.

1. Dante, *Divine Comédie*, Enfer III, 51 : « Ne parlons pas d'eux, mais regarde et passe. »

2. Le texte remanié fait écho aux propos d'Emarsuitte après la N. 48 (p. 455), mais ajoute le rappel qu'il y a de « bons corde-liers » — ce qu'admet Parlamente après la N. 44 (p. 436).

NOUVELLE 56

Page 496.

1. Allusion à l'histoire de Tobie : Dieu envoie son ange Raphaël pour qu'il guide Tobie dans un voyage où il rencontrera celle qu'il doit épouser (Tobie, 5-8).

2. L'université de Padoue était célèbre et attirait beaucoup d'étudiants. Les « lectures publicques » étaient les leçons où un maître lisait et commentait un texte reconnu comme autorité (Bible, docteurs de l'Église, textes de l'antiquité…).

Page 497.

1. La robe longue et la coiffe noire : c'est « l'habit d'escolier » c'est-à-dire d'étudiant, dont il a été question.

2. « Dominus vobiscum » « Le Seigneur soit avec vous » : for-mule que le prêtre prononce plusieurs fois durant la messe. Pen-dant les siècles où il disait la messe dos aux fidèles, il se retournait vers eux pour la leur adresser.

Page 498.

1. « Ite missa est », « Allez, c'est le renvoi » : formule pronon-cée face aux fidèles et marquant la fin de la messe.

2. La « couronne » en question est la tonsure circulaire qui mar-que l'entrée dans la cléricature. Le clerc n'appartient pas encore définitivement à l'Église (il peut renoncer à ses privilèges et reve-nir à l'état de laïc) mais il a déjà obligation de célibat.

Page 499.

1. « *Mais tant de biens* » : voir la n. 3 à p. 433, pseudo-nouvelle 44.

2. « Parler *à la verité* » — selon la vérité — « de toutes *hierar-chies* », comparer entre eux les divers rangs — ici celui de religieux, de prêtre et de laïc (son éventuel second mari). « Hiérarchie », au

sens propre, désigne l'ordre des degrés de l'état ecclésiastique : voir n. 3 à p. 239, N. 19.

3. « Et elles fussent » : les manuscrits portent sans ellipse : « et *qu*'elles fussent ».

Page 500.

1. Nouvelle citation du poème d'Alain Chartier : à peine modifiés, ce sont les vers suivant immédiatement ceux qui sont cités après la N. 12, voir n. 1 à p. 174.

2. « Mercy » : voir la n. 1 à p. 463, et le débat qui suit.

Page 501.

1. Parlamente note « l'honnesteté » du milord, mais Montmorency qui a écouté son histoire lui parle « par moquerie » : c'est le point de vue choisi dans le titre de Gruget.

NOUVELLE 57

2. Guillaume de Montmorency fut envoyé en mission en Angleterre au printemps 1482.

Page 504.

1. « In osculo sancto », invitation à se saluer « par un saint baiser » : formule usuelle en conclusion des épîtres évangéliques, notamment celles de saint Paul (Romains, 16 : 16 ; I Corinthiens, 16 : 20 ; II Corinthiens, 13 : 12).

2. L'édition, ici, comme dans l'annonce (p. 505) et au moment où le conteur donne sa « voix » (p. 509), fait intervenir Simontault, mais il a déjà dit la N. 52. Le manuscrit de référence donne une fois Dagoucin et deux fois Simontault. Quelques manuscrits ont partout « Dagoucin ». Mais Dagoucin doit bien, pour que la répartition soit régulière, dire cette nouvelle. Il y a là une incertitude dans la distribution des nouvelles.

NOUVELLE 58

Page 505.

1. « A quoy se tenir d'elle » : à quoi s'en tenir à son sujet.

Page 506.

1. L'édition supprime les noms. Marguerite, fille de François Ier, future duchesse de Savoie, est née en 1523, et la duchesse

de Montpensier est Jacqueline de Longvic (ou Longwy), mariée en 1538. L'anecdote doit se situer vers 1540.

Page 508.

1. La négation figure seulement dans l'édition de Gruget ; les manuscrits ne la donnent pas, mais elle peut se justifier par la référence à la sagesse du gentilhomme.

NOUVELLE 59

Page 510.

1. Le « chapperon », porté sur la coiffe et encadrant le visage, était en velours pour les dames nobles, en drap pour les bourgeoises. Une « femme de chambre à « chapperon » n'est pas une servante, mais plutôt une suivante, une demoiselle de compagnie.

Page 512.

1. Le « cent » était un jeu de cartes.

2. Les « patins », à semelles de liège, se portaient pour sortir par-dessus les escarpins. Parfois très hauts, ils permettaient aux dames de se grandir — mais non pas de courir aisément.

Page 515.

1. Hircan fait écho aux paroles du Christ dans l'Évangile, Matthieu, 18 : 6-7, et Luc, 17 : 1-2. Voir n. 2 à p. 408, N. 41.

2. Citation des paroles du Christ dans l'Évangile, Matthieu, 6 : 34. « Il suffist au jour de sa malice » traduit littéralement le latin de la Vulgate (*Sufficit diei malitia sua*) rendu, aujourd'hui, par « À chaque jour suffit sa peine ».

NOUVELLE 60

Page 516.

1. Emploi ironique d'une formule qui rappelle la parabole évangélique de la « brebis perdue et retrouvée » : Matthieu, 18 : 12-14, Luc, 15 : 4-6.

Page 517.

1. « Extreme unction » : voir n. 1 à p. 326, N. 26.

2. « Crier "Jesus" » : l'exclamation (voir n. 3 à p. 435) marque ici la compassion.

Page 518.

1. « De profundis » : « Du fond de l'abîme [j'ai crié vers Toi, Seigneur] ». Premiers mots du Psaume 129, récité en prière pour les mourants.

2. « Mettre à l'unction », référence aux gestes du prêtre pendant la cérémonie de l'extrême-onction. Voir n. 1 à p. 326.

3. Le motif de la fausse morte, très ancien, figure souvent dans des récits tragiques ou romanesques, notamment dans des nouvelles italiennes antérieures à *L'Heptaméron* (par exemple la première version publiée de l'histoire de Roméo et Juliette, *Histoire de deux nobles amants*, par Luigi da Porto). Mais ici le stratagème est réduit à une farce sacrilège destinée à rabaisser le personnage féminin qui n'a pas hésité à duper le prêtre en abusant des sacrements.

Page 519.

1. Sa conscience restant « sauve », en sûreté : donc, sans qu'il y ait péché de sa part.

2. La phrase paraît dater l'anecdote. François Iᵉʳ fut sacré le 25 janvier 1515 et il séjourna à Blois avec la cour au printemps. À la fin juin, il confie la régence à sa mère avant de quitter le royaume pour aller faire campagne en Italie.

3. « L'abondon faict le larron », proverbe médiéval : aise fait le larron.

Page 520.

1. « Amour spirituel » : amour sans rapports charnels. La formule est ici ironique pour désigner une liaison entre un prêtre — chargé de diriger spirituellement autrui — et une chambrière.

2. Écho des paroles du Christ dans l'Évangile, Matthieu, 10 : 26 ; Marc, 4 : 23 ; Luc, 12 : 2 : « Il n'y a rien de secret qui ne doive être connu. »

Page 521.

1. Nouvelle référence au désintérêt des moines pour les débats : voir fin de la troisième journée et n. 2 à p. 345.

SEPTIÈME JOURNÉE

Page 522.

1. Référence aux Actes des Apôtres où sont racontés leur prédication, leurs miracles, leurs martyres et, notamment, la vie de saint Paul converti sur le chemin de Damas.

2. La messe dédiée au Saint-Esprit s'accorde particulièrement à la « leçon » : au début des Actes, est décrit le jour de la Pentecôte où les apôtres ont vu se poser sur chacun d'eux des langues de feu et où ils se retrouvèrent remplis de l'Esprit-Saint. Mais le séjour à l'abbaye est situé fin septembre, et non pas quarante jours après Pâques, à la fête de la Pentecôte, où l'on dit toujours cette messe. Il s'agit donc d'une messe « votive » (dite dans une intention particulière) ; celles du Saint-Esprit sont célébrées le jeudi : le détail fait supposer que la dixième et dernière journée à Sarrance aurait été un dimanche, jour du Seigneur.

3. « Roulées » doit être mis pour « recollées » (rappelées), leçon de certains manuscrits, ou pour « boutez » autre leçon (poussées).

Page 523.

1. D'après le Prologue (p. 58), c'est de Longarine que Saffredent est « serviteur » et dans le débat de la N. 3, c'est déjà à Emarsuitte qu'il paraissait adresser ses galanteries. Voir p. 88

NOUVELLE 61

2. Saffredent a annoncé l'histoire d'une liaison entre une femme et un prêtre (p. 520). Mais la N. 61 répète même dans sa péripétie centrale (la fausse mort accompagnée des sacrements rituels — confession, communion, extrême-onction) et dans son dénouement (intervention de la reine, de la regente et en outre de Marguerite elle-même) la N. 60. Le doublet est plus évident encore que dans les N. 37 et N. 38, apparentées seulement par la « patience » et la vertu des héroïnes.

Page 524.

1. Un chanoine est membre du « chapitre » d'une cathédrale qui forme le conseil de l'évêque. À la fonction est attaché un « bénéfice » (revenu annuel).

2. « L'excommunication » met en dehors de la communauté chrétienne et interdit l'accès aux sacrements. « La monition », qui la précède, est un avertissement au chrétien sur qui pèse, après enquête, un grave soupçon de culpabilité : elle est faite par l'évêque ou son mandataire, ici l'archidiacre (vicaire de l'évêque, agissant sur son mandat). Le chanoine et la femme peuvent être tous deux visés.

Page 526.

1. « L'extreme unction » : voir n. 1 à p. 326, N. 26.

2. Le mot « misteres » se réfère ici aux rites accomplis par la fausse mourante, mais en marquant qu'il s'agit d'un spectacle, d'une comédie. Sur la valeur du mot, voir N. 29, p. 325 et n. 2.

3. Être « assuré de son baston » : être sûr de son fait.

4. Allusion à la participation de Judas au dernier repas du Christ avec ses apôtres : tous — y compris Judas qui allait le trahir — ont pris un morceau du pain qu'il avait consacré par ses paroles (« ceci est mon corps… »), Matthieu, 26 : 20-27 ; Marc, 14 : 17-22 ; Luc, 22 : 14-23.

Page 527.

1. « Corps sainct » se dit du corps d'un saint que les pèlerins vont vénérer : l'emploi ironique précise le jeu sur « pèlerine » dans la proposition précédente.

2. Le conteur accorde exactement son récit à son annonce (« il y en a qui se tiennent honorées de perseverer en leur amitié », p. 520).

Page 528.

1. En 1521 la reine Claude, Louise de Savoie et Marguerite ont effectivement passé par Autun. Louise de Savoie n'était pas alors régente, mais elle le sera en août 1523 (en prévision de la campagne d'Italie) : les dates sont proches — à moins que le titre soit honorifique comme à la fin des N. 1 (p. 75 et n. 3) et N. 13 (p. 176 et n. 1).

Page 529.

1. Dans les Actes des Apôtres, 12 : 6-10, on voit saint Pierre dormir enchaîné dans sa prison avant qu'un ange ne vienne le réveiller et faire tomber ses chaînes pour le libérer. Mais ici ces « chaînes » figurent les vœux prononcés par les prêtres, dont celui du célibat et de chasteté, qui en font des serviteurs de Dieu. Les mauvais prêtres deviennent serviteurs et prisonniers de Satan.

Page 530.

1. Le texte de l'édition, « Car la regardant doulcement », fait sous-entendre comme sujet du participe « Madame la regente ». Mais le texte du manuscrit est plus clair.

2. Souvenir de saint Paul, I Corinthiens, 11 : 27-29, où l'apôtre cite les paroles du Christ lors de la Cène et conclut : « Celui qui mange et boit indignement [le corps et le sang du christ] mange et boit sa propre condamnation. »

NOUVELLE 62

Page 531.

1. On a supposé que cette dame était Marguerite — mais alors le portrait élogieux serait surprenant — ou sa mère. En fait la même histoire se trouve dans un recueil antérieur resté manuscrit jusqu'en 1972, les *Cent Nouvelles Nouvelles* de Philippe de Vigneulles. Tradition orale ?

2. « Je le prens sur ma conscience » : manière d'affirmer qu'elle ne ment pas — ce qui serait péché.

Page 532.

1. « Il le diroit à tout le monde, et qu'elle l'avoit envoyé querir », construction elliptique pour « et diroit qu'elle l'avoit envoyé... ».

Page 533.

1. Référence aux Psaumes de David, 31 : 1 : « Bienheureux ceux dont les fautes sont remises et dont les péchés sont couverts. »

2. Lucrèce : voir N. 42 p. 418 et n. 1.

Page 534.

1. « Dire des nouvelles » : rappel du sens usuel du mot.

NOUVELLE 63

2. Peut-être Jean de La Barre, prévôt depuis 1526 : voir n. 4 à p. 75, N. 1. François Ier aurait alors la trentaine.

Page 535.

1. « De luy » : quant à lui.

Page 537.

1. Oisille glose corps « angelisez » par « tous transmuez » en Dieu, c'est-à-dire ravis, transportés en Dieu. C'est proprement l'état d'extase.

2. « Par affection » : avec affection, en éprouvant quelque « affection ». La formule est éclairée par l'emploi précédent du mot : mettre « cueur et affection à chercher la perfection des sciences ». « L'affection » désigne ici l'attachement obstiné de l'âme à quelque objet, la « forte opinion » qui rend « insensible », comme il est dit ensuite.

3. Saint Laurent, martyrisé en 258, fut étendu sur un gril rougi au feu.

NOUVELLE 64

Page 538.

1. « Ou cuidant… *ou* voulant dissimuler… » : exemple d'incertitude du conteur, comme dans la N. 24, p. 298.

Page 539.

1. « Pensant que » : car elle avait pensé que…

Page 540.

1. « Et vie trop austère » : vie compte pour deux syllabes comme plus loin (la vie de ma vie »).

2. « Le gris » : l'habit du cordelier, signe de pénitence.

Page 541.

1. Sur les « jeusnes » : voir n. 1 à p. 254, N. 21.

Page 542.

1. Le dieu Amour avait deux sortes de flèches : flèches dorées pour faire naître l'amou et de plomb pour l'éloigner (Ovide, *Métamorphoses* I, v. 470-471).

Page 543.

1. Les mots sont en italique dans l'édition. D'après Soledad Arredondo, qui a traduit *L'Heptaméron* en espagnol, ce n'est là ni du castillan du XVIe siècle ni du provençal, mais peut-être du navarrais. La forme correcte pour « volvete » serait « vuélvete ». « Anima *mi* » doit être corrigé en « mia » et « vides » en « vidas ». Traduction littérale : « Retourne d'où tu viens, mon âme, car parmi les vies les plus tristes se trouve la mienne » (*la mia* se rapportant vraissemblablement à *vida*, tiré de *vidas*)

2. Voir N. 21, n. 1 à p. 253 et n. 1 à p. 254

NOUVELLE 65

Page 544.

1. On suppose qu'il s'agit de la chapelle du Saint-Sépulcre, datant du début du XVᵉ siècle. Le sépulcre aurait été détruit pendant les troubles religieux de 1562.

2. « Eslevez, comme le vif » : dressés, comme au naturel.

Page 545.

1. Gruget, comme Boaistuau, n'a pas gardé l'allusion ironique au crucifix prétendument miraculeux.

2. Tournure proverbiale : À chaque saint, sa chandelle, ou : À tel saint, telle offrande (XIVᵉ siècle).

Page 546.

1. Référence aux paroles de Jésus à ses disciples : « Soyez donc prudents comme les serpents et purs comme la colombe », Matthieu, 10 : 16.

2. Selon Oisille, la bonne intention, l'humilité du cœur peuvent justifier un geste, une pratique où les réformés ne voyaient que superstition et idolâtrie.

3. Le coupable condamné juridiquement à faire « amende honorable » devait se tenir à genoux, en place publique, tête et pieds nus, en chemise, la corde au cou, un cierge à la main, avec un écriteau sur la poitrine où était notée la faute à expier. Oisille retient les détails qui conviennent à la comparaison : l'agenouillement et le cierge.

NOUVELLE 66

4. Antoine de Bourbon, duc de Vendôme, épouse Jeanne d'Albret, fille unique du roi de Navarre et de Marguerite en octobre 1548. Ils deviennent roi et reine de Navarre en 1555, d'où le titre de Gruget. Le récit prouve que Marguerite travaillait encore à *L'Heptaméron* peu avant sa mort (31 décembre 1549).

Page 547.

1. « Leur pere et mere » : Henri d'Albret et Marguerite.

2. « Vilain apostat » : qui a renié ses vœux, ici le vœu de chasteté.

Page 548.

1. « Un protonotaire » : dans l'église de France, titre honorifique accordé aux docteurs en théologie de noble famille.

Page 549.

1. « Servir… d'admiration » : de sujet d'admiration (le mot gardant sa nuance d'étonnement).

NOUVELLE 67

2. L'aventure ici racontée fut célèbre : au cours de son voyage, Roberval aurait exilé dans une île un couple de Français. Après Marguerite de Navarre et la publication de *L'Heptaméron*, Belleforest, dans ses *Histoires Tragiques* (t. V), et André Thevet, dans sa *Cosmographie universelle* (1575) et son *Grand Insulaire et Pilotage* (1585-1586), la racontent, mais l'héroïne est chez eux la sœur ou la nièce de Roberval qui aurait épousé en secret un jeune homme embarqué avec elle par amour.

Page 550.

1. Cette première phrase reste en suspens.

Après Jacques Cartier, François de la Roque, sieur de Roberval, fut effectivement envoyé au Canada par François Ier, en 1542, pour y établir une colonie, « habiter terres et pays, y construire et édiffier villes et fortz » : ce sont les termes des lettres patentes.

Le texte parle de « l'isle du Canada » parce que les géographes faisaient de Terre-Neuve et de ses environs un archipel.

2. Ces « artisans », gens de toutes conditions, comprenaient des condamnés de droit commun.

Page 551.

1. Souvenir de saint Paul, Hébreux, 11 : 16 : « Ils désiraient une patrie meilleure, la patrie céleste. »

2. Allusion à l'épisode des Israélites que Dieu nourrit dans le désert : Exode, 16.

Page 552.

1. « Passer condamnation » : admettre un jugement à son désavantage.

2. Oisille fait écho à saint Paul, I Corinthiens, 3 : 6, que Saffredent va citer en partie : « Moi j'ai planté, Appolo a arrosé, mais Dieu a donné l'accroissement » (Apollo est, comme Paul, un disciple du Christ).

3. Nouvelle et précise référence paulinienne, Philippiens, 4 : 3, où l'apôtre demande aide pour deux dames « qui ont travaillé (*laboraverunt*) » avec lui « en l'Evangile », pour répandre l'Évangile.

NOUVELLE 68

Page 553.

1. On utilisait le corps séché et moulu de la cantharide comme aphrodisiaque.

Page 554.

1. « Comme de pouldre de duc » : comme si c'était de la poudre de duc. Cette poudre résultait d'un mélange de sucre et de diverses épices (cannelle, gingembre, noix de muscade…).

NOUVELLE 69

Page 556.

1. Malgré l'annonce d'Hircan et la précision du lieu (Odos, en Bigorre), on trouve dans les *Cent Nouvelles Nouvelles* (N. XVII) exactement la même péripétie du mari surpris à bluter, accoutré comme la chambrière.

2. Probablement Charles de Saint-Séverin, de la famille des San Severino de Naples qui figure comme écuyer d'écurie sur un état de la maison de François Ier en 1522.

Page 557.

1. Le « surcot » (certains manuscrits donnent « sarot » ou « saccot ») désigne ce que la chambrière porte par-dessus sa robe, mais le vêtement couvre aussi la tête, comme un « cresmeau » ou « chresmeau », bonnet de linge (au sens propre : le bonnet dont on coiffait les enfants après le baptême, le « chrême » étant l'huile sacrée servant à l'onction).

Page 558.

1. « Payer de son quartier » : pour le sens propre, voir n. 1 à p. 113, N. 8. Ici, par antiphrase : il l'aurait payée de ce qu'il lui devait en la battant.

Page 559.

1. Le débat sur les rapports sexuels, plus précis ici, annonce l'importance donnée à la conduite de la duchesse de Bourgogne dans la N. 70 qui suit.

2 C'est le seul cas où le conteur avoue une source écrite. Mais le « vieux langage » redonne nouveauté à l'histoire tenue pour véritable, son auteur étant « bien croyable ». Ce conte, sous sa forme originale, est un poème du XIIe siècle, *La Chastelaine de Vergi*, conservé par beaucoup de manuscrits et plusieurs adaptations en prose (Voir l'édition de Jean Dufournet et Liliane Dulac, Folio classique, 1994, bibliographie p. 181-184). Au cœur du récit se trouve l'impératif du silence et du secret essentiel à l'amour courtois. Il est difficile de préciser ce que Marguerite a lu, mais elle ne doit rien à la version dialoguée imprimée en 1540 (voir, dans la collection 10/18, l'édition de *La Chastelaine...* donnée par René Stuip). Christine Martineau a montré qu'elle s'était probablement servie d'un manuscrit du XVe siècle ou du début du XVIe siècle qui donnait le texte original dans des versions fautives et par endroits rajeunies. Plusieurs transforment *Vergi* ou *Vergy* en *Vergier* (voir son article « Les secrets de la dame du Vergier » dans *Marguerite de Navarre (1492-1992)...*, p. 677-680). Marguerite de Navarre a gardé le schéma médiéval avec ses quatre personnages, mais en modifiant le détail et l'ampleur de certaines scènes.

Bandello (IV, 5) est ici assez proche, mais la quatrième partie de ses nouvelles n'a paru qu'en 1573. Sur Bandello, voir n. 3 à p. 286, N. 23.

NOUVELLE 70

Page 562.

1. Dans les châteaux, les embrasures des fenêtres, assez profondes pour comporter des bancs creusés dans la pierre, pouvaient permettre de s'isoler ou d'avoir un aparté. Voir N. 10, p. 142, N. 13, p. 180.

2. « Moy, qui ne suis qu'un verm de terre » : formule quasi proverbiale d'humilité, en écho au Psaume, 21 : 7, *Ego autem sum vermis*.

Page 563.

1. La grossesse feinte est une innovation de Marguerite de Navarre.

Page 568.

1. « D'entendre l'occasion » . de comprendre la raison [de ce comportement].

Page 569.

1. « Huict jours passez » : après huit jours.

2. En italique dans le texte : Je suis traqué de toutes parts. Citation de Daniel, 13 : 22. Paroles de Suzanne quand les vieillards qui prétendent jouir d'elle la menacent de l'accuser d'adultère, si elle ne leur cède pas.

Page 570.

1. Dans le poème, la dame est mariée et non pas veuve (v. 714).

Page 571.

1. L'édition, comme celle de 1558, supprime les noms de lieu — Argilly et Vergy ou Vergi (devenu *Verger* dans notre manuscrit) — qui situent l'histoire en Bourgogne. Puis la réécriture ôte toute ambiguïté à la scène : la porte est ouverte au lieu d'être fermée, le duc entre dans la chambre, est témoin de la chasteté de l'entrevue et la dame ne raccompagne pas le gentilhomme « en manteau et couvrechef » — c'est-à-dire en tenue simple, pour la nuit (voir N. 21, p. 259, et N. 25, p. 308), sans parure.

Page 574.

1. Le nom propre est supprimé dans les éditions. « Vergi », du poème médiéval, est devenu « Verger », mais on n'en peut rien déduire : certains manuscrits et des versions en prose donnent pareillement « Vergier ».

2. « Affetté » reprend le mot du texte médiéval, « afetié » : dressé. C'est aussi le sens de « fait à la main », bien dressé à obéir.

Page 576.

1. « En vous declarant » : comme vous vous déclarez.

2. Circé : allusion à la magicienne de l'*Odyssée* (chant X) qui métamorphosait les hommes en bêtes. Épisode célèbre repris dans les *Métamorphoses* d'Ovide, XIV.

Page 577.

1. L'excès d'amour humain, si parfait soit-il, détourne de Dieu ce sera la leçon d'Oisille page 582.

2. Le premier commandement, rappelé par Jésus : « Tu aimeras le seigneur ton Dieu de tout ton cœur, de toute ton âme et de tout ton esprit », Matthieu, 22 : 37, Marc, 12 : 30.

3. « Le nom sans effect » : le nom d'ami a perdu sa réalité, puisque l'ami a trahi son engagement.

Page 578.

1. Allusion au châtiment de Dathan et Abiron révoltés contre Moïse et engloutis vivants sous les yeux des Israëlites, *Nombres,* 16 : 30-34.

2. Référence à la parabole de Lazare et du mauvais riche, dont la langue brûle, Luc, 16 : 22-27.

3. Le supplice d'Ixion est confondu non pas avec celui de Prométhée sur son rocher qui fut enfin libéré par Hercule, mais plutôt avec celui de Tityos qui voisine avec Ixion aux Enfers, parmi les grands criminels condamnés à souffrir sans fin : Ixion tourne sans cesse attaché à une roue enflammée, tandis que le géant Tityos, cloué à terre étendu de tout son long, est torturé par deux vautours ou deux aigles qui dévorent son cœur. Voir Ovide, *Métamorphoses,* IV, 457.

Page 579.

1. « Passer condemnation » : voir n. 1 à p. 552, N. 67.

2. Voir la scène des pages 569-570.

3. « Cueur tant ignorant », « ignorance », « ignoramment » aimer : cette ignorance fautive, c'est l'aveuglement lié à un excès de confiance en soi — « vous cuidant garder, je vous ai perdue ».

Page 582.

1. Le dénouement du poème médiéval est plus bref et pathétique. Le récit se termine sur l'image du duc, si affligé par l'aventure « c'oncques puis ne l'oï on rire » et qui s'en va croisé outre mer « sanz retourner ».

2. Nouvel écart, plus significatif : dans les versions anciennes « cest example » doit rappeler simplement que l'on doit « s'amor celer » (taire, cacher, son amour). Ici, Oisille en fait l'exemple des dangers des amours terrestres qui détournent de Dieu, développant le propos de la dame du Verger mourante. Elle fait écho à ce qu'a dit Parlamente après la N. 35 sur les dangers de l'amour « vertueuse ». C'est aussi la leçon du livre I des *Prisons* : la première prison d'Ami est celle d'un amour « parfait ». Oisille se réfère à saint Paul, I Corinthiens, 7 : 29, en isolant ce qu'il dit de l'amour conjugal de son exhortation générale à se détacher du monde (« que ceux qui ont femme soient comme s'ils n'en avaient pas... ceux qui sont dans la joie comme s'ils ne l'étaient pas, ceux qui achètent comme s'ils ne possédaient pas et ceux qui usent de ce monde comme s'ils n'en usaient pas »). Briçonnet, dans une lettre

de 1524 (*Corr.*, II, p. 251), avait fait de même, rappelant que saint Paul estime « le mariage charnel (…) estre empeschement du spirituel ».

Enfin la conclusion d'Oisille a son écho inversé dans la poésie religieuse de Marguerite où elle se représente, face à la mort de ceux qu'elle aime trop humainement, incapable de se réjouir à l'idée de leur bonheur céleste : voir le *Dialogue en forme de vision nocturne*, sur la mort de la princesse Charlotte, ou *La Navire*, sur la mort de François Ier.

Page 583.

1. « Appeler d'une sentence » : formule juridique. Au sens propre : en appeler d'un jugement à un tribunal supérieur.

2. Allusion au lien entre amour et exploits. Voir la n. 2 à p. 337, N. 29.

3. Référence au Deutéronome, 24 : 5, mais Hircan modifie l'intention du précepte : « Si un homme vient de prendre femme, il n'ira pas à la guerre […] pour qu'il se réjouisse une année entière avec sa femme. »

Page 585.

1. « De profundis » : voir n. 1 à p. 518, N. 60. Pour les devisants et pour les moines, pas de fiction, mais des personnages bien réels, pour qui l'on peut prier. Un manuscrit du xve siècle finissait de même : « Pour ce prion por leur memoire/celluy Dieu qui maint en gloire/Qu'il veuille les deux amants maitre/Au jour du jugement a sa dextre. » Voir l'article de Ch. Martineau cité *supra*, n. 2 à p. 559.

HUITIÈME JOURNÉE

Page 586.

1. « Le contentement qu'ils avoient de leur vie heureuse », voir Préface, p. 20.

2. La *canonique* de saint Jean est sa première Épître ; beaucoup plus longue que les deux autres, elle porte essentiellement sur l'amour — amour de Dieu pour les hommes, et nécessité de l'amour fraternel des hommes entre eux. Elle faisait déjà l'objet de la leçon de la sixième journée.

3. Jeu de mots, permis par la graphie de l'époque, entre les deux sens de « comptes » : cette « chambre des comptes » est le lieu où l'on raconte, assimilée à la « chambre » ou cour ou l'on vérifiait les comptes des « officiers » (titulaires d'office) chargés de percevoir les recettes publiques. C'est peut-être une référence plaisante à l'exactitude supposée des contes. « Bureau » poursuit le jeu de mot : étoffe (bure) recouvrant la table où l'on écrit et lieu où l'on travaille.

Page 587.

1. L'échange rappelle que la règle a ses exceptions : Saffredent a commencé la cinquième et septième journée, mais sans que nul s'en étonne.

2. C'est la seule fois où un thème est proposé pour l'ensemble de la journée, à l'imitation du *Décaméron*. Le mot « folie » peut se prendre en un double sens : histoire propre à amuser, sans portée, ou histoire mettant en scène une conduite « folle » : voir l'échange de répliques entre Parlamente et Dagoucin p. 594.

3. « Être aus abboiz » : à la dernière extrémité. Métaphore venant de la vénerie — moment où le cerf est cerné par les chiens qui aboient.

NOUVELLE 71

4. Bacchus figure le vin et Diane la chasteté. Sur l'emploi des noms de divinités mythologiques dans un contexte familier : voir N. 11, p. 165 et n. 3 et N. 48, p. 454.

Page 588.

1. « Parler gras » : prononcer gutturalement les *s*.

2. « *Qui pourroit peindre* » : si l'on pouvait…

3. « Avec sa langue grasse » : le manuscrit de référence, comme plusieurs autres, essaie de noter le défaut de prononciation : je *pelz* ma pauvre femme… que *faizay* je, moy *malheuseux*… etc.

Page 589.

1. « Plus amende par despit… › : plus s'améliore par dépit…

NOUVELLE 72

Page 590.

1. Les hôpitaux étaient des fondations religieuses. Un prieuré est un monastère qui ne dépend pas d'une abbaye.

2. Les religieux disent l'ensemble des offices — le grand office — qui tout au long de la journée compose le « service » de Dieu (matines, laudes, prime, tierce, sexte, none, vêpres et complies). Les religieuses se contentent de réciter leur chapelet (« patenostres ») et « les heures de la Vierge », ou petit office, qui, dans certains ordres religieux, pouvaient s'ajouter au grand et qui, pour elles, en tiennent lieu.

3. « L'unction » : voir n. 1 à p. 326, N. 26.

4. « Se fascherent » : au sens de se contrarièrent, se lassèrent.

Page 591.

1. « Non liées » : il faut comprendre : non liées par les liens du mariage.

2. « Faire conscience » : faire scrupule.

Page 592.

1. La phrase reste en suspens : La subordonnée par « que » n'a pas de verbe et après le participe qui se rapporte à la religieuse (elle étant à Lyon…), toute la suite dépend du relatif « où » avec, pour sujet, « madame la duchesse d'Alençon ».

2. « Sur le pulpistre » : le « pulpistre » désigne l'une des deux tribunes qui faisaient partie du jubé (les « ambons »). Le jubé sépare le chœur, où se dit l'office, de la nef, où se tiennent les fidèles : barrière ajourée avec arcades et large ouverture permettant de voir l'autel, il peut comprendre de chaque côté, à l'entrée du chœur, des tribunes découvertes pour la lecture de l'épître et de l'Évangile. D'où l'emploi de « pulpitre » et de « monter en haut ».

3. On voit ici Marguerite faire une « neuvaine » devant le crucifix (c'est-à-dire une prière répétée pendant neuf jours), preuve qu'elle peut critiquer pèlerinages et superstitions sans pour autant dédaigner les formes traditionnelles de la dévotion — du moins avant la mort de son premier mari Charles d'Alençon, qui mourut, précisément à Lyon, le 11 avril 1525.

4. Frapper sa « coulpe » : geste rituel de repentir où la main droite vient frapper la poitrine pour marquer que l'on reconnaît sa faute (« coulpe »).

Page 594.

1. Plaisanterie sur un épisode biblique : après le châtiment de Sodome et de Gomorrhe et la perte de sa femme transformée en statue de sel, Lot vit seul dans la montagne avec ses deux filles, soucieuses de lui donner des fils : « Faisons boire du vin à notre

père et dormons avec lui et nous conserverons à notre père une postérité. » Genèse, 19 : 30-37.

2. La réplique d'Hircan reste obscure, mais fait sans aucun doute allusion à une de ses aventures.

3. L'annonce de Nomerfide promet un conte « tout prest » et même en indique vaguement le sujet. Mais les manuscrits les plus longs s'arrêtent là.

N. C.

REMARQUES
SUR LA LANGUE DU XVIᵉ SIÈCLE

Quelques usages très fréquents (dont certains viennent de la langue médiévale) n'ont pas été systématiquement relevés dans les notes ou le glossaire.

MOTS INVARIABLES ET RELATIFS :
— *dont* pour : ce dont ; de même, *qui*, *que* pour : ce qui, ce que.
— *dont* avec des valeurs plus variées qu'aujourd'hui, notamment en tête de phrase, comme mot de liaison au sens de : à cause de quoi.
— *ne* pour : ni.
— *parquoy* : sert à enchaîner en marquant un résultat, une conséquence.
— *plus* peut avoir valeur de superlatif : le plus.
— *pource que* : parce que.
— *trop* est employé comme intensif au sens de : très , *trop plus* a le sens de : beaucoup plus.
— *si*, mot de liaison, employé seul ou renforçant *et* : peut avoir une valeur restrictive (pourtant).

SUBSTANTIFS DE GENRE INDÉCIS :
Beaucoup de mots sont tantôt masculins, tantôt féminins, parfois dans des formules voisines, les pronoms de rappel, les adjectifs pouvant varier. Ainsi : *affaire, amitié, arbre, amour, couple, doubte, erreur, exemple, honneur, image, mensonge, œuvre*

MORPHOLOGIE :
 À noter la confusion entre *ils* et *elles* qui s'est répandue dès le moyen français et persiste encore chez Ronsard.

SYNTAXE :
— Accord du verbe par voisinage : le singulier est possible quand plusieurs sujets se suivent.
— Accord du verbe avec sujet singulier collectif : le verbe peut être au pluriel.
— Accord du participe passé employé avec avoir : la règle qui impose l'accord seulement si l'objet précède n'est pas toujours respectée.
— Emploi des modes :
 Dans les subordonnées de but, on peut trouver l'indicatif ou le subjonctif. De façon générale, il y a encore beaucoup de liberté dans le choix des modes employés dans les subordonnées.
 À noter la persistance d'une tournure médiévale, assez rare dans l'édition de Gruget, mais très fréquente dans certains manuscrits : *ce dict* dans les incises, au sens de : c'est ce qu'il (elle) dit, ainsi dit-il (dit-elle).

N. C.

GLOSSAIRE

Dans le texte, les mots figurant dans le glossaire sont signalés par* — y compris les mots encore en usage chaque fois qu'ils sont employés dans un sens aujourd'hui disparu ou devenu très rare.

Quand le même mot, avec la même valeur, est répété dans la même phrase ou dans des phrases voisines, il ne comporte un appel que pour la première occurrence.

N'ont pas été relevés certains mots dépréciatifs : *meschant, meschante, malheureux, malheureuse*, d'emploi plus étendu qu'aujourd'hui et marquant une faute (surtout d'ordre sexuel quand il s'agit d'une femme) qui suscite réprobation et même indignation.

Ont été relevées certaines formes archaïques des conjugaisons, mais non pas les formes qui laissent facilement reconnaître la forme moderne. Ainsi : *cogneurent* pour connurent ou *prins* pour pris et *print* pour prit.

Il en va de même pour les substantifs, adjectifs ou adverbes. Ainsi : *varlet* pour valet, *verde* pour verte.

Acconter [s'], entrer en rapport avec ; s'associer avec.
Accompagné(e), entouré, qui a des compagnons.
Accoustrement, costume.
Accoustrer, arranger ; *accoustré*, habillé, paré... Sans nuance péjorative.
Acoler, embrasser.
Acoster, fréquenter.

Adiré(e), perdu(e).
Admonition, avis, avertissement
Adoncques, alors.
Adresse, direction, chemin.
Adresser s'], se diriger (vers).
Advancer quelqu'un, avantager quelqu'un.
Advantager [s'], montrer de l'audace, de la présomption.

Advanturier, celui qui fait la guerre sans solde et vit de ses butins ; péjoratif · pillard.

Advis, ce m'est advis : il me semble.

Adviser, regarder.

Advouer, approuver.

Affection, zèle, ardeur.

Affectionné(e), zélé(e), ardent(e).

Affectionement, avec zèle, avec ardeur.

Affectueusement, avec zèle. avec ardeur.

Affetté(e), dressé(e)

Affiner, tromper.

Ains, mais.

Ainsi, par ainsi que, pourvu que.

Ais, aiz, planche.

Aliéné(e) [de], éloigné(e), privé(e) de.

Alteres, estres aux alteres, être dans l'inquiétude, dans l'angoisse.

Amis, le mot, au pluriel, marque des liens familiaux ; alliés.

Amortir, mettre à mort.

Aorné(e), orné(e), paré(e).

Apoinct, moment favorable.

Aposté(e), fixé(e), prémédité(e), inventé(e).

Apparent(e), qui se voit audehors ; réputé(e), d'importance notable, de haut rang.

Apprivoiser [s'], se rendre familier.

Approuver, prouver, démontrer.

Après [en], ensuite.

Araigne, araignée.

Assus, mettre assus, imputer à, mettre sur le compte de.

Atant, alors.

Attendre à [s'], s'appliquer à.

Aucun, quelqu'un ; *aucuns* : quelques-uns (dans des phrases positives).

Aucunes fois, quelquefois.

Aucunement, en quelque façon.

Avanturier : voir *advanturier*.

Avarice, cupidité.

Bande, troupe.

Bandolier, chef de bande, brigand.

Beaupère, usuel pour désigner un moine avec respect, mais souvent employé ironiquement, par dérision (autres graphies : beau père, beaupère).

Benefice, bienfait.

Benoist(e), participe archaïque de bénir.

Bestie, bêtise, stupidité.

Bienheureté, bonheur.

Boëte, boîte (à bijoux, ou à fards).

Borde, chaumière ; métairie.

Bourde, mensonge, fable.

Brave, élégant(e), bien paré(e).

Brodequin, chausson à porter dans les bottes, petit soulier.

Brunette, fine étoffe, de couleur sombre, portée par les gens de qualité.

Brusquement, vivement.

Bulletin, billet.

Bureau, étoffe grossière, ▭ure table à écrire (couverte de bure).

Carreau, coussin.

Cassé(e), meurtri(e).

Caterre, catarrhe, flux d'humeur qui rend malades les yeux, les oreilles ou encore les bras ou jambes (la goutte).

Cautelle, ruse.

Caver, creuser.

Chaire, chaise.

Chaloir, importer ; souvent impersonnel, au présent *chaut*, à l'imparfait *challoit*.

Chamarre, ample et longue casaque ouverte.

Chapitrer, blâmer, réprimander un religieux en plein *chapitre*, devant tous les religieux assemblés ; d'où le sens de blâmer avec autorité.

Chapperon, capuchon ; pour les femmes, coiffure à oreilles encadrant le visage et s'attachant sur la coiffe.

Charité, amour de Dieu et du prochain.

Chartre, prison.

Chastier [se], se corriger.

Chef, tête ; *venir à chef*, venir à bout.

Chere, au sens propre, visage ; employé dans diverses formules : *faire bonne chere*, faire bon accueil, ou bien : passer agréablement le temps ; *faire grand chere*, mener joyeuse vie.

Chevir (de), venir à bout de.

Choisir, voir, remarquer ; viser.

Collauder, louer.

Colloquer, placer.

Commandeur, gouverneur.

Commere, au sens propre, « mère avec », marraine, employé comme terme d'amitié, notamment entre voisines.

Compere, au sens propre : « père avec », parrain ; employé (comme *commere*) entre voisins.

Complot, résolution (prendre complot)

Conditions, manière d'être.

Confiture, aliments préparés pour être conservés (salés ou sucrés).

Conjoint(e), uni(e).

Conseiller (se), se consulter, réfléchir.

Consommer et *consumer*, souvent confusion des deux verbes.

Constamment, avec constance, avec fermeté.

Constituer, établir, placer.

Contemner, mépriser.

Contenement, manière d'être.

Contremont, en haut.

Contrepoincte, courtepointe, sorte de couverture.

Convent, couvent.

Controuver, inventer.

Coquin, gueux.

Cordelier, moine itinérant et mendiant appartenant à l'ordre des franciscains fondé au début du XIIIᵉ siècle par saint François d'Assise. Les cordeliers sont ainsi appelés en raison de la corde qui leur sert de ceinture : saint François, d'après la légende, en portait une. *L'Heptaméron* les montre débauchés et sans scrupule, comme il était de tradition dans les textes satiriques médiévaux.

Cornette, bandeau de tissu audevant du chaperon, retombant plus ou moins sur le front.

Cornu(e), étrange, bizarre.

Correil, verrou.

Couleur, prétexte (donner couleur).

Coulpe, faute.

Courage, cœur.

Couvert(e), caché(e), secret(e).

Couvertement, secrètement.

Couvoiter, convoiter.

Couvoitise, convoitise.

Couvrechef, d'ordinaire coiffure de nuit, en toile fine.

Couvrir, cacher, dissimuler.

Coyement, tranquillement, doucement.

Creance, croyance.

Creu(e), *creux* (pluriel), participe passé de croître.

Creut, passé simple de croître.

Croie, croye, craie.

Crudelité, cruauté.

Cueur, cœur, avec souvent le sens de courage, hardiesse.

Cuider, cuyder, croire ; souvent : croire à tort.

Curieux(se), raffiné(e), recherché(e).

Damoiselle, madamoiselle, les deux mots peuvent se rapporter à une jeune femme, de petite noblesse. Cf. dans le Prologue « la damoiselle veuve Longarine ».

Dea, exclamation d'étonnement.

Debile, faible.

Decevable, trompeur.

Decevoir, tromper (*decevant* : trompeur ; *deceu* : trompé).

Declairé(e), manifeste.

Declarer, révéler, manifester.

Dechifffrer, comprendre ce qui est obscur, faire savoir, expliquer.

Defaillir, faire défaut, manquer.

Deffaire, faire mourir ; *deffaire [se]*, se tuer.

Deffiner, finir, mourir

Defrayeur, celui qui paie les frais.

Degré, escalier, marche.

Deliberation, décision, intention.

Deliberer [se], décider.

Delié(e), fin(e).

Demenement, conduite.

Demeurant, reste.

Demeure, séjour.

Demonstrance, action de montrer, manifestation.

Departement, départ.

Departir, quitter, laisser ; séparer ; *departir [se]*, se séparer.

Depesché(e), délivré(e) ; envoyé(e).

Deporter de [se], renoncer à.

Déshonter, deshonorer.

Desjeuner, collation prise au lever (petit déjeuner).

Despendre, dépenser.

Despit(e), plein de ressentiment, dépité.

Despiter, dédaigner.

Despris, mépris.

Despriser, mépriser.

Desservir, mériter.

Destourner [se], se garder (de).

Die, *dient*, subjonctif présent de dire.

Discipline, fouet ; action de se fouetter soi-même par pénitence.

Discours, cours ; récit.

Diffamé(e), déshonoré(e).

Disné(e), *Disner*, déjeuner.

Dispost, adroit.

Divertir de, détourner de.

Docteur, docteur en théologie, théologien ; par extension : garant, autorité.

Doctrine, enseignement.

Doint, subjonctif présent de donner.

Domestique, celui qui est attaché à une famille, intime.

Doubte, crainte, hésitation ; *sans doubte*, sans aucun doute, certainement.

Doubter, craindre, supposer ; *se doubter de* : se défier de.

Doubteux(se), dangereux(se).

Dragées, friandises.

Effect, action ; réalité.

Emparlé(e), éloquent(e), habile à parler.

Emperiere, impératrice.

Empesché(e), embarrassé(e), gêné(e).

Encontre, rencontre ; *de bonne encontre*, par chance.

Encourtiner, garnir de tentures, de rideaux.

Engarder, empêcher de.

Enhortement, exhortation.

Enlangagé, loquace, beau parleur.

Ennui, ennuy, souvent au sens fort de : peine vive, et même de : tourment.

nnuier [s], *ennuyer [s']*, éprouver de l'*ennui*. Voir *ennui*.

Ensuivre, suivre, imiter.

Entendre, comprendre ; vouloir dire.

Ententive, attentive.

Ententivement, attentivement.

Entretenement, entretien.

Erre(s), route(s) chemin(s), façon(s) d'agir.

Erudition, instruction, enseignement.

Eschansonnerie, charge d'*eschansonner*, de goûter, d'essayer quelque chose.

Eschinée, échine de porc.

Escolier, étudiant.

Esmerveillable, étonnant.

Esmerveiller [s'], s'étonner.

Esmeu, participe d'*esmouvoir*, au sens propre : agiter, exciter.

Espie, espion.

Estomach, poitrine, cœur.

Estonné(e), souvent au sens fort : frappé(e) de stupeur, effrayé(e).

Estonnement, frayeur, stupeur.

Estonner, effrayer.

Estrange, étranger ; indifférent.

Estranger, éloigner ; *estranger [s']* : s'éloigner, s'écarter.

Estranger, adj. : qui n'est pas connu.

Estrangeté, éloignement.

Exercité(e), exercé(e).

Expressement, exprès, à dessein.

Facteur, créateur (en parlant de Dieu).

Facultez, richesses, ressources.

Faillir, manquer, faire défaut.

Failloit (il), souvent confondu avec *falloit (il)* et vice versa.

Faindre, feindre, hésiter.

Fantastique, fantasque, capricieux.

Fauldra, *fauldroit*, *fault*, de *faillir* (futur, conditionnel, présent).

Feint, dissimulé, menteur.

Feist, subjonctif imparfait de faire. *Feit*, *feirent*, passé simple de faire.

Fiance, confiance.

Filace, fil.

Fin, *venir à fin*, venir à bout de, réaliser.

Finer, finir.

Finer, trouver.

Fol(le), qualifiant l'amour : coupable, charnel ; qualifiant une personne : qui suit son appétit charnel. Contraire : « sage ».

Folie, conduite « folle » ; voir l'adjectif.

Forcement, par contrainte.

Fors, hors, excepté.

Fort, difficile, pénible.

Franchise, sûreté ; droit d'asile attaché à certains lieux.

Fratres, frères (en latin) : employé ironiquement.

Frise, *frize*, grosse étoffe de laine.

Fruition, jouissance.

Fureur, violence.

Furieux, forcené ; qualifie un sentiment ou une conduite d'une violence extrême.

Fuste, galère, bateau léger.

Gaigner, surpasser, l'emporter sur quelqu'un.

Galetas, logement sous les toits.

Garderobbe, petite chambre où l'on range habits et linge.

Garenne, lieu planté d'arbres, réservé au seigneur.

Garce, *garse*, féminin de gars : fille, petite jeune fille, sans valeur péjorative.

Garnier, grenier.

Gayer, passer à gue.

Gehenne, torture.

Gendarme, homme de guerre, soldat.

Genoil, genou.

Gentil, terme laudatif ; appliqué à un homme : hardi, de valeur. Dans *gentil-homme* et *gentil-femme* : noble.

Gorgias(e), élégant, paré.

Gorgiaseté, élégance, éclat de la parure, et adverbe correspondant : *gorgiasement*.

Goujate, servante.

Gouvernement, manière d'agir, conduite.

Grief, *griefve*, grave, pesant, douloureux.

Groullant, agité, grouillant.

Habituer, peupler.

Hallecret, partie d'armure, corselet de fer en deux parties protégeant la poitrine et le dos.

Harnois, armure.

Haioit, hayoit, hayent, imparfait et présent de haïr.

Heur, sort, chance ; parfois : bonheur.

Heure, à l'heure, alors ; *dès l'heure*, dès lors.

Hord, voir *ord*.

Houzé, botté.

Huis, huys, porte.

Image, statue, statuette.

Impetrer, demander.

Impétuosité, insistance.

Importable, insupportable.

Impossibilité, incapacité.

Inconvénient, situation fâcheuse, malheur.

Incoupable, innocent.

Indiscret, qui manque de discernement, de retenue ; adverbe : *indiscretement*.

Infirme, faible.

Infirmité, faiblesse.

Injurié(e), outragé(e), offensé(e).

Inobédience, désobéissance.

Inquiétude, au sens fort, absence de repos.

Invocateur, celui qui fait des *invocations* magiques.

Ire, colère.

Jaçoit [que], encore [que].

Jannin, dérivé de Jean : un niais, un mari cocu.

Jeunesses, folies, péchés de jeunesse.

Journées, efforts.

Jurement, serment.

Lairra, lairray, lairrons, futur de laisser.

Laisser, ne laisser à, ne pas manquer de (faire).

Laiz, legs.

Lasseté, lassitude, fatigue.

Laver, se laver les mains.

Leans [de] : de là-dedans, du lieu.

Leçon : les leçons dans la liturgie sont les fragments de la Bible, ou de la vie du saint dont c'est la fête, qui doivent être lus à matines. Dans les prologues de chaque journée, l'emploi du mot est proche du sens liturgique. Il s'agit du texte de l'Évangile que lit et commente Oisille.

Linceul, pluriel *linceux* : draps.

Luyte, lutte.

Madamoiselle, voir *damoiselle*.

Mais, mais que, pourvu que.

Maison, race, lignée, famille (de bonne maison) ; autre sens fréquent : ensemble des personnes qui sont au service d'un grand personnage ou d'un moindre seigneur et qui peuvent avoir des rangs très divers.

Majordomo, majordome, celui qui est à la tête de la « maison » d'un grand personnage ; néologisme venu de l'italien.

Malheureté, méchanceté, vice.

Malice, au sens fort, disposition à faire le mal, à nuire ; ruse.

Malicieux, inspiré par la « malice » ; rusé.

Mante, couverture.

Marri(e), *marry*, affligé(e), triste.

Mécanique, artisan, celui qui travaille de ses mains.

Mélancolie, *melancolye*, maladie engendrée par la bile noire, d'où : humeur noire, tristesse profonde.

Mélancolique, atteint de « mélancolie ».

Mercier, remercier.

Merveille, admiration, étonnement.

Merveilleux, étonnant, extraordinaire ; l'adjectif a valeur d'intensif, de même que l'adverbe correspondant *merveilleusement*.

Mes, voir *mais*.

Mescheoir, arriver du mal.

Mescogneu(e), de *mescognoistre*, ne pas reconnaître ; avec sens actif : celui, celle qui ne reconnaît pas, qui ignore ; avec sens passif, ignoré.

Mesmement, surtout.

Mesmes, *mesme*, surtout et même.

Mesnage, organisation, gestion de la maison.

Mesnager, *bonne mesnagere*, celui celle qui dirige bien sa maison.

Mestier, avoir *mestier*, avoir besoin.

Mettable, convenable, faisant bonne figure.

Ministre, celui qui est chargé d'un service ; celui qui a charge du culte divin, serviteur de Dieu.

Modestie, retenue, décence.

Mondain, qui vit dans le monde (par opposition à ceux qui vivent dans un couvent) ; qui est attaché au monde.

Mondanité, plaisir du monde ; attachement au monde, à la vie terrestre et à ses plaisirs.

Morfondu(e), gelé(e), enrhumé(e).

Moyen, intervalle, écart ; juste mesure, modération.

Muer, changer.

Munde, pur, sans souillure.

Naïf, *naïve*, naturel(le), sincère.

Naïfvement, naturellement, sans artifice, sincèrement.

Naïfveté, force naturelle (étymologie : *nativitas*).

Navré(e), blessé(e), de *navrer* : blesser.

Nécessité(s), ce qui est nécessaire, les besoins de la vie.

Nonchallant(e), qui ne se soucie pas, négligent(e).

Note, tache.

Nourrir, élever, éduquer.

Nuisance, tort, dommage.

Obedience, obéissance à un supérieur ecclésiastique.

Obligé(e), lié(e) moralement (à qqn).

Officier, celui qui détient une charge, un office.

Ombre, *sous ombre de,* sous couvert de.

Oncques, *onc*, jamais.

Oppilation, obstruction.

Oraison, discours ; prière.

Ord, sale.

Orroit, conditionnel présent de ouïr.

Outré(e), vaincu(e), blessé(e).

Outrecuidé(e), présomptueux (se), plein(e) d'outrecuidance.

Parfaire, achever ; participe : *parfaict(e)*.

Partant, aussi, en conséquence ; *partant (que),* pour autant (que).

Partement, départ.

Partir, partager, séparer.

Passion, souffrance, douleur.

Patenostre, *paternostre* : chapelet ; prière.

Patience, au sens étymologique, le fait de supporter.

Pauvreté, malheur.

Peccatile, peccadille.

Peine [a], difficilement.

Peneux, *peineux*, triste.

Pensement, pensée.

Penser, panser, soigner.

Pertinacité, obstination.

Pertuis, trou.

Peut, *peult*, passé simple de pouvoir.

Piteux, qui inspire ou qui éprouve de la pitié.

Piteusement, d'une manière digne de pitié.

Point, degré d'une qualité, état à un moment donné ; d'où *de bon point*, *en bon point*, en bon état de santé ou de beauté et *en mauvais point*.

Porter, supporter.

Possible, peut-être.

Poste, relais de chevaux ; coursier à cheval pour le transport des lettres ; *en poste*, vite.

Poste, volonté, gré ; *à la poste (de)*, au gré de, à la disposition de.

Poupine, poupée.

Pourchas : voir *prochas*.

Pratique, métier, négociation, entreprise.

Pratiquer, négocier, parler avec quelqu'un pour le convaincre, le rendre favorable.

Preau, petit pré.

Preud'homie, honnêteté, sagesse.

Preuve, épreuve.

Prindrent, passé simple de prendre.

Prinssent, *prinsent*, subjonctif imparfait de prendre.

Privauté, familiarité, bienveillance.

Privé(e) [de], familier de, intime avec.

Privéement, *privement*, familièrement, intimement.

Prochas, *pourchas*, recherche.

Prou, beaucoup.

Prudence, souvent au sens de sagesse.

Prudemment, sagement.

Puis, *puis nagueres*, depuis peu ; *puis… puis*, tantôt… tantôt.

Quant(s), quel, combien.

Quant (est de), quant à, pour ce qui est de… ; graphie fréquente *quand*.

Quant et quant, en même temps.

Quartier, ce qui se paie de trois mois en trois mois.

Quelquefois, une fois, un jour.

Quitter, tenir quitte, libérer d'une obligation, laisser.

Racointer [se], renouer connaissance.

Rager, s'agiter.

Ramentevoir, rappeler ; participe : *ramentu*.

Ravi(e), *ravy(e)*, transporté(e), qui est hors de soi.

Recollection, mot qui appartient au vocabulaire spirituel : le fait de rassembler, de passer en revue les actes accomplis.

Recompenser, dédommager.

Recordation, souvenir ; *recorder*, se souvenir de.

Recouvrer, se procurer, acquérir et, comme aujourd'hui, rentrer en possession (de).

Recoux, délivrés (de *rescourre*).

Recueil, accueil ; *recueillir*, accueillir.

Relever, ravivér, mettre en jeu.

Regarder [sur] avoir vue sur.

Religion, ordre religieux ; couvent.

Reliques, restes.

Remission, pardon, grâce.

Rendu, *se rendre*, se faire moine.

Republicque, état, gouvernement.

Reputer [se], se considérer, se juger comme.

Requis(e), prié(e).

Restaurans, *restaurens*, aliments fortifiants.

Retraict, retrait, lieux d'aisance.

Reste [au], excepté en ce qui concerne pour le reste.

Resver, délirer ; *resverie*, délire, folie.

Revenir, revenir à la santé, guérir.

Robbe, butin ; une femme de *bonne robbe*, de bonne prise, prête au plaisir.

Rolle, double sens possible : texte écrit et rôle que joue un acteur.

Rompure, brisure.

Sacrer, consacrer.

Saillir, sortir.

Saillir, sauter.

San bieu, *par le sangbieu*, juron : pour « le sang de Dieu ».

Saoul(e), rassasié(e).

Saouler [se], se rassasier.

Satisfaire [à], donner satisfaction à qqn, acquitter une dette ; sur l'emploi en contexte religieux, voir n. 3 à p. 63 à *satisfaction*.

Saye. tunique serrée à la taille.

Scandaleux, qui, par son exemple ou ses paroles, peut être occasion de péché pour autrui.

Scoffion, ou *escoffion,* coiffure à résille avec fil de soie ou d'or.

Semblant, apparence, signe ; *faire semblant,* manifester au-dehors un sentiment, réel ou feint, faire mine de ; *n'en faire semblant,* ne rien montrer.

Serrant, qui donne et dépense à regret.

Service, état du serviteur ; ensemble des offices religieux.

Serviteur, 1° dans le langage amoureux, celui qui courtise une dame, qui lui est soumis et se dévoue à son service ; 2° le mot s'emploie aussi pour la relation qui attache aux grands seigneurs ceux qui sont leurs protégés, le supérieur donnant ou faisant donner emplois, charge, argent, favorisant l'avancement de son *serviteur* qui, en retour, se dévoue à ses intérêts. La relation peut inclure des liens étroits, traduits par des termes affectifs, comme amour ou amitié.

Seureté, assurance, confiance.

Si, mot de liaison : et pourtant ; *si est-ce que,* pourtant, néanmoins.

Soing, souci.

Sottie, sottise.

Souloir, avoir coutume de.

Succez, issue (bonne ou mauvaise).

Suffisance, ce qui est suffisant.

Suffisant(e), capable, compétent(e).

Suffrages, prière (adressée aux saints).

Suppositions, mensonges.

Survenir, subvenir.

Sus, en haut, dessus ; *mettre à sus à,* imputer quelque chose à quelqu'un.

Tant, à tant, alors.

Tect, toit.

Tendrement, employé avec *pleurer,* l'adverbe marque que l'on pleure de compassion ou de détresse.

Tenu(e) [estre], être redevable à qqn, avoir une obligation envers qqn.

Terrien, territoire, terrestre.

Tindrent, passé simple de tenir.

Toilles, filets pour prendre les bêtes au piège.

Tout [du], tout à fait.

Traict, flèche.

Transmuer, transformer.

Travail, parfois au sens premier : tourment, torture.

Travailler [se], se tourmenter, s'épuiser.

Triumphant, pompeux.

Trop, intensif : très ; *trop plus :* beaucoup plus.

Umbre : voir *ombre.*

Vaisseau, récipient, vase.

Vefve, veuve.

Veoit, imparfait, de *veoir*.

Verm, ver.

Verser [ès], s'appliquer à.

Vertu, s'agissant des hommes souvent au sens étymologique : énergie, vaillance.

Vertu bieu, juron pour « vertu de Dieu ».

Vertueusement, courageusement.

Viande, au sens général : nourriture ; *aller à la viande*, aller à table.

Vilain, de basse condition, grossier (par opposition à courtois).

Vindrent, passé simple de venir.

Violement, viol, violence.

Vituperable, blâmable.

Voire, même ; sert de renforcement dans *voire mais*, et même.

Vollerie, chasse au faucon, et autres oiseaux de proie.

Voulu, mieux *voulu*, qui est reçu, accueilli avec les meilleures dispositions.

Voussisse, voussit, voussissiez, subjonctif imparfait de vouloir.

Vulgaire, commun, habituel ; *vulgairement*, communément.

N. C.

APPENDICE AU GLOSSAIRE :
NOMS DE LIEUX

Ne sont notés ici que les noms dont les graphies, dans l'édition de Gruget, s'écartent des graphies modernes. Nous n'avons pas corrigé, faute de pouvoir partout trancher avec certitude, entre archaïsmes, transcriptions approximatives ou coquilles.

ALLEX, Alès (Gard).

ARCELLES, Carelles (Mayenne).

ARRAGON, Aragon.

BARSELONNE, Barcelone (Espagne).

BEAR, Bearn.

BIERNOIS (Gave), gave béarnais : gave de Pau, affluent de l'Adour.

CAMBRAY, Cambrai (Nord).

CAN, Caen (Calvados).

CATELAN, Catalan.

CATHALONNE, *Cathelongne*, Catalogne.

CAULDERETS, Cauterets (Hautes-Pyrénées), station thermale.

COIGNAC, Cognac (Charente).

COULLON, Coulon (Deux-Sèvres).

CREMONNE, Crémone (Italie).

CYVRÉ, Civray-de-Touraine (Indre-et-Loire).

DOZ, Odos, en Bigorre, où mourut Marguerite, près de Tarbes (Hautes-Pyrénées)

FRONTEVAUX, Fontevrault (Maine-et-Loire).

GRIP, Gript (Deux-Sèvres).

LOCATE, Leucate (Aude).

MADRIC, Madrid (Espagne).

MONTFERRAT, Montserrat (Espagne).

MONTIVILIER, Montivilliers, près du Havre (Seine-Maritime).

NYORT, Niort (Deux-Sèvres).

OLLY, Olite (Navarre espagnole).

PALAMONS, *Pallamons*, Palamos (Espagne) : port où Marguerite débarqua pour rejoindre Madrid en 1525.

Parpignan, Perpignan.

Peyrchite, Pierrefitte (Hautes-Pyrénées).

Rivole, Rivolte, Rivolta, près de Milan (Italie).

Rion, Riom (Puy-de-Dôme).

Rossillon, Roussillon.

Saulce, Salses, près de Perpignan (Pyrénées-Orientales).

Serrance, Sarrance (Basses-Pyrénées).

Taffares, Taffala (Navarre espagnole).

Therbes, Tarbes (Hautes-Pyrénées).

Thunis, Tunis.

Tollète, Tolède (Espagne).

Vandelonise, coquille (?) pour l'Andalousie.

TABLE DES SOMMAIRES
DES NOUVELLES DE LA ROYNE
DE NAVARRE
(Claude Gruget)

TROISIESME JOURNÉE

QUATRIESME JOURNÉE

HUITIESME JOURNÉE

COLLECTION FOLIO

Dernières parutions

Composition Nord Compo.
Impression Bussière
à Saint-Amand (Cher), le 25 janvier 2007.
Dépôt légal : janvier 2007.
1ᵉʳ dépôt légal dans la collection : mai 2000.
Numéro d'imprimeur : 070376/1.
ISBN 978-2-07-040156-7./Imprimé en France.